明清律合編

孫家紅 編纂

SSAP
社會科學文獻出版社
SOCIAL SCIENCES ACADEMIC PRESS (CHINA)

序

律學之不講也久矣。逊清同光之際，刑部有陝豫兩派，於秋審司法，切磋磨礪，蔚然成風。其間較著者，陝人薛允升、趙舒翹，豫人陳惺馴、田我霖，或主簡練，或主精覈，洵爲巨擘。他如剛毅、英瑞，出身八旗；沈家本、沈曾植，同隸江表，各有著述，以律名時。更有吉同鈞、羅維垣、汪世琪、方連軫、魏聯奎、蕭之葆、郭昭等，後學先進，不及備舉。然覆巢之下，無有完卵，所謂同光律學，不過霞光晚照，暫放輝煌。庚子一役，國本動摇，創巨痛深，人心思奮。變法之詔甫出，薛、趙、陳、田諸公，或早謝世，或遭横死，無緣參與之機。惟湖州沈家本，劫後餘生，與新會伍廷芳，同被舉薦，偏得修律之命。改中法，去繁苛，數千年悠久傳統一朝抛却；仿泰西，别民刑，百餘載中華法變於焉開啓。數載之間，律學毁棄，法學暢行，死生殊途，判若雲泥，孰意如是之甚也。

或曰：若以薛允升、趙舒翹等陝派人物主政改革，其變化或未必如此之巨，其轉圜亦未必如此之亟，蓋彼認陝派爲保守而他派爲激進者也。然清末變法，純由時勢主之，非由人性決之。人性固有保守激進之别，於時勢之岌岌，潮流之汩汩，衮衮諸公，隨波逐流，猶恐不及，逆勢而動，則罕有不碰壁者也。且以人性言，保守者一旦猛醒，未嘗不可變爲激進，反道而行，大興改革。平心而論，晚清十年，若干人等，於改革之法，或有保守之議，甚至鼓動風潮，阻遏狙擊，然於變法救國，以中華億萬之衆，未嘗不同懷一急進之心也。

然則律學、法學之別若何，又何故强爲區分耶？孔子曰：必也正名乎。夫有名須有辨，有辨斯有名，有正辨方能有正名，此乃世之常理。律學法學之辨，自來論者夥矣，然多囿於法學狹窄之地，未能於東西學術分野諦察之。試觀當今各大圖書館藏，海量山積，皆采現代圖書分類之法，自然、人文、社會科學是也。惟漢文綫裝古籍，獨以四庫分類，經、史、子、集是也。法學係出社會科學，明白無誤。至於律學，或屬之經學，或歸於乙部。判案決獄之詞，更常見於子、集。今之人若欲探尋古法遺跡，史部自爲大宗，經、子、集三部，亦絶不可忽。是可知，律學法學之別，端在不同知識體系中處不同位置也。律學或可稱爲法學，法學則難等律學，名異實異，不容混爲一談。

猶有進者，律學以通古今之變爲嚆矢，考鏡源流，巨細靡遺，故古律家多爲法史專家。法學以究當世之法爲鵠的，對於本國既往法律缺乏興趣，知之者少，懵懂者多，甚或罔顧歷史，自我作古者比比皆是，故於法學家中尋法史專家，無異緣木求魚。若以方法論，律學側重注釋，解析名詞概念，往往餖飣考據，罕有長篇大論。法學傾向推理，議論汪洋，下筆動輒千言萬言，等而上者，邏輯暢達，等而下者，燦若桃花。以時間論，律學終結於王朝末路之際，法學興起於帝國革新之時，風格迥異，首尾乃又相接。其間起承轉合，循環往復，機關重重，不及詳述。

又或曰：律學偏於保守，法學趨向激進，二者絶對背反。初聞之，覺爲至論，再審之，則知皮相之談，不足爲訓。晚清律學家，抱殘守缺，罔知變通者，固自有之，而鋭意革新，洞明機務者，自不乏人。即如吉同鈞者，律學俊秀，保守中堅，然其於西學研究有素，遠邁同儕，深知改革之弊，常作痛切之語，甚爲禮教諸君引作人盾，與法理派相頡頏，莫之能敵。是可知，法學視諸律學，雖屬嶄新，未必盡是；律學視諸法學，固爲陳跡，亦未必全非，以保守激進區分律學法學，實乃大謬。

寄廬主人曰：必真保守者，方能真創新。古今中外，鐵血革命，移風易俗者，代不乏人，然革命之法，鮮有善終者，或僅行於一時，或功敗於垂成，皆因馬上得天下，不能馬上治天下也。若欲維繫世道人心，長治久安，舍法律不能爲，非法律不能成，故但凡法律、律學、法學，皆以保守理性爲立命根本。若言律學或法學家爲天然之保守派，亦不爲過。惟有保守理性，個人方不爲利鎖名韁所縛，特立獨行，得大自在。惟有保守理性，國家方不爲邪門外道所惑，朝令夕改，倒行逆施，而爲天下蒼生，謀得萬世太平。

至於明亡清興，易代更迭，論者多引《國榷》，侈談清初定律，實爲明朝翻版。數十年間，竟無一人詳察，以訛傳訛，幾成定論，推原其故，未嘗非律學湮没，由以致之。今將明萬曆律與清順治律逐字逐句，仔細對勘，標其異同，明其變化，俾閲者一目了然，藉知清初於繼承之中，對明律行極大改革，不僅奠定有清二百餘年法律格局，更爲傳統中華法系注入嶄新活力。略仿薛大司寇允升《唐明律合編》餘意，擬作《明清律合編》，謹向昔日律學巨匠三致意焉。

疫情岌岌，警報頻傳，困擁書城，草此代抒胸臆。

庚子正月初五，於京西寄廬

例　言

一、全書以美國哥倫比亞大學藏清順治三年（1646）《大清律集解附例》與日本國會圖書館藏明萬曆四十年（1612）《大明律集解附例》互校彙刊而成，兼以光緒三十四年（1908）修訂法律館沈家本主持重刻之《明律集解附例》，及美國國會圖書館、哈佛大學圖書館藏康熙刻本《大清律集解附例》，作爲參考備校。

二、沈氏《重刻明律序》言，明萬曆三十八年巡撫浙江、都察院右僉都御史高舉序刊本《大明律集解附例》，爲其所見"明律最後之本"。日本國會圖書館藏《大明律集解附例》卷首所載高舉《重刊大明律例集解序》末尾署作"萬曆三十九年"，與沈氏説法頗有出入。另該書卷十五收録萬曆四十年高舉等會題"新定通倭條例"六條，並經諭旨欽定，爲沈氏重刊本所無。可見該版刊布至少在萬曆四十年或之後，比沈氏所見萬曆三十八年本當屬更晚，姑稱之爲"萬曆四十年版"（簡稱"萬曆律"），讀者諸君不可不辨。

三、清順治入關後正式頒布《大清律集解附例》在順治四年（1647），具見《清世祖實録》。然其完工在此前一年，順治皇帝《御製大清律序》亦署作於"順治三年五月"，故仍稱之爲順治三年《大清律集解附例》，以下則簡稱爲"順治律"。美國哥倫比亞大學圖書館藏

《大清律集解附例》三十卷，卷首僅載順治皇帝御製序文一篇，内中並不避康熙皇帝名諱，形質古樸，紙色斑斕，洵爲清律最早刊行之本。今將之與前述萬曆律逐字逐句進行校核，標其同異，力求完整呈現明清易代之際王朝核心成文法律繼承變革之實況。

四、全書内容排列，一以順治律爲主，而以萬曆律爲輔。一般先録律例正文，繼在其基礎上採用校勘形式，詳晰標識由明至清前後詞句之變化。其中，下方帶“﹏﹏”之大字正文、小字夾注或段落符號（○），屬於順治律新增者，“［］”内文字或符號則爲萬曆律所有，而順治律所無或經删除者。彼此相同文字，不標不註，亦不重複録入，以省繁冗。

五、萬曆律與順治律卷首諸圖，及其他段落之間，不僅存在文句差異，排列次序亦多參差，故而先將順治律相關段落進行編號，隨以“［明＋數字］”標出該段落在萬曆律中之對應次序，以見二者之異。對於順治初整體删除之明律條文，今在相應位置予以補充還原，並於目録中加以呈現，以便讀者可以按圖索驥。其間删此增彼，移東補西，變化多端，未可等閒視之。

六、萬曆律所收律文之後，往往附以“纂註”或“備考”，或講解律文要旨，或備録相關法律規定，於彼時法律研習有極大便利。今於律文之後原樣照録，加以句讀，然不以“［］”符號特爲標識。

七、萬曆律共收録律文四百六十條，順治律收録律文四百五十九條，並未明確編排序號。爲便讀者參引，謹將順治律所收律文逐門予以編號。然各門所收律文，雖以一條居多，但不乏二條、三條，乃至最多一十二條者，故而全書所編律文序號，實未及四百五十九之數。博雅君子，諒能洞見關節所在。

八、萬曆律與順治律之間，以及兩書内部存在若干字詞形異意同現象。如：陪償—賠償，符同—扶同，托—託，輙—輒，洩—泄，羸—騾，元—原，粧—妝，鍼—針，媿—愧，姪—侄，疋—匹，扇—煽，骽—腿，渰—淹，棊—棋，碍—礙，等等。部分屬於異體或者通假，部分有類繁簡字形轉換。此外，尚有某些字形係屬彼時刊印過程中不加區分，但在現代語境下明顯錯誤，如將“已”或“己”刻作“巳”。今從字體規範角度出發，在不影響文義情況下統一酌改，以免此類字形變換影響讀者對於明清成文法律演進大勢之理解。

九、本書原擬名《萬曆順治二律集解附例合刊》，今仿清末律學大家薛允升《唐明律合編》遺意，改作《明清律合編》，並撰文序其顛末如上。清順治以後，康熙、雍正、乾隆三朝不斷更新律例，奠定此後中國一個多世紀成文法律格局，影響至深且巨，未來當有續作，以揭示之。

目録

卷首

01　御製大清律序

朕惟太祖、太宗創業東方，民淳法簡，大辟之外，惟有鞭笞。朕仰荷天休，撫臨中夏，人民既衆，情僞多端。每遇奏讞，輕重出入，頗煩擬議。律例未定，有司無所稟承。爰敕法司官，廣集廷議，詳譯明律，參以國制，增損劑量，期於平允，書成奏進。朕再三覆閲，仍命内院諸臣較訂妥確，乃允刊布，名曰《大清律集解附例》。爾内外有司官吏，敬此成憲，勿得任意低昂，務使百官萬民，畏名義而重犯法，冀幾刑措之風，以昭我祖宗好生之德。子孫臣民，其世世守之。

順治三年五月　　日

附一　御製大明律序［明 01］

朕有天下，倣古爲治，明禮以導民，定律以繩頑，刊著爲令，行之已久。奈何犯者相繼，由是出五刑酷法以治之，欲民畏而不犯，作《大誥》以昭示民間，使知趨避，又有年矣。然法在有司，民不周知，特敕六部、都察院官，將《大誥》内條目，撮其要略，附載於律，其遞年一切榜文禁例，盡行革去。今後法司只依律與《大誥》議罪，合黥刺者，除黨逆家屬，并律該載外，其餘有犯，俱不黥刺。雜犯死罪，并徒流遷徙笞杖等刑，悉照今定贖罪條例科斷。編寫成書，刊布中外，使臣民知所遵守。

洪武三十年五月　　日

附二　重刊《大明律例集解》序［明02］

粤自虞夏，爰有象刑。《周禮》五刑之屬三千，詔其刑罰，以辨罪之輕重，律蓋始此。繇漢迄今，顜若畫一，彼謂前王所是著爲律，後王所是疏爲令，談何容易也。高皇帝鑒於勝國之陵夷，迺作《大誥》示民，趨避莊誦。聖訓曰：明禮以導民，定律以繩頑，於皇鑠哉，真仁義並操，而深于弼教者矣。二百餘年，百司恪職，海宇晏如，朝非此罔以飭吏治，官非此罔以弼皇猷。余屚承乏御史臺，與子大夫廩［凛］守三尺，毋敢失隊。頃奉命撫浙，亦惟是與藩臬司牧，共相毖飭，庶幾于民之寡過，而未慊於志也。爰取京刻律例，及集解、纂註，出授藩臬大夫，加意校讎，參考新例，縷析條附，補闕正紕，犁然成一書矣。既就剞劂，而諸大夫屬予不佞，題其首簡。不佞嘗讀漢史，覩漢吏用法之平，莫如于定國、杜延年。後人習小杜律，咸相頌述，以比于東海于公。倘不明習法律，而以吏爲師，輕重出入，絫黍差池，眉睫千里，民無所錯手足矣。此桃李莫援，國僑爲衆人母，而深澗逸獸之諭，董閼于所以善愛民也。儒者載籍極博，術取經世，即或引經慷慨，動稱蕭曹，不中昭代之繩墨。此如未諳《素問》，不讀《肘後諸方》，而驕語蒼盧，及至無妄之藥，眩然雜投，而始悔其以人僥倖也，則兹刻之有裨於當官也，豈尠鮮哉。藩臬大夫咸以爲然，遂書此以告夫有民人焉者。

萬曆三十九年歲次辛亥孟春之吉

欽差提督軍務、巡撫浙江等處地方、都察院右僉都御史、前大理寺右少卿、河南道監察御史高舉書

02 大清律例目録[①]

名例律目録卷第一，［共］計四十八［七］條

01 五刑
02 十惡
03 八議
04 應議者犯罪
05 職官有犯
06 軍官有犯
07 文武官犯公罪
08 文武官犯私罪
09 應議者之父祖有犯
10 軍官軍人犯罪免徒流
11 犯罪得累減
12 以理去官
13 無官犯罪
14 除名當差
15 流囚家屬
16 常赦所不原
17 徒流人在道會赦
18 犯罪存留養親
19 工樂户及婦人犯罪
20 徒流人又犯罪
21 老小廢疾收贖
22 犯罪時未老疾
23 給没贓物
24 犯罪自首
25 二罪俱發以重論
26 犯罪共逃
27 同僚犯公罪
28 公事失錯
29 共犯罪分首從
30 犯罪事發在逃
31 親屬相爲容隱
32 吏卒犯死罪
33 處決叛軍
34 殺害軍人
35 在京犯罪軍民
36 化外人有犯
37 本條别有罪名
38 加減罪例
39 稱乘輿車駕
40 稱期親祖父母
41 稱與同罪
42 稱監臨主守
43 稱日者以百刻
44 稱道士女冠

① 萬曆律作“大明律集解附例目録”。

45　斷罪依新頒律　　46　斷罪無正條

47　徒流遷徙地方　　48　邊遠充軍①

吏律目録共［計］三十一［三］條

職制卷第二，計一十六［五］條

01　官員襲廕　　02　大臣專擅選官

03　文官不許封公侯　　04　濫設官吏［明 05］

05　選用軍職［明 01］　　06　信牌②

07　貢舉非其人［明 06］　　08　舉用有過官吏［明 07］

09　擅離職役［明 08］　　10　官員赴任過限［明 09］

11　無故不朝参公座［明 10］　　12　擅勾屬官［明 11］

13　官吏給由［明 12］　　14　姦黨［明 13］

15　交結近侍官員［明 14］　　16　上言大臣德政［明 15］

公式卷第三，計一十五［八］條

01　講讀律令　　02　制書有違

03　棄毀制書印信二條　　04　上書奏事犯諱

05　事應奏不奏　　06　出使不復命

07　官文書稽程［明 08］　　08　照刷文卷［明 09］

09　磨勘卷宗［明 10］　　10　同僚代判署文案［明 11］

11　增減官文書［明 12］　　12　封掌印信［明 13］

13　漏使印信［明 14］　　14　擅用調兵印信［明 16］

按：明［07］漏泄軍情大事，移兵律軍政門；［15］漏用鈔印，删；［17］信牌，移至吏律職制門。

---

① 萬曆律存其内容而無題。

② 自吏律公式門移至此。

户律目録共［計］九十五條

户役卷第四，計一十六［五］條

01 脱漏户口　02 人户以籍爲定
03 私創庵院及私度僧道　04 立嫡子違法
05 收留迷失子女　06 隱匿滿洲逃亡新舊家人
07 賦役不均［明 06］　08 丁夫差遣不平［明 07］
09 隱蔽差役［明 08］　10 禁革主保里長［明 09］
11 逃避差役［明 10］　12 點差獄卒［明 11］
13 私役部民夫匠［明 12］　14 别籍異財［明 13］
15 卑幼私擅用財［明 14］　16 收養孤老［明 15］

田宅卷第五，計一十一條

01 欺隱田糧　02 檢踏災傷田糧
03 功臣田土　04 盜賣田宅
05 任所置買田宅　06 典買田宅
07 盜耕種官民田　08 荒蕪田地
09 棄毁器物稼穡等　10 擅食田園瓜果
11 私借官車船

婚姻卷第六，計一十八條

01 男女婚姻　02 典雇妻女
03 妻妾失序　04 逐壻嫁女
05 居喪嫁娶　06 父母囚禁嫁娶
07 同姓爲婚　08 尊卑爲婚
09 娶親屬妻妾　10 娶部民婦女爲妻妾
11 娶逃走婦女　12 强占良家妻女
13 娶樂人爲妻妾　14 僧道娶妻
15 良賤爲婚姻　16 外番［蒙古］色目人婚姻
17 出妻　18 嫁娶違律主婚媒人罪

倉庫卷第七，計二十三［四］條

01　錢法［明02］
02　多收税糧斛面［明03］
03　收糧違限［明04］
04　攬納税糧［明05］
05　隱匿費用税糧課物［明05］
06　附餘錢糧私下補數［明07］
07　虚出通關硃鈔［明08］
08　私借官物［明09］
09　私借錢糧［明10］
10　庫秤雇役侵欺［明11］
11　那移出納［明12］
12　錢糧互相覺察［明13］
13　冒支官糧［明14］
14　守支錢糧及擅開官封［明15］
15　倉庫不覺被盜［明16］
16　收支留難［明17］
17　出納官物有違［明18］
18　損壞倉庫財物［明19］
19　起解金銀足色［明20］
20　擬斷贓罰不當［明21］
21　轉解官物［明22］
22　隱瞞入官家産［明23］
23　守掌在官財物［明24］

按：明［01］鈔法，删。

課程卷第八，計一十九條

01　鹽法一十二條
02　監臨勢要中鹽
03　阻壞鹽法
04　私茶
05　私礬
06　匿税
07　舶商匿貨
08　人户虧兑課程

錢債卷第九，計三條

01　違禁取利
02　費用受寄財産
03　得遺失物

市廛卷第十，計五條

01　私充牙行埠頭
02　市司評物價
03　把持行市
04　私造斛斗秤尺
05　器用布絹不如法

禮律目録共［計］二十六條

祭祀卷第十一，計六條

儀制卷第十二，計二十條

兵律目録共［計］七十六［五］條

宫衛卷第十三，計一十九條

17 懸帶關防牌面

軍政卷第十四，計二十一條

01 擅調官軍
02 申報軍務
03 飛報軍情
04 漏泄軍情大事①
05 邊境申索軍需［明04］
06 失誤軍事［明05］
07 從征違期［明06］
08 軍人替役［明07］
09 兵［主］將不固守［明08］
10 縱軍擄掠［明09］
11 不操練軍士［明10］
12 激變良民［明11］
13 私賣戰馬［明12］
14 私賣軍器［明13］
15 毀棄軍器［明14］
16 私藏應禁軍器［明15］
17 縱放軍人歇役［明16］
18 從征守禦官軍逃［明17］
19 公侯私役官軍［明18］
20 優恤軍屬［明19］
21 夜禁［明20］

關津卷第十五，計七條

01 私越冒度關津
02 詐冒給路引
03 關津留難
04 遞送逃軍妻女出城
05 盤詰奸細
06 私出外境及違禁下海
07 私役弓兵

廄牧卷第十六，計一十一條

01 牧養畜產不如法
02 孳生馬匹
03 驗畜產不以實
04 養療瘦病畜產不如法
05 乘官畜脊破領穿
06 官馬不調習
07 宰殺馬牛
08 畜產咬踢人
09 隱匿孳生官畜產
10 私借官畜產
11 公使人等索借馬匹

---

① 自吏律公式門移至此。

07　妻妾罵夫期親尊長　08　妻妾罵故夫父母

訴訟卷第二十二，計一十二條

01　越訴　02　投匿名文書告人罪
03　告狀不受理　04　聽訟回避
05　誣告　06　干名犯義
07　子孫違犯教令　08　見禁囚不得告舉他事
09　教唆詞訟　10　軍民約會詞訟
11　官吏詞訟家人訴　12　誣告充軍及遷徙

受贓卷第二十三，計一十一條

01　官吏受財　02　坐贓致罪
03　事後受財　04　官吏聽許財物［明 11］
05　有事以財請求［明 04］　06　在官求索借貸人財物［明 05］
07　家人求索［明 06］　08　風憲官吏犯贓［明 07］
09　因公［擅］科斂［明 08］　10　尅留盜贓
11　私受公侯財物［明 09］

詐僞卷第二十四，計一十一［二］條

01　詐爲制書　02　詐傳詔旨
03　對制上書詐不以實　04　僞造印信曆日等
05　私鑄銅錢［明 06］　06　詐假官［明 07］
07　詐稱内使等官［明 08］　08　近侍詐稱私行［明 09］
09　詐爲瑞應［明 10］　10　詐病死傷避事［明 11］
11　詐教誘人犯法［明 12］

按：明［05］僞造寶鈔，删。

犯姦卷第二十五，計一十條

01　犯姦　02　縱容妻妾犯姦
03　親屬相姦　04　誣執翁姦
05　奴及雇工人姦家長妻　06　姦部民妻女

07 居喪及僧道犯姦　08 良賤相姦
09 官吏宿娼　10 買良爲娼

雜犯卷第二十六，計一十一條

01 拆毁申明亭　02 夫匠軍士病給醫藥
03 賭博　04 閹割火者
05 囑託公事　06 私和公事
07 失火　08 放火故燒人房屋
09 搬做雜劇　10 違令
11 不應爲

捕亡卷第二十七，計八條

01 應捕人追捕罪人　02 罪人拒捕
03 獄囚脱監及反獄在逃　04 稽留囚徒
05 徒流人逃　06 主守不覺失囚
07 知情藏匿罪人　08 盗賊捕限

斷獄卷第二十八，計二十九條

01 囚應禁而不禁　02 故禁故勘平人
03 淹禁　04 凌虐罪囚
05 與囚金刃解脱　06 主守教囚反異
07 獄囚衣糧　08 功臣應禁親人入視
09 死囚令人自殺　10 老幼不拷訊
11 鞫獄停囚待對　12 依告狀鞫獄
13 原告人事畢不放回　14 獄囚誣指平人
15 官司出入人罪　16 辯明冤枉
17 有司決囚等第　18 檢驗屍傷不以實
19 決罰不如法　20 長官使人有犯
21 斷罪引律令　22 獄囚取服辯
23 赦前斷罪不當　24 聞有恩赦而故犯

25 徒囚不應役　26 婦人犯罪
27 死囚覆奏待報　28 斷罪不當
29 吏典代寫招草

工律目録共［計］一十三條

營造卷第二十九，計九條

01 擅造作　02 虛費工力採取不堪用
03 造作不如法　04 冒破物料
05 帶造段匹　06 織造違禁龍鳳文段匹
07 造作過限　08 修理倉庫
09 有司官吏不住公廨

河防卷第三十，計四條

01 盜決河防　02 失時不修隄防
03 侵占街道　04 修理橋梁道路

以上通計四百五十九［六十］條。

［巡撫浙江等處都察院右僉都御史高　舉發刻
巡按浙江監察御史鄭繼芳
巡按浙江等處監察御史韓　浚
巡按浙江等處監察御史張惟任訂正
浙江布政使司左布政使洪啓睿
右布政使吳用先
右参政蕭近高
右参政兼僉事王道顯
右参政兼僉事王在晉
右参議江　灝
右参議兼僉事魏玠如
浙江按察使司按察使竇子偁

副使畢懋良

副使見参議甯瑞鯉

僉事丁鴻陽仝校]

附　大明律集解附例總目凡四百六十條，計三十卷　[明03]

03　五刑之圖［明09］

五刑之圖

笞刑五

一十　二十　三十　四十　五十

笞者謂人有輕罪用小荊杖决打自一十至五十爲五等每一十爲一等加減

杖刑五

六十　七十　八十　九十　一百

杖者謂人犯罪用大荊杖决打自六十至一百爲五等亦每一十爲一等加減

徒刑五

一年杖六十　一年半杖七十　二年杖八十　二年半杖九十　三年杖一百

徒者謂人犯罪稍重拘收在官煎鹽炒鐵一應用力辛苦之事自一年至三年爲五等每杖一十及半年爲一等加減

流刑三

二千里杖一百　二千五百里杖一百　三千里杖一百

流者謂人犯重罪不忍刑殺流去遠方終身不得還鄉自二千里至三千里爲三等每五百里爲一等加減

死刑二

絞（全其肢體）　斬（身首異處）　刑之極者

遷徙

謂遷離鄉土一千里之外

04 獄具之圖 ［明10］

獄具之圖

笞

大頭徑二分七釐小頭徑一分七釐長三尺五寸

笞以小荊條為之須削去節目用官降較板如法較勘毋令觔膠諸物裝釘應決者用小頭臀受

杖

大頭徑三分二釐小頭徑二分二釐長三尺五寸

杖以大荊條為之亦須削去節目用官降較板如法較勘毋令觔膠諸物裝釘應決者用小頭臀受

訊杖

大頭徑四分五釐小頭徑三分五釐長三尺五寸

亦以荊杖為之其犯重罪贓證明白不服招承明立文案依法拷訊臀腿受

枷

長五尺五寸頭闊一尺五寸

以乾木為之死罪重二十五斤徒流重二十斤杖罪重一十五斤長短輕重刻誌其上

杻

長一尺六寸厚一寸

以乾木為之男子犯死罪者用杻犯流罪以下及婦人犯死罪者不用

鐵索

長一丈

以鐵為之犯輕罪人用

鐐

共重三斤

以鐵為之犯徒罪者帶鐐工作

05　喪服總圖［明11］

喪服總圖

斬衰　三年

用至麤麻布爲之不縫下邊

齊衰　三年　杖期即一年　不杖期亦一年　五月　三月

用稍麤麻布爲之縫下邊

大功　九月

用麤熟布爲之

小功　五月

用稍麤熟布爲之

緦麻　三月

用稍細熟布爲之

06　同宗[①]九族五服正服之圖［明12］

① 萬曆律“同宗”作“本宗”。

同宗九族五服

凡嫡孫父卒爲祖父母承重服斬衰三年若爲曾高祖父母承重服亦同祖在爲祖母止服杖期

族兄弟 緦麻 謂三從兄弟即同高祖兄弟
族兄弟妻 無服

再從伯叔父母 緦麻 謂父之再從兄弟及妻即父同曾祖兄弟
再從兄弟 小功 謂再從伯叔兄弟之子即同曾祖兄弟
再從兄弟妻 無服
再從姪 緦麻 謂再從兄弟之子即同曾祖兄弟之子
再從姪婦 無服

堂伯叔祖父母 緦麻 謂祖之同堂兄弟及妻即公之伯叔兄弟
堂伯叔父母 小功 謂父之伯叔兄弟及妻
堂兄弟 大功 謂同祖伯叔兄弟
堂兄弟妻 緦麻
堂姪 小功 謂同祖伯叔兄弟之子
堂姪婦 緦麻
堂姪孫 緦麻 謂同祖伯叔兄弟之孫
堂姪孫婦 無服

曾伯叔祖父母 緦麻 謂曾祖之兄弟及妻即太伯公太叔公太伯婆太叔婆
伯叔祖父母 小功 即祖之親兄弟及妻即伯公叔公伯婆叔婆
伯叔父母 期年 謂父之親兄弟及妻即伯伯姆姆叔叔嬸嬸
兄弟 期年 謂己之親兄弟
兄弟妻 小功
姪 期年 謂兄弟之子
姪婦 大功
姪孫 小功 謂兄弟之孫
姪孫婦 緦麻
曾姪孫 緦麻 謂兄弟之曾孫
曾姪孫婦 無服

高祖 即太太公 太太婆
曾祖 即太公 太婆
祖父 即公 婆
父 母
己
長子 期年
長子婦 期年
嫡孫 期年
嫡孫婦 小功
曾孫 緦麻 謂孫之子
玄孫 緦麻 謂曾孫之子

凡男[illegible]後者爲本生親屬孝[illegible]皆降一等惟本生[illegible]母降服不杖期父母報服同

07　妻爲夫族服圖 ［明 13］

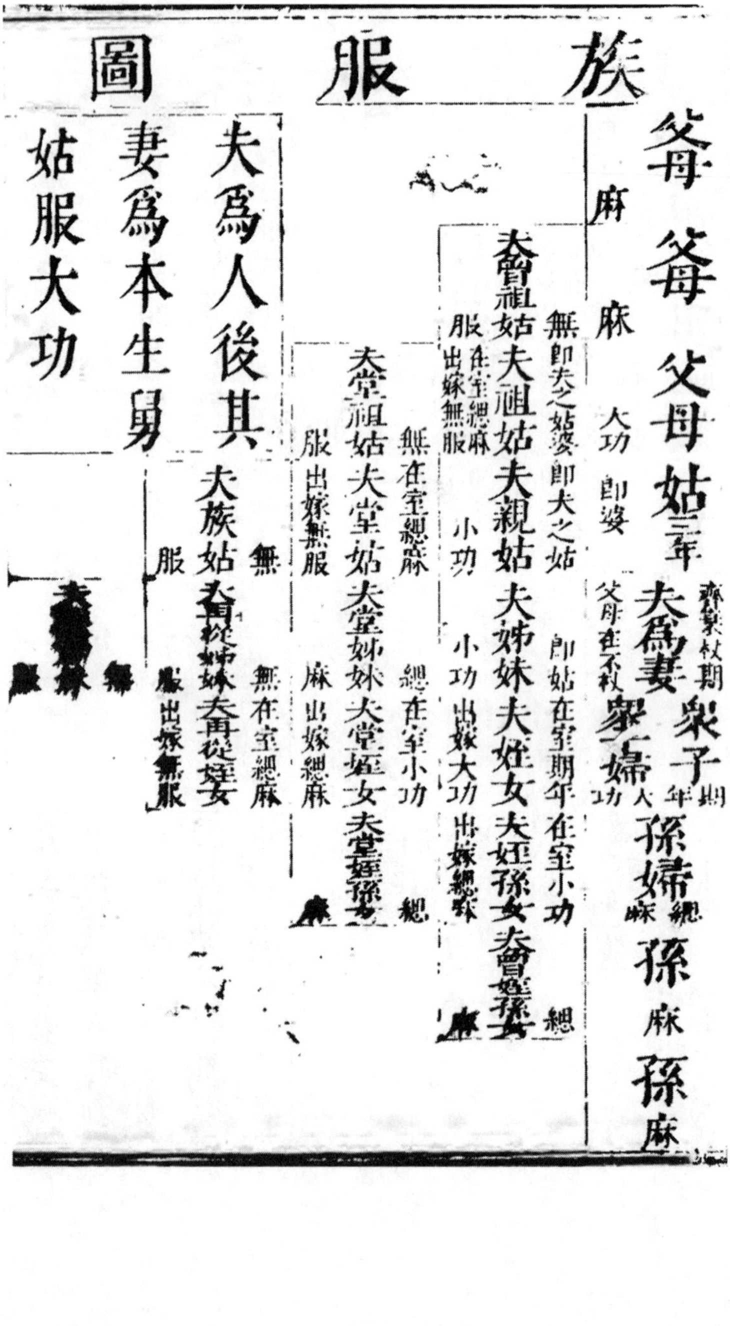

妻為夫

夫為祖父母及曾高祖父母承重者並從夫服

夫族兄弟 無服

夫族伯叔父母 無服

夫再從兄弟 無服

夫再從姪 緦麻

夫族伯叔祖父母 無服

夫堂伯叔父母 緦麻

夫堂兄弟 緦麻

夫堂姪 小功

夫堂姪婦 緦麻

夫堂姪孫 緦麻

夫族曾祖父母 無服

夫伯叔祖父母 緦麻

夫伯叔父母 大功 即夫之伯公叔公伯婆叔婆 即夫伯叔[illegible]

夫兄弟及妻 小功 [illegible]即夫之大伯小叔[illegible]

夫姪 期年

夫姪婦 大功

夫姪孫 小功

夫姪孫婦 緦麻

夫曾姪孫 緦麻

夫高祖 緦

夫曾祖 緦

夫祖 緦 即夫之公婆

舅 即[illegible] 斬衰

妻為夫 斬衰三年

長子 期年

長子婦 期年

孫 大功

曾 緦

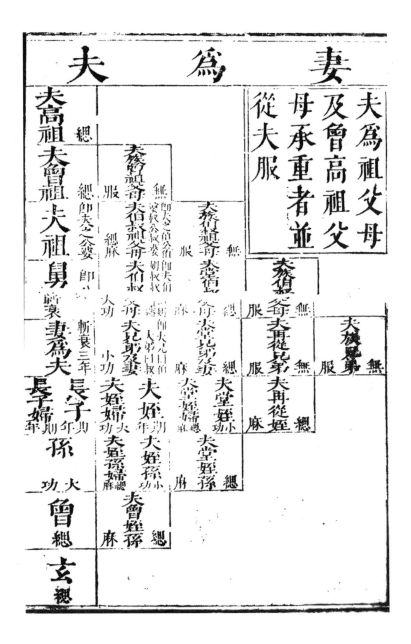

玄 緦

08　妾爲家長族服圖［明 14］

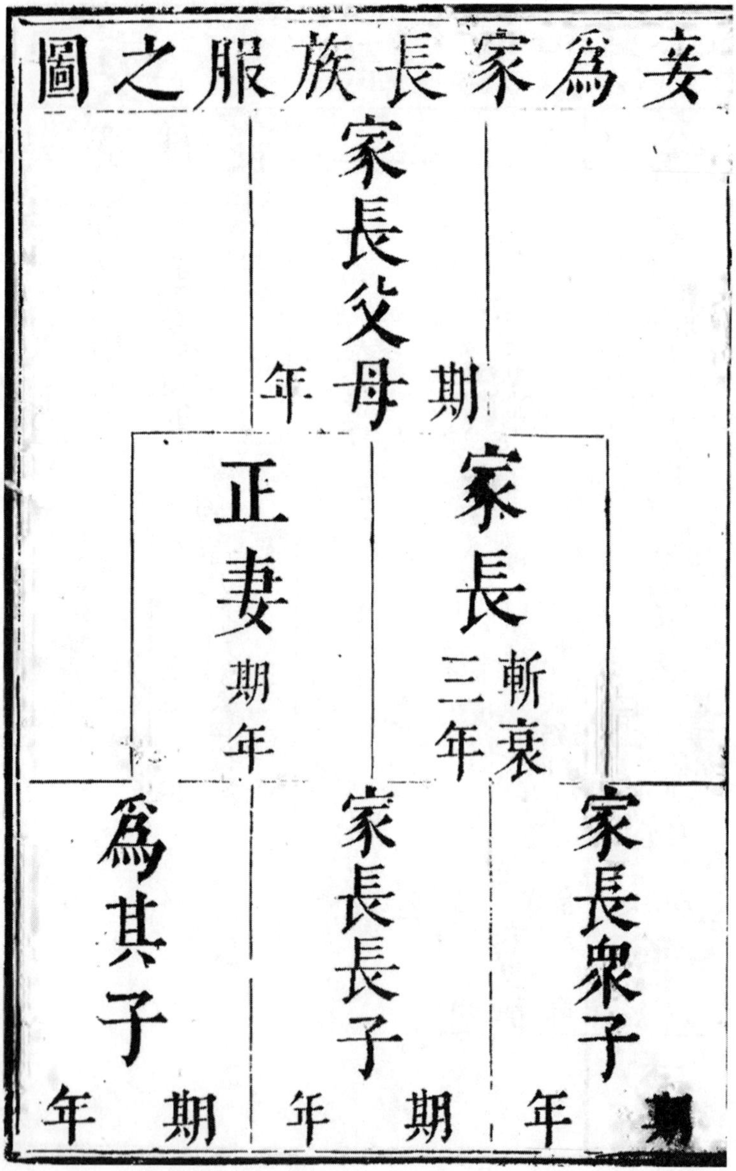

09　出嫁女爲本宗降服圖［明15］

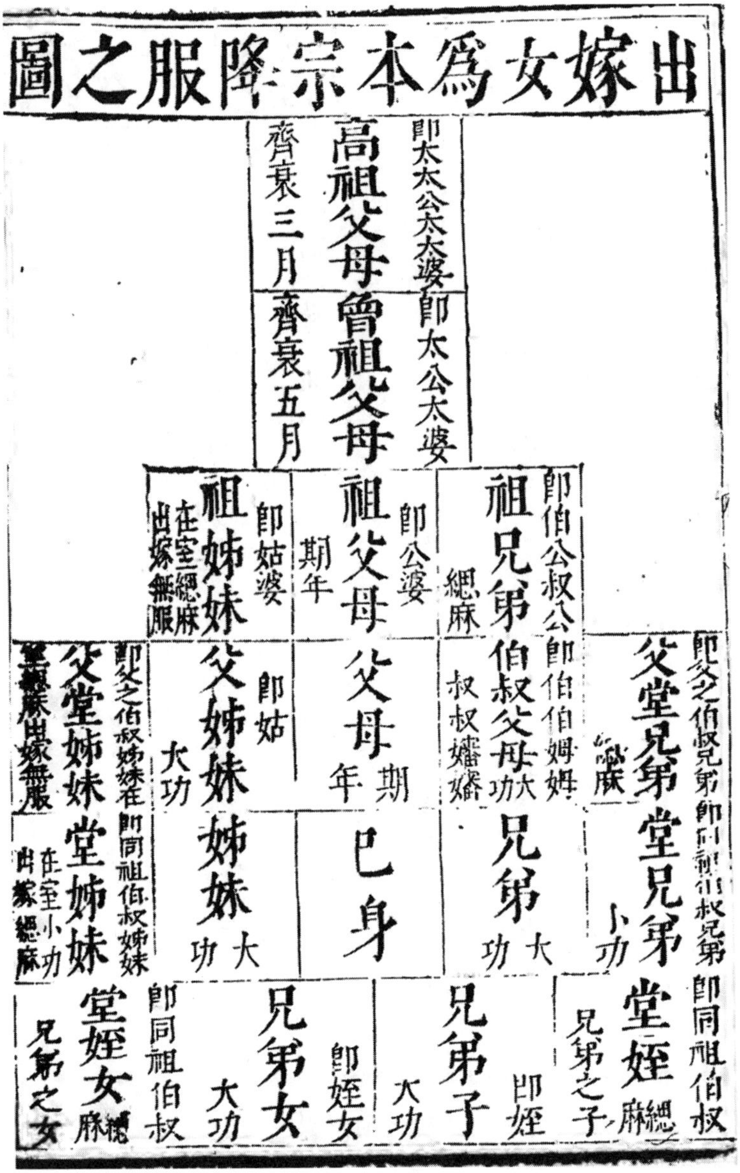
出嫁女爲本宗降服之圖
高祖父母
即太太公太太婆
齊衰三月
曾祖父母
即太公太婆
齊衰五月
祖兄弟
即伯公叔公
緦麻
祖父母
即公婆
期年
祖姊妹
即姑婆
在室緦麻
出嫁無服
父堂兄弟
即父之伯叔兄弟
緦麻
伯叔父母
即伯伯姆姆
叔叔嬸嬸
大功
父母
期年
父姊妹
即姑
大功
父堂姊妹
即父之伯叔姊妹
在室緦麻出嫁無服
堂兄弟
即同祖伯叔兄弟
小功
兄弟
大功
已身
姊妹
大功
堂姊妹
即同祖伯叔姊妹
在室小功
出嫁緦麻
堂姪
即同祖伯叔
兄弟之子
緦麻
兄弟子
即姪
大功
兄弟女
即姪女
大功
堂姪女
即同祖伯叔
兄弟之女
緦麻

10　外親服圖［明16］

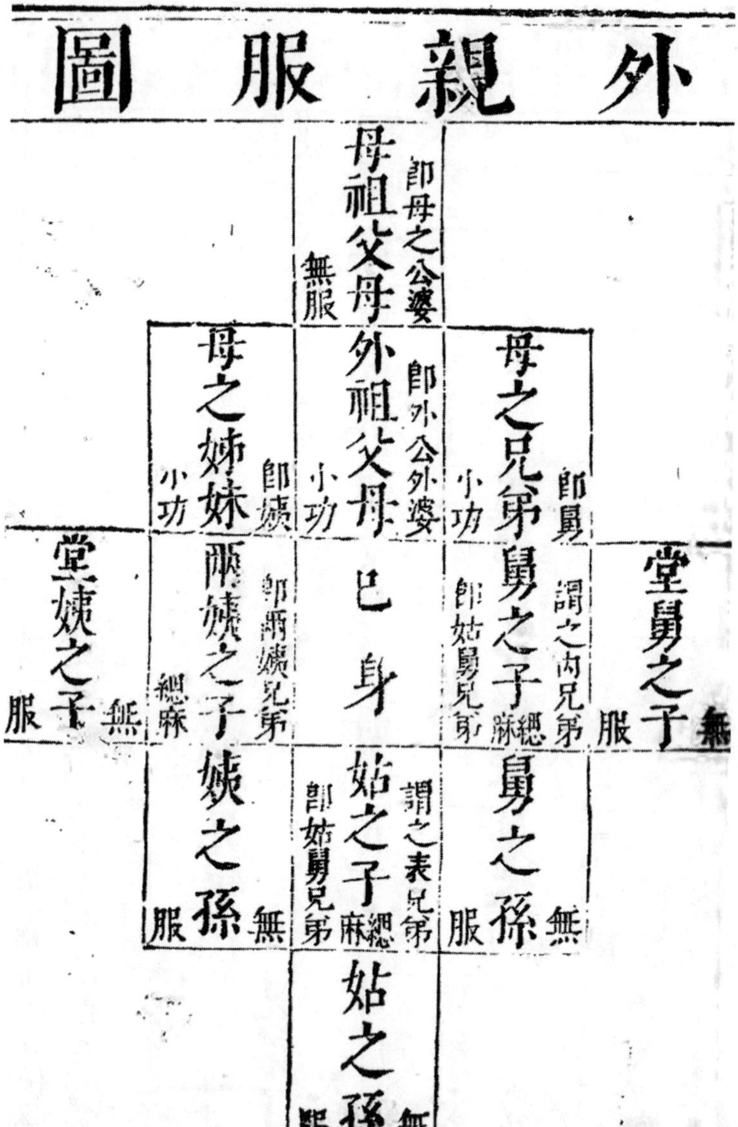
外親服圖
母祖父母
卽母之公婆
無服
外祖父母
卽外公外婆
小功
母之姊妹
卽姨
小功
母之兄弟
卽舅
小功
堂姨之子
無服
兩姨之子
卽兩姨兄弟
緦麻
己身
舅之子
謂之內兄弟
卽姑舅兄弟
緦麻
堂舅之子
無服
姨之孫
無服
姑之子
謂之表兄弟
卽姑舅兄弟
緦麻
舅之孫
無服
姑之孫
無服

11　妻親服圖［明 17］

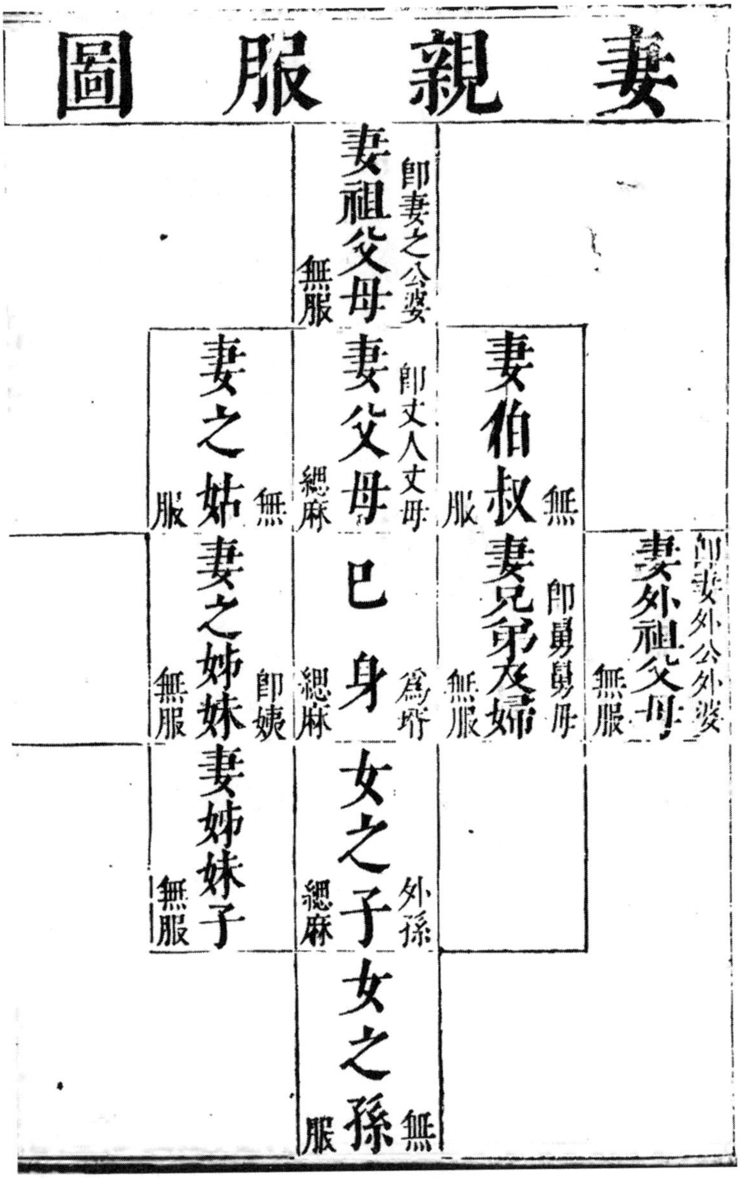
妻親服圖
妻祖父母
即妻之公婆
無服
妻父母
即丈人丈母
緦麻
妻伯叔
無服
妻之姑
無服
妻兄弟及婦
即舅舅母
無服
妻外祖父母
即妻外公外婆
無服
己身
為婿
緦麻
妻之姊妹
即姨
無服
女之子
外孫
緦麻
妻姊妹子
無服
女之孫
無服

12 三父八母服圖 [明 18]

三父八母服圖

同居繼父

兩無大功親謂繼父無子已身亦無伯叔兄弟之類 期年

兩有大功親為繼父有子孫自己亦有伯叔兄弟之類 齊衰三月

不同居繼父

先曾與繼父同居今不同居齊衰三月

自來不曾隨母與繼父同居 無服

從繼母嫁

謂父死繼母再嫁他人隨去者

齊衰杖期

養母 斬衰三年

謂自幼過房與人

嫡母 斬衰三年

謂妾生子稱父之正妻

繼母 斬衰三年

謂父娶後妻

慈母 斬衰三年

謂所生母死父令別妾撫育者

嫁母 齊衰杖期

謂親母因父死再嫁他人

出母 齊衰杖期

謂親母被父出

庶母

謂父有子妾 嫡子衆子齊衰杖期所生子斬衰三年

乳母

謂父妾乳哺者即奶母

緦麻

13 大清律集解名例① ［明19］

服制

斬衰三年

子爲父母。女在室，并已許嫁者，及已嫁被出，而反在室者同。子之妻同。

子爲繼母，爲慈母，爲養母。子之妻同。繼母，父之後妻。慈母，謂母卒，父命他妾養己者。養母，謂自幼過房與人者，即爲人後者之所後母也。

庶子爲所生母，爲嫡母。庶子之妻同。

爲人後者，爲所後父母。爲人後者之妻同。

嫡孫爲祖父母承重。高曾祖承重同。

妻爲夫妾。爲家長同。

齊衰杖期

嫡子、衆子，爲庶母。嫡子、衆子之妻同。庶母，父妾之有子者。父妾無子，不得以母稱矣。

子爲嫁母。親生母，父亡而改嫁者。

子爲出母。親生母，爲父所出者。

夫爲妻。父母在，不杖。

嫡孫，祖在爲祖母承重。

齊衰不杖期

祖爲嫡孫。

父母爲嫡長子，及嫡長子之妻，及衆子，及女在室，及子爲人後者。

繼母爲長子、衆子。

前夫之子，從繼母改嫁於人，爲改嫁繼母。

姪爲伯叔父母。父之親兄弟，及父親兄弟之妻也。

---

① 萬曆律作“大明律集解名例”。

爲己之親兄弟，及親兄弟之子女在室者。

孫爲祖父母。孫女在室、出嫁同。

爲人後者，爲其本生父母。

女出嫁，爲本宗父母。

女在室，及雖適人而無夫與子者，爲其兄弟姊妹及姪，與姪女在室者。

女適人，爲兄弟之爲父後者。

婦爲夫親兄弟之子，及女在室者。

妾爲家長之正妻。

妾爲家長父母。

妾爲家長之長子、衆子，與其所生子。

爲同居繼父，而兩無大功以上親者。

齊衰五月

曾孫爲曾祖父母。曾孫女同。

齊衰三月

玄孫爲高祖父母。玄孫女同。

爲繼父，先曾同居，今不同居者。自來不曾同居者無服。

爲同居繼父，而兩有大功以上親者。

大功九月

祖爲衆孫。孫女在室同。

祖母爲衆孫、嫡孫。

父母爲衆子婦，及女已出嫁者。

伯叔父母爲姪婦，及姪女已出嫁者。姪婦，兄弟子之妻也。姪女，兄弟之女也。

妻爲夫之祖父母。

妻爲夫之伯叔父母。

爲人後者，爲其兄及姑，及姊妹在室者。既爲人後，則於本生親屬，服皆降一等。

夫爲人後，其妻爲夫本生父母。

爲己之同堂兄弟姊妹在室者。即伯叔父母之子女也。

爲姑及姊妹之已出嫁者。姑即父之姊妹，姊妹即己之親姊妹也。

爲己兄弟之子爲人後者。

出嫁女爲本宗伯叔父母。

出嫁女爲本宗兄弟，及兄弟之子。

出嫁女爲本宗姑姊妹，及兄弟之女在室者。

小功五月

爲伯叔祖父母。祖之親兄弟。

爲堂伯叔父母。父之堂兄弟。

爲再從兄弟，及再從姊妹在室者。

爲同堂姊妹出嫁者。

爲同堂兄弟之子，及女在室者。

爲從祖姑在室者。即祖之親姊妹。

爲堂姑之在室者。即父之同堂姊妹。

爲兄弟之妻。

祖爲嫡孫之婦。

爲兄弟之孫，及兄弟之孫女在室者。

爲外祖父母。即母之父母。

爲母之兄弟姊妹。兄弟即舅，姊妹即姨。

爲姊妹之子。即外甥。

婦爲夫兄弟之孫即姪孫，及夫兄弟之孫女在室者即姪孫女。

婦爲夫之姑，及夫姊妹。在室、出嫁同。

婦爲夫兄弟，及夫兄弟之妻。

婦爲夫同堂兄弟之子，及女在室者。

女出嫁，爲本宗堂兄弟，及堂姊妹之在室者。

爲人後者，爲其姑及姊妹出嫁者。

緦麻三月

祖爲衆孫婦。

曾祖父母爲曾孫。玄孫同。

祖母爲嫡孫、衆孫婦。

爲乳母。

爲族曾祖父母。即曾祖之兄弟，及曾祖兄弟之妻。

爲族伯叔父母。即父再從兄弟，及再從兄弟之妻。

爲族兄弟，及族姊妹在室者。即己三從兄弟姊妹，所與同高祖者。

爲族曾祖姑在室者。即曾祖之姊妹。

爲族祖姑在室者。即祖之同堂姊妹。

爲族姑在室者。即父之再從姊妹。

爲族伯叔祖父母。即祖同堂兄弟，及同堂兄弟妻。

爲兄弟之曾孫，及兄弟之曾孫女在室者。

爲兄弟之孫女出嫁者。

爲同堂兄弟之孫，及同堂兄弟之孫女在室者。

爲再從兄弟之子，及女在室者。

爲從祖姑及堂姑，及己之再從姊妹出嫁者。從祖姑即祖之親姊妹，堂姑即父之堂姊妹。

爲同堂兄弟之女出嫁者。

爲姑之子。即父姊妹之子。

爲舅之子。即母兄弟之子。

爲兩姨兄弟。即母姊妹之子。

爲妻之父母。

爲壻。

爲外孫，男女同。即女之子女。

爲兄弟孫之妻。即姪孫之妻。

爲同堂兄弟之子妻。即堂姪之妻。

爲同堂兄弟之妻。

婦爲夫高曾祖父母。

婦爲夫之伯叔祖父母，及夫之從祖姑在室者。

婦爲夫之伯叔父母，及夫之堂姑在室者。夫之堂姑，即夫之伯叔祖父母所生也。

婦爲夫之同堂兄弟姊妹，及夫同堂兄弟之妻。

婦爲夫再從兄弟之子女在室者。

婦爲夫同堂兄弟之女出嫁者。

婦爲夫同堂兄弟子之妻。即堂姪婦。

婦爲夫同堂兄弟之孫，及孫女之在室者。

婦爲夫兄弟孫之妻。即姪孫之妻。

婦爲夫兄弟之孫女出嫁者。

婦爲夫兄弟之曾孫。即曾姪孫。女同。

女出嫁，爲本宗伯叔祖父母，及從祖姑在室者。

女出嫁，爲本宗再從伯叔父母，及堂姑出嫁者。

女出嫁，爲本宗堂兄弟之子女，在室者同。

［大明律集解名例終］

14 例分八字之義 [明05]

字之義

其

其者變於先意謂如論八議罪犯先奏請議其
犯十惡不用此律之類

及

及者事情連後謂如彼此俱罪之贓及應禁之
物則没官之類

即

即者意盡而復明謂如犯罪事發在逃者衆證
明白即同獄成之類

若

若者文雖殊而會上意謂如犯罪未老疾事發
時老疾以老疾論若在徒年限内老疾者亦如
之之類

例分八

以

以者與眞犯同謂如監守貿易官物無異眞盜故以枉法論以盜論並除名刺字罪至斬絞並全科

准

准者與眞犯有間矣謂如准枉法准盜論但准其罪不在除名刺字之例罪止杖一百流三千里

皆

皆者不分首從一等科罪謂如監臨主守職役同情盜所監守官物併贓滿數皆斬之類

各

各者彼此同科此罪謂如諸色人匠撥赴內府工作若不親自應役雇人冒名私自代替及替之人各杖一百之類

15 附六贓圖［明04］

四十	五十	杖六十	七十
			一兩以下
		一兩以下	一十兩
二十兩	三十兩	四十兩	五十兩

附六贓圖

	監守盜	常人盜 / 枉法	竊盜 / 不枉法	坐贓
笞二十				一兩以下
三十				一兩至一十兩

一年半	杖七十	一十兩	二十五兩	六十兩	二百兩
二年	杖八十	一十二兩五錢	三十兩	七十兩	三百兩
二年半	杖九十	一十五兩	三十五兩	八十兩	四百兩
三年	杖一百	一十七兩五錢	四十兩	九十兩	五百兩

八十	一兩以下	一兩至五兩	二十兩	六十兩
九十	一兩至三兩五錢	一十兩	三十兩	七十兩
一百	五兩	一十五兩	四十兩	八十兩
徒一年杖六十	七兩五錢	二十兩	五十兩	一百兩

	犯	死　雜
	斬	絞
	四十兩	
		八十兩

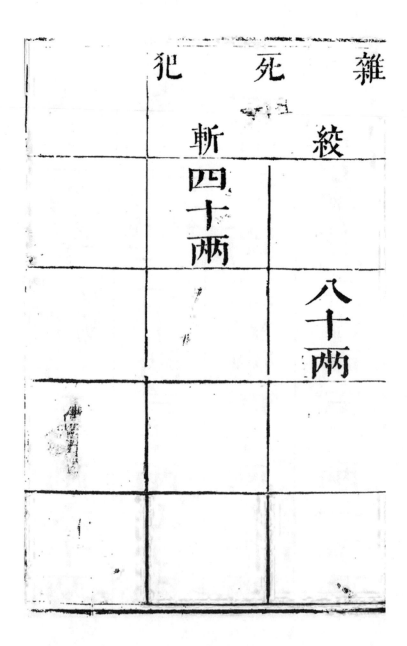

流二千里	杖一百	二十兩	四十五兩	一百兩
二千五百里	杖一百	二十五兩	五十兩	一百一十兩
三千里	杖一百	三十兩	五十五兩	一百二十兩

惟枉法有祿人四十無不枉法有祿人一五兩至七十九兩杖一百兩至一百二十兩百除妻子外其奴婢杖一百除妻子外其

家產頭畜俱入官入奴婢家產頭畜俱入十兩監候絞家產免官一百二十兩以上追常人盜不在此例監候絞家產免追

竊盜一百二十兩并三犯者皆

眞絞監候

杖六十			一貫以下	四十貫
七十		一貫以下		五十貫
八十	一貫以下	一貫至五貫	二十貫	六十貫
九十	一貫至二貫五百文	一十貫	三十貫	七十貫
一百	五貫	一十五貫	四十貫	八十貫
徒一年杖六十	七貫五百文	二十貫	五十貫	一百貫

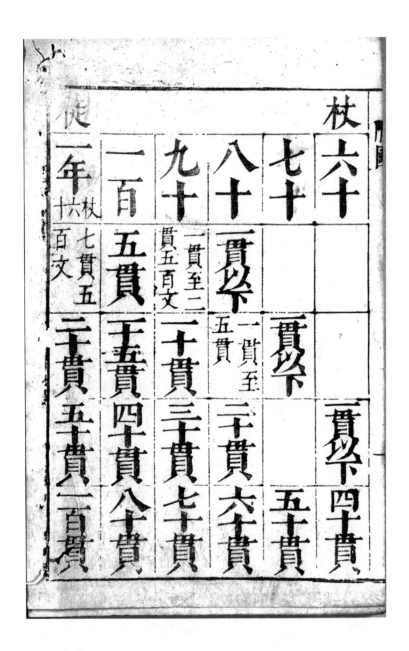

附六贓圖

	笞			
	二十	三十	四十	五十
監守盜				
常人盜 枉法				
竊盜 不枉法				
坐贓	一貫以下	一貫至一十貫	二十貫	三十貫

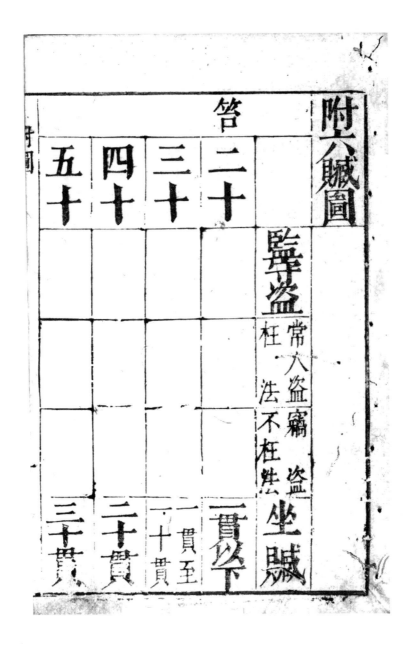

附圖

雜犯死

三千里 杖一百	二十五貫	五十五貫	二百二十貫	
絞		八十貫		
斬	四十貫			

一年半	杖七十	一十貫	二十五貫	六十貫	二百貫
二年	杖八十	一十二貫五百文	三十貫	七十貫	三百貫
二年半	杖九十	一十五貫	三十五貫	八十貫	四百貫
三年	杖一百	一十七貫五百文	四十貫	九十貫	五百貫
流 二千里	杖一百	二十貫	四十五貫	一百貫	
二千五百里	杖一百	二十二貫五百文	五十貫	一百一十貫	

16　附納贖例圖在京　[明 06]

三十

二個月米一石五斗灰三千四百甎一百四十炭四百五千[illegible]

折銀六斗折銀七斤折銀二兩個折銀一兩斤折銀百斤　百斤

錢　錢五分　五錢二分　八錢二分　八錢

四十

二個半月米二石灰三千斤甎二百七十五炭五百

折銀七錢折銀一折銀三兩個折銀一兩二斤折銀七千斤　三千斤

五分　兩　一錢五分錢七分五釐　一兩

五十

三個月米二石五斗灰三千六百甎二百一十炭六百斤八千四三千六

折銀九折銀一兩二斤折銀三兩個折銀二兩折銀一兩百斤　百斤

錢　錢五分　七錢八分　七錢三分　二錢

杖六十

四個月米六石灰四千二百甎三百四十五炭七百二十九千八四十二

折銀一折銀三斤折銀四兩個折銀三兩二斤折銀一兩百斤　百斤

兩二錢兩　四錢二分　錢八分五釐　四錢四分

附納贖例圖

在京老疾收贖等罪

俱照外贖例圖

依擬律 做工 運囚糧 運灰 運甎 運水和炭 運甎運石

笞一十

一個月 米五斗 灰一千二百 甎七十個 炭二百 二千八 一千二

折銀三 折銀二 斤折銀一兩 折銀九錢 斤折銀 百斤 百斤

錢 錢五分 二錢六分 一分 四錢

二十

一箇半月 米一石 灰一千八百 甎一百五個 炭三百 四千二 一千八

折銀四錢 折銀五 斤折銀一兩 折銀一兩三 斤折銀 百斤 百斤

五分 錢 八錢九分 [illegible]六分五釐六錢

徒一年 以下民擺站軍瞭哨

折銀三 米十五石 灰一萬二千 甎六百個 炭一千七 二萬四 一萬二

兩六錢 折銀十二 斤折銀十二 折銀七兩 百斤折銀 千斤 千斤

兩六錢 兩六錢 八錢 三兩四錢

一年半

折銀五 米二十 灰一萬八千 甎九百個 炭二千五百 三萬六 一萬八

兩四錢 石 折銀 斤折銀十八 折銀十一 五十斤折銀 千斤 千斤

十兩 兩九錢 兩七錢 五兩一錢

二年

折銀七 米二十五 灰二萬四千 甎一千二百 炭三千四 四萬八 二萬四

兩二錢 石折銀十 斤折銀二十 個折銀十五 百斤折銀 千斤 千斤

二兩五錢 五兩二錢 兩六錢 六兩八錢

二年半

折銀九 米三十石 灰三萬 斤 甎一千五百 炭四千二百

兩 折銀十五 折銀三十 個折銀十九 五十斤折銀 六萬斤 三萬斤

兩 一兩五 錢 兩五錢 八兩五錢

七十
四個半月米七石折灰四千八百甎二百八十炭八百二十一萬一四千八
折銀一兩銀三兩五斤折銀五兩個折銀三兩斤折銀一兩千二百百斤
三錢五分錢　零四分　六錢四分　六錢四分　斤

八十
五個月折米八石灰五千四百甎三百一十炭九百二十一萬二五千四
銀一兩五折銀四斤折銀五兩五個折銀四斤折銀一兩千六百百斤
錢　兩　六錢七分　兩九分五厘　八錢四分　斤

九十
五個半月米九石折灰六千斤甎三百五十炭一千二十一萬四
折銀一兩銀四兩五折銀六兩個折銀四兩斤折銀二兩千斤　六千斤
六錢五分錢　三錢　五錢五分　零四分

一百
六個月折米十石灰六千六百甎三百八十炭二千二百二一萬五六千六
銀一兩八折銀五斤折銀六兩五個折銀五十斤折銀二千四百百斤
以貞的决
錢　兩　九錢三分　兩零五厘　兩二錢四分斤

三年

折銀十米三十五灰三萬六千甎一千八百炭五千一七萬二三萬六

兩八錢 石折銀十 斤折銀三十 個折銀二十 百斤折銀千斤 千斤

七兩五錢 七兩八錢 三兩四錢 十兩二錢

四年

折銀十米四十灰四萬八千甎二千四百炭六千八百八萬四四萬二

四兩四 石折銀 斤折銀五十 個折銀三十 斤折銀十三千斤 千斤

錢 二十兩 兩四錢 二兩二錢 兩六錢

五年

折銀十米五十石灰六萬斤甎三千個炭八千五一十二六萬四

八兩 折銀二十 折銀六十 折銀三十 百斤折銀萬八千 千一百

五兩 三兩 九兩 十七兩 斤 斤

惟軍職立功每年納米十石定例俱納本色不許[illegible]

附納贖例圖

	笞一十	二十	三十	四十
做工	一箇月折銀三錢	一箇半月折銀四錢五分	二箇月折銀六錢	二箇半月折銀七錢五分
運囚糧	五斗	一石	一石五斗	二石
運灰	一千二百斤折銀一兩二錢六分	一千八百斤折銀一兩八錢九分	二千四百斤折銀二兩五錢二分	三千斤折銀三兩一錢五分
運甎	七十箇折銀九錢一分	一百五箇折銀一兩三錢六分五釐	一百四十箇折銀一兩八錢二分	一百七十五箇折銀二兩二錢七分五釐
運水和炭	二百斤折銀四錢	三百斤折銀六錢	四百斤折銀八錢	五百斤折銀一兩
運碎甎	二千八百斤	四千二百斤	五千六百斤	七千斤
運石	一千二百斤	一千八百斤	二千四百斤	三千斤
老疾折錢			俱一文八	

徒一年
折銀三
兩六錢
十五石
一萬二千六百箇折一千七百二萬四千一萬二千六文
斤折銀十銀七兩八斤折銀三斤 斤
二兩六錢錢 兩四錢

一年半
折銀五
兩四錢
二十石
一萬八千九百箇折二千五百五二萬六千一萬八千
斤折銀十銀十一兩十斤折銀五斤 斤
八兩九錢七錢 兩一錢

二年
折銀七
兩二錢
二十五石
二萬四千斤一千二百三千四百四萬八千二萬四千九文
折銀二十五箇折銀十斤折銀六斤 斤
兩二錢 五兩六錢兩八錢

二年半
折銀九
兩
三十石
三萬斤折一千五百箇四千二百五六萬斤三萬斤
銀三十一折銀一十九十斤折銀八
兩五錢 兩五錢 兩五錢

三年
折銀十
兩八錢
三十五石
三萬六千斤一千八百箇五千一百七萬二千三萬六千十二文
折銀三十七折銀二十三斤折銀十斤 斤
兩八錢 兩四錢 兩二錢

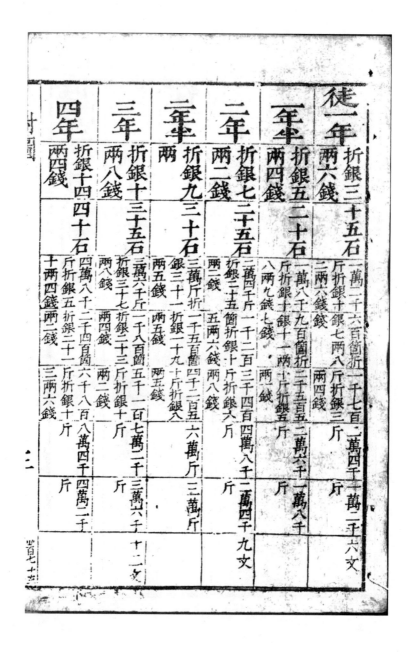

四年
折銀十四
兩四錢
四十石
四萬八千二千四百箇六千八百八萬四千四萬二千
斤折銀五折銀二十一斤折銀十斤 斤
十兩四錢兩二錢 三兩六錢

附圖

五十	三箇月折銀九錢	二石五斗	三千六百斤折銀三兩七錢八分	二百一十箇折銀二兩七錢三分	六百斤折銀一兩二錢	八千四十斤	三千六百斤	
杖六十	四箇月折銀一兩二錢	六石	四千二百斤折銀四兩四錢[illegible]分	二百四十五箇折銀三兩一錢八分五釐	七百二十斤折銀一兩四錢四分	九千八百斤	四千二百斤	俱二文
七十	四箇半月折銀一兩三錢五分	七石	四千八百斤折銀五兩零四分	二百八十箇折銀三兩六錢四分	八百二十斤折銀一兩六錢四分	一萬一千二百斤	四千八百斤	
八十	五箇月折銀一兩五錢	八石	五千四百斤折銀五兩六錢七分	三百一十五箇折銀四兩九分五釐	九百二十斤折銀一兩八錢四分	一萬二千六百斤	五千四百斤	
九十	五箇半月折銀一兩六錢五分	九石	六千斤折銀六兩三錢	三百五十箇折銀四兩五錢五分	一千二十斤折銀二兩四分	一萬四千斤	六千斤	
一百	六箇月折銀一兩八錢	十石	六千六百斤折銀六兩九錢三分	三百八十五箇折銀五兩五釐	一千一百二十斤折銀二兩二錢四分	一萬五千四百斤	六千六百六斤	俱三文

五年

折銀十八兩

五十石

六萬斤折銀六十三兩

三千箇折銀三十九兩

八千五百斤折銀十七兩

一十二萬八千斤

六萬四千二百斤

按舊圖流罪止加一等蓋因律文三流同為一減也但流罪俱以大誥減盡唯總徒四年及雜犯遇例減去一年者則實徒四年矣難以止加一等今將做工運灰運甎運炭四項照年限改正唯納米一項奉有軍職立功每年納米十石定例相應照舊

17　附在外納贖諸例圖［明07］

附在外納贖諸例圖

例

無力	依律決配	
有力	照例贖罪	
稍有力	納工價	折銀每做工一月折上庫銀三錢
收贖	老幼廢疾軍職正妻工役樂戶例難兩決婦人折杖及婦人有力者收贖律	
贖罪		
贖銅	非奉旨於各布政使司等衙門編錢者不許擅贖取罪	

四十		贖銀一兩如納米二石如穀四石 贖銀七錢五分		贖銀三分	贖銀四錢	
五十		贖銀一兩二錢五分如納米二石五斗如穀五石 贖銀九錢		贖銀三分七厘五毫	贖銀五錢	每笞一十贖銅半斤每銅一斤折銀五分
杖六十	杖之大者	贖銀三兩如納米六石如穀一十二石 贖銀一兩二錢		贖銀四分五厘	贖銀六錢	
七十		贖銀三兩五錢如納米七石如穀十四石 贖銀一兩三錢五分		贖銀五分二厘五毫	贖銀七錢	

	笞一十	二十	三十
	杖之小者		
折穀上倉每穀一石折米五斗每米一石折銀五錢	贖銀二錢五分如納米五如穀一石	贖銀五錢如納米一石如穀二石	贖銀七錢五分如納米一石五斗如穀三石
	贖銀三錢	贖銀四錢五分	贖銀六錢
	贖銀七釐五毫	贖銀一分五釐	贖銀二分二釐五毫
	贖銀一錢	贖銀二錢	贖銀三錢

徒	贖	收贖
一年	贖銀七兩五錢如納米十五石如穀三十石 以下民擺站 軍瞭哨 贖銀三兩六錢	贖銀一錢五分 杖六十連徒共折贖銅一百二 杖一百二十共一十斤雜犯再 百五十罪贖銀一兩 其三十餘罪折銀 犯又贖銀七 七分五釐 分五釐
一年半	贖銀十兩如納米二十石如穀四十石 贖銀五兩四錢	贖銀一錢八分七釐五毫 杖七十連徒共折贖銅一百四 杖一百四十共一百十斤雜犯再 三百五十罪贖銀一兩其犯又贖銀一 四十餘罪折銀一錢一分二釐 錢一分二釐二毫五毫
二年	贖銀十二兩五錢如納米二十五石如穀五十石 贖銀七兩二錢	贖銀二錢二分五釐 杖八十連徒共折贖銅二百六 杖二百六十共一十斤雜犯再 百五十罪贖銀一兩 其六十餘罪折銀 犯又贖銀一 一錢五分 錢五分
二年半	贖銀十五兩如納米三十石如穀六十石 贖銀九兩	贖銀二錢六分二釐五毫 杖九十連徒共折贖銅二百八 杖二百八十共二百十斤雜犯再 正罪贖銀一兩其犯又[illegible] 八十餘罪折銀一錢八分[illegible] 錢八分[illegible]五毫

八十	九十	一百	
		以上俱的决	
贖銀四兩如納米八石如穀十六石	贖銀四兩五錢如納米九石如穀十六石	贖銀五兩如納米十石如穀二十石	
贖銀一兩五錢	贖銀一兩六錢五分	贖銀一兩八錢	
贖銀六分	贖銀六分七厘五毫	贖銀七分五厘	
贖銀一錢八錢	贖一錢九錢	贖銀一兩	婦人餘罪收贖例并誣輕為重者
		每杖十贖銅一斤每銅一斤折銀五分	

總徒四年	雜犯五年	絞斬	過失殺
	軍職立功年滿有力納米俱復職帶俸差操		依律收贖折銀十二兩四錢二分給被殺之家營葬取領狀
贖銀二十兩如納米四十石如穀八十石 贖銀十四兩四錢	贖銀二十五兩如納米五十石如穀一百石 贖銀一十八兩		
逕徒准徒三年折贖罪銀四錢五分		贖銀五錢二分五厘	
		除贖正罪銀一兩外餘罪折銀四錢零五厘	
已徒犯徒遇例減一等	再犯贖銀四錢五分		

三千里	二千五百里	流二千里	三年
			贖銀十七兩五錢如納米三十五石如穀七十石
			贖銀一十兩零八錢
贖銀四錢五分（該折杖二百六十杖[illegible]其二百止罪贖銀一兩其一百六十餘罪折銀三錢七[illegible]）贖銅二百六十斤	贖銀四錢一分二釐五毫（該折杖三百四十[illegible]其二百[illegible]一兩其一百四十餘罪[illegible]分七釐五毫）贖銅二百四十斤	贖銀三錢七分五釐（該折杖一百二十其二百止贖[illegible]贖銀一兩其一百二十餘罪折銀三錢）贖銅三百二十斤	贖銀杖一百[illegible]三錢六分五釐（杖三百其二百止罪贖銀一兩其一百餘罪折銀[illegible]分[illegible]釐）[illegible]

附圖　四

二十	米一石 穀二石	四錢五分	錢一貫一百文 鈔三百貫折錢七十文 折銀一分七釐五毫 錢一百四十文折銀二錢 鈔二百五十貫
三十	米一石五斗 穀三石	六錢	錢二貫八百文 鈔四百五十貫 錢一百五十文 文折銀二分 折錢二百一十 二釐五毫 文折銀三錢 鈔三百二十五貫
四十	米二石 穀四石	七錢五分	錢三貫四百文 鈔六百貫折 錢二百四十文 文折銀三分 錢二百八十 文折銀四錢 鈔三百貫
五十	米二石五斗 穀五石	九錢	錢三貫 折銀三 鈔七百五十貫 錢三百七十文 每笞二十 折錢三百五十 分七釐五毫 文折銀五錢 鈔三百七十五貫 贖銅十斤
杖六十	米六石 穀十二石	一兩二錢	錢三貫六百文 鈔一千四百五十 錢三百一十文 折銀四分五釐 貫折錢四百二 十文折銀六錢 鈔七百二十五貫
七十	米七石 穀[illegible]	一兩三錢五分	錢四貫二百 鈔一千六百五十 錢一百四十五文 文折銀五分 貫折錢四百九 二釐五毫 十文折銀七錢 鈔八百二十五貫

附在外納贖諸例圖

無力有力稍有力

依律照例納贖

收贖律鈔贖罪例鈔錢鈔兼收

贖鈔 贖銅

老幼廢疾工樂軍職正妻例 即上件人犯

戶婦人折杖餘應的決之人

罷及應贖者有力者 該贖鈔者

刑部覆都御史光將鈔一貫在京常用

史陳洪謨奏折銀三釐比銀鈔故見

與例鈔應別納米尤重 行無收

刑部覆都御都御史朱廷聲在外錢鈔不

史朱廷聲奏 題照衙門議便故奏行折

每貫折銀一

分二釐五毫 議與工食同 銀見上

舊例

折銀

照儀從事例

今定

折穀上倉

每斂工一用 折銀三釐

笞一十

米五斗 穀一石 三錢

錢六百文折鈔一百五十 錢三十五文 雜犯再犯

貫折錢七十 笞杖決訖

銀七釐五毫 文折銀一錢鈔一百貫 照前發遣

附圖 四

附圖

二年	二年半	三年	流二千里	二千五百里	三千里
米二十五石 穀五十石	米三十石 穀六十石	米三十五石 穀七十石			
七兩二錢	九兩	十兩八錢			
錢十八貫 折銀二錢 二分五釐	錢二十一貫 折銀二錢六 分二釐五毫	錢二十四貫 折銀三錢	錢三十貫 折銀三錢 七分五釐	錢三十三貫 折銀四錢二 分二釐五毫	錢三十六貫折 銀四錢五分
鈔一十二貫 折錢六文	鈔一十五貫 折錢七文半	鈔一十八貫 折錢九文	充軍終身 例得收贖 鈔三十貫		
杖八十連徒 共折杖一百 六十	杖九十連徒 共折杖一百 八十	杖一百連徒 共折杖二百	流徒共折杖 二百二十	流杖共折 杖二百三十	流杖共折 杖二百四十
贖銅一百六十斤 雜犯再犯贖 鈔一十二貫	贖銅一百八十斤 雜犯再犯贖 鈔一十五貫	贖銅二百斤 雜犯再犯贖 鈔一十八貫	贖銅二百 二十斤	贖銅二百 四十斤	贖銅二百 六十斤

五

八十	九十	一百		徒一年	一年半
		以上俱的決		以下俱民擺站軍瞭哨	
米八石穀十六石	米九石穀十八石	米十石穀二十石	連杖總折	米十五石穀三十石	米二十石穀四十石
一兩五錢	一兩六錢五分	一兩八錢		三兩六錢	五兩四錢
錢四貫八百文折銀六分 鈔二千八百五十貫折錢五百六十文折銀八分 錢二百八十文 鈔九百三十貫	錢五貫四百文折銀六分七釐五毫 鈔二千五十貫折錢六百三十文折銀九錢 錢三百十五文 鈔一千二十貫	錢六貫折銀七分五釐 鈔二千二百五十貫折錢七百文折銀一兩 錢三百五十文每杖一十 鈔一千一百二十貫贖銅一斤	金贖銅錢兼徒流情重謹驅為 徒杖收折不准納鈔 折杖重者	錢十二貫折銀一錢五分 婦人餘罪收贖鈔六貫折錢三文 杖六十連徒共折杖一百五十 鈔六貫 贖銅一百二十斤 雜犯再犯照	錢十五貫折銀一錢八分七釐五毫 鈔九貫折錢四文半 杖七十連徒共折杖一百四十 贖銅[illegible] 雜犯再犯照 鈔九貫

總徒四年		米四十石 穀八十石	十四兩四錢	無徒准徒二年 除杖贖止贖鈔 三十三貫二百文		干名者實以已徒之年 服制虛加三等不折杖流 過例減
雜犯	軍職立功有力納米年滿 改職帶俸	米五十石 穀一百石	二十八兩			誣發死未決流三千里不折杖 再犯收贖鈔三十六貫
絞斬				鈔四十二貫 折銀五錢二分五釐		全誣者流三千里加徒三年

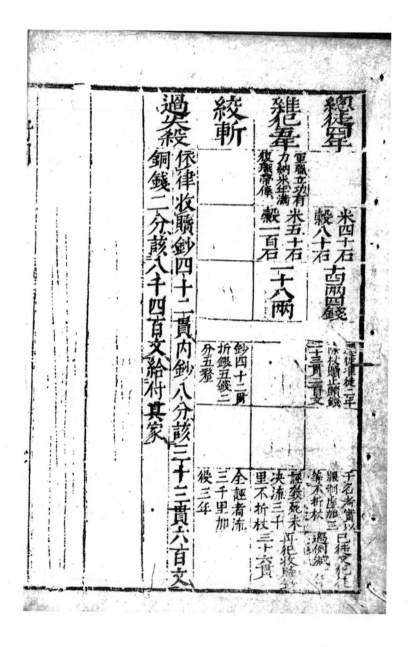

過失殺 依律收贖鈔四十二貫內鈔八分該三千三貫六百文銅錢二分該八千四百文給付其家

18 附限内老疾收贖圖

附限内老疾收贖

徒一年

杖六十　凡犯杖六十徒一年老疾合計全贖銀一錢五分除已受杖六十准去四分五釐剩徒一年該贖銀一錢零五釐計算每徒一月贖銀八釐七毫五忽如已役一月准贖八釐七毫五忽外未役十一個月該收贖銀九分六釐二毫五忽

一年半

杖七十　凡犯杖七十徒一年半老疾合計全贖銀一錢八分七釐五毫除受杖七十准去五分二釐五毫剩徒一年半該贖銀一錢三分五釐計算每徒一月贖銀七釐五毫如已役一月准贖徒銀七釐五毫外未役一十七個月該收贖銀一錢二分七釐五毫

二年

杖八十　凡犯杖八十徒二年老疾合計全贖銀二錢二分五厘除已受杖八十准去六分剩徒二年該贖銀一錢六分五釐計算每徒一月贖銀六釐二毫五忽如已役一月准贖徒銀六釐二毫五[illegible]忽外未役二十三個月該收[illegible]錢四分五厘六忽

二年半　杖九十　凡犯杖九十徒二年半老疾合計全贖銀二錢六分二釐五毫除已受杖九十准去六分七釐五毫剩徒二年半該贖銀一錢九分五釐計算每徒一月贖銀六釐四毫六忽如已役一月贖徒銀六釐四毫六忽外未役二十九個月該收贖銀一錢九分一釐一毫四忽

三年　杖一百　凡犯杖一百徒三年老疾合計全贖銀三錢除已受杖一百准去七分五釐剩徒三年該贖銀二錢二分五釐計算每徒一月贖銀六釐三毫如已役一月准贖徒銀六釐三毫外未役三十五個月該收贖銀二錢二分

考此凡各受杖贖銀計算無異惟已役徒一月有八釐七毫五忽者七釐五毫者六釐七毫五忽者六釐四毫六忽者六釐三毫者其不同何也蓋徒之全贖原有差等也

19　附誣輕爲重收贖圖

附誣輕爲重收贖圖

凡誣輕爲重如告人一百杖內止四十杖得實所誣

六十杖被誣之人已經受決告誣者必全抵杖決

六十不准贖銀如未決方准照後收贖

笞二十杖之小者每一十贖銀七釐五毫杖亦同之徒折杖亦同之

二十

七十
如告人杖七十内止三十得實所剩誣四十已經受決將告誣者必全抵杖決四十如未決准贖銀三分

八十
如告人杖八十内止三十得實所剩誣五十已經受決將告誣者必全抵杖決五十如未決准贖銀三分七釐五毫

九十
如告人杖九十内止四十得實所剩誣五十已經受決將告誣者必全抵杖決五十如未決准贖銀三分七釐五毫

一百
如告人杖一百内止四十得實所剩誣六十已經受決將告誣者必全抵杖決六十如未決准贖銀四分五釐

三十

如告人笞三十內止一十得實所剩誣二十已經受決將告誣者必全抵笞決二十如未決准贖銀一分五釐

四十

如告人笞四十內止一十得實所剩誣三十已經受決將告誣者必全抵笞決三十如未決准贖銀二分二釐五毫

五十

如告人笞五十內止二十得實所剩誣三十已經受決將告誣者必全抵笞決三十如未決准贖銀二分二釐五毫

杖六十

如告人杖六十內止二十得實所剩誣四十已經受決將告誣者必全抵杖決四十如未決准贖銀三分

三年	杖一百	如告人杖一百徒三年內止杖八十得實被誣之人若經已決告誣者必全抵剩杖二十徒三年之罪如未決徒三年折杖一百并剩杖共二百二十仍實杖一百餘二十杖方准贖銀一分五釐
流二千里	杖一百	杖一百徒三年連徒折杖二百又從徒上加流一等折杖二十共二百二十如告人杖一百流二千里准徒四年內止杖六十徒一年是實被誣人若經已決告誣者除告實外剩杖四十徒三年務必全抵如未決除告實杖六十又徒一年折杖六十共一百二十外剩杖一百准收贖銀七分五釐
二千五百里	杖一百	杖一百徒三年連徒折杖二百又從徒上加流二等折杖四十共二百四十如告人杖一百流二千五百里准徒四年內止杖六十徒一年是實被誣人若經已決告誣者除告實外剩杖四十徒三年務必全抵如未決除告實杖六十又徒一年折杖六十共一百二十外剩杖一百二十止杖一百餘二十准收贖銀一分五釐
三千里	杖一百	杖一百徒三年連徒折杖二百又從徒上加流三等折杖六十共二百六十如告人杖一百流三千里准徒四年內止杖一百流二千里是實被誣人若經已決除告實外務必全抵徒一年如未決除告實杖一百流二千里共折杖二百二十外剩杖四十該贖銀三分三流雖同准徒四年必以一年為剩罪

徒一年
杖如告人杖六十徒一年內止杖五十得實被誣之人若經已決
六將告誣者必全抵剩杖一十徒一年之罪如未決徒一年折
十六十并杖共七十准贖銀五分二釐五毫

一年半
杖如告人杖七十徒一年半內止杖七十得實被誣之人若經已
七決將告誣者必全抵剩徒一年半之罪如未決徒一年半折杖
十七十准贖銀五分二釐五毫

二年
杖如告人杖八十徒二年內止杖八十得實被誣之人若經已決
八將告誣者必全抵剩徒二年之罪如未決徒二年折杖八十准
十贖銀六分

二年半
杖如告人杖九十徒二年半內止杖六十徒一年得實被誣之人
九若經已決將告誣者必全抵剩杖三十徒一年半之罪如未決
十徒一年半折杖七十并杖三十共杖一百准贖銀七分五釐

此贖與老幼婦人收贖不同彼徒流皆直照徒年限
收贖此徒流皆折杖照杖收贖
誣告收贖舊圖依唐律疏議前後參差悶者多有不
明今特改正

按徒流已論決者或云亦折杖隨所剩杖數多少全決之不坐徒流夫至重者爲民命死罪已決者尚抵以死未決者亦止減一等而謂徒流不全抵可乎或又云律謂未論決徒流止杖一百則其已論決者當無止法乎此又非律意也葢所誣者若係杖一百流三千里而告實止笞一十其剩杖二百三十亦將全決之乎聖人制律所以生民非所以殺民不得已而用之者也使可全決則律以懲奸將無制限而杖可過一

納米等項贖罪行之如無力則剩罪至杖一百以上者實的决一百其餘罪亦着納贖但不用律贖每杖一十贖銀七釐五毫之數而用例贖每杖一十贖銀一錢則杖不過百而贖不失輕庶兩得其平矣若無力至一兩之銀亦不能納者則量從律贖與未决餘罪同臨時酌之

百矣今决杖何止曰一百而一百之外即減杖加徒也正以笞輕于杖故加以杖而杖一百之外又難復加故立徒流之法耳其所謂止者止謂其杖一百之外不可復加之意也不然民吾赤子而肆然加以二百三十之杖其不就斃者百無一人耳豈聖人仁民愛物之心哉又按王肯堂箋釋云全抵剩罪無力的決做工擺站哨瞭有力納米等項贖罪亦如例不在折杖收贖之限今合二說參酌其宜如有力則剩罪俱以

附圖

三十	假如告人笞三十內止一十實已決全抵剩二十之罪未決收贖一貫二百文
四十	假如告人笞四十內止一十實已決全抵剩三十之罪未決者收贖一貫八百文
五十	假如告人笞五十內止二十實已決全抵剩三十之罪未決收贖一貫八百文
杖六十	假如告人杖六十內止二十實已決全抵剩四十之罪未決收贖二貫四百文

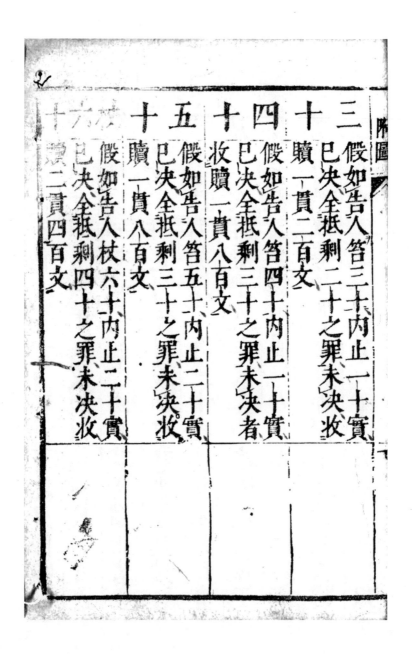

附 收贖鈔圖 [明08]

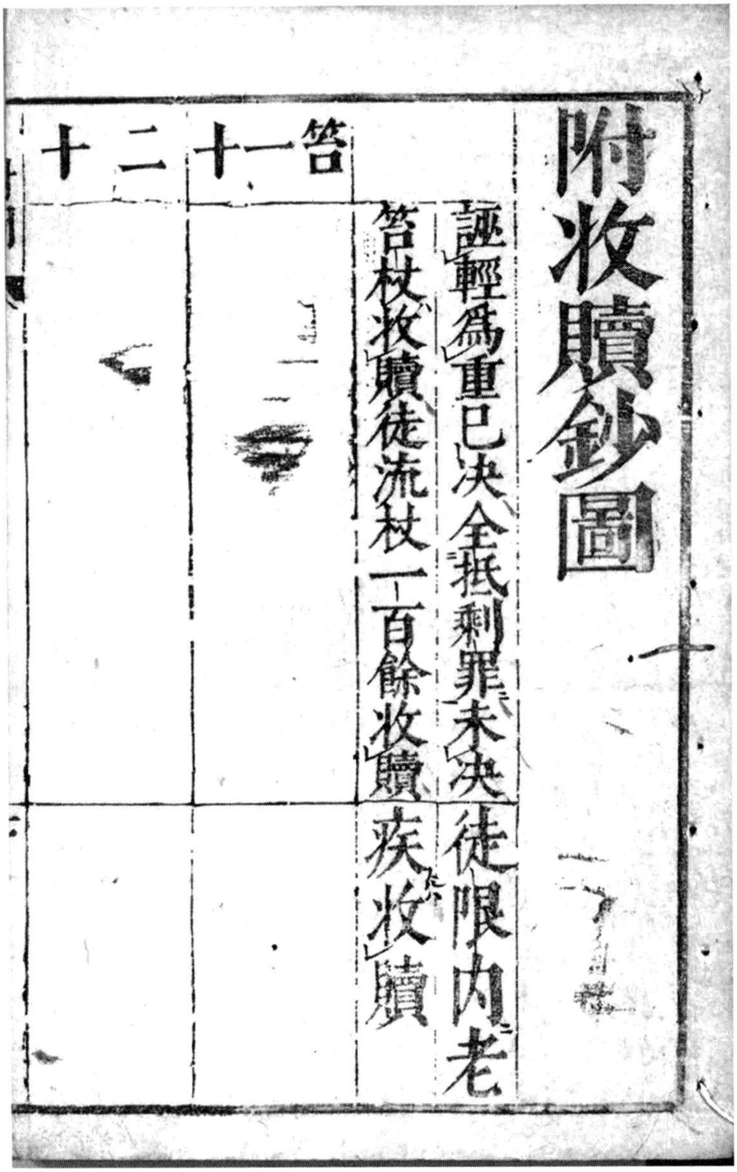

附收贖鈔圖

誣輕爲重已決全抵剩罪未決徒限內老

笞杖收贖徒流杖一百餘收贖疾收贖

笞	一十	二十

附圖

徒一年
杖六十

假如告人杖六十徒一年内止笞五十實巳決全抵剩杖一十徒一年之罪未決徒一年折杖六十并杖共七十收贖四貫二百文

除杖外徒該八貫四百文計未役每日贖鈔二十三文三分三釐三毫每月贖七百文

一年半
杖七十

假如告人杖七十徒一年半内止杖八十實巳決全抵剩徒一年半之罪未決徒一年半折杖七十并杖一百四十除杖八十剩杖六十收贖三貫六百文

除杖外徒該十貫八百文計未役每日贖鈔二十文月贖鈔六百文

二年
杖八十

假如告人杖八十徒二年内止杖八十實巳決全抵剩徒二年之罪未決者徒二年折杖八十收贖四貫八百文

除杖外徒該一十三貫二百文計未役每日贖十八文三釐三毫四絲月贖五百五十文

二年半
杖九十

假如告人杖九十徒二年半内止杖六十徒一年實巳決全抵剩杖三十徒一年半之罪未決徒一年半折杖七十并杖三十共杖一百收贖六貫

除杖外徒該一十貫六百文計未役每日贖一十七文三分三釐三毫四絲月贖五百二十文

七十
假如告人杖七十内止三十實已决全抵剩四十之罪未决收贖二貫四百文

八十
假如告人杖八十内止三十實已决全抵剩五十之罪未决收贖三貫

九十
假如告人杖九十内止四十實已决全抵剩五十之罪未决收贖三貫

一百
假如告人杖一百内止四十實已决全抵剩六十之罪未决收贖三貫六百文

三年 杖一百	流二千里 杖一百	二千五百里 杖一百	三千里 杖一百
假如告人杖一百徒三年內止杖八十實已決全抵剩杖二十徒三年之罪未決徒三年折杖一百并杖共一百二十止杖一百餘二十收贖一貫二百文	假如告人未決杖一百流二千里折杖一百二十內止杖六十徒一年折杖六十實剩杖一百收贖鈔六貫已決准徒四年除實外全抵剩杖四十徒三年	假如告人未決杖一百流二千五百里折杖一百三十內止杖六十徒一年折杖六十實剩一百一十止杖一百餘收贖六百文已決准徒四年除實外全抵剩杖四十徒三年	假如告人杖一百流三千里准徒四年內止杖一百流二千里准徒三年實已決全抵剩徒二年未決折杖一百四十除一百二十剩二十收贖一貫二百文
除杖外徒該一千八貫計未役每日贖一十六文六分七釐每月五百文			

20 大清律附順治二年奏定[①] ［明20］

真犯死罪決不待時

凌遲處死

刑律[②]

謀反及大逆，但共謀者，不分首從。

謀殺祖父母、父母及期親尊長、外祖父母、夫、夫之祖父母、父母，已殺者。

奴婢及雇工人謀殺家長及家長之期親、外祖父母，已殺者，罪與子孫同。

妻妾因姦同謀殺死親夫者。

妻妾謀殺故夫祖父母、父母，已殺者。

殺一家非死罪三人，及支解人者。

採生折割人者。

奴婢毆殺家長者。○若故殺家長之期親及外祖父母者。

雇工人故殺家長及家長之期親，若外祖父母者。

妻妾故殺夫者。

弟妹故殺兄姊，若姪故殺伯叔父母、姑，及外孫故殺外祖父母者。

子孫毆祖父母、父母，及妻妾毆夫之祖父母、父母殺者。

斬罪決不待時

户律

收父祖妾及伯叔母。

刑律

謀反大逆，祖父、父、子孫、兄弟，及同居之人，不分異姓，及伯

---

① 萬曆律作“附真犯雜犯死罪”，小字“弘治十年奏定”。

② 順治律標示各條例在正文中之門類歸屬，萬曆律雖無此標示，但排列順序大致亦然。

叔父兄弟之子，不限籍之同異，年十六以上，不論篤疾、廢疾。

謀反大逆，知情故縱隱藏者。

謀叛，但共謀者，不分首從。

逃避山澤，拒敵官兵者。

盜大祀神祇、御用祭器等物，及饗薦玉帛之屬者。

盜制書，及起馬御寶、聖旨、起船符驗者。

盜乘輿服御物。

强盜得財者，不分首從。

以藥迷人圖財者，罪同强盜，不分首從。

强盜窩主，造意分贓者。〇若共謀者，行而不分贓，及分贓而不行。

謀殺人，因而得財者，同强盜，不分首從。

部民謀殺本屬知府、知州、知縣，軍士謀殺本管指揮、千户、百户，吏卒謀殺本部五品以上長官，已殺者。

謀殺祖父母、父母及期親尊長、外祖父母、夫、夫之祖父母、父母，已行者。

謀殺緦麻以上尊長，已殺者。

奴婢及雇工人謀殺家長及家長期親、外祖父母，已行者。〇若緦麻以上親，已殺者，罪與子孫同。

妻妾謀殺故夫之祖父母、父母，已行者。

殺一家非死罪三人，及支解人，爲從者。

採生折割人，爲從者。〇若已行而未［曾］傷人者。

造畜蠱毒殺人，及教令者。

造魘魅符書，呪詛殺人者。

部民毆本屬知府、知州、知縣，軍士毆本管指揮、千户、百户，吏卒毆本部五品以上長官死者。

毆受業師死者。

奴婢毆家長死者。

雇工人毆家長死者。

妻妾毆夫死者。

卑幼毆本宗小功、大功兄姊尊屬死者。

弟妹毆兄姊，若姪毆伯叔父母、姑，及外孫毆外祖父母死者。

子孫毆祖父母、父母，及妻妾毆夫之祖父母、父母者。

妻妾毆夫之期親以上尊長死者，與夫毆同。

妻妾毆故夫之祖父母、父母者。

姦小功以上親，强者。

姦從祖祖母、姑，在室從祖伯叔母，從父姊妹，母之姊妹，及兄弟妻、兄弟子妻，强者。

姦父祖妾，伯叔母、姊妹、子孫之婦、兄弟之女，及與和者。

奴及雇工人姦家長妻女者。

絞罪決不待時

户律

兄亡收嫂，弟亡收弟婦者。

刑律

謀叛知情故縱、隱藏者。○若謀而未行爲首者。逃避山澤，不服追喚者。

部民謀殺本屬知府、知州、知縣，軍士謀殺本管指揮、千户、百户，吏卒謀殺本部五品以上長官，已傷者。

謀殺緦麻以上尊長，已傷者。

奴婢及雇工人，謀殺家長之緦麻以上親，已傷者，罪與子孫同。

妻妾毆夫至篤疾者。

卑幼毆本宗小功、大功兄姊尊屬篤疾者。

弟妹毆兄姊，若姪毆伯叔父母、姑，外孫毆外祖父母，刃傷及折肢瞎一目者。

罵祖父母、父母，及妻妾罵夫之祖父母、父母者。

妻妾罵故夫之祖父母、父母者。

子孫告祖父母、父母，妻妾告夫之祖父母、父母，誣者。

姦從祖祖母、姑，在室從祖伯叔母、姑、從父姊妹、母之姊妹，及兄弟妻、兄弟子妻，及與和者。

真犯死罪 ［秋後處決］ 監候再審奏決

斬罪監候

吏律

凡官員大臣，專擅選用者。

大臣親戚，非奉特旨除授官職者。

文官非有大功勳，所司朦朧奏請封公侯爵者，當該官吏及受封之人。

姦邪進讒言，左使殺人者。

犯罪該死，巧言諫免，暗邀人心者。

在朝官員交結朋黨，紊亂朝政者。

刑部及大小各衙門官吏，不執法律，聽從上司官主使，出入人罪者。

諸衙門官吏，與［内官及］近侍人員互相交結，漏泄事情，夤緣作弊，扶同奏啓者。

諸衙門官吏，及士庶人等，上言宰執大臣德政者。

官吏人等，挾詐欺公，妄生異議，變亂成法者。

棄毀制書，及起馬御寶、聖旨、起船符驗、各衙門印信，及夜巡銅牌者。

奏事及當該官吏，若有規避，增減緊關情節，朦朧奏准施行者。

聞知調兵討襲外番，及收捕反逆賊徒，機密大事，漏泄於敵人者。

近侍官員漏泄機密重事於人者。

增減官文書，因而失誤軍機者，無問故失。

漏使印信，因而失誤軍機者。

户律

販私鹽拒捕者。

禮律

儀禮司將應朝見官員人等留難，不即引見者。

百工技藝之人，應有可言之事，亦許奏聞，各衙門但有阻當者。

兵律

向太廟、太社及宫殿射箭、放彈、投擲磚石，傷人者。

在京被極刑家屬，并經斷人，朦朧充當近侍及宿衛，守把皇城、京城門禁者。○當該官司，聽囑及受財，容令充當者。

文武官、内官、厨子、校尉，牌面僞造者。

貪取來降人財物，因而殺傷人，及中途逼勒逃竄者。

飛報軍情，隱匿不速奏聞，因而失誤軍機者。

邊將取索軍器、錢糧等物，不即奏聞，及不依式申報，因而失誤軍機者。

軍器糧草，臨敵缺乏，及承調遣，不依期策應，告報軍期違限，因而失誤軍機者。

軍臨敵境，託故違期三日不至者。

邊將不固守，及守備不設，因而失陷城寨者。

與賊臨境，望高巡哨之人，失於飛報，以致陷城損軍者。

官軍臨陣先退，及圍困敵城而逃者。

軍人私出外境，擄掠傷人，爲首者。

於已附地面擄掠者，不分首從。

守禦官致有所部軍人反叛，棄城而逃者。

牧民官激變良民，失陷城池者。

軍器輒棄毁者，二十件以上。

犯夜拒捕及打奪，因而毆人致死者。

境内姦細走透消息於外，及境外姦細入境内，探聽事情，接引起謀之人。

將人口、軍器出境及下海，因而走泄事情者。

實封公文，中途邀截取回者。

出使馳驛違限，因而失誤軍機者。

調遣軍馬，及報軍務軍情文書，故不遣使給驛，因而失誤軍機者。

軍需管送違限，以致臨敵缺乏，失誤軍機者。

刑律

造讖緯、妖書、妖言，及傳用惑衆者。

盜各衙門印信及夜巡銅牌者。

竊盜拒捕及殺傷人者。〇因盜而姦者。

劫囚者。

私竊放囚人逃走，因而殺人者。

官司差人追徵錢糧，勾攝公事，及捕獲罪人，聚衆打奪，因而殺人，及聚至十人，爲首者。

白晝搶奪傷人者。〇［因］失火行船，遭風搶奪，傷人者。

略誘略賣良人，因而殺人者。

卑幼發尊長墳塚，開棺椁見屍者。〇若棄屍賣墳地者。

毁棄緦麻以上尊長死屍者。

子孫毁棄祖父母、父母，及奴婢、雇工人毁棄家長死屍者。

謀殺人，造意者。

奉制命出使，而官吏謀殺，已殺者。

因姦同謀殺死親夫者，姦夫。

用毒藥殺人者。

故殺者。餘條以故殺論者，依此。

故用蛇蝎毒蟲咬傷人，因而致死者。

庸醫故違本方，詐療疾病取財，因而致死，及因事故用藥殺人者。

因姦盜而威逼人致死者。

皇家袒免以上親而毆死者。

奉制命出使，而官吏毆之至死者。

吏卒毆本部六品以下長官、佐貳官、首領官死者。

首領官及屬官、佐貳官毆長官死者。

官司差人追徵錢糧，勾攝公事，而毆死者。

奴婢毆良人死者。

奴婢毆家長之期親及外祖父母，傷者。

奴婢毆家長之緦麻、小功、大功親死者。

雇工人毆家長之期親，若外祖父母死者。

雇工人毆家長之緦麻、小功、大功親死者。

妾毆正妻死者。

毆妻之父母死者。

卑幼毆本宗緦麻及外姻緦麻、小功、大功兄姊尊屬死者。

妻妾毆夫之緦麻尊長至死者。

毆繼父至死者。

告謀反叛逆官司，不即受理掩捕，以致聚衆攻陷城池，及劫掠人民者。

詐爲制書及增減者。

詐傳詔旨者。

各衙門當該官吏，將奏准合行事理，妄稱奉旨追問者。

僞造諸衙門印信及曆日、符驗、夜巡銅牌、茶鹽引者。

［僞造寶鈔，不分首從，及窩主，若知情行使者。］

詐假官，假與人官者。

詐稱内使及内院［都督府、四府、諫院等官］六部、監察御史、按察司官，在外體訪事務，煽惑人民者。

近侍之人，在外詐稱私行體察事務，煽惑人民者。
姦緦麻親及妻，若妻前夫之女，及同母異父姊妹，强者。
姦從祖祖姑、出嫁從祖姑，强者。
男婦誣執親翁，及弟婦誣執夫兄欺姦者。
姦家長緦麻以上親及妻妾，强者。
放火延燒官民房屋及積聚之物，因而盜取財物者。
放火故燒官民房屋及公廨倉庫，係官積聚之物者。
犯罪拒捕殺人者。
罪囚反獄在逃者。
故勘平人因而致死者。
死囚令人自殺，子孫爲祖父母、父母，奴婢、雇工人爲家長者。

絞罪監候

吏律

棄毀官文書，事干軍機錢糧者。

户律

强奪良家妻女，姦占爲妻妾者。〇配與子孫弟姪家人者。
背夫逃走，因而改嫁者。
税糧違限一年之上不足，提調部糧官吏。
以私債强奪人妻妾子女，因而姦占婦女者。

禮律

師巫假降邪神。
一應左道亂正之術，煽惑人民，爲首者。

兵律

擅入御膳所，及御在所者。
不係宿衛應直，合帶兵杖之人，但持寸刃入宫殿門内者。
從車駕行，而逃百户以上。
在宫殿内營造，至申時分，照數點出，其不出者。

至夜持杖入殿門者。

内使私將兵器，入宫殿門内者。

向太廟及宫殿射箭、放彈、投石者。

越皇城者。

皇城門非時擅開閉者。

文武官、内官、厨子、校尉牌面詐帶朝參，及在外詐稱官員名號，有所求爲者。

私使軍人出境，因而致死者。〇或被賊拘執至三名者。

官軍征討私逃再犯。

軍人在逃三犯。

犯夜拒捕及打奪，因而毆人至折傷以上者。

越渡沿邊關塞，因而出外境者。故縱同罪。

將人口、軍器出境及下海者。

刑律

盜各衙門官文書，事干軍機錢糧者。

私竊放囚人逃走，因而傷人者。

官司差人追徵錢糧，勾攝公事，及捕獲罪人，聚衆打奪，因而傷人者。〇殺人及聚至十人，下手致命者。〇率領家人隨行打奪，家人亦曾傷人者。

竊盜三犯。〇掏摸罪同。〇軍人爲盜三犯。

略誘略賣良人因而傷人者。

發塚，開棺槨見屍者。

子孫於祖父母、父母，奴婢、雇工人於家長墳墓内，薰狐狸燒屍者。

謀殺人，從而加功者。〇若傷而不死，造意者。

奉制命出使，而官吏謀殺已傷者。

姦夫自殺其夫，姦婦雖不知情。

鬭毆殺人者。餘條以鬭毆論者，依此。

同謀共毆人，因而致死，下手者。

以他物置人耳鼻，并孔竅中，及屏去人服食，至死者。

威逼期親尊長致死者。

皇家袒免以上親，而毆之篤疾者。

奉制命出使，而官吏毆之，及部民毆本屬知府、知州、知縣，軍士毆本管指揮、千户、百户，吏卒毆本部五品以上長官，折傷者。〇若毆六品以下長官、佐貳官、首領官篤疾者。

首領官及屬官、佐貳官毆長官篤疾者。

官司差人追徵錢糧，勾攝公事，而毆至篤疾者。

以威力制縛人，及私家拷打監禁，因而致死者。

奴婢毆良人至篤疾者。

良人毆他人奴婢，若死，及故殺者。

故殺緦麻、小功親奴婢者。

毆緦麻、小功、大功親雇工人至死，及故殺者。

奴婢過失殺家長者。〇若毆家長期親及外祖父母者。

雇工人毆家長，及家長之期親，若外祖父母，折傷者。

家長及家長之期親，外祖父母，故殺雇工人者。

妾毆正妻至篤疾者。

夫毆妻至死者。

毆妻之父母至篤疾者。

卑幼毆本宗緦麻及外姻緦麻、小功、大功兄姊尊屬至篤疾者。

尊長毆卑幼緦麻、小功、大功至死者。

故殺同堂弟妹、堂姪及姪孫者。

嫡、繼、慈、養母殺子孫，致令絶嗣者。

妻毆卑屬至死者。

故殺夫之兄弟子者。

尊長毆卑幼之婦妾至死者。

毆妻前夫之子至死者。

奴婢罵家長者。

投匿姓名文書，告言人罪者。

誣告人，因而致死隨行有服親屬一人者。

誣告人死罪，所誣之人已決者。

詐爲制書，及增減未施行者。

詐爲將軍、總兵官衙門、六部、都察院、都指揮使司、内外各衛指揮使司、守禦、千户所文書，套畫押字，盜用印信，及空紙用印者。

詐傳皇后懿旨，皇太子、親王令旨者。

私鑄銅錢者。〇匠人罪同。

强姦者。〇姦幼女十二歲以下者。

姦從祖祖姑、出嫁從祖姑者。〇姦親屬妾，强者。

奴及雇工人姦家長之期親，若妻者。

失火延燒宗廟及宫闕者。

犯罪拒捕，毆人至折傷以上者。

官吏懷挾私讎，故禁平人，因而致死者。

獄卒凌虐罪囚，尅減衣糧，因而致死者。

獄卒以金刃及他物與囚，致囚反獄及殺人者。

官吏受財枉法，有禄人八十兩，無禄人一百二十兩；不枉法，有禄人一百二十兩以上。餘條以枉法論者，依此。

雜犯死罪

斬罪

户律

内府承運庫交割餘剩之物，朦朧擅將出外者。

禮律

稱訴冤枉，借用印信、封皮入遞，借者及借與者。

刑律

盜内府財物者。

監守自盜倉庫錢糧等物，不分首從，併贓論罪，四十兩［貫］。餘條以監守盜論者，依此。

絞罪

吏律

軍官犯罪，不請旨上議，當該官吏。

兵律

車駕行處，軍民衝入儀仗内者。

衝入儀仗内，訴事不實者。

在京守禦官軍，遞送逃軍妻女出京城者。〇逃軍買求者。

刑律

常人盜倉庫錢糧等物，不分首從，併贓論罪，八十兩［貫］。餘條以常人盜官物論者，依此。

塚先穿陷，及未殯埋，開棺槨見屍者。

［官吏受財枉法，有禄人八十貫。〇無禄人一百二十貫。餘條以枉法論者，依此。］

邊遠充軍

吏律

官員乞養子詐冒承襲者。〇他人教令者。〇官司知而聽行者。

户律

詐稱軍人，不當軍民差役者。

寺觀庵院，不許私自創建增置，違者。

兵律

不係宿衛應直，合帶兵仗之人，但持寸刃入皇城門内者。

門官、宿衛官軍故縱者。○從車駕行而逃者。

内使私將兵器進入皇城門内者。

門官及守衛官失於搜檢者。

皇城門應閉而誤不下鎖者。

將帥擅調軍馬，及所擅發與者。

若不即調遣會合，或不即申上司，及鄰近衛所不即發兵策應者。

上司及大臣將文書調遣將士，提撥軍馬者，非奉御寶、聖旨，不得擅離信地。若軍官有改除别職，或犯罪取發，如無奏奉聖旨，亦不許擅動，違者。

被賊侵入境内，擄掠人民。

軍人私出外境，擄掠傷人，爲從者。

各處守禦官不守紀律，不操練軍士，及城池不完，衣甲、器仗不整，再犯；小旗隄備不嚴，撫馭無方，致有所部軍人反叛者，親管指揮、千户、百户、鎮撫。

軍人關給軍器私賣者。

若私使出境，因而致死，或被賊拘執者。○本管官吏容隱不舉，及虚作逃亡報官者。

軍官軍人聽從公侯役使，及不出征時，輙於公侯門首伺立者。

從征守禦官軍人在逃，再犯者。○在京各衛各處，守禦城池軍人在逃，再犯。

各處守禦，及屯田官軍，遞送逃軍妻女者。○逃軍買求者。○守門之人知情故縱者。

刑律

誣告充軍者。民告抵充軍役，軍告者。

内外各衛指揮、千户、百户、鎮撫、小旗，不得接受公侯所與

［寶鈔］金銀、段匹、衣服、糧米、錢物，若受者。

充軍

名例

軍官有犯私罪，該徒流者，照依地里遠近，發各衛。

軍官軍人犯罪，該徒五等，皆發二千里内衛分；流三等，照依地里遠近，發各衛。

殺死軍人者，依律處死，仍將正犯餘丁抵數。

在京軍民，若犯杖八十以上者，軍發外衛。

吏律

守禦去處，千百户、鎮撫有缺，具本奏聞選用。若先行委人權管，希望實授者，當該官吏，各罷職役。

户律

跟隨官員，隱蔽差役者。

兵律

内使出入，不服搜檢者。

軍人不親出征，雇倩人冒名代替者，替身收籍，正身依舊各充軍。

邊將私令軍人，於外境擄掠人口、財物者。

軍人出征，獲到馬匹，軍官賣者。

軍官私賣軍器者。

管軍百户及總旗、小旗、軍吏，縱放軍出百里之外，買賣或種田土，或隱占在己，使喚空歇軍役，罪止者。〇若小旗、總旗、百户縱放軍人，本管指揮、千户、鎮撫、當該首領官吏，故縱不舉，及指揮、千户、鎮撫故縱軍人，百户、總小旗知而不首告者。

軍官軍人從軍征討，私逃還家，及逃往他所，再犯；在京各衛各處守禦城池軍人在逃，三犯，知情窩藏者。〇本管目頭知情故縱者。

在京各衛軍人在逃，初犯者。

不行用心鈐束小旗，名下逃去五名者。

軍出百里之外，不給引者，以逃軍論。

刑律

起發充軍囚徒，中途在逃，押解人、長押官故縱者。

應充軍囚徒斷決後，限外無故稽留不送，因而在逃者。就將提調官吏，抵犯人本罪發遣。

21　附真犯死罪充軍爲民例［萬曆十三年奏定并新續題］　［明 21］

凌遲處死

001

一、［萬曆十六年正月内，題奉欽依：今後］在外衙門，如有子孫謀殺祖父母、父母者，巡按御史會審情真，即單詳到院，院寺即行單奏。決單到日，御史即便處決。如有監故在獄者，仍戮其屍。

002

一、殺一家非死罪三人，及支解人，爲首監故者，仍剉碎死屍，梟示。

003

一、義子過房在十五歲以下，恩養年久，或十六歲以上，曾分有財産，配有室家，若於義父母及義父之祖父母、父母有犯，即同子孫取問如律。若過房雖在十五以下，恩養未久，或十六以上，不曾分有財産，配有室家，及於義父之期親，并外祖父母有違犯者，以雇工人論。義子之婦，亦依前擬歲數，如律科斷。從謀故殺毆罵，凌遲斬絞各條下科斷。

004

一、［萬曆十六年正月内，題奉欽依：今後］官民之家，凡倩工作之人，立有文券，議有年限者，以雇工人論。止是短雇月日，受值不多，依凡論。其財買義男，如恩養年久，配有室家者，照例同子孫論。如恩養未久，不曾配合者，士庶之家，依雇工人論；縉紳之家，比照奴婢律論。從謀故殺毆罵，凌遲斬絞各條下科斷。

斬罪

户例[①]

001

一、凡豪强鹽徒，聚衆至十人以上，撑駕大船，張掛旗號，擅用兵

① 順治律自此標示各條例在正文中之門類歸屬，萬曆律雖無此標示，但排列順序大致亦然。彼此歧異者，一以順治律爲主，附帶標出該例在萬曆律中序號、字句出入，以及所删明例條文。

仗響器，拒敵官兵。若殺人及傷三人以上者，比照强盜已行得財者律皆斬，爲首者仍梟首示衆。〇其雖拒敵，不曾殺傷人，爲首者依律處斬。〇若止十人以下，原無兵仗響器，遇有追捕拒敵，因而傷［至］二人以上者，爲首坐以［處］斬罪。

002

一、凡僞造鹽引印信，賄囑運司吏書人等，將已故并遠年商人名籍、中鹽來歷，填寫在引轉賣，誆騙財物，爲首者依律處斬。

003

一、［弘治十一年二月十五日，節該欽奉孝宗皇帝聖旨:］外國差使［迤北小王子等差來使臣人等］赴京朝貢，官［員］軍民人等與［他］交易，止許光素、紵絲、絹布、衣服等件，不許將一應兵器，并違禁銅鐵等物，違者［敢有違犯的，都拿來］處以極刑。

兵例

004

一、臨陣，若擅殺卒［平］人，及被難［虜］逃回人口，冒作賊級報功者，俱以故殺論。

005［明 006 下句］

一、若［其］打造違式［前項］海船，賣與外國［夷］人圖利者，比依［照私］將應禁軍器下海，因而走泄事情律，［爲首］處斬，仍梟首示衆。

006［明 008］

一、［凡］官員軍民人等，私將應禁軍器，賣與外國［進貢夷］人圖利者，比依將軍器出境，因而走泄事情者律，各斬，爲首者仍梟首示衆。

007［明 006］

一、官民［姦豪勢要，及軍民］人等，擅造二桅以上違式大船，將帶違禁貨物下海，前往番國買賣，潛通海賊，同謀結聚，及爲嚮導，劫掠良民者，［正犯比照謀叛已行律］處斬，仍梟示。

008［明005］

一、沿邊沿海，［及］腹裏都司衛所自住一城，及與府州縣同住一城［府州縣與衛所同住一城，及衛所自住一城者］，但［若］遇賊寇攻城［大虜及盜賊生發攻圍］，不行固守，或先期避出，或臨時［而輒］棄去，致賊入城，及守備不設，爲［被］賊掩襲而入［攻陷城池］，［劫］殺虜男婦三十人以上，焚燒官民房屋者，都司并各該城分衛所掌印，與專一捕盜官，俱比照守邊將帥失陷城寨者律斬。○其同住府州縣掌印與專一捕盜官，不行固守而輒棄去失陷者，亦比問斬罪。○若兩縣與衛所同城者，止以賊從某縣所管城分入城，其掌印與專一捕盜官，各照前治罪。○若各城［府州縣］原無設有［都司］衛所，而府州縣職守專城［但有專城之責者，不分邊腹］，但［遇］有前項失事者，不分不行固守棄去，及守備不設，各掌印與專一捕盜官，俱比照守邊將帥失陷城寨者律斬。○若兩縣同在府城，止以賊從某縣所管城分入城，其掌印與專一捕盜官，各照前比［律］問［處］斬罪。

刑例

009

一、［凡］盜［内府財物，係］乘輿服御物者，仍作真犯死罪，依律議擬。

010

一、［凡鳳陽］皇陵，［泗州祖陵，南京孝陵，天壽山列聖陵寢，靈顯陵］山前山後，各有禁限，若有盜斫［砍］樹株者，驗實真正樁楂，比照盜大祀神御物斬罪，奏請定奪。○取土取石，開窑燒造，放火燒山者，俱照前擬斷。

011

一、沿邊沿海［錢糧有侵］盜銀二百兩、糧四百石、草八千束、錢帛等物值銀二百兩以上，漕運錢糧，有盜銀三百兩、糧六百石以上，［俱照本律，仍作真犯死罪，係］監守盜者［斬，奏請定奪］。

012

一、强盜殺傷人，放火燒人房屋，姦污人妻女，打劫牢獄、倉庫，及干係城池衙門，并積至百人以上，不分曾否傷人，俱［照得財律斬］隨即奏請審決，梟首示衆。［若止傷人，而未得財，比照搶奪傷人律科斷。］

013［明 014］

一、響馬强盜，執有弓矢軍器，白日邀劫道路，贓證明白，俱不分人數多寡，曾否傷人，依律處決，於行劫處所梟首示衆。

014［明 016］

一、同居卑幼，將引他人，盜己家財物，如係强劫，比依各居親屬行强盜，卑幼犯尊長，以凡人論斬罪，奏請定奪。

015［明 017］

一、糾衆發塚起棺，索財取贖者，比［照］强盜得財［律，不分首從皆斬］。

016［明 018］

一、各處無籍之徒，引賊劫掠，以復私讎，探報消息，致賊逃竄，比照奸細律條處斬，本犯梟首［示］。

017［明 018］

一、各處無籍之徒，引賊劫掠復讎，探報消息，致賊逃竄者，本犯梟首。[1]

018［明 019］

一、凡子孫威逼祖父母、父母，妻妾威逼夫之祖父母、父母至［致］死者，俱比［依］毆者律［斬］，奏請定奪。

019［明 023］

一、若盜及棄毁、僞造總督、巡撫、審録、勘事、提學、兵備、屯田、水利等官欽給關防，悉與印信同科。僞造及棄毁［斬］、盜皆斬。

---

① 與上條較雷同，或係衍文。

020［明 020］

一、廣西、雲貴、湖川等處，但有冒籍生員，食糧起貢，及［若］買到土人，倒過所司，起送公文，頂名赴吏部投考，若已受職，［比］依律問擬詐假官［律］死罪。

021

一、［弘治五年十月二十四日，節該欽奉孝宗皇帝聖旨：今後敢］有私自浄身者［的］，本身并下手之人處斬。

022

一、［成化八年六月十六日，節該欽奉憲宗皇帝聖旨：］各邊倉場，若有故燒係官錢糧草束者，拿問明白，正犯梟首示衆。

023［明 024］

一、凡問發充軍人犯逃回，原犯［問］真犯死罪，免死充軍者，俱照原問死罪處決。

删除明例 1 條

［明 013］

一、萬曆十六年正月内，題奉欽依：各處巡按御史，今後奏單强盗，必須審有贓證明確，及係當時見獲者，照例即決。如贓跡未明，招扳續緝，涉于疑似者，不妨再審。其問刑衙門，以後如遇鞫審强盗，務要審有贓證，方擬不時處決。或有被獲之時，夥賊供證明白，年久無獲，贓亦花費，夥賊已決無證者，俱引秋後處決。

絞罪

户例

001［明 002］

一、凡强奪良家妻女，賣與他人爲妻妾，及投獻王府，并勳戚勢豪之家者，［俱］比照强奪良家妻女，姦占爲妻妾絞罪，奏請定奪。

002［明003］

一、凡［豪强］鹽徒聚衆止十人以下，原無兵仗響器，遇有追捕拒敵，因而傷人至二命［二人以上］者，下手之人，比照官司捕獲罪人聚衆中途打奪［罪人因而傷人律］，下手者坐以絞罪。

兵例

003［明004］

一、軍官軍人，遇有征調，點選已定，至期起程，［不問已未關給賞賜，若有］避難在逃［者］，依律問斷。其征期已過，［送兵部］編發宣府、獨石等處，沿邊墩臺，哨瞭半年，［滿日發回原衛］還職著役。若仍［發］出征，及哨瞭在逃者，依從征私逃再犯者律處絞。

004［明005］

一、在京在外，守禦城池軍人，在逃三次，依律處絞。

005［明斬罪007］

一、私自販賣硫黄、焰硝，賣與外國人［外夷及邊海賊寇者］，不拘多寡，比照私將軍器出境［因而走泄事情］律條坐罪［爲首處斬］。

刑例

006

一、凡盜内府財物［係雜犯］，及監守、常人盜倉庫錢糧等物［竊盜、掏摸、搶奪等項但］三次犯罪者，不分［所犯各别、曾否刺字］革前革後，俱［得并論］比照竊盜三犯併論次數［律處絞］，奏請定奪。

007

一、沿邊沿海［錢糧有侵］盜銀二百兩、糧四百石、草八千束、錢帛等物值銀二百兩以上，漕運錢糧，有［侵］盜銀三百兩、糧六百石以上，［俱照本律，仍坐真犯死罪，係］常人盜者［絞，奏請定奪］。

008［明009］

一、［正統八年七月十一日，節該欽奉英宗皇帝聖旨：今後］竊盜初犯刺右臂［的］，革後再犯，刺左臂。若兩臂俱刺，赦後又犯［的］，准三犯論，還將所犯赦前赦後，明白開奏定奪。

009［明011］

一、將腹裏人口，用强略賣與境外土官土人峒寨去處圖利，除殺傷人，律該處死外，中間罪不至死者［若未曾殺傷人］，比依將人口出境律絞。

010［明012］

一、妻妾威逼夫致死者，比［依］妻毆夫至篤疾者律絞，奏請定奪。

011［明013］

一、軍民人等，［因事］威逼本管官致死，爲首者，［比依威逼期親尊長致死律絞］。

012［明015］

一、鬪毆傷人，辜限内不平復，延至限外而死，情真事實者，仍擬死罪，奏請定奪。

013［明014］

一、誣告人因而致死被誣之人，委係平人，及因拷禁身死者，比依誣告人，因而致死隨行有服親屬一人絞罪，奏請定奪。

014

一、凡盜用總督、巡撫等官欽給關防，俱照各官本衙門印信擬罪，皆絞。

015［明016］①

一、凡問發充軍人犯逃回，原犯真犯死罪，免死充軍者，照依原問死罪處決。

016［明016］

一、原犯雜犯死罪以下充軍者，若犯至三次，通係著伍以後者，即

① 萬曆律此條與下條原屬一條。

依守禦官軍律絞。○其有在逃遇宥者，三犯亦併論擬絞，奏請定奪。

刪除明例3條

［明001］

一、受財故縱，與囚同罪人犯，該凌遲斬絞，依律罪止擬絞者，俱要固監緩決，候逃囚得獲，審豁。

［明008］

一、萬曆二十年二月內，題奉欽依：凡監守常人盜，以後侵欺人犯，但有贓至二十兩以上者，限一個月；二百兩以上者，限三個月，果能盡數通完，例該永戍者，止照本律發落。真犯死罪者，減等免死充軍，以著伍後所生子孫替役。過期不完，各依本等律例，從重定擬。

［明010］

一、萬曆十六年正月內，題奉欽依：今後審録官員，凡遇三犯竊盜中有贓數不多，或在赦前一次、赦後二次，或赦前二次、赦後一次者，俱遵照恩例，併入矜疑辯問疏內參酌，奏請改遣。

永遠充軍

名例例

001［明002］

一、管莊佃僕人等，占守水陸關隘，抽分掯取財物，挾制把持害人的，都發邊衛永遠［者］。

002［明003］

一、撥置王府軍民人等，充軍逃回再犯者，［改調］極邊煙瘴永遠。

吏例

003［明007］

一、罷閑官吏在京潛住，有擅出入禁門交結者，煙瘴永遠。

户例[①]

004［明 008］

一、沿邊［沿海］軍民人等躲避差役，逃入土番峒［夷洞］寨［海島］潛住者，邊衛永遠。

005［明 009］

一、軍民人等，將爭競不明，并賣過及民間起科，僧道將寺觀各田地，［若子孫將公共祖墳山地］朦朧投獻王府，及内外官豪勢要，捏契典賣者，［投獻之人］；〇山東、河南及［北］直隸各空閑地土，［祖宗朝］聽民儘力開耕，永不起科，若有占奪投獻者，俱邊衛永遠。

006

一、在京在外，并各邊收放糧草，若職官子弟、積年光棍、跟子、買頭、小脚、伴當人等，三五成群，搶奪籌斛，占堆行概等項，打攬倉場，及欺凌官攢，或挾詐運納軍民財物，徒以上，與再犯杖以下，屬軍衛者，邊衛；屬有司者，附近，俱永遠。

007

一、在京刁徒光棍，訪知舖行，但與解户交關價銀，輒便邀集黨類，數十爲群，入門嗓鬧，指爲攬納，捉要送官，其家畏懼罪名，厚賂買滅，所費錢物，出在解户，以致錢糧累年不完者，照打攬倉場例。

008［明 011］

一、捏稱皇店，在於京城内外，邀截客商，掯勒財物者，極邊永遠。

兵例

009［明 012］

一、川廣、雲貴、陝西等處，但有漢人交結外國人［夷人］，互相

① 順治律“户例”訛作“户律”。

買賣借貸，誆騙財物［引］惹［邊］釁，及潛住苗寨，教誘爲亂，貽患地方者，俱邊衛永遠。

010［明013］

一、沿海守把海防武職［有犯］，聽受通番土俗哪嗟，報水分利，金銀［物貨等項］至一［值銀］百兩以上，［名爲買港］許令船貨入港［私入］，串同交易，貽患地方，及引惹番賊海寇出没，戕殺居民［者］，除真犯死罪外，比照川廣、雲貴、陝西等處漢人交結外國人事例，邊衛永遠。

011［明014］

一、黄船附搭客貨，及夾帶私物者，小甲、客商人等，俱［發］極邊永遠。

刑例

012［明016］

一、倉庫錢糧，若宣大、甘寧、榆遼、四川、建松、廣西、貴州，并各沿邊沿海去處，監守盜糧四十石、草八百束、銀二十兩、錢帛等物值銀二十兩以上，常人盜倍之，俱邊衛永遠。○在［兩］京衙門漕運，并京、通、臨、淮、徐、德六倉，監守盜糧六十石、草一千二百束、銀三十兩、錢帛等物值銀三十兩以上，常人盜倍之。○腹裏但係撫按等官查盤去處，監守盜糧一百石、草二千束、銀五十兩、錢帛等物值銀五十兩以上，常人盜倍之。○各處徵收在官，應該起解錢糧，有侵盜者，俱照腹裏例擬斷。

013［明018］

一、將自己及他人騎操官馬，盜賣至五匹及三犯以上，屬軍衛者，［發］極邊；屬有司者，［發］邊衛，各永遠。

014［明019］

一、將良民誣指爲盜，及寄買賊贓，捉拿拷打，嚇詐財物，或以起贓爲由，沿房搜檢，搶奪財物，淫辱婦女，除真犯死罪外，［其餘］不分首從，邊衛永遠。

015［明020］

一、設方略［而］誘娶良人，與略賣良人子女，［不分已賣未賣］三犯者，不分革前革後。

016［明021］

一、將腹裏人口，用强略賣與境外土官土人峒寨去處圖利，［若未曾殺傷人］爲從者，［軍民人等，發］邊衛永遠。原係邊衛者，改發極邊。

017［明022］

一、［因事］威逼人致死一家三命以上者。

018［明023］

一、聚衆執持兇器傷人，及圍繞房屋搶檢家財，棄毀器物，姦淫婦女，除真犯死罪外，徒以上，不分首從，邊衛永遠。

019［明024］

一、沿邊地方［各該鎮守］總兵、副參、遊擊、守備、都司、衛所［等］官員，但有科斂［軍人財物］，及扣減［月糧計］入己贓私［至］三百兩以上，邊衛永遠。［○其沿海地方有犯，亦照前例。］

020［明025］

一、描摸印信行使，誆騙財物，犯該徒罪以上，邊衛永遠。

刪除明例9條

［明001］

一、宗室違悖祖訓，越關來京奏擾，其同行撥置之人。

［明004］

一、凡天文生有犯該永遠充軍，習業未成，未能專事者，照例科斷。

［明005］

一、年七十以上、十五以下，及廢疾，例該永遠充軍者，不准收贖。

［明 006］

一、永遠充軍，或奉有特旨，處發叛逆家屬子孫，止於本犯所遺親枝内勾補，盡絶即與開豁。若未經發遣，監固，免其勾補。其真犯死罪，免死充軍者，以著伍後所生子孫替役，不許行勾原籍子孫。以萬曆十三年新例頒行到日爲始，以前勾補過者，不得混行告脱。其餘雜犯死罪，并徒流等罪，照例充軍，及口外爲民者，俱止終本身。

［明 010］

一、漕運官軍，如有水次折乾，沿途盗賣，自度糧米短少，故將船放失漂流，及雖係漂流，損失不多，乘機侵匿，揑作全數，賄囑有司官吏，扶同奏勘者，官軍不分贓數多少。

［明 015］

一、盗内府財物，係乘輿服御物者，仍作真犯死罪。其餘監守盗銀三十兩、錢帛等物值銀三十兩以上，常人盗銀六十兩、錢帛等物值銀六十兩以上者，内犯奏請發充浄軍。

［明 017］

一、萬曆十五年正月内，題奉欽依：除係真正監守自盗，與真盗官物者，不論雜犯，俱行刺配。如係查盤坐侵等項，又非真盗，而以監守自盗論者，照依節年會議，雜犯准徒，仍行免刺。

［明 026］

一、各處巡按御史，都布按三司，分巡分守官，查盤軍器，若有侵欺物料，那前補後，虚數開報，不論官旗軍人，贓重者，照侵欺倉庫錢糧事例。

［明 027］

一、儀賓犯該充軍，如郡縣主君、鄉君已故者，照例發遣，仍奏請從永遠終身邊附各條下科斷。

極邊煙瘴邊遠沿海邊外充軍①

名例例

001［明 004］

一、太常寺、光禄寺厨役逃三次以上，口外。②

吏例

002

一、軍職應襲兒男弟姪，勘明繳報兵部，原告又行捏詞奏告，屬有司者，邊外。

003［明 002］

一、誘賣各邊軍丁者，極邊。

004［明 003］

一、土官襲替，其通事人等，及逃流、軍囚、客人，撥置土官親族，不該承襲之人，爭襲劫奪讎殺者，俱極邊煙瘴。

户例

005

一、軍户子孫，另開户籍，或以别府州縣，入贅寄籍，及買囑原籍官吏、里書人等，捏作丁盡户絶回申者，［正犯］煙瘴。

006

一、强種屯田五十畝以上，不納籽粒，民發邊［口］外。

007

一、大同、山西、宣府、延寧、遼薊、紫荆、密雲等邊，官旗軍民人等，擅將應禁林木砍伐販賣者，煙瘴。

008

一、將妻妾作姊妹，及將拐帶不明婦女，或將親女，并居喪姊妹，

---

① 萬曆律作“極邊煙瘴邊遠沿海口外充軍”。

② 參照他處修改體例，“口外”似應作“邊外”。

嫁賣與人，騙財之後，設詞託故，公然領去，或瞰起程中途，聚衆行兇，邀搶人財，民發邊外。

009［明 008］

一、興販私茶，潛住邊境，與外番［番夷］交易，及在腹裏販賣與進貢回還外國人［夷人］者，不拘斤數，連知情歇家、牙保，俱煙瘴。

010［明 009］

一、陝西洮河、西寧等處［行茶地方］，冒頂番名，將老弱不堪馬二匹以上，中納支茶者，軍調別處極邊。

011［明 010］

一、勢豪舉放私債，交通運糧官，擅拿官軍綁［綑］打，强將官糧准還私債，屬有司者，邊［口］外。

禮例

012

一、官吏、軍民、僧道人等來京，妄稱諳曉扶鸞禱聖，書符咒水，一切左道亂正邪術，煽惑人民，爲從者，及稱燒煉丹藥，出入内外官家，或擅入皇城，夤緣作弊，希求進用，屬有司者，邊外。

013

一、左道惑衆，燒香集徒，夜聚曉散，爲從者，及稱爲善友，求討布施，至十人以上，并軍民人等，窩藏接引，或寺觀容留剃簪，探聽境内事情，誘捨應禁鐵器，屬有司者，邊外。

014［明 012］

一、文職官吏人等，若父母見在，詐稱死亡者，發邊［口］外獨石等處。

兵例

015［明 014］

一、臨陣强奪他人首級報功，旗降原役一級。係邊衛者，調極邊衛分。

016［明013］

一、各處備倭貼守，其把總等官，縱容舍餘人等，代替正軍［者］，調沿海衛分。［舍餘人等，就收該衛。］

017［明015］

一、賊擁大衆入寇，官軍卒遇交鋒，［損］傷［被］擄［虜］數十人之上，［不曾虧損大衆，或被賊衆入境，虜殺軍民數十人之上］不曾擄［虜］去大衆，或被賊白晝、夤夜突入境内，搶掠頭畜衣糧數多，不曾殺擄［虜］軍民者，俱問守備不設，被賊入境擄［虜］掠人民本律，［發］邊遠。〇若交鋒入境，損傷擄［虜］殺四五人，搶去頭畜衣糧不多者，亦問前罪。

018［明016］

一、沿邊沿海，腹裏府州縣［若遇大虜及盜賊生發攻圍，不行固守，而輒棄去，及守備不設，被賊攻陷城池，劫殺焚燒者，府州縣并捕盜官］，與衛所同住一城内［及設有守備官，駐劄本城者］，州縣、掌印與專一捕盜官，若在城同守，止因防禦不固失陷者，［俱］比照守邊將帥被賊侵入境内擄［虜］掠人民者律，［發］邊遠。〇若［其有］兩縣與衛所同住一城者［及府州縣佐貳首領，但分有守城信地］，止［各］以賊從某縣所管城分［進］入城，其掌印與專一捕盜官各照前治［坐］罪。〇其餘衛所、府州縣佐貳、首領官，但分有守城汛地，致賊於所守去處攻打，掩襲入城者。〇若各城原無設有都司、衛所，而府州縣職守專城，但有前項失事，佐貳、首領官，但分有守城汛地，被賊於所守去處入城，并各州縣自來不曾設有城池，被賊攻入劫殺焚燒者。〇其守巡、兵備官駐劄該城，先期託故遠出，臨時潛蹤避匿，及守備不設，以致失陷者，亦比照守邊將帥被賊侵入境内擄掠人民律。

019［明019］

一、各邊關堡、墩臺等項，守備去處官軍，用錢買閑者，官調極邊。○若原在關軍人，逃回潛住，及餈夜回家，輪班不去者。

020［明 017］

一、各處總兵官，并分守、守備等官，精選能通書算軍餘各一名。其餘號稱主文，干預書辦者，調極邊。

021

一、官吏、旗校、舍餘軍民人等，爲事問發爲民，來京潛住，原係邊外者，發邊外充軍。

022［明 018］

一、各邊將官，并管軍頭目私役，及軍［民人等］私出境外，釣豹捕鹿，砍木掘鼠等項，并守把之人知情故縱，官旗軍吏扶同隱蔽者，俱［軍］調煙瘴地面，軍丁充軍。

023［明 020］

一、各邊夜不收，出境探賊，若與外國人［夷人］私易貨物者，除真犯死罪外，調廣西煙瘴。

024

一、司府州縣，起解備用馬匹，若馬販交通官吏、醫獸人等，兜攬作弊，再犯累犯者，極邊。

025［明 022］

一、大同三路［官］旗軍［人］，將不堪馬匹，通［同光棍］引［赴該管官處，及管軍頭目］收買［私馬］，詭令伴當人等，情囑［各］守備等官，俵與軍士，通同醫獸作弊，多支官銀者，調極邊。

026［明 037］

一、各處［有司起］解［逃］軍［并軍丁及充軍人犯］，若長解縱容在家遷延，違限一年之上，正犯原係邊衛，發極邊。

027［明 024］

一、馬快船隻，附搭客貨，及夾帶私物者，小甲、客商人等，俱［發］邊［口］外充軍。

刑例

028

一、號稱喇虎等名，白晝撒潑，口稱聖號，及總甲快手，應捕人等，指巡捕勾攝，毆打平人，搶奪財物，初犯一次，屬有司者，發邊外。

029［明 025］

一、盜掘［金銀、銅錫、水銀等項］礦砂，［若在山洞捉獲］持仗拒捕者，不論人數、礦數多寡，［及初犯、再犯，］不分首從，俱［發］邊遠。［○其不曾拒捕，若聚至三十人以上，不論礦數多寡，及初犯再犯，爲首者。○若不曾拒捕，又人數不及三十名，爲首再犯者。］

030［明 026］

一、誆騙聽選官吏、［及舉］監生［員］人等財物者，［不分首從發］煙瘴。○若［其］官吏、監生人等央浼營幹［致］被［誆］騙者，亦照前例。

031［明 027］

一、因事聚衆，將本管［及公差勘事、催收錢糧等項，一應監臨］官毆打綁縛［者］，不分首從，屬軍衛者，［發］極邊。○若止是毆打，爲首者俱照前。

032［明 028］

一、在京在外，無籍之徒，投託勢要，作爲心腹，誘引生事，綁縛平民，在於私家拷打，脅騙財物者，［發］煙瘴。

033［明 029］

一、擅入午門、長安等門内，叫訴冤枉，奉旨勘問，［若］涉虚者，［發］邊［口］外。

034

一、兄與伯叔謀奪弟姪財産官職等項，故殺，屬有司者，邊外。

035［明031］

一、各處刁軍刁民，［專一］挾制官吏，陷害良善，起滅詞訟，結黨捏詞纏告，把持官府，不得行事等項［情犯深重者］，若原係充軍邊［口］外爲民者［人犯］，［遇例放回原籍，有前項罪犯者］發極邊。

036

一、文武官吏人等，妄奏冤枉，摭拾原問官員，勘虚，原爲民者，發邊外；原問充軍者，發極邊。

037

一、驀越赴京，及撫按、按察司奏告叛逆等事不實，并全誣十人以上，屬有司者，邊外。

038

一、刁徒身背黄袱，頭插黄旗，口稱奏訴，挾制官吏，不干己事，屬有司者，邊外。

039［明033］

一、將本狀用財雇寄與人，赴京奏訴者，并兜攬受雇受寄之人，屬有司者，［發］邊［口］外。

040［明032］

一、沿邊地方［各該鎮守］總兵、副参、遊擊、守備、都司、衛所官員，但有科斂［軍人財物］，及扣減［月糧計］入己，贓二百兩以上，調煙瘴地面充軍。○其沿海地方有犯，亦照前例科斷，應改調及充軍者，俱邊遠。

041［明034］

一、起解軍士，捏買僞印批迴者①，原係邊衛［者］，調極邊。

---

① 該“者”字實係自後移此。

042

一、廣西、雲貴、湖川等處冒籍生員，若買到土人，倒過所司公文，頂名赴部者，邊外。

043［明035］

一、［弘治五年十月二十四日，節該欽奉孝宗皇帝聖旨：今後敢有］私自浄身［的］，［本身］并下手之人處斬，全家［發］邊遠。

044［明036］

一、［問發充］軍［人］犯逃回，原犯雜犯死罪以下充軍者，［再犯調］極邊。

045［明038］

一、問發延慶、保安二州爲民［人犯］，在逃者，改發自在、安樂二州。若［發］自在、安樂二州逃回［者，照舊解發］，在［再］逃者，［改］發極邊充軍，遇赦不宥。

046

一、法司問斷過各處進本等項人犯，發各衙門程遞。其押解人役，若擅加杻鐐，非法亂打，搜檢財物，剥脱衣服，逼致死傷，及受財故縱，并聽憑狡猾之徒，買求殺害，除真犯死罪外，徒以上，屬有司者。

删除明例6條

［明001］

一、王府軍校逃回，在京潛住者，極邊。〇窩藏及兩鄰不首，事發一體發遣。

［明011］

一、遼東馬市，不許通事交易人等，將各夷欺侮愚弄，虧少馬價，及偷盜貨物，亦不許撥置夷人，指以失物爲由，扶同詐騙財物分用，敢有擅放夷人入城，及縱容軍人等，無貨者任意入市，有貨者在内過宿，規取小利，透漏邊情者，俱煙瘴。

［明021］

一、州縣起解，備用馬匹，若馬販交通官吏、獸醫人等，兜攬作弊，再犯累犯者，極邊。

［明023］

一、官吏旗校舍餘軍民人等，爲事問發爲民，來京潛住，原係口外者，發口外充軍。

［明024］

一、馬快船隻，附搭客貨，及夾帶私物者，小甲、客商人等，俱發口外。

［明030］

一、官吏人等，犯該爲民等項罪名，不分已未結正，有妄奏冤枉，摭拾原問官員，勘問涉虛，原問充軍者，發極邊。

充軍

邊衛［充軍］

名例例

001

一、［各］王府設謀撥置旗校、舍餘人等。

002

一、［各處］郡王、［并］將軍、中尉，凡有奏請，啓王參詳後奏，如違［者］，齎奏人員。〇若故違祖訓，親身赴京奏擾者，跟隨之人。〇其無籍之徒，將［誆挾各府］財物來京，交通歇家，打點例不該行事務者。

003［明005］

一、王府人役，假借威勢，侵占民田，攘奪財物，致傷人命，除真犯死罪外，徒以上。

004［明006］

一、王府禄米，［若］本府旗校官莊人等，干預撥置，折收銀兩，多收米麥，索要財物，及邀截納户，用强兑支，並擅自差人，下府州縣催徵騷擾者，［旗校人等］杖以上。

005［明007］

一、投充王府及鎮守、總兵，及在京［兩京内臣］功臣戚里勢豪之家，作爲家人伴當，事干嚇騙財物，撥置打死人命，强占田地，情重者，除真犯死罪外，其餘。

006［明008］

一、樂工縱容女子，擅入王府，及容留貝勒、貝子、公［將軍、中尉］在家行姦，并軍民旗校人等，與貝勒、貝子、公［將軍、中尉］賭博，及擅入府内，教誘爲非者。

007［明009］

一、强盜聚衆至十人，及行劫累次，係小功以下親［屬］首告［者］。

008［明010］

一、［凡］自首强盜，除重罪［殺死人命、姦人妻女、燒人房屋，罪犯深重］定例不准自首外，其餘［雖］曾傷人，隨即平復不死者，［照兇徒執持凶器傷人事例］。○［其］放火燒［人］空房，及田場積聚［之］物［若計所燒之物重于本罪］者，［亦止照放火延燒事例］。

吏例

009［明012］

一、不由銓選推舉，徑自朦朧奏請，希求進用，夤緣奔競，乞恩傳奉等項，阻壞［祖宗］選法者，旗軍舍餘調邊衛。

010［明013］

一、軍職考選，其刁潑之徒，不得與選，輒生事端，教唆陷害已選官員者，軍調邊［衛］。

011［明015］

一、軍職襲替，不由軍功，例該減革，却行捏奏兵部官吏，阻壞選法者，調邊衛。

012［明 014］

一、軍職應襲兒男弟姪，勘明繳部，原告又行捏詞奏告，屬軍衛者，調邊衛。

013［明 016］

一、軍職［受財，將官賣與］異姓［人冒襲，已經到部襲過者］買襲之人，［比照乞養子冒襲律］。

014［明 017］

一、應襲舍人，父在詐稱死亡，襲職者。

015［明 018］

一、主文、書算、快手、皂隸、總甲、門禁、庫子人等，久戀衙門，説事過錢，把持官府，飛詭税糧，起滅詞訟，陷害良善，及賣放强盗，誣執平民，爲從事發，有顯跡［情重］者，軍旗［旗軍］。○若里書飛詭税糧，二百石以上者。

016［明 019］

一、旗軍受財代替，夾帶傳遞，及縱容不舉捉拿者，調邊衛。○若冒頂正軍，入場看守，屬軍衛者。

017［明 020］

一、文職［官員］舉貢官恩，［援］例監［生并］省祭，［知］印承［差人等，曾經考察論劾］罷［黜及爲事問］革［年老事故］，例不入選，［若］買求［官吏起復］圖選［選用］，已除授者。

018［明 021］

一、在京在外，軍民人等，與朝貢外國人［夷］人私通往來，投託管雇，撥置害人，因而透漏事情者。

户例

019［明 022］

一、漢人冒詐［詐冒］番人者。

020［明 023］①

一、［用］强［占］種屯田五十畝以上，不納籽粒，旗軍、軍丁人等。

021［明 023］

一、［其］屯田人等，將屯田典賣與人，至五十畝以上，與典主、買主各不納籽粒者。

022［明 024］

一、西山一帶，密邇京師地方，凡内外官豪勢要之家，私自開窑賣煤，鑿山賣石，立廠燒灰者。

023［明 025］

一、陝西榆林等處近邊地土，各營堡草場，界限明白，敢有私［那］移條款，盜耕草場，及越出邊墻界石種田者，軍民係外處，發榆林衛；本處，發甘肅衛。

024［明 026］

一、將妻妾作姊妹，及將拐帶不明婦女，或將親女，并居喪姊妹，嫁賣與人。騙財之後，設詞託故，公然領去，或瞰起程中途，聚衆行兇，邀搶人財，除真犯死罪外，屬軍衛者。

025［明 028］

一、大户不納秋糧二百石以上。［〇敢有不行運赴官倉，逼軍私兑者。］

026［明 030］

一、糧草軍需，但有包攬誆騙［銀一百兩、糧二百石以上］，事發三個月不完者。經年不完者，仍枷號一個月。〇各邊武職，主使家人伴當，跟隨交結人員，挾勢攬納作弊，聽使之人。

① 萬曆律中本條與下條同屬一條。

027［明032］

一、各處司府州縣，并各鈔關，解到布絹銀錢［鈔］等項，赴部送甲字等庫驗收。若有指稱權貴名色，掯勒解户，誆詐財物者，不分軍民匠役。

028［明033］①

一、漕運跟官［跟漕運把總指揮千百户等官］、書算人等，［指稱使用］科索軍人財物入己，［贓］至二十兩以上。

029［明033］

一、各邊召商，上納糧草，若内外勢要官豪家人，詭名占窩，轉賣取利者。

030［明034］

一、豪强鹽徒，聚衆至十人以上，撑駕大船，張掛旗號，擅用兵仗響器，拒敵官兵，不曾殺傷人，爲從者。

031［明035］

一、越境興販官私引鹽，至三千斤以上，原係腹裏衛所者。〇其客商收買餘鹽，買求掣摯。〇巡捕官乘機興販，［俱］至三千斤以上，亦照前例。

032［明036］

一、兩淮等處運司商人，不曾［必須］納［過］銀［兩紙價，方給引目守支。若先年不曾上納］，故捏守支年久等項虚詞奏擾者，［照各處鹽場無籍之徒把持詐害事例］。

033［明037］

一、僞造鹽引印信，賄囑運司吏書人等，將已故并遠年商人名籍、中鹽來歷，填寫在引轉賣，誆騙財物，爲從。并經紀、牙行、店户、運司、吏書，一應知情人等，但計贓滿數［貫］者，不拘曾否支

① 萬曆律中本條與下條同屬一條。

鹽出場。

034［明038］

一、各運司總催該管鹽課納完，方給通關。若買囑官吏，并覆盤委官，指倉指囤，扶同作弊者。

035［明039］

一、各處鹽場無籍之徒，把持官府，詐害客商，犯徒以上，及再犯杖以下者。

036［明040］

一、私茶，有興販夾帶五百斤的，照私鹽例，［屬軍衛者］。

037［明041］

一、私茶在西寧、甘肅、洮河販賣者，三百斤以上。○若守備、把關、巡捕等官，自行興販私茶通番者。

038［明042］

一、做造假茶五百斤以上，本商并轉賣之人，原係腹裏衛所者。○店户窩頓一千斤以上。

039［明043］

一、勢豪舉放私債，交通運糧官，挾勢擅拿官軍，綁打凌辱，强將官糧准還私債，屬軍衛者。

040［明044］

一、會同館内外，四鄰軍民人等，代外國人［夷］收買違禁貨物者。

041［明045］

一、客商輻輳去處，若牙行及無籍之徒，誆賒貨物，若監追年久無還，累死客商，屬軍衛者。

042［明046］

一、楊村、蔡村、河西務等處，如有用强攔截民運糧船，在家包雇車輛，逼勒多出脚錢者。

禮例

043

一、僧道、軍民人等，於各寺觀神廟刁姦婦人，因而引誘逃走，或誆騙財物者。

044［明047］

一、官吏、軍民、僧道人等來京，妄稱諳曉扶鸞禱聖，書符咒水，一切左道亂正邪術，煽惑人民，爲從者。及稱燒煉丹藥，出入内外官家，或擅入皇城，夤緣作弊，希求進用，屬軍衛者。

045［明048］

一、左道惑衆之人，或燒香集徒，夜聚曉散，爲從者。又稱爲善友，求討布施，至十人以上，并軍民人等，不問來歷，窩藏接引，或寺觀住持，容留剃簪，探聽境内事情，及被誘軍民，捨與應禁鐵器等項，屬軍衛者。

兵例

046［明049］

一、皇城各門各舖上直守衛，該管官旗鈐束不嚴，及容情故縱，所管軍人離直，點視不到，十名以上者，小旗降軍，調邊衛。〇若受財賣放者，不分人贓多寡，降調。〇其留守五衛，各該直宿官旗軍人，點視不到，三次以上者，問發邊衛差操。

047［明050］

一、聖駕出郊，衝突儀仗，妄行奏訴者，追究主使教唆，捏寫本狀之人。

048［明051］

一、各衛直宿軍職，使令上直軍人，内官使令上直校尉，各懸帶銅牌，出百里之外，營幹私事者，［内官發充浄軍］軍人、校尉［俱邊］。

049［明052］

一、臨陣報有斬獲賊級，若用錢買者賣者，軍發邊衛。〇若强奪他人首級，［及妄割被殺漢人首級］冒報功次者，軍照前例發遣，旗降一級，外衛調邊衛。［○若擅殺平人，及被虜逃回人口，冒作賊級報功，本管將官頭目，失於鈐束者，五名口以上，降級調衛。十名口以上，罷職充軍。］

050［明 053］

一、在京在外各都司衛所，勾到新軍官吏旗甲［附寫名數，送營差操］，如有［指稱使用等項名色］勒要財物，逼累在逃者，不問指揮、千百户、鎮撫，俱照賣放正軍事例，計所逃人數多寡，降級充軍。

051［明 054］

一、輪操軍人軍丁，沿途劫奪人財，殺傷人命，占奪車船，作踐田禾等項，許被害之人，赴所在官司具告，拿解兵部，轉送法司究問，除真犯死罪外，杖①［徒］以上。

052［明 055］

一、各處京操官，故行不肯赴操者，撫按鎖解兵部發操。若抗違不服，參奏，問調邊衛。

053［明 056］

一、鳳陽［中都］、山東、河南各都司衛所［掌印官］，將原額京操［班］軍全班不到者［實在正身，照名查點，督發赴班，中間或有受財賣放者］，掌印領班剳付官，降調邊衛［以賣放正軍事例從重論］。

054［明 057］

一、各處［鎮守］總兵、協守［副總兵］、遊擊、［將軍、分守參將］守備等官［都指揮、指揮、千百户、鎮撫］，跟隨軍伴［不管事者］，［但有］多占［賣放］正軍至二十名［以上］，餘丁至三十名以上，俱罷職，發邊衛［充軍］。○其役占賣放紀録幼軍者，照餘丁例。

① 順治律原作“杖”，應爲“徒”之誤。

役占賣放備邊壯勇者，照正軍例。

055

一、軍職役占賣放餘丁三十名以上，致地方防守妨廢，照賣放軍人例。

056［明058］

一、軍職賣放，并役占軍人，二罪俱發，其賣放已至十名以上，役占不及數者，依賣放甚者例，［罷職充軍］。

057［明059］

一、輪操軍在逃三次者，不分革前革後，外衛調邊衛。

058［明060］

一、官吏、旗校、舍餘、軍民人等，［武官有］爲事問發充軍，來京潛住者。

059［明061］

一、居庸、山海等關，引送邊［口］外邊衛逃軍，過關并守把盤詰之人賣放者。

060［明062］

一、外國人［夷人］貢船到岸，先行接買番貨，及爲外國人［夷人］收買違禁貨物者。

061［明063］

一、［姦豪勢要及］軍民人等，擅造二桅以上［違式］大船，將帶違禁貨物下海，前往番國買賣，潛通海賊，同謀結聚，及爲鄉導，劫掠良民者，正犯處以極刑［處斬梟示］，全家發邊衛。○若止將大船雇與下海之人，分取番貨，及雖不曾造有大船，但糾通下海之人，接買番貨者。○其［與］探聽下海之人，番貨到來，私［下收］買販賣，若蘇木、胡椒至一千斤以上者。

062［明064］

一、私［自］販［賣］硫黃、焰硝，賣與外國［外夷及邊］海賊

［寇，不拘多寡］，爲從者。○［若］合成火藥，賣與鹽徒者。

063［明 065］

一、官員軍民人等，私將應禁軍器，賣與進貢外國人［夷人圖利］，走泄事情，爲從者。

064［明 066］

一、司府州縣起解，備用馬匹，若馬販交通官吏、醫獸人等，兜攬作弊者。

065［明 067］

一、各舖司兵，若有［無籍之徒，不容正身應當］用强包攬，多取工錢，致將公文稽遲沉匿［等項］，旗軍［發邊衛］。

066［明 068］

一、［各處水馬］驛遞［運所］夫役，巡［檢］司弓兵，若用强包攬，［不容正身著役］多取工錢害人，攬擾衙門者，旗軍［調邊衛］。

067［明 069］

一、直隸、江南、［南北直隸］山東等處［各屬］馬驛，僉到馬頭，若用强包攬者，旗軍［發邊衛］。○其有光棍交通［包］攬［之］徒，將正身姓名捏寫虚約，投託官豪勳戚之家，前去原籍，妄拿正身家屬，逼勒取財者，應提應奏人員，俱照前例。

068［明 070］

一、會同館夫，若五年以上不行替役，及近館［無籍］軍民人等，用强攬當者。

069［明 071］

一、指稱［勳戚文武大臣］近侍官員［姻黨族屬］家人名目，［虛張聲勢］擾害［經過軍衛］有司驛遞［衙門］，占宿公館，索取［人夫］馬匹，勒要［車輛］財物者［等項］［及姦徒詐稱勢要衙門，乘坐黑樓等船隻，懸掛牌面，希圖免税誆騙，違法者，徒罪以上］，爲首及同惡相濟之人。

070

一、各處解軍，若長解縱容在家遷延，違限一年之上，正犯原係附近，發邊衛。

刑例

071［明072］

一、［凡鳳陽］皇陵［泗州祖陵、南京孝陵、天壽山列聖陵寢、承天府顯靈］山前山後，各有禁限，若盜砍樹株，爲從者。○取土取石，開窑燒造，放火燒山者。皇陵［孝陵神烈山］舖舍以外，去墻二十里之内，開山取石，安插墳墓，築鑿臺池者。

072［明073］

一、官司差人追徵錢糧，勾攝公事，并捕獲罪人，但聚衆十人以上，中途打奪，爲從［者］。若係異姓，同惡相濟，及摠師、打手，［俱邊衛］。

073［明074］

一、號稱喇虎等［項］名［色］，白晝撒潑，口稱聖號，及總甲、快手，應捕人等，以巡捕勾攝爲由，各毆人奪財，犯徒以上，不分人多人少，若初犯一次，屬軍衛者。○雖係初犯，若節次搶奪，及再犯累犯，笞杖以上者。

074［明075］[1]

一、［凡］盜御馬者。

075［明075］

一、［若］將自己及他人騎操官馬盜賣，［至］三匹以上，及再犯，不拘匹數，屬軍衛者。

076

一、冒領太僕寺官馬，至三匹者。

---

[1] 萬曆律中本條與下條同屬一條。

077

一、盜掘礦沙，但係山洞捉獲，曾經持杖拒捕者，不論人多寡、礦輕重，及聚衆三十人以上，分礦三十斤以上者，俱不分初犯、再犯。若不及數，又不拒捕，再犯。

078［明 077］

一、指稱内外大小官員名頭，并各衙門打點使用名色，誆騙財物，計贓犯徒以上［者］，不分首從。

079［明 078］

一、設方略而誘取良人，與略賣良人子女，不分已賣未賣，［俱邊衛］。若婦人，罪坐夫男。

080［明 079］

一、發掘王府貝勒、貝子、公［將軍、中尉］、夫、淑人等，郡縣主，郡縣鄉君，歷代帝王，名臣先賢墳塚，開棺爲從，與發見棺槨爲首者。

081［明 080］

一、各處大户家人、佃僕，結搆爲盜，殺官劫庫，劫獄放火。若大户知情故縱，犯徒流杖罪，屬軍衛者。

082［明 081］

一、皇親功臣管莊、家僕、佃户人等，及諸色軍民大户，勾引來歷不明之人，窩藏强盜二名以上，竊盜五名以上，坐家分贓者。

083［明 082］

一、知强竊盜贓，而接買受寄，三犯以上，不拘贓數多寡，與知强盜後，而分贓至滿數［貫者］。

084［明 083］

一、同謀共毆人，［其共毆之人］審係執持［鎗刀等項］兇器，［亦］有致命傷痕者。

085

一、故殺妾，及弟［妹子孫、姪］姪子孫，與子孫之婦，及故將妻妾男婦等項，打傷墮胎圖賴人，屬軍衛者。

086

一、因事用强毆打，威逼人致死，果有致命重傷，及成殘廢篤疾者，雖有自盡實跡［者］，發邊衛。

087

一、因事威逼［致死］一家二命致死者［及非一家，但至三命以上者］。

088

一、婦人夫亡，願守志，别無主婚之人，若有用强求娶，逼受聘財，因而致死者。

089

一、軍民人等，［因事］威逼本管官致死，爲從者。

090

一、兇徒因事忿爭，執持［鎗刀、弓箭、銅鐵簡劍、鞭斧、扒頭、流星、骨朵、麥穗、秤錘］兇器，但傷人，及誤傷旁人，與凡剜瞎人［眼］睛，折跌人［肢］體，全抉人耳鼻口唇，斷人舌，毁敗人陰陽者。

091

一、卑幼毆期親尊長，執有刀刃趕殺，情狀兇惡者，雖未成傷［者］，發邊衛。

092

一、兄與伯叔謀奪弟姪財産官職等項，故行殺害，屬軍衛者。

093

一、假以建言爲由，挾制官府，及將曖昧不明姦贓事情，污人名節，報復私讎［者］，旗軍人等。

094

一、漢人投入土夷［地方］，冒頂外國［夷］人親屬頭目名色，妄奏代人［代爲奏告］報讎，占騙財産者。

095

一、驀越赴京，及赴［巡］撫［巡］按、按察司［官處］，各奏告叛逆等項機密重事不實，并全誣十人以上，屬軍衛者。

096

一、在外刁徒，身背黄袱，頭插黄旗，口稱奏訴，直入衙門，挾制官吏，所在官司，就拿送問。若不［係］干己事情，判［别］無冤枉，并追究主使之人，一［壹］體問罪，屬軍衛者。

097

一、軍旗欲告運官不法事情，候完糧回南之日，赴漕司告理。如赴别衙門挾告詐財者，徒以上。

098

一、各處刁軍刁民，專一挾制官吏，誣［陷］害良善，起滅詞訟，結黨捏詞纏告，把持官府不得行事等項，情犯深重者，軍發邊衛。

099

一、各處姦棍［徒］，串結衙門人役，假倚上司訪察爲由，纂集事件，挾制官府，陷害良善，或詐騙財物，或［報］復私讎，名爲窩訪者。

100

一、無籍棍徒，私自串結，將不干己事情，捏寫本詞，聲言奏告，恐嚇得財，計贓滿數［貫］者，不分首從。〇若妄指宫禁親藩爲詞，誣害平人者，不分首從。

101

一、代人捏寫本狀，教唆或扛幫赴京，及赴［巡］撫［巡］按、［并］按察司［官處］，各奏告叛逆等項機密、强盜、人命重事不實，并全誣十人以上者。

102

一、將本狀用財雇寄與人，赴京奏訴者，并兜攬受雇受寄之人，屬軍衛者。

103

一、文武職官，索取土官、外國［夷］人、猺獞財物，犯徒三年以上者。

104

一、詐爲察院、布［政司］、按［察使］、府州縣，及其餘衙門文書，誆騙科斂財物者。

105

一、起解軍士，捏買僞印批迴者，軍士調邊衛。

106

一、私鑄銅錢，爲從者，旗軍調邊衛。

107

一、廣西、雲貴、湖川等處，但有冒籍生員，食糧起貢，及［若］買到土人，倒過所司起送公文，頂名赴吏部投考，若已授職，賣者。

108

一、詐冒皇親族屬姻黨家人，在京在外巧立名色，挾騙財物，侵占地土，并有禁山場，攔當船隻，措要銀兩，出入大小衙門，囑託公事，販賣銅錢［錢鈔］私鹽，包攬錢糧，假稱織造，私開牙行，擅搭橋梁，侵漁民利，及往來河道，吹打響器，張掛旗號，經過軍民有司衙門，需索人夫酒食，勒要車輛船隻者，除真犯死罪外，徒［罪］以上。

109

一、假充大臣［及近侍官員］家人名目，豪横鄉村，生事害民，强占田土房屋，招集流移住種［犯徒以上］者。

110

一、詐［假］冒内官［親屬家人等項名色］，恐嚇官司，誆騙財物者，除真犯死罪外，其餘。

111

一、詐冒鑾儀衛［充錦衣衛旗］校尉、巡捕名色，［假以差遣，體訪事情，緝捕盜賊］占宿公館，妄拿平人，嚇取財物，生事煽惑，擾害軍民者［徒以上］。

112

一、親屬犯姦，至死罪者，若强姦未成者。

113

一、先年浄身人，曾經發遣［回］，［若不候朝廷收取，官司明文起送］私自來京，圖謀進用者。

114

一、放火故燒人田場積聚之物，及延燒人房屋者［自己房屋，因而延燒官民房屋，及積聚之物，與故燒人空閑房屋，及田場積聚之物者］，徒以上。

115［明116］

一、内外問刑衙門，若酷刑［官員］至死［致死至］三命以上者，武官［發邊衛］。

116［明117］

一、法司問斷過各處進本等項人犯，發各衙門程遞［者］，其押解人役，若擅加杻鐐，非法亂打，搜檢財物，剥脱衣服，逼致死傷，及受財故縱，并聽憑狡猾之徒，買求殺害，除真犯死罪外，徒以上，屬軍衛者。

工律

117［明119］

一、巡按、三司、分巡、分守官，查盤軍器，若衛所官旗人等，侵欺物料，那前補後，虚數開報，及三年不行造册奏繳者，旗軍人等。

118［明120］

一、故決盜決［山東］南旺［湖］、［沛縣］昭陽［湖］、屬山

［湖］、安山積水湖［揚州高寶湖、淮安高家堰、柳浦灣，及徐、邳上下濱河一帶］各隄岸，并阻絶山東泰山等處泉源，有干漕河禁例，爲首［之人係］軍［調邊衛］。○其閘官人等，用草捲閣閘板，盜泄水利，串同取財，徒以上，照前問發。

119［明 121］

一、河南［等處］地方盜決，［及］故決河［隄］防，毁害人家，漂失財物，淹没田禾，犯徒以上，爲首［者係］軍［調邊衛］。

120［明 122］

一、運河一帶，［用］强包［攬］閘夫、溜夫二名［之上］，撈淺鋪夫三名之上，旗軍［發邊衛］。

删除明例 9 條

［明 003］

一、文職本身，并同祖親枝，有女爲王妃，男爲郡縣主儀賓，俱各見在，不許陞除京職。若保勘隱情，以存作亡，以有作無，正犯邊衛，保勘之人屬軍衛者。

［明 004］

一、王府選婚，營求撥置之人。

［明 011］

一、受財賣放充軍人犯者，即抵充軍役。若係永遠，同罪者止終本身，仍勾原犯應替子孫補伍。

［明 027］

一、在外官員，通同勢要，賣納户口等課鈔，賣鈔之人。

［明 029］

一、在京在外，并各邊收放糧草，若職官子弟，積年光棍，跟子買頭，小脚歇家，伴當人等，三五成群，搶奪籌斛，占堆行概等項，打攪倉場，及欺凌官攢，或挾詐運納軍民財物，徒以上，與再犯杖以下，屬軍衛者。

［明031］

在京刁徒光棍，訪知舖行，但與解户交關價銀，輒便邀集黨類，數十爲群，入門噪閙，指爲攬納，捉要送官。其家畏懼罪名，厚賂買滅，所費錢物，出在解户，以致錢糧累年不完。如有犯者，查照打攪倉場事例，屬軍衛者。

［明084］

一、萬曆十六年正月内，題奉欽依：今後審録官員，凡審共毆下手擬絞人犯，果於未結之前，遇有原謀助毆成傷之人監斃在獄，與解審中途因而病故者，准其抵命。若係配發事結之後在家病亡者，不得濫改抵償，仍將下手之人依律處決。

［明115］

一、各處有司起解逃軍，并軍丁及充軍人犯，違限一年之上，正犯原係附近，發邊衛。

［明118］

萬曆十八年三月内，［題］① 奉欽依：凡人命當檢驗者，仵作受財，增減傷痕，扶同屍狀，以成冤獄，審出真情，贜至滿貫者，查照誆騙情重事例，問遣。

附近衛②

名例例

001

一、僧道官受財枉法，滿數［貫］。

① 萬曆律疑漏此字，據上補。
② 萬曆律作“附近充軍”。

002

一、［五府］差舍押解軍犯，若受財賣放，犯徒以下，及無贓者，舍人抵充軍役，候獲替放。○若酷害軍犯，搜檢財物，縱不脱放，亦照前例［舍人發外衛］。

003

一、差舍押解軍犯，若受財賣放，犯該枉法絞罪。若酷害軍犯，搜檢財物，縱不脱放，亦照前例。

004［明003］

一、鑾儀衛［錦衣衛］、將軍、校尉，犯該姦盜搶奪，誆騙恐嚇，求索枉法不枉法等罪［者］，調衛。

005［明004］

一、鑾儀衛［錦衣衛］旗校軍士在逃，再犯［者］，調衛。

006［明005］

一、天文生犯該充軍，係習業已成，能專其事者，仍定擬衛分，就於本監應役。

007［明006］

一、老幼廢疾，犯該充軍，若有壯丁主使，就將主使之人照例。

008［明007］

一、强盜聚衆至十人，及行劫累次，係大功以上親首告［者］。

009［明008］

一、謀故殺死總小旗者，［正犯抵死，旗役仍令本户餘丁補當。若無本户餘丁，勾取犯人］户内壯丁，抵充軍數。

吏例

010［明012］

一、夫匠人等，受財代替，夾帶文字傳遞，屬有司者。

011［明013］

一、文職［官員］舉貢官恩，［援］例監［生并省祭、知印、承差人］等［曾經考察論劾］罷［黜及爲事問］革［年老事故］，例不入選，［若］買求［官吏起復］圖選［選用］，未除授者。［○其起送官吏，不分軍衛有司，但知情受賄者。］

012［明 009］

一、校尉事故，別姓朦朧詐冒替補者，［冒替之人］調衛［充軍］。

013［明 010］

一、主文、書算、快皂、總甲、門禁、庫子人等，久戀衙門，説事過錢，把持官府，飛詭税糧，起滅詞訟，陷害良善，及賣放强盜，誣執平民，爲從事發，有顯跡，情重者，民并軍丁。

014［明 011］

一、冒頂正軍，入場看守，屬有司者。

户例

015

一、遇各部派到物料，豪猾規利之徒，買囑該吏［吏書］妄稟，編派下屬，承攬害民者，俱問發。

016［明 017］①

一、勢豪大户不納秋糧五十石以上者。

017［明 017］

一、勢豪大户［敢有］不［行］運赴［官］倉，逼軍私兑者。

018［明 014］

一、軍户捏作丁盡户絶回申者，里書人等。

019［明 016］

一、勾補軍役，若正軍户下本有人丁，捏作無勾，扶同回申，原保結里鄰人等。

---

① 萬曆律中本條與下條同屬一條。

020

一、越境興販官私引鹽［至三千斤以上者］。〇客商收買餘鹽，買求掣掣。〇巡捕官乘機興販，俱至三千斤以上者。

021

一、私茶有興販夾帶五百斤者，照私鹽例［屬有司者］。

022

一、私茶在西寧、甘肅、洮河販賣一百斤以上者。〇若守衛、把關、巡捕等官，在西寧、甘肅、洮河販賣三百斤以上者。

023

一、陝西、洮河、西寧等處行茶地方，冒頂番名，將老弱不堪馬二匹以上，中納支茶者，民并舍餘人等。

024

一、做造假茶五百斤以上，本商并轉賣之人。〇店户窩頓一千斤以上。

025

一、在京在外［税課有司，批驗茶引所］，但係納税去處，若權豪無籍之徒，結黨把持［攔截］，生事攪擾者［商税，徒以上］。

026

一、甘肅、西寧等處，遇有番人［夷］到來，勢豪之家，主使弟男子姪、家人頭目人等，將番［夷］人好馬奇貨包收，逼令減價，以賤易貴，及將粗重貨物，并瘦損頭畜拘收，取覓用錢，方許買賣者，聽使之人。

027

一、客商輻輳去處，［若］牙行及無籍之徒，誆賒貨物，若監追年久無還，累死客商，屬有司者。

兵例

028

一、内官使令上直校尉，懸帶銅牌，出百里之外，營幹私事，發充浄軍。

029［明030］

一、臨陣報有斬獲賊級，若用錢買者賣者，官旗本衛，民并軍丁人等，附近。〇若强奪他人首級［及妄割被殺漢人首級］報［冒］功者，民、舍餘人等，照前發遣。〇旗降原役一級，京衛調外衛。

030［明031］

一、各處清解軍丁，若不係同宗子孫，頂替起解，及將長解正身賣放，執批頂名者，正軍調衛，頂軍就收本衛，長解受雇之人附近。〇里老、鄰佑受財者，一體發遣。

031［明034］

一、各處備倭貼守，其把總等官，縱容舍餘人等代替正軍者，舍餘人等就收該衛。

032［明033］

一、擅殺平人報功，其本管將官頭目失於鈐束者，重則罷職充軍。

033［明036］

一、宰殺耕牛，并私開圈店，及知情販賣牛隻，與宰殺［者］，再犯累犯者。〇若盜而宰殺，及貨賣者，不分初犯再犯。

034［明032］

一、輪操軍在逃三次者，不分革前革後，京衛調外衛。

035

一、大同三路舍民［民舍］人等，將不堪馬匹，通［同光棍］引［赴該管官處，及管軍頭目］收買［私馬］，詭令伴當人等［出名］，情囑［屬各］守備等官，俵與軍士，通同醫獸作弊，多支官銀者。

036［明037］

一、各舖司兵，若有［無籍之徒，不容正身應當］用强包攬，多取工錢，致［將］公文稽遲沉匿［等項］，民并軍丁人等。

037［明038］

一、［各處水馬］驛遞［運所］夫役、巡［檢］司弓兵，若用强包攬，［不容正身著役］多取工錢害人，攬擾衙門者，民并軍丁人等。

038［明039］

一、［南北］直隸、江南、山東等處［各屬］馬驛，僉到馬頭，若用强包攬者，民并軍丁人等。〇其光棍交通［包］攬［之］徒，將正身姓名，捏寫虚約，投託官豪勳戚之家，前去原籍，妄拿正身家屬，逼勒取財者，應提應奏人員，俱照前例。

039［明052］

一、各處有司［起］解［逃］軍［并軍丁及充軍人犯］，若長解縱容在家遷延，不即起程，違限一年之上者，［解人發附近］。

040

一、黄船，若客商人等，止是空身附搭者，［亦］連小甲，俱［發］附近。

刑例

041 ［明041］①

一、將自己及他人騎操官馬盜賣［至］三匹以上，及再犯，不拘匹數，屬有司者。

042 ［明041］

一、［若］養馬人户，將官馬盜賣［盜賣官馬至］三匹以上者。

043 ［明042］

一、發掘王府貝勒、貝子、公［將軍、中尉］、夫、淑人等，郡縣主、郡縣鄉君、歷代帝王、名臣先賢墳塚，見棺槨爲從，與發而未至棺槨爲首，及發常人塚，開棺見屍爲從，與發見棺槨爲首者。

---

① 萬曆律中本條與下條同屬一條。

044　［明 043］

一、各處大户家人佃僕，結搆爲盜，殺官劫庫，劫獄放火，若大户知情故縱，犯徒流杖罪，屬有司者。

045　［明 044］

一、故殺妾及弟［妹子孫、姪］姪子孫，與子孫之婦，及故將妻妾男婦等項，打傷墮胎，圖賴人，屬有司者。

046

一、各處刁軍刁民，［專一］挾制官吏，陷害善良，起滅詞訟，結黨捏詞纏告，把持官府，不得行事等項，［情犯深重者］民發附近。

047　［明 045］

一、假以建言爲由，挾制官府，及將曖昧不明姦贓事情，污人名節，報復私讎者，民［發］附近。

048　［明 047］

一、文職官吏、監生、知印、承差，受財枉法，至［滿貫］絞罪者。

049　［明 048］

一、雲貴、兩廣、［四］川湖［廣］等處流官，擅［自］科［斂］土官財物，僉取兵夫，徵價入己，强將貨物發賣，多取價利，各贓至滿數［貫］，犯徒三年以上者。

050［明 049］

一、起解軍士，捏買僞印批迴［者］，解人［發附近］。

051［明 050］

一、私鑄銅錢，爲從［者］民匠、舍餘。

052［明 051］

一、［犯］姦［内外］緦麻以上親，及緦麻以上親之妻，若妻前夫之女，同母異父姊妹者，［姦夫］。

053

一、内外問刑衙門，若酷刑［官員］致死［至］三命以上者，文武［文官發附近］。

工律

054

一、故決盜決［山東］南旺［湖］、［沛縣］昭陽［湖］、蜀山［湖］、安山積水湖［揚州高寶湖、淮安高家堰、柳浦灣，及徐、邳上下濱河一帶］各隄岸，［并］阻絶山東泰山等處泉源，有干漕河禁例，爲首之人。○其閘官人等，用草捲閣閘板，盜泄[①]水利，串同取利［財］，犯徒以上，照前。

055

一、河南［等處］地方，盜決［及］故決河［隄］防，毀害人家，漂失財物，淹没田禾，犯徒以上，爲首［者］旗舍餘丁民人。

056

一、運河一帶，［用］强包［攬］閘夫［溜夫］二名［之上］，撈淺舖夫三名之上，民并軍丁人等。

删除明例 3 條

［明 018］

一、在京在外，并各邊收放糧草，若職官子弟，積年光棍，跟子買頭，小脚歇家，伴當人等，三五成群，搶奪籌斛，占堆行概等項，打攪倉場，及欺凌官攢，或挾詐運納軍民財物，徒以上，與再犯杖以下，屬有司者。

［明 019］

一、在京刁徒光棍，訪知舖行，但與解户交關價銀，輒便邀集黨

① 順治律誤作“淮”。

類，數十爲群，入門噪閙，指爲攬納，捉要送官。其家畏懼罪名，厚賂買滅，所費錢物，出在解户，以致錢糧累年不完。如有犯者，查照打攬倉場事例，屬有司者。

[明 029]

一、僧道軍民人等，於各寺觀神廟刁姦婦女，因而引誘逃走，或誆騙財物者。

附　爲民①

[明 001]

一、文職本身，并同祖親枝，有女爲王妃，男爲郡縣主儀賓，俱各見在，不許陞除京職。若保勘隱情，以存作亡，以有作無，保勘之人，屬有司者。

[明 002]

一、太常、光禄寺厨役，私自逃回原籍潛住，至三次以上者。

[明 003]

一、軍職應襲兒男弟姪，勘明繳部，原告又行捏詞奏告，屬有司者。

[明 004]

一、夫匠受財代替，夾帶傳遞，及縱容不舉察捉拿者。

[明 005]

一、用强占種屯田五十畝以上，不納子粒者。〇其屯田人等，將屯田典賣與人，至五十畝以上，與典主、買主各不納子粒者。

[明 006]

一、將妻妾作姊妹，及將拐帶不明婦女，或將親女，并居喪姊妹，嫁賣與人。騙財之後，設詞託故，公然領去，或瞰起程中途，聚衆行兇，邀搶人財，屬有司者。

---

① 順治律删除此一部分。

［明 007］

一、勢豪舉放私債，交通運糧官，挾勢擅拿官軍，綁打凌辱，强將官糧准還私債，屬有司者。

［明 008］

一、官吏軍民僧道人等來京，妄稱諳曉扶鸞禱聖，書符咒水，一切左道亂正邪術，煽惑人民，爲從者。及稱燒煉丹藥，出入内外官家，或擅入皇城，夤緣作弊，希求進用，屬有司者。

［明 009］

一、左道惑衆之人，或燒香集徒，夜聚曉散，爲從者。及稱爲善友，求討布施，至十人以上，并軍民人等，不問來歷，窩藏接引，或寺觀主持，容留剃簪，探聽境内事情，及被誘軍民，捨與應禁鐵器等項，屬有司者。

［明 010］

一、文職官吏人等父母喪，計原籍程途，每千里限五十日，過限匿不舉哀，不離職役者。

［明 011］

一、文官爲事問發爲民，來京潛住者，改發口外。

［明 012］

一、各邊將官，并管軍頭目私役，及軍民人等私出境外，釣豹捕鹿，砍木掘鼠等項，并把守之人，知情故縱，該管里老、官旗軍吏，扶同隱蔽者，民人、里老俱調發煙瘴。

［明 013］

一、號稱喇虎等項名色，白晝撒潑，口稱聖號，及總甲、快手，應捕人等，以巡捕勾攝爲由，各毆人奪財，犯徒以上，不分人多人少，若初犯一次，屬有司者。〇雖係初犯，若節次搶奪，及再犯累犯笞杖以上者。

［明 014］

一、因事聚衆將本管及公差勘事，催收錢糧等項，一應監臨官，毆打綁縛者，不分首從，屬有司者。○若止是毆打，爲首者。

［明 015］

一、兄與伯叔謀奪弟姪財産官職等項，故行殺害，屬有司者。

［明 016］

一、官吏人等，犯該爲民等項罪名，不分已未結正，有妄奏冤枉，摭拾原問官員，勘問涉虛，原問爲民者，發口外。

［明 017］

一、籌越赴京，及赴巡撫、巡按、按察司官處，各奏告叛逆等項機密重事不實，并全誣十人以上，屬有司者。

［明 018］

一、在外刁徒，身背黄袱，頭插黄旗，口稱奏訴，直入衙門，挾制官吏，不係干己事情，别無冤枉，并追究主使之人，一體問罪，屬有司者。

［明 019］

一、將本狀用財雇寄與人，赴京奏訴者，并受雇受寄之人，屬有司者。

［明 020］

一、廣西、雲貴、湖川等處，但有冒籍生員，食糧起貢。若買到土人，倒過所司起送公文，頂名赴部投考者。

［明 021］

一、問發直隸延慶、保安二州爲民人犯，但有在逃者，改發遼東自在、安樂二州。

［明 022］

一、法司問斷過各處進本等項人犯，發各衙門程遞者，押解人役，若擅加杻鐐，非法亂打，搜檢財物，剥脱衣服，逼死致傷，及受財故縱，并聽憑狡猾之徒，買求殺害，徒以上，屬有司者。

22 比附律條比附各條，革久不用，今亦存留備考。

001

一、發賣豬羊肉灌水，及米麥等插和沙土貨賣者，比依客商將官鹽插和沙土貨賣者，杖八十。

002

一、姦義女，比依姦妻前夫之女律。

003

一、姦親女，比依姦子孫之婦，又比依姦兄弟之女者律斬，决不待時。律無該載，合依比附律條斬。

004

一、男女定婚，未曾過門，私下通姦，比依子孫違犯教令律，杖一百。

005

一、姦妻之母姨，比依凡姦論。

006

一、義男姦義母，比依雇工人姦家長妻律斬。

007

一、姦乞養男婦，比依姦妻前夫之女律科斷。其男與婦，斷還本宗。但强者斬。

008

一、女壻姦妻母，係敗壞人倫，有傷風化，比依本條事例，各斬。

009

一、伴當姦舍人妻，比依雇工人及奴婢姦家長期親者律絞。

010

一、兄調戲弟婦，比依强姦未成者律。

011

一、姦義妹，比依姦同母異父姊妹律。

012

一、弓兵姦職官妻，比依奴及雇工人姦家長期親之妻者律。

013

一、姦繼母，比依姦父妾律斬。

014

一、罵親王，比依罵祖父母律絞。

015

一、罵三品以上官長，比依罵祖父母律絞。

016

一、義子罵義父母，比依子孫罵祖父母律絞。

017

一、既聘未娶子孫之婦罵舅姑，比依子孫違犯教令律，杖一百。

018

一、罵主，比依罵祖父母律絞。

019

一、毀罵職官，比依奴婢罵家長期親論。

020

一、奴婢放火燒主房屋，比依奴婢罵家長律絞。

021

一、誹謗朝廷，比依子孫罵祖父母律絞。

022

一、奴婢誹謗家長，比依子孫罵父母律論。

023

一、殺義子，比依殺兄弟之子律，杖一百、徒三年。故殺者，杖一百流、三千里。

024

一、妻之子打庶母傷者，比依弟妹毆兄姊者律，杖九十、徒二年半。

025

一、千户私役軍人不從，踢傷身死，事發，差人押解不服，又將解人打死，比依故勘平人及毆差人致死之罪相等律斬。

026

一、養父毆殺乞養子，比依師毆弟子，與伯叔父母毆殺姪同。

027

一、乞養異姓子毆養父母，比依僧道毆受業師，與毆伯叔父母同。今例與子孫同論年歲，有無娶妻分產。

028

一、謀殺義叔，比依雇工人謀殺家長已行，罪同子孫殺父母已行律。

029

一、妻將夫毆打，又行唬説，每日將父母打罵，我去告你，以致夫自縊身死，比依威逼期親尊長致死者絞。

030

一、民人結攬寫發，比依禁革主保小里長生事擾民論。

031

一、僧道打死徒弟，比依伯叔故殺子姪律論。

032

一、負累平人致死，比依誣告人因而致死一人論。

033

一、凡官吏打死監候犯人，比依獄卒非理凌虐罪囚，致死者各絞。

034

一、給由牌誤，比依奏事錯誤論。

035

一、倒使印信，比依行移文書失錯論。

036

一、上直官軍、上工人匠遺失銅牌、木牌，比依遺失官文書律，杖七十，責限三十日，尋見免罪。

037

一、打破信牌，比依毁官文書律，杖一百，又比依棄毁制書論。

038

一、遺失京城門鎖鑰，比依遺失印信巡牌律論。

039

一、棄毁祖宗神主，比依棄毁父母死屍律斬。

040

一、三犯竊盜，僞造上工人匠牌面，帶入内府，比依厨役、校尉入内，懸帶銅牌、木牌，僞造者斬。

041

一、私煎銀兩，比依常人盜倉庫錢糧律絞。

042

一、詐他人名姓，註附木牌，進内府不銷名字，意在陷害他人，比依投隱匿姓名文書，告言人罪者律絞。

043

一、詐稱御史，齎駕帖拿人，比依詐傳詔旨律。

044

一、假寫家書，詐稱寄來財物，不行送還，勒取人財物者，比依恐嚇取人財物，計贓准竊盜論。

045

一、詐稱校尉拿人，比依近侍人詐稱私行者律斬。

046

一、故無廩給與多支廩給者，比依常人盜倉庫錢糧論。

047

一、私賣自己官馬，比依監守自盜倉庫錢糧律斬。

048

一、庫官多秤綿花，比依多收税糧斛面，計贓重者，從重論。

049

一、軍民人等舉放銀兩，尅減軍糧，比依知竊盜贓故買論。

050

一、隱匿費抄没財物，比依常人盜倉庫錢糧論。

051

一、軍官將帶操軍人非理凌虐，以致在逃，比依牧民官非法行事，激變良民者律斬。

052

一、軍官將羈管逃軍非法凌虐科差，以致在逃，比依牧民官非法行事，激變良民律斬。

053

一、過午門不下馬，比依違制論。

054

一、雇工人做煙火點火，人衆驚擠，躪踏壓死，比依燒香集衆，夜聚曉散，佯修善事，煽惑人民，爲首者絞，爲從者流，造作人不應從[重論]①。

055

一、吏部吏典赴内府，帶木牌，不問收取問給，擬不應從重論。

---

① 順治律此處闕文，據文義補。

056

一、奏本赴内府，帶小木牌一面，放在承天門外。不放，被守把官軍奏發，比依不應從重論。

057

一、官軍、里老人等，扶捏扶同保結，比依囑託公事，當該官吏聽從已行未行律，有贓從重論。

058

一、光禄寺厨役點燈，偷飲官酒，醉卧被火，燒燬酒房，并上用等酒，比依放火故燒係官積聚之物，及盗内府財物律斬。

059

一、邀截進賀表箋，比依在外大小衙門，進呈實封公文，呈至御前，而邀截取回律斬。

060

一、偷盗所掛號令、犯人首級，丢棄水中，比依拆毁申明亭板榜律，杖一百、流三千里。

061

一、運糧一半在逃，比依凡奉制書有所施行而違者律，杖一百。

062

一、强盗不得財傷人，比依白晝搶奪傷人者律斬。

063

一、尊長墳内燻狐狸，緦麻親族祖父母、族伯叔父母、兄、堂兄妻，附妻父母，燒棺槨者，杖九十、徒二年半；燒屍者，杖一百、流三千里。

064

一、夫棄妻之屍，比依尊長棄毁緦麻以下卑幼律論。

065

一、將腎莖放入人糞門内淫戲，比依穢物灌入人口律，杖一百。

066

一、僧道徒弟與師共犯罪，徒弟比依家人共犯免科。

067

一、僧道舊寺觀，故僧道存原造侍奉佛像三尊，去别寺院侍奉，比依不應從重論。

068

一、盜用知府印，父在時押空紙，父已故，假捏父在任時呈文，陷害人，買囑舖兵遞送，比依投隱匿姓名文書告言人罪者律絞。

069

一、姦義男婦，比依姦緦麻以上親之妻，及妻前夫之女，同母異父姊妹，杖一百、徒三年。强者斬。

大清律集解附例卷之一

名例名者，五刑之罪名；例者，五刑之體例也。

001　五刑凡折贖銀數，前圖開載甚明。

笞刑五笞者擊也，又訓爲耻。每二笞折一板。

一十［贖銅錢六伯文］　二十［贖銅錢一貫二伯文］

三十［贖銅錢一貫八伯文］　四十［贖銅錢二貫四伯文］

五十［贖銅錢三貫］

杖刑五每二杖折一板。

六十［贖銅錢三貫六伯文］　七十［贖銅錢四貫二伯文］

八十［贖銅錢四貫八伯文］　九十［贖銅錢五貫四伯文］

一百［贖銅錢六貫］

徒刑五徒者奴也，蓋奴辱之。

一年、杖六十［贖銅錢十二貫］　一年半、杖七十［贖銅錢一十五貫］

二年、杖八十［贖銅錢十八貫］　二年半、杖九十［贖銅錢二十一貫］

三年、杖一百［贖銅錢二十四貫］

流刑三不忍刑殺，流之遠方。

二千里、杖一百［贖銅錢三十貫］二千五百里、杖一百［贖銅錢三十三貫］

三千里、杖一百［贖銅錢三十六貫］

死刑二

絞　斬［贖銅錢四十二貫］

除罪應決不待時外，其餘死罪人犯，撫按審明成招，具題部覆，奉旨依允監固，務於下次巡按御史再審，分別情真、矜疑兩項，奏請定奪。

條例

001－01

一、凡軍民諸色人役，及舍餘、總小旗，審有力者，與文武官吏、舉人、監生、生員、冠帶官、知印、承差、陰陽生、醫生、老人、舍人，不分笞杖徒流、雜犯死罪，俱令運炭、運灰、運磚、納米、納料等項贖罪。若官吏人等，例該革去職役，與舍餘、總小旗、軍民人役審無力者，笞杖罪的決，徒流、雜犯死罪各做工、擺站、哨瞭，發充儀從。情重者煎鹽炒鐵，死罪五年，流罪四年，徒罪照徒年限。在京軍丁人等，無差占者，與例難的決之人，笞杖亦令做工。

001－02

一、贖罪囚犯，除在京已有舊例外，其在外審有力、稍有力二項，俱照原行則例擬斷，不許妄引別例，致有輕重。［其有錢鈔不行去處］若婦人審有力，與命婦、軍職正妻及例難的決之人贖罪［應該兼收錢鈔］者，笞杖每一十折收銀錢。其老幼廢疾及婦人、天文生，餘罪收贖［鈔貫］者，每笞杖一十，各贖銀七釐五毫。遞加科算。詳見律首《納贖例圖》。［鈔一貫，折收銀一分二里釐五毫。若錢鈔通行去處，照舊例收納，不在此限。］

001－03

一、凡在京在外運炭納米贖罪等項囚犯，監追兩月之上，如果貧難，改擬做工、擺站的決等項發落。若軍職，監追三個月之上，及守衛、上直旗軍人等納銀［鈔］贖罪，監［追］一月之上，各不完者，俱先發還職著役，扣俸糧月糧，准抵完官。其一應納紙囚犯，追至三月不能完者，放免。

001－04

一、凡囚犯遇蒙恩例，通減二等者罪，雖遇例減等，若律應仍盡本法，及例該充軍爲民，立功調衛等項者，仍依律例，一體擬斷發遣。如竊盜、搶奪等項，仍須刺字，枉法、不枉法等贓，仍須入官，故云仍盡本法。

001－05

一、問刑衙門，以贓入罪，若奏行時估，則例該載未盡，及雖係開載，而貨物不等，難照原估者，仍各照時值估［鈔］擬斷。

001－06

一、在外軍衛有司，但有差遣，及供送人來京犯罪，審無力者，笞杖的決，徒罪以上，遞回原籍官司，各照彼中事例發落。

002　十惡

一曰謀反。謂謀危社稷。

二曰謀大逆。謂謀毀宗廟、山陵及宫闕。

三曰謀叛。謂謀背本國，潛從他國。

四曰惡逆。謂毆及謀殺祖父母、父母、夫之祖父母、父母，殺伯叔父母、姑、兄、姊，外祖父母及夫者。祖父母、父母，但謀但毆即坐。伯叔以下，須據殺訖，方入惡逆。若謀而未殺，自當不睦之條。蓋惡逆者常赦不原，不睦則會赦原宥。

五曰不道。謂殺一家非死罪三人及支解人，若採生、造畜蠱毒魘魅。

六曰大不敬。謂盜大祀神御之物、乘輿服御物。盜及僞造御寶，合和御藥，誤不依本方，及封題錯誤。若造御膳，誤犯食禁，御幸舟船，誤不堅固。

七曰不孝。謂告言呪駡祖父母、父母、夫之祖父母、父母，及祖父母、父母在，别籍異財。若奉養有缺。○居父母喪，身自嫁娶，若作樂、釋服從吉，聞祖父母、父母喪匿不舉哀，詐稱祖父母、父母死。

八曰不睦。謂謀殺及賣緦麻以上親，毆告夫及大功以上尊長、小功尊屬。

九曰不義。謂部民殺本屬知府、知州、知縣，軍士殺本管指揮、千户、百户，吏卒殺本部五品以上長官。若殺見受業師，及聞夫喪匿不舉哀，若作樂、釋服從吉，及改嫁。

十曰内亂。謂姦小功以上親、父祖妾，及與和者。

003　八議

一曰議親。謂皇家袒免以上親，及太皇太后、皇太后緦麻以上親，皇后小功以上親，皇太子妃大功以上親。

二曰議故。謂皇家故舊之人，素得侍見，特蒙恩待日久者。

三曰議功。謂能斬將奪旗，摧鋒萬里，或率衆來歸，寧濟一時，或開拓疆宇，有大勳勞，銘功太常者。

四曰議賢。謂有大德行之賢人君子，其言行可以爲法則者。

五曰議能。謂有大才業，能整軍旅、治政事，爲帝王之輔佐，人倫之師範者。

六曰議勤。謂有大將吏謹守官職，早夜奉公，或出使遠方，經涉艱難，有大勤勞者。

七曰議貴。謂爵一品，及文武職事官三品以上、散官二品以上者。

八曰議賓。謂承先代之後，爲國賓者。

004　應議者犯罪

凡八議者犯罪不可加刑，但開具所犯事情，實封奏聞取應否勾問之旨，不許擅自勾問。有旨免究，即已。若奉旨推問者不得遽擬其罪，開具所犯罪名，及應議之狀，先奏請多官會議，議定將議過緣由奏聞，取自上裁。議者謂，原其本情，議其犯罪，於奏本之内，開寫或親、或故、或功、或賢、或能、或勤、或貴、或賓應議之人所犯之事，實封奏聞取旨。若奉旨推問者，才方推問，取責明白招狀，開具應得之罪，先奏請令八固山額真與機密大臣、内院三法司［五軍都督府、四輔、諫院、刑部、監察御史、斷事官］集議，議定奏聞。至死者，唯云准犯依律合死，不敢正言絞斬，取自上裁。〇其犯十惡者先行拘繫，實封奏聞，依律議擬，不用此律。十惡或專主謀反逆叛言，非也。蓋十惡之人，悖倫逆天，蔑禮賊義，乃王法所必誅，故特表之，以嚴其禁。凡應八議之人，問鞫不加考訊，皆據各證定罪。

［纂註］

此條專自提問八議之人言，本註已明。奏聞，奏其所犯之事；取旨，取其應否勾問之旨。下條職官有犯，直言請旨，則明開提問詞語，特稟請以行之耳。謂應八議之人有犯，必取旨應否勾問。問明，必奏請多官會議；議定，必奏聞取自上裁。前後凡三奏，於不廢法之中，而用情之厚如此。若此等人有犯十惡，聽徑直參提，依律議奏，不用取旨、請議、上裁之律。今王府雖犯十惡，仍依應議律處者，緣宗親視諸賓、故、功、貴、賢、能、勤七者尤異耳。

十惡，或專主謀反逆叛言，非也。蓋十惡之人，悖倫逆天，滅禮賊義，乃王法所必誅，故特表之，以嚴其禁。凡應八議之人，問鞫不加考訊，皆據各証定罪。

條例

004－01

一、凡在京勳戚，用強兜攬錢糧，侵欺及騙害納户者，事發參究，將應得禄糧價銀扣除，完官給主，事畢方許照舊關支。

刪除明例 6 條

一、弘治三年二月二十七日，節該欽奉孝宗皇帝聖旨：鍾鎊奇浥奇渪，節次重出領狀，冒支官糧，好生不遵祖訓。就將他每禄米革去十分之二，以示懲戒。今後將軍、儀賓有犯，都照這例行。欽此。

一、各處親王妾媵，許奏選一次，多者止於十人。世子及郡王額妾四人，長子及各將軍額妾三人。各中尉，額妾二人。世子、郡王選婚後，二十五歲嫡配無出，許選妾二人。以後不拘嫡庶，如生有子，即止於二妾。至三十歲無出，方許娶足四妾。長子及將軍、中尉選婚後，三十歲嫡配無出，許選妾一人。以後不拘嫡庶，如生有子，即止於一妾。至三十五歲無出，長子、將軍方許娶足三妾，中尉娶足二妾。庶人四十以上無子，許選娶一妾。各王府仍備將妾媵姓氏來歷，並入府年月，造册送部。其子女生年月日，即開註本妾項下，以備名封查考。如有不遵限制，私合多收，或年未及，而預奏已生子而復娶，及濫選流移過犯，與本府軍校厨役之女爲妾等項，撫按官將本宗參奏，分别罰治。輔導等官，隱匿不舉，事發一體降黜。

一、凡王府將軍、中尉及儀賓之家，用强兜攬錢糧，侵欺及騙害納户者，事發參究，將應得禄糧價銀，扣除完官給主，事畢方許照舊關支。在京勳戚有犯者，亦照此行。

一、各王府不許擅自招集外人，凌辱官府，擾害百姓，擅作威福，打死人命，受人投獻地土、進送女子，及强取人財物，占人妻妾，收留有孕婦女，以致生育不明，冒亂宗支，及畜養術士，招尤惹釁，無故出城遊戲。違者，巡撫巡按等官，即時奏聞，先行追究，設謀撥置之人，應提問者提問，應奏提者奏提。不分徒流杖罪，官員係文職，罷黜；武職，降一級，調邊衛；旗校、舍餘人等，發邊衛充軍。

一、各處郡王，并將軍、中尉，除機密重情，或與親王事有干涉，及郡王分封相離窵遠，不在一城居住者，許令徑自差人具奏。其餘凡有奏請，務令長史司啓王，查勘參詳。應該具奏，然後給批，差人齎奏。違者，聽該衙門，將齎奏人員拿送法司，照依撥置事例，問發邊衛充軍，奏詞仍行本府參勘。若已經奏行，勘問未結，或已問結，又行摭拾他事，重復奏擾，及誣奏勘官，并以不干己事，捏奏撫按等官者，通照節題事例，奏請區處。奏詞俱立案不行。該府輔導等官，通行參究。若有坐視刁難，不與啓王分理者，巡按御史參奏罷黜。其無籍之徒，誆挾各府財物，來京交通歇家潛住，打點例不該行事務者，緝事衙門拿送法司，俱照前例問發。

一、凡宗室悖違祖訓，越關來京奏擾，若已封者，即奏請先革爲庶人，伴回。其無名封，及花生傳生等項，徑劄順天府遞回。宗婦宗女，順付公差人等伴送回府。其奏詞應行勘者，行巡按衙門查勘。果有迫切事情，曾啓王轉奏，而輔導官刁難，曾具告撫按巡等衙門，而各衙門阻抑者，罪坐刁難阻抑之人。其越關之罪，題請恩宥，已封者，敍復爵秩。若曾經過府州縣驛遞等處，需索折乾，挾去馬匹鋪陳等項，勘明，仍將禄米減革。若非有迫切事情，不曾啓王轉奏，及具告各衙門，輒聽信撥置，蓦越赴京，及犯有别項情罪，有封者不復爵秩，送發閑宅拘住，給與口糧養贍。其無名封，及花生傳生等項，著該府收管，不送閑宅，致冒口糧。宗婦宗女有封號者，革去封號，仍罪坐夫男，削奪封職。奏詞一概立案不行。其同行撥置之人，問發極邊衛分，永遠充軍。輔導等官，失於防範者，聽禮部年終類參。一府歲至三起以上者，仍於王府降調；一起二起者，行巡按御史提問。

005 職官有犯若京官三品以上，則爲應議之人，不在此例。

凡京官不拘大小、已未入流及在外五品以上官有犯公私罪名，所司開具所犯，實封奏聞請旨，不許擅自勾問。六品以下，聽分巡御史、按察司正官並分司就便拘提取問明白，議其原犯情由擬定罪名聞奏區處。○若府州縣官犯罪雖係六品以下者，所轄上司提調官、風憲者不在此例不得擅自勾問，止許開具所犯事由，實封奏聞。若許准推問，依律議擬回奏，仍候委官審果是實，方許判決。○若府州縣六品以下官，其犯應該笞決私罪、罰俸、收贖、紀録三項公罪者其罪既輕，則所轄上司亦得徑自提問發落，不在奏請之限。○若所屬府州縣官被本管上司非理凌虐，亦聽開具凌虐實跡不用經由合干上司，實封徑自奏陳。［令曰：罰俸一月，罰錢一百文。］

［纂註］

京官，兼大小而言，指四品以下及未入流者。若三品以上，則應議之人矣。有犯，兼公私言。下條准此，奏聞請旨，謂徑直參奏，請旨提問也。聞奏區處，謂問完奏知，候旨處分也。區是分别事情，處是決斷其罪。御史分省以出巡，故曰分巡。按察司，自掌印官外，有副使、僉事，分地以行，故曰分司。所轄上司，即布政司轄府、府轄州、州轄縣之類。委官，合干上司所委者。笞決，謂笞罪當決。罰俸，如照刷文卷律，府州縣官一宗至五宗，罰俸錢一十日之類。收贖，收銅錢以贖罪。紀録，紀其罪名，録於籍也。詳見文武官犯公罪條。本管上司，凡有所統攝者皆是。此條專指提問文職而言。京官近君，在外五品以上，其職漸尊，有犯皆當請旨提問。不言奏覆者，省文也。若在六品以下，並聽巡按御史、按察司，并分司，徑自勾問明白，議擬奏聞區處。若府州縣所轄上司，如布政司之類，雖係親臨，與激揚風紀者不同，所屬官六品以下犯罪，必奏聞而後得聞擬，審實而後得判決。其犯該笞決、罰俸、收贖、紀録者，所犯既輕，不必瀆尊，徑自發落。御史等官，不必奏聞請旨，所轄上司，不必實封奏聞，故曰不在奏請之限。若所屬官，被内外本管上司非理凌辱虐害，亦聽各屬官開具實跡，徑直奏陳。上下相維，上不得以擅專，下不得以恣肆，其制悉矣。

條例

005 - 01

一、文武職官有犯，衆證明白，奏請提問者，文職行令住俸，武職候參提明文到日住俸，俱不許管事。問結之日，犯該公罪，准補支；私罪，不准補支。其有因事罰俸，任内未滿陞遷者，仍於新任内住支扣補。

005 - 02

一、文武職官，犯該充軍爲民、枷號，與軍民罪同者，照例擬斷。應奏請者，具奏發落。

005 - 03

一、凡皇陵［兩京孝陵、長陵等陵］祠祭署、奉祀祀丞、太常寺典簿、神樂觀提點、協律郎、贊禮郎、司樂等官，并樂舞生，及養牲官軍，有犯姦盜詐僞、失誤供祀，并一應贓私罪名，官及樂舞生各罷黜，仍照例發落，軍發原伍。若訐告詞訟，及因人連累，并一應公錯，犯該笞杖者，納贖［鈔］。徒罪以上，不礙行止者，運炭等項，各還職著役。

005－04

一、雲貴軍職，及文職五品以上官，并各處大小土官，犯該笞杖罪名，不必奏提。有俸者照罪罰俸，無俸者罰米。其徒流以上情重者，仍舊奏提。

005－05

一、僧道官，係京官，具奏提問；在外，依律徑自提問。受財枉法滿數［貫］，亦問充軍。及僧道有犯姦盜詐僞，逞私爭訟，怙終故犯，并一應贓私罪名，有玷清規，妨礙行止者，俱發還俗。若犯公事失錯，因人連累，及過誤致罪，於行止戒規無礙者，悉令運炭納米等項，各還職爲僧爲道。

刪除明例4條

一、凡王府文職，因人連累，并一應過誤，律該笞杖罪名者，納鈔還職，就彼奏請發落。

一、各處郡王、將軍、中尉、郡主、縣主、郡君、縣君、鄉君，事有違錯，與長史、教授，無干者不坐。若有事不與轉達，出城不行勸阻，長史等官參奏提問。

一、凡王府文武官有犯，俱請旨提問。若遇例加納典膳、引禮舍人等項名色，候缺未經授任者，並聽經該衙門，徑自提問發落。

一、內官內使、小火者、閽者等犯罪，請旨提問，與文職運炭納米等項，一例擬斷。但受財枉法滿貫，不擬充軍，俱奏請發落。

006　軍官有犯

凡軍官犯罪，從本管衙門開具所犯事由，申呈兵部，奏聞請旨取問。〇若六部、察院、按察司并分司，及有司，見問公事，但有干連軍官合當提對，及承人陳告軍官不公不法等事，須要密切實封奏聞若得旨准令取問，方可行提，不許擅自勾問。〇若以上各衙門奉旨推問，除公私笞罪收贖招前不敘功，議後不請旨，明白回奏，杖罪以上，須要論父祖及本身功定議其應得罪名，請旨區處不得擅自發落。〇其管軍衙門首領官有犯俱依職官有犯律，不在此限。

［纂註］

察院，乃監察御史之衙門，以國初未有都察院也。有司，指布政司、府州縣言。干連軍官，謂公事係干連，及合當提問者。此言内外軍職犯罪，各衙門不得專擅問斷。蓋軍官世有勳蹟，所宜優待，故事在本管衙門，則申呈五府，奏請取問；事在六部等衙門，則密切實封奏聞。曰密切，曰實封，明非本管，防不虞也。若奉旨推問，此句承上本管及六部等衙門而言。除公私笞罪，律該收贖者，招前不必敘功，明白回奏外，杖罪以上，須要敘其父祖及本身功次陞襲緣由，論功定議，請旨區處。其管軍衙門首領官，雖掌軍務，不係有功應議之人。或有所犯，如係京衛，参問發落，外衛徑自提問，不在軍職有犯奏請之限。

按：内外軍職，見爲事，及守哨立功未滿，若充軍爲民者，有犯徑自提問，不必論功請旨。其在外致仕優給，退職借職，篤廢殘疾者，雖奏題，不論功定議。

［備考］

一、文武官犯罪，應奏請上議，而不奏請上議者，以事應奏不奏律論。

條例

006－01

一、在京在外大小軍職，問革見任，帶俸差操者，俱不許管軍管事。若在外犯，該充軍降調者，奏行兵部施行，其餘照例發落。

006－02

一、凡軍職并土官，有犯强盗、人命等項真犯死罪者，先行該管衙門拘繫，備由奏提。若軍職有犯别項罪名，散行拘審，果有干礙，然後參提。若問發守哨立功未滿，再犯者，徑自提問。其致仕優給，退職借職，篤疾殘疾者，止參提，不論功定議。

006－03

一、軍職被告，若不奉養繼祖母、繼母，及毆本宗大功以上尊長、小功尊屬，并毆傷外祖父母及妻之父母者，俱要行勘明白，方許論罪。

006－04

一、軍職强盗，自首免罪，及犯該充軍，遇蒙恩宥者，俱不得復還原職，發本衛所，隨舍餘食糧差操，仍候身故之日，保送應襲之人，赴部襲替。强盗未發自首，及係初犯，方准免罪，引此差操之例。已發，及係再犯，不准首，依律擬罪，子孫革襲。

删除明例3條

一、南京皇城守衛官軍，點閘不到者，照奉英宗皇帝聖旨，先行提問，按季類奏。

一、護衛儀衛司軍職，有犯私罪杖罪以上者，奏行兵部，上請改調。若犯笞罪，與一應公罪，俱照文職罰贖管事。

新頒條例

一、題爲議處輕犯軍職，以省文移，以廣天恩事。該福建司呈本部，題本部，今後軍職有犯，除立功罪名以上，照舊參題外，其餘輕小罪名，或無贓私，或止鬬毆，或遇牽連，查非重情，姑免參奏，散拘到官。照依撫按官陳言邊務舊例，量罰本色囚糧，自一石起，至十五石止。該司年終造册，送委别司，查驗出入等因。具題，奉聖旨：既有舊例，著照例行。欽此。

007 文武官犯公罪凡一應不係私己，而因公事得罪者，曰公罪。

凡内外大小軍民，衙門官吏，犯公罪該笞者，官納銀收贖，吏每季類決，不必附過。杖罪以上官吏各照例隨事論決，不在收贖類決之限，明立文案，每年一考，紀録所犯罪名。九年一次，通考所犯次數重輕申達吏部、兵部，以憑黜陟。

［纂註］

文武官，言文則職官在内，言武則軍官在内。公罪，不止公事，凡無私曲而犯者皆是。附過，謂隨時附其過名。紀録，則類記其所附之過也。前職官軍官有犯二條，論取問之事，此條與文武官犯私罪條，則取問之後，擬罪發落之事。但就其所犯，分公私而言之，先後實相承也。此言文武官吏，有犯公罪該笞者，官照等收贖銅錢，吏每季類而決之，各還職役，不必附過。本條言附過者，仍依本條。杖罪以上，明將所犯罪名，立成文案，每年終類送吏、兵二部，於紀録文册内明白開寫。候九年任滿，通查所犯次數多少，或輕或重，以憑陞遷降等黜革，吏典亦備銓選降敘。蓋因公獲罪，其情已輕，罪而至笞，尤輕也。故官收贖，吏類決，所謂赦小過也。杖罪以上，其情雖重，然亦因公而得者，故官與吏皆紀録，以九年通考，行黜陟焉，亦不罪之罪也。今公私罪名，俱有運納贖罪之例。

［備考］

舊例：職官九年通考，如繁而稱職，私笞公杖，陞一等。其紀録流徒一次，本等用，二次降一等，三次降二等，四次降三等，五次以上，雜職内用。其繁而平常，與簡而稱職者，私笞公杖，本等用。若紀録流徒一次，降一等，二次降二等，三次降三等，四次以上，雜職内用。其簡而平常者，私笞公杖，降一等，紀録徒流一次，降二等，二次雜職内用，三次以上，黜降。若考不稱職者，其紀録徒流罪，俱於雜職内用。

008　文武官犯私罪凡不因公事，己所自犯，皆爲私罪。

凡文官犯私罪，笞四十以下，贖完附過還職；五十贖完解見任，送吏部，於原官流品別處敘用。杖六十，降一等，七十降二等，八十降三等，九十降四等，贖罪完日俱解見任送吏部。流官於閑散雜職内照降等敘用，雜職於邊遠敘用。杖一百者，罷職不敘。○若軍官有犯私罪該笞者，附過收贖。還職管事。杖罪九十以下解見任送兵部，依文職，降等敘用。該杖一百罷職不敘者，降充總旗。該徒流者，徒五等，皆發二千里。流三等，各照依地里遠近或二千里，或二千五百里，或三千里，發各衛充軍。若徒流之人於配所建立事功，不次擢用。○若未入流品官及吏典，有犯私罪，笞四十者，決訖附過各還職役。五十，官猶附過還職，吏罷見役別敘。杖六十以上罪，並官吏罷職役不敘。流官，謂正務親民之官，内而部院，外而兩司、府州縣之類。雜職，乃閑散不親民之官，如大而太僕寺、鹽運司、提舉司，小而倉場、庫務之類。本條該杖一百，罷職充軍，及發邊遠充軍者，如私賣官馬，擅開調軍馬之類，則不得降充總旗，而直擬充軍也。

［纂註］

私罪，謂事不由公，以私取罪者是也。敘用，循序而用也，等級也。流官，謂正務親民之官。如内而六部、都察院等，外而布、按二司，及府州縣之類。雜職，乃閑散不親民之官。如大而鹽運司、太僕寺、提舉司，及小而倉場、庫務之類，皆以有品級者説。事功，謂有斬敵殺虜之功也。末節罷見役別敘，不言官者，會首節解任別敘意。此言文官有犯私罪該笞者，四十以下，附過還職，五十解任，送吏部，對品別用。該杖者，六十以上至九十，遞降一級。原係正衙門流官，依所降之級，於閑雜衙門職内敘用；原係雜職，於邊遠敘用。至杖一百，不拘流官、雜職，即罷職不敘。若軍官有犯私罪，凡笞罪自一十至五十，並附過收贖還職；杖罪自六十至九十，亦如文官降級敘用律。該杖一百，罷職不敘者，並充總旗。徒五等，皆發二千里。三流，則依三等地里衛分分配，俱充軍。若於降敘充發地方，能建立事功，則不依資次擢用。若未入流品文官及吏典犯私罪，該笞四十以下者，官吏並附過，官還職，吏復役。笞五十，官解任別敘，吏解見役，改撥。杖六十以上，官罷職，吏罷役，並不得敘用，蓋無級可降也。今例官吏俱論行止，與律略殊，但文職仍有送部者。

按：文官犯杖則不敘，軍官徒流猶得擢用，非特優其世功已也。蓋武職專主于定亂，茍非大干法紀，不得終棄；文職專主于奉法，而身自犯之，將焉用彼爲哉。

［備考］

凡文官私罪笞以上，軍官杖以上，律本的決。今例官吏一應公私雜犯，准徒以下罪名，俱聽運炭納米等項贖罪。律言充軍者，曰附近，曰邊遠，皆及其子孫，與見行例止終本身者不同。

條例

008－01

一、文職官吏、舉人、監生生員、冠帶官、義官、知印承差、陰陽生、醫生，但有職役者，犯贓犯姦，并一應行止有虧，俱發爲民。

008－02

一、文武官吏人等犯罪，例該革去職役，遇革者，取問明白，罪雖宥免，仍革去職役，各查發當差。

刪除明例 1 條

新頒條例

一、萬曆十四年九月，本部題奉聖旨：軍官軍人犯徒流罪，律免刺，以後文職官一體行。其餘但以盜論，及雜犯斬絞准徒的，俱盡本法刺字。著爲例。欽此。

009 應議者之父祖有犯

凡應八議者之祖父母、父母、妻及子孫犯罪，實封奏聞取旨，不許擅自勾問。若奉旨推問者，開具所犯及應議之狀，先奏請議，議定奏聞，取自上裁。〇若皇親國戚及功臣八議之中，親與功爲重之外祖父母、伯叔父母、姑、兄弟、姊妹、女壻、兄弟之子，若四品、五品文武官之父母、妻未受封者，及應合襲武廕文子孫犯罪，從有司依律追問，議擬奏聞，取自上裁。其始雖不必參提，其終亦不許擅決，猶有體恤之意焉。〇其犯十惡、反逆緣坐，及姦盜、殺人、受財枉法者許徑斷決，不用此取旨及奏裁之律。〇其餘親屬奴僕、管莊佃甲，倚勢虐害良民，凌犯官府者事發，聽所在官司徑自提問，加常人罪一等，止坐犯人不必追究其本主，不在上請之律。其餘親屬，謂皇親國戚及功臣之房族兄弟、伯叔母、舅母、姨夫、姑夫、妻兄弟、兩姨夫、外甥妻姪之類，及家人伴當、管莊佃甲，倚仗威勢，虐害良民，凌犯官府者，事發，不須奏聞，比常人加罪一等科斷，止坐犯人本身。〇若各衙門追問之際，占恡不發者，並聽當該官司，實封奏聞區處。謂有人於本管衙門告發，差人勾問，其皇親國戚，及功臣占恡不發出官者，并聽當該官司，實封奏聞區處。

［纂註］

律凡稱祖父母者，高曾同；稱孫者，曾玄同，後倣此。皇親國戚，即皇后家、皇妃家之類，詳見《皇明祖訓》首章也。四品五品官，兼文武言。其父母妻，有司得以依律推問者，指未受封者言。末二節，俱自皇親國戚及功臣而言。襲謂武職之應襲，廕謂文職之恩廕。占則不肯發，恡則不忍發。此言八議者之祖父母、父母、妻、子孫犯罪，得與應議本人同。然八議中，親與功爲尤重，故推及其外祖父母、伯叔父母、姑、兄弟、姊妹、女壻、兄弟之子。若文武四品五品官，又議貴中之次貴者，故推及其父母妻，應襲廕子孫，以上等人有犯，不得擅斷決，依律問擬，奏請上裁。前職官有犯條云議擬聞奏，此云議擬奏聞，是其初不曾上請，故兼寓不敢專決之意，其優待之典周矣。十惡反叛緣坐，及姦盗、殺人、受財枉法等項，情犯深重，應議者祖父母之類，徑自參提，不必奏議定奪；外祖父母之類，徑自斷決，不須上請，故曰不用此律。其餘親屬諸人，恃勢而欺害官民，則加等治罪。勳戚諸人玩法，而占悋不發，則奏聞區處，又所以杜其驕恣之漸也。曰倚勢，曰虐害，曰凌犯，明係豪强，故加常人一等。若别情輕者，仍依常律。

條例

009－01

一、凡先係應議，以後革爵者之子孫犯罪，徑自提問發落。

删除明例 12 條

一、凡王妃父母，及儀賓，俱請旨提問。其儀賓犯該充軍，如郡縣主君、鄉君見在，止革去冠帶爲民，照罪納贖，免其發遣。已故者，照例發遣，仍各奏請。

一、文職本身，并同祖親枝，有女爲王妃，男爲郡縣主儀賓，俱各見在，不許陞除京職。其不係同祖，與夫人以下之親，及爲郡縣鄉君儀賓之家，并雖係同祖，而妃與儀賓、郡縣主已故者，行京官或原籍官司，保勘是實，一體陞除。若保勘隱情，以存作亡，以有作無，扶同申結者，正犯問發邊衛充軍。保勘之人，屬有司者，發口外爲民；屬軍衛者，發邊衛充軍。

一、凡王府旗軍、舍餘、匠校人等，犯該笞者納鈔，及徒罪以上無力者，在京俱做工，在外俱發將軍、中尉、儀賓府，充當儀從。

一、凡王府人役犯罪，巡撫、巡按、都布按三司官，徑自提問。衛所、府州縣，俱要行文長史司及教授，提人會官約問。王府各官，不許占悋不發。若犯該姦盗詐僞，及搶奪、鬬毆、人命等項重情，事須急捕者，所在官司，捉拿監候，然後移文會問。

一、王府選婚，若先通媒合，納賄營求，及扶同保勘，婚配不當者，經該官吏、媒合人等，通坐以枉法罪名。營求撥置之人，問發邊衛充軍。

一、凡王府人役，假借威勢，侵占民田，攘奪財物，致傷人命，除真犯死罪外，徒以上，俱發邊衛充軍。

一、成化十五年十月二十二日，節該欽奉憲宗皇帝聖旨：管莊佃僕人等，占守水陸關隘，抽分措取財物，挾制把持害人的，都發邊衛永遠充軍。欽此。

一、各王府違例收受子粒，并爭訟地土等事，與軍民相干者，聽各衙門從公理斷。長史司不許濫受詞訟，及將干對之人占恡不發。

一、王府禄米，若本府官員，内使旗校、管莊人等，干預撥置，折收銀兩，多收米麥，索要財物，及邀截納户，用强兑支，并擅自差人，下府州縣，催徵騷擾者，旗校人等，杖罪以上，發邊衛充軍；官員内使，監候奏請發落。若輔導官，及布按兩司、守巡官，縱容不舉，并府州縣官，聽從差來人役徵擾者，俱參問奏請。輔導官仍於王府，與布按等官，各降調。

一、弘治十一年十一月内，節該欽奉孝宗皇帝聖旨：今後各王府軍校，逃回在京潛住的，著錦衣衛、五城兵馬，各照地方，嚴加訪察，務要得獲，都牢固押發極邊衛分充軍。窩藏及兩鄰不首，事發，一體發遣充軍。欽此。

一、撥置王府，軍民人等，問發充軍，逃回再犯者，許鄰里火甲諸人首告。所在官司，即便緝拿問罪，枷號三個月，改調極邊煙瘴衛分，永遠充軍。若影射藏匿，及占恡不發者，就將輔導官參究。鄰里火甲，知而不首者，各治以罪。

一、投充王府，及鎮守總兵，兩京内臣、功臣戚里勢豪之家，作爲家人伴當等項名色，事干嚇騙財物，撥置打死人命，强占田地等項，情重者，除真犯死罪外，其餘俱問發邊衛充軍。各該勢豪之家容留，及占恡不發者，參究治罪。

010　軍官軍人犯罪免徒流

凡軍官軍人正軍犯罪，律該徒流者，各決杖一百。徒五等，皆發二千里内衛分充軍。流三等，照依地里遠近，發各衛充軍。該發邊遠充軍者，依律發遣不在三千里之限。並免刺字。犯盜，不拘徒流杖。〇若軍丁軍吏，及校尉犯罪，俱准軍人擬斷，亦免徒流刺字。軍丁，謂軍官、軍人、餘丁；軍吏，謂入伍請糧，軍人能識字，選充軍吏者，犯罪與軍人同。若有係各處吏員，發充請俸司吏者，與府州縣司吏一體科斷。

［纂註］

文武官犯私罪條，已有軍官犯徒流充軍之法矣。此因論軍人之犯，而復言之耳。軍官免徒流者，優其前績，亦冀其後功也。軍人免徒流者，憫其勞役，亦實其行伍也。准者，但明其與軍人無異，非如准罪者之准。將軍力士有犯，亦准軍人擬斷。公侯家人，亦不刺字。今例軍官犯徒流，運炭納米等項，贖罪。該革職者，與軍人審無力，流罪四年，徒罪照徒年限，一體瞭哨。

條例

010 – 01

一、軍職有犯監守、常人盜，受財枉法滿數［貫］，律該斬絞罪者，俱發邊方立功。五年滿日還職，仍於原衛所帶俸差操。若監守、常人盜，枉法不滿數［貫］，與嚇詐求索、科斂誆騙等項，計贓滿數［貫］，問該流罪，減至杖一百、徒三年者，俱運炭納米等項，完日還職，帶俸差操。其減至杖九十、徒二年半以下，與別項罪犯，俱照常發落。原係管事者，照舊管事；係帶俸者，照舊帶俸。若犯前項流罪，遇例通減二等。至杖九十、徒二年半者，仍帶俸差操。

010 – 02

一、軍職犯該竊盜掏摸，盜官畜産，白晝搶奪，并縱容抑勒女及妻妾、子孫之婦妾，與人通姦，或典與人，及姦内外有服親屬、同僚部軍妻女，一應行止有虧、敗倫傷化者，俱問革，隨本衛所舍餘，食糧差操。

010－03

一、軍職宿娼，及和娶樂人爲妻妾，與盜娶有夫之妻者，俱問調别衛，帶俸差操。

010－04

一、在京五軍都督府［兵部］選差官舍，押解充軍犯人，若受財賣放，犯該枉法絞罪者，官發立功，滿日還職，調外衛，帶俸差操。徒罪以下，照徒年限立功，滿日還職，帶俸差操。舍人抵充軍役，候拿獲替放。中間又犯姦淫囚犯婦女者，官發守哨，滿日革職，隨本衛所舍餘，食糧差操。舍人枷號三個月，發遣。若酷害軍犯，搜檢財物，縱不脱放，各問罪，官調外衛，舍人發外衛充軍。其該府原選差掌印、首領官吏，參究治罪。

010－05

一、武職有犯容止僧尼，在家與人姦宿者，公侯伯問擬住俸［戴平頭巾］閑住；都指揮、指揮、千百户、鎮撫，住俸閑住。若有犯挾妓飲酒者，公侯伯罰俸一年，不許侍衛。管軍管事［都督］以下，革去見任管事，帶俸差操。原係帶俸者，常川帶俸。

010－06

一、上班京操，及運糧官員、旗軍人等，犯該人命、强盜等項重罪者，官拘繫奏提，旗軍人等就便提問外，其餘一切小事，候下班回還，交糧畢日，官參奏，與旗軍人等，各提問。

010－07

一、凡由將軍歷陞千百户，犯該徒罪以上，行止有虧者，革去見任，冠帶閑住。

010－08

一、凡各衛所舍人、舍餘、總小旗，犯該笞杖罪名，有力運炭納米等項外，［或令納鈔］無力的決。其操備、舍餘、勇士人等，犯前罪者，有力俱令納贖［鈔］。若無力［納鈔］，［亦］的決發落。

010－09

一、鑾儀衛［錦衣衛］、總小旗，并將軍、校尉，犯該一應姦盜搶奪、誆騙恐嚇、求索枉法、不枉法等項罪名，但係行止有虧者，俱各調衛。總小旗仍充原役，將軍、校尉各充軍。其户内人丁有犯，不在此例。

010－10

一、凡鑾儀衛［錦衣衛］、旗校軍士，在逃一年之内者，聽其首告，初犯復役，再犯調衛充軍。其有侵欺拐騙，及爲事避難等弊，各從重科斷。若一年之内，曾經造册清勾者，不准首補，另勾户丁補役。

010－11

一、養象軍奴，犯該雜犯死罪，無力做工。徒流罪，決杖一百。俱住支月糧，各照年限，常川養象，滿日仍舊食糧養象。笞杖的決。

010－12

一、沿邊沿海旗軍舍餘，犯該監守常人盜、竊盜、掏摸、搶奪，至徒罪以上者，俱送總兵官處，查撥缺人墩臺守哨，年限滿日疏放。若總兵官，截殺等項不在，就行本處巡撫、巡按或分巡官，一體查撥，仍行總兵官處知會。其别項徒罪以上者，有力納米等項，無力巡哨。

010－13

一、凡軍職犯該立功，如有力者，許納米，每年一十石，邊方准折雜糧一十五石。完日免立功，發回原衛所閑住，待年限滿日，方許帶俸。

010－14

一、凡應解軍丁，除真犯死罪外，若犯監守常人盜、竊盜、掏摸、搶奪，至徒罪以上者，牢固釘解，該衛收伍，轉發守哨，年限滿日著役。其犯别項徒罪以上，俱止杖一百，解發著役。

删除明例 2 條

一、納粟軍職有犯，若原係總小旗、千百户、指揮等官，遇例納粟補官者，俱照見任軍職立功等項事例施行。若由白衣納粟授職者，止照常例運炭納米等項發落。其犯姦盜詐僞，説事過錢，誆騙財物，行止有虧者，俱問罪革職。

一、皇陵户、皇陵衛軍旗守衛軍，與守衛上直操備官旗舍餘，將軍校尉，勇士力士，運糧駕送黄馬快船官旗，犯笞杖罪，俱令納鈔。

011　犯罪得累減

凡一人之身犯罪其於律得應減者，若爲從減謂共犯罪，以造意者爲首，隨從者減一等、自首減謂犯法知人欲告而自首者，聽減二等、故失減謂吏典故出人罪，放而還獲，止減一等。首領官不知情，以失論，失出減五等，比吏典又減一等，通減七等、公罪遞減之類謂同僚犯公罪，失於入者，吏典減三等，若未決放，又減一等，通減四等。首領官減五等，佐貳官減六等，長官減七等之類，並得累已減而復減。如此之類，俱得累減科罪。

[纂註]

一人字，直貫到並得累減方止。累者，已減而復減之。謂如竊盜爲從，減一等，若知人欲告而自首，又減二等，通減三等。如此之類，俱得累減，律註自明。然一人得累減，若强竊盜再犯，不准首，竊盜三犯者絞，已徒已流而又犯者，仍科後犯之罪。蓋得累減，不得累犯，此律所以爲仁義並用之書。

012　以理去官以理，謂以正道理而去，非有别項事故者。

凡任滿得代、改除、致仕等官，其品制服飾，並與見任同。謂不因犯罪而解任者。若沙汰冗員，裁革衙門之類，雖爲事解任降等，不追誥命者，並與見任同。封贈官與其子孫正官同。其婦人犯夫不改嫁的及義絶者親子有官，一體封贈，得與其子之官品同。謂婦人雖與夫家義絶，及夫在被出，其子有官者，得與子之官品同，爲母子無絶道故也。此等之人犯罪者，並依職官犯罪律擬斷。應請旨者請旨，應徑問者徑問，一如職官之法。惟致仕、封贈官犯贓，並與無禄人同科。

［纂註］

以理去官，謂以正道理而去官者，如任滿等項是也。同者，謂事體相同，初無輕重之別，不專主服色器用言。餘條言同者，准此。任滿，如一考、二考、三考，職任已滿，俸已住支，不管事者。得代，是舊官已得新官，交代而去者。改除，如沙汰裁革，起送赴部，或改官，或改衙門，別項除用者。致仕，則老病以理休致者也。小註沙汰以下，因正文等字，而推廣之耳。此等官員，雖無職掌在手，原非犯罪解任，其官品猶故也，故並與見任同。即爲事解任降等，不追誥命者，亦然。恩典加于父母，生前曰封，死後曰贈。封贈官，與其子孫正官同。其婦人，夫在有犯離異，及犯七出，與夫家義絶者，雖夫亡，但不改嫁，亦得與其親子之官品同。蓋母子血屬，終無絶道，已受封者，仍依原封；未受封者，仍得受封。凡此之類，有犯罪者，奏請聞奏，降黜追奪，一如職官之法。

按：致仕封贈官犯贓，當以無禄人科斷。其子孫雖經革職，父祖誥敕不應追奪者，仍與正官同。

013 無官犯罪

凡無官犯罪，有官事發，所犯公罪亦得笞收贖杖以上紀録。○卑官犯罪，遷官事發，在任犯罪，去任事發，犯公罪，笞以下勿論，杖以上將所犯應得罪名申吏部紀録候九年通考。爲事黜革，笞杖以上，皆勿論。若事干埋没錢糧，遺失官物，罪雖紀録，勿論。事須追究明白。不得以收贖、紀録、勿論，而并不追究也。但犯一應私罪，並論如律。遷官者，謂改除及差委，權攝鄰近官司。得代去任者，謂考滿、丁憂、致仕之類。其吏典有犯公私罪名，亦依上擬斷。

［纂註］

遷官，不專陞職；去任，不是黜革，須看本文後小註。又，本文自有爲事黜革之文，故知去任不是黜革也。紀録、勿論，是兩項。紀録者，紀録其過，候九年通考而計之也。勿論，則通勿罪之矣。杖以上，自六十直至雜犯死罪而止。官物，如制書、符驗、印信、巡牌、官文書之類。此條專以有官無官、卑官遷官、在任去任，及爲事黜革之人言，而又别其罪之公私而言之。吏准此，蓋官吏不在職役犯罪之通例也。公罪，如耽誤違錯之類，可以情恕。若私罪，如受財枉法不枉法，故出入人罪之類，以情則欺公，以跡則蠹法，故不問罪之輕重，而並依本律科之，所以懲奸也。黜革之人，官已罷廢，故笞杖以上之公罪，並皆免之。若事干錢糧埋没而未明，官物遺失而不存，前項之人，罪雖紀録勿論，仍須以見在地方，或事發處，提究明白。緣事體關係重大，不得併恕之耳。吏典，與官名分雖異，犯罪則同，故亦依上擬斷。

按：無官犯罪，有官事發，照有官參提，仍以無禄人擬斷。有官犯罪，爲事黜革，事發不必參提，仍以有禄人論。

條例

013－01

一、舍人舍餘無官犯罪，有官事發，若犯該雜犯死罪，運炭納米等項，完日還職，仍發原衛所，帶俸差操。若犯該流罪，減至杖一百、徒三年者，俱令運炭納米等項。還職，原管事者，照舊管事；原帶俸者，照舊帶俸。其犯該竊盜掏摸，盜官畜産，白晝搶奪，及一應姦罪，行止有虧，敗倫傷化者，俱問革，隨本衛所舍餘，食糧差操。

014　除名當差

凡職兼文武官犯私罪，罷職不敘，追奪誥敕，削去仕籍除名者，官階勳爵皆除。僧道犯罪，曾經決罰者，追收度牒並令還俗。職官、僧道之原籍。

軍民匠竈，各從本色，發還原籍當差。

［纂註］

職官，兼文武言。追奪除名，謂追去誥敕，削去仕籍姓名。官，九品之官。爵者，雀也，其形似勺，取其能飛，不溺於酒。古者大夫以上皆賜爵，此爵之所由名也，今則公侯之類。軍民匠竈，指職官僧道之原籍。本色，謂本類之名色。此言職官犯該追奪除名者，則官爵皆除；僧道已經決斷者，則並令還俗，皆與凡民無異。故各從其本户，或軍或民，或匠或竈之原籍，歸還當本等差役。

按：職官未曾追奪除名，與僧道例不該還俗者，不在當差之限。

015　流囚家屬

凡犯流者，妻妾從之，父祖子孫欲隨者聽。遷徙安置人隨行家口妻妾、父祖、子孫，亦准此。若流徙人正犯身死，家口雖經附入配所之籍，願還鄉者放還。其謀反逆叛，及造畜蠱毒，若採生折割人、殺一家三人，此等人惡極禍延，雖會赦猶流者指家口即使正犯身死，不得如前無罪之家屬可還原籍也家口，不在聽還之律。

［纂註］

家口，即妻妾、祖父、子孫，不言祖母、母，及子孫之婦者，省文耳。會赦猶流，是赦其死罪，猶充流罪，即如俗言免死充軍云耳。此條本言正犯流者之無罪家屬，而因及免死充流者之有罪家屬也。謂流囚有二項，其家屬亦有二項。有一項是正犯之流，如流及遷徙安置，是本只犯流徙，原無别犯重辟，則其家屬本來無罪，不係緣坐，故欲隨者聽，願還者放。又有一項，是免死降充之流，如謀反逆叛等項，原係凌遲處斬囚犯，偶遇赦書，特恩免死，猶流遠方者。流罪雖同，乃免死而充者。其家屬，正緣坐有罪之人，即使正犯身死，不得如前項無罪之家口可還原籍也。《疏議》甚明，當從之。

016　常赦所不原

凡犯十惡、殺人，盗係官財物，及强盗、竊盗、放火、發塚、受枉法不枉法贓、詐僞、犯姦、略人略賣和誘人口，若奸黨及讒言左使殺人、故出入人罪，若知情故縱，聽行藏匿引送，説事過錢之類，一應真犯皆有心故犯，雖會赦並不原宥。謂故意犯事得罪者，雖會赦皆不免罪。其過誤犯罪謂過失殺傷人、失火，及誤毁遺失官物之類，及因人連累致罪謂因别人犯罪，連累以得罪者，如人犯罪失覺察、關防鈐束，及干連聽使之類，若官吏有犯公罪謂官吏人等因公事得罪，及失出入人罪，若文書遲錯之罪，皆無心誤犯，並從赦宥謂會赦皆得免罪。其赦書臨時欽定真犯等罪名特賜宥免謂赦書不言常赦所不原，臨時定立罪名寬宥者，特從赦原，及雖不全免減降從輕者謂降死從流、流從徒、徒從杖之類，不在此限。謂皆不在常赦所不原之限。［〇令曰：凡今後若遇國家恩赦，除見禁未曾斷決罪囚，該赦者並行釋放，其有已經斷決徒流，及遷徙煙瘴地面安置之人，即係已絶事理，除徒役候年滿放回外，其餘流遷安置之人，並不許放還。］

［纂註］

此條作三段看：有常赦，有特赦，有不赦。如十惡以下，至説事過錢之類，皆有心故犯，並不赦原，絶之也。如過誤連累，至官吏公罪之類，皆無心誤犯，並從赦原，矜之也。其有赦書臨時定立罪名，免所不原者，或特從全免，或減降從輕，又一時曠蕩之恩。蓋特赦也，不在常赦不原之限。若干係埋没錢糧、遺失官物等項，罪雖赦免，事須究明。

017　徒流人在道會赦

凡徒流人在道會赦必於程限内未至配所者，方准赦回。若雖未至配所，計行程過限者，不得以赦放。恐奸徒有意遷延。謂如流三千里，日行五十里，合該六十日程。未滿六十日會赦，不問已行遠近，並從赦放。若從起程日總計行過路程，有違限者，不在赦限。若在道有故者，不用此律。有故，謂如沿途患病，或阻風被盗，有所在官司保勘文憑者，皆聽除去事故日數，不入程限，故云不用此律。若於途中曾在逃，雖在程限内遇赦，亦不放免。其逃者身死，所隨家口願還者聽。遷徙安置人，准此。〇其流徒遷徙安置人已至配所，及犯謀反逆叛緣坐應流指外人，若造畜蠱毒、採生折割人、殺一家三人，會赦猶流者指家口雖在限内遇赦，並不在赦放之限。

［纂註］

所隨家口，即上條流囚所隨從之妻妾、父母、子孫。緣坐應流，即謀反叛逆家屬。會赦猶流，即造畜蠱毒等人。准此者，准上文徒流人而擬之。如程限不違，及有故者，亦免。過限及在逃者，亦不免。正犯身死，而所隨家口，亦得聽還是也。此條律意，謂凡徒流遷徙安置人起程，而在道遇赦，有可放之例，有不可放之例。如在限内者得放，其有故而除去事故之日，仍在限内者，亦放。若在限外，及在逃，與夫已至配所者不放。然亦有限内不放之流，如緣坐應流、會赦猶流二項流罪是也。蓋緣坐之流，乃極刑之家屬；赦充之流，乃極惡之重囚，故雖在程限内遇赦，亦不放免。律固一成不可易之法，亦惟視其情罪之輕重是適，而不可執泥如此。然謀反叛逆，祇言緣坐應流，而不言會赦猶流、造畜蠱毒等項，祇言會赦猶流，而不言緣坐應流者，互文以見之也。

018　犯罪存留養親

凡犯死罪，非常赦所不原者，而祖父母、父母老疾應侍，家無以次成丁者，有司推問明白開具所犯罪名并應侍緣由奏聞，取自上裁。若犯徒流非常赦所不原，而祖父母老疾，無人侍養者，止杖一百，餘罪收贖，存留養親。

［纂註］

死罪非常赦所不原，如誣告人，因而致死隨行親屬一人，絞罪；聚至十人打奪，爲首斬罪之類。老疾，即《大明令》所稱八十以上者。疾，兼廢篤。此見親已老疾，而無人侍養，既有可矜之情，所犯死罪，非常赦所不原，又非極惡之類，有司推勘明白，擬議罪名，明開常赦應原，及有親應侍緣由，奏聞取裁。若犯徒流，非常赦所不原者，皆決杖收贖，存留侍養，無非教天下以孝也。此律不行久矣，兩宫徽號推恩，始詔有司行之。

刪除明例 1 條

新頒條例

一、題爲酌議養親之律，以廣聖孝事。該四川司呈本部題，以後問刑衙門，遇有徒流人犯，查果祖父母、父母老疾應侍，家無以次成丁者，審果得實，徒罪即三年以上，除引例充軍者，不許援例輕縱外，其餘照萬曆三年題准事例，係民者，在本州縣擺站做工；軍竈，本場煎鹽，本境哨瞭。至於在京，無論軍民，俱送兩京府，發會同館擺站，俱滿放等因。具題，奉聖旨：這所議，情法得中。今後内外問刑衙門，通著照這議行。但當嚴立禁約，如有犯該重刑，及不係親老單丁者，不許一概援例。欽此。

019　工樂户及婦人犯罪

凡工匠、樂户犯流罪者，三流並決杖一百，留住衙門拘役四年住支月糧。○若欽天監、天文生習業已成，能明於測驗推步之法，自專其事者，犯流及徒者，各決杖一百，餘罪收贖。仍令在監習業。犯謀反逆叛，緣坐應流，及造畜蠱毒、採生折割人、殺一家三人，家口會赦猶流，及犯竊盜［者］，編配刺字，與常人一體科斷，不在留住之限。餘罪照例收贖。［謂犯杖一百、流三千里者，決杖一百，贖銅錢三十貫；杖一百、徒三年者，決杖一百，贖銅錢一十八貫之類。餘條准此。］其婦人犯罪應決杖者，姦罪去衣受刑，餘罪單衣決罰，皆免刺字。若犯徒流者，決杖一百，餘罪收贖。

［纂註］

此條言工匠、樂户、天文生、婦人犯罪之通例。工匠，工部所隸之匠，即今清匠司所管之匠人也。樂户，教坊司樂人也。留住拘役者，工匠住支月糧，於原做工處，樂户於原習業處，常川拘束供役，不在上班下班之例。四年滿日，仍從本役，照舊該班。若天文生精於測驗推步之法，能專其事，不假他人，犯流，及與工樂户犯徒者，各決杖一百，餘罪收贖。惟反逆等項，不在此限。不曰犯徒流，曰犯流及徒，不曰並決杖，而曰各決杖，以見總承上工樂户言。其婦人犯姦，事既無耻，去其底衣，以行決罰。非係犯姦，其餘罪名，單衣示懲而已。若犯盜，情無分首從，皆免刺字。犯徒流者，決杖一百，餘罪收贖。不言笞者，舉重以見輕也。蓋工樂不隸州縣户籍，難與民人同科。又如天文生，俱習有常藝，自難棄之也。至於婦人，例難拘役，故三流五徒，皆決杖一百，而贖其餘罪。工樂户、婦人，是即下文所謂應加杖之人也。加杖，《大誥》下不減等，與誣告剩杖收贖亦不同，蓋此乃決杖贖徒，彼乃折徒贖杖故耳。

按：今例工匠雜犯則做工，徒流則拘役，笞杖則納鈔，惟兩京工部作頭，及樂户雜犯，亦做工、徒流、笞杖，俱拘役。

又工樂户犯流，則留役；天文生犯流，則收贖，蓋天文生所習，非工樂賤藝可倫。若俱犯徒，則視流稍輕，故並得收贖。然律止言徒流，不言雜犯死罪，則不在收贖之限。

條例

019－01

一、内府匠作，犯該監守常人盜、竊盜、掏摸、搶奪者，俱問罪，送［發］工部，做工炒鐵等項。其餘有犯徒流罪者，拘役，住支月糧，笞杖准令納贖［鈔］。

019－02

一、在京軍民，各色匠役，犯該雜犯死罪，無力做工，徒流罪拘役，俱住支月糧。笞杖納贖［鈔］，或的決。若犯竊盜、掏摸、搶奪，一應情重者，亦擬炒鐵等項發落，不在拘役之限。民匠仍刺字充警。

019－03

一、在［兩］京工部各色作頭，犯該雜犯死罪，無力做工，與侵盜、誆騙、受財枉法徒罪以上者，依律拘役，滿日俱革去作頭，止當本等匠役。若累犯不悛，情犯重者，監候奏請發落。杖罪以下，與別項罪犯，拘役滿日，仍當作頭。

019－04

一、太常寺、光禄寺厨役，私自逃回原籍潛住，許里甲人等首告解部，不許津貼盤纏。若在原籍途中［中途］，及到部挾詐誆騙，告害人者，問罪，立案不行。逃回至三次以上者，問發邊［口］外爲民。

019－05

一、樂户雜犯死罪，無力做工，流罪依律決杖一百，拘役四年。徒杖笞罪，俱不的決，止擬拘役，滿日著役。若犯竊盜、掏摸、搶奪等項，亦刺字充警。

019－06

一、教坊司官俳，精選樂工，演習聽用。若樂工投託勢要，挾制官俳，及抗拒不服拘喚者，聽申禮部送問，就於本司門首，枷號一個月發落。若官俳狗私聽囑，放富差貧，縱容四外逃躲者，參究治罪，革去職役。

019－07

一、各處樂工，縱容女子擅入王府，及容留貝勒、貝子、公［各府將軍、中尉］在家行姦，并軍民、旗校人等，與貝勒、貝子、公［各府將軍、中尉］賭博，誆哄財物，及擅入府内，教誘爲非者，俱問發邊衛充軍。該管色長革役。

019－08

一、凡天文生有犯，查係習業已成，能專其事者，笞杖，有力納贖［鈔］，無力的決。徒流，依律決杖一百，餘罪收贖。雜犯死罪，拘役五年，滿日仍舊［照舊］食糧充役。其例該充軍者，將所犯徒杖，依律決杖收贖，量給月糧三分之一，拘役終身。如軍罪遇宥，亦照舊食糧充役。其竊盜、掏摸、搶奪，應刺字充警，并例該永遠充軍，及習業未成，未能專事者，不分輕重罪名，悉照本等律例科斷。

019－09

一、凡欽天監官，爲事請旨提問，與文職運炭等項，一例問斷。該爲民者送監，仍充天文生身役。該充軍者，備由奏請定奪。其有不由天文生出身者，照例革職發遣。

019－10

一、婦人有犯姦盜、不孝，并審無力，與樂婦，各依律決罰。其餘有犯笞杖，并徒流、雜犯死罪，該決杖一百者，審有力，與命婦軍職正妻，俱令納贖［鈔］。

刪除明例1條

一、太常寺厨役，但係訐告詞訟，及因人連累，問該笞杖罪名者，納鈔，仍送本寺著役。徒罪以上，及姦盗、詐僞，并有誤供祀等項，不分輕重，俱的決做工，改撥光禄寺應役。

020　徒流人又犯罪

凡犯罪已發未論決又犯罪者，從重科斷。已徒已流，而又犯罪者，依律再科後犯之罪。不在從重科斷之限。其重犯流者，依工樂户留住法，三流並決杖一百，於配所拘役四年。若徒而又犯徒者，依後所犯杖數決訖，併該徒年限議擬明白，照數決訖，仍令應役，通前亦總不得過四年。謂先徒三年，已役一年，又犯徒三年者，止加杖一百、徒一年之類，則總徒不得過四年，三流雖並杖一百，俱［拘］役四年。若先犯徒年未滿者，亦止總役四年。其徒流人又犯杖罪以下者，亦各依後犯笞杖數決之仍舊應役。其應加杖者，亦如之。謂工樂户及婦人犯者，亦依律科之。重犯徒流，或拘役，或收贖，亦總不得過四年。重犯笞杖，亦照數決之。

［纂註］

此言犯笞杖徒流，已發未決，及已論決，而又犯者之通例。凡又犯罪者，從重科，各等者從一科。此自其罪發而未決者言。若犯徒流，已至配所，而又犯徒流，或笞杖罪者，則如下文所云，如已流又犯流，若再加流，則地過遠，故止拘役；已徒又犯徒，若盡加徒，則年過深，故止總徒，俱止四年，不得過也。徒流又犯笞杖，則罪輕，不妨全加，故各依數決之。此係律文正意。若其餘意，或流而又犯徒，徒而又犯流，笞杖而又犯笞杖，自當以前文例之，徒流亦止總役四年，笞杖亦各依數的決。此自其罪已論決而又犯者言。應加杖之人，則專指工樂户、天文生，及婦人重犯徒流，或拘役，或收贖，亦總不得過四年。重犯笞杖，亦照數決之，故曰亦如之。

按：今例徒流者皆免杖，重犯者不免。其再科後犯，有律該各盡本法，及例該充軍爲民，立功調衛者，仍照律例擬發。

條例

020－01

一、先犯雜犯死罪，運炭納米等項未完，及做工等項未滿，又犯雜犯死罪者，決杖一百，除杖過數目，准銀七分五釐［鈔六貫］，再收贖銀四錢五分［鈔三十六貫］。又犯徒流笞杖罪者，決其應得杖數。五徒三流，各依律收贖，銀［鈔］數仍照先擬發落。若三次俱犯雜犯死罪者，奏請定奪。

020－02

一、先犯徒流罪，運炭做工等項，未曾完滿，又犯雜犯死罪，除去先犯罪名，止擬後犯死罪，運炭做工等項。若又犯徒流罪者，依已徒而又犯徒，將所犯杖數，或的決，或納銀［鈔］，仍總徒不得過四年。又犯笞杖者，將後犯笞杖，或的決，或納銀［鈔］，仍照先擬發落。

020－03

一、先犯笞杖罪，運炭做工等項，未曾完滿，又犯雜犯死罪，除去先犯罪名，止擬後犯死罪，運炭做工等項。又犯徒流罪，將先犯罪名，或納銀［鈔］，或的決，止擬後犯徒流。又犯笞杖罪，若等者，從先發落；輕重不等者，從重發落。餘罪俱照前納銀［鈔］的決。

020－04

一、在京在外問擬一應徒罪，俱免杖。其已徒而又犯徒，該決訖所犯杖數，總徒四年者，在京遇熱審，在外遇五年審録，俱減一年。若誣告平人死罪未決，杖一百、流三千里，加役三年［者］，律比照已徒而又犯徒，總徒四年者，雖遇例不減。

021　老小廢疾收贖

凡年七十以上、十五以下，及廢疾瞎一目、折一肢之類，犯流罪以下，收贖。其犯死罪，及犯謀反逆叛，緣坐應流，若造畜蠱毒、採生折割人、殺一家三人，家口會赦猶流者，不用此律。其餘侵損於人，一應罪名，並聽收贖。八十以上、十歲以下，及篤疾瞎兩目、折兩肢，犯殺人應死者，議擬奏聞，取自上裁。盜及傷人者，亦收贖。謂既侵損於人，故不許全免，亦令其收贖。餘皆勿論。謂除殺人應死者上請，盜及傷人者收贖之外，其餘有犯，皆不坐罪。九十以上、七歲以下，雖有死罪，不加刑。九十以上犯反逆者，不用此律。其有人教令，坐其教令者。若有贓應償，受贓者償之。謂九十以上、七歲以下之人，皆少智力，若有教令之者，罪坐教令之人。或盜財物，傍人受而將用，受用者償之。若老小自用，還著老小之人追徵。

［纂註］

廢疾，謂瞎一目、折一肢之類。篤疾，瞎兩目、折兩肢之類。殺人，謂謀殺、故殺、鬬毆殺，抵償之罪也。應死，謂犯一應斬絞死罪，如詐傳詔旨者斬，僞造銅錢者絞之類，非抵償者也。此言年七十以上、十五以下，及廢疾之人，其犯流罪以下，皆依律收贖。曰流罪以下收贖，則犯該死罪者，仍依常律科斷矣。八十以上、十歲以下，及篤疾之人，其犯反逆殺人，並一應斬絞死罪者，俱擬議奏裁。若犯流罪以下，惟竊盜財物、鬬毆傷人二項，謂其侵損於人，故不全免，亦令收贖，其餘則皆勿論。亦字，承上條而言。九十以上、七歲以下，雖有死罪，不加刑，並令依律收贖，仍須將不加刑，及收贖緣由奏聞。教令以下，承九十歲與七歲説。此可與犯罪未老疾條參看，無非恤老慈幼、矜不成人之義。

按：老小廢疾，律該充軍者，比流二千里，贖鈔三十貫。如引例充軍，當除違制罪名，仍依正律收贖。又本註云，九十以上犯反逆者，不用此律，而不及七歲者，以九十者尚能强健，及能主使，七歲之人決不能爲此事也，故不加刑，止照本律緣坐之法，給功臣之家爲奴。

設有教七歲兒子毆打父母，或教九十老耄斫殺子孫，教令者各同自毆及殺凡人之罪，不得以犯親罪加于凡人。

條例

021－01

一、凡軍職犯該雜犯死罪，若年七十以上、十五以下，及廢疾，並例該革職者，俱運炭納米等項發落，免發立功。

021－02

一、年七十以上、十五以下，及廢疾，犯該充軍者，准收贖，免其發遣。若有壯丁教令者，止依律坐罪。其真犯死罪免死，及例該永遠充軍者，不准收贖。

021－03

一、凡老幼及廢疾犯罪，律該［得］收贖者，若例該枷號，一體放免，照常發落。

删除明例1條

一、萬曆二十三年三月十一日，本部尚書趙等具題，爲議處詐冒篤疾重犯，以昭法紀，以杜奸欺事。題稱查得《問刑條例》一款，凡奉欽依免死充軍人犯，及後逃回，仍照原擬死罪監決。夫以矜疑免死，有復坐原罪之條，而篤疾獨無者，以遣戍易至逃回，而篤疾難以復愈也。但人情狡僞，奸弊多端，各囚往往有故傷眼目，自殘肢體，希圖倖脱者。以後在京在外重犯，但有以篤疾釋放，生事犯法，驗非篤疾者，俱比照矜疑逃回事例，仍坐原擬死罪，庶特恩不至恵奸，而狡囚無所飾詐等因。于本月十三日奉聖旨：今後重犯稱篤疾的，務查驗明實，方與題請。其釋放後再有犯法者，俱照這例行。欽此。

022　犯罪時未老疾

凡犯罪時雖未老疾，而事發時老疾者，依老疾論。謂如六十九以下犯罪，年七十事發，或無疾時犯罪，有廢疾後事發，得依老疾收贖。或七十九以下犯死罪，八十事發，或廢疾時犯罪，篤疾時事發，得入上請。八十九犯死罪，九十事發，得入勿論之類。若在徒年限内老疾，亦如之。謂如六十九以下，徒役三年，役限未滿，年入七十，或入徒時無病，徒役年限内或廢疾，並聽准老疾收贖。以徒一年三百六十日爲率，驗該杖徒若干，應贖銀若干，俱照例［贖錢數］，折役收贖。［假如有人犯杖六十、徒一年，已行斷罪，拘役五個月之後，犯人老疾，合將杖六十、徒一年，總贖錢一十二貫，除已受杖六十，准錢三貫六百文，該剩徒一年，贖錢八貫四百文計算。每徒一月，該錢七百文，已役五個月，准錢三貫五百文外，有未役七個月，該收贖錢四貫九百文之類。其餘徒役年限，贖錢不等，各行照數折算收贖。］犯罪時幼小，事發時長大，依幼小論。謂如七歲犯死罪，八歲事發，勿論。十歲殺人，十一歲事發，仍得上請。十五歲時作賊，十六歲事發，仍以贖論。

［纂註］

依老疾論，依幼小論，謂依上條老小廢疾，或收贖，或奏請，或勿論，而斷之也。徒限内，徒字自六十以下言。若七十以上，則流徒俱得收贖矣。惟雜犯准徒五年，仍科之。蓋國初原係真犯死罪，故不可以徒論也。優老據其見發之年，矜幼原其先犯之歲，律之仁亦至矣。

023　給没贜物

凡彼此俱罪之贜謂犯受財枉法、不枉法，計贜爲罪者，及犯禁之物謂如應禁兵器，及禁書之類，則入官。若取與不和，用强生事，逼取求索之贜，並還主。謂恐嚇詐欺，强買賣，有餘利科斂，及求索之類。○其犯罪應合籍没財産奸黨及造畜蠱毒等罪，常赦所不原者，或有臨時特免，赦書到後，罪人雖在赦前決訖，而家産未曾抄劄入官者，並從赦免。其已抄劄入官守掌，及犯謀反逆叛者，財産與緣坐家口，不分已未入官並不放免。若除謀反謀叛外罪未處決，籍没之物雖已送官，但未經分配與人守掌者，猶爲未入。其緣坐人家口，雖已入官，若罪人遇赦得免罪者，財産家口亦從免放。○若以贜入罪，正贜見在者，還官主。謂官物還官，私物還主。又若本贜是驢，轉易得馬，及馬生駒、羊生羔，畜産蕃息，皆爲見在。其贜已費用者，若犯人身死，勿徵別犯身死者亦同，餘皆徵之。若計雇工私役弓兵、私借官車船之類賃錢爲贜者，死亦勿徵。○其估贜者，皆據犯處地方當時犯時中等物價，估計定罪。若計雇工錢者，一人一日爲銅錢六十文，其牛馬駝騾驢、車船、碾磨、店舍之類，照依犯時雇工賃直計算定罪追還。賃錢雖多，各不得過其本價。謂船價值銅錢一十兩［貫］，却不得追賃錢一十一兩［貫］之類。○其贜罰金銀，並照犯人原供成色，從實追徵，入官給主。若已費用不存者，追徵足色。謂人原盜或取受正贜金銀，使用不存者，並追足色。

［纂註］

取與不和，謂應少取而多取，如過取利息之類；多與而少與，如給價減數之類。計雇工錢六十文，以人言，後雇工，以馬牛等物言。賃錢雖多，兼雇工價直言。此條並還主以上，論贜物入官給主之例。籍没財産以下，就並入官内論，赦免不免之例，以贜入罪節，應徵勿徵之例，末節追贜成色之例。蓋彼此俱有罪之贜，及非私家所宜有之物，並追入官。若取與不和，用强生事，逼取求索之贜，並追還主。其犯罪應合籍沒財產者，除謀反逆叛者，本身及家口財產，不論已未決訖、曾否入官，人不得赦放，財不得赦免外，其餘罪人，但遇赦書到後，正犯雖已決訖，惟抄劄入官，守掌財物，難以概免，其未曾抄劄入官，及罪人未決，而財產送官，未經分配守掌，并緣坐家口雖已入官，罪人得免者，亦並從免放。若以贓入罪，正贓見在未費者，仍還官主；已費用不存者，若犯人自身又死，免其追徵。其餘若犯人雖死，而正贓尚存，或正贓雖費用，而犯人未死，猶徵還官主，故曰餘皆徵之。其不係贓罪犯人，亦有應追財物，如埋殯銀之類，死亦勿徵，故小註曰别犯身死者亦同。若毁損官房屋，計雇工錢，私借官車船，計雇賃錢之類爲贓者，正犯身死，亦不徵。其估計贓物定罪，曰犯處，曰當時，曰中等物價，隨地隨時，而斟酌適中，不得低昂其手，輕重其罪也。若計雇工錢，如私役部民夫匠之類，每人一日爲銅錢六十文，作爲定數。其牛馬駝騾驢、車船、碾磨、店舍之類，照依犯處犯時中等價值，估計雇工賃直，定罪追還。然賃錢累算雖多，各不得過其本價，蓋子不可多於母故也。其追還官主贓罰金銀，見在則從原供成色，費用則從足色者，乃官府追徵之正法，非特防弊而已。

按：犯罪籍沒財產者，指姦黨上言德政，及造畜蠱毒等條，財產入官而言。若採生折割人，殺一家非死罪三人，支解人財產，律稱斷付死者之家，所以優恤其生者也。與應合籍沒者不同，遇赦則當請旨定奪，不得擅爲放免。其罪未處決數句，及緣坐人家四句，《疏議》《管見》諸書，俱兼謀反逆叛説，甚非，不可依。

按：此條概言贓物，有入官，有給主，有籍沒，而是三者之中，又有估計，有成色，有勿徵，有赦免，矜恤之意，沛然洋溢。至其估計也，必得其時值之平；其成色也，必出於原供之口；必人贓之見存，而始應徵；必罪惡之重大，而始不免，又見法乃不得已而用之之意。仁哉，聖人之心乎！

條例

023－01

一、在京在外，問過囚犯，但有還官贓物，直銀一十兩以上，監追年久，及入官贓二十兩以上，給主贓三十兩以上，監追一年之上，不能完納者，果全無家産，或變賣已盡，及産雖未盡，止係不堪，無人承買者，各勘實，具本犯情罪輕重、監追年月久近、贓數多寡，奏請定奪。若不及前數，及埋葬銀監追一年之上，勘實全無家産者，俱免追，各照原擬發落。

023－02

一、凡犯侵欺枉法，充軍追贓人犯，所在官司，務嚴限監併，至一年以上，先將正犯發遣，仍拘的親家屬監追。如無的親家屬，仍將正犯監追。敢有縱令倩人代監，及挨至年遠，輒稱家産盡絶，希圖赦免者，各治以罪。

023－03

一、軍官旗軍，但有監追入官、還官給主贓物，值［直］銀十兩以下，半年之上不能完納者，將犯人先發立功納贖［鈔］等項，各完滿日，還職著役，仍將各人俸糧月糧，照贓數扣除入官，還官給主。

024　犯罪自首

凡犯罪未發而自首者，免其罪，若有贓者，其罪雖免猶徵正贓。謂如枉法不枉法贓，徵入官。用强生事，逼取詐欺，科斂求索之類，及强竊盜贓，徵給主。其輕罪雖發，因首重罪者，免其重罪。謂如竊盜事發，自首又曾私鑄銅錢，得免鑄錢之罪，止科竊盜罪。若因問被告之事，而別言餘罪者，亦如上科之。止科見問罪名，免其餘罪。謂因犯私鹽事發被問，不加考訊，又自別言曾竊盜牛，又曾詐欺人財物，止科私鹽之罪，餘罪俱得免之類。〇其犯人雖不自首遣人代首，若於法得相容隱者之親屬爲之首，及彼此訐發，互相告言［者］，各聽如罪人身自首法。皆得免罪。其遣人代首者，謂如甲犯罪，遣乙代首，不限親疏，亦同自首，免罪。

若於法得相容隱者爲首，謂同居及大功以上親，若奴婢、雇工人爲家長首，及相告言者，皆與罪人自首同，得免罪。其小功緦麻親首告，得減凡人三等；無服之親，亦得減一等。如謀反逆叛未行，若親屬首告，或捕送到官者，其正犯人俱同自首律免罪。若已行者，正犯不免。其餘應緣坐人，亦同自首律免罪。若自首不實及不盡者重情首作輕情，多贓首作少贓，以不實不盡之罪罪之。自首贓數不盡者，止計不盡之數科之。至死者，聽減一等。［自首贓數不盡者，止計不盡之數科之。］其知人欲告，及逃如逃避山澤之類叛是叛去本國之類而自首者，減罪二等坐之。其逃叛者，雖不自首，能還歸本所者，減罪二等。○其損傷於人因犯殺傷於人，而自首者，得免所因之罪，仍從故殺傷法。本過失者，聽從本法。損傷於物，不可賠償謂如棄毀印信、官文書、應禁兵器及禁書之類，私家既不合有，是不可償之物，不准首。若本物見在，首者聽，同首法免罪，事發在逃雖不得首所犯之罪，但念出首，得減逃走之罪二等，正罪不減，若私越度關，及姦，并私習天文者，並不在自首之律。○若强竊盜、詐欺取人財物，而於事主處首服，及受人枉法不枉法贓，悔過回付還主者，與經官司自首同，皆得免罪。若知人欲告，而於財主處首還者，亦得減罪二等。其强竊盜，若能捕獲同伴解官者，亦得免罪，又依常人一體給賞。强竊盜再犯者，不准首。

［纂註］

猶者，意有未盡之詞。餘罪，兼輕重説。自首不實不盡，此自首二字，承上文各聽如罪人身自首法來，當兼代首、爲首、相告言説。不實，以情言；不盡，以贓言。逃如逃避山澤，不服拘唤之類。叛是叛去本國，潛入他國之類。無引潛從關過曰私，無引不由關過曰越。此條通言首罪之例。蓋首者自狀其罪，告之於官也。其首也，情必實，贓必盡，事必未發，方得全免其罪。罪雖全免，正贓猶徵，盡本法也。因發輕罪，而首重罪，則免其重；因問見罪，而言餘罪，則免其餘。此皆以本身經官自首者言。若遣其不問親疏之人，而代己首，或法得容隱之親屬爲之首，及相告言，則與本身自首無異。若贓物自於主處首服，及悔過回付還主，則與經官自首無異。諸如此首，必皆事無所發，情無所隱，贓無所匿，故得全免。若知人欲告其罪，方行自首，或雖不首，止將原贓首還財主，與夫逃叛而自首，及雖不自首，但能還歸本所者，各得減本罪二等。其自首不實不盡者，則以所隱之情、所匿之贓科罪。至絞斬，并雜犯死罪者，聽減罪一等，罪止杖一百、流三千里。其於人有所損傷，於物不可賠償，事發在逃，私越度關，私習天文，及和强等姦，皆事已行，莫可追改者，故並不在自首之列。强竊盜，能捕同伴解官者，得免罪，又得給賞，一以開自新之路，一以廣緝捕之門也。

按：逃叛者，則准減罪二等。事發在逃首，則不准，何也？蓋逃叛首者，罪止逃叛，更無别罪，故首則准減二等。若事發在逃，是犯事既發之外，復有在逃之罪，故止免其逃罪，而不免其原發之罪也。

［備考］

一、卑幼首尊長得實，猶科干名犯義罪名。

一、强竊盜再犯者，不准首。

一、有禄人監守自盜自首，及受贓悔過還主者，係行止有虧，照律免罪，仍革職爲民。竊詳均之，以贓還主，一云首服，一云悔還，何也？蓋强竊詐取者，皆事主所不知，自首而服其罪，故曰首服。枉法贓，乃明取之於主者，悔而還之，故云悔過回付。其詞嚴而意精如此。

條例

024－01

一、凡遇强盜，係親屬首告到官，審其聚衆不及十人，及止行劫一次者，依律免罪減等等項，擬斷發落。若聚衆至十人，及行劫累次者，係大功以上親屬告發，附近；小功以下親屬告發，邊衛，各充軍。其親屬本身被劫，因而告訴到官者，徑依親屬相盜律科罪，不在此例。

024－02

一、竊盜自首，不實不盡，及知人欲告，而於財主處首還，律該減等擬罪者，俱免刺。

024－03

一、凡自首强盗，除殺死人命，姦人妻女，燒人房屋，罪犯深重，不准自首外，其餘雖曾傷人，隨即平復不死者，亦姑准自首，照兇徒執持兇器傷人事例，問擬邊衛充軍。其放火燒人空房，及田場積聚之物者，依律充徒。若計所燒之物，重於本罪者，亦止照放火延燒事例，俱發邊衛充軍。

025　二罪俱發以重論

凡二罪以上俱發，以重者論罪。各等者，從一科斷。若一罪先發，已經論决，餘罪後發，其輕若等，勿論。重者，更論之，通計前所論决之罪，以充後發之數。謂如二次犯竊盗，一次先發，計贓一十兩［貫］，已杖七十；一次後發，計贓四十兩［貫］，該杖一百，合貼杖三十。如有禄人節次受人枉法贓四十兩［八十貫］，内二十兩［四十貫］先發，已杖六十、徒一年［杖一百、徒三年］，二十兩［四十貫］後發，難同止累見發之贓，合併取前贓，通計四十兩［八十貫］，更科全罪，徒三年［斷從處絞之類］。其應贓入官、物賠償、盗刺字、官罷職、罪止者，罪雖勿論，或重科，或從一，仍各盡本法。謂一人犯數罪，如枉法不枉法贓合入官，毁傷器物合賠償，竊盗合刺字，職官私罪杖一百以上，合罷職，不枉法贓一百兩以上，罪止杖一百、流三千里之類，各盡本法擬斷。

［纂註］

此言二罪以上俱發，擬斷者之通例。各盡本法，承上文言，而所該者廣。若平時節次曾犯數罪，而一時俱發，内有輕重，則從重科。但各相等，則從一科。若節次所犯之罪，内止一罪先發，已經論决，餘所犯罪，隨後又發，視前發已决之罪爲輕，或只相等，並得勿論。惟重於前者，則更論之，通計前者，或貼杖，或加徒，以足後犯之數。其前項先後輕重事内，若贓該入官、物該賠償、盗該刺字、官該罷職，與夫罪止焉者，罪雖重科，或從一，或勿論，仍要依各律條，盡其本法。蓋罪無再科，既不流於刻，仍盡本法，又不失之縱。此律所以爲仁義並行之書也。

按：註稱竊盜前後贓並論，枉法則併科前贓者，蓋盜之贓，原以一主爲重，而枉法之贓，各主通算全科故也。此與前徒流又犯異者，彼謂決訖一罪而又犯，此謂犯訖數罪，而發有先後，所以不同。

又，律文一罪先發，已經論決，餘罪後發，若等勿論。本註却云：有禄人節次受人枉法贓八十貫，内四十貫先發，已杖一百、徒三年，四十貫後發，難同止累見發之贓，合併取前贓，通計八十貫，更科全罪，斷從處絞之類。似與若等勿論未合，何也？蓋若等勿論者，總言其所犯輕重之罪，指其常也。若有禄人犯贓，又係枉法情重可惡，自有各主通算全科之本律當依，故不得以此律若等勿論之總言其常者例之也，故曰難同止累見發之贓。

026　犯罪共逃

凡犯罪共逃亡，其輕罪囚，能捕獲重罪囚而首告，及輕重罪相等，但獲一半以上首告者，皆免其罪。以上自犯者言。謂［同］犯罪事發，或各犯罪事發而共逃者，若流罪囚能捕死罪囚，徒罪囚能捕流罪囚首告，又如五人共犯罪在逃，内一人能捕二人而首告之類，皆得免罪。若損傷人及姦者不免，仍依常法。其因他人犯罪，連累致罪，而正犯罪人自死者，連累人聽減本罪二等。以下因人連累而言。謂因别人犯罪，連累以得罪者。如藏匿、引送、資給罪人，及保勘供証不實，或失覺察關防鈐束聽使之類。其罪人非被刑殺而自死者，又聽減罪二等。若罪人自首告得免，及遇赦原免，或蒙特恩減罪收贖者，連累人亦准罪人原免減等贖罪法。謂因罪人連累以得罪，若罪人在後自首告，或遇赦恩全免，或蒙特恩減一等二等，或罰贖之類，皆依罪人全免、減等、收贖之法。

［纂註］

此條前一節，以自犯者言。後二節，以因人連累者言。律文本註，亦自明白。罪人，正犯也。首節謂輕能捕重而首，少能捕多而首，既能服罪，又能除惡，故俱得全免。惟損傷於人及姦者不免，止免在逃之罪。能獲之人，減逃罪二等坐之。次節正犯自死，則首惡已除，連及者宜有寬減，故得減本罪二等。註云又減者，蓋藏匿等項，本條已各減等，此因正犯自死，而再減之，故曰又減。末節正犯減降贖免，則首惡既恕，餘可矜憐，故皆得照正犯全免，降減收贖。凡此皆以開自新之路，廣緝盜之門，而溥矜恤之恩也。

按：此與自首條强竊盜捕獲同伴者同。彼兼給賞，此僅免罪者，蓋此有在逃之罪，故彼兼賞其功，而此止宥其罪，酌議之審也。

［備考］

一、犯人共逃，捕獲不及一半，及法得相隱之人，有獲共逃重罪，而首告者親屬，各依事發在逃，自首得減逃罪二等。若親屬因捕獲有所殺傷者，各從殺傷尊長卑幼本法。若卑幼原罪輕者，仍依干名犯義律論。《讀法》云：謀反逆叛，緦麻以上親捕送，依捕首律論。

027　同僚犯公罪

凡同僚犯公罪者謂同僚官吏連署文案，判斷公事差錯，而無私曲者，並以吏典爲首，首領官減吏典一等，佐貳官減首領官一等，長官減佐貳官一等。四等官内，如有缺員，亦依四等官遞減科罪。本衙門所設，無四等官者，止准見設員數遞減。〇若同僚官，一人有私，自依故出入人罪私罪論，其餘不知情者，止依失出入人罪公罪論。謂如同僚連署文案，官吏五人，若一人有私，自依故出入人罪論，其餘四人，雖連署文案，不知有私者，止依失出入人罪論，仍依四等遞減科罪。〇若下司申上司事有差誤，上司不覺失錯准行者，各遞減下司官吏罪二等謂如縣申州、州申府、府申布政司之類，若上司行事有差誤，而下所屬依錯施行者，各遞減上司官吏罪三等謂如布政司行下府、府行下州、州行下縣之類，亦各以吏典爲首。首領、佐貳、長官依上減之。

［纂註］

同官於一衙門者爲僚。公罪，即下失出入人罪之類。此言同僚官吏，連署文案，判決公事，若犯違錯而無私曲者，均屬有罪。但承行在於吏典，故其罪以該吏爲首。由吏典而首領，而佐貳，而長官，各遞減罪一等。若同僚或一人狥私枉法，出入人罪者，事發，本官自依故出入人罪論，其餘不知情者，止依失錯，照前遞減科斷。此皆自本衙門官吏言之。若所申上司，事有錯誤，不行駁查者，各遞減下司官吏罪二等。若上司行下所屬，事有錯誤，而所屬失不請改正，依錯施行者，各遞減上司官吏罪三等。並各以吏典爲首，遞減。上司錯准，止減二等者，責其怠忽也；下司錯行，遞減三等者，矜其受制也。如官吏有覺舉者，依下條公事失錯條免罪。

028　公事失錯

凡官吏公事失錯，自覺舉者，免罪。其同僚官吏同署文案，法應連坐者，一人自覺舉，餘人皆免罪。謂緣公事致罪，而無私曲者，事若未發露，但同僚判署文案官吏一人，能檢舉改正者，彼此俱無罪責。〇其斷罪失錯於人，已行論決者仍從失入人罪論，不用此律。謂死罪及笞杖已決訖，流罪已至配所，徒罪已役訖，此等並爲已行論決。官司雖自檢舉，皆不免罪，各依失入人罪律減三等，及官吏等級遞減科之，故云不用此律。其失出人罪，雖已決放，若未發露，能自檢舉貼斷者，皆得免其失錯之罪。〇其官文書稽程，官應連坐者，一人自覺舉，餘人亦免罪，承行主典之吏不免。謂文案小事五日程，中事十日程，大事二十日程，此外不了，是名稽程。官人自檢舉者，並得全免，惟當該吏典不免。若主典自舉者，並減二等。謂當該吏典自檢舉者，皆得減罪二等。

［纂註］

公事，公務也。失錯，違失差錯也。覺舉，謂覺察檢舉。連坐，謂相連而坐罪。已行論決，專指失入言，觀律註自見。程，官府文書之程限。主典，掌行文書之吏典。並減二等，兼官吏言。公事失錯，是大總句，謂此項公錯官吏，皆屬有罪，若一人自犯，而無餘人可連坐者，能覺舉，固得免罪。其有連坐之餘人，如判署文案，同僚官吏内有一人覺舉者，餘人皆得免罪。或斷罪失錯於入，已行論決者，自依失入律，減三等科之，不用此覺舉之律。若失出覺舉貼斷者，又得皆免。蓋失入論決，不可復贖，而失出決放，猶可改正故也。其官文書稽程，官自覺舉者，連坐之同僚皆免，主典不免者，蓋稽程與失錯不同，稽程之罪，多由當該，故不及長官、佐貳也。若主典自覺舉者，止減本律笞罪二等，首領通減三等。

029 共犯罪分首從

凡共犯罪者，以先造意一人爲首依律擬斷，隨從者，減一等。○若一家人共犯，止坐尊長。若尊長年八十以上，及篤疾，歸罪於共犯罪以次尊長。如無以次尊長，方坐卑幼。謂如尊長與卑幼共犯罪，不論造意，獨坐尊長，卑幼無罪，以尊長有專制之義也。如尊長年八十以上，及篤疾，於例不坐罪，即以共犯罪次長者當罪。又如婦人尊長，與男夫卑幼同犯，雖婦人爲首，仍獨坐男夫。侵損於人者，以凡人首從論。造意爲首，隨從爲從。侵謂竊盜財物，損謂鬭毆殺傷之類。如父子合家同犯，並依凡人首從之法，爲其侵損於人，是以不獨坐尊長。若共犯罪，而首從本罪各別者，各依本律首從論。仍以一人坐以首罪，餘人坐以從罪。謂如甲引他人共毆親兄，甲依弟毆兄杖九十、徒二年半，他人依凡人鬬毆論，笞二十。又如卑幼引外人盜己家財物一十兩，卑幼以私擅用財，加二等，笞四十，外人依凡盜從論，杖七十之類。○若本條言皆者，罪無首從；不言皆者，依首從法。○其同犯擅入皇城、宮殿等門，及同私越度關，若同避役在逃，及同犯姦者律雖不言皆，亦無首從。謂各自身犯，是以亦無首從，皆以正犯科罪。

［纂註］

共犯罪，謂數人共犯一事。家人，一家之人也。註云男夫，猶男子之稱，如弟姪子孫之類皆是。此言共犯罪者，造意爲首，隨從減等，重首惡也。若家人共犯，不論造意，止坐尊長，重專制也。尊長老疾，事既不能專制，律又不得加刑，故其罪自應坐之共犯次尊長也。如無以次尊長，方坐卑幼。若婦人，與卑幼之男夫共犯，婦人縱爲稱首，亦止坐男夫，不拘首從之法。其犯侵盜損傷於人等罪，依凡人首從論。尊長造意，卑幼爲從，卑幼造意，尊長爲從，雖婦人及老疾，亦當科罪，不在家人共犯免科之律。若共犯而首從本罪各有本條合得罪名者，則各依本律首從科斷，或輕或重，又不拘此條首從之常法。若本條言皆者，概坐之，不言皆者，依首從法。若擅入皇城宫殿等罪，雖不言皆，亦不分首從，蓋各身自犯之，非如竊盗鬬毆之有造意隨從者也，故直以正犯科之耳。

按：《唐律》云：若共監臨主守爲犯，雖造意，仍以監守爲首，凡人以常從論。猶今律同謀共毆人，以下手傷重者爲重罪，原謀減一等之意，是又不專論首從也。

030　犯罪事發在逃

凡二人共犯罪，而有一人在逃，見獲者稱逃者爲首，更無人證佐，則但據其所稱決其從罪。後獲逃者，稱前獲之人爲首，鞫問是實，還將前人依首論，通計前決之罪，以充後問之數。○若犯罪事發而在逃者，衆證明白或係爲首，或係爲從，即同獄成將來照提到官，止以原招決之，不須對問仍加逃罪二等。

［纂註］

此條承上犯罪當分首從而言。若二人共犯，一在逃，一見獲，若獲者稱逃者爲首，無憑質證，姑以從罪坐之。若後獲逃者，稱前獲爲首，鞫問是實，還依首論，通計前罪，以充後數，後獲者止問爲從，加逃罪二等。若事發在逃，雖未面質，而衆證明白，罪狀顯著，即同獄成，獲日即依原證首從定擬，加逃罪二等坐之。夫止據見獲，而輒擬首惡，恐後或難於復贖，故不嫌寬緩；衆證明白，而不即成獄，恐久或得以規脱，故不嫌果決，是獲者逃者，既無枉情，亦無漏奸矣。

031　親屬相爲容隱

凡同居同謂同財共居親屬，不限籍之同異，雖無服者亦是，若大功以上親謂另居大功以上親屬。係服重，及外祖父母、外孫、妻之父母、女壻、若孫之婦，夫之兄弟及兄弟妻係恩重，有罪彼此得相爲容隱。奴婢、雇工人義重爲家長隱者，皆勿論。○若漏泄其事，及通報消息，致令罪人隱匿逃避者以其於法得相容隱，亦不坐。謂有得相容隱之親屬犯罪，官司追捕，因而漏泄其事，及暗地通報消息與罪人，使令隱避逃走，故亦不坐。○其小功以下相容隱，及漏泄其事者，減凡人三等。無服之親減一等。謂另居小功以下親屬。○若犯謀叛以上者，不用此律。謂雖有服親屬，犯謀反、謀大逆、謀叛，但容隱不首者，依律科罪，故云不用此律。○家長不得爲奴婢、雇工人隱者，義當治其罪也。

［纂註］

容隱，謂應首告而不首告，或曲爲回護，扶同保結皆是。大功、小功及無服之親，兼本宗外姻言。此見凡人容隱罪人，及漏泄等項，律各有禁。惟親屬得相容隱者不禁，蓋同居親屬，不論籍之同異，服之有無，其情篤；另居大功以上親屬，其服重。外祖父母、外孫、妻之父母、女壻，若孫之婦、夫之兄弟，及兄弟妻，服雖輕而其恩重；奴婢、雇工人，與家長，又恩義之相聯屬者，故有而爲之容隱，皆得勿論，許其爲親者諱也。雖官司拘捕，而漏泄通報，致其逃避，亦皆不坐。小功以下服漸殺，無服之親情漸疏，相容隱及漏泄者，比凡人減三等，或減一等。凡此皆權恩義之中，而教人以親睦之道也。若犯謀叛以上，不問同居另居、有服無服，但有容隱漏泄者，依本條科罪，不用此律。

按：獨言奴婢、雇工人爲家長隱，則家長不得爲奴婢、雇工人隱可知。

按：《記》曰：凡聽五刑之訟，必原父子之親，立君臣之義，以權之。正此條之謂也。或問：期親告卑幼别籍異財，卑幼告尊長毆傷其身，皆於法得相容隱，不准如自首法，何也？蓋分析惡其叛親，而損傷本無首理故也。又私竊放囚逃走，雖有服親屬，與常人同；以解脱之物與囚，係子孫、奴婢、雇工人，亦止減獄卒一等，皆與親屬相容隱反者，何也？蓋門内之治，以恩掩義，而門外之治，以義斷恩故也。又犯謀叛之上，若事未發，家人首，俱得免；但發後者，則首者與里老得免，但爲首者不免。

032 吏卒犯死罪

凡在外各衙門吏典、祇候、禁子，有犯死罪，從各衙門長官鞫問明白，不須申稟，依律處決，然後具由申報本管上司，轉達刑部，奏聞知會。

［纂註］

祇候，各衙門聽用之人，即皂隸之類。上司，通司府州縣言。

按：此律乃國初勘亂之後，恐奸徒仍踵舊風，敢於恣惡，故特重其令，以暫行於一時。今例皆奏請矣。

033 處決叛軍

凡邊境重地城池，若有軍人謀叛，守禦官捕獲到官，顯跡證佐明白，鞫問招承，行移都指揮使司，委官審問無冤，隨即依律處治，具由申達兵部衙門，奏聞知會。若有布政司、按察司去處，公同審問處治。如在軍前有謀叛，能臨陣擒殺者事既顯明，機係呼吸，不在此委審公審之限。事後亦須奏聞。

［纂註］

依律處治，謂決其罪人，分理其財産家口，如律所處以治之，即謀叛條所載者。此言邊境重地，軍人謀叛，事繫安危，守禦將領官，將犯人捕獲到官，顯蹟證佐明白，鞫問招承，轉行都司審實，隨即處治，然後將謀叛之狀、處治之事，申聞知會。若有布按去處，亦行公同會審，曰委審無冤，曰公同審問處治，恐其有冤未實，致其詳慎之意。曰隨即處治，防其延緩生變，不敢留獄之意。如在軍前對敵，有謀叛者，果能臨陣擒殺，事既顯明，機係呼吸，又不在委審公審之限，然事後亦須奏聞。

034　殺害軍人

凡殺死正伍軍人者，依律處死，仍將正犯人餘丁，抵數充軍。止終本身。所抵軍人死後，即於原被殺死軍人户内勾補。

［纂註］

依律處死，如謀故則坐斬，支解則坐凌遲，鬬毆戲誤則坐絞之類。軍既被殺則缺伍，正犯依律抵償，而以正犯親丁抵數充軍。若親丁既死，仍勾原軍户丁頂補，不得復於犯人之家抵充也。

［備考］

近例有謀故殺死總小旗者，就令犯人户内勾取壯丁，抵充軍數，其旗役仍令本户餘丁抵當。而不及鬬、毆、戲、誤、過失殺者，自依常律論，不在抵充之限。

條例

034－01

一、凡謀故殺死總小旗者，正犯抵死，旗役仍令本户餘丁補當。若無本户餘丁，勾取犯人户内壯丁，抵充軍數。

035　在京犯罪軍民

凡在京軍民，若犯杖八十以上者，軍發外衛充軍，民發別郡爲民。若徒流以上，並論如律。其配發外衛、外郡，不言可知。

［纂註］

杖八十以上，至徒流皆然。今在京軍民，俱不行此律，止照時例發落。

《疏議》謂：京師密邇宫闕，軍民皆預供應。如經決杖，是有玷污，故必遷之，不令給役。然則杖七十以下，是無玷污而可供役者乎？殆不其然。

036　化外人有犯

凡化外來降人犯罪者，並依律擬斷。

［纂註］

化外人，即外夷來降之人，及收捕夷寇，散處各地方者皆是。言此等人原雖非我族類，歸附即是王民，如犯輕重罪名，譯問明白，並依常律擬斷，示王者無外也。

［備考］

一、達官達軍有犯，亦問立功哨瞭。若係山後人，難發遣者，止依做工。其土民犯笞杖，亦准的決，問完俱要請旨。

037　本條別有罪名

凡本條自有罪名，與名例罪不同者，依本條科斷。○若本條雖有罪名，其心有所規避，罪重者又不泥於本條，自從所規避之重罪論。○其本應罪重，而犯時不知者，依凡人論。謂如叔姪別處生長，素不相識，姪打叔傷，官司推問，始知是叔，止依凡人鬭法。又如別處竊盜，偷得大祀神御之物，如此之類，並是犯時不知，止依凡論，同常盜之律。本應輕者，聽從本法。謂如父不識子，毆打之後，方始得知，止依打子之法，不可以凡毆論。

［纂註］

規避二字，見《唐律》。規與窺同，古字通用。規，有所求探；避，有所迴避。二字活看，不可以規專爲求利，避專於脱罪。此見名例雖爲諸律之凡例，然其罪名，固有見於各條而統於名例者，亦有非名例所能該，而自見於各條者。故凡本條別有罪名，與名例不同者，自依本條科斷，不拘於名例。若本條雖有罪名，而其情有所規避，重於本罪，則從其重者科斷，又不拘於本條。若本應罪重，而犯時不知者，依凡人從輕論之，憫其陷于無知也。如本應罪輕者，聽從本法，幸其情有可議也，又不拘夫從重之律。權輕重而適其中如此。

038　加減罪例

凡稱加者，就本罪上加重。謂如人犯［犯人］笞四十，加一等，即坐笞五十。或犯杖一百，加一等，則加徒減杖，即坐杖六十、徒一年。或犯杖六十、徒一年，加一等，即坐杖七十、徒一年半。或犯杖一百、徒三年，加一等，即坐杖一百、流二千里。或犯杖一百、流二千里，加一等，即坐杖一百、流二千五百里之類。稱減者，就本罪上減輕。謂如人犯笞五十，減一等，即坐笞四十。或犯杖六十、徒一年，減一等，即坐杖一百。或犯杖一百、徒三年，減一等，即坐杖九十、徒二年半之類。惟二死三流，各同爲一減。二死，謂絞、斬；三流，謂流二千里、二千五百里、三千里。各同爲一減，如犯死罪，減一等，即坐流三千里；減二等，即坐徒三年。犯流三千里者，減一等，亦坐徒三年。加者，數滿乃坐。謂如贓加至四十兩［貫］，縱至三十九兩九錢九分［三十九貫九百九十文］，雖少一分［十文］，亦不得科四十兩［貫］罪之類。又，加罪止於杖一百、流三千里，不得加至於死。本條加入死者，依本條。加入絞者，不加至斬。

［纂註］

數滿乃坐，不專言貫數，如日數、人數、器物卷宗之數俱是。此條言加減罪犯之通例。加者，就本罪上加等，或遞加從重；減者，就本罪上減等，或遞減從輕。惟二死同爲一減，不分絞斬，皆坐流三千里；三流同爲一減，不分遠近，皆坐徒三年，故曰各同爲一減。加者，必數滿乃坐，如不滿數，止科本罪。又，加罪止於杖一百、流三千里，不得加入于死。若本條加入于死者，自依本條科之。如妾毆夫，及奴婢毆家長緦麻親，至折傷，加入絞罪，不至於斬。夫減則二死三流，各同一等，而加必數滿乃坐，不入于死者，一則矜恕之情，一則慎重之意。

條例

038－01

一、在［两］京法司，每年熱審。［在京］以命下之日爲始，至六月終止。［南京以咨文到日爲始，扣二個月止。］其在外五年審録，以恤刑官入境日爲始，出境日止。雜犯准徒五年者，減去一等；徒杖以下，俱減等；枷號並笞罪，俱釋放。悉遵照敕旨［施］行。

刪除明例1條

新頒條例

一、萬曆二十一年間，題爲歲清天下囹圄，以廣德意事。該十三司會呈本部題，巡按每歲審録，外聽兩直十三省撫按官會行，所屬問刑衙門，各審部内輕重囚犯，照京師熱審事例，按察司審省會之囚，守巡審各道之囚，皆親身巡行，不得調審州縣，爲諸囚憂，亦不得委審守令。中有死罪矜疑者，軍徒追贓者，具審語，其餘輕罪可原宥者，照本部事例，止開花名，各詳撫按，會疏勿過夏月，輕罪徑自發落，重罪仍聽部覆等因。具題，奉聖旨：覽奏，具見詳慎獄情，愛惜民命之意。便行與各撫按官，務要嚴督諸司，每歲用心清審，仍不得隔境拘提干連人衆，反滋騷擾。欽此。

039　稱乘輿車駕

凡律中所稱乘輿車駕及御者如御物、御膳所、御在所之類，自天子言之，而太皇太后、皇太后、皇后並同。稱制者自聖旨言之，而太皇太后、皇太后、皇太子令並同。有犯毁失、盜詐及擅入者，皆當一體科罪。

［纂註］

稱，言也，謂律中所稱言者，下倣此。乘即駕，輿即車，隨條别言，名雖殊，而物則同也。天子所臨曰御，言曰制。同，謂與天子同也。凡律中所稱乘輿服御物，及御膳所、御在所之類，乃自天子言之，而三后並同。奉制書有所施行，自聖旨言之，而懿旨、令旨並同。故有犯毁失、盜竊、詐傳，及擅入者，皆當一體科罪。蓋天子曰國君，三后曰國母，皇太子曰國儲，臣子事之，當無二義。而有違犯之者，其罪固宜無所輕重於其間也。

040 稱期親祖父母

凡律稱期親及稱祖父母者，曾高同；稱孫者，曾玄同。嫡孫承祖，與父母同。緣坐者，各從祖孫本法。其嫡母、繼母、慈母、養母皆服三年喪，有犯與親母律同。惟改嫁義絶，不與親母同。稱子者，男女同。緣坐者，女不同。

［纂註］

期親，期年喪服之親。律稱期親有二：有止言期親者，則祖與曾高在其中，如聞期親尊長喪不舉哀，杖八十是也；有與祖父母並稱者，則祖父母兼曾高言。期親，以伯叔兄弟，及在室之姑、姊妹，如謀殺祖父母，及期親尊長，皆淩遲處死也。嫡孫承祖，謂父死而嫡長孫承重者。所生母死，父令他妾撫養者，曰慈母。己身無子而養同宗之子，曰養母。凡稱期親，稱祖父母，則兼曾高；稱孫，則兼曾玄；稱母，則兼嫡繼慈養；稱子，則兼男女。其承重之祖父母，即同父母。以上或以服制相同，或以親情相同，如有毆罵違犯等項，皆得一體科斷。若祖犯支解人罪，子當流，不得及其承祖之孫；父殺一家非死罪三人，子當流，不得及其已嫁未嫁之女，又所以恤其緣坐之人也。

按：嫡繼慈養母改嫁義絶，不與親母同。

041 稱與同罪稱，准稱，以前例分八字之義斷之已明。

凡律稱與同罪者謂被累人與正犯同罪，其情輕，止坐其罪。正犯至死者，同罪者減一等，罪止杖一百、流三千里，正犯應刺，同罪者免刺，故曰不在刺字、絞斬之律。若受財故縱，與同罪者其情重，全科。至死者，絞。其故縱謀反、逆、叛者，皆依本律斬絞。凡稱同罪者，至死減一等。稱罪同者，至死不減等。〇稱准枉法論、准盜論之類事相類而情輕，但准其罪，亦罪止杖一百、流三千里，並免刺字。〇稱以枉法論，及以盜論之類事相等而情並重，皆與真犯同，刺字、絞斬皆依本律科斷。然所得同者，律耳。若律外引例，充軍、爲民、立功等項，則又不得而同焉。

[纂註]

受財故縱串説，因受財而故縱之也。准枉法、以枉法論者，皆計入己之贓。准盜論、以盜論者，皆并贓論罪。此乃稱同罪、稱准、稱以之通例。凡稱同罪者，自被累人而言也，與正犯終有差别，故盜免刺字，刑不絞斬，罪至杖一百、流三千里而止。惟受財故縱與同罪者，貪財玩法，律得全科，至死者坐絞，不及斬。若原未曾受財，止故縱者，亦不擬絞。其故縱謀反大逆者，自依本律處絞。不曰受財者，蓋反逆情罪已極，但以縱惡爲重，不以受財爲重也。其稱准枉法、准盜論者，與真犯有間，罪止於流，亦免刺字。稱以枉法、以盜論，與真犯無間，刺字絞斬，皆依枉法及盜之本律科斷，但不得妄引充軍立功等項事例。

按：律有言罪同，及罪亦如之者，皆承各條上文言。謂上文已有其所犯罪名，下所犯者，情與相類，故但云罪同，是此罪同彼科也。如强盜但得財者皆斬，下條以藥迷人圖財者罪同之類。云罪亦如之，是亦得前項所稱之罪。如官吏娶樂人，杖六十，若爲子孫娶者，罪亦如之之類。蓋此條原無罪同，及亦如之之類，故特明之。又，律有先言故縱，而後言受財，則故縱者未曾受財者也；先言受財，而後言故縱，則是因受財而後故縱之者也。《管見》云：三人受財故縱，將爲首一人問與囚同罪。餘二人，除故縱爲從問枉法，若受財故縱，纔獲囚犯，仍科受財枉法。可從。

條例

041 -01

一、凡受財故縱，與囚同罪人犯，該凌遲、斬絞，依律罪止擬絞者，俱要固監緩決，候逃囚得獲，審豁。其賣放充軍人犯者，即抵充軍役。若係永遠，同罪者，止終本身，仍勾原犯應替子孫補伍。

042 稱監臨主守

凡律稱監臨者，内外諸司，統攝所屬，有文案相關涉，及别處駐劄衙門，帶管兵糧、水利之類雖非所管百姓，但有事在手者，即爲監臨。稱主守者，内外各衙門該管文案、吏典，專主掌其事，及守掌倉庫、獄囚、雜物之類，官吏、庫子、斗級、攢攔、禁子並爲主守。〇其職雖非統屬，但臨時差遣，管領提調者，亦是監臨主守［守主］。

［纂註］

總攝案驗，謂之監臨。躬親典保，謂之主守。文案相關涉者，往來劄帖文移，相關係干涉也。有事在手，如此縣官吏，承上司差委彼縣，幹辦公事之類。守掌倉廒曰斗級，庫藏曰庫子。攢，倉典也。税課司局有巡攔，獄囚有禁子。以上皆常時之監臨主守也。臨時差遣，管領提調，暫時之監臨主守也。

043　稱日者以百刻今時憲曆，每日計九十六刻。

凡律稱一日者，以百刻。犯罪違律，計數滿乃坐。計工者，從朝至暮不以百刻爲限。稱一年者，以三百六十日。如秋糧違限，雖三百五十九日，亦不得爲一年。稱人年者，以籍爲定。謂稱人年紀，以附籍年甲爲准。稱衆者，三人以上。稱謀者，二人以上。謀狀顯跡明白者，雖一人，同二人之法。

［纂註］

凡律中稱日者，以百刻爲一日。如人命保辜限三十日者，雖至二十九日九十九刻身死，亦擬限内抵命。若計雇工者，則惟從朝至暮，不在百刻之限。稱一年者，以三百六十日。如税糧違限一年之上，雖三百五十九日，亦不算。籍，版籍所報年甲也。如稱人年者，七十以上、十五以下，流罪收贖，必以户籍爲定，則無增減年數之弊矣。稱衆，三人以上，如聚衆中途打奪之類是也。若止二人，只依拒毆追攝人律擬罪。稱謀者，二人以上，如謀殺人造意，及從而加功者之類是也。若雖一人，但謀狀顯明者，亦同二人法擬斷。凡諸條内稱日、稱工、稱年、稱人年、稱衆、稱謀者，俱准此例也。

044　稱道士女冠

凡律稱道士女冠者，僧尼同。如道士女冠犯姦，加凡人罪二等，僧尼亦然。若於其受業師，與伯叔父母同。如俗人罵伯叔父母，杖六十、徒一年，道冠僧尼罵師，罪同。受業師，謂於寺觀之内，親承經教，合爲師主者。其於弟子，與兄弟之子同。如俗人毆殺兄弟之子，杖一百、徒三年，道冠僧尼毆殺弟子，同罪。

［纂註］

女道士曰女冠，女僧曰尼僧。同者，謂僧同道士、尼同女冠也。僧道於其受業師，義與伯叔父母同。言僧道，而尼與女冠該之矣。師於弟子，義與兄弟之子同。稱子者，男女同，而尼與女冠之徒該之矣。若相毆罵等項，並依犯期親尊長及卑幼律擬斷。其同師僧道相犯者，原非血屬，仍依常人論。

045　斷罪依新頒律

凡律自頒降日爲始，若犯在已前者，並依新律擬斷。

［纂註］

此言犯罪在先，頒律後事發，並依新定律條擬斷。蓋遵王之制，不得復用舊律也。

按：《大明律》一書，我太祖高皇帝，於洪武六年十一月内，敕刑部尚書劉惟謙重加編次，成于次年二月内。分隸吏、户、禮、兵、刑、工六門，通計三十卷，共四百六十條。迨洪武三十年五月内，始刊布中外，使知遵守。然娶樂人爲妻妾條有云，其在洪武元年以前娶者勿論，則元年以前者爲舊律，以後者爲新律矣。逃避差役條有云，其在洪武七年十月以前，移流他郡，曾經附籍當差者勿論，則七年十月以前者爲舊律，以後者爲新律矣。合一以三十年五月内刊頒者爲定。

046　斷罪無正條

凡律令該載不盡事理，若斷罪無正條者，援引他律比附，應加應減，定擬罪名申該上司，轉達刑部，議定奏聞。若輒斷決，致罪有出入［者］，以故失論。

［纂註］

按比附律，不行奏聞，若無出入人罪之輕重者，以事應奏不奏論。

047　徒流遷徙地方

徒役各照所徒年限，並以到配所之日爲始，發鹽場者，每日煎鹽三斤；鐵冶者，每日炒鐵三斤，另項結課。

江南布政司府分［直隸府州］

江南發山東鹽場　　江北發河間鹽場

福建布政司府分，發兩淮鹽場；

浙江布政司府分，發山東鹽場；

江西布政司府分，發泰安、萊蕪等處鐵冶；

河南布政司府分，發浙東鹽場；

湖廣布政司府分，發浙東［廣東海北］鹽場；①

山東布政司府分，發浙東鹽場；

山西布政司府分，發鞏昌鐵冶；

直隸［北平布政司］府分，發平陽鐵冶；

陝西布政司府分，發大寧、綿州鹽井；

廣西布政司府分，發兩淮鹽場；

廣東布政司府分，發浙西鹽場；

海北海南府分，發進賢、新喻鐵冶；

① 順治律河南、湖廣二省前後順序顛倒。

四川布政司府分，發黄梅、興國鐵冶；

流三等，照依地里遠近，定發各處荒蕪及瀕海州縣安置。

江南布政司府分　［直隸府州］，流陝西；

福建布政司府分，流山東、直隸［北平］；

浙江布政司府分，流山東、直隸［北平］；

江西布政司府分，流廣西；

湖廣布政司府分，流山東；

河南布政司府分，流福建；

山東布政司府分，流福建；

山西布政司府分，流福建；

直隸［北平布政司］府分，流福建；

陝西布政司府分，流福建；

廣西布政司府分，流廣東；

廣東布政司府分，流福建；

四川布政司府分，流廣西。

048　邊遠充軍①

江南布政司府分［直隸府州］

江南發

定遼都指揮使司；

直隸［北平都指揮使司所轄］永平衛；

山西都指揮使司；

陝西都指揮使司所轄蘭州衛、河州衛；

江北發

廣東都指揮使司所轄海南衛；

① 明律實亦有之，惟未列入目録。

四川都指揮使司所轄貴州衛、雅州千户所；

福建布政司府分，發直隸［北平都指揮使司所轄］永平衛；

浙江布政司府分，發定遼都指揮使司；

江西布政司府分，發山西都指揮使司；

湖廣布政司府分，發山西都指揮使司；

河南布政司府分，發廣西都指揮使司所轄南寧衛、太平千户所；

山東布政司府分，發廣東都指揮使司所轄海南衛；

山西布政司府分，發廣東都指揮使司所轄海南衛；

直隸［北平布政司］府分，發廣西都指揮使司所轄南寧衛、太平千户所；

陜西布政司府分，發廣西都指揮使司所轄南寧衛、太平千户所；

廣西布政司府分，發陜西都指揮使司所轄蘭州衛、河州衛；

廣東布政司府分，發山西行都指揮使司；

四川布政司府分，發廣西都指揮使司所轄南寧衛、太平千户所。

［纂註］

另項結課者，謂扣算其每日煎鹽若干、炒鐵若干，另項歸結課程，不在本等竈丁爐丁額設正課之例。國初徒罪俱發鹽場鐵冶，今則無力者有擺站做工之例。

條例

048－01

一、凡問該充軍者，在京行兵部定衛，在外係巡撫有行者，巡撫定衛；巡按有行者，巡按定衛。其所屬自問者，有巡撫處，申呈巡撫；無巡撫處，巡按定撥。［若係通詳撫按者，聽從巡撫定撥。］仍［俱］抄招行兵部知會。其問該邊［口］外爲民者，亦抄招解送户部編發。

048－02

一、凡問發充軍，及邊［口］外爲民者，免其運炭納米等項，并律該決杖，就拘當房家小，起發隨住。其餘人口，存留原籍，辦納糧差。若發邊衛充軍者，原係邊衛，發極邊；原係極邊，常川守哨。其無極邊字樣者，遠不過三千里，程限不過一二月。發邊［口］外爲民者，原係邊［口］外，并邊境民人，發別處極邊，前二項人犯，雖有共犯，本例不言不分首從者，仍依首從法科斷，爲從者照常發落。

048－03

一、凡永遠充軍，或奉有特旨，處發叛逆家屬子孫，止於本犯所遺親枝内勾補，盡絶即與開豁。若未經發遣，在監病故，免其勾補。其真犯死罪免死充軍者，以著伍後所生子孫替役，不許行勾原籍子孫。［以萬曆十三年新例頒行到日爲始］已前勾補過者，不得混行告脱。其餘雜犯死罪，并徒流等罪，照例充軍，及邊［口］外爲民者，俱止終本身。

048－04

一、凡充軍及邊［口］外爲民人犯，屬軍衛者，軍衛僉解。［係王府軍校人役，於護衛司僉解。無護衛者，行長史司，於本犯親屬，或本府人役内僉解。不許偏累有司，違者查提究問。如無親屬，或本府人役數少，難以僉解，仍行原問衙門議處。］

大清律集解附例卷之二

吏律　職制

049　官員襲廕[①]

凡文武官員，應合襲武廕文職事，並令嫡長子孫襲廕。如嫡長子孫有故或有亡歿、疾病、奸盗之類，嫡次子孫襲廕。若無嫡次子孫，方許庶長子孫襲廕。如無庶出子孫，許令弟姪應合承繼者襲廕。若庶出子孫及弟姪，不依次序，攙越襲廕者，杖一百、徒三年。仍依次承襲。〇其軍官子孫，年幼未能承襲者，本管衙門保勘明白申部奏聞朝廷，紀録姓名，關請俸給，優贍其家。候年一十六歲起送兵部，方令襲職，管軍辦事。如委絶嗣，無可承襲者，亦令本人妻小，依例關請俸給，養贍終身。若將異姓外人，乞養爲子，瞞昧官府，詐冒承襲者，乞養子杖一百，發邊遠充軍。本家所關俸給，事發之日截日住罷。他人教令者，並與乞養子犯人同罪。〇若當該官司，知其攙越詐冒罪而聽行，與同罪，不知者不坐。若受財扶同保勘，以枉法從重論。

---

① 萬曆律此条律文在"文官不許封公侯"之後。

［纂註］

武曰襲，仍其官也；文曰廕，承其餘廕也。申，是申達本管上司；聞，是聞奏朝廷。俸給軍官，優給有例，如全俸半俸之類。依例，謂依洪武二十七年重定優給例。軍官妻無子，並給米五石終身，俱見《會典》。若將異姓外人以下，與他人教令，俱止就本條言。截日，謂事發之日。此條當與户律立嫡子違法條參看。作三段，首言攙越，次言詐冒，末言官司聽行，蓋總承之也。言立嫡立長，襲廕自有定法。嫡長子孫有故，始及嫡次子孫，無嫡次子孫，始及庶長子孫。若無庶長及庶次子孫，方許弟姪中應合爲本人後者襲廕。若庶出子孫及姪，不依次序，而攙前越次襲廕者，杖一百、徒三年，仍依次襲廕。以上言攙越者之罪。其軍官子孫，年幼未能承襲職事者，申達上司，聞奏朝廷，紀録姓名，關請俸給，優待供贍，候年長一十六歲，方令承襲，管軍辦事。如軍官委無子孫，後嗣已絶者，許令本人妻小，依例請優養贍，以終本婦之身。若乞養異姓外人，瞞昧官府，詐爲己子，冒襲祖職者，乞養子杖一百，發邊遠充軍。本家俸給，以事發之日，截除罷支。若有他人教令其詐冒承襲者，並與乞養子同罪，亦杖一百、充軍。此言詐冒者之罪。蓋攙越者雖失倫序，尚爲同姓，而詐冒則以異姓亂本宗矣，故特重之。若當該官司，知其子孫弟姪之攙越，及乞養子之詐冒，而扶同保勘，聽其襲廕者，並與犯人同罪。聽其攙越，亦杖一百、徒三年。聽其詐冒，亦杖一百、充軍。其不知攙越詐冒之情而保勘者，則非扶同矣，故不坐罪。蓋禁攙越，則爭端可杜；防詐冒，則倫序可明。其所以恤文武之後者，亦厚矣。

［備考］

一、乞養子曾受官職，論以常人盜罪，追俸，仍盡本法充軍。

一、軍職受財，扶同保勘，詐冒承襲者，照用財買囑冒襲軍職例，發落。

一、文武官老疾，教令子孫攙越詐冒者，罪坐本官，聽使人依家人共犯免科。

一、當該官司，知而聽行，受財者，計贓以枉法從重論。

條例

049－01

一、武職守城失機，貽患邊方者，及武職臨陣退怯，致所部失陷二十人者，并不准襲。有犯不孝，致典刑者，取祖父次子孫承繼，本犯子孫不許。

049－02

一、武職有因年遠及典刑等項，例不應襲，而有嫡子孫弟姪者，給與冠帶、操備，月支米一石。有功，照舍人例陞賞。

049－03

一、武職降調充軍，本身再不准襲。

049－04

一、降級官見在，而子孫願就見降職事者，准令襲。逃官不知去向三年者，亦准襲。被告脱逃，該徒以上，問革爲民者，至六十，仍許襲。

049－05

一、旁枝承襲例：如高曾祖原係功陞總小旗，以後從曾伯叔祖，或從伯叔祖、堂伯叔又立功陞官者，指揮革襲，試百户；千户革襲，署百户。子孫准承襲百户，革充冠帶。總旗一輩子孫，止替旗役。其試職、署職，如無軍功，雖遇例，不許實授。若高曾祖不係功陞旗役者，旁枝子孫不准承襲。

049－06

一、武職爲人命典刑充軍者，子孫襲職，調别衛。凡調者不許還原衛。爲事脱逃革職者，子孫仍照舊例襲職。

049－07

一、應襲舍人犯劫盜者，弟姪照祖職降一等承襲。該優給者，依此例。

049－08

一、軍職犯知强盗後分贓，滿數充軍者，子孫襲職，或優給，俱於應襲職事上降三級。

049－09

一、故官子女幼者，給全俸。女出嫁，住支。父母老者，給全俸，終身。

049－10

一、武臣在任亡故，及征傷失陷者，自指揮至所鎮撫妻，並給米五石，終身。無子孫者，亦如之。爲事亡故，無承襲者，不給。

049－11

一、武職年老户無承襲者，支全俸優給。

049－12

一、［凡］軍職襲替，有不由軍功，例該減革，却行捏奏兵部官吏，阻壞選法者，問調邊衛，帶俸差操。

049－13

一、［凡］軍官子孫，告要襲替，移文保勘。如雲南、貴州、四川、廣東、廣西、福建、江西、浙江十五年之外，直隸、江南［南北直隸］、湖廣、陜西、河南、山東、山西、遼東十二年之外，人文不曾到部者，不准襲替，發原衛所，隨舍餘食糧差操。中間果因追徵錢糧未完，緣事提問未結，及年幼例不應襲，以完事出幼之日爲始，亦照前雲南等處十五年、直隸等處十二年之内，但有撫按官給與明文，及限内告有執照者，照舊襲替。若都司本衛所官，勒措財物，故意刁難，不與保送者，問發帶俸差操。

049－14

一、［凡］保到軍職，應襲兒男弟姪，但有姻族并無干人，奏告姦生乞養，倫序不明等情，已經勘明，繳報兵部，原告又行捏詞奏告者，問罪，屬軍衛者，調邊衛差操；屬有司者，發邊［口］外爲民；應襲者，即與入選，原詞立案不行。

049－15

一、官軍軍丁，有將户内弟姪子孫，過房與人，或被官豪勢要和買，改易姓名者，不分年歲遠近，許其取贖［贖取］，歸宗聽繼。若占悋不發者，所在官司，追究治罪。其誘買各邊軍丁者，問發極邊衛分充軍。

049－16

一、軍職犯該人命、失機、强盜真犯死罪，及饒死充軍，不分已決遣、監故，并强盜脱逃自縊，子孫俱不准承襲。［其有例前襲過，若洪武、永樂年間犯事，就在洪武、永樂年間承襲者，子孫照舊承襲。若洪熙以後犯事，子孫雖襲過三五輩，一體查革。其犯該永遠充軍者，若洪武、永樂年間有功之子孫，除本人子孫革襲外，許保送立功之人次房無礙子孫，於祖職上降一級承襲。如無次房，即行停革。若洪熙元年以後，有功陞職者子孫，不分有無次房，通不准承襲。］

049－17

一、［凡］軍職犯該侵盜錢糧，問擬永遠軍罪，例應次房子孫承襲者，除正犯見在，及有子孫務要追贓，完日方許保送得襲之人承襲。若正犯故絶，遺有該追錢糧，准令得襲之人先行承襲，扣俸還官。若贓銀至數百兩，米數百石以上，扣至十年，猶不能完者，餘贓應否開豁，撫按官勘明奏請定奪。

049－18

一、［凡］各處保送衛所襲替軍職，務要嚴加查覈。但係管運曾經漕司參提，應追還官入官贓銀，或掛欠京通倉庫各項錢糧，或犯該充軍降級，曾經完結，果無違礙，方許保送。如有朦朧保送者，掌印官及首先出結之人問罪，帶俸差操，有贓以枉法從重論。承襲之人，照舊監追，完日降一級承襲。其有不係充軍降級，勘産盡絶，不能辦納者，許其先行襲替，扣俸還官。

049－19

一、［凡］軍職將乞養異姓，與抱養族屬疏遠之人，用財買囑冒襲，及受財將官職賣與同姓或異姓人冒襲，已經到部襲過者，冒襲之人，并保勘之官，罷職揭黄［俱照奉成祖皇帝欽定，妄告冒襲不實的官，連那保勘的官，都罷了職，揭了黄］，永不得襲。其保勘官，將受財首先出與保結者爲坐。衛所并都司，掌印僉書官，連名保結者，俱依律減等科斷。有贓者，並以枉法論。若朦朧保送違礙子孫弟姪者，俱照常發落。其異姓買襲之人，比照乞養子冒襲律，發邊衛充軍。

049－20

一、各處土官襲替，其通事人等，及各處逃流、軍囚、客人等，有撥置土官親族，不該承襲之人，爭襲、劫奪、讎殺者，俱問發極邊煙瘴地面充軍。

049－21

一、應襲舍人，若父見在，詐稱死亡，冒襲官職者，事發問罪，調邊衛充軍。候父故之日，許令以次兒男承襲。如無以次兒男，令次房子孫承襲。

049－22

一、［凡］校尉事故，必須册籍有名親生兒男弟姪替補。若官旗將别姓朦朧詐冒替補者，問罪。官旗調外衛，帶俸食糧差操，冒替之人，亦調衛充軍。

刪除明例 1 條

一、軍職犯知强盗後，分贓滿貫充軍者，子孫襲職，或優給，俱於應襲職事上降三級。

050　大臣專擅選官

凡除授官員兼文武應選者，須從朝廷選用。若大臣專擅選用者，斬監候。○若大臣親戚非科貢應選等項，係不應選者，非奉特旨，不許除授官職，違者罪亦如之。受選除者，俱免坐。○其見任在朝官員，面諭差遣，及外職改除，不問遠近，託故不行者，並杖一百，罷職不敘。

［纂註］

官員，兼文武言，乃應選之人也，故不言其罪。《疏議》《辯疑》知情受假官之説，不必依。罪亦如之，謂如上文專擅選用者斬也。罷職不敘，在軍官則充總旗，下並倣此。此言爵賞出自天子，君命不宿於家。若大臣除授官員，不行請旨，而專擅選用，及將自己親戚，不奉特旨，而徑除官職者，則竊柄行私，罪莫大焉，故並坐斬。其在朝大小官員，親奉差遣，或改除外職，不論地里遠近，敢有假託事故，不即起程者，雖非專擅之比，難逭稽遲之罪，故並杖一百，罷職不敘。故而曰託，非真有故也。若真故，則不言託矣。此與刑律詐稱避難，罪有不同者，以君命爲重故耳。

按：大臣親戚，乃白衣，原無科貢，襲廕入仕之途，似與應選之人不同，故非奉特旨除授，恐當以知情受假官論。

條例

050－01

一、内外管屬衙門官吏，有係父子、兄弟、叔姪者，皆須從卑迴避。

051　文官不許封公侯

凡文官非有大功勳於國家，而所司朦朧奏請，輒封公侯爵者，當該官吏及受封之人，皆斬監候。其生前出將入相，能除大患，盡忠報國者，同開國功勳一體封侯謚公，不用此律。生受爵禄曰封，死賜褒贈曰謚。

［纂註］

功勳二字，未見《周禮》。王功曰勳，謂輔成王業也；國功曰功，謂安定國家也，然亦有一字而兼言之者。生受爵禄曰封，死賜褒贈曰謚，然亦有死後而言追封者，俱當以意會，不必拘定，此即古非軍功不侯之意。蓋公侯爵命之首，必開國元臣而始膺此，所以優待大功大勳者也。凡文官，非有推誠宣力，建大功勳於國家，而所司朦朧奏請輒封，則罔上行私，竊冒殊典。當該官吏，及受封之人，無分首從，皆斬。其生前出將入相，能除大患，盡忠報國者，雖係文臣，即與開國之功臣相等，故得一體封謚，不拘不封公侯之律。曰出將入相，則身係安攘矣；曰大患，則事關社稷矣；曰盡忠報國，則死生以之，而非僥倖成功者比矣。

又按：生前二字，則一體封侯之封，亦謂追封者云。

052　濫設官吏

凡内外各衙門官，有額定員數，而多［餘］添設者，當該官吏指典選者，一人杖一百，每三人加一等，罪止杖一百、徒三年。已經題請，但非奉旨添註，故坐徒。若受贓，計贓以枉法從重論。○若吏典、知印、承差、祗候、禁子、弓兵人等，額外濫充者，杖一百，遷徙。比流減等，准徒二年。容留一人，正官笞二十，首領笞三十，吏笞四十。每三人各加一等，並罪止杖一百，罪坐所由。容留之人不坐。○其罷閑官吏，在外干預官事，結攬寫發文案，把持官府，蠹政害民者，並杖八十，於犯人名下，追銀二十兩，付告人充賞。［仍於門首，書寫過名。三年不犯，官爲除去。再犯，加二等遷徙。］有所規避者，從重論。○若官府税糧由帖、户口籍册，雇募攢寫者，勿論。

［纂註］

當該官吏，指典選者。濫充，就吏役等項本人言。結攬，交結而承攬也。寫發，書寫而發行也。把持，把捉執持，令官府不得自由之意。干預官事，四句是一意。蓋罷閑官吏，事體慣熟，易於干預把持，故一言不足，而又重言，以深著其惡。從重，從重論，謂規避之罪，視本罪重，則從所規避論；視本罪輕，則從本罪論。後凡言從重者做此。雇募能書之人，罷閑官吏在其中。此條首二段是塞冗濫之源，第三段是防侵攬之弊。言内外各衙門官，原有額設員數，若額外多餘添設者，當該官吏，添設一人，即杖一百，每三人加一等，罪止杖一百、徒三年。官多則民擾，故禁其添設如此。不言所添之罪，以事由典選者耳。若衙門吏典、知印、承差、祗候、禁子、弓兵人等，亦各有額定名數。若吏典等項，額外冒濫充役者，本人杖一百，遷徙。今例准徒二年，各衙門官吏容留濫充一人者，正官笞二十，首領官笞三十，吏笞四十，每三人加一等，並罪坐所由。如容留由正官，罪坐正官；由首領，罪坐首領；由吏典，罪坐吏典，不得連及也。役多則弊生，故禁其濫充如此。以上皆自見在職役者言。其官吏爲事革退職役，閑住在外者，在於各衙門干預官府公事，交結官吏，以容其身，而承攬其事權於己，寫發文案，把持官府，以蠹政害民者，罷閑官吏並杖八十，既追銀付告人充賞，又於門首書寫過名，必三年不犯，然後官爲除去，重加懲創，冀其改圖也。若再犯，則怙惡不悛矣，故杖一百、遷徙。有所規避者，從重論。其疾惡之意深矣。若官府税糧由帖、户口册籍，雇募攢寫，雖罷閑官吏，勿論。蓋由帖册籍，非文案之比，而雇募必無結攬之情，故不坐罪也。

按：多餘添設，與前專擅選用，事體相類，而一則坐斬，一則罪止徒三年，何也？蓋一項俱係應選之人，但專擅者初不題旨，而擅自選用，惡其侵君之權，故坐斬。若多餘添設，已經題請，但非奉旨添註者耳，故坐徒三年也。

條例

052－01

一、府州縣額設祗候、禁子、弓兵，於該納税糧三石之下、二石之上户内差點，除税糧外，與免雜泛差役，毋得將糧多上户差占。

052－02

一、京官假託雇役名色，受財賣放辦事吏典者，官以贓論，吏發原籍爲民。若吏典恃頑，私自在逃一年以上者，亦問發爲民。

052－03

一、内外大小衙門，撥到吏典，照缺收參。若舊吏索要頂頭錢者，事發問罪，不分得財多寡，俱照行止有虧事例，革役爲民。

052－04

一、在京大小衙門，當該吏典，有患病一個月者，勘實，就將該支俸糧，截日住支，名缺行移吏部撥補。待病痊日，仍送原役衙門，收候參補。若有奸懶託故，以圖改撥者，問發原籍爲民。

052－05

一、吏典撒潑，抗拒誣告本管官員，及犯該誆騙詐欺、恐嚇取財，未得入己，并偷盜自首者，俱發原籍爲民。①

052－06

一、各處司府、州縣、衛所等衙門，主文、書算、快手、皂隸、總甲、門禁、庫子人等，久戀衙門，説事過錢，把持官府，飛詭糧税，起滅詞訟，陷害良善，及賣放强盜，誣執平民，爲從事發，有顯跡情重者，旗軍問發邊衛，民并軍丁發附近，俱充軍。情輕者，問罪，枷號一個月。縱容官員，作罷軟黜退。失覺察者，照常發落。若各鄉里書，飛詭税糧二百石以上者，亦問邊衛充軍。

053　選用軍職②

凡守護守地方禦防禦寇盜去處，千户百户鎮撫有闕，本衙門一具闕本，實封御前開拆，一行都指揮使司，轉達兵部［五軍都督府］奏聞，取

① 萬曆律此條與上條次序顛倒。
② 萬曆律此條在本卷卷首。

自上裁然後兵部選用。若先行委人權管，希望實授者，當該官吏，各杖一百，罷職役附近充軍。承委之人不坐。若選用總旗，須於戳過鐵鎗人内曾經戰陣有衝鋒冒刃之驗者委用。違者以違制論，受贓以枉法論。其小旗從便選充，不拘此律。若承差之人希望實授者，照夤緣奔競事例，降調帶俸差操。

［纂註］

守禦者，護守地方，防禦寇盜也。戳過鐵鎗人，指總旗。不拘此律者，謂小旗從便選充，不拘戳過鐵鎗之律。守禦有闕，委人權管，亦職守之常，但不當希望實授耳。官吏罷職役充軍，充附近軍也。蓋重在選用一邊，故特著當該官吏之罪。此言守禦軍官，所係重大，如遇員缺，本衙門必須具本奏聞抄出，兵部推補，取自上裁選用，不得專擅也。

［備考］

一、承差之人希望實授者，照夤緣奔競事例，降調帶俸差操。

一、將不曾戳過鐵鎗之人，補充總旗，當該官吏及本人，各坐違制，受財者計贓，以枉法從重論。

條例

053－01

一、兵部將所屬官員通行考選，每衛不限，指揮使、同知、僉事共三員，衛鎮撫一員。如無鎮撫，選相應千户署管。每所不拘正副，千户一員，百户十員，專管軍政，俱限年二十五歲以上、五十歲以下。有六十以上、精力未衰者，驗實存留。見任不敷，許選別衛。先儘見任，次帶俸。後遇在外五年之期，在京亦復舉行。江南衛所，照例其終身帶俸官，除犯貪淫五年之外，能改過自新者，巡撫、巡按官保用。

053－02

一、軍政急缺，在外從巡撫、巡按定委奏保，在京從各衛軍政首領保舉。係親軍者，在京兵部覆勘定奪。不拘五年，後犯貪淫等罪，連坐舉主。

053－03

一、江南各衛所軍政員缺，不許以千户署衛事，百户署所事。漕運有缺，亦行江南該衙門，照軍政事例選補，不許坐名行取掌印、佐貳官員代替。

053－04

一、文武官員軍民人等，有諳曉兵法，謀勇過人，弓馬熟閑者，並許保舉。試中者，無官授以冠帶，有官仍舊職，撥團營操練，聽調邊方。舉者就各邊操備，具有才兼文武，堪爲大將，而耻於自進者，各舉所知。

053－05

一、跟隨出征［内臣］將官頭目，不分有無職役人等，若非奏帶，不許報功。果係奏帶，獲功該陞職役，只合註於本管衙門，不許希求註於鑾儀衛［錦衣衛］。違者，該陞職役俱革罷，扶同勘報者，參究治罪。若文武職官人等，不由銓選推舉，徑自朦朧奏請，希求進用，夤緣奔競，乞恩傳奉等項，阻壞［祖宗］選法者，俱問罪。武職降級調衛，旗軍舍餘發邊衛，俱帶俸食糧差操，文職黜退爲民。

053－06

一、軍職五年一次，考選見任，管軍管事。若營求囑託者，就指名黜退，永令帶俸差操。其刁潑之徒，不得與選。輒生事端，教唆陷害已選官員者，問罪，不分官軍，俱調邊衛，帶俸食糧差操。

054　信牌[1]

凡府州縣置立信牌拘提人犯，催督公事，量地遠近，定立程限，隨事銷繳。違者指差人避違牌限，一日笞一十，每一日加一等，罪止笞四十。○若府州縣官，遇有催辦事務，不行依律發遣信牌，輒親下所屬坐守催

① 萬曆律此條原在公式門。

併者，杖一百。所屬，指鄉村而言。其點視橋梁圩岸、驛傳遞舖，踏勘災傷，檢屍、捕賊、抄劄之類，不在此限。

［纂註］

凡府州縣自上行下，以牌爲信，故曰信牌，今白牌、紙牌皆是。違，謂違限，指承差人言。若官吏，自有稽程律。守併，謂坐守催併也。蓋府州縣置立信牌，凡遇催徵錢糧，勾攝人犯等事，量地方遠近，定立程限。承差人，須隨事銷繳。若違過限期，而不銷繳者，是謂玩令，故計日科罪，罪止笞四十。若府州縣官，遇有事務，不行依此律條，發遣信牌催辦，輒親自下各所屬，坐守催併，是爲擾民，故杖一百。若點視橋梁等項，及踏勘災傷、檢屍捕賊、抄劄之類，事須親往者，在所不禁，故曰不在此限。

055　貢舉非其人

凡科貢薦舉非其人，及才堪時用，應貢舉而不貢舉者，計其妄舉與不舉人數一人杖八十，每二人加一等，罪止杖一百。所舉之人知情，與同罪，不知者不坐。○若主司考試藝業技能，而故不以實者可取者置之下等，不可取者反置之上等，減二等。○若貢舉考試失者，各減三等。受贓，俱以枉法從重論。

［纂註］

貢，謂進貢，即今科貢之類。舉，謂薦舉，如舉賢良方正之類是也。所舉之人，即非其人之人也。藝業技能，如詞章、騎射、律曆、醫卜之屬，失者各減三等。總承上貢舉考試言。律内凡言應減者，罪止上亦減之，後倣此。蓋貢舉之法，所以求有用之才，若明知其才不堪用，不應貢舉，而妄行貢舉，是爲濫舉。及知其才堪時用，相應貢舉，而不行貢舉，是爲蔽賢。其失同也，故一人杖八十，每二人加一等，罪止杖一百。所舉不堪之人知情，而聽其貢舉者，與同罪，亦杖一百，不知者不坐。蓋貢舉非人，欺蔽在國家，其法不得不嚴。若主司考試藝業技能，可取者或置下等，不可取者或置高等，故行私意，不以實者，得減貢舉非其人罪二等。如一人不實，杖六十，每二人加一等，罪止杖八十。蓋考試不實，去取係一人，其法應得減科。然此二項，皆出於有心者也。若非其人而失於貢舉，堪時用者，失於不貢舉，考試藝能，而失不以實，又皆出於無心者，故其罪各減三等。失於貢舉，減杖八十三等，一人笞五十，罪止杖七十。失於考試者，於二等上再減三等，一人笞三十，罪止笞五十。權事之輕重，以定罪之差等，其寬嚴得中如此。

條例

055－01

一、歲貢生員，起送到部，遇有事故，不許補貢。其在家或中途事故者，勘明，准令次考補貢。若丁憂及患病，勘明，仍補該年之貢。如託故延至三年之外者，亦不准收。有司朦朧送補者，各治罪。

055－02

一、廣西、雲貴、湖廣、四川等處，但有冒籍生員，食糧起貢，及買到土人，倒過所司起送公文，頂名赴吏部投考者，俱發邊外爲民。賣與者，行移所在官司，追贓問罪。若已授職，依律問以詐假官死罪，賣者發邊衛充軍。其提調經該官吏，朦朧起送者，各治罪。

055－03

一、生員有犯該發充軍者，廩膳免追廩米。若犯受贓、姦盜、冒籍、宿娼、居喪娶妻妾，事理重者，直隸、江南發充國子監膳夫，各布政司充鄰近儒學膳夫、齋夫，滿日原籍爲民，廩膳仍追廩米。

055－04

一、生員考試，不諳文理者，廩膳十年以上，發附近，六年以上發本處，增廣十年以上，發本處，俱充吏。六年以上，爲民；未及六年者，量加決罰。○生員爭貢及越訴者，俱充吏。

055－05

一、應試舉監生儒，及官吏人等，但有懷挾文字銀兩，并越舍與人換寫文字者，［俱遵照世宗皇帝聖旨］拿送法司問罪，仍枷號一個月，滿日發爲民。其旗軍夫匠人等，受財代替，夾帶傳遞，及縱容，不舉察捉拿者，旗軍調邊衛，食糧差操，夫匠發邊［口］外爲民。官縱容者，罰俸一年，受財以枉法論。若冒頂正軍，入場看守，屬軍衛者發邊衛，屬有司者發附近，俱充軍。其武場有犯懷挾等弊，俱照此例擬斷。

055－06

一、監生生員，撒潑嗜酒，挾制師長，不守監規學規者，問發充吏。挾妓賭博，出入官府，起滅詞訟，説事過錢，包攬物料等項者，問發爲民。

056　舉用有過官吏

凡官吏曾經斷罪，罷職役不敘者，諸衙門不許朦朧保舉，違者舉官，及匿過之人，各杖一百，罷職役不敘。受贓俱以枉法重論。若將帥異才，不係貪污，規避罷閑，有司保勘明白，亦得舉用。

［纂註］

朦朧，謂隱其罷職役緣由，而朦昧舉用也。匿過，謂不自陳前過，朦朧承受保舉也。此言舉用官吏，必加慎重，而名器不濫。若官吏犯罪，曾經官司斷決，罷其職役，於法不得敘用者，諸衙門不許朦朧保舉。有過之人，亦不許妄冒承受職役。蓋曾經論斷，則罪過已彰，曰罷職役不敘，則名籍已除，何可復行舉用。故諸衙門官朦朧保舉，及有罪官吏匿過冒受，其罪同也，故曰各杖一百，罷職役不敘。

［備考］

一、保舉將帥異才，其人雖經罷職閑住，不係貪淫等項者，所司保勘明白，亦得舉用。

條例

056－01

一、文職官員，舉貢官恩，援例監生，并省祭、知印、承差人等，曾經考察論劾罷黜，及爲事問革，年老事故，例不入選者，若買求官吏，增減年歲，改洗文卷，隱匿公私過名，或詐作丁憂起復，以圖選用，事發問罪，吏部門首枷號一個月。已除授者，發邊衛；未除授者，發附近，各充軍終身。其起送官吏，不分軍衛、有司，但知情受賄者，亦發附近充軍。若原不知情，止是失於覺察者，照常發落。

057　擅離職役

凡官內外文武吏典吏無患病公差之故擅離職役者，笞四十，各還職役。若避難如避難解之錢糧、難捕之盜賊，有干係者因而在逃者，杖一百，罷職役不敘。所避事重者，各從重論。如文官隨軍供給糧餉，避難在逃，以致臨敵缺乏；軍官已承調遣，避難在逃，失誤軍機。若無所避，而棄印在逃，則止罷職。○其在官如巡風官吏火夫之類應直不直、應宿不宿，各笞二十。若主守常川看守倉庫、務場、獄囚、雜物之類，應直不直、應宿不宿者，各笞四十。俱就無失事者言耳。若倉吏不直宿而失火，庫子不直宿而失盜，禁子不直宿而失囚之類，自有本律科罪。

[纂註]

官兼文武言。無故二字重看。避難，謂在職役避難處之事而逃，非避罪也。在官與主守人，如巡風官吏、攢攔、旗軍、火夫、庫斗之類。此直宿人，是暫時之職役。若首領官吏，則常時之職役，故罪有輕重如此。言凡各衙門，見任見役官吏，其有不因公務差遣事故，輒自離去職役，原其無避難之情，故止笞四十，以爲曠廢者之戒。若遇事之難，如解錢糧、捕盜賊之類，恐有干係，避難不爲，因而在逃者，是棄職守之常，不但曠廢而已，故杖一百，官吏罷職役不敘，軍官降充總旗。所避事重者，從重論，以爲退避者之戒。所避事重，謂如文官應合隨軍供給糧餉，避難在逃，以致臨敵缺乏；軍官已承調遣，避難在逃，以致不依期策應，失誤軍機之類。所避事重於杖一百者，當從臨敵缺乏，不依期策應重罪論也。此官吏，皆各有一定職役者。其在官、主守、直宿人，止暫時相輪者，難與官吏同，故在官人等，日應上直而不上直，夜應守宿而不守宿，各笞二十。若主守倉庫、務場、獄囚、雜物之類，應直不直，應宿不宿者，各笞四十。蓋在官直宿，所係事小，而主守倉庫等項，所係事大，故加二等科斷。

條例

057－01

一、監生不分在監在歷，私逃回籍，三個月之上，發回原學肄業；半年以上，問革爲民。

057－02

一、監生不分在監在歷，及各衙門辦事官吏承差，不許倩人代替，違者俱問罪，照行止有虧事例，問革爲民。其代替者，別有職役，一體問革。

058　官員赴任過限

凡已除官員，在京者，以除授日爲始；在外者，以領吏部所給照會日爲始，各依已定程限赴任。若無故過限者，一日笞一十，每十日加一等，罪止杖八十贖，並附過還職。○若代官已到，舊官各照已定限期，交割户口、錢糧、刑名等項，及應有卷宗籍册，完備無故，十日之外，不離任所者，依赴任過限論，減二等。亦附過還職。○其中途阻風被盜、患病喪事，不能前進者，聽於所在官司告明給印信文憑，以備後日違限，將文憑送官照勘。若有規避詐冒不實者，從重論。當該官司，扶同保勘者，罪同。

［纂註］

照會，謂相照而知會者，出給於吏部，吏科填註到任日期，所謂紅限水程也。惟布政司領照會，其餘衙門，俱關劄付。此獨言照會，舉重者以例其餘也。故，即下文阻風、被盜等項之故。第二節，兼内外官，謂原任改除，及承委權署者言。已定限期，謂代官赴任之限期。中途阻風節，總承上兩節説。規避，解見前；將無作有，曰詐；將人作己，曰冒。規避詐冒，因規避而詐冒阻風等故也。此條言内外各衙門，已經除授官員，係在京者，以除授命下之日爲始；在外者，以領吏部所給照會之日爲始，各依照會内原定路程限期到任。若在京者已領照會，别無事故，而故違限期，不赴任者，一日笞一十，每十日加一等，罪止杖八十。内外官並附寫過名，收贖還職，此專自新官言之。蓋無故不赴任，是爲曠職。曠職之罪大，故直計日定科耳。若新任交代官已到任所，舊任官即當各照代官到任限期，將經手户口、錢糧、刑名等項，及應有行過卷宗籍册，交付過割與代官，俱已完備，限十日之内離任。如無别項事故，十日之外，遷延不離任所者，依赴任過限論，減二等，過限二十一日，笞一十，每十日加一等，罪止杖六十，亦附過還職。此專自舊官言之，蓋無故不離任，似爲貪戀。貪戀之罪小，故得減等科之耳。以上二者，皆罪其無故而爲之也。若新舊官已行起程，而於中途或有阻風、被盜、患病、喪事等項，以致新官不能赴任，舊官不能離任，事出不測，情非得已，是爲有故。各聽於中途所在官司，告給事故文憑，以備日後如有違限，將原給文憑送官，仍行原告官司，查勘相同，得免違限之罪。若新舊官，或有所規求迴避，不行前進，本無事故，而詐冒阻風等項，照勘不實，罔上行私，莫此爲甚。故本官從所規避之罪，重於杖八十、六十者科斷。中途當該官司，原行扶同保勘者，隨所規避輕重罪犯，並與同坐。夫無故者坐罪，而有故者免科，情得伸於法之中；有故者免科，而詐冒者加重，法復行於情之外矣。

按：外官以領照會之日爲始，謂自受領在己之日算起。過違期限，方可坐罪。近來多自出給照會之日算起，輒問違限，遂有照會未領，而限期已過者，既失律旨，亦非人情。

［備考］

一、官司受財扶同保勘者，以枉法從重論，本官依有事以財請求論。

按：名例文武官犯公罪，該笞者不必附過。此笞杖云並附過，當依本條。

條例

058－01

一、［凡］官員赴任，兩司方面，行太僕、苑馬寺卿、少卿，及鹽司、府州縣正官，除原定硃限外，有違至一月以上問罪，三月以上送部別用，半年以上罷職。內外［兩京］凡領劄憑官員，及［在外］佐貳、首領、雜職等官違限，一月以上問罪，半年以上降級別用，八個月以上罷職。雖有中途患帖，並不准理。其進表朝覲，給由公差等項，復任官員，違限者，各照前例擬斷。

058－02

一、陞除出外文職，已經領敕領憑，若無故遷延，過半月之上，不辭朝出城者，參提問罪。若已辭出城，復入城潛住者，改降別用。

059　無故不朝參公座

凡大小官員，無故在內不朝參在內不言公座署事，重朝參也，并論在外不公座署事，及官吏給假限滿，無故不還職役者，一日笞一十，每三日加一等，各罪止杖八十，並附過還職。不言還役，亦應照官處之。

［纂註］

故，如喪病差委之類，重無故二字。在內不言公座，重朝參也。各字，承上不朝參、不公座署事、不還職役三項言。並字，通官吏言。止附過而還職，而不言還役，蓋官吏之罪既同，則吏得還役可知。或謂：吏當依名例職官犯私罪條，笞五十，罷見役别敘，杖罪以上，罷役不敘。給假違限，係私罪，故律不言還役。殊不知既曰私罪，則職官亦當降等敘用，何獨得還職耶？凡律中犯私罪，不係干礙，雖私亦公也。此言朝參公座，自有常規，有事給假，原有定限。凡各衙門大小官員，本無喪疾等故，在内者不行朝參，在外者不行公座署事，及官吏有故，給假在外，而假已滿，無故不還職役，三者其事雖殊，而怠緩之失一也。故一日不朝參公座，及限滿一日不還職役者，即笞一十，每三日加一等，各罪止杖八十，官吏並附過還職役，以其心無私，故得輕貸之耳。曰無故者坐罪，則有故者不在此限。

按：官員赴任過限，一日笞一十，每十日加一等。而給假過限，乃云三日加一等，違限一也，何輕重如此？蓋赴任違限，雖爲怠緩，而事體尚有主守，未至失誤。若給假過限，則事體未免停閣，故計日定罪，自不容一律也。

［備考］

一、凡在内官員，有犯不公座署事者，照在外科斷。

條例

059－01

一、在京見任官員，并辦事進士，乞恩養病者，行原衙門勘實，具奏請旨放回。病痊之日，赴部聽用，仍行巡按御史，并按察司查勘。其在外方面有司官員，不許養病。果係真病，巡按并按察司查勘奏請。

059－02

一、凡京官養病，到家調理痊可，即便依期聽用。若有託故延住三年之外，起送赴部者，照例革職。若到部雖在三年之外，起文尚在三年之内，照例具由奏請定奪。

060 擅勾屬官

凡上司催會公事，立文案定期限，或遣牌，或差人，行移所屬衙門督併完報。如有遲錯，依律論其稽遲違錯之罪。若擅勾屬官，拘喚吏典聽事，及差占推官司獄、各州縣首領官，因而妨廢公務者，上司官吏笞四十。若屬官承順逢迎，及差撥吏典，赴上司聽事者，罪亦如之。其有必合追對刑名，查勘錢糧，監督造作重事，方許勾問，事畢隨即發落。無故稽留，三日者笞二十，每三日加一等，罪止笞五十。勾問，謂勾問其事情，非勾拘問罪也。若問罪，則名例明開上司不許徑自勾問矣。

［纂註］

上司，如州縣稱府、府稱布政司之類。催，促；會，計也。立案定限，三句一直説。督併，督責而追併也。遲錯，二字平看。依律論罪，謂依稽程失錯律坐罪。聽事，兼官吏言。妨廢公務，又通承屬官吏典，及推官以下言。承順逢迎，謂迎合上意，聽其勾喚差占也。勾問屬官，或以必公事遲錯，律應罰贖紀録者。若一應私罪，則當奏請，不得勾問。不知名例自屬官犯罪者言之，此但勾取問其事情，非勾拘問罪也，當分别看。此條雖著屬官之罪，而意實專重上司言。官吏各有當辦之職役，凡上司遇有公事，應合催促會計者，止許明立文案，定立限期，或遣信牌，或差有差有役之人，行移所屬下司衙門督併完報。如下司衙門，將所督公事稽遲不辦，錯誤施行者，官吏各依稽程失錯律論罪，不許擅自勾拘。若上司遣牌差人，而輒擅勾取屬官，拘喚吏典，各前來聽事，及將推官、司獄、各州縣首領官，差委占留使用，致所勾喚差占之各官吏，妨廢本等公事者，上司官吏各笞四十，蓋上司有統下之權，若許其勾喚差占，則下司恐無辦事之日，故坐以笞。若屬官及推官、司獄、首領官，畏懼上司，自行承順逢迎，聽其拘喚差占，及自差撥吏典，赴上司衙門聽事者，罪亦如之，官吏各笞四十。蓋下司有承上之分，聽其逢迎差撥，則上司益無忌憚之心，故亦坐以笞。其各衙門，或有刑名未結，必合赴上司追究對證，錢糧數目未清，必合赴上司查勘明白，造作工程未完，必合赴上司督併幹辦，此公事之重大者，必經由屬官面理，非遣牌差人所能辦者，方許勾取問理。事畢，隨即發落回還，不許稽留。無故稽留，三日者笞二十，每三日加一等，罪止笞五十。曰重事方許勾問，斯法不廢而事功集；曰無故不稽留，則官不擾而職業修，律意之周悉如此。

條例

060－01

一、撫按按臨之處，其都司、布政司、按察司，及衛所、府州縣官相見之後，各回衙門辦事，每日不許伺候作揖，及早晚聽事。遇有事務，許喚首領官吏、抄案，或佐貳一員，前來發落，不許輒喚正官。或有合令正佐官計議事務，或正佐官自來稟白者，不在此例。按察司官，分巡同。都司、布政司所至，亦同。違者，從風憲官舉劾。

061　官吏給由

凡各衙門官吏考滿，給由到吏部考功司，限五日移付各司查勘脚色、行止等項完備，以憑類選銓注。若不即付勘完備者，遲一日，吏典笞一十，每一日加一等，罪止笞四十。首領官減一等。〇若給由官吏，於文內將任內公私過名，隱漏不報者，以所隱之罪坐之。若罰贖記過者，亦各以所罰所記之罪坐之。若報重罪爲輕罪者，坐以所剩罪。當該官司扶同隱漏者，與同罪。若各衙門官吏已承行給由轉報開寫詳盡而於轉申上司之時差寫脱漏，及上司失於查照依錯轉申者，並以失錯漏報卷宗科斷。〇其漏附履歷行止者，一人至三人，吏典笞一十，每三人加一等，罪止笞四十。〇若給由人通同當該官吏有增減月日，更易地方，改換出身，蔽匿過名者，並杖一百，罷職役不敘。〇給由官吏有所規避，及當該官吏受贓者，各從重論。統上文，凡給由官吏，並經該衙門官吏，及吏部官吏，若受贓，俱從重論。

［纂註］

官吏考滿，將職役内歷過事績緣由，於本衙門出給公文，申達上司，轉申吏部，謂之給由。付勘，謂考功司移付各司查勘者，即下文過名行止日月出身等項也。首領官，國初有主事，即謂之首領。以所隱之罪坐之者，就原罪名言之，如原笞坐笞、原杖坐杖也。以所罰所記之罪坐之者，就原發落言之，如笞杖係贖仍罰，係記過仍記也。罰贖記過，不在上公私過名之内。此較更輕，如有官事發而罰贖，或遷官去任而記録之類。若謂罰贖即名例公罪該笞者，收贖記過即杖以上紀録通考，則前所隱又何罪也？承報，謂承行轉報之意。失錯漏報卷宗，見照刷文卷條。並杖一百，並字指增減月日以下四事。規避，指給由官吏；受贓，指經該及吏部官吏。此條首節專言吏部官吏，次節坐所剩罪以前，專言給由官吏。當該官司至末，通指經該衙門及吏部言。而增減月日以下二節，則又無兼給由之人也。言各衙門官吏，三、六、九年考滿給由，送到吏部，限考功司五日之内，即移付各司查勘。其脚色行止等項完備，以憑類送選部，銓注名缺。若考功司不即付勘完備，五日之外遲一日者，吏部吏典笞一十，每一日加一等，罪止笞四十。首領官減一等，遲二日笞一十，罪止笞三十。蓋給由而付勘稽遲，不免有妨選銓，故坐吏部官吏之罪。至給由官吏，凡職役内公私過名，及罰贖記過，或輕或重，須要從實開報，以憑起送。若隱漏公私過名，不行開報者，即以所隱笞杖等罪坐之。若隱漏贖罰記過，不行開報者，亦即以所罰所記之罪坐之，仍罰贖記過。若將重罪減作輕罪，報不以實者，即坐以減報之剩罪。蓋過名而隱漏不報，何憑以爲考核，故坐給由官吏之罪。其各衙門當該官吏，承行起送給由，不行從實開報，與給由官吏相扶同隱漏其過名等項者，當該官吏與給由人同罪，依所隱所罰所記所剩之罪坐之。曰扶同，則並與爲奸也，故從重論。若給由人已行開報過名，而當該官吏承行轉報上司，迺差寫脱漏，及給由人不曾開報，而上司失於查照，只依原來文移，轉申吏部者，當該官吏及上司，並以失錯漏報卷宗科斷，如失錯漏報一宗，笞二十之類。曰差漏，曰失查照，止不加詳審，故從輕科。其選部將平時在選，及給由官吏，行止善惡，漏附銓籍，致無查照者，此吏典之責也。一人至三人，坐吏典笞一十，每三人加一等，罪止笞四十。若給由人通同當該官吏，及吏部官吏，增減其歷過月日，更易其籍貫，及歷任地方，改換其出身脚色，蔽匿其所犯過名，朦朧起送，及付勘類選銓註者，給由人與當該及吏部官吏，並杖一百，罷職役不敘。蓋漏附行止，事類失錯，增減等項，心爲欺罔，故其罪不同如此。然以上皆自無規避，及未受財者言之，若給由官吏，有規避而隱漏、漏附，及增減等項，希求進用，經該衙門及吏部官吏，受贓扶同隱漏、漏附等項者，各從重論。如隱漏等項之罪輕，而規避受財之罪重，從規避受財之罪也。至此則官吏懲而國法不廢，考核精而黜陟有據矣。

條例

061－01

一、在京官滿後三月，無故不給由者，參問公差准理。

061－02

一、在外有司，府州縣官，三年考滿，將本官任內行過事蹟，保勘覈實明白，出給紙牌，攢造事蹟功業文册，紀功文簿，稱臣僉名，交付本官，親齎給由。如縣官給由到州，州官當面察其言行，辦事勤惰，從實考覈稱職、平常、不稱職詞語。州官給由到府，府官給由到布政司，如之。以上俱從按察司官覈考，仍將考覈詞語呈部。直隸府州縣官考覈，本部覆考類奏，俱以九年通考黜陟。其雲南有司官員，任滿給由，一體考覈，不稱職者黜降。原係邊方，具奏復任，九年通考。

061－03

一、在外起送考滿官，俱要合干上司查勘明白，一一具結。如無一處印信保結者，行查。

061－04

一、内外雜職官，三年給由，無私過，未入流陞從九品，從九品陞正九品。税課司局，及河泊所、倉庫官，先於户部查理歲課；軍器、織染、雜造等局官，送工部查理，造作花銷，明白送部，通類具奏。倉官收糧不及千石者，本等用。虧折，賠納足備者，照依品級降用。其有杖笞者，本等用。但犯贓私，並私罪曾經杖斷，未入流降邊遠，從九品降未入流。不識字者，本等用。如有學無成效，及罷閑生員，除授雜職者，犯贓私杖罪，發在京衙門書寫。

061－05

一、［凡］官員三年任滿不論前任、後任，通作三年給由，以領文日爲始。若到部過限四個月之上，送問；一年之上，發回致仕。其九年任滿者，一年之上送問，二年之上，發回致仕。雖有事故，並不准理。若九年已滿，託故在任，久住不行赴部，及不申缺者，參提究問，就彼革職回籍，冠帶閑住。

061－06

一、在外吏典，除役内丁憂，及人多缺少，在官服役聽參外，若一考滿後，不行轉參，兩考滿後，不行給由，展轉捏故，在役管事，或歇役三年之上，就彼問發爲民。中間雖有事故，亦不准理。其故違收參起送官吏，參究治罪。若兩考役滿，接喪丁憂服滿，遷延三年之上，不行起復者，亦發爲民。其未及三年者，果有事故實跡，各該衙門保結起送吏部，查照定奪。雖在三年之内起送過限到部者，送問重歷。重歷，即納曠。

061－07

一、考滿各府管糧，及州縣掌印管糧官，查勘任内經手錢糧，不分起存，係布政司者，布政司類造；係直隸者，府州類造。内有起解司府州貯庫，聽候總運，并遇革減免者，俱明白填寫給付，賫投吏部，先行户部，將循環并歲報文册，查對完足，回報吏部，准令給由。未完，仍發回任追補，經該官吏參問。若將行復遇科派，勢難卒完，及原非舊額，或有蠲免者，俱准給由。果有别項賢能，不待考滿，推陞行取者，照前查有拖欠，追完方許離任。革即赦。

062 姦黨

凡姦邪將不該死的人進讒言左道使朝廷殺人者，斬監候。〇若犯罪律該處死，其大臣小官巧言諫免，暗邀市恩，以結人心者，亦斬監候。〇若在朝官員，交結朋黨，紊亂朝政者，凡朋黨官員皆斬監候，妻子爲奴，財産入官。〇若刑部及大小各衙門官吏，不執法律，聽從上司主使，出入已決放者人罪者，罪亦如之。若有不避權勢，明具實跡，親赴御前，執法陳訴者，罪坐姦臣。言告之人雖業已聽從，致罪有出入，亦得與免本罪，仍將犯人財産均給若止一人陳奏，全給充賞。有官者，陞二等；無官者，量與一官，或不願官者賞銀二千兩。左使殺人，謂不由正理，借引别事，以激怒人主，殺其人，以快己意。刑部而上言上司，乃指宰執大臣有權勢者言也。

［纂註］

左使殺人，謂不由正理，借引别事，以激怒人主，使殺其人，以快己私也。暗邀，陰示恩以交結人心也。第三節二朝字，要重看。交結朋黨二句，是一串言，互相固結，以變亂朝政也。爲奴入官，就本節言。上司，國初六部俱屬中書省，與本衙門堂上官俱是。出入人罪，專指已決放者。若未決放，又當減等。若有不避權勢以下，只承上文聽從主使節。奸臣，即上所謂有權勢者。與免本罪，即自首免罪之意。或謂言告者得免其迎車駕、撃登聞鼓之罪，不知律中已許其親赴御前陳訴，又何止迎駕撃鼓而已。大抵律意，只欲人言告，故既免其罪，而又給賞耳。均字，即皆字之義。三斬字，俱秋後處決。此條首三節言姦黨之罪，第四節雖非姦黨，而事亦相類，故亦同姦黨論。言姦邪之人，自有讐隙，本欲殺之，乃進獻讒譖之言，不由正理，而故左説，使君上殺其人，以快己私者斬。若有罪依律本該處死，其大臣小官巧飾言詞，諫免其罪，以暗邀人心者斬。蓋左使殺人，是使怨歸於君；暗邀人心，是使德歸於己，皆不忠之臣，故均坐斬。然斯二者，雖爲罔上行私，而生殺猶在朝廷，故得分首從。若在朝大小官員，相與交搆，朋比爲黨，互爲異議，以紊亂朝廷政令，罪無首從皆斬，妻子爲奴，財産入官。若刑部及大小各衙門官吏，有不定執法律，問擬刑名，而聽從上司官主張使令，故出故入人罪，是與朋黨亂政者無異，罪亦如之，亦皆處斬，妻子爲奴，財産入官。蓋朋黨亂政，則壞亂紀綱，聽從主使，則蔑廢國法，是又奸黨之大者，故不得分首從，而猶論及其妻子、財産。若刑部及各衙門官吏，不避上司之權勢，明具主使、出入實跡，親赴御前，執法陳訴者，權勢之奸臣坐以斬罪，官吏與免聽從主使之本罪，仍將奸臣財産給付充賞。原有官者，加陞二等；原無官者，酌量大小，與其一官。或不願爲官者，賞銀二千兩。夫既免本罪，而又懸重賞，所以開來告之門，以示重絶奸黨之意也。

［備考］

一、議擬罪名，一時失察，雖聽從主使，而别無私曲者，自依失入人罪論。

063　交結近侍官員近侍，包宰執、六科、尚寶、鑾儀衛等衙門言。

凡諸衙門官吏，若與内官及近侍人員，互相交結，漏泄機密事情，夤緣作弊内外交通，泄漏機密事情，而扶同奏啓以圖乘機迎合者，皆斬監候，妻子流二千里安置。此亦姦黨一節，但漏泄較紊亂少輕，故止流而安置其妻子，不籍没其家産。若止以親故往來，無夤緣等弊，不用此律。

［纂註］

内官，指各監内臣有名爵者。近侍人員，謂内閣、六科、尚寶司、錦衣衛等官，及吏典、校尉之屬。夤緣，倚託牽引之類。互相交結，四句一連看。蓋近侍人員，皆能先知朝廷，既相交結，必致漏泄，而夤緣扶同之弊，所由生矣。此數句當重看。此條言内外大小衙門官吏，若與各監局内臣，及與近侍衙門人員，彼此交搆固結，將朝廷事情漏泄于外，致相倚託牽引，夤緣作弊，將所漏泄之事情，扶同奏啓，欺罔君上者，不分首從皆斬，秋後處決，妻子流二千里安置。蓋植黨行私，不忠莫大焉，盡法以處之耳。若止親故往來，無漏泄夤緣扶同等情者，不用此律。

條例

063－01

一、［弘治九年四月初二日，節該欽奉孝宗皇帝聖旨：］罷閑官吏，在京潛住，有擅出入禁門交結的，各門［官］仔細盤詰，拿送該法司［錦衣衛］，著實究問［打一百］，發煙瘴地面，永遠充軍。［欽此］

064　上言大臣德政

凡諸衙門官吏，及士庶人等，若有上言宰執大臣美政才德者非圖引用，便係報私，即是姦黨。務要鞫問窮究所以阿附大臣來歷明白，犯人連名上言，止坐爲首者處斬監候，妻子爲奴，財産入官。若宰執大臣知情，與同罪，不知者不坐。大臣知情，與同罪，亦依名例，至死減一等法，杖一百、流三千里，不追及妻子、財産。及係應議大臣，請旨定奪。

［纂註］

上言，上書稱頌也。宰執大臣，宰輔執政之大臣。問究來歷，是究其所以交識大臣，及上言之緣由。此凡内外大小衙門官吏，及士庶人等，若有上書稱頌宰執大臣之美政，或才德者，是欲依附交結，即爲奸邪朋黨之人，務要考鞫訊問，窮究其所言大臣德政，因何而知，因何而交識，必使來歷明白，然後將上言之人坐斬，秋後處決，妻子給付功臣之家爲奴，財産入官。若所稱頌之大臣，知各衙門官吏人等上言之情者，與上言之人同罪，罪止杖一百、流三千里，妻子不奴，財産不入官，不知情者不坐罪。大臣權重而望高，或恐下人之自附，故減等科之。此條即上奸黨條之未盡者，嚴阿附之門，所以重絶朋黨之禍，意深遠矣。

大清律集解附例卷之三

吏律　公式

065　講讀律令

凡國家律令，參酌事情輕重，定立罪名，頒行天下，永爲遵守。百司官吏，務要熟讀，講明律意，剖決事務。每遇年終，在内從察院，在外從分巡御史、提刑按察司官按治去處考校。若有不能講解，不曉律意者，初犯罰俸錢一月，再犯笞四十，附過。三犯，於本衙門遞降敘用。○其百工技藝諸色人等，有能熟讀講解，通曉律意者，若犯過失，及因人連累致罪，不問輕重，並免一次。其事干謀反逆叛者，不用此律。○若官吏人等，挾詐欺公，妄生異議，擅爲更改，變亂成法即律令者，斬監候。

［纂註］

律即《大明律》，令即《大明令》，乃治獄者之規矩準繩也。參酌，謂參詳斟酌；剖決，謂剖分決斷。俸錢，俸有米有錢。罰者，罰其月所支之錢也。遞降敘用，如知府降同知、同知降通判之類，然亦止照見設原額。百工技藝，即匠作醫卜之屬。事干謀反逆叛，承因人連累説。挾詐欺公，謂懷挾其奸詐之心，欺瞞其公正之道。成法，即律令内已定之法也。此條作三段看。言國家律令二書，參酌事情之輕重，以立定罪名，天下所當遵守。百司官吏，能熟讀其文，講明其意，則引斷不謬而刑罰中矣。故年終從内外所司，將所屬官吏考校。如有不能講明通曉者，初犯罰俸錢一月，再犯笞決附過，三犯遞降敘用，以爲不講讀者之戒。其百工技藝，諸色人等，有能熟讀精曉者，除事干反叛外，若犯過誤失錯，及因人連累，于律得從原赦者，不問輕重，並免罪一次，以爲能講讀者之勸。若官吏人等，有挾詐欺公，倡爲異議，擅自更改，以變亂成法者，坐斬，秋後處決，以爲不遵守者之戒。凡此皆欲人講明而引用不差，遵守而奉行不悖也。

066　制書有違天子之言曰制，書則載其言者，如詔赦［敕］諭劄之類。若奏准施行者，不在此内。

凡奉制書，有所施行，而故違不行者，杖一百。違皇太子令旨者，同罪。違親王令旨者，杖九十。失錯旨意者或文意深遠難明而錯解，則誤在一處，若正文明白，傳寫違錯，則誤者衆，故罪有差等耳，各減三等。〇其稽緩制書及皇太子令旨者，一日笞五十，每一日加一等，罪止杖一百。稽緩親王令旨者，各減一等。有御寶，方是制書。若謄黄翻刻，則依官文書論。

［纂註］

天子之言曰制，而書則載其言者，如詔敕劄諭之類。違，不遵其言也。失錯，謂失解其意，行之誤也。稽緩，謂稽留遲緩，不即奉行也。此條所犯，凡三項：曰違，曰失錯，曰遲緩。然太子儲君，故其令旨同。凡有所施行，而所司違背不奉行者，皆杖一百。失於詳看，將旨意事理錯誤施行者，皆杖七十。稽緩不即奉行者，皆一日笞五十，罪止杖一百。親王令旨，與太子不同，違者杖九十，失錯者杖六十，稽緩者一日笞四十，罪止杖九十，故曰各減一等。

按：失錯一也。在詐僞制書，傳寫失錯，杖一百，此言失錯旨意，減三等，杖七十者，蓋傳寫失錯，是錯寫制書之詞而誤傳之，所誤者衆，故其罪重；失錯旨意，是錯解制書意而誤用之，其解曉者自無誤也，故其罪輕。

按：《瑣言》曰：凡問制書有違，須是制命之詞，出自宸衷者方是。若出自臣下，裁定奏准通行者，不得謂之制書，觀棄毀制書條可見。今問刑者，於違例之人皆問違制，誤矣。其説當從。

067　棄毀制書印信二條。

凡故意棄毀制書，及起馬御寶聖旨、起船符驗，若各衙門印信，及夜巡銅牌者，斬監候。若棄毀官文書者，杖一百。有所規避者，從重論。事干軍機錢糧者，絞監候。事干軍機，恐至失誤，故雖無錢糧，亦絞。若侵欺錢糧，棄毀欲圖規避，以至臨敵告乏，故罪亦同科。當該官吏知而不舉，與犯人同罪至死減一等，不知者不坐。誤毀者，各減三等。其因水火盜賊毀失，有顯跡者不坐。○若［凡］遺失制書、聖旨、符驗、印信、巡牌者，杖九十、徒二年半。若官文書，杖七十。事干軍機錢糧者，杖九十、徒二年半。俱停俸責尋，三十日得見者免罪。限外不獲，依上科罪。○若主守官物，遺失簿書，以致錢糧數目錯亂者，杖八十亦住俸責尋，限内得見者，亦免罪。[1] ○其各衙門吏典，考滿替代者，明立案驗，將原管文卷［案］，交付接管之人，違而不立案交付者杖舊吏八十。首領官吏，不候吏典交割，扶同給由起送離役者，罪亦如之。

［纂註］

制書初頒，有御寶者皆是。起馬御寶聖旨，凡兵部起馬脚力，必關領内府御寶聖旨，然後給發也。符驗，織成符篆，以爲證驗，起站船使臣所執，與印信銅牌，皆所以示信者。軍機錢糧，謂軍情機務，及所供軍需糧餉也。主守官物，即倉場庫務官吏攢斗之屬。此條作三段看，見制書、起馬御寶聖旨、起船符驗、各衙門印信、夜巡銅牌，皆出自朝

---

[1] 據萬曆律該條纂註（中言“此條作三段”），此前應爲第一條，後爲第二條。

廷，關係甚大。若有棄失及毀壞者，是無忌憚，故斬。若官文書等件不同，棄毀而情無規避，事無大干係者，止杖一百。若有所規避，重於棄毀之罪者，從重論。事干軍機錢糧者，絞。前項棄毀等件，當該官吏知而不舉者，與同罪，至死者減一等，不知者不坐。此皆惡其故意，而揆事定擬，不同如此。若前項制書等件，及官文書，止是誤毀者，出于無心，減棄毀三等。遺失者，亦出無心，與誤毀者同罪。其因水火盜賊，毀失有顯跡，出於不虞，故不坐罪。若主守官物之人，將所掌簿書遺失，以致錢糧數目無所稽考，錯亂不明者，比事干軍機有間，故止杖八十。然曰遺失，有可尋與制書等件，俱住俸責尋，限內得獲者免罪。此皆矜其誤失，而原情爲制，不同如此。若各衙門吏典考滿，有新吏替代者，必須明立案驗，將原管文卷，交付接管之人，正以杜奸弊也。若不立案交割者，舊吏杖八十。首領官及承行吏，不待考滿吏交割，而扶同給由起送者，亦杖八十，故曰罪亦如之。然獨坐首領，而不及正官者，蓋首領者，吏典之頭目，給由皆由此而起故也。此又恐其朦朧給由，致生弊端，而嚴爲之防如此。

［備考］

一、棄毀税糧通關者，依棄毀官文書論。棄毀文武官牙牌、校尉力士銅牌，依毀夜巡銅牌論。

068　上書奏事犯諱

凡上書若奏事，誤犯御名及廟諱者，杖八十。餘文書誤犯者，笞四十。若爲名字觸犯者誤非一時，且爲人喚，杖一百。其所犯御名及廟諱，聲音相似，字樣各别，及有二字，止犯一字者，皆不坐罪。○若上書及奏事錯誤，當言原免而言不免相反之甚，當言千石而言十石之類相懸之甚，有害於事者，杖六十。申六部兼都察院等衙門錯誤，有害於事者，笞四十。其餘衙門文書，錯誤者笞二十。若所申雖有錯誤，而文案可行，不害於事者，勿論。

［纂註］

餘文書，即下申六部及餘衙門之文書。言六部，而不及五軍都督府、都察院者，省文耳，有犯即同科斷。此條見御名廟諱，皆臣下所當諱避。或有誤犯，均屬有罪，但中間有輕重不同耳。上書陳言，奏啓事務，則直達御前，其誤犯者，不敬莫大焉，故杖八十。其餘文書誤犯，與直達御前者不同，止是欠謹失檢點，故笞四十。若公然取作名字觸犯者，是終身爲人呼喚，又不特一時書奏文移之間而已，杖一百，所以重責其無忌也。或上奏文書，及爲名字，所犯御名廟諱，聲音相似、字樣各別者不坐，不諱嫌名也；二字止犯一字者，不坐，二名不偏諱也。若上書奏事錯誤，如遇赦當言原免，而言不免，糧米當言千石，而言十石，又如罷職言還職、未完言已完之事，有害於事者，杖六十。申六部文書錯誤害事者，笞四十。六部以下，其餘衙門錯誤害事者，笞二十。蓋六部視諸衙門，事體所關尤重，故不同如此，非徒以大小爲差而已。若所申雖有錯誤，而文案可行，不害於事者，勿論。然止曰所申，則上書奏事錯誤，雖無害於事，亦以罪科，蓋事關朝廷，又非六部可比故也。

［備考］

一、上書奏事錯誤，可行而不害於事者，問不應笞罪。

069　事應奏不奏

凡軍官犯罪，應請旨而不請旨，及應論功上議，而不上議即便拿問發落者，當該官吏照雜犯律處絞。〇若文職有犯，應奏請而不奏請者，杖一百。有所規避如懷挾故勘，出入人罪之類，從重論。〇若軍務、錢糧、選法、制度、刑名、死罪、災異，及事應奏而不奏者，杖八十；應申上而不申上者，笞四十。〇若文武官犯罪，及軍務等事已奏已申，不待回報而輒施行者，並同不奏不申之罪。至死減一等。〇其各衙門合奏公事，須要依律定擬罪名，具寫奏本。其奏事及當該官吏，僉書姓名，明白奏聞。若官吏有規避，將所奏内增減緊關情節，朦朧奏准未行者，以奏事不實論，施行已後，因事發露，雖經年遠，鞫問明白，斬監候。非軍務錢糧，酌情減等。○若於親臨上司官處，稟議公事，必先隨事詳陳可否，定擬稟説。若准擬者方行，上司置立印署文簿，附寫所議之事略節緣由，令首領官吏書名畫字，以憑稽考。若將不合行事務不曾稟上司，妄作稟准，及窺伺上司公務冗併，乘時朦朧稟説致官不及詳察，誤准施行者，依詐傳各衙門官員言語律科罪。有所規避者，從重論。詐傳官員言語本罪，詳見詐僞律。

［纂註］

上議，謂奏上請議。軍務，如調發兵馬、繕治甲兵之類。錢糧，如出納徵收之類。選法，則吏、兵二部選官等第。制度，則制禮作樂之類。水旱爲災，妖怪爲異。合奏公事，乃一應公事，合當奏聞者，如軍務等項皆是。依律定擬，不專指刑名，如守禦官缺，轉奏選用，災傷田糧，核實奏報之類。親臨上司，如縣於州、州於府、府於布政司之類。此條前四節禁專擅，後二節防欺罔。蓋軍官犯罪，例應奏聞請旨，論功定議。若不請旨，不上議，而輒拿問發落，則棄其先世之功矣。其罪重，故當該官吏處絞。此絞係雜犯，今例准徒五年。文職在京，及在外五品以上犯罪，亦例應奏聞請旨。若不奏請，輒便拿問者，止是有違常例而已。其罪輕，故當該官吏杖一百。若有所規避，如懷挾故勘，及有所出入人罪之類，其罪本重於杖一百者，自當從所規避之重罪論。若軍旅機務，倉庫錢糧，文武選法，制度工作，刑名獄訟，鞫問獄囚，災傷變異，一切應奏之事而不奏者，俱杖八十。其前及一切事應申達上司而不申者，笞四十。若將文武官犯罪，及軍機等事，已奏已申，不待回報，而輒自施行者，或絞，或杖，或笞，亦同不奏不申擬斷。凡此皆以防專擅之漸。其各衙門一應合奏公事，所司須要照依法律定擬的確，具寫奏本。其奏事官及當該官吏，各僉書姓名，開具實情，明白奏聞區處。若增減緊關情節，朦朧奏准施行，是誣上行私，其罪已極。後因事發露，雖經年遠，鞫問明白，追論坐斬，此斬罪秋後處決。若下司官吏，於親臨上司官處，稟議公事，必先隨事詳陳可否定議，然後稟説。若准擬施行者，上司置立印署文簿，附寫稟擬略節緣由，仍令下司首領官吏書名畫字，以憑稽考。若不合行事務，妄作稟准，及窺伺上司公務繁冗併迫之時，乘機朦朧稟説，以致上司不及致詳，誤准施行者，各依上司衙門品級，以詐傳本衙門官員言語律科罪。若有所規避，而妄作稟准，及乘冗稟説罪重者，從重論。凡此皆以杜欺罔之弊。

［備考］

一、若朦朧奏准，事未施行，而先發者，依奏事詐不以實論。

刪除明例 1 條

一、凡王府發放一應事務，所司隨即奏聞，必待欽准，方許奉行。若不奏聞，及已奏不待回報，擅自承行者，一體治以重罪。其在京各王出府之日，法司即查前例，通行長史司，知會遵守。

070　出使不復命

一、［凡］奉制敕出使使事已完不復命，干預他事者與使事絶無關涉，杖一百。各衙門出使題奉精微批文及劄付者，使事已完不復命，干預他事者，所干預係常事，杖七十；軍情重事，杖一百。若使事未完越理理不當爲犯分分不得爲，侵人職掌行事者，笞五十。○若回還後，三日不繳納聖旨制敕者，杖六十，每二日加一等，至十一日罪止杖一百。不繳納符驗者，笞四十，每三日加一等，至十五日罪止杖八十。○若或使事有乖，或聖旨、符驗有失損之類有所規避不復命、不繳納者，各從重論。

［纂註］

制敕，大事用制，次用敕，皆聖旨也。各衙門出使，或題准給有劄付，或領精微批者皆是。他事，與使事絶不相干，即《大明令》所指接受詞狀、審理獄囚之類。侵人職掌行事，與使事本是一項，但各有職掌，而侵奪行之，如趲運而侵預徵收之類。常事、重事，即所干預之事，非各衙門出使之事，觀文勢自見。規避，如使事未終，及聖旨符驗有所毀失之類。此謂人臣既奉使而有出，須終事而告成。若奉命出使，事完不即復命，而干預他人事者，是謂棄命，杖一百。若奉各衙門公文出使，事完不復命，而干預他事，雖亦棄命，但與奉制敕不同，故杖七十。此特自常事言之耳。若係干軍情重事，而不復命者，又非常事之比，杖一百。以上奉使，若止是越理犯分，侵人職掌行事者，笞五十。曰侵人職掌，則與干預他事有異。不曰不復命，則未該復命可知，故輕也。若事完回還，三日不繳納聖旨，計日決杖，罪止杖一百；三日不繳納符驗，計日決笞，罪止杖八十。蓋聖旨與符驗有間，故罪之輕重不同如此。若前項奉制敕，及各衙門出使，而不復命，不繳納聖旨符驗，有所規避者，各從其規避之重罪科斷，輕則仍從本條。

按：舊云，使未報命，雖幹自己職務，亦爲他事。

071　官文書稽程

凡官文書稽程者，一日，吏典笞一十，三日加一等，罪止笞四十。首領官首領官，吏典之頭目。凡言首領，正官、佐貳不坐，各減一等。〇若各衙門遇有所屬申稟公事，隨即詳議可否，明白定奪批示回報。若上司當該官吏不與果決，含糊行移，上下互相推調，以致耽誤公事者，上司官吏杖八十。其所屬將可行事件不行區處無疑，而作疑申稟者，下司官吏罪亦如之。[其所行公事，已果決行移，或有未絕，或不完者，自依官文書稽程論罪。]

[纂註]

稽程，稽遲程限也，詳見名例公事失錯條。各減一等，各字指大小中三項事言。凡官府文書，行移完結，各有程限。如小事五日，中事十日，大事二十日，過此不了，是爲稽程。承行吏典，計日笞決，罪止笞四十，首領官各減一等。正官、佐貳不坐者，承行之責在吏也。若官府公事，可否須有定議，各該衙門，或遇所屬申稟公事，須要隨即詳議可否，果決定奪回報。若當該官吏，不與果決，含糊行移，互相推調，以致耽誤，是上無定處而推於下矣，杖八十。或事屬可行，而下司不行果決區處，設作疑難，申稟上司，以致耽誤，是下人無定論而推於上矣，當該官吏，亦杖八十。其所行公事，上司已與果決回報，或自果決已經施行，而其文卷如有照提之類而未絶，及有催辦之類而不完者，自依官文書稽程論，不在耽誤公事之限。又《大明令》稱，事干外郡官司追會，或踏勘田土者，不拘此限。

按：事不完絶，亦屬耽誤，而論以稽程罪不同者，何也？蓋不完絶，是事已果決施行，特文卷未完絶耳。耽誤公事，則事不果決，而徒彼此推調，其爲避事可知。此罪之所以有笞杖之别也。

條例

071 -01

一、内外衙門公事，小事五日程，中事七日程，大事十日程，並要限内結絶。若事干外郡官司追會，或踏勘田土者，不拘常限。

072　照刷文卷

凡照刷有司有印信衙門文卷可完不完，遲一宗二宗，吏典笞一十；三宗至五宗，笞二十。每五宗加一等，罪止笞四十。府州縣首領官，及倉庫、務場、局所、河泊等官，各減一等。〇失錯漏使印信，不僉姓名之類及漏報卷宗本多，而不送照刷一宗，吏典笞二十；二宗三宗，笞三十。每三宗加一等，罪止笞五十。府州縣首領官及倉庫、務場、局所、河泊等官非吏典之比，各減一等。其府州縣正官、巡檢非首領官之比，一宗至五宗，罰俸錢一十日。每五宗加一等，罰止一月。〇若文卷刷出錢糧不見下落埋没、刑名不依正律曰違枉等事，有所規避者，各從重論。

[纂註]

照刷，清理整飭之意。有司，即府州縣等衙門。事可完而不完，曰遲。漏使印信，不僉姓名之類，曰失錯。卷宗本多，而不送照刷，曰漏報。錢糧不見下落，曰埋没。刑名不依正律，曰違枉。罰俸，通承遲錯、漏報。各從重，各字指上各項官吏而言。此言印信衙門文卷，皆錢糧刑名，一應公事，所關至爲緊要。如遇照刷，其間或有可完不完而遲者，其情爲輕，吏典罪止笞四十。失誤差錯，及遺漏不報者，其情稍重，吏典罪止笞五十。蓋承行在於該吏，故首坐之也。府州縣首領官，及倉庫、務場、局所、河泊等官，又非吏典之比，故並減罪一等，遲者罪止笞三十，錯漏者罪止笞四十。正官及巡檢，又非首領官之比，故計宗罰俸錢，宗數雖多，罰止一月。此皆自其無所規避者而言。若刷出係干錢糧埋没，而無所下落，刑名違枉，而不依正律等，事有所規避罪重者，故從侵欺出入重罪斷，不用遲錯之律。

按：遲罪原屬稽程，正官本應不坐，亦罰俸錢者。照刷之年，亦當催督檢點，與常時不同也。巡檢卑職，亦與府州縣正官同罰者，以原設方印，均有印信衙門也。倉庫等官，亦與首領同罪者，蓋倉庫等衙門原無首領，事皆兼攝，即坐其身也。曰倉庫等官，則陰陽醫學該之矣。

073　磨勘卷宗

凡照磨所官磨勘出各衙門未完文卷，曾經監察御史、提刑按察司照刷，駁問遲錯，經隔一季之後，錢糧不行追徵足備者，提調掌印官吏，以未足之數十分爲率，一分笞五十，每一分加一等，罪止杖一百。刑名造作等事，可完而不完，應改正而不改正者，過一季笞四十，一季後每一月加一等，罪止杖八十。受財者，計贓以枉法從重論。○若有隱漏已照刷過卷宗不報磨勘者，一宗笞四十，每一宗加一等，罪止杖八十。事干錢糧者，一宗杖八十，每一宗加一等，罪止杖一百。有所規避者，從重論。○若官吏文書内或有稽遲未行，或有差錯未改聞知事發將吊查，旋補未完捏作已完、未改正捏作已改正文案，以避遲錯者，錢糧計所增數，以虛出通關論；刑名等事，以增減官文書論。同僚若本管上司，知而不舉，及扶同旋補作弊者，同罪。不知情及不同署文案者，不坐。

［纂註］

磨勘，謂磨研較勘。一季大約以三月爲期，不拘於春夏秋冬之季也。提調，掌印官。刑名，謂輕重罪名。造作，如額辦顔料、織造段匹之類。此條分三段，承上照刷之後。各衙門照磨所磨勘出未完卷宗，曾經監察御史、按察司官照刷，過［遇］有駁問稽遲失錯，係干錢糧，造作刑名等項者，提調官吏，須及時徵完改正。若經隔一季之後，或原欠錢糧，不曾追徵足備者，以未足之數十分爲率，一分笞五十，每一分加一等，罪止杖一百。刑名造作等事未完者，可完而不完，差錯者應改正而不改正，過一季者，笞四十。一季後，每過一月，即加一等，罪止杖八十。若因受人財物，而不追、不完、不改正者，計贓以枉法從重論。此嚴怠事黷貨之戒。若將前項已照刷文卷，隱漏不報磨勘，如刑名之類，一宗笞四十，每一宗加一等，罪止杖八十；事干錢糧者，一宗杖八十，每一宗加一等，罪止杖一百。若有所規避而不報磨勘，其罪重於漏報者，從所規避之重科斷。此嚴瞞官作弊之戒。若官吏聞知隱漏不報，磨勘事發，畏懼追究，而旋補文案。如未完捏作已完，未改正捏作已改正，以避遲錯之罪者，若係錢糧，則計所增加之數，以虛出通關論；係刑名造作等事，則以增減官文書論。若同僚及本管上司，知其旋補情由，而不行查舉，及扶同旋補作弊者，亦以虛出通關、增減文書之罪坐之，故曰同罪，至死者，減一等。如雖同署文案，而不知旋補之情，及不同署文案者，不坐。此又欲人互相覺察之意。本條可與前條並看。照刷者，將行過文案照刷之，以發其弊之所在。磨勘者，將刷過文卷磨勘之，以觀其事之所改。

按：前節遲錯則言受財，而後節隱漏則言規避者，蓋遲錯之罪已經駁問，官吏不行徵完改正，恐有受囑而代人延捱之情，故以受財言。隱漏者，埋没違枉之弊，曾經刷出官吏，不送照磨，必有委曲以求脱己罪之意，故以規避言，所以不同也。

074 同僚代判署文案

凡應行上下官文書，而同僚官代判判日署書名畫押者，杖八十。若因遺失同僚經手文案，而代爲判署，以補卷宗者，加一等。若於内事情有增減出入，罪重者，從重論。

［纂註］

應行官文書，謂凡各衙門應合行移之官文書，如咨申、照會、牒劄之類。判謂判日，署謂書名。文案，即所存之案，以備查照也。此言各衙門合行文書，須各官親自判日書名，有故不與者闕之，正以別嫌而防奸也。若同僚代爲判署者，雖無奸弊，亦屬詐冒，故杖八十。若遺失文案，而代爲判署，以補卷宗者，既已遺失，又復詐冒，故杖九十。此皆自其無私弊者言耳。若代判署之文書，及代補遺失之文案，其間事情或有增減，罪名或有出入，是有私弊者，各從所增減、所出入之罪，從重論。此代判署，多因其人不在而代之，故不言應判者之罪，亦不必謂應判者是正官，同僚是佐貳，雖正官代佐貳，亦得此罪。

075 增減官文書

凡增減官文書内情節字樣者，杖六十。若有所規避而增減者，杖罪以上至徒流，各加規避本罪二等，罪止杖一百、流三千里。未施行者，於加本罪各減一等。規避死罪者，依常律。其當該官吏，自有所避之罪，增減原定文案者，罪規避同。若增減以避遲錯者，笞四十。○若行移文書，誤將軍馬、錢糧、刑名重事，緊關字樣，傳寫失錯，而洗補改正者，吏典笞三十。首領官失於對同，減一等。若洗改而有干礙調撥軍馬，及供給邊方軍需錢糧數目者，首領官、吏典皆杖八十。若有規避，故改補者，以增減官文書論。各加本罪二等。未施行者，各於規避加罪上減一等[1]。若因改補而官司涉疑，有礙應付，或至調發軍馬不敷，供給錢糧不足因而失誤軍機者，無問故失，並斬監候。以該吏爲首。若首領及承發吏，杖一百、流三千里。若非軍馬、錢糧、刑名等事文書，而無規避及常行字樣，偶然誤寫者，皆勿論。

［纂註］

增減，謂增設減去其情節字樣也。加二等，於本罪加之。未施行減一等，於加罪二等上減之。緊關字樣，如錢糧軍馬數目之類。對下常行字看，偶然誤寫句，與皆勿論皆字，俱承上無規避及常行字二項說。此條前一段以增減言，内有規避者；後一段以洗改言，内有故誤者。蓋官府取言，全憑文書，既經裁定，豈容增減？但有人將情節字樣增減者，縱無規避，即杖六十。若有規避而增減者，則欺公玩法，其情重，故杖以上至徒流，各於所規避本罪上加二等，罪止杖一百、流三千里。未施行者，於各加罪二等上減一等。規避死罪者，依原犯死罪常律，蓋罪至於死，不可復加也。不及笞以下者，既曰杖六十，兼之矣。此皆指凡人而言。其當該官吏，自有所避，而增減其原定文案者，與凡人增減文書避罪則均，故杖以上亦加二等，未施行亦於加罪上減一等，死罪亦依常律，故曰罪同。若只增減，以避遲錯之罪者，其情輕，故止笞四十。若行移文書，誤將軍馬、錢糧、刑名重要緊關字樣，傳寫失錯不行，另寫洗補改正者，雖出無心，事屬苟且，吏典笞三十，首領官失於對同，減一等，笞二十。此只自其無大干礙者言。若洗改而有干礙調撥軍馬，及供給邊方軍務所需物件、錢糧數目者，則所關甚重，不問首領、官吏，皆杖八十。此自其誤犯無規避者言。若有所規避，而故行洗改者，是故犯也，即以增減官文書之罪罪之。其未施行者，亦於加罪上各減一等坐之。此又皆自其未至大誤事者言。若因改補，而所司涉疑，難以准信，不即調撥供給，以致失誤軍機者，敗軍辱國，罪莫大焉，不問故改失

[1] 此三字原在下一小註末，據文義移前。

錯，並斬。若非軍馬錢糧刑名，及調撥軍馬等事文書，而無有規避，雖係軍馬等事文書，其間止是常行字樣，不係緊關，偶然而不曾改補者，皆勿論。此又於明罰敕法之中，而寓以恕求情之意如此。

076　封掌印信

凡內外各衙門印信，長官收掌，同僚佐貳官用紙於印面上封記，俱各畫字。若同僚佐貳官公差事故，許首領官封印，違者杖一百。

［纂註］

差故，謂公差事故也。此言各衙門印信，乃官司公器，長官收掌，而同僚佐貳官公同封記。佐貳官或有差故，許首領官封記。彼此互相關防，正以杜私用之弊也。若長官不令佐貳官封記，佐貳官不在，不令首領官封記，及首領、佐貳不行封記者，均謂違背，並杖一百。或曰：佐貳不行封記，致長官私用枉法，如之何？曰：長官依枉法從重科斷，佐貳止依本律杖一百。

077　漏使印信

凡各衙門行移出外文書，漏使印信者，當該吏典、對同首領官，並承發，各杖六十。○全不用印者，各杖八十。○若漏印及全不用印之公文干礙調撥軍馬、供給邊方軍需錢糧者，各杖一百。因其漏使不用，所司疑慮，不即調撥供給而失誤軍機者，斬監候。亦以當該吏爲首，首領官并承發，止坐杖一百、流三千里。○若倒用印信者，照漏用律，杖六十。

［纂註］

此條三各字，皆指吏與首領官言。蓋文書以印信爲憑，而用印在該吏，對同在首領官。承發吏若行移出外文書，其間或漏使，或全不用，則無以示信，而且誤事矣。故漏使則各杖六十，全不用則各杖八十。此但以常行文書言之耳。若干礙軍機文書，則所關者重，不問漏使，及全不用，前項官吏各杖一百。若致所司因其漏使及全不用，有所疑慮，而兵馬不即調撥。錢糧不即供給，失誤軍機者，漏使及全不用之人，並斬。此斬與前增減官文書條失誤軍機斬罪，皆以當該吏爲首，首領官并承發，止杖一百、流三千里。

按：漏使印信，與漏用鈔印，曰使，曰用，不同者何也？蓋使者令也，令行文書之謂用者以貨言，謂鈔流通易用也。又盜用印及空紙用印，見刑律詐僞條；借用印信，見禮律上書陳言條。

［備考］

一、倒用印信者，照漏用律，杖六十。

删除明律 1 條

漏用鈔印

凡印鈔不行仔細，致有漏印，及倒用印者，一張笞一十，每三張加一等，罪止杖八十。若寶鈔庫不行用心點閘，朦朧交收在内，罪亦如之。

［纂註］

點閘，點檢查看之意。寶鈔提舉司，造鈔以通國用。若所司不行仔細，致有漏印及倒印，則阻礙難用，故抄造官吏匠作，計張論罪，止杖八十。若寶鈔庫監守人員，不行用心點閘，致將漏印倒印之鈔，朦朧交收在内者，亦一張笞一十，每三張加一等，罪止杖八十，故曰罪亦如之。

按：官文書漏印，不分輕重，即杖六十。而鈔印漏用，計張定罪者，蓋文書漏印，則事無大小皆誤，故罪一施之。若鈔則惟漏印者不可使，餘固無礙也，故計張數爲罪之輕重。

078　擅用調兵印信

凡總兵將軍，及各處都指揮使司印信，除調度軍馬、辦集軍務、行移公文用使外，若擅出批帖，假公營私，及爲憑照防送物貨圖免税者，首領總兵參謀贊畫、都司之經歷官吏，各杖一百，罷職役不敘罪其贊佐無補，正官即將軍、都司、掌印奏聞區處。

［纂註］

正官，即將軍、都司、掌印官。首領，即總兵之參謀贊畫，都司之經歷都事之類是也。假公營私，泛言，所包者廣。照送物貨，則指其一事言之。此見將軍總握兵權，都司信守一方，其印信乃用之以調度軍馬，辦集軍務，行移公文，故謂之調兵印信，所係最重。若用之以擅出批帖，假託公務，營辦私事，及爲憑照，以防送物貨，以調兵之器而爲營私之計，即爲擅用。首領官吏，各杖一百，罷職役不敘，罪其贊佐之無補也。正官奏聞區處，以其應議之人也。然曰區處，則罪與不罪，皆上裁之矣。

大清律集解附例卷之四

户律　户役

079　脱漏户口

凡一家曰户全不附籍，若有田應出賦役者，家長杖一百。若係無田不應出賦役者，杖八十，准附籍有賦照賦，無賦照丁當差。○若將他家人隱蔽在户不另報立籍，及相冒合户附籍，他户有賦役者，本户家長亦杖一百；無賦役者，亦杖八十。若將内外另居親屬，隱蔽在户不報，及相冒合户附籍者，各減二等。所隱之人並與同罪，改正立户，別籍當差。其同宗伯叔、弟姪及壻，自來不曾分居者，不在此斷罪改正之限。○其見在官役使辦事者，雖脱户然有役在身，有名在官，止依漏口法。○若曾立有户隱漏自己成丁十六歲以上人口不附籍，及增減年狀，妄作老幼廢疾，以免差役者，一口至三口，家長杖六十，每三口加一等，罪止杖一百。不成丁三口至五口，笞四十，每五口加一等，罪止杖七十。所隱人口入籍成丁者當差。○若隱蔽他人丁口，不附籍者，罪亦如之。所隱之人與同罪，發還本户，附籍當差。○若里長失於取勘，致有脱户者，一户至五户，笞五十，每五户加一等，罪止杖一百。漏口者，一口至十口，笞三十，每十口加一等，罪止笞五十。本縣提調正官、首領官吏失於取勘，致有脱户者，十户笞四十，每十户加一等，罪止杖八十。漏口者，十口笞二十，每三十口加一等，罪止笞四十。知情者，並與犯人同罪。受財者，計贓以枉法從重論。若官吏曾經三次立案取勘，已責里長文狀，叮嚀省諭者，事發，罪坐里長。如里長官吏知其脱漏之情，而故縱不問者，則里長官吏與脱漏户口之人同罪。若有受財者，并計贓以枉法從重論。

［纂註］

一家曰户，人丁曰口。籍，謂册籍；附籍，謂附寫人丁于册也。賦者，田差税糧；役者，當差。有賦役，謂有田糧，當差者也。無賦役，謂無田糧，止當本身雜泛差役者也。另居親屬，兼外姻言。以下不曾分居，兼言壻，例之可見。各減二等，各字指有賦役、無賦役言。人年四歲附籍，十六以上曰成丁，始有差役。十五以下，曰不成丁，與老疾俱免差役。此增減年狀之弊，所由起也。年狀，謂年歲狀貌。此條作三段看。首言脱户，有二項：一有賦役，一無賦役。其罪亦分二等：故將自己一户全不附籍，并將他人全户，隱蔽在户，不另行報册，及與他人相冒合户籍，均爲脱户。但有賦役者，則所避多，家長皆杖一百。無賦役者，則所避少，家長皆杖八十。若將另居親屬，隱蔽在户不報，及相冒合户附籍者，其隱冒之情雖一，而分終不同，故各減二等。有賦役者，本户家長杖八十；無賦役者，杖六十。所隱之人，如係他人，亦照上全科；如係親屬，亦照上減科，故曰並與同罪。其法亦坐家長。所脱之户在本家，則令附籍；在他人，及另居親屬，則令改正立户。有賦役者，各依賦當差；無賦役者，各當雜泛差役。其同宗伯叔、弟姪及女壻，不曾分居，則與另居親屬有間，許其别户附籍，不在斷罪改正之限。其見在官役使，幹辦公務等人，有犯脱户者，則身既有名在官，與全然脱户者不同，故止依漏口法科斷。次言漏口，亦有二項：一已成丁，一未成丁。其罪亦分二等：故將本户成丁人口，隱漏不附户籍，及將所報年狀，妄行增減，未老作老，非幼稱幼，無疾作廢疾，以免差役者。其情重，故家長計口科杖罪，止杖一百。若將未成丁人口，隱漏不報者，則未有差役。其情輕，故家長計口論笞罪，止杖七十。俱令報籍驗丁當差。若將他人丁口隱蔽，而不附報籍者，罪亦如之。所隱之人與同罪，皆照上項已未成丁口論罪，發入本户附籍，各當本等差役。不言另居親屬，蒙上文而言，亦減二等科之。末節總承上二段言，里長官吏之罪，其法亦分三項：有失勘，有知情，有受財失勘者。在里長，與人户雜處，近而易知，官吏與人户懸隔，多而難察，故脱户之罪，里長罪止杖一百，吏罪止杖八十；漏口之罪，里長止笞五十，官吏罪止笞四十。如知其漏脱之情，而故縱之者，則里長、官吏並與上項脱户口之人同罪。若受財而故縱者，則計贓以枉法從重論，輕則仍從本條。如官吏取勘明白，及曾經三次立案，行下里長，取有不致脱漏文狀，又經叮嚀省諭，而不行用心檢勘，或故縱，或受財，以致脱漏者，則非官吏之罪矣。獨坐里長，即以失勘知情受財之罪坐之。

080 人户以籍爲定

凡軍民驛竈、醫卜、工樂諸色人户，並以原報册籍爲定。若詐詐軍作民冒民脱匠免，避己重就人輕者，杖八十。其官司妄准脱免，及變亂改軍爲民，改民爲匠版籍者，罪同。軍民人等，各改正當差。○若詐稱各衛軍人，不當軍民差役者，杖一百，發邊遠充軍。

［纂註］

詐冒，如詐軍作民，冒民脱匠之類。變亂，如改軍爲民，改民爲匠之類。不當軍民差役，謂詐爲軍人，以避民差，又不當軍也。此言軍民、驛竈、醫卜、工樂等，諸色人户，並以原報版籍爲定，以應當差役。若將户用計詐冒別籍，脱免本色，以避本户之重差，就别户之輕差者，杖八十。其官司不行取勘，而准脱免，及與民紛更里甲，而變亂版籍者，罪同，亦杖八十。軍民人等，各改正，從原籍當差。若前項諸色人等，欺瞞官司，全然不當軍民差役者，杖一百，發邊遠充軍。《瑣言》稱：充軍之意，全在詐稱。國初軍强民弱，詐冒軍人，便有倚强之意，故遂坐充軍之罪。不然脱户止杖一百，何遽充軍哉？

條例

080－01

一、軍户子孫，畏懼軍役，另開户籍，或於别府州縣，入贅寄籍等項，及至原衛發册清勾，買囑原籍官吏、里書人等，捏作丁盡户絶回申者，俱問罪。正犯發煙瘴地面，里書人等發附近衛所，俱充軍，官吏参究治罪。

080－02

一、各處衛所，并護衛、儀衛、司官、軍舍、餘人等，及竈户，置買民田，一體坐派糧差。若不納糧當差，致累里長包賠者，俱問罪，其田入官。

081　私創庵院及私度僧道

凡寺觀庵院，除見在處所先年額設外，不許私自創建增置，違者杖一百，還俗，僧道發邊遠充軍，尼僧、女冠入官爲奴。地基材料入官。○若僧道不給度牒，私自簪剃者，杖八十。若由家長，家長當罪。寺觀住持，及受業師，私度者與同罪，並還俗。入籍當差。

［纂註］

此見寺觀庵院，皆爲淫祠，不得私創。僧道、女冠、尼僧，皆爲異端，法所必禁，不得私度，所以禁邪術而崇正道也。故其寺觀庵院，除以前創建有名額，見在數所之外，其僧道等人，如有私自創建增置者，杖一百，各還俗入籍收報，僧道發邊遠充軍，尼僧、女冠入官爲奴。若僧道不曾請給禮部度牒，私自簪冠剃髮者，杖八十。若事由家長，家長當罪，僧道但令還俗。其寺觀住持及親承經教師主私度者，亦同，杖八十，並還俗當差。此但言僧道，其尼僧、女冠同。人既充軍爲奴，則地基材料，皆當入官矣。

條例

081－01

一、［凡］僧道擅收徒弟，不給度牒，及民間子弟，户内不及三丁，或在十六以上而出家者，俱枷號一個月，並罪坐所由。僧道官及住持，知而不舉者，各罷職還俗。

081－02

一、僧道犯罪，雖未給度牒，悉照僧道科斷。該還俗者，查發各原籍當差。若仍於原寺觀庵院，或他寺觀庵院潛住者，並枷號一個月，照舊還俗。僧道官及住持，知而不舉者，各治以罪。

刪除明例 1 條

一、凡漢人出家，習學番教，不拘軍民，曾否關給度牒，俱問發原籍，各該軍衛有司當差。若漢人冒詐番人者，發邊衛充軍。

082　立嫡子違法

凡立嫡子違法者，杖八十。其嫡妻年五十以上，無子者，得立庶長子。不立長子者，罪亦同。俱改正。〇若養同宗之人爲子，所養父母無子所生父母有子而捨去者，杖一百，發付所養父母收管。若所養父母有親生子，及本生父母無子，欲還者聽。〇其乞養異姓義子，以亂宗族者，杖六十。若以子與異姓人爲嗣者，罪同，其子歸宗。〇其遺棄小兒，年三歲以下，雖異姓，仍聽收養，即從其姓。但不得以無子遂立爲嗣。〇若立嗣，雖係同宗，而尊卑失序者，罪亦如之。其子亦歸宗，改立應繼之人。〇若庶民之家，存養良家男女爲奴婢者，杖一百，即放從良。

［纂註］

嫡子，正妻所生之子。庶長子，衆妾所生之子也。此條六節，立子以嫡，無嫡立長，國家定法。若有舍嫡長子，而立嫡次或庶子，及嫡妻無子，舍庶長子，而立庶衆子者，是謂違法，故並杖八十，改立應立之子。此明嫡庶之分。若養同宗之人爲子，則所養父母，即其父母矣。其所養父母無子，而輒舍去，是謂背恩，故杖一百，發付所養父母收管承嗣。此謂本生有子者言耳。若所養父母生有親子，及本生父母無子，願還者聽，及字須重看。此著恩養之權。若乞養異姓義子，改姓爲嗣，是亂己之宗族矣；以子爲異姓人之嗣，是亂人之宗族矣，故並杖六十，其子各還歸本宗。然惟改姓亂族者坐罪，則不改姓而養爲養子，律所不禁矣。此嚴族類之辨。若遺棄三歲以下小兒，則幼小無知，情可哀憐，故雖異姓，仍聽收養，即從其姓，但不得立以爲嗣。止曰三歲以下小兒，養四歲以上者，當以收留迷失論矣。此慈孤幼之意。若立嗣者，雖係同宗之人，必明倫序之正，《大明令》之言備矣。如有尊卑失序者，則與立異姓以亂宗族者無異，故其罪亦如之，杖六十，其子歸宗，改立應繼之人。此正昭穆之倫。庶民下賤，本當服勤致力，不得存養奴婢，惟功臣家有之，庶人而存留畜養，是僭分矣，故杖一百，其存養男女，即放從良。此別貴賤之等。是皆正倫理，厚風俗，而窒亂源，律所以爲垂世立教之書也。

條例

082－01

一、無子者，許令同宗昭穆相當之姪承繼，先儘同父周親，次及大功、小功、緦麻。如俱無，方許擇立遠房及同姓爲嗣。若立嗣之後却生子，其家産與原立子均分。並不許乞養異姓爲嗣，以亂宗族。立同姓者，亦不得尊卑失序，以亂昭穆。

082－02

一、婦人夫亡無子，守志者合承夫分，須憑族長，擇昭穆相當之人繼嗣。其改嫁者，夫家財産及原有妝奩，並聽前夫之家爲主。

082－03

一、[凡] 無子立嗣，除依律外，若繼子不得於所後之親，聽其告官別立。其或擇立賢能，及所親愛者，若於昭穆倫序不失，不許宗族指以次序告爭，并官司受理。若義男女壻，爲所後之親喜悅者，聽其相爲依倚，不許繼子并本生父母用計逼逐，仍酌 [依《大明令》] 分給財產。若無子之人家貧，聽其賣產自贍。

083 收留迷失子女

凡收留良人家迷失道路鄉貫子女，不送官司，而賣爲奴婢者，杖一百、徒三年；爲妻妾、子孫者，杖九十、徒二年半。若得迷失奴婢而賣者，各減良人罪一等，被賣之人不坐，給親完聚。○若收留在逃子女，不送官司而賣爲奴婢者，杖九十、徒二年半；爲妻妾、子孫者，杖八十、徒二年。若得在逃奴婢而賣者，各減良人罪一等。其被賣在逃之人，又各減一等。若在逃之罪重者，自從重論。○其自收留，爲奴婢、妻妾、子孫者，罪亦如之。暫時隱藏在家者不送官司，並杖八十。○若買者及牙保知情，減犯人罪一等，追價入官，不知者俱不坐，追價還主。○若冒認良人，爲奴婢者，杖一百、徒三年；爲妻妾、子孫者，杖九十、徒二年半。冒認他人奴婢者，杖一百。

[纂註]

不送官司句，通下二節收留在逃、隱藏在家而言。在逃者，不言給親，恐逃罪有該斬絞離異等項，待臨時區處也。在逃之人，又各減一等句，止承本節，謂又減收留在逃而賣者之罪，非減而又減之謂也。冒認，或當官，或收留，人處或他處皆是。此言收留他人迷失及在逃子女，若奴婢，皆當送官，召人識認。如有不送官司，賣與他人，及自爲奴婢、妻妾、子孫，均屬有罪。但迷失出於無知，子女本係良人，而賣與人爲奴婢，是賤辱之也，故杖一百、徒三年。爲妻妾、子孫，猶爲良也，故杖九十、徒二年半。奴婢原是賤類，而賣爲奴婢，仍爲賤也，故杖九十、徒二年半。爲妻妾、子孫，亦爲良也，故杖八十、徒二年。被賣之人不坐，給親完聚，憫其情也。若收留在逃子女、奴婢而賣者，則與賣迷失者有間，故各減賣迷失罪一等。其子女、奴婢，亦與迷失而被賣者不同，故各坐罪，但賣者減一等。如賣子女爲奴婢，杖九十、徒二年半，則被賣者杖八十、徒二年；爲妻妾、子孫，杖八十、徒二年，則被賣者杖七十、徒一年半。賣奴婢爲奴婢者，杖八十、徒二年，則被賣者杖七十、徒一年半；爲妻妾、子孫者，杖七十、徒一年半，則被賣者杖六十、徒一年。若在逃罪重者，又從重科斷，輕則仍依本條。若自收留爲奴婢、妻妾、子孫，則與賣與人者無異，故其人如係迷失，則以賣迷失各罪坐之；如係在逃，則以賣在逃各罪坐之，故曰罪亦如之。不言被收爲奴婢、妻妾、子孫之罪者，會上文而言迷失，亦不坐，而在逃亦減科也。若買者及牙保，知迷失在逃之情，而故行承買説合，減前二項賣者罪一等，其價併追入官，彼此俱罪之贓也。不知者不坐，追價還主。若冒認他人子女爲女婢，爲妻妾、子孫，則朦朧妄冒，與收留迷失而賣者何異？故即以其罪坐之。冒認他人奴婢者，不問爲奴婢、妻妾、子孫，並杖一百，此不分迷失、在逃者，以妄冒之情重故也。

［備考］

一、迷失在逃子女、奴婢，若庶民之家買爲奴婢者，雖不知情，仍依存養奴婢律論罪。

084　隱匿滿洲逃亡新舊家人

一、凡隱匿滿洲逃亡家人者，須逃案先在兵部准理，或被旁人告首，或失主察獲，或地方官察出，將隱匿之主，及鄰佑、九家、百家長，盡行捉拿，并隱主家資，起解兵部，審明記簿，轉送刑部，勘問的確，將逃人鞭一百，歸還原主，隱匿犯人處斬。其家資無多者，給失主；家資豐厚者，或全給半給，請旨定奪處分。將本犯家資三分之内，以一分賞給首告人，大約不出百兩之外。其鄰佑、九家、百家長，各鞭一百，流徙邊遠。如不係該地方官察出者，其本犯居住某府州縣，即坐本官以怠忽稽察之罪，府降州，州降縣，縣降縣丞。若本犯出於某縣，其該管上司若知州知府道官，計隱一人，罰俸一個月。至十二人，應罰俸一年，則降一級。該管巡撫失於稽察，亦計逃人多寡，遞爲罰俸。巡按失於稽察，回［司］道嚴加考核。各地方逃人，若經一月不行察送者，本府本州本縣官，如律問罪。知府司道，若係所屬地方，其逃人經四十五日以内，不行察送者，如律問罪。撫按六十日以内，不行察送者，如律問罪。如隱匿之人自行出首，罪止逃人；或一鄰舉首，亦罪止逃人，并隱匿之人，餘俱無罪。如鄰佑、百家長舉首，亦將隱匿家資賞給三分之一。自回投主者，隱匿之家，併左右二鄰，俱流徙邊遠，餘鄰七家十長，各責五十鞭，該管官員及百家長，俱免罪。撫按及各該地方官，以察解之多寡，爲功殿最。有犯此律者，遇赦不赦。

085　賦役不均賦取於田産，役出於人丁。

凡有司科徵税糧，及雜泛差役，各驗籍内户口田糧，定立上中下等第科差。若放富差貧，那移作弊等則者，許被害貧民，赴拘該上司，自下而上陳告。當該官吏，各杖一百。改正。若上司不爲受理者，杖八十。受財者兼官吏上司言，計贓以枉法從重論。

［纂註］

賦役二字，重役字。科派，徵取也。差役二字，總承税糧雜泛而言。蓋編定差役有二樣：有取於田丁者，照税糧當差，即有賦役之謂；有取於人丁者，照本身當雜泛差役，即無賦役之謂。此云科徵税糧及雜泛，如云派取田糧之差，及雜泛之差也。觀下文曰科差，曰放富差貧，皆言差可見。《疏議》以税糧差役分配，則與首條賦役之説不合矣。放富差貧二句，串看受財，兼當該官吏上司而言。此見户口税糧，皆差役之所自出。凡有司科派徵取税糧，及雜泛二項差役，必須驗其籍内户口税糧之多寡，定立上中下等，以爲差役之輕重。若放富差貧，那移等則作弊，則輕重不得其平矣，許被害貧民，赴拘管經該上司，自下而上陳告。當該官吏，各杖一百，改正均平。其上司不爲受理者，杖八十。若有司受財而放富，上司受財而不理，各計贓重於杖八十、杖一百者，以枉法從重論。《瑣言》謂：此條附於户役之下，專以差役言。驗户口者，役之出於力者也。驗税糧者，役之出於賦者也。役出於賦者爲多，故總謂之賦役。足破諸説之誤矣。

條例

085－01

一、布按二司，分巡分守官，直隸巡按御史，嚴督府州縣掌印正官，審編均徭，從公查照歲額差役［使］，於該年均徭人户，丁糧有力之家，止編本等差役，不許分外加增餘剩銀兩。貧難下户，并逃亡之數，聽其空閑，不許徵銀，及額外濫設聽差等項差科。違者，聽撫按等官糾察問罪，奏請改調。若各官容情不舉，各治以罪。

085－02

一、各布政司，并直隸府州縣掌印官，如遇各部派到物料，從公斟酌所屬大小豐歉坐派。若豪猾規利之徒，買囑吏書，妄稟編派下屬，承攬害民者，俱問發附近衛所充軍。各該掌印官聽從者，參究治罪。

086　丁夫差遣不平

凡應差丁夫、雜色在官工匠，而差遣勞佚不均平者，一人笞二十，每五人加一等，罪止杖六十。○若丁夫、雜匠承差，而稽留不著役，及在役日滿，而所司不放回者，一日笞一十，每三日加一等，罪止笞五十。

［纂註］

丁夫，謂計丁田起撥之夫役，在官差使者。雜匠，謂百工技藝之人，在官工作者。或云丁夫如水馬驛站之類，恐非。此見應該差遣之丁夫、雜匠，須當均其勞佚。若主掌夫匠之人有所差遣，而使勞者常勞，佚者常佚，是謂不平。一人笞二十，每五人加一等，罪止杖六十。若丁夫雜匠，承領差遣，而稽遲不即著役，則爲抗違。其役限已滿，而不放回，則爲留難。各一日笞一十，每三日加一等，罪止笞五十。此與上賦役不均無異，但彼派徵於民者，不均之害大；此是見役於官者，不平之害小，故罪有輕重之别。

087　隱蔽差役

凡豪民有力之家，不資工食令子孫弟姪，跟隨官員，隱蔽差役者，家長杖一百。官員容隱者，與同罪；受財者，計贓以枉法從重論。跟隨之人免杖罪，附近充軍。〇其功臣容隱者，初犯免罪，附過；家長仍杖一百，跟隨之人充軍。再犯，住支俸給一半；三犯，全不支給；四犯，依前律論罪。

［纂註］

官員，不專指本管及見任。曰官員者，見其有勢力也。家長，即豪民。容隱，謂容留其人，而隱蔽差役也。依律論罪，謂亦照容隱及受財枉法之罪也。必四犯然後論罪者，以其爲應議之人也。此見官員勢力足以庇民，若豪强之人，令其子孫弟姪，投託跟隨，以隱蔽户内之差役者，非惟靠損貧民，抑且有玩法度。家長杖一百，官員容隱者，與同罪，亦杖一百。若受財而容隱者，則計贓以枉法從重論。原跟隨之人，免其杖罪，發附近衛分充軍。若功臣容隱者，初犯免罪附過，再犯住支合得俸給一半，三犯全不支給。四犯依前律條，如容隱，亦杖一百；如受財，亦計贓從重，故曰依律論罪。其三犯以前，功臣雖附過住俸，家長亦杖一百，跟隨之人亦充軍。

088　禁革主保里長

凡各處人民，每一百户内，議設里長一名，甲首一十名，輪年應役，催辦錢糧，勾攝公事。若有以妄稱以故不著官司之罪主保、小里長、保長、主首主管甲首等項名色，生事擾民者，杖一百，遷徙。比流減半，准徒二年。若無生事擾民實跡，難議遷徙。○其合設耆老，須於本鄉年高有德，衆所推服人内選充，不許罷閑吏卒，及有過之人充應，違者杖六十革退。當該官吏，笞四十。若受財枉法，從重論。

［纂註］

保者，鄉舍之稱。主保，主管一保之事者。小里長，里長之次。保長，一保之長。主首，又主管甲首者。此等名色，歷代所稱不一，如原稱主首者可見。六十曰耆，七十曰老。凡各處府州人民，每一百户内，議定一里分管十甲，各設里長一名，甲首十名，輪定年分，應當一里之役，催辦錢糧，勾攝公事。此外若有巧立名色，妄稱主保、小里長、保長、主首等項名色，於所部横生事端，擾害良民者，杖一百，遷徙。今比流減半，准徒二年。其一里之中，合設耆老一人，須本鄉年高有德，衆所推服人内選充。若罷閑吏卒，及曾決罰之人應充，犯人杖六十，當該官吏濫收者笞四十。

按：妄稱主保等項名色，不著官司之罪者，既曰妄稱，則非官司所設立，亦非官司所得知也。以罷閑吏卒，及有過之人應充耆老者，官吏雖笞四十，若受財而容其濫充，則當以枉法從重論矣。

條例

088－01

一、天下各府州縣，編賦役黄册，以一百一十户爲里，推丁多者十人爲長，餘百户爲十甲。甲凡十人，歲役里長一人，管攝一里之事。城中曰坊，近城曰廂，鄉里曰里。凡十年一周，先後則各以丁數之多寡爲次，每里編爲一册，册首總爲一圖。其鰥寡孤獨不任役者，則帶管於百一十户之外，而列於圖後，名曰畸零。册成，一本進户部，布政司及府州縣各存一本。

089　逃避差役

凡民户逃在［往］鄰境州縣，躲避差役者，杖一百，發還原籍當差。其親管里長、提調官吏故縱，及鄰境人户隱蔽在己者，各與同罪。若鄰境里長知而不逐遣，及原管官司不移文起取，若移文起取，而所在官司占悋不發者，各杖六十。［其在洪武七年十月以前，流移他郡，曾經附籍當差者，勿論。限外逃者，論如律。］○若丁夫、雜匠在役，及工樂雜户謂驛竈醫卜等户逃者，一日笞一十，每五日加一等，罪止笞五十。提調官吏故縱者，各與同罪；受財者，計贓以枉法從重論。不覺逃者，五人笞二十，每五人加一等，罪止笞四十。不及五名者，免罪。上言躲避鄰境，是全不當差役者，故其罪重。此言在役而逃，是猶當差役者，故其罪輕。

［纂註］

民户，猶言人户。不言民人，而言民户，恐有合家共逃者。雜户，謂驛竈醫卜等户。或謂犯罪散配諸司，如功臣家之奴，非也。蓋奴婢不立户籍，功臣奴逃，與提調官何預而罪之？丁夫雜匠，獨言在役者，謂其輪該在官聽使之日也。蓋此等人，更替應役，與工樂雜户，常川在官聽役者不同。此見州縣人户，分土定籍，各有本籍差役。若有逃住鄰境州縣躲避者，是謂奸民，杖一百，發還原籍當差。其親管里長、提調官吏，不行拘管，而縱其逃避，及所在鄰境人户，將所逃之人隱蔽在己，不行首告者，是同奸也，各與逃避之人同罪，亦杖一百。若鄰境里長，知其人户隱蔽，而不行逐遣回還，及原管官司，知其逃避所在，而不移文起取還籍，或雖起取，而所在官占悋不發，是養奸也，各杖六十。其在洪武七年十月以前，流移他郡，曾經附籍當差者，勿論。限外逃者，亦如前律科罪。若丁夫雜匠，輪該上役之日，及工樂雜户，常川應役之人逃者，則與人户全然逃避不同，故止計日論笞，罪止笞五十。提調官吏故縱逃者，與同罪，亦笞五十。受財故縱，計贓重於笞五十者，以枉法從重論。不覺逃者，與故縱有間，故計人論笞，罪止笞四十。不及五名，免罪。此逃避罪，不分首從，及還歸本所者，依名例律減罪二等。

條例

089－01

一、因兵荒逃避之民，有司多方招撫，仍令附籍，復業當差。或年久逃遠，府州縣造逃户周知文册，備開逃民鄉里、姓名、男婦、口數、軍民匠等籍，及遺下田地税糧若干，原籍有無人丁應承糧差，送各處撫按，督令復業。其已成家業，願入籍者，給與户由執照，附籍當差。如仍不首，雖首而所報人口不盡，或展轉逃移，及窩家不舉首者，俱發附近衛所充軍。

089－02

一、有司委官挨勘流民名籍、男婦、大小、丁口，排門粉壁，十家編爲一甲，互相保識，分屬當地里長帶管。如或游蕩作非，公舉治罪。若團住山林湖濼，或投託官豪勢要之家，藏躲抗住官司，不服招撫者，正犯并里老、窩家知而不首，及占恡不發者，各依律科。

089－03

一、沿邊沿海地方軍民人等，躲避差役，逃入土夷峒［洞］寨海島潛住，究問情實，俱發邊遠衛分，永遠充軍。本管里長、總小旗，及兩鄰，知而不首者，各治以罪。有能擒拿送官者，不問漢土軍民，量加給賞。

090　點差獄卒

凡各處獄卒，於相應慣熟人内，點差應役，令人代替者，笞四十。

［纂註］

官府設立獄卒，所以防範獄囚，必於相應慣熟人内，點差應役者，以所係者大故也。若其人已承點差應役，而令他人代替者，笞四十。夫曰相應，則雖慣熟而不相應者，不在點差可知矣。曰笞四十，止罪其不親，若有疏虞誤事，自依不覺失囚條擬斷。

091 私役部民夫匠

凡有司官私役使部民，及監工官私役使夫匠，出百里之外，及久占在家使喚者，有司官使一名笞四十，每五名加一等，罪止杖八十。監工官照名各加二等。私役罪小，誤工罪大。每名計一日，追給雇工銀八分五釐五毫［錢六十文］。若有吉凶，及在家借使雜役者，勿論。監工官仍論其所使人數，不得過五十名，每名不得使過三日，違者以私役論。

［纂註］

此見有司官之於部民，監工官之於夫匠，其勢相臨，易於驅使，故特設此律，既計名以科其罪，復追值以給其人也。然曰百里之外，則役於近者無禁；曰久占在家，則役於暫時者無罪，可知矣。若有吉凶，如冠婚喪葬之類，及在家借使雜役者，勿論。雖得役使，而其人數不得五十名，每名亦不得過三日，違者以私役論。如五十人內，如有一人役過三日，雖三日內而役至五十人以上，其科罪追值，亦如私役之法。

按：私役弓兵、舖兵，並追雇錢入官，與此追給不同者，部民夫匠本非在官常役之人，若弓兵、舖兵，則在官役使者，故一則追給其人，一則追收入官也。

092 别籍異財

凡祖父母、父母在，［而］子孫別立户籍，分異財産者，杖一百。須祖父母、父母親告乃坐。若居父母喪，而兄弟別立户籍，分異財産者，杖八十。須期親以上尊長親告乃坐。或奉遺命，不在此律。

［纂註］

別籍異財，二項分開説。或分籍而財未分，或異財而籍未別，皆是。故《唐律》云：別籍異財不相須。此律文明白，前云須祖父母父母親告乃坐者，恐其或奉親命，非他人所與；後云須期親以上尊長親告乃坐者，恐其或奉遺命，非外人所知，此又制律之微意也。

條例

092－01

一、祖父母、父母在者，子孫不許分財異居，其父母許令分析者，聽。

093　卑幼私擅用財

凡同居卑幼，不由尊長，私擅用本家財物者，十兩［二十貫］笞二十，每十兩［二十貫］加一等，罪止杖一百。若同居尊長，應分家財，不均平者，罪亦如之。

［纂註］

舊註謂，弟輩曰卑，子輩曰幼，父輩曰尊，兄輩曰長。同居二字最重，蓋同居則共財矣。財雖爲公共之物，但卑得用之，不得而自擅也；尊長得掌之，不得而自私也。若卑幼不稟命而私用，是謂專擅；尊長當分散而不均平，是爲利己，故各以貫數科罪，並罪止杖一百。其應分財物，照數均分。卑幼用過財物，花費不追。

按：卑幼引他人盜己家財物，加擅用罪二等。此私用與盜何異？止以私擅科斷。且不曰盜，而曰擅者，蓋家財乃應得之物，但不稟命於尊長，而擅用之，與故引外人潛盜不同，故所用雖多，亦止杖一百，正以篤親親之恩也如此。

條例

093－01

一、嫡庶子男，除有官廕襲，先儘嫡長子孫，其分析家財田産，不問妻妾婢生，止依子數均分。姦生之子，依子量與半分。如別無子，立應繼之人爲嗣，與姦生子均分。無應繼之人，方許承繼全分。

093－02

一、户絕財産，果無同宗應繼者，所有親女承分。無女者，入官。

094　收養孤老

凡鰥寡孤獨，及篤廢之人，貧窮無親屬依倚，不能自存，所在官司，應收養而不收養者，杖六十。若應給衣糧，而官吏尅減者，以監守自盜論。凡係監守者，不分首從，併贓論。

［纂註］

篤廢疾，解見名例律。應收養，應字重看。此條予惠窮困之意。凡鰥寡孤獨，及篤疾廢疾之人，其有困阨貧窮，又無內外親屬依倚，不能自存者，所在州縣有司官，相應於養濟院收養而存恤之。若應收養而不收養者，是謂不仁，故杖六十。若已收養，而官吏將其應給衣糧尅減者，則與盜何異？故併贓以監守自盜，不分首從論。

條例

094－01

一、鰥寡孤獨，每月官給糧米三斗，每歲給綿布一匹，務在存恤。

大清律集解附例卷之五

户律　田宅

095　欺隱田糧

凡欺隱田糧全不報户入册，脱漏版籍者一應錢糧，俱被埋没矣，計所隱之田一畝至五畝，笞四十，每五畝加一等，罪止杖一百。其脱漏之田入官。所隱税糧，依畝數、額數、年數，總約其數徵納。〇若將版籍上自己田土移坵方圓成坵換段坵中所分區段，那移起科等則，以高作下，減瞞糧額，及詭寄田糧詭寄，謂詭寄於役過年分，並應免人户册籍，影射脱免自己之差役，并受寄者，罪亦如之。如欺隱田糧之類。其減額詭寄之田改正坵段，收歸本户起科當差。〇里長知而不舉，與犯人同罪。〇其還鄉復業人民，丁力少而舊田多者，聽從儘力耕種，報官入籍，計田納糧當差。若多餘占田而荒蕪者，三畝至十畝，笞三十，每十畝加一等，罪止杖八十，其田入官。若丁力多而舊田少者，告官於附近荒田内，驗力撥付耕種。

［纂註］

欺隱、脱漏二句一串説，謂欺隱本户田糧，而脱漏不報籍也。依數徵納，謂照所隱之畝數、年數。坵者，方圓成坵；段則坵中所分區段。

移換，指册籍上説，非田可移換也。移坵以下四句相承看。蓋田有高下等則，而糧額重輕因之，必移換坵段，而後能那移等則，以高作下也。如此則糧額爲所減瞞，得以避重就輕矣。詭寄二句，謂以田糧詭寄於應免人户，以影射自己差役也。罪亦如之，如上之計畝、加等、罪止。科斷里長一節，總承上言。其田入官，前指所隱之田，後指多占之田，非盡奪之。此言有田則有糧，有糧則有差，此國家定賦役，以給公上之制也。凡隱瞞而不報籍，是占田而不納糧當差。但所隱有多寡，故計一畝至五畝，笞四十，每五畝加一等，罪止杖一百，其田入官，罰其不入籍也。若那移等則，是雖納糧當差而不及額數，詭寄影射，是雖納糧而欲避差。二者與欺隱事雖不同，而其罔上背公之情則一，故亦如欺隱田糧者科罪。其田止於改正收科當差，恕其原入版籍，而非脱漏也。至於復業人户，丁少田多，則聽其儘力所種者，報官入籍，不責其盡報，爲撫其復業也。若多占而荒蕪，則地有遺利，故亦計畝科罪，而其田入官。若丁多田少而不添撥，則人有遺力，故許其告撥，給附近荒田耕種。以此立法，則復業者多，而生養可遂矣。

按：脱漏户口，罪坐家長，而欺隱田糧者，不言家長，何也？蓋户口乃一户之户口，而主之者家長也，故獨坐其罪。若欺隱田糧，則出一人之私，而家長容有不知者，故但罪坐所由耳。

條例

095 – 01

一、凡宗室置買田産，恃强不納差糧者，有司查實，將管莊人等問罪，仍計算應納差糧多寡，抵扣禄米。若有司阿縱不舉者，聽撫按官參奏重治。

095 – 02

一、將自己田地移坵换段，詭寄他人，及灑派等項，事發到官，全家抄没。若不如此，靠損小民。

095－03

一、官田起科，每畝五升三合五勺；民田，每畝三升三合五勺；重租田，每畝八升五合五勺；蘆地，每畝五合三勺四抄；草塌地，每畝三合一勺；没官田，每畝一斗二升。

095－04

一、各處姦頑之徒，將田地詭寄他人名下者，許受寄之家首告，就賞爲業。

096　檢踏災傷田糧

凡部内有水旱霜雹，及飛者曰蝗走者曰蝻爲害，一應災傷應減免之田糧，有司官吏應准告，而不即受理申報上司親行檢踏，及本管上司不與委官覆踏者，各杖八十。若初覆檢踏有司承委官吏，不行親詣田所，及雖詣田所，不爲用心從實檢踏，止憑里長、甲首朦朧供報，中間以熟作荒，以荒作熟，增減分數，通同作弊，瞞官害民者，各杖一百，罷職役不敘。若致有災傷，當免而徵曰枉徵；無災傷，當徵而免曰枉免枉有所徵免糧數，計贓重者，坐贓論。枉有所徵免糧數，自奏准後發覺，謂之贓，故罪重於杖一百，並坐贓論。里長、甲首，各與同罪。受財官吏、里長受財檢踏，開報不實，以致枉有徵免者，並計贓以枉法從重論。○其檢踏官吏，及里長、甲首原未受財，止失於關防，致使荒熟分數有不實者，計不實之田十畝以下，免罪；十畝以上，至二十畝，笞二十。每二十畝加一等，罪止杖八十。官吏係公罪，俱納贖，還職役。○若人户將成熟田地移坵换段，冒告災傷者，計所冒之田一畝至五畝，笞四十。每五畝加一等，罪止杖一百。其冒免之田合納税糧，依額數追徵入官。

［纂註］

一應災傷，謂水旱等災之外，而别有災傷，如大風、非時雨雪之類。申報檢踏，二項看，一邊申報，一邊檢踏也。增減分數，指災之分數。以熟作荒五句意相承，熟作荒，是增災之分數以瞞官；荒作熟，是減災之分數以害民也。各杖一百，各指初覆檢踏之官吏。凡有災傷，當免而徵曰枉徵；無災傷，當徵而免曰枉免。計贓重者，謂以徵免之糧數計贓，重於杖一百也。坐贓，見刑律坐贓致罪條。里長甲首，各與同罪，謂增減分數，枉有徵免，各同官吏之罪。並計贓，則通官吏、里長、甲首而言。致有不實，即以熟作荒等項。此言田被災傷，則糧無所出，牧民官司，豈容坐視民患。故凡部内告災傷，而提調官吏不即准理，申報檢踏，及已申報，而本管上司不與委官覆踏者，各杖八十。然檢踏災傷，須從實勘報，庶糧税徵免無虚。若初覆檢踏，所委官吏，不親詣被傷田所，用心從實檢踏，止憑里甲朦朧供報，其間有以熟田作荒，以荒田作熟，因以增減其災傷的確分數，通同作弊，而瞞官害民者，官吏各杖一百，仍罷職役不敘。若因作弊而致枉有徵免税糧之數，則計贓重於杖一百者，官吏並坐贓論罪。其里長、甲首，原有通同作弊之情者，則各與官吏同罪。若官吏、里長、甲首受財，而瞞官害民，枉有徵免者，並計贓以枉法從重論。如贓重於杖一百，以贓罪坐之。夫瞞官害民，官吏既罷職役，則枉有徵免者，尤爲虧國損民，而受財者其情又甚，故罪有輕重，而罷職役之本法，則不容不盡矣。其檢踏官吏、里甲，若止因失於覺察關防，以致勘報災傷不實者，除計田十畝以下免罪，十畝以上至二十畝笞二十，每二十畝加一等，罪止杖八十。不言枉有徵免之罪者，原其無心之失，故貸之耳。若人户將已成熟田地，移坵換段，詐冒告作災傷者，則國税何輸？故計冒告之田，一畝至五畝笞四十，每五畝加一等，罪止杖一百。夫上枉有所免者，其失在官，故税糧不復追徵，此冒告災傷，其罪在民，故合納税糧，追徵入官。

條例

096－01

一、天下有司，凡遇歲饑，先發倉廩賑貸，然後具奏，請旨寬恤。

097　功臣田土

凡功臣之家，除朝廷撥賜公田免納糧當差外，但有自置田土，從管莊人盡數報官入籍，照額一體納糧當差。違者，計所隱之田一畝至三畝，杖六十，每三畝加一等，罪止杖一百、徒三年。罪坐管莊之人，其田入官，仍計遞年所隱糧稅，依數畝數、年數、額數徵納。若里長及有司官吏阿附，踏勘不實，及知而不舉者，與管莊人同罪，不知者不坐。

［纂註］

依數徵納，解見欺隱田糧條下。蓋功臣既賜公田，已有常禄。若此外别有自置田土，即係私産，法當與民田同科，故從其管莊之人，盡數報入册内，納糧當差。若有違者，計其不報之田，一畝至三畝杖六十，每三畝加一等，罪止杖一百、徒三年。其罪坐管莊之人，不報之田入官，所隱之税糧，依遞年之數徵納。夫罪不及功臣，固所以優之，而其田入官，即罰之矣。若里長、官吏，易於阿附功臣，故踏勘不以實，而致有不報，及知而不覺舉者，並與管莊人同罪，不知者不坐。

條例

097－01

一、公侯禄米，各有等第，皆於官田内撥賜，其佃户仍於有司當差。

097－02

一、該納本折佃户，赴本管州縣上納，令各該公侯，遣人員赴官關領，不許自行收受。

098　盜賣田宅

凡盜他人田宅賣將自己不堪田宅換易，及冒認他人田宅作自己者，若虚寫價錢實立文契典買，及侵占他人田宅者，田一畝、屋一間以下，笞五十。每田五畝、屋三間加一等，罪止杖八十、徒二年。係官田宅者，各加二等。〇若强占官民山場、湖泊、茶園、蘆蕩，及金銀銅錫鐵冶者不計畝數，杖一百、流三千里。〇若將互爭不明及他人田産，妄作己業，朦朧投獻官豪勢要之人，與者受者盜賣與投獻等項各杖一百、徒三年。〇田産及盜賣過田價，并各項田產中遞年所得花利，各應還官者還官應給主者給主。〇若功臣初犯，免罪附過，再犯住支俸給一半，三犯全不支給，四犯與庶人同罪。

［纂註］

盜賣，盜字貫换易言。盜賣换易，欺業主不知，而賣易之。冒認，欺業主不在，而冒認之也。虚錢實契，謂實立典買文契，而價錢則虚。如或出於逼勒，或被其誆詐，非業主之得已矣。侵占，侵越界限，占爲己業也。蓋他人田宅，非己所得有。故凡犯以上盜賣等項者，每田一畝、屋一間，笞五十，每田五畝、房三間加一等，罪止杖八十、徒二年。若田係官者，則加二等。此未言其强，則其情猶輕，故尚得定等科罪耳。若用强占據官民山場、湖泊、茶園、蘆蕩，及金銀銅錫鐵冶等項，而專取其利者，則其强占之情重乎物，故不分官民，不計畝數，而皆杖一百、流三千里。若將不明互爭之産業，及以他人田産，妄作己業，朦朧投獻官豪勢要之人，則其藉勢害人，莫此爲甚，故與者受者，各杖一百、徒三年。以上盜賣换易等項之田産花利，及盜賣所得之價，係官者，追還官；係民者，追給主，莫非盡法之正也。至若功臣之罪，獨見於此與隱避差役條者，恐其權勢易於占取容隱，故二條特立此，以爲之防。

［備考］

一、强占官民田宅，及侵占山場、湖泊等項者，宜比此律科斷。

一、盜賣田宅，若買主牙保人知情，問與同罪，追價入官。

條例

098－01

一、軍民人等，將爭競不明，并賣過，及民間起科，僧道將寺觀各田地，若子孫將公共祖墳山地，朦朧投獻王府，及内外官豪勢要之家，私捏文契典賣者，投獻之人，問發邊衛永遠充軍，田地給還應得之人及各寺觀，墳山地歸同宗親屬，各管業。其受投獻家長，并管莊人，參究治罪。山東、河南及［北］直隸各處空閑地土，［祖宗朝］俱聽民儘力開種，永不起科。若有占奪投獻者，悉照前例問發。

098－02

一、［凡］用强占種屯田五十畝以上，不納子粒者，問罪，照數追納。完日，官調邊衛，帶俸差操；旗軍、軍丁人等，發邊衛充軍；民發邊［口］外爲民。其屯田人等，將屯田典賣與人，至五十畝以上，與典主、買主各不納子粒者，俱照前問發。若不滿數，及上納子粒不缺，或因無人承種而侵占者，照常發落。管屯等官，不行用心清查者，糾奏治罪。

098－03

一、西山一帶，密邇京師地方，内外官豪勢要之家，私自開窑賣煤，鑿山賣石，立廠燒灰者，問罪，枷號一個月，發邊衛充軍。干礙内外官員，參奏提問。

098－04

一、近邊［大同、山西、宣府、延綏、寧夏、遼東、薊州、紫荆、密雲等邊］分守、守備、備禦，并府州縣官員，禁約該管官旗軍民人等，不許擅自入山，將應禁林木砍伐販賣，違者問發南方煙瘴衛所充軍。若前項官員有犯，文官革職爲民，武官革職差操。鎮守并副參等官有犯，指實參奏。其經過關隘河道守把官軍，容情縱放者，究問治罪。

099　任所置買田宅

凡有司官吏，不得於見任處所置買田宅，違者笞五十，解任，田宅入官。

［纂註］

此條重在見任二字。解任，見名例文武犯私罪條。蓋有司官吏，必正己而後可以御下。若於見任處所置買田宅，是侵奪民利矣，故笞五十，解任別敘，田宅入官。此專指見任官私置者而言，若義田、學田之類，不在此限。

100　典買田宅

凡典買田宅，不稅契者，笞五十，仍追契內田宅價錢一半入官。不過割者，一畝至五畝，笞四十，每五畝加一等，罪止杖一百。其不過割之田入官。〇若將已典賣與人田宅，朦朧重復典賣者，以所得重典賣之價錢，計贓准竊盜論，免刺，追價還後典買之主，田宅從原典買主爲業。若重復典買之人，及牙保知其重典賣之情者，與犯人同罪，追價入官，不知者不坐。〇其所典田宅、園林、碾磨等物，年限已滿，業主備價取贖。若典主託故不肯放贖者，笞四十。限外遞年所得多餘花利，追徵給主，依仍聽依原價取贖。其年限雖滿，業主無力取贖者，不拘此律。

［纂註］

稅契，以文契投稅有司，而納課也。過割，以所典買田地，過割於己之户籍也。宅無糧差，故不言過割。重復典賣，說得活，不專謂已典復典、已賣復賣，或已典復賣、已賣復典，凡欺原先典買之主不知者皆是，意重朦朧二字。計贓准竊盜論，謂計復典賣之價數爲贓，准竊盜贓之貫數坐罪也。後凡言准竊盜論者，倣此。此條言，凡典買他人田宅，法當稅契，以納額課，過割以當糧差。若不稅契者，則虧損官課，故笞五十，仍查契內價錢，追其一半入官。不過割者，則遺稅病民，故一畝至五畝笞四十，每五畝加一等，罪止杖一百，仍將不過割之田入官掌隸。若將自己田宅，已典已賣與人，而又復朦朧典賣者，則竊取之情同乎盜，故計重復典賣所得價錢，准竊盜論罪，免刺，追價還後典賣之主，田宅聽從原先典買之主管業。若後復典買之人及牙保，知其已典已賣之情，而故承受説合者，與犯人一同坐罪，仍追價入官，惟不知者不坐。至於所典人田宅、園林、碾磨等物，其原定年限已滿者，若業主備價取贖，而典主託故不放，則有占利之心，故笞四十，限外花利，追給業主。無力照依原價取贖，則非典主之罪，聽其照舊管業，故曰不拘此律。今例限外無力取贖者，田地仍種二年，器物計花利，勾一本息者，俱交還原主，此又宜民之時制也。

［備考］

一、田不過割，而典賣主通同。〇及凡典限未滿，而業主强贖者，俱坐不應。

條例

100－01

一、告爭家財田産，但係五年之上，并雖未及五年，驗有親族寫立分書，已定出賣文約是實者，斷令照舊管業，不許重分再贖，告詞立案不行。

101　盜耕種官民田

凡盜耕種他人田園地土者不告田主，一畝以下笞三十，每五畝加一等，罪止杖八十。荒田減一等。强者不由田主各指熟田、荒田言加一等。係官者，各通盜耕、强耕、荒熟言又加二等。仍追所得花利官田歸官民田給主。

［纂註］

各加一等，各字指熟田、荒田言。各又加二等，各字通盜耕、强耕，或熟或荒言。不告田主而私自耕種，曰盜；不由田主而用强耕種，曰强。盜者一畝笞三十，每五畝加一等，罪止杖八十。荒田減一等，一畝笞二十，每五畝加一等，罪止杖七十。强者各加一等，在熟田罪止杖九十，在荒田罪止杖八十。係官者，各又加二等。如盜耕者，加盜耕民田罪二等，熟田罪止杖一百，荒田罪止杖九十。如强耕者，加强耕民田罪二等，熟田罪止杖六十、徒一年，荒田罪止杖一百。然猶並追所得花利，屬官者歸官，屬民者歸主，故曰歸官主。

按：盜耕田地，與上條侵占者跡相似而實不同。蓋耕種者止取其利，若侵占則占爲己業矣，故其罪有輕重之別。

條例

101－01

一、［成化十年七月十一日，節該欽奉憲宗皇帝聖旨：陝西榆林等處］近邊地土，各營堡草場，界限明白，敢有那移條款，盜耕草場，及越出邊墻界石種田者，依律問擬，追徵花利。完日，軍職降調［甘肅衛分］差操，軍民調發衛所［係外處者，發榆林衛充軍；係本處者，發甘肅衛］充軍。有毀壞邊墻，私出境外者，枷號三個月發落。［欽此。］

102　荒蕪田地

凡里長部内，已入籍納糧當差田地，無水旱災傷之故荒蕪，及應課種桑麻之類，而不種者，計荒蕪不種之田地俱以十分爲率，一分笞二十，每一分加一等，罪止杖八十。縣官各減里長罪二等。長官爲首一分減盡無科，二分方笞一十，加至杖六十罪止，佐職爲從又減長官一等，二分者盡減無科，三分者方笞一十，加至笞五十罪止。人户亦計荒蕪田地，及不種桑麻之類，就本户田地以五分爲率，一分笞二十，每一分加一等，追徵合納税糧還官。應課種桑棗、黄麻、苧麻、棉花、藍靛、紅花之類，各隨鄉土所宜種植。

［纂註］

田之小損爲荒，大損爲蕪。故，謂水旱災傷之故。律意重無故，及應課種等字。佐職，兼佐貳首領言。里長，就一里田地爲率；人户，就本户田地爲率。若縣官之各減二等者，謂里長有犯，縣官即減二等科之，非以一縣田地爲率也。此言縣官、里長，以勸農桑爲職，百姓以務農桑爲本。若里長部内，有人户已入籍納糧當差之田地，無故而荒蕪不種，及地土應合課種桑麻之類，而不行栽植，二者俱以里內十分爲率，有一分荒蕪不種，里長笞二十，每一分加一等，至七分之上，罪止杖八十。在縣官，則各減里長之罪二等，以長官爲首，一分者減盡無科，二分方笞一十，加至杖六十罪止矣。佐職爲從，又各減長官之罪一等，二分者減盡無科，三分者方笞一十，加至笞五十罪止矣。其原荒蕪田地，及不種桑麻之人户，則計其本户，俱以五分爲率，有一分笞二十，每一分加一等，不言罪止者，至五分，則止杖六十爾。然人户合納税糧，仍追還官，不因其荒蕪而免之，正所以懲惰農也。

103　棄毁器物稼穡等

凡故意棄毁人器物，及毁伐樹木稼穡者，計所棄毁之物即爲贓准竊盜論照竊盜定罪，免刺。罪止杖一百、流三千里。官物加准竊盜贓上二等。若遺失及誤毁官物者，各於官物加二等上減三等，凡棄毁、遺失、誤毁並驗數追償還官給主。若遺失、誤毁私物者，償而不坐罪。○若毁人墳塋内碑碣石獸者，杖八十。毁人神主者，杖九十。若毁損人房屋墻垣之類者，計合用修造雇工錢，坐贓論一兩以下笞二十，二十五兩以上，罪止杖一百、徒三年，各令修立。官屋加二等。誤毁者，但令修立，不坐罪。

［纂註］

加二等與各減三等，俱於棄毁私物罪上加減。或謂各減三等，於官物加二等上減之，不知遺失誤毁私物者，既不坐減棄毁私物之罪，而遺失誤毁官物者，仍獨減棄毁官物三等罪之，殆非律意也。並驗數追償，總承棄毁官私物，及遺失、毁誤官私物而言。樹木稼穡，不言誤毁，統於私物也。碑碣石獸，不言係官，統於官物。蓋棄毁出於有意，遺失、誤毁本於無心，故凡棄毁人之器物，及毁傷斫伐人之樹木稼穡者，並計其所值之錢，准竊盜贓之貫數論罪，免刺。若棄毁及毁伐者係官物，則加棄毁私物罪二等。如棄毁私物一貫以下，杖六十，加二等，則杖八十是也，然亦罪止杖一百、流三千里。若遺失誤毁官物者，則各減棄毁私物罪三等。如棄毁私物一貫以下杖六十，減三等，則笞三十是也。以上棄毁器物，與毁伐樹木稼穡，及遺失誤毁官物，並皆驗數追償，還官給主。若遺失誤毁私物者，但追償而不坐罪。夫遺失誤毁，在官物則坐罪，在私物止賠償，所以别公私之不同，而權輕重之宜也。若碑碣、石獸、神主，皆祀先之器，非他物之比，故有人毁碑碣石獸者，杖八十；毁神主者，杖九十，俱不必計所值之贜。若房屋墻垣之類，則其工力之費爲重，故有人毁損者，則計其合用修造工雇之錢，以坐贜貫數論罪。如一貫以下笞二十，至五百貫之上，罪止杖一百、徒三年。若毁損官屋者，則加坐贜論二等。如一貫以上笞四十，至五百貫之上，亦罪止杖一百、流二千五百里。以上毁損官民房屋墻垣，及碑碣、石獸、神主等項，各令修補起立。惟誤毁者，但皆令修立，而不坐罪。夫誤毁官物有罪，而官屋不坐者，以彼之追償易爲力，此之修立難爲工，此制律之微意也。

104　擅食田園瓜果

凡於他人田園，擅食瓜果之類，坐贜論。計所食之物價，一兩以下，笞一十，二兩笞二十，計兩加等，罪止杖六十、徒一年。棄毁者，罪亦如之。其擅將挾去，及食之者係官田園瓜果如林衡署果、嘉蔬署瓜之類，若官造酒食者，加二等。照擅食他人罪加二等。主守之人給與，及知而不舉者，與同罪。若主守私自將去者，並以監守自盜論。至四十兩，問雜犯，准徒五年。

［纂註］

擅字與私字與有别，不掩人知而陽取曰擅，不與人知而竊取曰私。係他人瓜果，不言私將去者，以有盜田野穀麥菜果律也。官瓜果酒食，不言棄毁者，以有棄毁官物律也。主守以下，俱指係官者言。此謂凡於他人田園内瓜果之類，擅自取食者，計其食過所值之價，坐贜論罪。若雖不食而棄毁者，其罪亦如擅食者科之。其有於他人瓜果，擅自將去，及擅食係官田園瓜果，與夫官造酒食者，各加坐贜之罪二等。若主守之人給與人食，及知其擅食而不舉者，俱與食者同罪，亦坐贜論，加二等。若主守者私自將去係官瓜果酒食者，並計贜以監守自盜論罪。主守者不言擅食，在律所不禁矣。

［備考］

一、若擅將去係官瓜果酒食者，以常人盜官物論。

按：律内其擅將去云者，或謂專指官瓜果酒食言。蓋不知若有擅將去他人瓜果者，當坐之何律耶？又或謂有擅將去他人瓜果者，止科擅食之罪，蓋不知議擬之際，舍擅將去而引擅食之文，恐背律意甚矣。

105　私借官車船

凡監臨主守，將係官車船、店舍、碾磨之類，私自借用，或轉借與人，及借之者，各笞五十，驗日追雇賃錢入官。不得過本價。若計雇賃錢重於笞五十者，各坐贜論，加一等。加一等，謂加杖至六十，則重於笞五十矣。

［纂註］

車船名爲雇，店舍、碾磨名爲賃。驗日追雇賃錢，依名例云，照依犯時雇工賃直，驗日追之，非謂每日追錢六十文也。轉借與人者，監守止坐罪。雇賃錢，則於所借之人追之。雇賃錢重者，亦不得過本物之價。此言物當充用，若監臨主守之人，將係官車船、店舍、碾磨之類，私自借用，或轉借與人，及借之者，各笞五十。驗借過之日，追雇賃錢入官。若計雇賃錢重於杖五十者，各坐贜論，加一等。如計雇賃錢至四十貫，依坐贜律杖六十，是重於笞五十矣，加一等，即杖七十是也。

大清律集解附例卷之六

户律　婚姻

106　男女婚姻

凡男女定婚之初，若或有殘廢或疾病、老幼、庶出、過房同宗、乞養異姓者，務要兩家明白通知，各從所願不願即止，願者同媒妁寫立婚書，依禮聘嫁。若許嫁女已報婚書，及有私約謂先已知夫身疾殘［殘疾］、老幼、庶養之類而輒悔者，女家主婚人笞五十。其女歸本夫雖無婚書，但曾受聘財者亦是。○若再許他人，未成婚者，女家主婚人杖七十；已成婚者，杖八十。後定娶者，男家知情主婚人與女家同罪，財禮入官，不知者不坐，追還後定娶之人財禮，女歸前夫。前夫不願者，倍追財禮給還，其女仍從後夫。男家悔而再聘者，罪亦如之仍令娶前女，後聘聽其別嫁，不追財禮。○其未成婚男女，有犯姦盜者，男子有犯，聽女別嫁；女子有犯，聽男別娶不用此律。○若爲婚而女家妄冒者，主婚人杖八十謂如女有殘疾，却令姊妹妄冒相見，後却以殘疾女成婚之類，追還財禮。男家妄冒者，加一等謂如與親男定婚，却與義男成婚，又如男有殘疾，却令弟兄妄冒相見，後却以殘疾男成婚之類，不追財禮。未成婚者，仍依原定所冒相見之無疾兄弟姊妹，及親生之子爲婚。如妄冒相見男女，先已聘許他人，或已經配有室家者，不在仍依原定之限。已成婚者，離異。〇其應爲婚者，雖已納聘財，期約未至，而男家强娶，及期約已至，而女家故違期者，男女主婚人並笞五十。〇若卑幼或仕宦，或買賣在外，其祖父母、父母及伯叔父母姑、兄姊自卑幼出外之後爲定婚，而卑幼不知自娶妻，已成婚者，仍舊爲婚。尊長所定之女聽别嫁。未成婚者，從尊長所定。自聘者，從其别嫁。違者杖八十。仍改正。

［纂註］

殘疾以下，通男女言。庶出，衆子也；過房，嗣子也，是本宗者。乞養，義子也，是異姓者。三者雖與殘疾老幼不同，終與嫡子、親子有異，故男女亦必有不欲者。婚書，有媒妁通報寫立者。私約，無媒而私下議約也。聘財，但係布帛之類，凡名爲定禮者即是。笞五十，杖七十、八十，俱自主婚者言。犯姦盗，不必分男女，當兼説。如出妻條，一曰盗是也。不用此律，謂不用輒悔及再許他人之律。仍依原定，謂歸原相見之人。期約，謂成婚之期。此條當與嫁娶違律條參看。言男女室家，當使之各得其願。凡定婚之初，若男女遇有疾病、傷殘，或老或幼，或係庶出，或係過房，或係乞養，務要被［彼］此將疾殘等情，明白通知，使兩家各從所願。如果願與成婚，則憑媒妁寫立婚書，依嫁娶禮式聘嫁，庶無後悔，及妄冒違約期之弊也。若許嫁之女，已報有婚書，及私下已有期約，已明知夫身有疾殘等項，定婚之後，而女家輒欲悔背，不與男家者，女家主婚人笞五十。或雖無婚書，但曾有布帛之類，作爲聘財，即係已定，而輒悔者，亦笞五十，其女仍歸其夫。此自雖悔而未許人者言之。若已受聘定之女，輒悔而許他人爲婚，未成婚者，女家主婚杖七十；已成婚者，女家主婚杖八十。後定婚之男家，主婚人知其女先已許人而故定者，與女家同罪，未成婚者，杖七十，已成者杖八十，定婚之財禮入官。男家不知其許人之情而定之者，不坐罪。女家所受財禮，追還男家。其女不問已未成婚，俱歸前夫。前夫不願取［娶］者，於女家倍追財禮，給還男家，聽其别娶，其女仍令從後夫。

若已報婚書，已有私約，已受聘財，而男家悔者，罪亦如之。悔者主婚，亦笞五十。悔而再娶他人，女未成婚，主婚者亦杖七十，仍娶前女，後聘女家不追財禮，聽其别嫁。已成婚者，亦杖八十，前女家亦不追財禮，聽從許嫁他人。後許婚之女家，知其夫已聘他人女而再嫁女，亦同男家，未成婚者杖七十，已成婚者亦杖八十，故曰罪亦如之。財禮入官，不知者不坐。其或男女已行聘定，未成婚，或男子有犯姦盜者，女子聽其别嫁，不追財禮；女子有犯姦盜者，男子聽其别娶，追還財禮，不用再嫁再娶之律。此自雖再許他人，而未有妄冒者言之。若男女爲婚，而女家妄冒，如本有殘疾，女家却將無殘疾之姊妹相見，後却以殘疾女成婚之類，其主婚人杖八十，財禮追還男家。其男家妄冒，如男本有殘疾，男家却將無殘疾之兄弟相見，後却以殘疾男成婚之類，其主婚人加女家主婚者一等，杖九十，女家所受財禮不追。未成婚者，各減已成婚五等，仍以初相見之男女成婚。已成婚者，婦女離異歸宗。蓋女雖妄冒，男尤［猶］可再娶；男若妄冒，其女遂至失身，其加等宜也。其明知殘疾等項，及無妄冒等情，而應合爲婚者，雖已納聘財，猶必及期嫁娶。若期約未至，而男家先時强娶，及期約已至，而女家後時違期，其失婚姻之時一也，故並笞五十。若至卑幼，如子孫弟姪之類，或出爲仕宦，或爲買賣在外，其祖父母、父母，及伯叔父母、姑、兄姊，皆應主婚之人，於卑幼出外之後，爲與定婚，而卑幼在外不知其情，自己娶有妻室，若自娶者已成，仍舊爲婚，尊長所定之女，聽其别嫁。未成婚者，從尊長所定者婚娶，自聘者從别嫁。如違尊長所定，而務從自己所定者，卑幼杖八十。蓋婚姻人道之始，此法立則男女以正，而萬化之原端矣。

［備考］

一、妄冒相見男女，先已聘許他人者，不在仍依原定之限。

條例

106－01

一、嫁娶皆由祖父母、父母主婚，祖父母、父母俱無者，從餘親主婚。其夫亡攜女適人者，其女從母主婚。若已定婚，未及成親，而男女或有身故者，不追財禮。

106－02

一、男女婚姻各有其時，或有指腹割衫襟爲親者，並行禁止。

106－03

一、招壻須憑媒妁，明立婚書，開寫養老或出舍年限。止有一子者，不許出贅。如招養老女壻者，仍立同宗應繼者一人，承奉祭祀，家產均分。如未立繼身死，從族長依例議立。

107　典雇妻女

凡將妻妾受財，立約出典驗日暫雇與人爲妻妾者，本夫杖八十。典雇女者，父杖六十。婦女不坐。○若將妻妾妄作姊妹嫁人者，杖一百，妻妾杖八十。知而典娶者，各與同罪，並離異。女給親，妻妾歸宗。財禮入官。不知者不坐，追還財禮。仍離異。

［纂註］

典、雇二字有分別：備價取贖曰典，驗日取值曰雇。妄作姊妹嫁人有兩意：在本夫自知妻妾不可嫁人，故妄作姊妹，以避賣休之罪，又誑人使知其非妻妾而可娶也。知而典娶節，總承二節典字，包雇字言。娶字，指妄作姊妹節。並離異，謂妻妾歸宗、女給親也，不可專指典娶一邊説。不知者不坐，指典娶人。此言凡將自己之妻妾，受人之財，或典或雇與他人爲妻妾者，本夫杖八十。受人財，將自己女典雇與人爲妻妾者，本父杖六十。妻妾典雇，斯爲失節，女或不歸，猶可終身，故罪有輕重如此。其所典雇之婦女，以非所得專，故不坐罪。若將妻妾妄作姊妹，以嫁人者，在己既避責休之罪，而又欺人使之可娶也，本夫杖一百，所嫁之妻妾，杖八十，蓋罪其同情也。若他人明知其爲本人之妻妾與女，及知其妾作姊妹，而或典雇或和娶爲妻妾者，各與同罪：典雇人妻妾者，同本夫，杖八十；典雇人女者，同本父，杖六十；娶人妾作姊妹之妻妾者，同本夫，杖一百，並離異，女給親，妻妾歸宗。其所典雇與娶之財禮，俱入官。若不知其爲妻妾與女，及妾作姊妹之情，而典娶者，不坐罪，財禮追還。典娶人妻妾與女，仍離異。曰不知者不坐，則將妻女典雇與人，亦必有假託别項者。聖人制律嚴禁，而曲防如此，蓋正倫理、端風化之深意。

條例

107－01

一、［凡］將妻妾作姊妹，及將拐帶不明婦女，或將親女，并居喪姊妹，嫁賣與人，作妻妾、使女名色。騙財之後，設詞託故，公然領去，或瞰起程，中途聚衆行兇，邀搶人財者，除真犯死罪外，其餘屬軍衛者，發邊衛充軍；屬有司者，發邊［口］外爲民。媒人知情，罪同。若婦人有犯，罪坐夫男。若不知情，及無夫男者，止坐本婦，照常發落。

108　妻妾失序

凡以妻爲妾者，杖一百。妻在，以妾爲妻者，杖九十，並改正。○若有妻更娶妻者，亦杖九十，後娶之妻離異歸宗。其民年四十以上無子者，方聽娶妾，違者笞四十。不言離異，仍聽爲妾也。

［纂註］

並改正，兼妻妾言。離異，指後娶妻説。違者笞四十，有兩意：謂年四十而有子，雖無子而年未四十者，均之不許娶妾也。律不言離異，仍聽爲妾。此條大意，重在尊嫡妻言。蓋嫡妾貴賤，本有定分，凡以正妻爲妾者，本夫杖一百。妻在室，而以妾爲正妻者，杖九十，並改正，妻仍爲妻，妾仍爲妾也。蓋以妻爲妾，則易位矣。以妾爲妻，正妻之分猶存，故減一等科之。若有妻而又娶一妻，是匹嫡矣，本夫亦杖九十。未成婚者減五等，後娶之妻離異歸宗。其民年四十以上無子者，方聽娶妾。若四十以上而有子，及雖無子而年未四十，違律娶妾者，笞四十。蓋更娶妻者，是匹嫡，而違律娶妾，於分猶無妨也，故止坐以笞耳。律不言離異，仍聽爲妾，重無後也，可謂仁至而義盡矣。觀妻妾失序上，用一凡字，則通官民可知。而娶妾直曰民，官員當不在此限。王府濫收媵妾有例，見名例。

［備考］

一、妻亡，以妾爲正妻者，問不應，改正。

109　逐壻嫁女

凡逐已入贅之壻嫁女，或再招壻者，杖一百，其女不坐。後婚男家知而娶或後贅者，同罪。未成婚者，各減五等，財禮入官。不知者，亦不坐。其女斷付前夫，出居完聚。如招贅之女，通同父母，逐壻改嫁者，亦坐杖一百。

［纂註］

逐壻之壻，專指入贅者言。男家知而娶者，兼後贅者説。此言凡將已入贅在家之壻逼逐在外，而將女改嫁與他人，或再招他人，來家爲壻者，皆非理也。女之父或母主婚者，杖一百，其女不坐罪，以父母得專制也。若後婚之男家，知其逐壻情由，或娶其女，或再入爲壻者，與女家同杖一百。未成婚者，各減五等，財禮入官。不知逐壻之情而娶與入贅者，亦不坐罪，追還財禮，其女斷付初贅之夫，令其出外另居完聚。蓋夫婦之情雖未離，而翁壻之情則已絶故耳。

［備考］

一、凡招贅之女，通同父母，逐壻改嫁者，亦坐杖一百。

110 居喪嫁娶

凡男女居父母及妻妾居夫喪，而身自主婚嫁娶者，杖一百。若男子居父母喪而娶妾，妻居夫喪女居父母喪而嫁人爲妾者，各減二等。若命婦夫亡，雖服滿再嫁者，罪亦如之亦如凡婦居喪嫁人者擬斷，追奪敕誥，並離異。知係居喪及命婦而共爲婚姻者，主婚人各減五等財禮入官，不知者不坐。仍離異，追財禮。若居祖父母、伯叔父母、姑、兄姊喪除承重孫外，而嫁娶者，杖八十不離異，妾不坐。○若居父母、舅姑及夫喪，而與應嫁娶人主婚者，杖八十。○其夫喪服滿，妻妾願守志，非女之祖父母、父母而强嫁之者，杖八十。女之期親强嫁者，減二等。其夫家之祖父母，及期親强嫁之者，罪亦如之。婦人不坐，追歸前夫之家，聽從守志。娶者亦不坐，追還財禮。

［纂註］

居父母喪，兼男女。身自嫁娶，自字要看。曰自者，以非奉父母之命，故罪之。若奉父母之命而嫁娶，不在此限。夫喪不得兼妾説，男子居喪及妻女，承上文父母及夫喪言。命婦不言夫喪，而曰夫亡，見雖服滿，亦不得再嫁，並離異。及知而共爲婚者，通承上説。居祖父母喪，非係承重者，故得杖八十。居祖父母等喪娶妻妾，不言離異，仍聽爲婚。非女之祖父母、父母，及期親，就婦人本宗言，以夫家無醮婦之禮也。非女之祖父母、父母，即大功以下親、期親，如伯叔父母、姑、兄姊之類。此言凡居父母之喪，及夫之喪，喪服之内，男子身自娶妻，婦女身自嫁人爲妻者，俱坐杖一百。若男子居父母喪而娶妾，妻居夫喪、女居父母喪而嫁人妾者，各減嫁娶爲妻者罪二等，杖八十。至命婦，曾受朝廷封典，非凡婦比。若夫亡再嫁者，罪即如凡婦擬斷。爲妻者，亦杖一百；爲妾者，亦杖八十，追奪其所封之誥敕。其居喪嫁娶之人，及再嫁之命婦，並離異歸宗。以上未成婚者，各減五等。其男女家知有居喪，及係命婦，而共爲婚姻者，各減男女罪五等。嫁娶爲妻者，笞五十，爲妾者笞三十，財禮入官，不知情者不坐，仍離異，追還財禮。若不係承重之孫，而居祖父母之喪，姪居伯叔父母、在室姑之喪，弟居兄姊之喪，而嫁娶爲妻者，杖八十，爲妾者不坐罪，亦不離異。蓋三年之喪，服之至重，而期親之喪，則降一等矣，故罪有輕重如此。此言不應嫁娶者之罪。若男女居父母之喪，妻居舅姑及夫喪，而與應嫁娶人主婚者，曰應嫁娶人，雖律無禁，而舍哀從吉，於情未安，故坐杖八十耳。此言不應主婚者之罪。然以上皆自喪未滿者言之。其婦人居夫之喪，三年服制已滿，願於夫家守志者，惟女之祖父母、父母强嫁之者不坐罪。若非女之祖父母、父母，如本宗大功以下親，奪其志而强嫁之者，杖八十。如本宗之期親强嫁之者，减二等，杖六十。蓋女之祖父母、父母，情本至親，强嫁之心，欲其有家耳。若餘親，亦或有所爲矣，安得不罪之也？婦人不坐罪，追歸前夫之家，聽從守志。其娶者亦不坐罪，追還財禮。蓋服滿無妨改嫁，而主婚又有其人故也。

按：居夫喪而嫁娶，或謂妻妾同一律論。以刑律有妾毆夫罵夫之文，謂既夫其夫，是亦妻也，當同妻論。不知妻妾之分，尊卑甚明。古人謂之買妾，賤之也。刑律稱夫者，以妻帶言之耳。觀喪服圖，妻則稱夫，妾則稱家長，明有别也。且夫爲妻杖期，而妾則無服，安可以妾同妻，而責之居喪嫁娶之律哉？若妾願守志，而有强嫁之者，斯得用妻之律矣。

［備考］

一、凡婦居舅姑喪，而身自嫁娶者，比依居父母喪而嫁娶律。

一、願守志之婦，夫家親强嫁之者，問不應事重。

111　父母囚禁嫁娶

凡祖父母、父母犯死罪被囚禁，而子孫自嫁娶者，杖八十。若男娶妾、女嫁人爲妾者，减二等。其奉囚禁祖父母、父母命，而嫁女娶妻者，不坐，亦不得筵宴。忘其至親，任情縱欲，不孝之大者也。當依棄親之任條下科斷，杖八十。父母囚禁筵宴，自有本律。

[纂註]

犯死罪被囚禁，一串説。子孫嫁娶，是未奉父母之命者，兼男女言。爲妾，指嫁娶二項。奉命嫁娶而筵宴者，罪見禮律棄親之任條。爲妻妾者，律不言離異，聽爲婚也。此言凡祖父母、父母身犯死罪，見被官府囚繫禁錮，爲子孫者，非奉尊命，而男輒娶妻、女輒嫁人爲妻者，杖八十。若男娶妾，女嫁人爲妾者，減妻罪二等，杖六十。蓋忘其至親，而任情縱欲，不孝之大也，故特罪之。其子孫奉有祖父母、父母之命，而嫁女娶妻者，聽其嫁娶，不坐罪。然亦不得筵宴作樂，違者當依禮律杖八十，亦不以婚姻之樂，易父母之憂耳。

112　同姓爲婚爲婚，兼妻妾言。禮不娶同姓，所以厚别也。若買妾，不知其姓，則卜之。

凡同姓爲婚者，主婚與男女各杖六十，離異。婦女歸宗，財禮入官。

[纂註]

爲婚，兼妻妾。各字，指男女兩家言。蓋禮不娶同姓，所以厚别也。故凡娶同姓女爲妻妾，或以女嫁與同姓爲妻妾者，是瀆倫矣。或坐主婚，或坐男女，彼此各杖六十。婦女離異歸宗，財禮入官。夫曰同姓，則無不知情也。

113　尊卑爲婚

凡外姻有服或尊屬或卑幼，共爲婚姻，及娶同母異父姊妹，若妻前夫之女者，各以親屬相姦論。○其父母之姑舅兩姨姊妹，及姨，若堂姨母之姑、堂姑、己之堂姨，及再從姨、己之堂外甥女，若女婿之姊妹，及子孫婦之姊妹，雖無服並不得爲婚姻，違者男女各杖一百。有主婚者，獨坐主婚人。○若娶己之姑舅、兩姨姊妹者雖無尊卑之分，尚有緦麻之服，杖八十。○並離異。婦女歸宗，財禮入官。

［纂註］

此條專就外姓姻親言。共爲婚姻，指嫁娶兩邊各以姦論，見刑律親屬相姦條。父母之姑所生女，爲父母之姑姊妹，祖母同胞姊所生女，爲父母之兩姨姊妹。下女壻，及子孫婦之姊妹，與己之姑舅兩姨姊妹，俱倣此。父母之姑舅兩姨姊妹，謂父母之姑與舅及兩姨所生之女，是父母之姊妹也。及姨，若堂姨，謂祖母、外祖母之姊妹，爲父母之姨，即己之祖姨母也。祖母、外祖母之堂姊妹，爲父母之堂姨，即己之從祖姨母也。母之姑，謂外祖之姊妹，即己之外祖姑母也。母之堂姑，謂外祖之堂姊妹，即己之外堂祖姑母也。己之堂姨，謂母之堂姊妹也。己之再從姨，謂母之再從姊妹也。堂外甥女，謂己堂姊妹所生女也。己之姑舅兩姨姊妹，謂己姑與舅及兩姨所生之女，與己爲姊妹者。或謂上尊屬卑幼，兼表兄弟，不知姑舅姊妹中，已包言之矣。並離異句，通承上言。此言凡外姓姻親，於己有服之尊屬，如己之外祖父母、舅母、姨，俱有小功服。妻之母，有緦麻服者。有服之卑幼，如己之外孫、外甥女、女壻之類，俱有緦麻服者。若尊屬與卑幼相娶嫁爲婚姻，及娶同母異父姊妹爲妻，若娶妻前夫之女爲妻者，男女各以親屬相姦條論，杖一百、徒三年。應死者，自依常律。蓋外姻尊卑，名分既存，服制已定，同母姊妹、前夫之女，雖非一氣，終屬至親，均之不可爲婚者，故特重其罰矣。其父母之姑舅姊妹，與兩姨姊妹，與父母同輩者，及父母之姨，若父母之堂姨、母之姑、母之堂姑，皆尊於父母一輩者。己之堂姨，及再從姨，與父母同輩者，此己之無服尊屬也。己之堂外甥女，若女壻之姊妹，子孫婦之姊妹，此己之無服卑幼也。服制雖無，名分自在，故違律成婚者，男女各杖一百，而視有服尊卑，則有間矣。若娶己之姑舅姊妹，與兩姨姊妹爲妻，是與己同輩者，雖服緦麻，不干名分，故男女各杖八十，而視父母之姑舅等親，則又有間矣。凡以上外姻親，違律爲婚之親屬，並離異，婦女歸宗，財禮入官。蓋婚姻人道之大，不可以苟合，故嚴其法以防之。

條例

113－01

一、［凡］男女親屬尊卑相犯重情，或干有律應離異之人，悉遵成憲，俱照親屬已定名分，各從本律科斷，不得妄生異議，致罪有出入。其間情犯稍有可疑，揆於法制，似爲太重，或於大分不甚有礙者，聽各該原問衙門，臨時斟酌擬奏。

113－02

一、［凡］前夫子女，與後夫子女，苟合成婚者，以娶同母異父姊妹律條科斷。

114　娶親屬妻妾

凡娶同宗無服姑姪姊妹之親及無服親之妻者，男女各杖一百。若娶同宗緦麻親之妻，及舅甥妻，各杖六十、徒一年。小功之妻以上，各以姦論。自徒三年至絞斬。其親之妻曾被出，及已改嫁，而娶爲妻妾者無服之親不與，各杖八十。○若收父祖妾，及伯叔母者，不問被出改嫁各斬。若兄亡收嫂，弟亡收弟婦者不問被出改嫁，俱坐，各絞。○妾父祖妾不與各減妻二等。被出改嫁遞減之。○若娶同宗緦麻以上姑姪、姊妹者，亦各以姦論。○除應死外並離異。

［纂註］

此條專自同宗言。自娶緦麻親，至第三節，皆言有服親之妻。第四節，是言有服之親。甥舅在外姻中爲最親，故帶言之。無服之親説得廣，凡五服之外皆是，《禮》所謂袒免親也。舅甥妻，謂舅娶甥妻、甥娶舅妻也。被出改嫁，通指前項親屬之妻言。父祖妾、伯叔母、兄弟妻，不曰娶，而曰收者，以其亂倫之甚，不敢顯言嫁娶。再，謂同居曰收者，非也。不言被出改嫁，有犯亦坐斬絞。妾各減二等，通承上兩節言，指原爲妾者。若原係妻而娶爲妾，當從妻論；原係妾而娶爲妻，仍從妾減科，並離異，通承上妻妾言。蓋同姓爲婚，律尚有禁，況同宗乎？故凡娶同宗無服之親，及無服親之妻爲妻妾者，男女各杖一百。若娶同宗緦麻親之妻，及舅娶甥妻、甥娶舅妻爲妻妾者，男女各杖六十、徒一年。娶同宗小功以上親，及親之妻，各以姦小功以上親論罪，男女各杖一百、徒三年。蓋五服之外，服制已盡，名分猶存，五服之内，服制漸重，名分愈尊，故科罪有輕重如此，應死者，自依常律。其同宗無服親之妻、緦麻親之妻，及舅甥妻，小功以上親之妻，先曾爲夫所出，及夫亡改嫁他人，在本夫雖有義絶之狀，而其名終係吾族之婦，故娶爲妻妾者，男女各杖八十。其視見爲妻者，則殺之矣。若子孫收父與祖之妾，及姪收伯叔母爲妻妾者，不問在家及被出改嫁，男女各坐斬。若兄亡收嫂、弟亡收弟婦爲妻妾者，不問在家及被出改嫁，男女各坐絞，妾各減二等。娶同宗無服親之妾，各杖八十。娶緦麻親及舅甥妾，各杖九十。娶小功以上親之妾，各杖八十、徒二年。娶被出改嫁之妾者，各杖六十。收伯叔及兄弟之妾者，各杖一百、徒三年。若娶同宗緦麻以上之姑及姪女，與己之姊妹，爲妻妾者，亦各以姦緦麻以上親論，男女各杖一百、徒三年，應死者，自依常律。夫同一妾也，而父祖妾則坐斬；同一妻也，而伯叔母則坐斬。兄弟妻，則坐絞；姑姪姊妹，則以姦論，蓋父祖、伯叔、姑，在名分中爲至尊，兄弟與姪女、姊妹，在服屬中爲最重故耳。然自同宗無服之親，以至姑姪姊妹，定罪雖有輕重，要之均爲亂倫，故娶之者並離異歸宗，財禮入官。其所以端風化者至矣。

按：父祖妾、伯叔母、兄弟妻，或謂先曾被出，及已改嫁而娶之者，宜坐不應事重。不知此三項雖在五服之内，而其情非小功緦麻以上親可比，故律特言之，而以被出改嫁置之父祖妾之上，明不在此例也。若擬不應，則與娶同宗義絶之親無異矣，非理也。況所謂小功以上，亦自可以該伯叔父母及兄弟妻，又何必言之耶？以意逆之，當自得矣。

115　娶部民婦女爲妻妾

凡府州縣親民官，任内娶部民婦女爲妻妾者，杖八十。若監臨內外上司官，娶見問爲事人妻妾及女爲妻妾者，杖一百。女家主婚人並同罪，妻妾仍兩離之。兩離者，不許給與後娶者，亦不給還前夫，令歸宗。其女以父母爲親，當歸宗。或已有夫，又以夫爲親，當給夫完聚。女給親，財禮入官。恃勢强娶者，各加二等，女家不坐婦還前夫，女給親，不追財禮。若爲子孫弟姪家人娶者，罪亦如之，男女不坐。若娶爲事人婦女，而於事有所枉者，仍以枉法從重論。

［纂註］

婦女之婦，兼妻妾。親民官曰部民，監臨官曰爲事人者，蓋爲事人止謂有事與監臨相涉者，若部民，則概言所統攝之民也。女家對男子之稱，婦家在其中。並同罪，謂部民同親民官之罪，爲事人同監臨官之罪。兩離，謂既不給官員，又不給夫家，俱令歸本宗。强娶，通親民、監臨説。爲子孫等娶者，罪亦如之，則又通和强言。其婦女財禮，俱准自娶法科斷。男女不坐，謂子孫等，及所娶婦女，並不坐罪也。此言凡府州縣，與民相親近之官，而於任内和娶所部民人之妻妾或女爲妻妾者，親民官杖八十。若監臨官和娶爲事人之妻妾及女爲妻妾者，監臨官杖一百。蓋府州縣官職本近民，而監臨權能督責，其體統雖同，但部民尚無事相干，而有事人則見在對理，其事勢實異，故罪有差别耳。其妻妾之本夫、女之父，並同罪，以妻妾及女與親民官者，亦杖八十，以妻妾及女與監臨官，亦杖一百。既屬同情，亦不得不同罪也。其所娶之妻妾，仍兩離之，妻妾歸宗，女給親，不得給官員，亦不得歸本夫，財禮入官。若親民官及監臨官，恃其官勢，用强以娶部民，及爲事人之妻妾與女爲妻妾者，各加二等，親民官杖一百，監臨官杖七十、徒一年半。婦之夫、女之父不坐罪，婦歸前夫，女給親，不追財禮。夫曰强，則所制在人，故特貸之。若親民官與監臨官，各爲其子孫、弟姪及家人，而娶部民爲事人之妻妾及女，與之爲妻妾者，亦如親民監臨官自娶之罪。

和娶者，親民官杖八十，監臨官杖一百，女家並同罪，財禮入官。强娶者，亦加二等，親民官亦杖一百，監臨官亦杖七十、徒一年半，女家亦不坐罪，不追財禮。其子孫弟姪家人，及婦女之嫁與官員之子孫弟姪家者，俱不坐罪，以其有主婚人耳，可謂變而不窮，法之至善也。夫觀在任二字，則未任之先，與既任之後而娶者，俱律所不禁矣。

按：此條府州縣官曰部民，則非所部者勿論矣。若監臨官，稱爲事人，則不得曰非爲事人勿論也。觀名例稱監臨主守條，監臨本有二項，有常時之監臨，有暫時之監臨。如别府州縣，承委鄰境，清查錢糧，會理詞訟，相干涉者，即爲事人，而不相干涉者，斯與監臨無與也。若常時之監臨，如撫按兩司，於該府州縣，孰非事也，孰非爲事人也，而無不相干涉者矣。故非爲事人勿論之説，在暫時之監臨則可，在常時之監臨則不可，難以執一論也。

［備考］

一、此條官員有犯者，照行止有虧事例，革職爲民。

一、娶爲事人婦女，而於事有所枉者，仍以枉法從重論。

116　娶逃走婦女

凡娶自己犯罪已發在官而逃走在外之婦女爲妻妾，知逃走之情者與同其所犯之本罪而婦人加逃罪二等，其娶者不坐，至死者，減一等，離異。不知者不坐。若無夫，又會赦免罪者，不離。一有不合，仍離。

［纂註］

犯罪，謂婦女自己犯罪已發在官者，與在逃子女爲事在家者不同。與同罪，止同其所犯之本罪，而婦人自當加逃罪二等。此離異，與别條不同，謂妻妾歸前夫，女歸本宗。若婦人所犯罪，應與前夫離異者，始歸本宗。不知情，雖不坐罪，亦當離異。無夫，會赦免罪者，不離，謂既無夫，又會赦，則是無罪而應改者，故聽其完聚也。婦人免罪，不離，當包女言。此言凡婦女犯罪，已發於官，而逃亡在外，有人娶爲妻妾，若娶者知其犯罪逃走之情，則笞杖徒流，各與婦女同罪。若婦女犯死罪在逃，知其情而娶之者，得減婦女一等，杖一百、流三千里。所娶之婦，若非犯死罪者，歸其夫，女歸宗。若所犯之罪，原應與前夫離異者，則歸宗，財禮入官。蓋婦女犯罪，已爲不良，況又在逃，安得擅娶，故既與同罪，而復離異耳。然此自娶者知情，及婦人有夫，而罪未遇赦者言之。若娶者不知其有犯罪逃走之情，而娶爲妻妾者，不坐以罪，仍斷離異，追還財禮。若逃走之婦原無本夫，而所犯之罪又經赦免，則聽後夫，不在離異之限。夫不知不坐者，原其誤犯也，無夫會赦不離者，矜其無歸也，其曲盡人情矣乎。曰婦人會赦不離，則娶者不坐罪可知，曰無夫會赦不離，則會赦有夫而離者可知。

117　强占良家妻女

凡豪强勢力之人，强奪良家妻女，姦占爲妻妾者，絞監候，婦女給親。婦歸夫，女歸父。配與子孫弟姪家人者，罪罪歸所主亦如之，所配男女不坐。仍離異給親。

［纂註］

勢、豪有分別，豪是豪强，勢謂有力者。强奪二字重看。姦占二字，或謂當作二項：謂姦止是姦宿，而不必爲妻妾，若占則終爲己有，細詳還相連看爲是。蓋用强而不以禮娶，故云姦占也。若强奪而姦之，則有强姦律矣。婦歸其夫，女婦其父，故曰給親。此言凡豪强勢力之人，不通媒妁，不用聘定，將良人之妻或女，用强奪娶來家，姦宿占住爲妻妾者，勢豪之人坐絞，婦歸本夫，女歸其父。若用强奪取，而配與子孫弟姪及家人爲妻妾者，罪亦如豪勢之人自姦占律坐絞。蓋其跡雖有自占與配子孫等之異，而强奪之情一也。其所姦占之婦女，及子孫弟姪家人，俱不坐罪。

［備考］

一、强奪良家妾姦占者，比附此律上請。

條例

117－01

一、［凡］强奪良人妻女，賣與他人爲妻妾，及投獻王府，并勳戚勢豪之家者，俱比照强奪良家妻女，姦占爲妻妾絞罪，奏請定奪。

118　娶樂人爲妻妾

凡文武官并吏娶樂人妓者爲妻妾者，杖六十，並離異。不給於官吏，亦不還樂工，斷離歸宗，財禮入官。若官員子孫乃應襲廕者娶者，罪亦如之，附過。候廕文襲武之日，照應襲本職上降一等，於邊遠敘用。其在順治元年赦［洪武元年已］前娶者勿論。

［纂註］

樂人，指教坊司妓者。官員子孫，兼文武。並離異，謂不給官吏子孫，亦不給樂工，斷離歸宗。專言襲廕，其餘以常人論可知。此條當與刑律官吏宿娼條參看。言文武官吏，有娶樂人爲妻妾者，杖六十，依名例犯私罪律，職官降等改用，未入流官與吏，罷職役不敘。所娶之樂人，並離異歸宗，財禮入官。若官員應該襲廕之子孫，娶樂人爲妻妾者，亦如官員之罪，杖六十，離異歸宗，財禮入官，仍將附寫其過名，候廕襲之日，於父祖職事上減一等，調邊遠衙門敘用。蓋文武官吏，已受有職役之常，廕襲子孫，亦他日官爵之寄，良賤尚難爲婚，樂人豈所宜娶，故立法之嚴，欲其自保之意也。若官吏子孫所娶之樂人，在洪武元年以前者勿論，既不坐罪，亦不離異，以胡元無禁故耳。今有例，官吏犯姦，及一應行止有虧，俱發爲民，武官照例調衛，帶俸差操矣。

按：文曰廕，武曰襲。條内云，候廕襲之日，降一等，似專指軍官子孫言。而文官子孫，又無父祖之職可降。如有犯，合照文官行止有虧，革廕爲民可也。

［備考］

一、樂人知情嫁與者，問不應笞罪，財禮入官。

一、流娼雖非樂人，官吏娶者，與此條同擬。

119　僧道娶妻

凡僧道娶妻妾者，杖八十，還俗，女家主婚人同罪，離異。財禮入官。寺觀住持，知情與同罪如因人連累，不在還俗之限，不知者不坐。〇若僧道假託親屬或僮僕爲名求娶，而僧道自占者，以姦論。以僧道犯姦，加凡人和姦罪二等論。婦女還親，財禮入官。係强者，以强姦論。

［纂註］

還俗，直管至下。住持知情雖同罪，但因人連累，不在還俗之限。自占爲妻妾者，依刑律，僧道犯姦，加凡人罪二等。或泥占字，謂奪親屬僮僕之所有，當依姦親屬妻妾及義男婦科斷，不知律文明曰假託，則併親屬僮僕，或無其人，借有其人，所娶原未與之成婚也，安得遂以假爲真哉？姦字，兼和、强言。蓋僧道既云出俗，婚娶非其所宜，故凡娶有妻妾者，即杖八十，斷令還俗。女家以其女與之爲妻妾者，與僧道同罪，亦杖八十，婦女離異歸宗。其本寺觀之住持，知其娶妻妾之情，亦與僧道同罪，杖八十。既住持其教，而不能約束其衆，其罪之宜也。住持不知情者，不坐罪。若僧道知其不可娶妻妾，而假託親屬或僮僕爲名色，以求娶人之婦女，及娶而自占爲妻妾者，以姦論。係和者，以凡姦加二等，杖一百；係强者，以强姦論。以僧道而娶妻，已爲違法，娶妻而假託，其欺奸甚矣，故加重以懲之。

120　良賤爲婚姻

凡家長與奴娶良人女爲妻者，杖八十，女家主婚人減一等，不知者不坐。其奴自娶者，罪亦如之。家長知情者，減二等。因而入籍指家長言爲婢者，杖一百。若妄以奴婢爲良人，而與良人爲夫妻者，杖九十妄冒由家長，坐家長；由奴婢，坐奴婢，各離異改正。謂入籍爲婢之女，改正復良。

［纂註］

罪亦如之，謂奴亦杖八十，女家亦減一等也。因而入籍爲婢，承家長與奴娶，及奴自娶兩邊説。入籍爲婢，國初爲奴婢者，各有册籍。妄以奴婢爲良人二句，亦指家長妄冒，或奴婢自妄冒也。各離異，總承上説。改正，謂入籍者改正，非如妻妾失序改正之謂。此言凡家長主婚，娶良人之女與奴爲妻者，家長杖八十。女家主婚者，知其爲奴，而以女與之者，減男家罪一等，杖七十。女家不知其爲奴者，不坐罪。其奴不由家長，自娶良人女爲妻者，罪亦如之。奴如家長與娶，杖八十。女家知情，減奴罪一等，杖七十。家長知奴自娶之情，不行禁止者，減奴罪二等，杖六十。因以良人女附入册籍爲婢者，由家長入籍者，家長杖一百；由奴入籍者，奴杖一百。若妄以奴爲良人，而與良人女爲夫，或妄以婢爲良人，而與良人男爲妻者，由家長妄冒，家長杖九十；由奴婢妄冒，奴婢杖九十。其家長與娶，或奴自娶，及相妄冒而娶者，俱離異歸宗，入籍爲婢之女，則改正。蓋夫妻本有敵體之義，而良賤則非配耦之宜，入籍終無從良之期，而妄冒乃爲欺妄之甚，故既坐其罪，復離異改正。立法可謂詳盡矣。

按：奴婢或以律有發付功臣家奴之文，遂謂非功臣之家，不得有奴婢，則此條以專爲公侯家設也。不知立嫡子違法條内，明開庶民之家存養奴婢者，杖一百，是止禁庶民之家，不得有奴婢矣。言庶民，則有官者不禁矣。使止許公侯家有之，則律中稱凡存養奴婢者杖一百，何也？或明言非公侯之家亦可也，而何專言庶民耶？蓋功臣與官員家，俱得存養奴婢。言給付功臣家爲奴者，詳其文，籍没子女，無所著落，故欽給功臣家耳，詳見《文獻通考》。今問刑者，每遇奴婢毆家長之類，輒舍正律，乃引用雇工人律，亦舛矣。

121　外番色目人婚姻[1]

凡外番［蒙古］色目人是回回種類，聽與中國人爲婚姻務要兩相情願，不許本類自相嫁娶，違者杖八十，［男女入官爲奴。其中國人］不願［與回回欽察］爲婚姻者，聽從本類自相嫁娶，不在禁限。飲食居處，各有本俗，不能相同，故婚姻止聽其自便。

［纂註］

蒙古，即達子。色目，即回回。欽察，又回回中之别種。回回，拳髮大鼻；欽察，黄髮青眼，其形狀醜異，故有不願爲婚姻者。此言胡元入主中國，其種類散處天下者，難以遽絶，故凡蒙古及色目人，聽與中國之人相嫁娶爲婚姻。又務要兩相情願，使之各得其所可也。不許蒙古色目人之本類自相嫁娶，如本類中違律自相嫁娶者，兩家主婚杖八十，所嫁娶之男女俱入官，男爲奴，女爲婢。然回回欽察，在色目人中爲最醜陋，中國人有不願與之爲婚姻者，則聽其本類自相嫁娶，又不在不許自相嫁娶之禁限。夫本類嫁娶有禁者，恐其種類日滋也。聽其本類爲婚者，又憫其種類成色也。立法嚴，而用心恕，所以羈縻異類者至矣。回回欽察，曰不願與爲婚姻，則願者固不禁也。

122　出妻

凡妻於七出無應出之條及於夫無義絶之狀而擅出之者，杖八十。雖犯七出，有三不去而出之者，減二等，追還完聚。○若犯義絶，應離而不離者，亦杖八十。若夫妻不相和諧，而兩願離者情既已離，難强其合，不坐。○若夫無願離之情妻輒背夫在逃者，杖一百，從夫嫁賣。其妻因逃而輒自改嫁者，絞監候。其因夫棄妻逃亡，三年之内不告官司，而逃去者，杖八十。擅自改嫁者，杖一百。罪責主婚之人，財禮乃坐。妾各減二等。無主婚

[1] 萬曆律作“蒙古色目人婚姻”。

人，以和姦、刁姦論，其妻妾仍從夫嫁賣。〇若婢背家長在逃者，杖八十。奴逃者，罪亦同。因而改嫁者，杖一百減妾二等問，給還家長。〇窩主及知情娶者，各與妻妾奴婢同罪。至死者，減一等。財禮入官。不知者主婚者言，俱不坐。財禮給還。〇若由婦女之期親以上尊長主婚改嫁者，罪坐主婚，妻妾止得在逃之罪。餘親主婚者餘親，謂期親卑幼，及大功以下尊長卑幼主婚改嫁者，事由主婚，主婚爲首，男女爲從；事由男女，男女爲首，主婚爲從。至死者，主婚人並減一等。不論期親以上，係主婚人，皆杖一百、流三千里。

［纂註］

應出，即七出，謂無子、淫佚、不事舅姑、多言、盜竊、妒忌、惡疾也。三不去，謂與更舅姑三年喪、前貧賤後富貴、有所娶無所歸也。二者見《大明令》。義絶，謂絶夫婦之義，專自得罪於夫言。如毆夫，及欲告害夫之類，非謂毆舅姑等項也。犯義絶，當兼七出言之。犯義絶，應離而不離，指曾經告官離者言。曰兩願離者不坐，則非兩願者，當各坐。不應完聚，從夫嫁賣句，管至妾各減二等。因而改嫁，謂因在逃而改嫁也，須有媒妁財禮者方是，不然當以和誘刁姦論。下二改嫁，倣此。逃亡，是有罪逃去者。告官司，謂告其夫之逃亡情由，非告己之欲逃也。言三年者，以夫喪服例之，故許其改嫁耳，須三年之外，不坐罪。妾各減二等，指背夫在逃，不告逃去，及二改嫁説。窩主以下二節，通指妻妾與婢在逃改嫁者。期親餘親，俱指妻妾婢之親言。男，即上知情而娶者。此條言夫妻以義合，不可以輕出，既出又不可以苟容，故凡妻非有無子等項應出之事，及與本夫無義絶之狀，而本夫擅出之者，杖八十。其妻雖犯七出，於義有三不可出，而擅出之者，本夫減二等，杖六十，以犯七出，故輕之耳，並追還，與本夫完聚。若其妻已犯義絶，曾經告官斷離，而不離者，其夫亦杖八十。夫不應出而出，非情也；應離而不離，非法也，故各罪之。若夫與妻不相和諧，而兩願離者，於情既睽，於法無礙，故各不坐罪。兩願者不坐，則夫願而妻不願，妻願而夫不願者，均有罪也。以上俱自罪在夫者言之。至若婦人從一而終，背夫已非其義，因逃而輒自改嫁，於情尤爲過甚。故夫在而妻背夫逃去者，杖一百，從夫或嫁或賣。因在逃而自嫁他人者，即坐絞。其因本夫有罪逃亡在外，三年之内，不以夫之逃亡緣由，告明官司，聽許改嫁，而輒自逃去者，杖八十；不告而改嫁者，杖一百，以夫在逃，故矜之耳，斷歸前夫，從其嫁賣。至妾則各減妻罪二等，背夫在逃者，杖八十；因而改嫁者，杖一百、徒三年；不告官司而逃者，杖六十；擅改嫁者，杖八十。妾賤於妻，故罪減於妻也。若婢背家長在逃者，杖八十。奴背家長而逃者，亦同婢罪，杖八十。婢因在逃而改嫁他人者，杖一百，給還家長。婢賤於妾，故罪又輕於妾也。婢不言家長逃亡而逃及改嫁之罪，以有主母在耳。以上俱自罪在妻妾及奴婢者言之。夫妻妾奴婢在逃，俱係有罪之人，他人安得擅爲藏匿，及擅自婚娶，故窩主及知在逃之情而娶爲妻妾者，各與妻妾奴婢同罪。窩藏及娶背夫在逃之妻，同杖一百。夫亡，在逃之妻，同杖八十。背夫及夫逃亡，在逃之妾，各減二等。窩藏及娶在逃之奴婢，同杖八十。至死減一等，如妻在逃改嫁應絞者，窩主及知情娶者，則杖一百、流三千里。不知在逃之情，而窩主及娶者，俱不坐罪。若改嫁之妻妾與婢，由婦女本宗之期親以上尊長，如祖父母、父母、伯叔父母、姑、兄姊，及外祖父母主婚者，罪坐主婚之人。如背夫而改嫁，係妻，主婚人流三千里；係妾，主婚人徒三年。夫在逃而改嫁，係妻，主婚人杖一百；係妾，主婚人杖八十。妻妾止得坐前項在逃之罪。如婢雖嫁，主婚人止杖一百。其婦女之餘親，謂期親卑幼，及大功以下尊長。卑幼主婚者，其情又有不同。如事由主婚起者，以主婚人爲首，所嫁娶之男女爲從；事由男女起者，男女爲首，主婚人爲從。如妻因夫亡而改嫁者，若由主婚，則餘親杖八十，男女爲從，杖七十之類。至死者，主婚人不問期親以上及餘親，雖爲首，並得減一等，杖一百、流三千里。此以上又自罪在窩主知情，及主婚者言之。罪雖不一，而法無不同，其律之至嚴，正所以全夫婦之倫也。

按：條内云，窩主及知情娶者，謂不知情，在娶者則可，在窩主則不可；不坐，在娶者則可，在窩主則不可。他人之妻及妾、奴婢，非有背夫及家長而逃者，何事而來我家，又從而窩藏之，而謂其不知情，恐無此理，縱不知情，而又可窩藏之耶？故不知者不坐，似爲娶者説爲多。窩主雖不知情，亦當從收留迷失子女條内云，隱藏在家者，杖八十科斷。

條例

122－01

凡妻犯七出之狀，有三不去之理，不得輒絶。犯姦者不在此限。

七出：無子；淫泆；不事舅姑；多言；盜竊；妒忌；惡疾。

三不去：與更三年喪；前貧賤後富貴；有所娶無所歸。

五年無過不娶，及夫逃亡三年不還者，並聽經官告給執照，別行改嫁，亦不追財禮。

123　嫁娶違律主婚媒人罪

凡嫁娶違律，若由男女之祖父母、父母、伯叔父母姑、兄姊，及外祖父母主婚者，違律之罪獨坐主婚。男女不坐。餘親主婚者餘親，謂期親卑幼及大功以下尊長卑幼主婚者，事由主婚，主婚爲首，男女爲從得減一等；事由男女，男女爲首，主婚爲從得減一等。至死者，除事由男女，自當依律，其由主婚人並減一等。○其男女被主婚人威逼，事不由己，若男年二十歲以下，及在室之女雖非威逼，亦獨坐主婚，男女俱不坐。不得以首從科之。○未成婚者，各減已成婚罪五等。如絞罪減五等，杖七十、徒一年半，餘類推減。○若媒人知情者，各減男女主婚犯人罪一等，不知者不坐。○其違律爲婚各條，稱離異改正者，雖會赦但得免罪，猶離異改正。離異者，婦女並歸宗。○財禮，若娶者知情，則不論已未成婚，俱追入官，不知者則追還主。

［纂註］

婚娶違律，總承上諸條而言。主婚人並減一等，通祖父母以下，及餘親言。男女既科從罪，若至死，主婚人減一等，男女不必又減矣。男女被主婚人威逼節，意在餘親一邊爲多。蓋祖父母等親，可以不用威逼也。未成婚者，各減五等，通絞斬言。各減犯人罪一等，兼以未成婚，財禮雖聘而未成婚者，亦依入官還主斷。此條乃男女婚姻以下諸條之通例，皆當以此條參之，蓋所以補諸條之未備，而權其輕重之宜者也。言凡男女嫁娶，而違犯法律，如同姓尊卑爲婚之類，必有主張其事者。若由祖父母、伯叔父母、姑、兄姊，及外祖父母主婚者，與男女無干，故違律之罪，獨坐主婚之人。餘親，如期親卑幼，及大功以下尊長卑幼主婚者，若事由主婚人起，則違律之罪，以主婚人爲首，男女爲從，減主婚人一等；事由男女起，則違律之罪，以男女爲首，主婚人爲從，減男女罪一等。若嫁娶違律，如娶同宗之親，及背夫改嫁之類，而罪至斬絞，除事由男女，自依常律；其由主婚人，或期親以上，或餘親，並得減一等，止杖一百、流三千里。蓋祖父母而下，其分尊且親，於事得專主，故獨坐其罪；餘親以下，其分卑且疏，於事不得盡專，故分首從科之。其二十歲以上之男，及夫亡再嫁之女，智力雖全，而被主婚人威逼，娶嫁事不由己主張，若男年二十歲以下，在室之女，智力未全，事雖可以由己，必待人主使者，其嫁娶違律，雖餘親而獨坐主婚，在男女不得依爲從法坐罪。事有所制，不得不矜之耳。其嫁娶違律，已成婚者，各依律論罪。若雖有期約，雖有聘定，尚未成婚者，男女及主婚人，雖律應死，得各減已成婚罪五等。若媒合人知其違律之情者，已未成婚，各減犯人罪一等，不知情者不坐罪。情有可原，不得不貸之耳。其違律爲婚各條，婦女有稱離異及改正者，雖會赦，但得免其罪，應離異者仍離異，改正者仍改正。其稱離異者，婦女並歸宗。其原聘之財禮，若娶者知其違律之情，已未成婚，俱追入官；不知情者，已未成婚，俱追還主。夫婦女雖會赦，必離異改正者，法也，而離異者猶得歸宗。財禮知情必入官者，法也，而不知者猶得還主。立法固無不嚴，用法實無不善，聖人制律之精如此。

大清律集解附例卷之七

户律　倉庫

删除明律 1 条附例 1 條

［鈔法］

［凡印造寶鈔，與洪武、大中通寶，及歷代銅錢，相兼行使。其民間買賣諸物，及茶鹽商税，諸色課程，並聽收受，違者杖一百。〇若諸人將寶鈔，赴倉場庫務，折納諸色課程，中買鹽貨，及各衙門起解贓罰，須要於鈔背，用使姓名私記，以憑稽考。若有不行用心辯驗，收受僞鈔，及挑剜描輳鈔貫在内者，經手之人杖一百，倍追所納鈔貫謂誤收僞鈔，并挑剜描輳鈔一貫，倍追寶鈔二貫，僞挑鈔貫燒毀。其民間關市交易，亦許用使私記。若有不行仔細辯驗，誤相行使者，杖一百，倍追鈔貫，止問見使之人。若知情行使者，並依本律。］

［纂註］

寶鈔，即古之楮幣。挑剜描輳，謂挑剜字樣，描輳成張。二倍追鈔貫不同，上追之於經收之人，下追之於見使之人也。知情行使，承本節言。此見寶鈔與銅錢，相兼行使。凡民間買賣貨物，官府徵納税糧，並聽收受，正以通民用也。違者杖一百，罪坐不行收受之人，此兼官民而言。然鈔法之行，奸弊易生，有僞造者，有挑剜描補者，故軍民商賈諸人之以折納課程，中買鹽貨，及各衙門起解贓罰，與夫民間關市交易，皆須於鈔背用使姓名私記，以憑稽考，防詐僞也。若官府不行辯驗而混收，則鈔法壞於上矣。事發，追究原日經收之人，坐杖一百，倍追所納鈔貫還官，僞挑鈔貫燒毀。若民間不行辯驗而誤使，則鈔法壞於下矣，亦杖一百，倍追鈔貫入官，止坐見使之人，不究所自者，防濫及也。不言燒毀者，送官類燒毀也。以上經收行使，自其無心誤犯者言之耳。若知其僞造，及挑剜描輳之情，而行使者，自依僞造寶鈔，及以真作僞律，減犯人罪一等科斷，故曰並依本律。

［條例］

［一、在外衙門官員，通同勢要，賫納户口等項課鈔者，問罪。賫鈔之人發邊衛充軍，鈔貫入官。官員縱無贓私，奏請降用。］

124　錢法

凡錢法，設立寶源、寶泉等局，鼓鑄順治［洪武］通寶銅錢，內外俱要遵照户部議定數目，一體通行。［與大中通寶，及歷代銅錢，相兼行使。折二當三，當五當十，依數准算。］其民間金銀、米麥、布帛諸物價錢，並依時值，聽從民便使用。若阻滯不即行使者，杖六十。○其軍民之家私畜銅器，除鏡子、軍器，及寺觀庵院，鐘磬鐃鈸外，其餘應有廢銅，並聽赴官［中］賣，每斤官給銀七分［價銅錢一百五十文］，增減隨時。若私相買賣，及收匿在家不赴官［中賣］者，［各］笞四十。

［纂註］

錢法，即古銅幣鼓煽鑄造也，謂鑄時煽熾其火，故曰鼓鑄。折二，即當二。不言當者，因舊號也。錢有大小，故有折二、當三、當五、當十之名。按：洪武初，令户部及各行省，鑄洪武等錢。有當十錢，重一兩；當五錢，重五錢；當三、當二，各如其數；小錢重一錢，凡五等。依數准算，謂以一個當十個之類。中賣，亦係本處官司給價，與鹽法不同。此見我朝設局鑄錢，與歷代之錢，相兼行使。其錢有折二、當三、當五、當十等樣，各依所當之數准算。凡民間買賣物貨價錢，並依其時所值之價，聽從民便，欲其流通而不滯也。若有人或高擡其價，或低估其直，使物價不得其平，則錢法阻滯，不能通行矣，故杖六十。廢銅，乃鑄錢之所用，故民間除合用器皿外，其餘應有廢銅，聽赴官中賣，計數給價。若有私相買賣，及收藏在家，不行赴官中賣者，各笞四十。此與鈔法，皆以阜財足用，而列鈔法於前者，蓋錢法相沿於歷代，而鈔法首創於我朝，故特先之，遵時制也。

125　收糧違限

凡收夏税所收小麥，於五月十五日開倉，七月終齊足。秋糧所收糧米十月初一日開倉，十二月終齊足。如早收去處，預先收受者，不拘此律。若夏税違限至八月終，秋糧違限至次年正月終，不足者，其提調部糧官、吏典，分催里長，欠糧人户，各以税糧十分爲率，一分不足者杖六十，每一分加一等，罪止杖一百。官吏、里長受財而容拖欠者，計所受贓以枉法從重論。分别受贓、違限輕重。若違限一年之上，不足者，人户、里長杖一百［遷徙］，提調部糧官、吏典照例擬斷［處絞］。

［纂註］

夏税，夏月所收小麥。秋糧，秋成所收糧米。違限一年不足，夏税自九月初一日起，秋糧自次年二月初一日起，又違限二［三］百六十日，如名例稱年之謂也。此不必以分數計，雖欠一石，亦坐絞、遷徙，説見前。此言夏税秋糧，其開倉齊足，各有一定之限。除早收去處，預先收受不拘，若有違過限期，而不完足者，在部糧提調官吏、分催里長，則爲玩弛，欠糧人户則爲奸頑。各以十分爲率，一分不足者，杖八十，每一分加一等，罪止杖一百。官吏以一州縣計，里長以一里計，人户以所該納之數計，故曰各以十分爲率。若官吏、里長受財而故縱其拖欠者，各計其入己贓，以枉法從重論，輕則仍從本條。若違限至一年以上不足，欠糧人户、本管里長各杖一百，遷徙，提調部糧官吏處絞，秋決。曰一年之上，則未及一年者，當以罪止律論。

按：遷徙處絞，國初庶務草創，征輸爲急，故其法特重。今承平日久，藏富於民，凡有違限，止照例擬斷，此律不復用矣。

條例

125－01

一、［各處］勢豪大户，無故恃頑不納本户秋糧，五十石以上，問罪監追，完日發附近；二百石以上，發邊衛，俱充軍。如三月之内能完納者，照常發落。

125－02

一、各處勢豪大户，敢有不行運赴官倉，逼軍私兑者，比照不納秋糧事例，問擬充軍。如掌印管糧官，不即申達區處，縱容遲誤，一百石以上者，提問，住俸一年；二百石以上者，提問，降二級；三百石以上者，比照罷軟事例罷黜。

126　多收税糧斛面

凡各倉主守官役收受税糧，聽令納户親自行概者，平斛之具交收，作正數即以平收者作正數支銷，依例［令］准除折耗。若倉官斗級，不令納户行概，踢斛淋尖，多收斛面在倉者，杖六十。若以所多收之附餘糧數，總計贜重於杖六十者，坐贜論罪，止杖一百。此皆就在倉者言。如入己，以監守自盜論。提調官吏知而不舉，與同罪多糧給主，不知者不坐。

［纂註］

概者，平斛之具。依令，依《大明令》也。令云：每米一石，除耗米七合，謂正數之外多加，以防折耗也。踢斛，使其實；淋尖，使其滿也。附餘糧數，即所多收之糧，積出羡餘也。此條因主守收受税糧，有慮恐折耗，而取盈於斛面者，故特立此法，聽令納户親自行概，平斛交收，將斛内之數，收入倉厫，作正數支銷。仍依令於正額之外，每石帶耗七合，准除入官，以爲虧折之備。曰親自行概，則不虧納户矣；曰准除折耗，則不累監守矣。若倉官斗級，不令納户親自行概，踢斛淋尖，多收斛面米糧在倉者，各杖六十。若以多收之糧，積出附餘之數，計贓重於杖六十者，照刑律坐贓論，罪止杖一百。不加重者，以雖多收，而未曾入己也。提調官吏，知其多收而不覺舉者，與倉官斗級同罪，不知者不坐。其附餘糧數，有主給主，無主入官，另項作正支銷。倉官斗級，入己者，以監守自盗論。

按：倉糧守支年久，勢必耗折，故近例每年每石准開耗一升，可謂計處停當矣。但今查盤，鮮有照例開耗者。凡有因其耗折，而坐以侵盜，輒擬永遠充軍者，例昔以其耗而開之，今以其耗而罪之，民安得無冤也哉。

條例

126－01

一、在京在外，并各邊一應收放糧草去處，若職官子弟，積年光棍，跟子買頭，小脚歇家，跟官伴當人等，三五成群，搶奪籌斛，占堆行概等項，打攪倉場，及欺凌官攢，或挾詐運納軍民財物者，杖罪以下，於本處倉場門首，枷號一個月發落。徒罪以上，與再犯杖罪以下，免其枷號，屬軍衛者發邊衛，屬有司者發附近，俱充軍。干係内外官員，奏請定奪。

126－02

一、各處倉糧，每石收耗米三升。查盤之時，計守支年分，每年每石，准開耗一升。若三年之外，原收耗糧已減盡，照例於正糧内遞開一升，准作耗糧。此外若有侵盜者，方照律例問罪。近例：每年一石准開耗一升，如不照例開耗，甚有坐以侵盜，殊爲非法。

127　隱匿費用稅糧課物

凡本户自運送本户應納稅糧課物如蠶絲銅鐵之類，及應追入官之物，已給文送運而隱匿肥己，私自費用不納，或詐作水火盜賊損失，欺妄經收官司者，並計所虧欠物數爲贓，准竊盜論罪止杖一百、流三千里，免刺。其部運官吏，知隱匿詐妄之情與同罪，不知者不坐。此係公罪，各還職役。若受財故縱，以枉法從重論。小户附搭侵匿者，仍依此律，准竊盜。

［纂註］

課物，如蠶絲銅鐵之類。詐作損失，如水火盜賊之類。曰本户者，以別於在官及他人之稅糧也。此言本户應納稅糧課物，及應入官之物，既已給文送運，必須如數完納。若隱匿在己，及私自費用，不行交納，或詐言水火盜賊，有所損失，以欺妄官司者，並計其所虧欠數，准竊盜論，免刺。不以監守盜論者，以其出於本户，未經送官收掌，且非倉庫起解之物也。其部運官吏，明知納户隱匿費用詐妄之情，而縱容不舉，別無受贓情由者，並與犯人同罪。係公罪，各還職役。不知者不坐。若受財故縱者，以枉法從重論，罷黜不敘，又不止於同罪而已。

［備考］

一、解户糧長，領解而侵匿者，以監守自盜論。小户畸零附搭而侵匿者，仍依此律，准竊盜論。

128　攬納稅糧

凡攬納他人稅糧者，杖六十，著落本犯赴倉照所攬數納足，再於犯人名下，照所納數追罰一半入官。○若監臨主守官役，挾勢攬納者，加罪二等。仍追罰一半入官。○其小户畸殘田零零丁不足以成一户米麥，因便輳數，於本里納糧人户處附納者，勿論。包攬侵費正數，及多科費用，以誆騙論。若侵尅，以監守自盜論。包與者，不應杖罪。

［纂註］

攬納，如包攬别户税糧，代其交納以取利也。犯人，即攬納者。監臨，如提調部運官吏。主守，如官攢斗級人等。監守不言納足追罰者，蒙上文也。畸，殘田也。畸零，謂人户零丁，不足以成一户，如田之殘缺，不以成畝段也。此見攬納之弊，於民未免多取，於官未免後輸，如有犯者，均屬有罪。但犯在凡民，不過規取微利，故止杖六十；犯在監守，何以禁察下人，故加罪二等，皆令原攬税糧，赴倉交足，仍於各犯名下，照原納米數，追罰一半入官。若正管小户，及附搭畸零該納米麥，因便輳數，於納糧人户處附納者，勿論。蓋在彼勢不能以親輳，在此事不同於包攬故也。

［備考］

一、將錢糧包與他人者，問不應杖罪。

條例

128－01

一、各處司府州縣，每歲將應解錢糧起數先後，編次在册，務要差委的當人員，依次起解。其兑頭水脚等項，照數交領，不許分毫侵尅，仍將起解日期，預先報部，以憑查催。如有阿狥人情，濫差積年無籍之徒，及捏稱把總雜職、陰陽省祭等項名色領解，致侵銀一千兩以上者，降一級。若應解錢糧，不即起解，因而别項那用一千兩以上者，亦降一級。五千兩以上者，照不謹事例罷黜。其册報錢糧，已經解出，違限一年以上，不行追取批迴者，官住俸，該吏革役。若聽内外勢要官豪攬納者，問發爲民，干礙勢豪，參究治罪。

128－02

一、内府錢糧，及内外倉場糧草，［并］各處軍需等項，不拘起運存留，但有包攬誆騙銀一百兩、糧二百石以上，不行完納，事發問罪，責限三個月以裏完納者，照常發落。過期不完者，儘其財産賠［倍］

納，發邊衛充軍。經年不完者，仍枷號一個月，照前發遣。各邊武職，主使家人伴當、跟隨交結人員，挾勢攬納作弊者，參問，降二級，聽使之人，仍照前例問發。

128－03

一、京通并馬房倉場等處，收受草束，若兜攬之徒，恃强將不堪水濕小草充數，囑託監收官員收受者，拿送問罪，枷在本處倉場門首，三個月發落。

128－04

一、在京刁徒光棍，訪知舖行但與解户交關價銀，輒便邀集黨類，數十爲群，入門噪鬧，指爲攬納，捉要送官。其家畏懼罪名，厚賂買滅，所費錢物，出在解户，以致錢糧累年不完。如有犯者，聽經該及緝事衙門，拿送法司，查照打攬倉場事例發遣。

刪除明例1條

新頒條例

一、萬曆二十二年，該刑部尚書趙題，爲酌議條例未盡事宜，恭請聖斷，以正法典，以永垂久事。題稱今後納税去處，有權豪無稽之徒，朋謀結黨，倚勢用强，掯勒客商，挾制官吏，攪擾商税，或恐嚇騙客商財物者，杖罪以下，本處枷號二個月發落。徒罪以上，及再犯杖罪者，免其枷號，並發附近衛分充軍；係軍衛者，發邊衛。其包攬侵尅，雖無攪擾之情，但係國課者，一百兩以上，亦發附近充軍。其不干國課，與不及數，及無攪擾之情者，止計贓問罪，仍枷號一月發落。庶輕重有辨，情罪合宜。伏惟敕下本部，纂入條例遵行等因。奉聖旨：這侵欺國課，包攬税糧，情罪既有輕重，多寡不同，其充軍枷號，都著依擬行。欽此。

129　虚出通關硃鈔凡錢糧通完，則出給印信長單，爲通關。倉庫截收，則暫給紅批照票，爲硃鈔。

凡倉庫收受一應係官錢糧等物原數本不足，而監臨主守，通同有司提調官吏，虚出通關給發者，計所虚出之數，併贓不分攤各犯，皆以監守自盜論。○若委官盤點錢糧，數本不足，扶同監臨提調官申報足備者，罪亦如之。受財者亦計不足數，以監守自盜論，并贓計入己贓，以枉法從重論。○其監守不收本色，詐言奉文折收財物，虚出硃鈔者，亦以監守自盜論。納户知情，減二等，免刺，原與之贓入官，不知者不坐。其贓還主。○通上同僚知而不舉者，與犯人同罪。至死減等。不知及不同署文案者不坐。以失覺察論。

［纂註］

錢糧等物，如顔料、金銀、段匹、竹木、柴炭之類。一項全完，而出給印信長單，曰通關。倉庫逐日截收，而給與硃批照票，曰硃鈔。未足而捏作已足，曰虚出。皆字，指監守及有司提調官吏，謂不分首從，皆坐全罪也。罪亦如之，亦計贓併論，皆坐監守盜罪也。納户不知情，謂受其欺誑，或詐説有例，或詐稱告准，而不覺其欺也。原與之贓，即折收之物。同僚知而不舉，通上三節説。此見錢糧等物，皆有定數，各有本色。有定數者，當依數收之。若所納之數本不足備，而監臨主守，通同有司提調官吏，虚出足備通關者，則與盜何異？計所虚出之數，併贓，皆以監守自盜不分首從論。既言計，而又言併者，計則計其一總虚出之數，併則併其各人所分之數，皆得全罪，非謂但計其入己之贓也。若委官盤點錢糧，數本不足，而扶同倉庫監守等人，捏作完備，申報上司者，則與虚出通關何異？亦計所虚報之數，併贓，皆以監守盜論。若委官受財而虚報者，則計其入己之贓，以枉法從重論。所受之贓重，則論以枉法；所虚報之贓重，則論以監守自盜。其各項錢糧，有本色者，當據實收之。若監守之人，不收本色，而折收財物，虚出本色硃鈔，瞞官作弊者，亦計所虚出之數，以監守自盗論。納户知作弊情，而聽其折收者，減罪二等，免刺。原與之贓入官者，彼此俱罪也，不知者不坐。其贓還主者，矜其受誆也，仍追納本色。同僚官知其虚出通關、扶同申報、折收財物等情，而不覺舉者，與同罪，至死減一等。若雖同署文案，而不知情，及不同署文案者，不坐，仍依失覺察條科斷。

按：監守虚出通關，兼及有司等人，而虚出硃鈔，止罪監守者，蓋通關有司所出，必彼此通同而後得之，硃鈔則倉庫自給故也。又虚出通關，虧折之數，當有納户，而不言其罪者，散見于隱匿費用諸條也。納户聽折財物，知情得減二等，不知不坐者，以所納者本户錢糧，非在官起解之物。若係官物，自依轉解條不運本色之律矣。

條例

129－01

一、［凡］各處巡按御史，每年一次，委官查盤所屬地方錢糧，及點閘驛遞夫馬等項。事完之日，各委官將查點過緣由，并問過罪名，通申巡撫知會。内有與各差御史事體相關者，摘申各差御史知會，從一歸結，不必另委官查點，致滋煩擾，亦不許委州縣正官，致妨職業。若各委官不悉心查點，審究贓數的確，但憑吏書故入人罪者，聽撫按官，應提問者提問，應參奏者奏請提問，降一級調用。情重者，革職閑住查盤，奉旨新裁。

130　附餘錢糧私下補數

凡各衙門及倉庫，但有附餘錢糧，須要盡實報官，明白立案於正收簿内另作數支銷。若監臨主守，將增出錢糧，私下銷補别項事故，虧折之數，瞞官作弊者，不分首從並計贓以監守自盗論。其虧折追賠還官。○若内府承運庫，收受金帛，當日交割未完者不許帶出，許令附簿寄庫。若有餘剩之物，本庫明白立案正收，開申户部作數。若解户朦朧擅將金帛等物出外者不分多少，斬。雜犯，准徒五年。守門官失於盤獲搜檢者，杖一百。還職，金帛入官。

［纂註］

附餘，即正數之外，所積羡餘，如耗銀耗米之類。正收作數，謂明白開作附餘之數，另項支銷，非謂作正數錢糧也。事故虧折，如安置不如法，晒晾不以時，不覺被盗之類。將物出外，兼收納等人。此見附餘錢糧，雖非正數，均係官物，故各衙門及倉庫，除正數之外，積有多餘者，須明白立案，正收在官，作數支銷。若監守之人，將前項增出附餘，私下支銷，輳補別項虧折之數，瞞官作弊者，並計其所私補之數爲贓，以監守自盗，不分首從論。虧折之物，著令均賠。附餘之數，作正支銷。若内府承運庫，乃嚴密之地，出入有防，故納户運送金帛等物，當日交割未完者，許令附簿寄庫，不許將出。其所送金帛，俱經原衙門封解之數，或有剩餘者，法當正收作數。若有朦朧擅將餘剩等物出外者斬，係雜犯。不計贓之多寡者，以事干内府，故嚴爲之禁也。守門官吏，失於盤獲搜檢者，杖一百，還職，金帛入官。

131　私借錢糧

凡監臨主守，將係官錢糧等物乃金帛之類，非下條衣服之屬，私自借用，或轉借與人者，雖有文字文字兼文約、票批、簿籍，並計所借之贓以監守自盜論。其非監守之人借者，以常人盜倉庫錢糧論。監守坐以自盜，非監守，止以常人盜，追出原物入官。○若將自己物件，抵换官物者，罪亦如之。自己物件亦入官。

［纂註］

等物，如金帛之類，非下條衣服之類也。文字，唐律云，私貸文記，兼文約、票批、簿籍言。監守借者，兼自借與轉借言。此見係官錢糧等物，監臨主守之人固不得私自借用，亦不得私轉借與他人也。若有借者，與借之者，並以監守自盗論。其非監守之人借者，以常人盗倉庫錢糧論。雖有文字，皆不得准理。夫官物借且不可，而況以自己物件抵換之乎？故犯在監守，亦以監守自盜論；犯在常人，亦以常人盜官錢糧論，故曰罪亦如之。自己物件入官，所借所換者還官。

按：此借錢糧，與後條借官物之罪不同者，蓋錢糧即金銀米麥之類，借之不得以原物還，什物衣服器玩之類，借之猶可以原物還，故其輕重如此。

132　私借官物

凡監臨主守，將係官什物衣服、氈褥器玩之類，私自借用，或轉借與人，及借之者，各笞五十。過十日，各計借物坐贓論，減二等。罪止杖八十、徒二年，各追所借還官。若有損失者，依毀失官物律，坐罪追賠。損以棄毀官物論，加竊盜二等，罪止杖一百、流三千里。失以遺失官物論，減棄毀三等，罪止杖八十、徒二年。俱追賠。

［纂註］

損失，謂損壞遺失也。毀失官物，見棄毀稼穡等物條。此見係官什物，衣服氈褥器玩之類，乃官府所制，以充官用者，若監守之人私自借用，或轉借與人，及借之者，則是以官物而私相爲用矣。但比錢糧不同，故各笞五十。此自其暫借者言之耳，若過十日不送還官者，則計其所借之物價爲贓，坐贓論罪，減二等。雖滿貫，罪止杖八十、徒二年。若贓不及三十貫者，仍笞五十。若將所借之物損壞者，依棄毀官物，加竊盜一等，罪止杖一百、流三千里。遺失者，依遺失官物，減棄毀官物罪三等，罪止杖八十、徒二年，並驗數追賠還官，故曰依官物坐罪追賠。

按：此與私借官車船等相類，彼計賃錢重者，坐贓加一等，與此不同者。蓋車船爲利溥，可以責庸，衣服諸物爲利微，止可計直，故不同耳。

133　那移出納

凡各衙門收支錢糧等物，已有文案以備照勘合以行移，典守者自合依奉出納，若監臨主守不正收正支，如不依文案勘合那移出納，還充官用者，並計所那移之贓准監守自盜論，罪止杖一百、流三千里係公罪，免刺。○若各衙門不給半印勘合，擅出權移票帖關支，或給勘合，不立文案放支，及倉庫但據權帖不候勘合，或已奉勘合，不附簿放支者，罪亦如之。各衙門及典守者，並計支放之贓，准監守自盜論。○其出征鎮守軍馬，經過去處，合付行糧草料，明立文案，即時應付，具數開申，合干上司准除，不在擅支之限。違而不即應付者，杖六十。

［纂註］

文案勘合，乃提調衙門，將應收應支各項錢糧，附寫文案，存備照驗，填入勘合，給與倉庫監守之人，照依勘合所開各項收支，是謂之正收正支。那移出納，如那夏稅作秋糧，移秋糧作夏稅之類。還充官用，謂充别項公用也。權帖，謂權宜給發無印之票帖也。出征、鎮守二項事。此言各衙門收支錢糧等物，有文案以備照，有勘合以行移，而倉庫憑之以收支，正以防其奸弊也。若監臨主守，不行依照勘合，逐項正收正支，而那東補西，移此就彼，還充官司之用者，雖未入己，而出納不明，並計所那移之贓，准監守自盜論，罪止杖一百、流三千里，免刺。若有司官吏不給勘合，及不立文案而支放，監臨主守不候勘合，及不立簿籍而支放，事非那移，而弊端易起，故亦如那移者擬斷。此皆自常時放支者言。其遇出征及鎮守，經過去處，雖未奉有勘合，但事屬緊關，許明立文案，即時應付，將支過之數，開申合干上司，准數開除，不在不候勘合之限。若有違背此律，不即時應付者，杖六十。此又一時變通之權，不可以常律拘也。

134 庫秤雇役侵欺

凡倉庫務場局院，庫秤斗級，若雇役之人受雇之人即是主守，或侵欺或借貸或移易二字即抵换也係官錢糧，並以監守自盜論。若雇主同情，分受贓物者，罪亦如之。其知情不曾分贓，而扶同雇役者，以所盜物捏作見在申報瞞官，及不首告者，減自盜一等，罪止杖一百，不知者不坐。

［纂註］

收糧曰倉，收財曰庫。稅物曰務，即都稅司等衙門。積物曰場，如草場、鹽場之類。局，如織染等局；院，如文思等院。移易，謂移此易彼，即抵换也，與那移還充官用不同。減一等，自五貫以下言之。五貫以上，雖四十貫，亦直［止］坐杖一百也。此承上數條，侵欺、借貸、移易止著本役之罪。此則以受雇代當者言之，見倉庫務場局院皆錢糧出入之所，而收物之庫子、秤物之秤子、收糧之斗級，皆見主守之役。雇役之人，既受直以主守其事，即與正役同。若有侵欺，或借貸，或移易係官錢糧者，盜也，並計所侵欺等項之贓，以監守自盜論。若雇主與受雇之人同情分贓者，是同盜也，亦以監守自盜論。若雖知情，不曾分贓，而與受雇之人扶同申報，欺瞞官司，及不行首告者，是縱盜也，減受雇人一等，罪止杖一百，不知情者不坐。

135 冒支官糧

凡管軍官吏、總旗小旗，冒支軍糧入己者，計所冒支之贓准竊盜論取之於軍，非取之於官也，故止以竊盜論。若軍已逃，故不行扣除而入己者，以常人盜官糧論。若承委放支，冒支，即以監守自盜論，免刺。

［纂註］

管軍官吏、總小旗，俱自本管所部者言。冒支，謂妄冒其名，以支糧入己。此見軍見在衛月糧，乃其應得之物。若管軍官吏、總小旗頂名而冒支入己者，乃取之於軍，非取之於官也，故止計其贓，准竊盜論，免刺。若軍已逃，故不行扣除，而冒支入己者，則以常人盗官糧科斷。

[備考]

一、旗軍公差，或操備，及見在營，而軍官尅落月糧等項，以官物當給付與人，若有侵欺者，以監守自盗論。

一、冒關内府賞賜，比此律加一等。

删除明例1條

新頒條例

一、刑部爲查發侵餉大姦，謹請明旨處分，以清積弊，以警將來事。准都察院咨，該總督薊遼保定都御史、兼兵部右侍郎張國彦等，會題内參廣寧左衛餘丁兵備道書辦徐仲魁、楊柏、翁宗善等，與管糧衙門，并各營哨掌糧寫字王國用、牟占見等，侵欺官軍俸鈔、糧賞、馬匹、料草等項銀兩緣由，除徐仲魁等問擬監守自盗庫錢四十貫，并贓二百兩以上，照例真犯斬罪，翁宗善等永遠充軍。議稱今後有犯該監守自盗之條者，該營將領千把總等官，一體坐罪，其侵冒之多寡，情罪之重輕，臨時奏請定奪等因，奉聖旨：都察院知道。欽此。該本院看得，今後凡將領官雖不得輕發錢糧，而造册請支，俱由該管千總、把總、管操等官開造。如有冒支侵欺等弊，務當一體究贓連坐，增入《問刑條例》。覆奉聖旨：徐仲魁等著監候詳決，翁宗善等發遣。李惟蕚等，巡按御史提問具奏。以後冒支侵欺邊餉，該管將領通同作弊的，一體論罪。巡撫總兵官，還會同嚴加查覈。其餘俱依擬。欽此。

136　錢糧互相覺察

凡倉庫務場官吏、攢攔、庫子、斗級，皆得互相覺察。若知侵欺、盗用、借貸係官錢糧，已出倉庫，匿而不舉，及故縱者，並與犯人同罪。至死減一等。失覺察者，減三等，罪止杖一百。○若官吏虚立文案，那移出納，及虚出通關另有本律，其斗級、庫子、攔頭，不知者不坐。

［纂註］

倉場庫務，解見前。攢攔，税務之攢典攔頭也。覺察，警覺糾察之意。虛立文案二句，只一意，對虛出通關言。此條亦總承諸條，而申明之。蓋侵盜借貸係干錢糧者，固各有罪，而凡倉庫務場之官吏，各有監臨之責，攢攔、庫子、斗級，各有主守之責，皆得彼此互相覺察。若知其侵欺、盜用、借貸，已出倉庫，而隱匿不覺舉，及知情而故縱者，雖非入己，亦同姦也，並與侵欺等犯人同罪，至死減一等。失覺察者，有疏虞之失，而無通同之情，故得減犯人罪三等。至二十貫五百文之上，罪止杖一百。若倉庫務場官吏，將錢糧虛立文案，而那移出納，及數本不足，而虛出通關，以侵欺盜用借貸者，則弊在官吏，非攢攔等役之所得而覺察也，故不坐罪。

137　倉庫不覺被盜

凡有人非監守從倉庫中出，守把之人不搜檢者，笞二十。因不搜檢，以致盜物出倉庫，而不覺者，減盜罪二等。若夜直更之人不覺盜者，減三等。倉庫直宿官攢、斗級、庫子非正直本更不覺盜者，減五等。並罪止杖一百。故縱者，各與盜同罪。至死，減一等。若被强盜者，勿論。互相覺察，與此不覺被盜官吏，皆係公罪，完日還職役。隱匿不舉，與此故縱皆係私罪，各罷職［役］。

［纂註］

人，指常人。直更之人，是被盜時所直本更之人也。故縱及被强盜，通把守、直更、直宿人言。此條亦指以上諸條，見倉庫乃錢糧之所聚，門有守，夜有直宿，皆以防盜也。故凡有人從倉庫中出，而把守之人不搜檢者，雖未盜，亦爲怠弛，笞二十。若因不搜檢，以至盜物出倉庫，而不覺者，則怠甚矣，減盜罪二等。若夜間該直本更之人，不覺盜者，事在暮夜，比日直爲輕，故各減盜罪三等。其餘在內直宿官攢、斗級、庫子，雖有疏虞之責，但非正直本更之人，故減盜罪五等。把守之人，至二十五貫；直更之人，至三十貫；官攢等人，至四十貫，並罪止杖一百。其把守直更官攢等，知其盗而故縱，不舉獲者，是亦盗也，故與盗同罪，至死減一等。若被强盗劫奪者，則非勢力之所能禁，故得勿論。

按：互相覺察條，失覺察，與此不覺被盗官吏，皆係公罪，完日各還職役。匿不舉，故縱，與此故縱官吏，皆係私罪，完日各罷職役不敘。

條例

137－01

一、内外官庫，被竊盗銀至一千兩以上，一個月不獲，經該并巡捕官，俱各住俸，半年不獲，提問。被盗二三次者，奏請降調。其該道分巡分守官，參奏罰治。不及前數者，俱照常發落。庫子儘其財産，均追賠償，候真贓得獲，照數給還。若各官妄拿平人，逼認盗賊追賠者，亦問罪降調。此指被竊盗言，故追賠之。若强盗，自有勿論律。

138　守支錢糧及擅開官封

凡倉庫官攢、斗級、庫子，役滿不得離去得代，所收錢糧官物，并令守支盡絶。若無短少，方許官攢給由斗庫寧家。其有應合相沿交割之物，聽提調官吏，監臨盤點見數，不得指廒指庫交割，違者各杖一百。○若倉庫所收官物有印封記，其主典不請原封官司閲視而擅開者，杖六十。其守支、盤點及擅開，各有侵盗等弊者，俱從重論，追賠入官。

［纂註］

官攢，倉官攢典也。官攢庫斗，前言役滿而不言任滿，後言給由而不言寧家者，互見也。相沿交割之物，如盤出附餘錢糧，犯禁不應變賣贓物之類。相傳守掌，不係經收應支之物也。違者，通指上二言。主典，兼官吏。原封官司，指原印封之衙門，不拘於封記之原官也。此亦承上諸條言。錢糧關係重大，凡倉庫官攢、斗級、庫子，皆有主守之責，雖役滿得代，而原日經收之錢糧，並令守候支放盡絶，無有短少，方許給由。其有應合相沿交割之物，聽從提調官吏，盤點明白，不得混指某倉某廒，虛文交割者，恐有侵欺、盗用、借貸、那移、抵换之弊，主守既易，互相推諉故也。如有違者，或役滿不候守支盡絶，交割不聽盤點見數，官攢、斗庫各杖八十。若官物原用印封記者，亦防侵盗抵换等弊也。其主典官吏，不請原封官司閲視而擅開者，杖六十。謂如原封衙門隔遠，只文移請開亦是。但因而有所侵欺、借貸、移易者，自從重論。

139 出納官物有違

凡倉庫出納官物，當出陳物而出新物則價有多餘，應受上物而受下物則價有虧欠之類，及有司以公用和雇和買，不即給價，若給價有增減不如價值之實者，計通上言所虧欠當受上物而受下物，及雇買不即給價，即給價不以實，各有虧欠之利，及多餘當出陳物而出新物，及雇買不即給價，即給價增不以實，各有多餘之利之價如雇買新物而用陳物之價，坐贜論。以錢糧不係入己，雇買非充私用，故罪止杖一百、徒三年。〇若應給俸禄，未及期而預給者計所預給之銀，爲多餘之價，罪亦如之。贜分應還官給主。〇其監臨官吏，統上論知而不舉，與同罪，不知者不坐。

［纂註］

當出陳物而出新物，如倉糧不俟陳物先放而出新物；應受上物而受下物，如段匹不收堅實而收紕薄之類。言凡，舉類以括其餘也。和雇和買，謂和同用價雇買也。此自充官用者言之。不實，謂或增或減，不如所值之實價，非謂不如領狀之數也。虧欠多餘，通一節説，第三節總承上二節。此見倉庫出納官物，自有額例，及有司和雇器具工役，和買物件，當依實價。若當出陳物而出新物，及雇買不即給價，或給價增不以實者，各有多餘之利；當受上物而受下物，及雇買不即給價，或給價減不以實，各有虧欠之利，計所虧久、所多餘之價，坐贓論。以錢糧不係入己，雇買非充私用，輕之也。若官吏人等，應給俸禄，各有定期，以月給者，須在本月之内；以季給者，須在本季之内。若未及期而預給，亦爲有違，亦如上季多餘之數，坐贓論罪。其監臨官知主守官物出納有違，俸禄先期預給，有司雇買於民，而價不以實，故縱而不行舉究者，各與犯人同罪，不知者不坐。其所出所受之錢糧，並改正。多餘之價，及預給之俸，並還官。虧欠之價，應還官者還官，應給主者給主。

條例

139－01

一、官員監生、吏典旗軍人等，關過俸糧，及預支應得糧米，遇有事故調用等項，五斗以上，失於還官者，事發止問不應，追糧還官；五斗以下，俱免追問。

140　收支留難

凡收受支給官物，其當該官吏，無故二字重看留難刁蹬，不即收支者，一日笞五十，每三日加一等，罪止杖六十、徒一年。○守門人留難者不放人，計日論罪亦如之。○若領物納物之人，到有先後，主司不依原到次序收支者，笞四十。

［纂註］

無故二字，須重看。曰無故，則不中度而不收，不依期而不給，或别項公務冗併，而不暇收給者，不在此限矣。此言各衙門監臨主守，收受及支給一應錢糧官物。當該官吏，無故將納物領物之人，留難刁蹬，當收者不即收受，當支者不即放支，則守候艱難，官事阻滯，故計日論罪，一日笞五十，每三日加一等，罪止杖六十、徒一年。若守門之人留難刁蹬，不放出入者，則與收支留難何異，故罪亦如之。若領物納物之人，到有先後，而主典官司，不依次序收支，則攙越者衆，故笞四十。

條例

140－01

一、各處司府州縣，并各鈔關，解到布絹錢銀［鈔］等項，赴部給文，送甲字等庫驗收。若有指稱權貴名色，掯勒解户，誆詐財物者，聽巡視庫藏科道官，及該部委官，拿送法司究問。不分軍民匠役，俱發邊衛充軍。如干礙内外官員，一體參奏處治。

141　起解金銀足色

凡收受納官諸色課程，變賣貨物，起解金銀，須要足色。如成色不及分數，提調官吏及估計煎銷人匠，各笞四十，著落均賠還官。如通同作弊，以致虧損侵盜，計贓以侵盜律論。

［纂註］

諸色課程，變賣貨物，二句平説。起解句，總承上言。足色，足十分之色。不及分數，謂不及十分之數也。人匠，指煎銷估計之人。此言各衙門收受商税諸色課程，及變賣、入官、贓罰等項貨物，起解金銀，須要足色。如成色不及十分之數者，則下多侵欺，而官無實用，故提調官吏人匠，各笞四十，仍令均賠補足所虧之數，還官。

142　損壞倉庫財物

凡倉庫及積聚財物，主守之人，安置不如法，曬晾不以時，致有損壞者，計所損壞之物價，坐贓論罪止杖一百、徒三年，著落均賠，還官。○若卒遇雨水衝激、失火延燒若倉庫内失火，自依本律，杖八十、徒二年，盜賊分强、竊劫奪，事出不測，而有損失者，委官保勘覆實，顯跡明白，免罪不賠。其監臨主守官吏，若將侵欺、借貸、那移之數，乘其水火盜賊，虛捏文案，及扣换交單籍册，申報瞞官希圖倖免本罪者，並計贓以監守自盜論。同僚知而不舉者，與同罪，不知者不坐。

［纂註］

主守，指攢攔庫斗等人。不及監臨者，以看守之責非所親也。失火延燒，謂他處失火而延及之。若倉庫失火，自有本律扣算也。扣換交單籍册，謂折算錢糧分數，改換單册，將侵欺等項作損失也。此見倉庫及各處積聚財物，防護之責，全在主守。若安置不如法，曬晾不以時，致有損壞者，是爲怠玩，故計所損壞之物價，坐贓論罪，均賠還官。若卒遇水火盜劫，事出不測，則非其所能防也，委官勘實，免坐不賠。其監臨主守，將侵欺、借貸、那移之數，乘水火盜賊之機，虚捏文案，及扣換交單册籍，申報瞞官者，既已作弊，復圖脱罪，故以監守自盜論。若同僚官知其虚捏扣換作弊之情，而不覺舉者，與同罪，不知者不坐。不覺舉、不及主守者，以虚捏文案等弊，乃官吏所掌，非斗級等人所能與也。

按：以監守自盜論，惟虚出通關言併贓，餘條止言計贓者，蓋監守通同提調官吏，明言併贓，以見罪非一人也。若補借、那移、虚捏等項，則事或出於一人，故止言計贓。設有同犯者，依監守自盜，不分首從律，併贓科罪。用者當以意會之耳。

［備考］

一、倉庫内失火，延燒係官財物，依律論。失火罪追賠，及竊盜原非劫奪者，仍依不覺被盜論。

143　轉解官物

凡各處徵收錢帛，買辦軍需，成造軍器等物，所在州縣交收，差有職役人員，陸續類解本府。若本府不即交收，差人轉解，勒令州縣人户就解布政司者，當該提調正官、首領官、吏典，各杖八十公罪。若布政司不即交收，勒令各府就解部者，首領官、令典罪亦如之。若原行僉定長解，不用此律。○其起運前項官物，長押官及解物人安置不如法，致有損失者，計所損失之物，坐贓論，著落均賠還官。若船行卒遇風浪，及外人失火延燒，或盜賊劫奪，事出不測，而有損失者，申告所在官司，委官保勘覆實，顯跡明白，免罪不賠。若有侵欺者不論有無損失事故，計贓以監守自盜論。〇若起運官物，不運原領本色，而輒齎財貨，於所納去處，收買納官者，亦計所買餘利爲贓以監守自盜論。

［纂註］

錢帛，如錢鈔、金銀、絹段、布匹之類。軍需，如胖襖、褲鞋之類。軍器，如弓箭、弦條之類。若有所侵欺句，或因管解在手，或因上項損失之故，皆是。此見各處民間徵收錢糧，買辦軍需，成造軍器等物，其人户各於親管州縣，交割收受。州縣差有職役人員，陸續解府，府解布政司，司解部，所以便人情，均勞逸也。若本府不即與交收，而勒令州縣原解就解布政司者，是委其勞於州縣而重累之也，故當該提調正官，及首領官、吏典，各杖八十。曰各者，不在以吏爲首遞減之例也。若布政司不即交收，而勒令該府原解就解部者，是委其勞於府而重累之也，故首領官、令史、典吏，罪亦如府官吏，各杖八十。此皆以暫時差遣者言。若原行僉定長解人户，不用此律。其起運官物，所差長押官，及解物人，不如法安置，致將物件損壞遺失者，計所損失之物價，坐贓論，著令均賠還官。若遇水火盜劫，事出不測，而有損失者，則非力之所能及也，故聽令申告所在官司，保勘覆實，免罪不賠。若有所侵欺者，並計贓以監守自盜論。若解物之人，不運本色，而輒齎財貨，於所納去處，收買納官者，是以官錢易私貨，而圖取盈餘之利，與侵欺者同，故曰亦計贓以監守自盜論。此説本《辯疑》説得，亦字切當，《疏議》較泛。

條例

143－01

一、自天津該運京通二倉糧儲，脚價不敷，許令太倉銀庫借用。如把總官縱容旗軍花費，及私下還債，以監守自盜論罪，立功滿日，帶俸差操。債主以盜官物論罪。勢豪官員，奏請發落；家人、伴當，發廣西煙瘴衛分充軍。

143－02

一、運糧都司衛所把總官所管船，俱以十分爲率，若有一半以上，違限寄放德州等處，不行到倉者，令漕運都司都御史提問，降一級，納米完日，照舊管運。一半以下者，參奏提問。

143－03

一、漕運把總、指揮、千百户等官，索要運軍常例，及指以供辦等費爲由科索，并扣除行月糧與船料等項，值銀三十兩以上者，問罪，立功五年，滿日降一級，帶俸差操。如未及三十兩者，止照常科斷。其跟官、書算人等，指稱使用，科索軍人財物入己，贓至二十兩以［已］上，發邊衛充軍。

143－04

一、漕運把總、指揮、千百户等官，如有漂流數多，把總三千石，指揮及千户等官，全幫領運者一千石，千户五百石，百户、鎮撫二百五十石，俱問罪，於見在職級上降一級。有能自備銀兩，不費別軍羨餘，當年處補完足者，免其問降。若願隨下年糧運補完，亦准復職。止完一半，准復一級。三年内儘數補完，亦准復原職。

143－05

一、漕運官軍，如有水次折乾，沿途盜賣，自度糧米短少，故將船放失漂流，及雖係漂流，損失不多，乘機侵匿，捏作全數，賄囑有司官吏，扶同奏勘者，前後幫船及地方居民，有能覺察告首，督運官司查實，給賞輕齎銀十兩。官軍不分贓數多少，俱照例發邊衛，永遠充軍。有司官吏，從重問擬，仍行原衛所，將失事之人家産，變賣抵償，不許輕扣別軍月糧，以長姦惡。前後幫船知而不舉，一體連坐，仍於正犯所欠錢糧内，責令幫賠十分之三。

删除明例 4 條

一、凡漕運官軍，敢有水次折乾，及中途糶賣，以致抵壩起欠，及臨倉掛欠者，即係侵欺，除正犯查照律例問擬外，其餘官旗，仍各總計名下欠數，總小旗欠一百石，問發哨瞭。百户、鎮撫欠二百五十石，千户欠五百石，指揮及千户等官，全幫領運者欠一千石，把總官欠三千石，俱問罪，降一級，發原衛所，帶俸差操。有能臨時設法買補完足，止坐折賣正犯，各官旗免罪。其雖不係侵盜，但有虧折，俱照前例擬斷。若總欠數多，及粗惡不堪，至三萬石以上，總督、總兵等官，另行奏請定奪。

一、京通倉完糧違限三個月者，把總官以下罰俸半年，五個月者，罰俸一年。薊州昌密各倉，完糧違限者，查照遞減一等。止行各該衛所罰俸，免其提問。違至次年二月終限者，俱問罪降級。若又掛欠數多，把總名下三千石或銀一千五百兩以上，指揮名下及千户等官，全幫領運者一千石、銀五百兩以上，千户五百石、銀二百五十兩以上，百户、鎮撫等官二百五十石、銀一百二十兩以上，仍於違限上遞降一級。每一倍加一等，把總、指揮、千户降至總旗而止，百户降至小旗而止。不及前數者，照常發落。有能當年補完者，通免降級。如願下年領運至京補完，許奏復原職，仍以十分爲率，能完五分以上者，准復原降一級。三年之内，儘數補完，亦准奏復原職。其一應提問官旗各省，及直隸江南衛分，行各該巡按御史，南京并江北衛分行漕運衙門，各就近提問，以便完結。

一、衛所官完糧後，備造支銷數目，呈報稽考。若有造報不明，及侵欺靠損情弊，許運軍指實首告，各查照律例，從重問擬。把總官失於覺察，參問治罪。

一、漕運糧米，漂流萬石以上，漕運都御史、總兵官，聽科道官糾劾，該部具奏定奪。三千石已上，提問把總官；不及數者，止提問本管官旗。各該巡撫，亦有漕司之責，係本境内漂失數多者，照漕司事例，一體參究，出境不必概及。

144　擬斷贓罰不當

凡擬斷贓罰財物，應入官而給主，及應給主而入官者，坐贓論罪，止杖一百。

［纂註］

擬斷贓罰，如彼此俱罪之贓。又犯禁之物應入官，取與不和，用强生事，逼取求索之贓，應給主，名例給没贓物條備矣。若各衙門問刑官，擬斷一應贓罰財物，應入官而給主，是謂虧官；應給主而入官，是謂虧民，故各計所給所入之物價，坐贓論。至八十貫之上，罪止杖一百。以事由於錯，財非入己，故恕之也。

145　守掌在官財物

凡官物當應給付與人，已出倉庫而未給付，若私物當供官用，已送在官均爲官物，而未入倉庫，但有人守掌在官，官司委僉守掌之人若有侵欺借貸者，並計入己贓以監守自盜論。若非守掌之人侵欺者，依常人盜倉庫律論。其有未納而侵用者，經催、里納、保歇各照隱匿包攬、欺官取財科斷，不得概用此律。

［纂註］

二物字，所包者廣。守掌在官四字，要重看。此指暫時之主守言。蓋官物已出，而未行給付，有人守掌，猶官物也。私物已輸，而未曾收入，有人守掌，即官物也。若守掌之人，侵欺借貸者，並計贓以監守自盜論。非守掌之人借者，以常人盜倉庫錢糧論。其物各還官給主。

條例

145－01

一、各處衛所管軍頭目人等，關出糧料布花等物，若指以公用爲由，因而扣減入己，糧料至一百石，大布、綿花、錢帛等物值銀三十兩以上者，問罪追贓，完日軍職發立功五年，滿日降一級，帶俸差操。旗軍人等，枷號一個月，發極邊墩臺守哨五年，滿日疏放。

146 隱瞞入官家産

凡抄没人口財産，除謀反、謀叛及姦黨，係在十惡，依律抄没，其餘有犯，律不該載者，妻子財産，不在抄没入官之限，違者依故入人流罪論。抄没尚未入官，作未入官，各减一等。○若抄劄入官家産，而隱瞞人口不報者，計口以隱漏丁口論。若隱瞞田土者，計田以欺隱田糧論。若隱瞞財物、房屋、孳畜者，坐贓論。各罪止杖一百。所隱人口財産，並入官，罪坐供報之人。所隱之人口不坐，不加重者，以自己之丁口財産也。○若里長同情隱瞞，及當該官吏知情者，並與同罪，計所隱贓重於杖一百者，坐贓論，全科。照贓全科，不折半。罪以枉法之重罪論，分有禄、無禄。若贓重者，仍杖一百。○受財者，計贓以枉法各從重論。失覺舉者，减供報人三等，罪止笞五十。

［纂註］

家産，即上人口、田土、財物。供報之人，即當抄之人也。全科，謂依坐贓律，照贓全科其罪。贓承里長、官吏言。此見抄没人口財産，懲惡之極典，惟反叛、姦黨，係干十惡，故盡法懲之。其餘有犯，不該載者，而擅擬抄没，非律意也，以故入人流罪論，杖一百、流三千里。若律該抄没人家産，而供報之人，隱瞞人口不報者，計口以隱瞞丁口論，一口至三口，杖六十。若隱瞞財産者，以欺隱田糧論，一畝至五畝，笞四十。隱瞞財産、房屋、孳畜，坐贓論，一貫以下，笞二十。各罪止杖一百。止坐供報之人，所隱之人不坐，人口財産入官。若里長與供報之人，同其隱瞞之情，及當該官吏，知其隱瞞之情者，並與供報之人同罪，計所隱贓重者，坐贓論，於杖一百之上，計贓逐節全科，罪止杖一百、徒三年。若里長、官吏受財，而爲之隱瞞者，則計其所得之贓，重於杖一百，及坐贓全科，以枉法之重罪論，分有禄、無禄。若贓輕者，仍從杖一百，及坐贜全科，故曰各從重論。失覺舉者，既不受贜，又不同情，故減供報之人罪三等。本犯罪雖加重，而失覺之人，止於笞五十，矜其情而恕之也。

按：刑律故入條，未決聽減一等，則此抄没未入官者，亦減一等可知。供報之人，止以坐贜論，而不加重者，以其所隱瞞者，自家之丁口財産也。

大清律集解附例卷之八

户律　課程課者，稅物之錢。程者，謂物有貴賤，課有多寡，如地利之有程限也。

147　鹽法一十二條。

凡犯無引私鹽凡有確貨即是，不必贓之多少者，杖一百、徒三年。若帶有軍器者，加一等。流二千里。鹽徒誣指平人者，加三等。流三千里。拒捕者，斬監候。鹽貨、車船、頭匹並入官。道塗引領秤手牙人，及窩藏鹽犯寄頓鹽貨者，杖九十、徒二年半。受雇挑擔馱載者與例所謂肩挑背負者不同，杖八十、徒二年。非應捕人告獲者，就將所獲私鹽，給付告人充賞。同販中有一人能自首者，免罪，一體給賞。若一人自犯而自首，止免罪，不賞，仍追原贓。○若私鹽事發，止理見獲人鹽。如獲鹽不獲人者，不追；獲人不獲鹽者，不坐。當該官司，不許聽其輾轉攀指，違者官吏以故入人罪論。謂如人鹽同獲，止理見發。有確貨，無犯人者，其鹽没官，不須追究。

［纂註］

客商中買，有引者曰官鹽，無引而私自販賣者，曰私鹽。誣指平人，承上文犯私鹽、有軍器二項言。引領，是指路人。引領、牙人、窩藏、寄頓，四項人也。註云確貨，謂見獲的確之鹽貨也。蓋鹽課之利，國家賴以足邊，若私鹽行，則官鹽阻，故凡軍民有犯私鹽者，不論鹽之多寡，俱杖一百、徒三年。若帶有軍器隨行者，加一等，恐其有拒捕之意。因被獲而誣指平人同犯者，加三等，惡其有害人之心。若因追捕而抗拒所捕之人者，則其拒敵之情爲重，故坐以斬。以上犯人所販鹽貨，及馱載之車船頭匹，並没入官。其原引領私販之人，與牙儈人，及窩藏寄頓者，即是爲同謀，故俱杖九十、徒二年半。若受雇而爲其挑擔馱載者，未免爲從惡，故杖八十、徒二年。若非應捕人役，告發而能捕送官者，就將所獲私鹽，給捕告獲之人充賞。若同犯之中，及引領等項之人，有能自首者，免其本罪，仍依告獲人一體給賞。至若私鹽事發，當該官司，止許據見獲人鹽問理，不許聽其展轉攀指，違者，官吏以故入人罪論。夫告獲自首者賞之，所以開捕首之門，而私販者庶乎可戢；展轉攀指者禁之，所以防濫及之害，而平人不至被誣矣。

按：名例律云，凡犯罪未發而自首者，免其罪，猶徵正贓。此云一體給賞，何也？蓋名例就本犯自首者言，此就數人有犯，而有一人首，或因連累致罪，如引領以下之人首者而言，故鹽貨一體給賞耳。若一人自犯而自首，則免罪足矣，又何賞之有？

凡鹽場竈丁人等，除歲辦正額鹽外，夾帶餘鹽出場，及私煎貨賣者，同私鹽法。該管百夫長即總催知情故縱，及通同貨賣者，與犯人同罪。

［纂註］

竈丁者，竈户煎鹽之人丁也。正額鹽，是竈丁每日所辦鹽課，有額設正數也。百夫長，如總催、頭目之類，管領竈丁者也。貨賣，承夾帶、私煎二者而言，蓋夾帶、私煎，均於鹽法有阻，故凡各處鹽場，其竈户鹽丁人等，除應辦本場額設正數課鹽外，其餘剩之鹽，如有夾帶出場，及私自煎燒，因而貨賣者，同私鹽法坐罪，杖一百、徒三年。若百夫長，則有掌管辦鹽之責者，如知竈丁人等夾帶私煎之情，而故行縱容，及與其通同私自貨賣，與犯人同罪，亦依私鹽法論。夫夾帶、私煎之法嚴，則興販者無夤緣之門，而私鹽自少矣。

凡婦人有犯私鹽，若夫在家，或子知情，罪坐夫男。其雖有夫而遠出，或有子幼弱，罪坐本婦。決杖一百，餘罪收贖。

[纂註]

曰夫在家，雖不知情者，亦坐。曰子知情，則不知者不坐矣。幼弱，謂十五歲以下者。夫遠出，則勢不容於有待，子幼弱，不可以言知情，故罪坐本婦。

凡買食私鹽者，杖一百。因而貨賣者，杖一百、徒三年。決杖一百，餘罪收贖。

[纂註]

買食私鹽，謂知其爲私鹽，買而食用者，故杖一百。若因買食而轉行貨賣求利者，則與私販之情同，故杖一百、徒三年。

凡守禦官司及鹽運司、巡檢司，巡獲私鹽，即發有司歸勘，原獲各衙門不許擅問。若有司官吏，通同原獲各衙門脱放者，與犯人同罪。受財者，計贓以枉法從其罪之重論。

[纂註]

守禦官司，謂各衛所守禦地方之官司也。有司，謂府州縣及問刑衙門，即前條官司也。各衙門，指守禦官司、鹽運司、巡檢司而言。通同脱放，謂通同守禦等官脱放也。此言各行鹽地方，凡守禦官司，及鹽運司、巡檢司，皆有巡捕私鹽之責者。若巡獲私鹽，即將人鹽發所在官司，歸結勘問，守禦等各衙門，不許擅自問理。此蓋一以防其妄拿，一以防其脱放也。若既送有司歸結，而有司官吏，通同原獲衙門，脱放鹽犯者，與犯人同罪，各杖一百、徒三年。若脱放出於受財者，計其入己之贓，以枉法從其罪之重者論。夫上文既云，不許展轉扳指，恐有司緣此以行其私，故又嚴脱放之律也。

[備考]

一、各衙門巡獲私鹽，不發有司歸勘，而擅問者，以違制論。

凡守禦官司及有司、巡檢司，設法差人，於概管地面，并附場緊關去處，常川巡禁私鹽。若有透漏者，關津把截官，及所委巡鹽人員，初犯笞四十，再犯笞五十，三犯杖六十公罪，並附過還職。若知情故縱，及容令軍兵隨同販賣者，與犯人同罪私罪。受財者，計贓以枉法從重論。○其巡獲私鹽入己，不解官者，杖一百、徒三年。若裝誣平人［者］，加三等。杖一百、流三千里。

［纂註］

透漏，謂緊關透漏私鹽外出也。所委人員，即守禦等衙門所差委者，如巡捕官兵之類。知情故縱以下，俱指把截官及所差人員而言。裝誣平人，指巡鹽者言，與前所謂誣指者不同。此言私鹽之徒，踪跡詭秘，而巡禁之法，不可不嚴。凡守禦官司，及有司、巡檢司，各當設法差人，於境内一概所管地面，并附近鹽場緊關去處，常川往來，巡禁私鹽，不許透漏。若有透漏出外者，其關津原設把截之官，及守禦等衙門所差委巡鹽人員，初犯笞四十，再犯笞五十，三犯杖六十，並附寫過名，各還原職。然不言四犯以上，罪止杖六十也。必曰附過還職，明其爲公罪也。此自不知情者言之耳。若把截與所委各官，知有透漏之情，而故縱出外，及容令應捕軍人、弓兵，隨同私商販賣者，俱與私鹽犯人同罪，各杖一百、徒三年。此自未受財者言之耳。若受財而故縱出外，及容令同販者，則各計入己之贓，以枉法從其罪之重者論。其把截及巡鹽人員，若將巡獲私鹽隱匿入己，不解官者，是意在私鹽矣，故即同私鹽法，擬杖一百、徒三年。若以私鹽裝誣平人解官者，是意在害人矣，故加不解官罪三等，杖一百、流三千里。

凡軍人是所部軍，非專指巡鹽軍有犯私鹽，本管千百户，有失鈐束者，百户初犯，笞五十，再犯杖六十，三犯杖七十統部軍算，但三犯即坐，非一人三犯也，減半給俸。千户初犯，笞四十，再犯笞五十，三犯杖六十，減半給俸，並附過還職。若知情容縱，及通同販賣者，與犯人同罪。

［纂註］

軍人，指守禦官司部内，一應軍人而言，不專謂應捕私鹽之軍，故上言軍兵，而此言軍人，故罪止及本管千百户，而不言守禦官司也。初犯、再犯、三犯，謂千百户所管各軍，彼此先後有犯，非一軍而三犯也。此言巡禁私鹽，固守禦官司之事。若所部軍人有犯，則又責在本管，故凡軍人有犯私鹽，則本管千户、百户，止因有失鈐束，而别無他故者，如有一次軍人犯私鹽，而初犯百户則笞五十，千户笞四十。二次爲再犯，百户則杖六十，千户笞五十三。次爲三犯，百户則杖七十，千户杖六十。若至三犯，則全不鈐束，仍將千百户應得俸錢減半支給。然其俸雖減給，而罪本因公，故並得附過還職。若千百户知軍人私犯之情，而故行縱容，初非失於鈐束，及身自通同軍人販賣，又非徒爲知情者，故即與犯人同罪，各杖一百、徒三年。此則不准還職，不待言矣。

凡起運官鹽，每引二百斤爲一袋，帶耗五斤。經過批驗所，依引目數掣摯隨手取袋，摯其輕重，盡盤鹽而驗之秤盤，但有夾帶餘鹽者，同私鹽法。○若客鹽越過批驗所，不經掣摯及引上不使關防者，杖九十，押回逐一盤驗。有餘鹽，以夾帶論罪。

［纂註］

依數，依引目正耗鹽之斤數也。掣摯，謂隨手掣取鹽袋，而掣其輕重若干。若盤驗，則盡盤其鹽而驗之，與掣摯互相備矣。此條無非防範夾帶私鹽之弊。蓋言凡各場起運有引官鹽，每引以二百斤爲一袋，附帶耗鹽五斤。其經過鹽課批驗所，照依前項，每引定數，掣摯秤盤。如正耗數之外，但有夾帶餘鹽者，同私鹽法論罪，杖一百、徒三年。若客商將官鹽越過批驗所，而不經官掣摯，及不曾用使關防者，坐杖九十，仍押回盤驗。如盤有餘鹽者，則自當從私鹽法論矣。

凡客商販賣有引官鹽，當照引發鹽不許鹽與引相離，違者，同私鹽法。○其賣鹽了畢，十日之内，不繳退引者，笞四十。○若將舊引不繳影射鹽貨者，同私鹽法。

［纂註］

繳退引，謂將截過退引，赴住賣官司繳納也。影射，謂以此冒彼，如影之相射而不真也。蓋官鹽憑引而發賣，賣畢即繳退引，正所以別私販、防影射也。故凡客商販賣官鹽，不許鹽引相離，若違此而鹽引相離者，則官私無辯，故雖官鹽，亦同私鹽法論，杖一百、徒三年。其賣鹽了畢，限十日之内，繳納退引。若不繳退引者，雖無影射之情，亦笞四十。若將不繳舊引，影射見在鹽貨販賣者，則其鹽即私，故亦同私鹽之法坐罪。

凡起運官鹽，并竈户運鹽上倉，將帶軍器，及不用官船起運者，同私鹽法。兩淮鹽場運納大軍食鹽之類。

［纂註］

此言凡各場起運官鹽，如今兩淮鹽場運納大軍食鹽之類，并竈户運鹽上倉，若有將帶軍器隨行，及不用官船起運者，同私鹽法論罪。如不用官船者，杖一百、徒三年；將帶軍器者，加一等。夫用官船，所以防夾帶；禁軍器，所以防拒捕也。

凡客商將驗過有引官鹽，插和沙土貨賣者，杖八十。

［纂註］

將官鹽，而插和沙土貨賣，則圖利一己之私，而官鹽有壅阻之弊矣，故杖八十。

凡將有引官鹽，不於拘定應該行鹽地面發賣，轉於別境，犯界貨賣者，杖一百。知而買食者，杖六十，不知者不坐。其鹽入官。

［纂註］

拘該行鹽地面，謂鹽運司各有拘定該管行鹽地面也。如淮鹽不許過浙，浙鹽不許過淮之類。此言行鹽各有地方販賣，不許犯界，所以欲通行鹽課，禁革奸弊也。若客商將有引官鹽，不於拘定該賣鹽之地方發賣，而轉於別境内犯界貨賣者，杖一百。若別境人，知係越境之鹽而買食者，杖六十，不知者不坐。其鹽並追入官，則不問知情矣。

按：鹽法諸條，意以禁革私鹽爲主，故首重犯私鹽之律，次言引領牙人窩藏寄頓、挑擔馱載之罪，所以禁諸人之容隱私鹽也。次言夾帶私煎貨賣之罪，所以禁竈丁人等通同私販也。次言脱放透漏、容縱入己之罪，所以禁當該官吏及應捕人之通同私販也。官鹽必經掣摯發賣，不許犯界，賣畢必繳退引，又所以禁客商假官私販之弊也。以此立法，而後官鹽之利行；官鹽之利行，而足國便民之政在是矣。至若鹽運司，每歲鹽課，各有定額，客商中買鹽引，各有成規，又詳見《會典》，當與此相參考者也。

條例

147－01

一、各邊召商，上納糧草。若内外勢要官豪家人，開立詭名，占窩轉賣取利者，俱問發邊衛充軍。干礙勢豪，參究治罪。

147－02

一、凡豪强鹽徒，聚衆至十人以上，撑駕大船，張掛旗號，擅用兵仗響器，拒敵官兵，若殺人及傷三人以上者，比照强盜已行得財律，皆斬，爲首者，仍梟首示衆。其雖拒敵，不曾殺傷人，爲首者依律處斬，爲從者俱發邊衛充軍。若止十人以下，原無兵仗，遇有追捕拒敵，因而傷至二人以上者，爲首依律處斬。下手之人，比照聚衆中途打奪罪人，因而傷人律絞。其不曾下手者，仍爲從論罪。若貧難軍民，將私鹽肩挑背負，易米度日者，不必禁捕。

147－03

一、越境如淮鹽越過浙鹽地方之類興販官司引鹽，至三千斤以上者，問發附近衛所充軍。原係腹裹衛所者，發邊衛充軍。其客商收買餘鹽，買求掣摯，至三千斤以上者，亦照前例發遣。經過官司縱放，及地方甲鄰、里老知而不舉，各治以罪。巡捕官員，乘機興販，至三千斤以上，亦照前例問發。須至三千斤。不及三千斤，在本行鹽地方，雖越府省，仍依本律。

147－04

一、凡兩淮等處運司，中鹽商人必須納過銀兩紙價，方給引目守支。若先年不曾上納，故捏守支年久等項，虛詞奏擾者，依律問罪，仍照各處鹽場無籍之徒把持詐害事例發遣。

147－05

一、凡僞造鹽引印信，賄囑運司、吏書人等，將已故并遠年商人名籍、中鹽來歷，填寫在引轉賣，誆騙財物，爲首者依律處斬外，其爲從并經紀、牙行、店户、運司、吏書，一應知情人等，但計贓滿數［貫］者，不拘曾否支鹽出場，俱發邊衛充軍。

147－06

一、各鹽運司總催名下，該管鹽課納完者，方許照名填給通關。若不曾納課總催買囑官吏，并覆盤委官，假指課已上倉指上囤，扶同作弊者，俱問發邊衛充軍。

147－07

一、各處鹽場無籍之徒，號稱長布衫、赶船虎、惡棍、好漢等項各色，把持官府，詐害客商，犯該徒罪以上，及再犯杖罪以下者，俱發邊衛充軍。

148　監臨勢要中鹽

凡監臨鹽法官吏詭立僞名，及内外權勢之人，中納錢糧，於各倉庫請買鹽引勘合支領官鹽貨賣，侵奪民利者，杖一百、徒三年，鹽貨入官。鹽引勘合追繳。

［纂註］

監臨官吏，謂監臨鹽法之官吏，如布政司、鹽運司、鹽課司官吏之類。詭名，謂不以己名，而詭捏僞名也。蓋鹽所以通商，迺民之利也。若監臨官吏，託以詭名，及權要勢豪之人，各中納錢糧，請買户部鹽引勘合，則鹽利歸於此輩，而在民之利必微，是侵奪民利也。各杖一百、徒三年，其中買之鹽貨入官。若夫追繳鹽引勘合，又不言可知矣。

［備考］

一、中鹽官吏，照行止有虧事例，具奏定奪。

149　阻壞鹽法

凡客商赴官中買鹽引勘合，不親赴場支鹽，中途增價轉賣，以致轉賣日多，中買日少，且詭冒易滋，因而阻壞鹽法者，買主、賣主各杖八十，牙保減一等，買主轉支之鹽貨賣主轉賣之價錢並入官。其各行鹽地方舖户轉買本主之鹽而拆賣者，不用此律。

［纂註］

凡客商中買鹽引勘合，必親赴場支鹽，庶乎首尾相知，難於作弊，此鹽法之定制也。若不親赴場支鹽，而於中途增添原買之價，轉賣與人支鹽，阻抑壞亂鹽法者，買主、賣主各杖八十，牙保人減一等。所支鹽貨，與原賣價銀，並追入官。其舖户轉買客商，支出官鹽，零拆貨賣者，既於鹽法無妨，故亦不用此律。

150　私茶

凡犯私茶者，同私鹽法論罪。如將已批驗截角退引，入山影射照出支茶者，以私茶論。截角，凡經過官司一處驗過，將引紙截去一角，革重冒之弊也。

［纂註］

既曰同私鹽法，則有犯者，須盡如私鹽之律科斷也。凡客商販賣茶貨，必依例中買茶引，照引貨賣，方爲官茶。引已經官驗過截角，即爲退引，例當繳官，不許重冒照茶。此行茶一定之法也。若有犯與販無引私茶者，同私鹽法論罪，杖一百、徒三年。茶貨、車船、頭匹，並須入官。如有將已經批驗所驗過截角退引，不赴官告繳，而入山影射照茶者，即係私茶，故以私茶論罪。蓋茶貨之利，與鹽貨同，故茶法之禁，亦與鹽法同也。

條例

150－01

一、官給茶引，付産茶府州縣，凡商人買茶，具數赴官納銀給引，方許出境貨賣。每引照茶一百斤，茶不及引者，謂之畸零，别置由帖付之。量地遠近，定以程限，於經過地方執照。若茶無由引，及茶引相離者，聽人告捕。其有茶引不相當，或有餘茶者，並聽拿問。賣茶畢，即以原給由引，赴住賣官司告繳。該府州縣，俱各委官一員專理。

150－02

一、［成化十八年閏八月二十九日，節該欽奉憲宗皇帝聖旨：］私茶有興販夾帶五百斤者［的］，照見行私鹽例，押發充軍。［欽此。］

150－03

一、凡興販私茶，潛住邊境，與外國［番夷］交易，及在腹裏販賣，與進貢回還外國［夷］人者，不拘斤數，連知情歇家、牙保，發煙瘴地面充軍。其在西寧、甘肅、河州、洮州、四川雅州販賣者，雖不入番，一百斤以上發附近，三百斤以上發邊衛，各充軍。不及前數者，依律擬斷，仍枷號兩個月。軍官將官縱容弟男子姪，家人軍伴人等興販，及守備、把關、巡捕等官，知情故縱者，各降一級，原衛所帶俸差操。失覺察者，照常發落。若守備、把關、巡捕等官，自行興販私茶通番者，發邊衛。在西寧、甘肅、洮、河、雅州販賣，至三百斤以上者，發附近，各充軍。

150－04

一、陝西、洮州、河州、西寧等處行茶地方，但有冒頂番名，將老弱不堪馬二匹以上，中納支茶者，官軍調别處極邊衛分，帶俸食糧差操。民并舍餘人等，發附近衛分充軍。冒支茶斤，俱入官。［參將撫夷等官，本身併縱容弟男子姪、家人軍伴人等，冒中二匹以上者，一體問調邊衛，帶俸差操。醫獸、通事、土民人等，通同作弊者，枷號一個月發落。]

150－05

一、做造假茶，五百斤以上者，本商并轉賣之人，俱問發附近。原係腹裏衛所者，發邊衛，各充軍。店户窩頓一千斤以上，亦照例發遣。不及前數者，問罪，照常發落。

151　私礬

凡私煎礬貨賣者，同私鹽法論罪。凡產礬之所，額設礬課，係官主典，給有文憑執照，然後許賣。

［纂註］

私煎，謂不係燒礬窑廠，及新開山燒礬，而不報官辦課者皆是。同私鹽法，解見私茶條。凡各處煎礬所在，皆有額設礬課，係官主典，給有文憑執照，然後許賣。若有私自煎出貨賣者，同私鹽法論罪，杖一百、徒三年。蓋礬利雖微，務隸於官。若聽私煎，則不惟虧國之課程，而必起民之爭奪，故設此律以禁之。

按：《會典》：洪武三年，令廬州府黄墩崐山、安慶府桐城縣，歲辦礬課二十七萬七百斤①，每三斤爲一引，官給工本錢一百五十文。此礬課之所由設也。

152　匿税

凡客商匿税，及賣酒醋之家，不納課程者，笞五十。物貨酒醋，一半入官。於入官物内，以十分爲率，三分付告人充賞。務官、攢攔自獲者，不賞。入門不吊引，同匿税法。其造酒醋自用者，不在此限。○若買頭匹，不税契者，罪亦如之，仍於買主名下，追徵價錢一半入官。商

① 經核《大明會典》（卷之三十七，户部二十四，課程六，金銀諸課），此處應爲“二十二萬七百斤”。

匠入關門，必先取官置號單，備開貨［物］，憑其吊引，照貨起稅。

［纂註］

吊者，至也，此指乃照物投稅之引帖。舊制，府州縣城門外，各置引帖。凡客商貨物入城，先吊引帖爲照，然後投稅，驗引收鈔。入門不吊引，謂貨物已入城門，而引帖不至，即引不相隨之意。蓋商稅酒榷，國課所係，若客商隱匿貨物而不投稅，及造賣酒醋之家而不納應辦課程，二者均於國課有虧，故並笞五十，仍將貨物酒醋各罰一半入官。若係他人告獲者，則於入官物内，以十分爲率，將三分給付告人充賞。若係務官攢攔自獲者，不賞。如有客商將貨物已入城門，而不吊至原照物投稅之引帖，恐其漏稅之貨，故同匿稅法。其造酒醋自用者，原無求利之心，故不在納課之限。若買頭匹而不稅契，亦係欺官，故坐罪亦如匿稅之律。但頭匹非貨物可比，故追徵價錢一半入官。

條例

152－01

一、在京在外，稅課司局，批驗茶引所，但係納稅去處，著令客商人等自納。若權豪無籍之徒，結黨把持，攔截生事，攪擾商稅者，徒罪以上，枷號二個月，發附近充軍。杖罪以下，照前枷號發落。

153　舶商匿貨

凡泛海客商，舶大船船到岸，即將貨物盡實報官抽分。若停塌沿港土商牙儈之家不報者，杖一百。雖供報而不盡者，罪亦如之，不報與報不盡之物貨並入官，停藏之人同罪。告獲者，官給賞銀二十兩。

［纂註］

海中大船，曰舶船。抽分，即其貨物十分而取其一也。牙儈，牙保會合之人也。貨物並入官，並字指不報及報而不盡者。停藏之人，承上土商牙儈之家而言。凡泛海客商，但有舶船到岸，即將船中物貨，盡數從實報官，依數抽分，然後給照，聽其貨賣。若有私自停塌沿港接賣土商及牙儈之家而不報官者，杖一百。或雖供報到官，而有隱漏不盡者，罪亦如之。其不報不盡之物貨，並追入官。土商牙儈停藏者，與犯人同罪。若有人告獲者，官給賞銀二十兩。此條專爲舶商匿貨者而設。蓋舶商之利大，故其匿貨之罪，浮於匿税。若餘商之匿貨，則當從匿税之條耳。然今將船下海通番者，有例禁之，又慎重海防之意也。

154　人户虧兑課程

凡民間週歲，額辦茶鹽商税，諸色課程，年終不納齊足者，計不足之數，以十分爲率，一分笞四十，每一分加一等，罪止杖八十，追課納官。〇若茶鹽運司、鹽場茶局，及税務、河泊所等官，不行用心催辦課程，年終比附上年課額虧欠兑缺者，亦以十分論，一分笞五十，每一分加一等，罪止杖一百。所虧課程，著落追補還官。〇若人户已納，而官吏人役有隱瞞不附簿，因而侵欺借用者，並計贜以監守自盗論。

［纂註］

國初有茶運司，以後裁革，故此律稱茶鹽運司也。以十分爲率，以本户該納之額數言。亦以十分論，以茶鹽運司等官所管之本總數言。虧兑，虧欠兑缺也。著落追補還官，止著落虧課之官吏，非有及於人户也。蓋前項人户之虧課者，已言追課納官，此則因官不用心辦課而言耳，於人户果何與哉？此條言民間茶鹽商税，及諸色課程，如銀兩漁課之類，每周歲各有定額該辦之數，在人户所當依期完納，在官府所當用心催徵者也。若人户於一年已終，其一應該納課程而不交納齊足者，就其該納之數，計所不足之數，以十分爲率。如一分不足者，笞四十，每一分加一等，至五分之上，罪止杖八十。所不足之數，追徵還官。此虧課之罪在民，不得不於民追納耳。若茶鹽運司、鹽場茶局，及税務、河泊所等官，其有不行用心催辦諸色課程，以至年終比附上年所徵課額虧兑者，就其額辦之數，計所虧兑之數，亦以十分爲率，虧一分者笞五十，每一分加一等，至六分之上，罪止杖一百。所虧課程，著落各官追補還官。此虧課之罪在官，不得不於官追補耳。若前項衙門各官，將人户已納在官課程，隱瞞不附簿籍，因而侵欺入己，或私自借用者，並計贓以監守自盜論罪。如此則侵盜之源可杜，而國課常盈矣。

大清律集解附例卷之九

户律　錢債

155　違禁取利

凡私放錢債，及典當財物，每月取利，並不得過三分。年月雖多，不過一本一利。違者笞四十，以餘利計贜，重於笞四十者坐贜論，罪止杖一百。〇若監臨官吏，於所部内，舉放錢債，典當財物者，不必多取餘利，有犯即杖八十。違禁取利，以餘利計贜，重於杖八十者依不枉法論。各主者，通算折半科罪。有禄人十五兩，無禄人三十兩，並杖九十。每十兩加一等，罪止杖一百、流三千里，罷職，追奪，除名。〇並追餘利給主。[〇] 兼庶民、官吏其負欠私債，違約不還者，五兩 [貫] 以下 [上]，違三月，笞一十，每一月加一等，罪止笞四十。五十兩 [貫] 以下 [上]，違三月，笞二十，每一月加一等，罪止笞五十。百兩 [二百五十貫] 以下 [上]，違三月，笞三十，每一月加一等，罪止杖六十。並追本利給主。〇若豪勢之人，於違約負債者不告官司，以私債强奪去人孳畜、産業者，杖八十。無多取餘利，聽贖不追。若估所奪畜産之價過本利者，計多餘之物罪有重於杖八十者，坐贜論止杖一百、徒三年，依多餘之數追還主。〇若准折人妻妾子女者姦占，即從和姦論，杖一百。强奪者，加二等杖七十、徒一年半。因而姦占婦女者，絞監候。所准折强奪之人口給親，私債免追。

［纂註］

月利三分，如一百貫，月取其利三貫也。不過一本一利，如借本一百貫，其取利亦不得過一百貫。違禁取利，即違此禁限。餘利，即應得本利之外，所多取者。依不枉法論，依即以字之義，亦與真犯同也。並追餘利給主，總承上文言。違三月，違原約日，至三月也。因而姦占，專指强奪者。若准折而姦占，即從和論。人口給親二句，通承准折、强奪而言。此條言放債典當，本所以相濟，若取利無禁，實所以相病矣。故凡民間私放錢債，及典當財物，每月取利，並不得過三分。所積年月雖多，亦不得過一本一利。如有違此而取利三分以上，及利錢過於本錢者，如多取二十貫以下，則笞四十。若計所多取餘利爲贜，其罪重於笞四十者，則坐贜論。如三十貫笞五十，每十貫加一等，至八十貫之上，罪止杖一百。若監臨官吏，於所部内舉放錢債，典當財物與部民，而收取其利者，雖未違禁，即杖八十。若違禁而多取其利者，亦計所餘之利爲贜。其罪有重於杖八十者，則依受不枉法贜論罪。以上庶民官吏，凡有違禁而取利者，並追餘利給主。其負私債，有故違期約不還者，各以負欠多寡，計月科罪。如五貫以上者，違三月笞一十，每一月加一等，至半年之上，罪止笞四十。五十貫以上者，違三月笞二十，每一月加一等，至半年之上，罪止笞五十。二百五十貫以上者，違三月笞三十，每一月加一等，至半年之上，罪止杖六十。其放債之應得本利，並追給主。夫言違三月者有罪，則未及三月者，當勿論耳。若豪强勢要之人，因其違約不還，不告官司，而强奪欠債之人孳畜産業者，估價雖未過本利，亦杖八十。若估價過其本利者，計所多餘之物，坐贜論。如多餘七十貫，則杖九十，至五百貫之上，罪止杖一百、徒三年，仍依所多餘之數，追物還主。夫不言准折畜産之罪，以兩相情愿，則從民便耳。若因欠私債，而將人之妻妾子女准折抵還者，杖八十。若欠債之人不願准折，而强奪之者，加准折罪二等。若因强奪而姦占其婦女者，絞。其准折强奪人口，給親完聚，原欠私債免追。謹詳此條，於舉放私債，典當財物者，則嚴重其典刑，於負欠私債，違約不還者，則寬假其月日。蓋以放債多豪强之弊，而負債有不得已之情，故此則抑强扶弱，又設律深遠之意也。

條例

155－01

一、凡勢豪舉放私債，交通運糧官，挾勢擅拿官軍，綁打凌辱，强將官糧准還私債者，問罪，屬軍衛者，發邊衛充軍；屬有司者，發邊［口］外爲民。運糧官，參究治罪。官糧與軍糧不同。官糧者，漕運赴京，上納正糧也。軍糧，行月二糧也。

155－02

一、聽選官吏監生人等借債，與債主及保人同赴任所，取償至五十兩以上者，借者革職，債主及保人各枷號一個月發落，債追入官。

155－03

一、凡舉放錢債，買囑各衛委官，擅將欠債軍官軍人俸糧銀物領去者，問擬詐欺，委官問擬受財聽囑罪名。

155－04

一、在［兩］京兵部，并在外巡撫、巡按、按察司官，點視各衛所印信，如有軍職將印當錢使用者，參問，帶俸差操。執當之人問罪，枷號一個月，債追入官。

155－05

一、内外放債之家，不分文約久近，係在京住坐軍匠人等揭借者，止許於原借之人名下索取，不許赴原籍逼擾。如有執當印信、關單、勘合等項公文者，提問，債追入官。

155－06

一、凡負欠私債，在［兩］京不赴法司，而赴别衙門，在外不赴軍衛有司，而越赴巡撫、巡按、三司官處，各告理，及輒具本狀奏訴者，俱問罪，立案不行。若本［兩］京別衙門聽從施行者，一體參究，私債不追。

156　費用受寄財産

凡受寄他人財物畜産，而輒費用者，坐贓論以坐贓致罪律，減一等罪止杖九十、徒二年半；詐言死失者，准竊盜論，減一等罪止杖一百、徒三年，免刺。並追物還主。其被水火、盜賊、費失，及畜産病死，有顯跡者，勿論。若受寄財畜，而隱匿不認，依誆騙律。如以産業轉寄他人户下，而爲所賣失，自有詭寄盜賣本條。

［纂註］

並追物還主，承輒費用及詐言死失二項言。蓋受寄他人財物畜産，而輒擅費用者，猶有倍償之心，故坐贓論，減一等。如坐贓一貫以下者，笞二十，減一等，則笞一十。至五百貫之上，罪止杖九十、徒二年半。若詐言死失者，則有欺騙之意，故准竊盜論，減一等。如竊盜一貫以下者，杖六十，減一等，則笞五十。至一百貫之上，罪止杖一百、徒三年。然不問輒費用，與詐言死失，並追原寄之物還主。其受寄者，若被水火、盜賊、費失，及畜産病死，各有顯跡可據者，皆勿論，固不坐罪，亦免追償。

［備考］

一、若受寄財物，而騙賴不認者，以誆騙律論。

條例

156－01

一、親屬費用受寄財物，並與凡人一體科罪，追物還主，不必論服制遞減。

157　得遺失物

凡得遺失之物，限五日内送官，官物盡數還官，私物召人認識，於内一半給與得物人充賞，一半給還失物人。如三十日内無人識認者，全給。限五日外不送官者，官物坐贓論罪止杖一百、徒三年，追物還官，私物坐贓減二等，其物一半入官，一半給主。若無主，全入官。〇若於官司地内，掘得埋藏無主之物者，並聽收用。若有古器、鍾鼎、符印，異常之物非民間所宜有者，限三十日内送官，違者杖八十，其物入官。

［纂註］

遺失之物，必有其主，故得之者，限五日之内送官。若係官物，則收還官；係私物，則召人識認。如有人識認者，則於遺失物内，以一半給與得物之人充賞，一半給還原失物之人。如三十日内無人識認，既主無見在，故全給得物之人。若五日限外不送官者，係官物，則坐贓論，一貫以下笞二十，罪止杖一百、徒三年。不言追物還官者，省文也。私物，則減坐贓罪二等，一貫之上至十貫，笞一十，至五百貫之上，罪止杖八十、徒二年，其物一半入官，一半給還失主。若無主識認者，則自當全入官矣。夫送官者，無罪而給賞，賞其有還人之意也；不送官者，不賞而有罪，罪其有隱匿之情也。若於官司地内，掘得埋藏之物，如金銀器玩之類，並聽掘得之人收用，以埋藏之物原無所主也。若有古器、鍾鼎、符印，及凡異常之物，限三十日内送官。若違限不送官者，杖八十，仍追其物入官，以異常之物，非民間宜有也。

大清律集解附例卷之十

户律　市廛

158　私充牙行埠頭

凡城市鄉村，諸色牙行，及船之埠頭，並選有抵業人户充應，官給印信文簿，附寫逐月所至客商船户住貫姓名，路引字號，物貨數目，每月赴官查照。其來歷引貨，若不由官選私充者，杖六十，所得牙錢入官。官牙、埠頭容隱者，笞五十，各革去。

［纂註］

有抵業人户，謂其人有家業，而可以抵當客貨也。在城市鄉村買賣去處，則有牙行，在聚泊客船去處，則有埠頭。此二項之人，凡客商貨物，皆憑藉以貿易者也。故有司必並選有抵業人户充應，取其有恒産恒心之意也。官給印信文簿，令其附寫客商船户住貫姓名，并路引字號，及貨物數目，每月將文簿赴官查考，防客商有越關匿税之意也。其有牙行埠頭，不由官選而私充者，杖六十，仍追所得牙錢入官。若官牙埠頭，容隱私充者，笞五十，仍將各牙行埠頭名役革去。夫禁私充，又恐其有罔利害人之意也。

條例

158－01

一、凡客店每月置店曆一扇，在内赴兵馬司，在外赴有司署押訖，逐日附寫到店客商姓名、人數、起程月日，各赴所司查照。如有客商病死，所遺財物，别無家人親屬者，官爲見數移招，召父兄子弟，或已故之人嫡妻，識認給還。一年後無識認，入官。

159　市司評物價

凡諸物牙行人，評估物價，或以貴爲賤或以賤爲貴，令價不平者，計所增減之價，坐贓論。一兩以下笞二十，罪止杖一百、徒三年。入己者，准竊盜論查律坐罪，免刺。〇其爲以贓入罪之罪人估贓增減不實，致罪有輕重者，以故出入人罪論。若未決放，減一等。受財受贓犯之財估價輕，受事主之財估價重者，計贓以枉法從重論。無禄人，查律坐罪。

［纂註］

諸物行人，謂諸色貨物，本行之牙人也。受財者，或受罪人之財而估贓輕，或受事主之財而估贓重也。蓋凡諸物之價評，在行人必平等估計，而後買賣兩便。如有將下物本賤而估作貴，或上物本貴而估作賤，致令物價不得其平者，計所估增減之價，坐贓論，一貫以下笞二十，至五百貫之上，罪止杖一百、徒三年。若因而得所增減之價入己者，計所入己之贓，准竊盜論，免刺，一貫以下杖六十，至一百二十貫，罪止杖一百、流三千里。凡此莫非欲市物之價得其平，而民間有所利也。其行人，爲犯罪之人估計贓物，若價有增減，以致犯人以贓入罪，有所輕重者，則以故出入人罪論。若因受財而估贓不入者，則計所受之贓，以枉法從其罪之重者論。凡此莫非欲贓物之價得其平，而罪人之無所枉也。

160　把持行市

凡買賣諸物，兩不和同，而把持行市，專取其利，及販鬻之徒，通同牙行，共爲姦計，賣己之物以賤爲貴，買人之物以貴爲賤者，杖八十。○若見人有所買賣，在傍混以己物高下比價，以相惑亂，而取利者雖情非把持，笞四十。○若已得利物，計贓重於杖八十、笞四十者，准竊盜論，免刺。贓輕者，仍以本罪科之。

［纂註］

兩不和同，買主、賣主兩不情愿之義。把持，把執持定之意。二句語意相承，如俗所謂强買强賣，而又不許他人買賣也。販鬻，謂販買鬻賣而圖利者也。在傍高下比價，如見人買賣諸物，仍將己物詐稱高下之價以比之，即以賤爲貴，以貴爲賤之意。此言凡城市鄉村買賣諸物，若買物人與賣物人兩不和同，而任己把持行市，不許他人買賣，專自取其利息者，及販鬻之徒，通同牙行，共爲姦計，於賣己物則高其價，而以賤爲貴，於買人物則低其價，而以貴爲賤者。此二者，一以强取人之物，一以計取人之利，其虧損於人則均也，故並杖八十。若見人有所買賣，在傍將所買賣貨物，故稱高下，而比擬價數，使買賣人不能專主定見，以相惑亂，而以此求取餘利者，此則雖非把持姦計者比，而其用心亦詐矣，故笞四十。凡此皆自未曾得利者言耳。若把持行市，通同姦計，及在傍惑亂之人，已得利物，而計贓重於杖八十、笞四十者，則准竊盜論，免刺。夫言計贓重者准竊盜論，則雖已得利物，而計贓輕者，止從本條可知矣。

條例

160－01

一、會同館内外四鄰，軍民人等，代替外國［夷］人收買違禁貨物者，問罪，枷號一個月，發邊衛充軍。

160－02

一、凡外國［夷］人朝貢到京，會同館開市五日，各舖行人等，將不係應禁之物，入館兩平交易，染作布絹等項，立限交還。如賒買，及故意拖延，騙勒遠［夷］人，久候不得起程者，問罪，仍於館門首枷號一個月。若不依期日，及誘引遠［夷］人，潛入人家，私相交易者，私貨各入官，鋪行人等，照前枷號。

160－03

一、凡外國［弘治十一年二月十五日，節該欽奉孝宗皇帝聖旨：迤北小王子等］差使臣人等，赴京朝貢，官員與軍民人等［與他］交易，止許光素、紵絲、絹布、衣服等件，不許將一應兵器，并違禁銅鐵等物私易，違者［敢有違犯的，都拿來］處以極刑。［欽此。］

160－04

一、甘肅、西寧等處，遇有番夷到來，本都司委官，關防提督，聽與軍民人等，兩平交易。若勢豪之家，主使弟男子姪、家人頭目人等，將遠［夷］人好馬奇貨包收，逼令減價，以賤易貴，及將粗重貨物，并瘦損頭畜拘收，取覓用錢，方許買賣者，聽主使之人，問發附近衛分充軍。干礙勢豪，及委官，知而不舉，通同分利者，參問治罪。

160－05

一、各處客商輻輳去處，若牙行及無籍之徒，用强邀截客貨者，不論有無誆賒貨物，問罪，俱枷號一個月。如有誆賒貨物，仍監追完足發落。若監追年久，無從賠還，累死客商，屬軍衛者，發邊衛；屬有司者，發附近，俱充軍。

160－06

一、楊村、蔡村、河西務等處，如有用强攔截民運糧船，在家包雇車輛，逼勒多出脚錢者，問追給主，仍發邊衛充軍。

160－07

一、凡揑稱皇店，在於京城内外等處，邀截客商，指勒財物者，俱拿送法司問罪，就於害人處所枷號三個月，發極邊衛分，永遠充軍。

删除明例 2 條

一、光禄寺買辦一應物料，弘治四年十一月内，節該欽奉孝宗皇帝聖旨：姦頑之徒，稱是報頭等項名色，在街强賒，作弊害人的，拏來枷號三個月，滿日還從重發落。欽此。

一、成化十四年十一月初四日，節該欽奉憲宗皇帝聖旨：遼東開設馬市，許令海西并朵顔等三衛夷人買賣。開元，每月初一日至初五日，開一次；廣寧，每月初一日至初五日、十六日至二十日，開二次。各夷止將馬匹，并土産物貨，赴彼處委官驗放入市，許齎有貨物之人，入市與彼兩平交易，不許通事交易人等，將各夷欺侮愚弄，虧少馬價，及偷盗貨物，亦不許撥置夷人，指以失物爲由，扶同詐騙財物分用。敢有擅放夷人入城，及縱容官軍人等，無貨者任意入市，有貨者在内過宿，規取小利，透漏邊情，事發，問擬明白，俱發兩廣煙瘴地面充軍，遇赦並不原宥。欽此。

161 私造斛斗秤尺

凡私造斛斗秤尺不平，在市行使，及將官降斛斗秤尺，作弊增減者，杖六十，工匠同罪。○若官降不如法者，官吏、工匠杖七十。提調官失於較勘者，原置官吏、工匠減一等，知情與同罪。○其在市行使斛斗秤尺雖平，而不經官司較勘印烙者即係私造，笞四十。○若倉庫官吏，私自增減官降斛斗秤尺，收支官物而不平納以所增，出以所減者，杖一百。以所增減物，計贓重於杖一百者，坐贓論。因而得所增減之物入己者，以監守自盜論。併贓，不分首從，查律科斷。工匠，杖八十。監臨官知而不舉者，與犯人同罪；失覺察，減三等，罪止杖一百。

［纂註］

斛斗秤尺不平，謂大小、輕重、長短之不平，即不如法之意。下文收支官物而不平，謂其多收少支之不平也。私自增減，如斲削貼補之類。提調監臨，止言官見罪，不及吏也。減三等，罪止杖一百者，謂如減至杖一百以下，則聽減三等。如雖減而猶該杖一百以上，則亦罪止杖一百也。此言斛斗秤尺，民風所係，故官降有一定之式，民當依式制造，赴官較勘印烙，而後行使。此所以同風俗而定民制也。故凡民間私造斛斗秤尺，有不均平，而在市行使，及將官司原降斛斗秤尺，私下作弊，或增或減者，其行使之人杖六十。私造增減之工匠，與同罪。若官降斛斗秤尺，不如原頒法式者，所造之工匠杖七十。提調官失於較勘者，減一等。若知情而故不較勘者，與工匠同罪，罪其非立法齊民之意也。其在市行使斛斗秤尺雖平，而不曾經官司較勘印烙者，亦笞四十，罪其開私造不平之端也。此皆猶自民間行使者言耳。若在倉庫之斛斗秤尺，則出納錢糧所係也，故若主守倉庫官吏，私自增減官降斛斗秤尺，以致收支官物不均平者，杖一百，以所增收或減支之物，計贓重於杖一百者，坐贓論。至一百貫，杖六十、徒一年。每一百貫加一等，至五百貫之上，罪止杖一百、徒三年。若因而得所增減之物入己者，以監守自盜，不分首從，併贓論罪。工匠爲其增減者，杖八十。其監臨官，知其收支不平，及得物入己之情，而故不舉者，並與犯人同罪。若不知情而失覺察者，減犯人罪三等，罪止杖一百。如犯人以監守自盜論，滿貫者該斬，失覺察者減三等，則雖該杖九十、徒二年半，而亦罪止杖一百是也。

162 器用布絹不如法

凡民間造器用之物，不牢固真實，及絹布之屬，紕薄短狹而賣者，各笞五十，其物入官。

［纂註］

器用之物，不牢固真實，則易壞。布絹之屬，紕薄短狹，則難用。故造此而賣者，二項之人各笞五十，器用、布絹入官。

大清律集解附例卷之十一

禮律　祭祀

163　祭享

凡天地社稷大祀及廟享所司太常寺，不將祭祀日期豫先告示將祭則先致齋，將齋則先誓戒，將戒則先告示諸衙門知會者，笞五十。因不告示而失誤行事者，杖一百。其已承告示而失誤者，罪坐失誤之人。亦杖一百。○若百官已受誓戒傳制與百官齋戒，而吊喪問疾，判署刑殺文書，及預筵宴者，皆罰俸錢一月。其所司知百官有緦麻以上喪，或曾經杖罪，遣充執事，及令陪祀者，罪同，不知者不坐。若有喪有過，不自言者，罪亦如之。其已受誓戒人員，散齋不宿浄室，罰俸錢半月；致齋於內不宿本司者，罰俸錢一月。○若大祀，牲牢、玉帛、黍稷之屬，不如法者，笞五十。一事缺少者，杖八十。一座全缺者，杖一百。○若奉大祀在滌之犧牲，主司犧牲所官喂養不如法，致有瘦損者，一牲笞四十，每一牲加一等，罪止杖八十。因而致死者，加一等。○中祀有犯者，罪同。餘條准此。

［纂註］

大祀，謂郊祀天地。廟享，四孟時享。所司，指太常寺。行事，助祭陪祭之事也。誓戒，備見職掌。然職掌止言致齋，而律兼言散齋者，蓋古者大祀，散齋七日，致齋三日，今止共齋三日。律云致齋、散齋，疑仍舊文也。牛羊豕曰牲。牢者，牲之體。不如法，謂宰割失序，烹調失節，陳設失序之類，一事一件也。牲之未宰曰犧。主司，如犧牲所官之類。瘦損，以平時言，觀下致死字可見。中祀，如山川嶽瀆、歷代帝王、先師孔子是也。此見祀爲國之大事，而天地宗廟，尤祀之大者。太常寺先將日期告示各衙門知會。齋戒前二日，太常寺官宿於本司，次早具本奏聞，又次早上御殿傳制，百官受誓戒，不飲酒，不茹葷，不問疾，不吊喪，不聽音樂，不理刑名，不與妻妾同處，敬之至也。若太常寺不先將祭祀日期告示各文武衙門，雖不誤事，亦笞五十。因不告示而失誤行事者，杖一百。已承告示而失誤行事，則各衙門失誤者之罪也，亦坐杖一百。若百官已受誓戒，而吊喪問疾，或判署刑殺文書，或預筵宴，則非敬齋之意，罰俸錢一個月。夫吊喪問疾、判署等事且不可，而況有緦麻以上喪，及曾經杖罪者乎？故太常寺知其喪罪，而遣令執事陪祀，及各官身有喪罪，而不自言迴避者，皆罰俸錢一個月，故曰罪同，曰罪亦如之。散齋不宿凈室，致齋不宿本司，均爲不敬，而罰有輕重者，以散齋於外，與致齋於內，不同也。上二節以禮儀之違怠者言。若大祀之牲牢，玉帛黍稷，及豚膊果品之類，與夫所供之犧牲，皆祭物也。如太常寺陳設宰烹，有不如法式者，笞五十。若一事缺少，或一座全缺者，則無以備物，不特不如法而已，故一則杖八十，一則杖一百。主司將犧牲喂養不如法，致有瘦損，及至死者，亦爲不敬，但與在祭之物不同，故一則計牲科罪，罪止杖八十，一則加罪一等，罪止杖九十。上二節，以品物之缺損者言。若中祀與大祀，雖爲有間，均之國家大典。如有犯前項數事者，亦依前項所定罰俸笞杖科斷，故曰罪同。註云餘條准此，如下條大祀丘壇毀損，及棄毀大祀神御，罪各有差，若中祀壇場御物有犯者，亦依大祀同論，故曰准此。又因大祀而及于中祀者，如此或謂餘條字所該者廣，欲兼刑律盜大祀神御物。按：盜大祀神御物坐斬，若盜中祀神御物，亦擬斬罪，似涉太重。還依《疏議》，止指下條爲是，餘字不必太拘。

條例

163－01

一、郊祀齋戒前二日，太常寺官宿於本司。次日具本奏聞，致齋三日。次日進銅人，傳制諭，文武官齋戒，不飲酒，不食大葱、韭、薤、蒜，不問病，不吊喪，不聽樂，不理刑，不與妻妾同處。定齋戒日期，文武百官，先沐浴更衣，本衙門宿歇，次日聽齋戒畢，致齋三日。宗廟、社稷，亦致齋三日，唯不誓戒。

163－02

一、太常寺厨後［役］，但係訐告詞訟，及因人連累，問該笞杖罪名者，納贖，仍送本寺著役。徒罪以上，及姦盜詐僞，并有誤供祀等項，不分輕重，俱的決，做工，改撥光禄寺應役。

163－03

一、大祀前三月，付犧牲所滌治如法。中祀，前三十日滌之。小祀，前十日滌之。大祭者，祭天地、太社、太稷也。廟享者，祭太廟、山陵也。中祀，如朝日、夕月、風雲、雷雨、嶽鎮、海瀆，及歷代帝王、先師、先農、旗纛等神。小祀，如諸神。唯帝王陵寢及孔子廟，則傳制特遣。

164　毁大祀丘壇

凡大祀丘壇而毁損者不論故誤，杖一百、流二千里。壝門，減二等。杖一百［九十］、徒二年半。○若棄毁大祀神御兼太廟之物者，杖一百、徒三年。雖輕，必坐。遺失及誤毁者，各減三等。杖七十、徒一年半。如價值重者，以棄毁官物料。

［纂註］

丘壇者，祭天圜丘，祭地方丘，丘必有壇，故曰丘壇。大壞曰毁，小壞曰損。壝門，壇外之垣，有門以通出入者也。神御之物，如床几、帷幔、祭器之類。遺失句，承本節各字，指遺失誤毁言。此見大享丘壇，乃祭神之處，最爲尊嚴，故但有毁損者，即杖一百、流二千里。壝門，乃迎神之所，視丘壇有間，故毁損者，減二等，杖九十、徒二年半。不論故誤者，郊祀重地，非可以誤而輕之也。若大祀神御之物，用之以成明薦，若有損棄毁壞者，出於有意，杖一百、徒三年。如遺失誤毁者出於無心，得減三等，杖七十、徒一年半。此不計贓者，禮神重器，非可以贓論也。中祀有犯者，同罪。

條例

164－01

一、天地等壇内，縱放牲畜作踐，及私種籍田外餘地，并奪取籍田禾把者，俱問違制，杖一百［罪］，牲畜入官，犯人枷號一個月發落。

165　致祭祀典神祇

凡各府州縣社稷、山川、風雲、雷雨等神，及境内先代聖帝、明王、忠臣、烈士，載在祀典，應合致祭神祇，所在有司，置立牌面，開寫神號、祭祀日期，於潔净處，常川懸掛，依時致祭。至期失誤祭祀者，所司官吏杖一百。其不當奉祀之神，非祀典所載而致祭者，杖八十。

［纂註］

社稷，土穀之神。曰等神，如五嶽四瀆之類。此皆指在外府州縣所祭者，與上條所云中祀不同。載祀典，是朝廷歲祭，有定額者。不當奉祀之神，凡祀典所不載者皆是，不必專指淫祠。此見社稷、山川、風雲、雷雨等神，如五嶽四瀆之類，及聖帝明王、忠臣烈士，凡載在祀典，應合致祭神祇，所在有司，須當立牌列號，依時舉祭，所以報功德而勸忠義也。若有届期遺忘，而失誤不致祭者，是曰慢神，坐杖一百。若祀典無文，禮所不祭而祭之者，是曰不經，坐杖八十。一懲其怠，一惡其瀆也。

166　歷代帝王陵寢

凡歷代帝王陵寢，及忠臣、烈士、先聖、先賢墳墓，所在有司當加護守不許於上樵採耕種，及牧放牛羊等畜，違者杖八十。

［纂註］

山陵寢廟，謂之陵寢，帝王葬處也。土高曰墳，封植曰墓。此見帝王嘗臨制天下，忠烈聖賢，足以師世範俗，其人雖係先代，而其陵寢墳墓，乃其體魄所藏。若於上樵採薪蒭，耕種禾黍等物，及縱放牛羊等畜踐害，則失國家尊崇褒表之意，而褻慢甚矣，故杖八十。

167　褻瀆神明

凡私家告天拜斗，焚燒夜香，燃點天燈告天七燈拜斗，褻瀆神明者，杖八十。婦女有犯，罪坐家長。若僧道修齋設醮，而拜奏青詞表文，及祈禳火災者，同罪，還俗。重在拜奏。若止修齋，而不拜奏青詞表文者，不禁。○若有官及軍民之家，縱令妻女，於寺觀神廟燒香者，笞四十，罪坐夫男。無夫男者，罪坐本婦。其寺觀神廟住持，及守門之人，不爲禁止者，與同罪。

［纂註］

告天者，告祭天地；拜斗者，拜禮北斗。天燈，天象之燈。七燈，布列日月五星之象，非謂北斗七星之燈。蓋天燈、七燈，即告天拜斗之燈也。僧曰修齋，道曰設醮。青詞用青紙，表文用黄紙，僧道修齋及祈禳，俱重用青詞表文上。此見天帝北斗，皆神明之至尊者，故私家告天拜斗，焚香燃燈者，皆爲褻瀆，坐杖八十。婦人有犯，罪坐夫男。其青詞表文，乃用之以達于天帝者。若僧道修設齋醮，而拜奏青詞表文，及用之以祈禳火災者，同爲褻瀆，亦並杖八十，各還俗。寺觀神廟，乃僧道所居，若官與軍民之家，縱令妻女燒香，則溷瀆甚矣，故笞四十，罪坐夫男。無夫男者，罪坐本婦。住持守門之人，聽其出入，不爲禁止，亦笞四十，故曰同罪。

條例

167－01

一、凡僧道軍民人等，於各寺觀神廟，刁姦婦女，因而引誘逃走，或誆騙財物者，問各杖一百，姦夫發三千里充軍，姦婦入官爲婢，財物照追給主［俱發附近充軍］。○若軍民人等，縱令婦女，於寺觀神廟有犯者，杖七十［問罪］，枷號一個月發落。

168　禁止師巫邪術

凡師巫假降邪神，書符咒水，扶鸞禱聖，自號端公、太保、師婆名色，及妄稱彌勒佛、白蓮社、明尊教、白雲宗等會，一應左道亂正之術，或隱藏圖像，燒香集衆，夜聚曉散，佯修善事，煽惑人民，爲首者絞監候，爲從者，各杖一百、流三千里。○若軍民裝扮神像，鳴鑼擊鼓，迎神賽會者，杖一百，罪坐爲首之人。○里長知而不首者，各笞四十。其民間春秋義社以行祈報者，不在此限。

［纂註］

師者，即今行法之人，稱法師者。巫者，降神之人。端公、太保，男巫之僞號。師婆，女巫之僞號。彌勒佛，白蓮社，明尊教，白雲宗，是四樣。凡此類其名不一，故以等會該之。人道尚右，非正道曰左道。隱藏圖像五句最重，總承上文，蓋必有此隱藏集衆，夜聚曉散，煽惑人民等事，然後坐以絞罪。里長知而不首，承上二節。此言異端足以惑人，小民易於愚弄，邪術一倡，禍熾天下，古有明鑒。故凡師巫假降邪神，扶鸞禱聖，自號端公、太保、師婆等項名色，及妄稱西方彌勒佛、遠公白蓮社、牟尼尊明教、釋氏白雲宗等會，一應反經左道亂正之術，或隱藏其佛老宗師之圖像，而燒香集衆，夜則會聚，曉則分散，詐爲修崇善果，以鼓煽迷惑人民，使之歸投其教者，禍將延蔓，爲害不細，故爲首者絞，爲從者流。若軍民人等，裝扮神像，鳴鑼擊鼓，迎神賽會者，雖亦不正之事，而與隱藏圖像，夜聚曉散，煽惑人民者不同，故止杖一百。罪坐爲首之人，不言爲從者，罪難加衆故也。其里長明知師巫惑衆，軍民賽會之情，而不舉首者，各笞四十。不言不知者，以此等事，非一人一家所爲，無不知之理也。其民間所建義社，而鄉人春祈秋禳，應有迎賽者，雖有鑼鼓及集衆，不在禁限。

條例

168－01

一、各處官吏、軍民、僧道人等來京，妄稱諳曉扶鸞禱聖，書符咒水，一切左道亂正邪術，煽惑人民，爲從者，及稱燒煉丹藥，出入内外官家，或擅入皇城，夤緣作弊，希求進用，屬軍衛者，發邊衛充軍；屬有司者，發邊［口］外爲民。若容留潛住，及薦舉引用，鄰甲知情不舉，并皇城各門守衛官軍，不行關防搜拿者，各參究治罪。

168－02

一、凡左道惑衆之人，或燒香集徒，夜聚曉散，爲從者，及稱爲善友，求討布施，至十人以上，并軍民人等，不問來歷，窩藏接引，或寺觀住持，容留披剃冠簪，探聽境内事情若審實探聽軍情，以奸細論，及被誘軍民，捨與應禁鐵器等項，事發，屬軍衛者，發邊衛充軍；屬有司者，發邊［口］外爲民。

大清律集解附例卷之十二

禮律　儀制

169　合和御藥

凡合和御藥，誤不依對症本方，及封題錯誤，經手醫人杖一百。料理揀擇誤不精者，杖六十。若造御膳，誤犯食禁，厨子杖一百。若飲食之物不潔浄者，杖八十；揀擇誤不精者，杖六十。御藥、御膳不品嘗者，笞五十。監臨提調官，各減醫人、厨子罪二等。○若監臨提調官，及厨子人等，誤將雜藥，至造御膳處所者，杖一百。所將雜藥，就令自喫。御膳所門官及守衛官，失於搜檢者，與犯人同罪，並臨時奏聞區處。

［纂註］

天子所用之藥曰御藥，食曰御膳。本方，謂合用之方。封題錯誤，謂不明開藥名、品味、分兩之類，或雖開而有遺，皆錯誤也。料理，炮製熬洗也。揀擇，選取精美也。食禁，謂食經所忌。品嘗，每品先嘗而後進也。監臨提調，如太醫院使、院判、御醫、醫人之監臨提調也。御膳所官，厨子之監臨提調也。各減字，與下並臨時字，總承上數事言。此條重誤字。此見藥各有方，其品味、分兩，亦各不同。若合和御藥，而失誤不依本方，及雖依本方，而包封上題寫錯誤者，杖一百。若止是料理揀擇不精者，杖八十，皆坐醫人。食各有禁，如乾脯不得入黍米，豬鱉肉不得和姜莧之類。若造進御飲膳，而誤犯所忌者，杖一百。止是不潔凈者，杖八十。揀擇不精者，杖六十。食必品嘗，欲其調和也。不品嘗者笞五十，皆坐厨子。其太醫院使等官，與御膳所官，皆有監臨提調之責，而不行檢點，各減醫人、厨子前項所犯罪二等。若御膳所，非用藥之地，而監臨提調官，及厨子人等，誤將雜藥，至造膳處所者，杖一百。所將之藥，即令自喫，防隱禍也。其直日門官，及守衛官，失於搜檢，而致其將入者，是爲疏虞，亦杖一百，故曰罪亦如之。以上所犯，並臨時奏聞區處，或依本律，或有別議，取自上裁，蓋所關者大，故致其慎重如此。

條例

169－01

一、醫官就内局修制，本院官診視，調服御藥，參看校同，會近臣就内局合藥，將藥貼連名封記，具本開寫本方、藥性、治症之法。於日月之下，醫官、近臣書名以進。置簿曆，用尚方司印合縫。進藥奏本既具，隨即附簿年月下書名，近臣收掌，以憑稽考。煎調御藥，本院官與近臣監視，二服合爲一服。俟熟，分爲二器，其一器御醫先嘗，次院判，次近臣，其一器進御。

170　乘輿服御物

凡乘輿服御物，主守之人收藏修整，不如法者，杖六十。進御差失者進所不當進，笞四十。其車馬之屬不調習，駕馭之具不堅完者，杖八十。○若主守之人，將乘輿服御物私自借用，或轉借與人，及借之者，各杖一百、徒三年。若平時怠玩，不行看守棄毁者，罪亦如之。遺失及誤毁者，各減三等。○若御幸舟船，誤不堅固者，工匠杖一百。若不整頓修飾，及在船篙棹之屬缺少者，杖六十，並罪坐所由經手造作之人，並主守之人，監臨提調官，各減工匠罪二等，並臨時奏聞區處。

［纂註］

乘輿，解見名例。服御物，如衣服衾褥之類。當進者不進，而進所不當進者，曰差失。車馬，如象輅馬輦之類。駕馭之具，如啣轡韁策之類。監臨提調，如提舉司，及工部委官之類。此見乘輿服御物，乃天子所用，而主守之人，收藏修整不如法者，是爲玩忽，杖六十。止是進御差失者，笞四十。其所乘車馬之屬，不行調習慣熟者，則不可乘，駕馭之具，不堅固完備者，則不可用，其罪不止差失而已，故杖八十。若主司之人，將乘輿服御物私自借用，或借與人，及借之者，則爲僭妄，杖一百、徒三年。若故意毀棄者，則爲無忌，亦杖一百、徒二年。止是遺失及誤毀者，與故毀者有間，故各減三等。若御幸舟船，天子行幸所駕，而工匠造作，誤不堅固者，則與駕馭之具不堅完者無異，亦杖一百。若止是不整頓修飾，及在船篙棹桅帆之屬缺少不完者，杖六十。罪坐所由經手造作之人，不得一概治罪。其監臨提調官，不行檢點，致不堅固、不修飾，及缺少者，各減工匠罪二等。前項所犯，並臨時奏聞區處，不許輒自斷決。

按：《釋義》云：並臨時奏聞區處，惟此與上條有之。此則有深意也。蓋此二條，皆關聖躬，所定罪名，皆就其誤者論之。若或所犯出於有意，既不忍言，豈得止以此罪治之？故必待臨時奏聞，又再區處也。

171　收藏禁書及私習天文

凡私家收藏玄象器物如璇璣、玉衡、渾天儀之類，天文推步測驗之書，占休咎圖讖圖象讖緯之書，推治亂，應禁之書，及繪畫歷代帝王圖像、金玉符璽等物不首官者，杖一百。若不係天文生私習天文者，罪亦如之。並於犯人名下追銀一十兩，給付告人充賞。器物等項，並追入官。私習之人，術業已成，決訖，送欽天監，充天文生。

[纂註]

玄象器物，謂象天之器，如璇璣、玉衡、渾天儀之類。天文，謂推步測驗之書，以占休咎，如《統天曆》之類。圖讖，謂圖像讖緯之書，預推治亂，謂《推背圖》《透天經》之類。圖像，帝王神像也。符，制用金，半判以示信；璽，制用玉，完形以行制，亦歷代所遺也。此見玄象器物，以著天運，與夫天文圖讖，足以惑世誣民，皆應禁之書。帝王圖像，與夫金玉符璽等物，皆非民間所宜有，故有私藏者，杖一百。若天文，以推驗休咎，非凡人所習，故非天文陰陽生，而私自習學者，亦杖一百，故曰罪亦如之。其前項所犯，若有人首告者，並於犯人名下追銀拾兩，給付告人充賞。開樂告之門，正以禁私藏私習之漸也。器物等項，並追入官。私習之人，術業已成者，決訖，送欽天監，充天文生。其私藏器物，見在者准首，不在者，及私習天文者，俱不准首。

172 御賜衣物

凡御賜百官衣物，使臣不行親送，轉附他人給與者，杖一百，罷職不敘。

[纂註]

衣物，如衣服、金幣之類。蓋御物衣服，朝廷賜予之重典。所遣之官，既已受命，不行親自齎送，而展轉寄附他人給與者，是爲惰棄君命，罷職不敘。

173 失誤朝賀

凡朝賀，及迎接詔書，所司不預先告示者，笞四十。其已承告示，而失誤者，罪亦如之。

[纂註]

朝，謂朝見；賀，謂慶賀。所司在內如禮部鴻臚寺，在外如布政司、府州縣，俱兼官吏。蓋朝賀接詔，皆朝廷之大禮，須預先告示知會，庶無失誤。若不先告示，是所司之罪也，笞四十。已承告示，而臨時自行失誤，失誤人之罪也，罪亦如之，亦笞四十。

按：失誤告示一也，此止笞四十，而祭享笞五十者，以天地宗廟爲尤重也。

條例

173－01

一、朝賀、聽詔、進表入班之際，偶值雨雪，許便服行禮。

174　失儀

凡陪助祭祀，及謁拜園陵，若朝會行禮差錯，及失儀者，罰俸錢半月。其糾儀官，應糾舉而不糾者，罪同。

［纂註］

祭祀，即祭享條所載大祀、中祀也。帝王陵寢之處，有園田，故曰園陵。指國朝言，不曰陵寢，而曰園陵，別於歷代，以示敬也。行禮差錯，如拜伏登降之類。失儀，如落冠開帶，跌朴亂班，唾洟偶語之類。糾儀官，指監察御史、鴻臚寺官。此見承奉祭祀、謁拜園陵、朝會，皆朝廷大禮，若有行禮差錯，及失儀者，是不敬也。糾儀官應糾不糾者，是私縱也，故皆罰俸錢半月。

按：差錯犯者，止依律罰俸，不坐罪名。若奉旨推問者，問不應從重。

條例

174－01

一、朝參，近侍病嗽者，許即退班。或一時眩暈，及感疾，不能侍立者，許同列官掖出。

175 奏對失序

凡在朝侍從官員，特承顧問，官高者先行回奏，卑者以次進對。若先後失序者，各罰俸錢半月。

［纂註］

侍從官員，如宰執大臣、史館諫垣之類皆是。此見侍從之臣，以備顧問，而職有高卑，或特承顧問經史治道等事，高者先行回奏，卑者以次進對。若應先者而後之，應後者而先之，是爲失序，不問高卑，各罰俸錢半月。此罰俸，亦不坐罪。若奉旨推問者，問違制。

按：特承顧問，亦是當時所問者官多，故其奏對，以高卑爲先後。若獨問一人，或因奏事而特問，則其承問者自當回奏，又不專以高卑爲先後，而以失序概論之也。

176 朝見留難

凡儀禮司官，將應朝見官員人等，託故留難阻當，不即引見者，審實留難之故，得情方斬監候。大臣知而不問，與同罪，不知者不坐。

［纂註］

儀禮司，國初掌禮衙門，後改爲鴻臚寺。留難阻當句，要重看。大臣，泛指在朝者。蓋朝見官員人等，儀禮司奏名引見，不致留阻，則上下通達無間。若該司官假託事故，留難阻當，則有壅蔽之情，故斬。在朝大臣，知其留難阻當之情，而不究問，恐有黨惡之意，故與同罪，杖一百、流三千里，不知者不坐。

按：律中稱留難者不一，而此條獨重者，以別條留難稽緩之害小，此則壅蔽之漸，其害大，故特重之。按國初官員人等朝見，間於陛前親承宣問，或令奏陳利病，非止泛然一見而已。

177　上書諫言①

凡國家政令得失，軍民利病，一切興利除害之事，並從［五軍都督府］六部官面奏區處，及聽監察御史、提刑按察司官，各陳所見，直言無隱。○若内外大小官員，但有本衙門不便事件，許令明白條陳，實封進呈，取自上裁。若知而不言，苟延歲月者，在内從監察御史，在外從按察司糾察。犯者以事應奏不奏論。○若百工技藝之人，應有可言之事，亦許直至御前奏聞。其言可用，即付所司施行。各衙門但有阻當者，鞫問明白阻當之故，方斬監候。○其陳言事理，並要直言簡易，每事各開前件，不許虚飾繁文。○若縱横之徒，假以上書，巧言令色，希求進用者，杖一百。○若稱訴寃枉，於軍民官司，借用印信封皮入遞者，［借者］及借與者，皆斬。雜犯。

［纂註］

政謂政事，令謂命令。付所司施行，如賦役則付户部，刑名則付刑部之類。各開前件，謂明開某事如何施行，某事如何裁革之類。此條前三節，欲人直言，開言路、防壅蔽之意；後三節，戒人泛言，遠佞人、禁詐冒之意。蓋國家政令得失，軍民利病，凡一切興利除害之事，關係朝廷者甚大，並從督府、六部官，於御前面奏，請旨區處，及聽御史、按察司官，各陳所見，或得失，或利害，或興革，直言無隱。不言區處者，蒙上文而言，省文耳。若内外大小衙門官員，但有本衙門不便事件，許令明白逐條陳説，實封進呈，取自上裁。若知其不便，而不奏言者，是因襲長弊，在内從監察御史，在外從按察司糾察。若百工技藝之人，應有可言之事，如得失利病興革之類，亦許直至御前奏聞。如有可用，即付所司施行。若各衙門，但有阻當，不容奏聞者，鞫審明白，斬，秋後處決。其前項府、部、御史、按察司，内外大小官員，百工技

① 萬曆律作“上書陳言”。

藝，雖得陳言，但其所言事理，並要簡約平易，每事逐件開欵，如何興革，如何處置，不許虛飾浮泛繁文。若縱横之徒，其辯給足以傾動人主之聽，假以上書爲名，干求進用，則辯言亂政，勢所必至，故禁之，杖一百。若有人稱訴冤枉事情，而軍民官司，借用印信封皮，入遞進呈御前者，是以私情而冒用公式，欺君亂法甚矣。借者及借與者，皆斬，係雜犯，准徒五年。

按：本衙門不便事件，知而不言，不著其罪者，《疏議》謂糾察是實，論以事應奏不奏，杖一百。陳言事理，虛飾繁文，亦不著其罪者，《疏議》謂審其奏情，如有希求進用意者，坐杖一百。如情輕者，止以違令論，笞五十。

條例

177－01

一、内外大小衙門官員，但有不公不法等事，在内從臺省，在外從按察司糾舉。須要明著年月，指陳實跡，明白具奏。若係機密重事，實封御前開拆，並不許虛文泛言。若挾私搜求細事，及糾言不實者，抵罪。惟生員不許一言建白，違者革黜，以違制論。

177－02

一、各處斷發充軍及安置人數，不許進言，其所管衛所官員，毋得容許。

178　見任官輒自立碑

凡見任官，實無政跡，於所部内輒自立碑建祠者，杖一百。若遣人妄稱己善，申請於上而爲之立碑建祠者，杖八十。受遣之人，各減一等。碑祠拆毀。

［纂註］

申請，是亦立碑建祠之事。各減一等，只承遣人一邊，觀文勢自見。蓋妄稱己善，即今里老保稱賢能之事，而申請於上，則當該吏典之所爲，故曰各減。見任字最重，此見碑以紀功，祠以報功，皆其官在任之時，實有善政，及去任之後，民思慕而爲之建立，非見任官得以假飾，而冒爲之者也。夫曰實無，曰妄稱，皆爲假飾以要名；曰輒自，曰遣人，皆非民心之愛慕，但輒自建立者，全無顧忌，故杖一百。其遣人妄稱己善，申請於上，以求建立者，視輒自建立者有間，故杖八十。受遣而妄稱申請者，不過阿順扶同而已，故各減一等，杖七十。前碑祠拆毁，申文立案不行。

179 禁止迎送

凡上司官及奉朝命使客經過，若監察御史、按察司官出巡按治，而所在各衙門官吏，出郭迎送者，杖九十。其容令迎送，不舉問者，罪亦如之。

［纂註］

上司，是本管上司，統屬衙門官。使客，泛言，凡奉欽命者皆是。城外曰郭，此見出郭迎送，非惟諛佞成風，抑且妨廢政務，故凡上司官及奉命制使經過道途，若監察御史、按察司官，出巡按治地方，而所在有司，軍衛各衙門官吏，畏威取悦，出郭迎送，及上司使客，分巡御史、按察司容令迎送，不行舉問者，皆杖九十。

條例

179－01

一、文武官員出入，應合開道，而自不開道，致令應避官員不曾迴避者，不問。若因而生事者，止問上官。

179－02

一、軍民人等，於街市遇見官員引導經過，即須下馬躲避，不許衝突，違者笞五十。

180　公差人員欺凌長官

凡公差人員如歷事監生、辦事官之類，在外不循禮法言語傲慢，欺凌守禦官及知府、知州者，杖六十，附過還役，歷過俸月不准。若校尉有犯，杖七十。祗候、禁子有犯，杖八十。

［纂註］

公差人員，指在京差使者言，如監生承差之類。守禦官，即各衛所指揮之類，亦指掌印正官而言。欺凌，只是言語禮貌傲慢不遜，非毆打之事。不准，謂不准實歷也。此見守禦官持權閫外，知府知州，高品正官，職任專重，若或欺凌，則有損觀望。故凡公差人員，奉差在外，不循禮法，肆行欺凌者，杖六十，附過還役。所歷過支俸糧月日，不准從新役起，猶得還役者，以其有事相關也。若校尉與監生，承差不同，有犯者杖七十。祗候、禁子又與校尉不同，有犯者杖八十。校尉、祗候、禁子俱不言還役者，蒙上文而言，省文耳。

按：欺凌不及縣令，并府州佐貳官者，以縣令佐職，與所差之人，終有公事鈐督，而欺凌又不過傲慢小過，故略之。若有毆打，自依公使人毆有司律治罪。

條例

180－01

一、公堂乃係民人仰瞻之所，如奴僕、皂隸人等，入正門，馳當道，坐公座杖七十、徒一年半，官吏不行舉覺杖七十，免徒，吏員、承差人等，敢有如此者加一等，若六部、都察院、在京諸衙門，及駕前校尉、力士、旗軍、行人等，非捧制書，止收批差，敢有似前越禮犯分者，許所在官長實封入遞。除朝廷差委各處，要招行斷外，其布政司至州縣等衙門，毋得輒差吏員、皂隸人等，於各衙門要招行斷，違者，事犯同罪。

181　服舍違式

凡官民房舍、車服、器物之類，各有等第。若違式僭用，有官者杖一百，罷職不敘軍官降充總旗，無官者笞五十，罪坐家長。工匠，並笞五十。違式之物，責令改正。工匠自首免罪，不給賞。○若僭用違禁龍鳳紋［文］者，官民各杖一百、徒三年。官罷職不敘。工匠杖一百，連［當房］家小起發赴京，籍充局匠。違禁之物，並入官。○首告者，官給賞銀五十兩。○若工匠能自首者，免罪，一體給賞。

順治二年閏六月初一日，禮部接出聖諭。諭禮部：公侯文武各官，應用帽頂束帶，及生儒衣帽，照品級次第，酌議繪圖來看。欽此欽遵，恭捧到部。臣等詳考國制，參酌時宜，擬爲十三等，謹繪圖貼説，進呈御覽，不許僭越，違者治罪。伏乞聖明裁定，敕行内外各衙門，一體遵奉等因。於本月初一日奉聖旨：是。這帽頂束帶圖樣，通行内外文武各衙門，如式遵用，以辨等威。官員越品僭用，及民間違禁擅用者，重治不宥。凡應用東珠的，重不得過三分，如用三分以上，即同違式。欽此。

公

起花金帽頂，上銜紅寶石一大顆，中嵌東珠三顆；帶用圓玉板四塊，四圍金鑲，中鑲緑松子石一顆。

一品　侯伯同

起花金帽頂，上銜紅寶石一大顆，中嵌東珠一顆；帶用方玉板四塊，四圍金鑲，中鑲紅寶石一顆。

二品

起花金帽頂，上銜紅寶石一大顆，中嵌小紅寶石一顆；帶用起花金圓板四塊，中鑲紅寶石一顆。

三品

起花金帽頂，上銜紅寶石一大顆，中嵌小藍寶石一顆；帶用起花金圓板四塊。

四品

起花金帽頂，上銜藍寶石一大顆，中嵌藍小寶石一顆；帶用起花金圓板四塊，銀鑲邊。

五品

起花金帽頂，上銜水晶一大顆，中嵌小藍寶石一顆；帶用素金圓板四塊，銀鑲邊。

六品

起花金帽頂，上銜水晶一大顆；帶用圓玳瑁板四塊，銀鑲邊。

七品

起花金帽頂，中嵌小藍寶石一顆；帶用素銀板四塊。

八品

起花金帽頂；帶用明羊角圓板四塊，銀鑲。

九品　雜職同

起花銀帽頂；帶用烏角圓板四塊，銀鑲。

舉人

金雀帽頂，高二寸；帶同八品，青袍藍邊。披、領同。

生員

銀雀帽頂，高二寸；帶同九品，藍袍青邊。披、領同。

外郎、耆老

烏角葫蘆頂，衣及披、領皆純青。

［纂註］

房舍、車服、器物等項等第，詳見《大明令》。式，謂制度。違式，如庶民僭品官，卑官僭尊官之類。龍鳳文，御用之物，非官民所宜有，而僭用之，故曰違禁。首告節，只承違禁一邊。此言官民房舍、車輿、服式、冠帶、器品之類，如《大明令》所載者，其尊卑上下，各有等第定式。故凡不遵令制而僭用者，皆曰違式。但犯在有官者，杖一百，罷職不敘。軍官降充總旗，責備賢者之意。犯在無官者，矜其無知，笞五十。罪坐家長，事由專制故也。違式之物，責令改正。其工匠，不問爲官民之家造作，並笞五十。若龍鳳文，用之以飾乘輿、服御物者，官民之家違禁擅用，則僭擬天子，不但違式而已，杖一百、徒三年。不言罷職者，蒙上文而言，舉輕以該重也。工匠杖一百，連當房家小，起發赴京，抄隸各局充匠。違禁之物，並入官。如有首告僭用龍鳳文者，給銀五十兩充賞。若其所作之工匠，能自赴官首告者，免其本罪，與凡人一體給賞。

按：違禁之物入官，而違式不言入官者，蓋違式止是不依式樣，猶可改正。又非御用之比，而違禁之物，非官民之家所當有，自宜入官，故不同耳。其父祖有官身没，非犯除名，不敘子孫，許居原造房屋，不得以無官違式論。

［備考］

一、違禁者，工匠自首，免罪給賞。若違式自首，雖不給賞，亦得免罪。

條例

181－01

一、服舍鞍馬，貴賤各有等第，上可以兼下，下不可以僭上。官員任滿致仕，與見任同。其父祖有官身没，非犯除名，不敘子孫，許居其房舍，用其衣服車馬。其御賜者，及軍官軍人服色，不在禁例。

181－02

一、房舍並不得施用重拱、重簷，樓房不在重簷之限。職官一品二品，廳房七間九架，屋脊許用花樣獸吻，梁棟斗拱，簷桷彩色繪飾。正門三間五架，門緑油，及獸面銅鐶。三品至五品，廳堂五間七架，許用獸吻，梁棟斗拱，簷桷青碧繪飾。正門三間三架，門用黑油，獸面擺錫鐶。六品至九品，廳房三間七架，梁棟止用土黄刷飾。正門一間三架，黑門鐵鐶。庶民所居堂舍，不過三間五架，不用斗拱彩色雕飾。

181－03

一、庶民男女衣服，並不得僭用金繡，許用紵絲、綾羅、紬絹、素紗。婦人金首飾一件，金耳鐶一對，餘止用銀翠，不得製造花樣金綫裝飾。

181－04

一、車輿不得雕飾龍鳳紋。職官一品至三品，許用間金飾銀螭繡帶青幔。四品五品，素獅頭繡帶青幔。六品至九品，用素雲頭素帶青幔。轎子比同車製。庶民車用黑油，齊頭平頂，皂幔。轎子比同車製，並不許用雲頭。

181－05

一、帳幔並不許用赭黄龍鳳紋。職官一品至三品，許用金花刺繡紗羅。四品五品，刺繡紗羅。六品以下，許用素紗羅。庶民用紗絹。

181－06

一、傘蓋，職官一品二品，銀葫蘆茶褐羅表紅裏；三品四品，紅葫蘆茶褐羅表紅裏，以上皆三簷。五品，紅葫蘆青羅表紅裏。六品以下，惟用青絹，皆重簷。雨傘通油絹，庶民不得用羅絹。涼傘，許用油紙雨傘。

181－07

一、鞍轡並不許雕飾龍鳳紋。

181－08

一、器皿不許造龍鳳紋。

181－09

一、墳塋石獸，職官一品，塋地九十步，墳高一丈八尺；二品，塋地八十步，墳高一丈四尺；三品，塋地七十步，墳高一丈二尺，以上石獸並六。四品，塋地六十步，五品塋地五十步，墳高八尺，以上石獸並四。六品，塋地四十步，七品以下二十步，墳高六尺以上。發步皆從塋心各數至邊。五品以上，許用碑，龜趺螭首；六品以下，許用碣，方趺圓首。庶人塋地九步，穿心十八步，止用壙誌。

181－10

一、品官服色，鞍轡等物，除官府應用之家，許令織造外，其私下與不應之家製造者，工匠依律治罪。

181－11

一、軍民、僧道人等，服飾器用，俱有定［舊］制。若常服言常服，則大服不禁僭用錦綺、紵絲、綾羅、彩繡，器物用戧金、描金，酒器純用言純用，若止用一件，不禁金銀，及將大紅銷金製爲帳幔、被褥之類，婦女僭用金繡閃色衣服，金寶首飾、鐲釧言金寶，則止用金飾，無珠寶不禁，及用珍珠緣綴衣履，并結成補子、蓋額、纓絡等件，娼妓僭用金首飾、鐲釧者，事發俱［各］問以應得之罪。服飾器用等物，並追入官。婦女罪坐家長。

181－12

一、官吏軍民人等，但有僭用玄、黄、紫三色，及蟒龍、飛魚、斗牛，器皿僭用硃紅、黄顔色，及親王法物者，俱比照僭用龍鳳紋［文］律擬斷，服飾、器皿追收入官。

刪除明例 2 條

一、各王府郡主儀賓，該鈒花金帶，胸背獅子。縣主儀賓，鈒花金帶；郡君儀賓，光素金帶，胸背俱虎豹。縣君儀賓，鈒花銀帶；鄉君儀賓，光素銀帶，胸背俱彪。故違僭用者，革去冠帶，戴平頭巾，於本處儒學讀書，習禮三年，方許復職。

一、兩京堂上，文職四品以下，及五府管事，并在京在外鎮守、守備等項，公、侯、伯、都督等官，不分老少，俱不許乘轎，違者參問。其餘軍職，若上馬拿交床，出入擡小轎者，先將服役之人問罪。指揮以下參問，京衛調外衛，外衛調邊衛，俱帶俸差操。

182　僧道拜父母

凡僧尼、道士、女冠，并令拜父母，祭祀祖先。本宗親屬在内喪服等第謂斬衰、期功、緦麻之類，皆與常人同，違者杖一百，還俗。○若僧道衣服，止許用紬絹、布匹，不得用紵絲、綾羅，違者笞五十，還俗，衣服入官。其袈裟道服，不在禁限。

［纂註］

喪服等第，謂斬衰、期功、緦麻之類，輕重等第也。違者，謂不拜父母，不祭祖先，不服本等喪服也。此見僧尼、道士、女冠，雖已出家，並令歸拜其父母，祭祀其祖先，而喪服等第，與常人同，不得以異教廢禮。若有違者，是棄親滅倫，人道絶矣，故杖一百，還俗。若僧尼、道士、女冠衣服，止許用紬絹、布匹，不得妄用紵絲、綾羅者，以賤流，故禁之，違者笞五十，亦還俗，衣服追收入官。其本等袈裟道服，舊有定制，聽以綾羅、紵絲爲之，不在禁限。

183　失占天象

凡天文如日月、五緯、二十八宿之屬垂象如日重輪，及旄頭彗孛、景星、日月珥蝕之類，欽天監官失於占候奏聞者，杖六十。

［纂註］

天文，如日月、五緯、二十八宿之屬。垂象，如日重輪、雲五色，及旄頭彗孛，景星慶雲，日月珥蝕之類。此見天文垂象，以示祥異，遇異奏聞，則知恐懼修省；遇祥奏聞，則知益勉修德，關於朝廷者不小。若欽天監失於占候奏聞，則非設官之意，而有曠職矣，故杖六十。

條例

183－01

一、占候天象，欽天監設觀星臺，令天文生分班晝夜觀望，或有變異，開具揭帖，呈堂上官。當奏聞者，隨即具奏。

184　術士妄言禍福

凡陰陽術士，不許於大小文武官員之家妄言國家禍福，違者杖一百。其依經推算星命卜課［者］，不在禁限。

［纂註］

禍福，以關於國家言。此見陰陽術數之士，其言禍福休咎之理，多涉妄誕，易於惑人，而內外大小文武官員之家，與凡民不同，尤當禁絕，故違者杖一百，亦防微杜漸之意。其依經推算星命，及卜筮卦課者，不在所禁之限。

185　匿父母夫喪

凡聞父母若嫡孫承重，與父母同及夫之喪，匿不舉哀者，杖六十、徒一年。若喪制未終，釋服從吉，忘哀作樂，及參預筵宴者，杖八十。若聞期親尊長喪，匿不舉哀者，亦杖八十。若喪制未終，釋服從吉者，杖六十。〇若官吏父母死，應丁憂，詐稱祖父母、伯叔姑、兄姊之喪，不丁憂者，杖一百，罷職役，不敘。若父母見在無喪詐稱有喪，或父母已殞舊喪詐稱新喪者，與不丁憂罪同。有規避者，從其重者論。〇若喪制未終，冒哀從仕者，杖八十。亦罷職。〇其當該官司，知而聽行，各與同罪，不知者不坐。〇其仕宦遠方，丁憂者，以聞喪月日爲始。奪情起復者，不拘此律。

［纂註］

期親尊長，謂祖父母、伯叔父母、兄、姑、未嫁姊之類。規避，兼不丁憂、詐丁憂二項說。此見子於父母，妻於夫，皆服喪三年，若子女聞父母喪，及妻妾聞夫喪，而隱匿不即舉哀者，是謂忍心害理，故杖六十、徒一年。若父母與夫之喪制未終，而釋縗從吉，忘哀作樂，及參預筵席宴會者，皆非居喪之禮，故杖八十。嫡孫承祖，與父母同。言子於父母，則婦於舅姑該之矣。若期親尊長，雖與父母有間，皆有恩義聯屬之情，故聞其喪而隱匿不即舉哀者，亦杖八十。若於期親喪中，釋服從吉者，杖六十。稱期親尊長，祖父母者，曾高同。若官吏父母死者，應解任離役，守制丁憂。有詐稱祖父母、伯叔姑、兄姊之喪，不丁憂者，是詐喪而戀職，非人子也；父母見在，本無喪而詐稱有喪，父母已没，本舊喪而詐稱新喪，妄冒丁憂者，是詐喪而去位，非人臣也，故杖一百，罷職役不敘。若有所規避，而不丁憂，與詐丁憂，罪重於杖一百者，則從所規避之本罪論。若父母喪制未終，而冒哀從仕者，杖八十。言官，則吏該之矣。

按：文官犯私罪，非至杖一百，律不罷職。今例，官吏犯一應行止有虧者，俱發爲民，則此冒哀入仕者，亦從例罷職。若當該官司，明知官吏匿詐冒哀之情，而聽從施行者，各與犯人同罪，不知者不坐。其職官仕宦遠方，應合丁憂，以聞喪月日爲始，不計閏，二十七個月服闋起復，不復以親死之日爲斷。若朝廷有不得已事，奪情起復者，則以王事爲重，從權制而無避也，不用此律。

條例

185 -01

一、官吏丁憂，除公罪不問外，其犯贜罪，及係官錢糧，依例勾問。

185 -02

一、内外官吏人等，例合丁憂者，務要經由本部京官具奏，關給内府孝字號勘合。吏典人等，劄付順天府，給引照回。在外官吏人等，移文知會所在官司，給引回還，及移文原籍官司，體勘明白，開寫是否承重祖父母，及嫡親父母，取具官吏、里鄰人等結狀回報。如有詐冒，就便解部查實，仍以聞喪月日爲始，不計閏二十七個月，服滿起復。若有過期不行文移，催取過部，果無事故，在家遷延者，咨送法司問罪。

185－03

一、文職官吏人等，若將遠年亡過父母，詐作新喪者，問發爲民。若父母見在，詐稱死亡者，發邊［口］外獨石等處充軍。其父母喪，計原籍程途，每千里，限五十日。過限匿不舉哀、不離職役者，俱發邊［口］外爲民。

186　棄親之任

凡祖父母、父母年八十以上，及篤疾，别無以次侍丁，而棄親之任，及妄稱祖父母、父母老疾，求歸入侍者，並杖八十。棄親者，令歸養，候親終服闋，降用。求歸者，照舊供職。〇若祖父母、父母及夫，犯死罪，現被囚禁，而筵宴作樂者，罪亦如之。筵宴不必本家，併他家在内。

［纂註］

此見親年八十以上，及篤疾，皆待人以爲養。若子於父母，孫於祖父母，年老及篤疾，其家别無以次人丁，可以奉侍，而輒忍違棄之任者，是以親爲路人，而有違親之惡，及親本未老疾，而妄稱年老有疾，求歸侍養者，是以親爲詐本，而非致身之義，故杖八十。若祖父母、父母及夫犯罪至死，見被囚禁，爲子若孫及妻，忍於肆筵張宴，因以爲樂者，罪亦如棄親之任者，杖八十。

按：舊云棄親之任者，仍令歸養，候親終服闋，仍聽敘用。

條例

186－01

一、官員祖父母、父母，及年七十，果無以次人丁，自願離職侍養者，聽親終服滿，方許求敘。

187　喪葬職官庶民，三月而葬。

凡有尊卑喪之家，必須依禮定限安葬。若惑於風水，及託故停柩在家，經年暴露不葬者，杖八十。若棄毀死屍，又有本律。〇其從尊長遺言，將屍燒化，及棄置水中者，杖一百。從卑幼，並減二等。若亡歿遠方子孫，不能歸葬，而燒化者，聽從其便。〇其居喪之家，修齋設醮，若男女混雜所重在此，飲酒食肉者，家長杖八十。僧道同罪，還俗。

［纂註］

喪字，指輕重之喪而言。依禮者，據禮所定葬之月也。風水，如近世龍穴沙水之法，及支干生尅之説。人死以葬爲安，故謂之藏。不藏者，即謂之暴露。卑幼並減二等，謂尊長從卑幼遺言，而將屍燒棄者，並杖八十也。其曰並減者，蓋祖父母、父母棄毀子孫死屍者，故杖八十。尊長毀棄緦麻以上卑幼死屍者，遞減一等。此則不論緦麻以上卑幼，如遞減之法，但從其遺言，而將屍燒棄者，俱於杖一百上減二等，亦杖八十，故曰並減二等。末節，只重男女混雜飲酒上，非罪其修齋設醮也。謹按：《大明集禮》，職官庶民，三月而葬。故凡有喪之家，必須依禮安葬。若有惑於陰陽家風水之説，及假託他故爲辭，而停喪在家，經年暴露，不安葬者，杖八十。夫暴露且不可，況燒棄者乎？故雖奉有尊長遺命，而將屍燒化，及棄置水中者，杖一百。言尊長，則自祖父母以下，至緦麻以上皆是。若尊長有從卑幼遺言，而將屍燒棄者，並減從尊長遺命燒棄尊長罪二等，杖八十。若有亡沒遠方，不能歸葬，而燒化其屍歸葬者，情非得已，故並從其便。若居喪之家，爲親修齋設醮，而男女混雜無耻，及違禮飲酒食肉者，罪坐家長，杖八十。僧道並與同罪，亦杖八十，還俗。凡此皆正風俗之意。若無遺言燒棄者，自依發塚律。

188　鄉飲酒禮

凡鄉黨敘齒，及鄉飲酒禮，已有定式，違者笞五十。鄉黨敘齒，自平時行坐而言。鄉飲酒禮，自會飲禮儀而言。

［纂註］

鄉黨敘齒，謂民間歲時相見宴會之禮，以齒相尚，長者居前，少者居後，指平日行坐而言。鄉飲酒禮，即今有司與學官，率士大夫之老者，行之學校，指官府所行而言。此見鄉黨老少聚會之間，以年齒爲序。及府州縣鄉飲酒禮，載在職掌，已有定式。若鄉黨而不循齒序，鄉飲酒而不依定式者，是謂亂理，均屬有違，故並笞五十。

條例

188－01

一、鄉黨敘齒，士農工商人等，平居相見，及歲時宴會，揖拜之禮，幼者先施。坐次之例，長者居上。如佃户見佃主，不論齒敘，並行以少事長之禮。若親屬，不拘主佃，止行親屬禮。

188－02

一、鄉飲坐敘，以高年有德者居於上，高年淳篤者並之，以次敘齒而列。其有曾違條犯法之人，列於外坐，同類者成席，不許干於善良之席。主者若不分别，致使貴賤溷淆，察知或坐中人發覺，主者罪以違制。奸頑不由其主，紊亂正席，全家移出化外。

大清律集解附例卷之十三

兵律　宫衛

189　太廟門擅入

凡無故擅入太廟門，及山陵兆域門者，杖一百。太社門，杖八十。但至閾外未過門限者，各減一等。守衛官故縱者，各與犯人同罪，失覺察者減三等。

［纂註］

太廟門，謂外門，非太廟之殿門也。山陵，天子之墓，謂其高大，故曰山陵。兆域，言卜得宅兆，周以爲營域。門限，閫域也。故縱與失覺察，俱總承上二項説。此太廟山陵，帝王祖考之所藏，而太社者，天子祀五土之神之所，各有守禦官，以防護之也。故凡非應入之人，而擅入太廟之門，及山陵兆域之門者，杖一百；擅入太社之門者，杖九十。此已過門限者。若雖至三者之門，而尚未過門限者，各減一等。未過太廟山陵門限者，杖九十；太社門限者，杖八十。其各門守禦官員，知情故縱不舉者，各與犯人同罪，擅入太廟山陵，亦杖一百，太社杖九十。未過門限者，亦各減一等。若非故縱，只是失於覺察者，減三等，太廟山陵門杖七十，太社門杖六十。未過門限，通減四等，太廟山陵門，杖六十，太社門笞五十。蓋太廟等門，皆爲尊崇之地，而許聽擅入，恐致褻慢之嫌，故關防之不得不嚴如此。《唐律疏議》曰：其入太廟室，既律無罪名，合減御在所一等，杖一百、流三千里。若無故登山陵，亦同入太廟室坐罪。

190　宫殿門擅入

凡擅入皇城午門、東華、西華、玄武門，及禁苑者，各杖一百。擅入宫殿門，杖六十、徒一年。擅入御膳所，及御在所者，絞監候。未過門限者，各減一等。稱御者，太皇太后、皇太后、皇后並同。○若無門籍，冒他人名籍而入者兼已入未過，罪亦如之。○其應入宫殿宿直之人，未著門籍而入，或當下直而輒入，及宿次未到雖應入班次未到，越次而輒宿者，各笞四十。○若不係宿衛應直，各［合］帶兵仗之人，但持寸刃入宫殿門内者，絞監候。不言未入門限者，以須入門内乃坐。入皇城門内者，杖一百，發邊遠充軍。○門官及宿衛官軍故縱者，各與犯人同罪至死減一等，失覺察者減三等，罪止杖一百。軍人又減一等。並罪坐直日者。通指軍官軍人言。餘條准此。

［纂註］

午門、東華、西華、玄武，皆皇城四門也。禁苑，謂禁中之苑囿，一曰苑囿之有禁制者。宫門，如乾清等宫之門。殿門，如奉天等殿之門。御膳所，供造御食之所。御在所，天子所駐之處。冒入，是本無門籍，而冒有門籍人名姓而入者。罪亦如之，亦兼已入及未過門限者言。輒入輒宿，是應入之人，但非其時耳。持刃，不言未過門限，須入門乃坐。門官以下，通承上言。罪坐直日，通指軍官軍人言。註云餘條倣［准］此，謂後凡言連坐守衛者，皆當坐直日也。此條與擅出入宫殿門條參看。言凡無故而擅入皇城之午門、東華門、西華門、玄武門，及擅入禁中之苑囿者，各杖一百。擅入各宫門、各殿門者，杖六十、徒一年。擅入供造御膳之所，及聖駕臨御之所者，即絞。地以漸而加嚴，故罪以漸而加重。若雖及門而未過門限者，各減已入罪一等。午門等門，及禁苑，杖九十，宮殿門杖一百，御膳所及御在所，杖一百、流三千里。若本無著名門籍之人，而妄冒他人有門籍者之名，而入皇城宮殿等門者，亦各如擅入之律科斷。皇城禁苑，亦各杖一百。宮殿門，亦杖六十、徒一年。御膳、御在所，亦絞。未過門限者，亦各減一等。蓋擅入冒入，其事雖殊，而故犯禁地，其情則一，故曰罪亦如之。以上皆不應入而入者也。至應入之人，必待門籍有名，及應直應宿者，而後可入。若雖應入宮殿宿直之人，未著名門籍而擅入，或入直日期已滿，本當下直，而輒復入，及入宿班次未到，而越次輒宿者，各笞四十。以上應入而入，不以期者也。至本應宿衛入直之人，方許懸帶兵仗者，所以防不測也。若不係宿衛應直，合帶兵仗之人，但持寸刃入宮殿門内者，即絞。入皇城門内者，即杖一百，發邊遠充軍。擅入禁門，法已不宥，而懸帶兵仗，意欲何爲？不得不重懲之。此皆自犯人自犯者言之。其守門官員，及宿衛之官與軍，若知情而故縱犯人進入者，各與犯人同罪，至死減一等。謂故縱其擅入冒入午門等門，同杖一百，宮殿門同杖六十、徒一年，御膳及御在所，罪止杖一百、流三千里。故縱其應入而未著門籍，或下直而輒入，及宿次未到，輒宿者，同笞四十。故縱其寸刃入宮殿門内者，杖一百、流三千里；入皇城門内者，邊遠充軍。若無故縱知情，而止于失覺察者，則門官及宿衛官，減犯人三等，罪止杖一百。守衛軍人，又減官罪一等，通減犯人罪四等，罪止杖九十。如擅入御膳、御在所，及持刃入宮殿門内者，犯人雖坐絞，而門官及宿衛官，各止杖一百；守衛軍人，各止杖九十。失察之情，比之故縱爲輕，故得減等。而軍人之責，比之軍官爲尤輕，故又得減一等。然官軍守衛，各有日期，而罪坐所由，斯不濫及，故又並罪坐直日者，其法中之至仁也。

按：故縱持刃入皇城，或謂止該杖一百，不必擬充軍，恐反重於故縱持刃入宮殿門之減等流三千里也。不知律稱同罪，止至死減一等，其餘皆全［科］。況名例軍官軍人犯罪，徒五等，皆發二千里内衛分充軍；流三等，照依地里遠近，發各衛充軍，則徒流罪亦未嘗不充軍也，而何輕重之有？

191　宿衛守衛人私自代替

凡宫禁宿衛，及皇城門守衛人，應直不直者，笞四十。以應宿衛守衛人下直之人私自代替，及替之人，各杖六十。以别衛不係宿衛守衛人，冒名私自代替，及替之人，各杖一百。百户以上，各加一等。〇若在直而逃者，罪亦如之。應直不直之罪，百户以上加等。〇京城門減一等。各處城門，又減一等。親管頭目，知而故縱者，各與犯人同罪，失覺察者減三等。有故而赴所管告知者，不坐。

［纂註］

宿衛、守衛有别。宿衛自在内者言，如防護宫禁内，使奸慝無所容也。守衛則把守各門，稽察其出入者也。應宿不宿，應守不守，是謂應直不直也。私自，對下告知者看。百户以上，指鎮撫千户、指揮言。京城各處城門，皆兼應直不應直以下各項説。故縱，失覺察，通管宫禁各皇城京城各處城門言。此言凡宫禁中應宿衛之人，及皇城應守衛之人，班次輪該直日而不上直，宿衛守衛者笞四十。自己不直，而以本衛應宿衛守衛下直之人私自代替者，上直及代替之人各杖六十。自己不直，而以别衛不係宿衛守衛之人妄冒己名，私自代替上直，及代替之人，各杖一百。蓋應直不直，止於曠職，而私自代替，則相隱爲奸，故罪難同。若宿衛守衛之官，其責視軍人又重矣。故有犯者，百户以上，各加一等，應直不直，笞五十；私自代替，各杖七十；冒名代替，各杖六十、徒一年。若宿衛守衛官軍，有在直而私逃者，罪如軍人應直不直，笞四十。百户以上，亦加一等，笞五十。此皆是宫禁皇城門，至嚴謹者言之。若在京城九門，視皇城則又得減一等。應直不直，與在直而逃者，在京城笞三十，各處城門笞二十。私自代替及替之者，京城門笞五十，各處城門笞四十。冒名代替及替之者，京城門杖九十，各處城門杖八十。百户以上，亦加一等。自宿衛守衛人，以至百户以上，則由輕以入重。自宫禁以至各處城門，又由重以減輕。其得輕重之權如此。至管軍官，即軍之頭目。管百户以上者，即爲官之頭目。若親管頭目，明知其應直不直，或私替及在逃之情，而故縱不舉者，各與犯人同罪。不直及在逃者，同笞四十；私自代替者，同杖六十；冒名代替者，同杖一百。百户以上，同百户以上加一等之罪。京城門，同減一等；各處城門，又同減一等。其非故縱，而失於覺察者，減犯人罪三等。宫禁皇城不直，笞一十，自代笞三十，冒名自代杖七十。百户以上不直，笞二十，自代笞四十，冒名自代杖八十。京城及外城門不直，俱減盡無科。自代者，京城門笞二十；外城門，笞一十。冒名自代者，京城門杖六十，外城門笞五十。其宫禁及皇城京城外等門宿守之人，遇有疾病等項事故，而先赴親管頭目處告知者，不坐不直之罪。其所以通人情者至矣。或謂有故，自公差言。若公差，則頭目人自當别撥補直，又何待本人赴告耶？

條例

191－01

一、皇城各門各舖上直守衛，該管官旗鈐束不嚴，及容情故縱，所管軍人離直，點視不到，十名以上者，各杖一百，指揮降千户，千户降百户，衛鎮撫降所鎮撫，百户及所鎮撫各降總旗，總旗降小旗，小旗降軍，俱調邊衛，帶俸食糧差操。若受財賣放者，不分人贓多寡，問罪，亦照前降調。其或各衛晝夜輪流點城官員，但受財賣放者，一體參問降調。若止是巡點不嚴，以致軍士不全，問罪還職。其各該直宿官旗軍人，點視不到，一二次者，送問；三次以上者，問發邊衛差操。

192　從駕稽違

凡天子巡幸應扈從車駕之人，違原定之期不到，及從車駕而先回還者，一日笞四十，每三日加一等，罪止杖一百。百户以上，各加一等。罪止杖六十、徒一年。〇若從車駕行而逃者，杖一百，發邊遠充軍。百户以上，絞監候。〇親管頭目，故縱不到、先回、在逃者，各與犯人同罪。至死減一等。失覺察者，減三等，罪止杖一百。

[纂註]

此條自平時巡幸者言，故坐罪與從征不同。故縱及失覺察，通管不到、先回、在逃三項説。此言凡應合扈從車駕巡幸之人，啓行而違期不到，及從行不候駕而先回還者，一日即笞四十，每三日加一等，至十九日之上，罪止杖一百。百户以上，若鎮撫、千户、指揮有犯者，各加一等，違期及先回一日笞五十，十九日之上，罪止杖六十、徒一年。若應從之人，從車駕行幸中途，而私自逃回者，即杖一百，發邊衛充軍。百户以上犯者，即坐絞。違期不到，然猶到也；從而先還，是猶從也，故計日以定罪。若從行而中逃，則有背去之意，故從重以加刑。若軍人或軍官之親管頭目，知情故縱者，各與犯人同罪，違期及先回一日，同笞四十，每三日通加一等，罪止杖一百。百户以上，同加一等。内行而逃者，同杖一百，充軍。百户以上，至死者，頭目人減一等，杖一百、流三千里。若止失於覺察者，減犯人罪三等。軍人不到及先回者，一日笞一十。百户以上，一日笞二十。軍人逃者，杖七十。百户以上，逃罪止杖一百，事出無心，斯罪從輕擬也。

193　直行御道

凡午門外御道至御橋，除侍衛官軍，導從車駕出入，許於東西兩傍行走外，其餘文武百官、軍民人等，非侍衛導從無故於上直行，及輒度御橋者，杖八十。若於宫殿中直行御道者，杖一百。守衛官故縱者，各與犯人同罪，失覺察者減三等。若於御道上横過，係一時經行者，不在禁[此]限。

［纂註］

御橋，謂承天門外之中橋，至正陽門俱是，金水橋不在內，觀外字與至字可見。無故，故字即是侍衛導從也。橫過，兼午門外及宮殿中御道言。此條言凡午門外之御道至御橋，皆至尊出入之路，非臣民之所得由，故除侍衛官軍，或導引，或隨從車駕出者，許於御道御橋東西兩傍隨走外，其餘文武百官、軍民人等，無有侍衛導從之故，於御道上直行，及輒度御橋者，杖八十。至宮中及殿中之御道，乃宸極之地，視午門外爲更親近，若有無故於上直行者，杖一百。地漸尊嚴，故罰亦加重也。若內外直日守衛官員，故縱其直行者，及輒度者，各與犯人同罪，午門外者，同杖八十；宮殿中者，同杖一百。但失於覺察者，減犯人罪三等，午門外者，笞五十；宮殿中者，杖七十。若於午門外及宮殿中之御道上橫過，係一時徑［經］行者，非直行之比，故曰不在禁限。所以重朝廷、尊體統之意也。

按：律稱午門外之御道御橋，而不及午門內，又稱宮殿中之御道，加午門外二等，則午門內之御道御橋，宜加午門外一等，而減宮殿中一等可也。若同杖八十，則不必明稱午門外矣。

［備考］

一、凡在外衙門，龍亭已設，儀仗已陳，而直行者，亦准御道科斷，杖八十。

194　內府工作人匠替役

凡諸色當班工匠辨驗貨物，各行人役，差撥赴內府，及承運庫工作，若不親身關牌，入內應役，雇人冒己名并關牌，私自代替，及替之人，各杖一百，雇工錢入官。

［纂註］

工匠行人，謂工匠各有本色作行，如木匠行、針匠行之類，不可作二項看，以行人屬承運庫也。關牌，各工匠俱有懸帶牌面，以便稽查者。冒名關牌串説，若止冒名，而不關牌，恐亦不得入也。此言凡諸色工匠，如營造、織染、兵仗等各項人役，所司差撥，送赴内府各監局，及承運庫上辦工作。若工匠行人不親身關領牌面，入内應役，而有雇倩人，冒爲己名關牌，私自代替，及受雇代替之人，各杖一百。所受雇工錢，合追入官，庶懲戒嚴而工集易，關防密而弊不生也。

195　宫殿造作罷不出

凡［在］宫殿内造作，所管官司具工匠姓名，報所入之處門官及守衛官，就於所入門首，逐一點姓名視形貌，放入工作。至申時分，仍須相視形貌，照數點出。其不出者，絞監候。監工及提調内使、監官門官、守衛官軍點視，如原入名數短少，就便搜捉，隨即奏聞。知而不舉者，與犯人同罪至死減一等。失覺察者減三等，罪止杖一百。

［纂註］

所入門，即宫殿門。點則知其名數，視則識其面目，即下相視形貌，照數點出句也。此條言凡宫殿之内有所造作，所該管官司，先將差撥過諸色工匠行人姓名，逐一開報守門官及守衛官，知會其守門官、守衛官，就於所入宫殿門首，逐一照先報名姓，點其數目，視其形貌，放入宫殿内工作。至申時罷工分散，門官及守衛官仍須一一相視其原來形貌，照先名數點出，其有停留宫殿内不出者，即無他故，亦坐絞罪。其宫殿内監工官，及提調内使、監官、守門官、守衛官與軍，點視放出之時，如於原入工匠名數内或有短少，及非原來形貌者，就便於宫殿内搜捉，即便奏聞，聽候處分。如監工等官，明知工匠名數短少，而不即舉搜捉者，與犯人同罪，減等杖一百、流三千里。但失於覺察者，得減犯人絞罪三等，罪止杖一百，亦不用杖九十、徒二年半之律。名例所謂罪止者，仍依本法是也。蓋宫殿本爲嚴密之地，非外人所得隱藏，苟稍縱之，是長奸也，安得不重懲之哉?

196 輒出入宫殿門

凡應出宫殿凡下直，如差遣、給假等項，而門籍已除，輒留不出，及應入直之人被告劾，已有公文禁止，籍雖未除，輒入宫殿者，各杖一百。晝禁。○若宿衛人已被奏劾者，本管官司先收其兵仗，違者，罪亦如之。○若於宫殿門，雖有籍，至夜雖應直之人皆不得出入。若入者，杖一百，出者杖八十。無籍夜入者，加二等。若夜持仗入殿門者，絞監候。入宫門，亦坐。此夜禁比晝加謹。

［纂註］

此條專自宿衛人言，凡軍士以上、都督以下皆是。應出宫殿，謂差遣給假、患病下直之類。持仗，不言入宫門，有犯亦坐絞。觀上諸條，俱以宫殿並言，自當一例論矣。此言凡宫禁中宿衛之人，有下直及差遣、給假等項事故，應出宫殿之人，門籍既已除名，則不得復留矣，而輒留不出，及應入直之人，被人或告或劾，已有公文禁止勿入其門，籍雖未除名，亦不得復入矣，而輒入宫殿者，各杖一百。若宿衛人已被奏劾，本管官司當先收其兵仗，以防不測。若違律不先收兵仗者，亦如輒留輒入之罪，杖一百。此言不得留、不得入者之罪，其致謹于晝者如此，然應直之人猶得出入其間也。至於夜，則雖應直之人，於宫殿門雖有名姓在籍，皆不得出入矣。若有至夜而在外輒入者，杖一百；在内而出者，杖八十。若非應直之人，而宫殿門無名在籍，與應入者有間也，故加二等，杖七十、徒一年半。若將兵仗乘夜入殿門者，與不應入者，又有間也，不問有籍無籍之人，俱坐絞。其所以致謹於昏夜者又如此。因地而人各坐罪，因時而罪各有差，防微杜漸之中，不失寬嚴得宜之意，律之善而又善者也。

按：此條與前宫殿門擅入條大意相同，而此條不言門官及宿衛官軍之罪，有犯，宜准前科斷。

197　關防内使出入

凡各庫局司有印署衙門之内使監官，并奉御内使長隨大駕者也，但遇出外，各守門官須要收留本人在身關防牌面，於門簿上印記姓名及牌面字號，明白附寫前去某處，幹辦是何事務，其門官與守衛官軍，搜檢沿身，别無夾帶官私器物，方許放出。回還，一體搜檢，給牌入内，以憑該監逐月稽考出外次數。但有搜出應干雜藥，就令帶藥之人自喫。若有出入不服搜檢者，杖一百，充軍。若非奉旨，私將兵器，帶進入皇城門内者，杖一百，發邊衛充軍。將入宫殿門者，絞監候。其直日守門官及守衛官，失於搜檢者，與犯人同罪。至死減一等。内使例不擬充軍，惟此須依本律。

［纂註］

此條専爲内官而設。内使監官，各監庫局所隸；奉御内使，則長隨大駕者也。各人俱有關防牌面，其兵器非奉旨者，不敢懸帶。不服搜檢，兼出入言。此言凡内使監官，謂太監、少監、監丞等官，并長隨之奉御内使，但遇出入皇城門者，各守門官員須要收留本人在身懸帶關防牌面，隨於門簿上印記本人姓名及牌面字號，明白附寫前去某處地方，幹辦是何事務。其門官與同守衛官軍，將本人搜檢，沿身别無夾帶官私器物，方許放出。及其回還，官軍一體如前搜檢，亦無夾帶，然後給與原帶牌面，許放入内，以憑本管衙門，逐月稽查各内使監丞及奉御内使，一月之内出入次數多寡。但搜檢出應干雜藥，就令帶藥之人自喫，以觀其意之所主。若内使監官及奉御内使出入之間，不服門官及守衛官軍搜檢者，即杖一百，充軍。其内使監官及奉御内使，若非奉旨意，許令懸帶兵仗，而私將兵器，進入皇城門内者，即杖一百，發邊遠衛分充軍；入宫殿門者，即絞。蓋皇城宫殿禁地也，兵仗兇器也，私將入内，罪自不得不嚴如此。其直日門官及守衛官員，於内使監官及奉御内使進入之時，失於搜檢者，與犯人同罪。將兵仗入皇城門者，同杖一百，發邊遠充軍；入宫殿門者，減犯人絞罪一等，杖一百、流三千里。夫出入嚴則無擾害之弊，搜撿密斯無隱伏之奸，其所以肅宫禁者至矣。門官及守衛門官不言故縱，其同罪可知。

198　向宫殿射箭

凡向太廟及宫殿射箭、放彈、投磚石者，絞監候。須箭石可及，乃坐之。若遠不能及者，勿論。向太社，杖一百、流三千里。但傷太社之人者，斬監候。則殺人者可知。若箭石不及，致傷外人者，不用此律。

［纂註］

曰向者，則不論其及與不及矣。但傷人者斬，總承上言。人字，指在太廟、宫殿、太社内者。但字，即但得財但字之意。此言凡有人故向太廟及宫殿内，或射箭，或放彈，或投磚及石者，即坐絞。故向太社内射箭、放彈、投磚石者，即坐杖一百、流三千里。蓋太廟等處，皆爲嚴肅之地，而射箭等事，實無忌憚之心，其重懲之宜也。若射箭、放彈、投磚石，而傷太廟、宫殿、太社内之人者，則又甚矣，故曰但傷人者斬。夫傷人者斬，則殺人者可知，舉輕以示義，與故向城市者異矣。

199　宿衛人兵仗

凡宿衛人，兵仗不離身，違者笞四十。輒暫離應直之地職掌處所，笞五十。别處宿經宿之離，杖六十。百户以上，各加一等。親管頭目，知而不舉者，與犯人同罪，失覺察者減三等。

［纂註］

此俱是宿衛在直之人言。職掌處所，謂宿衛者人各分有定所也。輒離，謂暫時離者耳。若别處宿，又不止輒離矣。此條言凡應宿之人，各有懸帶兵器，所以防不測也，須常川懸帶，不許離身，違者即坐笞四十。其兵仗雖不離身，而輒離各人職掌所直之次者，即笞五十。其離次因而在别處宿歇者，即杖六十。百户以上，各加軍人罪一等，兵仗離身者，笞五十；輒離職掌者，杖六十；别處宿者，杖七十。夫兵仗離身，猶在直也，而擅離職掌，斯不直矣，故加一等。輒離職掌，猶知返也，而別處宿者，斯不返矣，故又加一等耳。若親管頭目，有知而故縱不舉者，與犯人同罪。知其兵仗離身而不舉，同笞四十；離職掌，同笞五十；別處宿者，同杖六十。百户以上頭目，亦同。百户以上，各加一等。失於覺察者，親管頭目各減軍人及百户以上罪三等。如兵仗離身，失察者笞一十，百户以上笞二十；離職掌者笞二十，百户以上笞三十；別處宿者笞三十，百户以上笞四十。蓋故縱失察，情有輕重，而同罪減等，律亦有差也。

按：宿衛人應直不直，笞四十。在直而逃者，罪亦如之。今輒離職掌，是在直之人較之不直者其罪輕，而別處宿亦與不直者等耳，而罪反重，何也？蓋應直之人，未有無故而不直，亦未有在直而無故逃者。及本條又云，有故而赴所管告知者不坐，則不直在逃之罪，憫其有故而罪其不直耳。若既在直矣，而輒離職掌，及別處宿者，則非有故者也，安得與應直不直，及在逃者同擬耶？其加重宜也。

200　禁經斷人充宿衛

凡在京城犯罪被極刑之家，同居人口不論親屬，所司隨即遷發別郡住坐。其本犯異居親屬人等，并一應有犯笞杖，曾經同決斷之人，並不得入充近侍，及宫禁宿衛守把皇城、京城門禁。若隱匿前項情由朦朧充當者，斬監候。其當該官司，不爲用心詳審，或聽人囑託，及受財容令充當者，罪同。斬監候，並究囑託人。○若極刑親屬及經斷人奉有特旨選充，曾經具由覆奏，明立文案者，所選之人及官司不在此限。

［纂註］

極刑，謂絞斬、凌遲。同居人口，指同財共居者。親屬人等，是極刑同居遷發之外者。經斷之人，不分罪名輕重。曾經覆奏，謂特旨選充之人，所司仍須將極刑親屬，及曾經決斷情由覆奏也。蓋刑人不近君側，所以遠嫌也。故凡在京城内軍民，有犯死罪，見被極刑之家，同財共居人口，所司隨即遷發別郡地方住坐。其非同居，應遷發之親屬人等，并一應犯笞杖罪名，曾經決斷之人，並不得入內充當近侍，及宿衛宮禁，或把守皇城、京城門禁。若有隱匿前項情由，朦朧充當近侍，及宿衛守把等役者，即坐斬。其當該官司選充之時，不爲用心詳審來歷，容令經斷人入充近侍，及宿衛守把門禁者，亦坐斬，故曰罪同。蓋近侍、宿衛、守把，皆防範之人，而宮禁城門，至嚴密之地，以刑人而充任使，不惟有褻尊嚴，亦恐潛生奸宄，故盡法以處之。若極刑親屬，及經斷之人，奉有特旨選充，而當該官司，曾經具由覆奏明白，立有文案可照者，所選充之人及官司，俱不在所禁之限。

201　衝突儀仗三條。凡車駕行幸之處，其前列者爲儀仗，儀仗之內，即爲禁地。

凡車駕行處，除近侍及宿衛護駕官軍外，其餘軍民，並須迴避。衝入儀仗內者，絞。係雜犯，准徒五年。若在郊野之外，一時不能迴避者，聽俯伏道傍以待駕過。其隨行文武百官，非奉宣喚，無故輒入儀仗內者，杖一百。典仗護衛官軍，故縱者，與犯人同罪；不覺者，減三等。

［纂註］

俯伏以待，謂車駕過也。文武百官，謂隨行者。典仗，專典儀仗之官。此條不言罪止者，以車駕行處，典仗護衛之責，比平時守衛不同，故止曰減三等。其云不覺，而不言察者，以衝突出於倉卒，有不及察耳。此言凡車駕行幸之處，儀仗之內，即爲禁地，故除近侍及宿衛護從車駕官軍外，其餘軍民，如遇駕過，並須迴避。有無故衝入駕前所列儀仗之內者，即坐絞。若在郊野之外，卒遇車駕，一時不能迴避者，聽許俯伏道傍，以待駕過。其隨行之文武百官，不係近侍等項，必待宣喚，無故輒入儀仗內者，杖一百。蓋軍民一爲無事之人，而文武百官有扈從之役，故坐罪雖均，而輕重各別也。其典仗護衛官軍故縱者，與犯人同罪。故縱人衝入儀仗內，減本犯一等，杖一百、流三千里。故縱官員入儀仗内，與本犯同杖一百。本非故縱，而但不覺其入儀仗内者，減犯人罪三等。衝入者，杖九十、徒二年半，輒入者杖七十。車駕行處，尤爲嚴謹，故不用罪止之律，所以重責以警其怠也。

凡有伸［申］訴冤抑者，止許於仗外俯伏以聽。若衝入儀仗内，而所訴事不實者，絞。係雜犯，准徒五年。得實［賞］者免罪。

［纂註］

俯伏以聽，謂聽旨發落。不實者絞，是罪其衝突，非罪其不實也。免罪，免其衝突之罪。此言凡軍民人等，於車駕行處，有申訴一應冤抑事情者，止許於儀仗之外，俯伏以聽，聖旨發落。若有衝入儀仗内，而所申訴事情有不實者，仍坐衝突儀仗之絞。所訴事情得實者，免其衝突儀仗之罪。夫衝入儀仗一也，必察事情之虚實以定罪，其所以達民隱者至矣。

按：此條典仗護衛官軍不覺者，本減犯人罪三等。本犯既以得實免罪，則典仗護衛人亦得免科。蓋名例所謂因人連累致罪者，若罪人自首告，及遇原免，或蒙特恩減等收贖者，亦准罪人原免、減等贖罪論。

凡軍民之家，縱放牲畜，若守衛不備，因而衝突儀仗者，守衛人杖八十。衝入皇城門内者，守衛人杖一百。其縱畜之家，并以不應事重論罪。

［纂註］

此條專言守衛人之罪。縱放，謂平時縱放在外者。言凡軍民之家，牧養牲畜，縱放在外，若車駕行處，而守衛之人不行隄備，因致牲畜衝突儀仗内者，守衛之人杖八十。若平時守衛不備，致牲畜衝入皇城内者，守衛人杖一百。蓋駕行而衝突，事或出於卒然，若皇城禁地，豈牲畜所宜衝突哉？故罪有輕重如此。

［備考］

一、軍民之家，縱放牲畜，衝突儀仗者，並以不應事重論。

條例

201－01

一、聖駕出郊，衝突儀仗，妄行奏訴者，追究主使教唆、捏寫本狀之人，俱問罪，各杖一百，發邊衛充軍。所奏情詞，不分虛實，立案不行。

202　行宮營門

凡行宮，外營門、次營門與皇城門同。若有擅入者，杖一百。内營牙帳門，與宮殿門同。擅入者，杖六十、徒一年。

［纂註］

車駕行幸駐蹕之處，曰行宮。此不言未過門限，與門官、宿衛官軍故縱及失覺察之罪，當一依宮殿門擅入條擬斷。此言凡車駕行幸所止，必有行宮，其制度與大内雖有不同，然至尊所在，即爲禁地，故外營門、次營門，並與皇城各門同。若有擅入二營門者，即杖一百。其内營牙帳門，與宮殿門同，若有擅入牙帳門内者，即杖六十、徒一年。地既尊嚴，法難假借也。

按：《疏議》云，行幸處，無離宮别殿。牙帳門，即御在所，不可更引擅到御所之律。不知律止稱牙帳門，而門之内，尚有聖躬所止宿處，安得不爲御在所耶？宜用擅入御膳所及御在所者絞之律，方爲詳盡。

203　越城

凡越皇城者，絞監候；京城者，杖一百、流三千里。越各府州縣鎮城者，杖一百；官府公廨墻垣者，杖八十。越而未過者，各減一等。若有所規避者，各從其重者論。

［纂註］

越城，兼出入言，凡不由門者皆是。鎮城所指者廣，如各處巡檢司，及邊鎮去處，多有鎮城。有規避者從重論，謂計所規避，與越城罪之重者論。此言在内之皇城、京城，在外之府州縣及鎮城，均有禁約，關防不密，奸從生矣。故凡有人踰越皇城者絞，京城者杖一百、流三千里。越在外各府州縣及各鎮城者，杖一百。若官府公廨墻垣，雖非禁城，亦係屏衛，有越之者，杖八十。干係不同，罪難一律也。若越城而未及過城者，各減已過罪一等，皇城杖一百、流三千里，京城杖一百、徒三年，府州縣鎮城杖九十，公廨墻垣杖七十。若於事有所規避，而越城者，各從其罪之重［者］論。規避重者，從規避論；越城重者，從越城論。曰各減一等，輕其所不得不輕；曰各從重論，重其所不得不重。法立而不滯，法之至善者也。

204　門禁鎖鑰

凡各處城門，應閉而誤不下鎖者，杖八十。非時擅開閉者，杖一百。京城門，各加一等。其有公務急速，非時開閉者，不在此限。○若皇城門，應閉而誤不下鎖者，杖一百，發邊遠充軍。非時擅開閉者，絞監候。其有旨開閉者，勿論。

［纂註］

各處城門，即上條之各府州縣鎮城也。誤不下鎖，是亦關矣，但未下鎖耳。非時開閉，不但謂晝夜，凡應開而閉、應閉而開，俱謂之非時。此言凡在外各處府州縣鎮之城門，時已應閉，而守門之人誤不下鎖者，杖八十；時不應開而擅開，及時不應閉而擅閉者，杖一百。蓋鎖鑰不嚴，奸無以杜，開閉不時，民不知守，其罪之宜也。至京城門，又非各處城門可比，故各加一等。誤不下鎖者杖九十，非時開閉者杖六十、徒一年。其禁又加嚴矣。其各處城門及京城，有公務急速，勢難稽緩，而非時開閉者，不在此限，又所以通變也。若皇城門，又非京城可比，故應閉而誤不下鎖者，杖一百，發邊遠充軍，非時擅開閉者，坐絞。其禁愈爲嚴矣。若奉有旨意，非時開閉者不論。又得勿論者，所重君命耳。條内兩言誤者，原其無心也。若非誤而有心不下鎖者，又當從重論矣。

205 懸帶關防牌面

凡朝參，文武官及内官，懸帶牙牌、鐵牌。厨子、校尉入内，各帶銅木牌面。如有遺失，官照品罰銀未入流罰一兩，九品罰二兩，至一品遞罰止十兩［鈔二十貫］，厨子、校尉罰一兩，照未入流論［鈔一十貫］。若有拾得，隨即報官者，將各人該罰銀［鈔貫］充賞。有牌不帶或因牌有毁失質當之類，無牌輒入内者，杖八十。無牌借者及有牌借與人者，杖一百。事有規避者，從其重論。拾得隱藏者，杖一百、徒三年。知其隱藏首告者，於犯人名下，追罰銀照品，如未入流一兩之數［鈔五十貫］充賞。若將拾得牌面詐帶朝參，及在朝門外詐稱有牌官員名號，有所求爲者，絞監候。僞造牙鐵銅木牌者，斬監候。首告其詐者，於犯人名下追銀照品加二等［鈔一百貫］充賞。

［纂註］

軍官上直，懸帶鐵牌，無牌輒入，是原有牌者，因遺失或質當，故無牌耳。二首告上，只就隱藏者，下兼詐帶、詐稱及僞造者言之。凡借牙牌，是指有官者。若拾牌詐帶朝參，則兼無官者。此言凡朝參，文武官及内官，各要懸帶牙牌、鐵牌，其光禄寺厨子、錦衣衛校尉進入内府，各帶銅木牌面，所以關防詐僞者。如有遺失前項牌面者，文武官及内官，罰鈔二十貫，厨子、校尉罰鈔一十貫。若有拾得官員人等牙牌、鐵牌、銅木牌面，能隨即報官者，即將各人該罰鈔貫，或二十貫，或一十貫，給與充賞。夫遺失者有罰，報官者有賞，明勸懲所以重信器，使不失也。然此止自遺失者言之耳。若文武内官，或厨子、校尉，原有牌而不帶入内，或因牌有遺失，無牌朦朧入内者，杖八十。若無牌而借人牌以入，及有牌而借與人入内者，杖一百。其有牌不帶，無牌輒入，或借牌而入，若於事有所規避者，自從重者論。其有拾得官員人等遺失牌面，而隱藏不報官者，杖一百、徒三年。有人知其隱藏之情，而能赴官首告者，於隱藏牌面之名下，追鈔五十貫，給於［與］充賞。蓋無牌輒入，以牌相借，則與遺失者異矣；得牌隱藏，則與報官者異矣。是以法益嚴，而罪益重也，然猶未到爲奸耳。若本無官，而將所隱藏牌面，詐帶朝參，及在外詐稱有牌官員名號，有所求爲於人者，即坐絞。若僞造官員人等牌，不問牙、鐵、銅木者，即坐斬。若有人知其詐帶、詐稱、僞造之情，而首告於官者，於絞斬罪犯人名下，追鈔一百貫，給與充賞。詐帶、詐稱則欺罔有過，僞造詐牌則紊亂制器，其情又不止相隱藏者，故法愈嚴而賞愈重耳。

［備考］

一、凡盜官員牌面，有所求爲者，依詐假官論斷。

條例

205－01

一、凡各衛直宿軍職，使令上直軍人，内官使令上直校尉，各懸帶銅牌，出百里之外，營幹私事者，參問奏請，軍職降一級，調邊遠衛分，帶俸差操，内官發充凈軍，軍人、校尉俱發邊衛充軍。若由各官挾勢逼勒者，軍人、校尉照常發落。不應杖罪發落。

大清律集解附例卷之十四

兵律　軍政

206　擅調官軍

凡將帥部領軍馬，守禦城池，及屯駐邊鎮，若所管地方，遇有報到草賊生發，即時差人，體探緩急聲息果實，須先申報本管上司，轉達朝廷奏聞，給［急］降御寶聖旨，調遣官軍征討。若無警急消息，及雖有警急，不先申上司，雖已申上司，不待①回報，輒於所屬擅調軍馬，及所屬擅發與者，將領屬各杖一百，罷職，發邊遠充軍。○其暴兵卒至，欲來攻襲，及城鎮屯聚軍馬之處，或有內賊作反作叛，或賊有內應，事有警急，及路程遥遠難候申文待報者，並聽從便火速調撥所屬軍馬，乘機剿捕。若賊寇滋蔓，應合會兵剿捕者，鄰近衛所，雖非所屬，亦得行文調發策應。其將領官並策應官並即申報本管上司，轉達朝廷知會。若不即調遣會合，或不即申報上司，及鄰近衛所已奉調遣，不即發兵策應者，將領與鄰衛官並與擅調發罪同。亦各杖一百，發邊衛充軍。○［若親王所封地面，有警調

① 萬曆律"不待"原作正文大字。

兵，已有定制。］其餘上司及典兵大臣，將文書調遣將士，提撥軍馬者，文書內非奉御寶聖旨，不得擅離信地。若守禦屯駐軍官有奉文改除別職，或犯罪奉文取發，如文內無奏奉聖旨，亦不許擅動，違者兼上數事罪亦如之。①

［纂註］

屯駐，屯營駐劄也。緩急二字，是一條張本，下無警急，及事有警急，皆從此二字生出。凡將帥至調遣官軍征討，止泛言常法。如此二節，曰暴兵卒至，曰反叛，曰內應，曰路程遥遠，是四事。四者有一，即聽從便調撥，非謂有是四者，而後可調撥也。滋蔓二字，是兩樣，如水之滋長，草之蔓延也。並即申報、轉達知會二句，總管上文調撥、調發二字，謂一面調兵，一面申報也。定制，謂鎮守官須得御寶聖旨，又得親王令旨，比對相合，方許發兵，詳載《皇明祖訓》。其餘上司大臣，泛言該轄將帥者。擅離，自軍馬言。擅動，自將帥言。此言凡各處將帥，統領所部軍馬，或守禦城池，或屯聚駐劄邊鎮之地，若所該管地方，遇有報到草野賊寇生發，即時差遣間諜之人，體探聲息緩急，須先將緩急之情，申本管上司，轉達朝廷奏聞，給降御寶聖旨，即今璽書，方許調官軍征討。若雖寇賊，本無警急，而將帥官不行先申達上司，及雖已申達上司，不待轉達回報，而輒於所屬衙門，擅自調撥軍馬，及所屬官司，明知不曾回報，而擅撥與軍馬者，將帥及所屬官各杖一百，罷職，發邊遠充軍。此自其聲息之緩者言之。若所管地方，賊寇暴兵突至，欲來攻擊掩襲，及城池邊鎮，屯聚軍馬之處，我軍或有反叛，或賊有內應，事勢警急，及上司相離，路程遥遠，一時不能申報轉達回報，並聽將帥從便火速調撥軍馬，乘其機會剿殺擒捕。若寇賊滋蔓猖獗，勢不能敵，應合會兵剿捕者，鄰近衛所，雖非所屬，亦得便宜調發軍馬策應。其原調官及鄰近衛所官，並即將調發過緣由，申報本管上司，轉達

---

① 順治律末尾有衍文：小字“上數事”，大字“罪亦如之”。

朝廷知會。若本應會捕，而不即調遣軍馬，會合舉兵，或已調發，彼此不即申報上司，及鄰近衛所已承調發，不即發兵策應者，並與擅調發罪同，亦各杖一百，發邊衛充軍。此自聲息之急者言之。曰不得擅調，曰待報後發，御將帥之權也。曰從便調遣，曰先發後聞，應事變之機也。若親王所封地面，遇有警急，調兵已有原定舊制外，其餘無親王地面，但軍職之本管上司，及典兵大臣，有將文書調遣將士，及提撥軍馬者，若其文書中，非明奉給降御寶聖旨，其守禦屯駐及各衛所官軍，不許擅離所守信地，應其調撥。若守禦屯駐軍官，有改除別項職事，或已犯罪名，行文取發推問者，若公文內如無奏奉聖旨字樣，亦不許擅動，而離其本處。如有違此，擅離信地，及擅動者，罪亦如之，杖一百，發邊衛充軍。蓋無旨不許擅離，則他變不生，無旨不許擅動，則軍馬有統，意有輕重，而罪則同，其防之者至矣。

207　申報軍務

凡將帥參隨總兵官征進，如總兵官分調攻取城寨，克平之後，將帥隨將捷音差人飛報知會，一申本管總兵官，［一申五軍都督府，］一行兵部，又須將克捷事情另具奏本，實封御前。無少停留。〇若賊人數多，出没不常，如所領軍人不敷，須要速申總兵官，添撥［發］軍馬，設策勦捕。不速飛申者，聽從總兵官，量事輕重治罪。至失誤軍機，自依常律。〇若有賊黨來降之人，將帥官即便送赴總兵官，轉達朝廷區處。其貪取來降人財物，因而殺傷其人，及中途逼勒逃竄者，斬監候。若無殺傷逼勒，止依嚇騙律斷。①

［纂註］

參隨者，參贊隨從之謂。征進者，征討之法，有進無退，故曰征進。捷音，得勝消息也。飛報，即下申總兵官四句。從總兵官治罪，自

① 順治律此處殘留“逼勒止依”四字之半，或係印刷之誤。

未至失誤者言。若有失誤，仍依失誤軍機常律。其貪取來降人財物以下，不專指是將帥。殺傷人，人字指來降者。此言凡各處將帥官員，參隨本管總兵官征進，如總兵官分投調遣，攻取大城小寨，其克復平定之後，將帥官務要隨將克復之捷音，即速差人飛報知會，一申本管總兵官，一申五軍都督府，一行兵部衙門。三者之外，另具克平緣由奏本，實封御前開拆。若攻取之時，賊人數多，其出没又不常，如將帥官所部軍人數不敷足，勢難支敵，須要作速申請總兵官，添撥軍馬，設立計策剿捕。如有不速飛報申請者，聽從總兵官酌量事情重輕，明治其罪。蓋有功而不速申奏，則忌功者得以壅蔽，有警而不速申請，則僨事者得以藉口。其功明，其罪當，將帥之權也。蓋攻取城寨，而賊人有來降順者，將領即便差人送赴總兵官處，轉達朝廷區處。若將帥人等，有貪取來降人財物，因而殺死或傷殘來降人，或中途因有別故，逼勒來降人逃竄以滅口者，斬。招降納叛，兵法之常，殺傷逼竄，是阻其來也，故坐斬。

［備考］

一、凡於來降，止是貪取財物，而無殺傷等情者，依嚇騙律科斷。

刪除明例 1 條

一、凡臨陣報有斬獲賊級，紀功官從公審驗，若用錢買者賣者，俱問罪。官旗就在本衛軍，發邊衛；民并軍丁人等，發附近，俱充軍。若强奪他人首級，及妄割被殺漢人首級冒功者，軍民舍餘人等，亦照前發遣，官旗降原職役一級，京衛調外衛，外衛調邊衛，邊衛調極邊衛，俱帶俸差操。將官及守備、把總等官，替人冒報功次者，亦奏請降調。若擅殺平人，及被虜逃回人口，冒作賊級報功者，俱以故殺論。本管將官頭目，失於鈐束者，五名口以上，降級調衛。十名口以上，罷職充軍。

208　飛報軍情

凡飛報軍情，在外府州如聞屬縣及巡司等報即差人，申督撫按、布政司、按察司本道，仍行移都指揮使司［一申布政司，一申都指揮使司，及行移本道按察司］。其守禦官差人，各申督撫按，仍行本管［行移］都指揮使司，督撫按得報［都指揮使司］差人，［一行本管都督府，一具實封布政司］，一［差人］行移兵部，一具實封，［俱至］御前［開拆］。［按察司差人，具實封直奏，在内直隸軍民官司，並差人，由本管都督府，及兵部，另具實封，各自奏聞。］若互相知會，隱匿不速奏聞者，杖一百，罷職不敘。因而失誤軍機者，斬監候。

［纂註］

在外，指十三省。下在內，則兩直隸也。本道按察司，謂本道之按察司。國初監察御史，稱十三道，非謂今之守巡兩道也。並字，各字，總承軍民官司言，謂軍申督府、民申兵部也。互相知會以下，總承上在外、在內二項。律不言充軍，止依本律杖斷罷職。若係軍官，仍依名例，不論大小，降充總旗。此言凡各處飛報軍務，其在外府州，如聞該縣巡司等報，即行差人，一申本管布政司，一申都指揮使司，及行移本道之按察司。其衛所守禦官，差人行移本管都指揮使司。若都指揮使司得報，差人一行本管都督府，一具軍情，奏本實封。布政司得報，一差人行移兵部，一具實封，與都指揮之實封，俱至御前開拆。如按察司得報，不必轉申，即差人特具實封，徑直陳奏。此專自在外者言。若在內直隸管軍管民之官司，原無都布按二司所轄者。如有軍情，並差人，軍官徑申本管都督府，民官徑申兵部衙門。軍民官司，俱另具實封奏本，各自奏聞。此專自在內者言。夫必申布按都司，及督府兵部者，則體統不紊，而必實封奏聞，則壅蔽不生，此相維相制之道也。若在外在內軍民衙門，已將軍情行移布按都司，及督府、兵部互相知會明白，乃上下相與，扶同隱匿軍情，不速奏聞朝廷，不惟欺君，亦且長寇，故無所失誤者，杖一百，罷職，軍官仍降充總旗。因不奏以致失誤軍機者，坐斬。軍情至重，其處置得宜如此。

209 漏泄軍情大事[①]

凡聞知朝廷及總兵、將軍，調兵討襲外番［蕃］，及收捕反逆賊徒，機密大事，而輒漏泄於敵人者，斬監候。○若邊將報到軍情重事報於朝廷，而漏泄以致傳聞敵人者，杖一百、徒三年。二項犯人，若有心泄於敵人，作姦細論。仍以先傳説者爲首，傳至者爲從，減一等。○若私開官司文書印封看視者，杖六十。事干軍情重事者，以漏泄論。爲首杖一百、徒三年，從減等。○若近侍官員，漏泄機密重事不專指軍情，凡國家之機密重要皆是於人者，斬監候，常事杖一百，罷職不敘。

［纂註］

總兵將軍，如征虜、征蠻、鎮朔將軍之類。敵，即外蕃，及反逆之人。報到軍情重事而漏泄者，亦是漏泄於敵人，觀下傳至二字可見。或謂漏泄以驚動人心，恐非近侍官員，解見交結條。此謂朝廷及總兵官，討襲外蕃，收捕反逆，其事機秘密，關係甚大。若聞知而漏泄於敵人者，是背國黨仇，且使彼得有備，我必無成，故斬。若邊將報到軍情重事於朝廷，而有漏泄於敵人者，彼雖知備，猶未知我之調度何如也，且比機密大事有間，故杖一百、徒三年。以上二者，仍以先傳説者爲首，坐以前罪，傳至者爲從，各減一等，然必須傳至敵人乃坐。若官司行移文書，不係軍情，而私自開拆印封看視者，杖六十。事干軍情者，則非尋常文書之比，亦以漏泄軍情論，杖一百、徒三年。凡此皆重軍機之意。若朝廷凡有機密重事，關係緊要，不特討襲收捕等項，如近侍官員漏泄於人，則必至于誤國僨事，故斬。其餘常事漏泄者，杖一百，罷職不敘。凡此皆重朝政之意。

［備考］

一、漏泄機密大事及軍情重事，未至敵人，傳至者與其間展轉傳遞

---

① 萬曆律此條在卷三吏律公式“出使不復命”條後。

之人，俱問不應杖罪。

條例

209－01

一、在京在外，軍民人等，與朝貢外國［夷］人，私通往來，投託撥置害人，因而透漏事情者，俱問發邊衛充軍。軍職調邊衛，帶俸差操。通事並伴送人等，係軍職者，從軍職例；係文職者，革職爲民。

210　邊境申索軍需

凡守邊將帥，但有缺乏取索軍器、錢糧等物，須要差人，一行布政司，一行都指揮使司，再差人，［一行五軍都督府］一行合干部分，及具缺少應用奏本，實封御前。其公文若到該部［五軍都督府］，須要隨即將所申事情奏聞區處，發遣差來人回還。若稽緩不即奏聞，及邊將於各處衙門不行依式申報者，並杖一百，罷職不敘。因不申奏，以致臨敵缺乏而失誤軍機者，斬監候。

［纂註］

軍器錢糧之外，若軍馬頭匹之類，故曰等物。合干該部，如軍務該隸兵部，軍器隸工部，錢糧隸户部是也。並杖一百，指稽緩不奏、申報違式二事言。稽緩，不可專就府部，如將帥稽緩，不即具奏亦是。此言凡屯守邊鎮將帥，但遇軍器錢糧等物缺少，應合取索者，須要差人，在外一行本管布政司，一行都指揮使司，再差人，在内一行五軍都督府，一行合干部分，如軍器行工部、錢糧行户部之類。既行申報，又必開具缺少應用奏本，實封至御前。其將帥申索公文，若已到該部，及五軍都督府，該部、都督府須隨具本奏聞。如錢糧若何區處，軍器若何區處，將議定緣由奏准，隨即發遣各邊原差人役回還。若邊將應有取索，稽緩不即實封奏聞，或府部已承邊將申報，乃稽緩不即奏聞區處，及邊將於各處不行依實一一申報。如在外不申報布政司、都司，在内不申報督府、該部者，並杖一百，罷職，軍官降充總旗。若因不奏不申，以致軍前缺乏，從而失誤軍機者，坐斬。庶懲戒既嚴，怠惰知警，軍需不致缺乏而有備，斯可無患也。

211　失誤軍事

凡臨軍征討，有司應合供給軍器行糧草料，若有徵解違期不完者，當該官吏，各杖一百，罪坐所由。或上司移文稽遲，或下司徵解不完，各坐所由。○若臨敵有司違期不至而缺乏，及領兵官已承上司調遣而逗遛觀望，不依期進兵策應，若軍中承差告報會軍日期而違限，因而失誤軍機者，並斬監候。

［纂註］

臨軍征討，是臨出軍之時也。若下臨敵，則軍至境矣。違期不完，是有司原徵派者，罪坐所由稽遲之人。缺乏，通指軍器等項。已承調遣，是承總兵官調遣也。臨敵以下，作三事，因而失誤軍機句，則總承之。此言凡臨敵官軍，有事征討，其有司應合供給將士軍器行糧，及馬匹草料。若有違誤期限，不完備者，有司當該官吏，各杖一百，俱罪坐所由。如上司移文稽遲，則罪坐上司，下司已承移文，而徵辦不完，則罪坐下司。此自其初出軍未至失誤者言之。若軍馬已臨敵境，其有司隨征軍器糧草不完，致有缺乏者，及領兵已承總兵官調遣，而逗遛觀望，不依會兵之期進兵策應者，若軍中告報會兵日期，而承差之人，稽遲所定之限者，因上三事而致有失誤軍機者，並斬。軍需缺乏而失誤者，供給之人坐斬；不依期策應而失誤者，承調之人坐斬；告報違限而失誤者，承差之人坐斬，而與上違期不完杖一百者相遠矣。蓋軍旅均爲大事，但軍馬初行，時非危急，或有不完，猶可措置。若軍臨敵境，呼吸存亡，稍有失誤，辱國喪帥，安得以易視耶？

按：軍機未至失誤者，當各依本律。供給軍器糧草缺乏者，依供給違期，及管送違限，不依期策應者，依從征違期律，告報軍期違限，依驛使稽程軍情加三等律。

212　從征違期

凡軍官軍人已承調遣臨當征討，行師已有起程日期，而稽留不進者，一日杖七十，每三日加一等。若故自傷殘，及詐爲疾患之類，以避征役者，各加一等計日坐之，並罪止杖一百，仍發出征。若傷殘至不堪出征，選丁撥補，仍勾本户壯丁。〇若軍臨敵境，託故違期，一日不至者，杖一百不必失誤軍機；三日不至者，斬監候。總兵官竟行軍法。若能立功贖罪者，從總兵官區處。果若傷殘篤疾，不堪征進者，驗實開役①，不在仍發出征之限。

［纂註］

凡律中稱軍人，當兼旗役言之。若明言總小旗，則軍人自爲軍也。故名例但云軍官軍人，犯罪免徒流，各加一等，自未至杖一百者言。若既至杖一百，則用罪止律矣。傷殘至篤疾，不堪征進者，依律科杖一百之罪，仍依名例，收贖開役，不在仍發出征之限。律稱一日、三日，不言二日者，同一日法也。此言凡一應已承調遣軍官軍人，臨當出軍征討，已有起程日期，而故於私家稽留不進者，是玩令也，故一日即杖七十，每三日遞加一等。若本無疾，而故意自傷殘其身體，及本無事故，而詐僞疾患之類，以避從征之役者，各加稽留罪一等，一日即杖八十，每三日亦加一等。其稽留至十日之上，傷殘詐疾至七日之上，各罪止杖一百，決訖，仍發出征。若師行已臨敵境，正將士效死之日，而軍官軍人有推託事故，遷延有違期限，是有避難之心矣，一日不至者，杖一百；三日不至者，坐斬。若軍官軍人，應合決杖處斬，有能自願建立事功，准贖前罪者，聽總兵官從宜區處。夫違限期一也，視事之緩急，以輕重其罪，其紀律之嚴如此。然聽許立功贖罪，斯有法外之仁，鼓舞激勸之一機也。

按：諸書俱謂傷殘至篤廢疾者開役，定勾本人壯丁，補役起發，此

---

① 順治律原文作“不堪驗實征進者”，據萬曆律“纂註”改。

律外意也。不知必欲勾取本人壯丁補役，不惟有誤期限，而新補之役，恐又不教之兵。不若一面於别伍見役内撥補出征，一面勾取本人壯丁補伍，庶期限不誤，而軍有實用耳。

213 軍人替役

凡軍人已遣不親出征，雇倩人冒名代替者，替身杖八十，收籍充軍；正身杖一百，依舊充軍仍發出征。若守禦城池軍人，雇人冒名代替者，各減二等。其出征守禦軍人子孫弟姪，及同［居］少壯者親屬非由雇倩，自願代替者聽。若果有老弱殘疾不堪征守者，赴本管官司陳告，驗實，與免軍身。〇若醫工承差，關領官藥，隨軍征進，轉雇庸醫，冒名代替者，本身及替身各杖八十，庸醫所得雇工錢入官。

［纂註］

守禦軍人，雇人代替，不言收籍充軍，止坐其罪。其子孫弟姪以下，皆兼從征守禦言。與免軍身，必勾丁補伍，如無次丁，則免老軍終身。醫本技藝，故曰工。雇工錢入官，止就庸醫言。其替人從征守禦，若替身收籍充軍者，免追雇工錢；不收充軍者，追入官。此言凡軍人已承調遣，不行親身出征，雇倩他人，冒頂己名，代替出征者，受雇替身杖八十，收入軍籍，各另充軍；正軍杖一百，依舊充軍，仍發出征。若守禦城池軍人，不親著役，雇人冒頂己名，代替守禦者，各減代替出征罪二等，替身杖六十，正身杖八十，依舊充軍守禦。蓋守禦之責，視之出征者爲稍輕，故守禦代替之罪，亦輕於出征代替之罪也。其出征守禦軍人之子孫弟姪，及同財共居，但係年少力壯之親屬，非係雇倩，自行情願代替出征守禦者，聽許代替。至親休戚相關，必無妨誤，非雇倩代替者比，故聽之耳。其出征守禦軍人，本身果有老弱及殘疾，不堪征守者，許赴本管官司陳告，官司查驗的實，與免軍身，别勾壯丁補役，可謂體恤之至也。至軍中必有醫工，若已承差遣，關領在官藥物，隨軍征進，其有身不親行，轉雇庸醫冒名，私自代替，及替之人，各杖八十。

庸醫所得雇工錢，合追入官。雇倩代替，已爲欺公，况爲庸醫，於事何濟？彼此俱罪，法之盡也。

按：守禦代替，各減等，或謂律文有若字，當會上意，俱減杖，仍收籍充軍。且引婚姻律，居父母及夫喪嫁娶者，並離異，若居祖父母、伯叔父母等喪而嫁娶者，雖律無文，亦當離異爲證。不知若者，固曰文雖殊而會上意，然有會上之重而入輕者，有會上之輕而入重者，有會上之相類而附言之者。若守禦代替，則會上之重而入輕者耳。充軍，減死罪一等，豈容妄擬？律法之精，此獨無文。苟泥若字，如下縱軍擄掠條，當擬將帥罷職充軍矣，而聽使官軍總旗遞減一等，此更同一圈者，亦當擬充軍耶？至若律稱離異，凡非婚姻之正，俱得離異。律因無文者多，故於末條總言，以申明之，安得與此並論？

又，失誤軍事條，臨軍征討，軍器等違期不完者，杖一百。至臨敵缺乏，亦用若字者，而何又曰並斬耶？事有大小，罪有輕重，讀律者，逆其意，焉可也。

條例

213－01

一、各處備倭貼守，其把總等官，縱容舍餘人等，代替正軍者，正軍問調沿海衛分，舍餘人等就收該衛充軍，把總等官參問治罪。

213－02

一、在京在外各都司衛所，解到新軍官吏旗甲，附寫名數，半月內幫支月糧，各照地方，借房安插存恤，三個月方許送營差操。如有指稱使用等項名色，勒要財物，逼累［索］在逃者，不問指揮、千百户、鎮撫，俱照賣放正軍事例，計一年之內所逃人數多寡，降級充軍擬斷。若不及數，及不曾得財者，照常發落。軍勾補伍。如無逼累等情，逃軍依律科斷。

213－03

一、京衛及在外衛所，解到新軍，以投文日爲始，不過十日，將收管批迴，給付長解。若刁蹬留難者，該吏軍吏總小旗提問，衛所掌印并本管官，不拘曾否得財，參問帶俸差操。

刪除明例1條

一、凡各處清解軍丁，選揀精壯親丁，僉點相應長解，批内明開相貌年甲籍貫，在京者起解兩京兵部，在外者徑解該衛。若不係同宗子孫頂替起解，及將長解正身賣放在家，執批前來頂名者，正軍問調别衛，頂軍就收本衛，長解并受雇之人，俱發附近，各充軍。里老鄰佑，知情不首者，各治以罪；受財者，照長解受雇之人，一體發遣。

214　兵將不固守[1]

凡守邊將帥，被賊攻圍城寨，不行固守，而輒棄去，及平時守備不設，爲賊所掩襲，因此棄守無備而失陷城寨者，斬監候。若官兵與賊臨境，其望高巡哨之人失於飛報，以致陷城損軍者，亦斬監候。若主將懈於守備，及哨望失於飛報，不曾陷城失軍，止被賊侵入境内，擄掠人民者，杖一百，發邊遠充軍。〇其官軍臨陣先退，及圍困敵城而逃者，斬監候。

［纂註］

掩襲，謂乘其無備而襲取之也。因而失陷城寨句，承上兩下説，失於飛報，罪坐望高巡哨之人故也。被賊入境、擄掠人民二句，承上守禦不設、失於飛報二項。圍困敵城，謂我師圍彼也。此言將帥責在守禦，義當效死，然必守禦以嚴，哨望以時，而後可保無虞。故凡屯守邊鎮將帥，被賊攻圍城堡營寨，不行戮力固守，輒自棄城寨而去，及守城而備寇之具不設，爲賊人所掩襲，因其守城無備，而失陷所守城寨者，將帥

① 萬曆律作“主將不固守”。

坐斬。若官兵與賊臨境，其望高巡哨之人，遇有敵兵侵犯，而失於飛報，使將帥不知先事防禦，以致陷城損軍者，哨望之人，所事雖不同，失機一也，故亦斬。若將帥守備不設，及哨望失於飛報，被賊人侵入境內，擄掠人民者，視致有失陷者有間也，故止杖一百，發邊遠充軍。其征進官軍，已臨戰陣，與賊交鋒，而先自退縮，及我軍圍困敵城，已將取勝，而官軍輒自逃遁，先退則令敵乘勝而取我，先逃則衆或觀望而解體，不忠之甚者，故處以斬耳。

條例

214－01

一、失誤軍機，除律有正條者，議擬監候奏請外，若是賊擁大衆入寇，官軍卒遇交鋒損傷，［被］擄［虜］數十人以［之］上，不曾虧損大衆，或［被］賊衆入境，擄［虜］殺軍民數十人以［之］上，不曾擄［虜］去大衆，或被賊白晝僉夜突入境內，擄［搶］掠頭畜衣糧數多，不曾殺擄［虜］軍民者，俱問守備不設，被賊侵入境內，擄［虜］掠人民本律，發邊遠充軍。若是交鋒入境，損傷擄［虜］殺四五人，搶去頭畜衣糧不多者，亦問前罪。以上各項內，情輕律重，有礙發落者，［仍］備由奏請處置。其有被賊入境，將爪探夜不收，及飛報聲息等項公差官軍人等，一時殺傷捉去，事出不測者，俱問不應杖罪，還職。［如］或境外被賊，殺擄［虜］爪探夜不收，非智力所能防範者，免其問罪。

214－02

一、凡各邊及腹裏地面［方］，遇賊入境，若是殺擄［虜］男婦十名口以上，牲畜三十頭隻以上，不行開報者，軍民職官問罪降一級。加前數一倍者，降二級，加二倍者降三級，甚者罷職。其上司及總兵等官，知情扶同，事發參究治罪。

214－03

一、凡沿邊沿海，及腹裏府州縣，與衛所同住一城，及衛所自住一城者，若遇邊緊［大虜］及盜賊生發攻圍，不行固守，而輒棄去，及守備不設，被賊攻陷城池，劫殺焚燒者，衛所掌印與專一捕盜官，俱比照守邊將帥失陷城寨者律，斬。府州縣掌印并捕盜官，與衛所同住一城，及設有守備官駐劄本城者，俱比照守邊將帥被賊侵入境内，擄［虜］掠人民律，發邊遠充軍。其兵備守巡官駐劄本城者，罷職爲民。若非駐劄處所，兵備、守巡及守備官俱降三級調用。若府州縣原無設有衛所，但有專城之責者，不分邊腹，遇前項失事，掌印、捕盜官照前律處斬，兵備、守巡官亦照前罷職降調。其有兩縣同住一城，及府州縣佐貳、首領，但分有［有分］守城信地，各以賊從所管城分進入坐罪。若無城池，與雖有城池，被賊潛［蹤］隱［跡］設計，越［城進］入劫盜，隨即逃散，不係失陷者，止以失盜論，俱不得引用此例。

215　縱軍擄掠

凡守邊將帥，非奉總兵官調遣，私自使令軍人，於未附外境擄掠人口財物者，將帥杖一百，罷職，充軍。所部聽使軍官及總旗，遞減一等。並罪坐所由使令之人，小旗、軍人不坐。○若軍人不曾經由本管頭目使令，私出外境擄掠者，爲首杖一百，爲從杖九十。因擄掠而傷外境人，爲首者斬監候，爲從杖一百。其擄掠傷人爲從，并不傷人首從俱發邊遠充軍。若本管頭目鈐束不嚴，杖六十，附過還職。○其邊境城邑有賊出没，乘機領兵攻取者，不在此限。○若於已附地面擄掠者，不分首從，皆斬監候。本管頭目鈐束不嚴，杖八十，附過還職。○其將帥知軍人私出外境，及已附地面擄掠之情故縱者，各與犯人同罪。至死減一等。

［纂註］

此條全重在私自二字。一節二節，俱言外境，是未附地面。第四節，言已附地面，則境内矣。所部，謂將帥之部下，必有指揮、千百户、總小旗、軍人也。遞減一等，謂軍官減將帥一等，總旗減軍官一等。軍官，不言指揮、千百户、鎮撫，不以品級遞減科罪也。罪坐所由，指所由聽使之人。俱發邊遠充軍，諸書謂從者多，故言俱，不知將帥使令軍人擄掠，已杖一百充軍，軍人私自擄掠，反止坐杖，恐失輕重，還當通擄掠傷人爲從，及不傷人，首從俱發充軍纔是。不然，律當用皆各字可也，或以俱字用在杖一百之上亦可。本管頭目，兼總小旗，而律止言還職，舉其重者言之。其邊境城邑三句，承上二節。若已附地面節，專承軍人自擄節；知情故縱，第一、第二節、四節。此言禦虜之道，來則拒之，去則勿追也，况可生事以開邊釁乎。故凡屯守邊鎮將帥官員，非奉總兵官調遣出征，而有私自使令所部軍人，於外境未附地方，擄掠人口及財物者，將帥杖一百，罷職充軍。所部軍官及總旗，受將帥之命，而使令軍人出境擄掠者，遞減一等，軍官減將帥一等，杖九十，總旗減軍官一等，杖八十，並罪坐所由主意聽使之人，其所使之小旗軍人，俱不坐罪。蓋將帥三軍首領，軍官總旗受命於將帥，小旗軍人又聽令軍官總旗者，故或治或不治也。以上皆言將帥官旗之罪，若所部軍人不曾經由本管頭目，如指揮、千百户等使令，而私自出外擄掠人口財物者，以造意者爲首，杖一百，爲從者杖九十。因擄掠而致傷人口，爲首者斬，爲從者杖一百。其傷人爲從，及不傷人之首從，俱發邊遠充軍。若本管頭目，雖不知情，素無紀律，鈐束不嚴，以致軍人出境擄掠傷人者，杖六十，附過還職役。其邊境城邑去處，有賊出没，而將帥官旗，能乘機領兵攻取者，此應敵之權也。在將帥不謂之私使，在軍官總旗不謂之聽使，在頭目不謂之鈐束不嚴，故曰不在此限。若軍人於已歸附地面，而不經頭目，私自擄掠，雖不傷人，不分首從，皆斬。其本管頭目，鈐束不嚴者，各杖八十，附過還職。擄掠一也，外境猶爲敵國，不禁恐其搆怨，已附即爲吾民，擾之如何招來，其罪自不容同科耳。若將帥及本管頭目，明知軍人私出外境，及於已附地面有所擄掠，而容情故縱不舉者，各與犯人同罪，至死減一等，止杖一百、流三千里，庶幾令不弛而兵有制也。

按：條内兩稱鈐束不嚴，而下杖八十乃用各字。夫各者，彼此同科此罪之謂。軍人各有部伍，某伍軍人擄掠，當坐某伍頭目不嚴之罪，與别伍頭目無干，似難用各字，或者其誤用之耳。

條例

215－01

一、輪操軍人軍丁，沿途劫奪人財，殺傷人命，占奪車船，作踐田禾等項，許被害之人赴所在官司具告，拿解兵部，轉送法司究問。除真犯死罪外，徒罪以上，俱調發邊衛充軍。其管操指揮、千百户等官，往回不許與軍相離。若不行鈐束，并故縱劫奪殺人等項者，參問調衛。

215－02

一、土官土舍，縱容本管土［夷］民頭目爲盜，聚至百人，殺擄［虜］男婦二十名口以上者，問罪，降一級。加前數一倍者，奏請革職，另推土人［夷］信服親枝土舍襲替。若未動官軍，隨即擒獲解官者，准免本罪。

216　不操練軍士

凡各處邊方腹裏衛所守禦官，不守紀律，不操練軍士，及城池不完，衣甲器仗不整者，初犯杖八十，附過還職。再犯杖一百，指揮使降充同知，同知降充僉事，僉事降充千户，千户降充百户，百户降充總旗，總旗降充小旗，小旗降充軍役，并發邊遠守禦。〇若守禦官隄備不嚴，撫馭無方，致有所部軍人反叛者，親管指揮、千百户、鎮撫各杖一百，追奪誥敕，發邊遠充軍。若因軍人反叛棄城而逃者，斬監候。

［纂註］

紀律，兵家之紀綱法律也。初犯，如一次查點有失，謂之初犯，二次即爲再犯。附過還職，兼叛言。撫馭，謂撫綏駕馭也。棄城而逃者，指揮以下，因軍反叛而逃也。此言凡各處不拘腹裏邊境地方，一應守禦軍官，有不守兵家之紀律，而無節制控馭之權，不操練所部之軍士，使知坐作進退之節，城池不能完固使可守，軍士所用之衣甲器仗，不能整頓使可戰，此皆守禦官之責也。初次查點有犯上數者，不問指揮、千百户、總小旗，各杖八十，附過還職。二次爲再犯，杖一百，指揮使降充同知，同知降充僉事，僉事降充千户，千户降充百户，百户降充總旗，總旗降充小旗，小旗降充軍役。指揮以下，發邊遠地方守禦，原係邊遠，發極邊。此在平時無事者則然，若守禦官員，隄防禦備之不嚴，撫綏駕馭之無方，致有本部之軍人，或乘其無備，或憤其苛刻，大而反逆，次而背叛者，親管之指揮、千户、百户、鎮撫，各杖一百，追奪其原授之誥敕，永不許襲替，發邊遠充軍。若因軍士反叛，不能安撫剿捕，乃背棄城守而逃者，坐斬。其反叛，以謀反大逆條論。情以漸而重，法以漸而嚴，其所以責成守禦者至矣。

條例

216－01

一、各衛所京操官員，故行搆訟，不肯赴操者，除犯該死罪，并立功降調罪名，另行更替外，其餘悉聽掌印官申呈巡撫、巡按衙門，鎖項差人，解兵部發操。若有抗違不服，或挾私排陷者，參奏，問調邊衛，帶俸差操。掌印官縱容不舉，參究治罪。

216－02

一、各邊關堡墩臺等項守備去處，若官軍用錢買閑者，官員問罪，調極邊衛分守禦。旗軍人等，發沿邊，枷號一個月，常川守哨。若原在關營官軍，逃回原籍潛住，及架砲夜不收、守墩軍人，夤夜回家，輪班不去者，俱照前項，調衛枷號，守哨發落。

删除明例 3 條

一、凡赴京操軍，一班不到者，罰班三個月。軍兩班、官一班不到者，罰班六個月。軍三班、官兩班以上不到者，罰班一年。俱先送法司問罪，完日發本營罰班。其該班不到月日，各另扣補。若有能自首者，免其問罪送營，照前罰補前項失班，并承批管解，扶同捏故各軍職，俱不必參提，徑自送問。

一、各邊備禦官軍，失班不來者，備行各該巡按御史，督屬拿獲問罪，差人解送各邊鎮巡官查審。軍一班不到者，在原備邊處罰班三個月。軍兩班、官一班不到者，改撥本處沿邊城堡罰班六個月。軍三班、官兩班以上不到者，極邊城堡罰班一年。其補班月日，各另扣算。若來遲，不曾失班者，止補來遲月日。

一、中都、山東、河南各都司衛所掌印官，將原額京操班軍實在正身，照名查點，督發赴班。如有缺少者，以十分爲率，衛所掌印官三分以上，問罪住俸，五分以上降一級，八分以上降二級，調衛。都司掌印官，五分以上，參問住俸，八分以上降級。若已照數點發，致有中途不到者，領班都司，并衛所劄付官，俱照前例問降。若全班不到者，不分掌印、領班、劄付官，俱提解來京，一體問罪，降一級，調發邊衛。中間或有受財賣放者，以賣放正軍事例，從重論。

217　激變良民

凡有司牧民之官，平日失於撫字，又非法行事使之不堪，激變良民，因而聚衆反叛，失陷城池者，斬監候。止反叛，而城池未陷者，依守禦官撫綏無方，致軍人反叛，按充軍律奏請。

［纂註］

此言凡牧養小民之官，其職以安民爲尚。若有平時失於撫綏字愛，而又行非法之事，以暴虐之，乃至激變其無罪之良民，因而聚集大衆，謀爲反叛，臨時又不能收復平定，致有所失陷城池者，牧民之官坐斬。蓋其無惠民之心，常行暴虐，勢必至亂，重法以懲之，使爲民牧者，知所以深省也。激變良民，須失陷城池，方坐斬罪。若止反叛，而城池未陷者，比依守禦官撫馭無方致所部軍人反叛充軍律奏請。

218　私賣戰馬

凡軍人出征，獲到敵人馬匹，須要盡數報官。若私下貨賣與常人者，杖一百。軍官私賣者，罪同，罷職充軍。買者笞四十，馬匹、價錢並入官。若出征軍官軍人買者，勿論。賣者追價入官，仍科罪。

［纂註］

曰私下貨賣，則報官後貨賣者不禁。買者，指常人言。軍官軍人買者勿論，止科賣者之罪，價錢入官。或謂賣者亦得勿論，觀律文下買者二字可見。此言凡軍人隨從出征，其有獲到敵人馬匹，隨其所獲，從實盡數報官，聽從官司區處。其有尅留，私下得價，貨賣與人者，即杖一百。若軍官獲得敵馬而賣者，與軍人罪同，亦杖一百，罷職充軍。常人買者，笞四十。其馬匹及價錢，並追入官。若軍官軍人買得馬匹者，不坐罪，馬不入官，故曰勿論。夫同一賣也，而軍官罪重，以其有鈐束之責也；同一買也，而軍官軍人勿論，以其還充官用耳。其法之得中如此。

219　私賣軍器

凡軍人將自己關給衣甲、鎗刀、旗幟，一應軍器，私下貨賣與常人者，杖一百，發邊遠充軍。軍官私賣者，罪同，罷職附近充軍，買者笞四十。應禁其間有應禁軍器，民間不宜私有而買者一件杖八十，每一件加一等，罪止杖一百、流三千里，以私有論。所買軍器不論應禁與否，及所得價錢，並入官。軍官軍人，買者勿論。賣者仍坐罪，追價入官。

［纂註］

此條與上私賣戰馬同意，但軍器關給於官，與戰馬獲於敵人者不同，故罪有輕重。應禁者，以私有論，罪止就買者言。言凡軍人有將自己關給於官司衣甲、鎗刀、旗幟，一應軍器，私下貨賣與常人者，無復戰守之心，故杖一百，依律發邊遠衛分充軍。若軍官私賣軍器者，與軍人罪同，亦杖一百，罷職，發附近充軍。與軍人杖同，而充軍不同者，官降爲軍，則已賤之矣。民間買者，笞四十。所買係應禁軍器，如人馬甲、傍牌、火筒、火炮、旗纛、號帶之類。買者照下私有條論罪，一件杖八十，每一件加一等，罪止杖一百、流三千里。所買之軍器，不論應禁與否，與所得之價錢，並追入官。若同出征及守禦之軍官軍人買者，不問應禁與否，俱不坐罪，以其備征守之用耳。惟賣者仍坐罪，追價還官。賣軍器與夷人有例，見私出外境條。

按：下條將帥關撥軍器，事訖還官。此言賣與軍官軍人，買者勿論，又似不還官者。恐此指在衛之軍，平時關給，以備操練，不復還官耳。

220 毀棄軍器

凡將帥關撥一應軍器，出征守禦事訖，停留不收回納還官者以事訖之日爲始，十日杖六十，每十日加一等，罪止杖一百。〇若將帥征守事訖，將軍器輒棄毀者，一件杖八十，每一件加一等，二十件以上，斬監候。遺失及誤毀者，各減三等，軍人各又減一等，并驗毀失之數追賠還官。其曾經戰陣，而有損失者，不坐不賠。

［纂註］

各減三等，各字指遺失誤毀言。軍人各又減一等，總承棄毀以下言。此條以征守事訖一句貫看，蓋凡將帥出征守備，其合用一應軍器，皆將帥關領撥散，事訖之日，必須將帥收回還官，所以慎擅棄、防毀失也。若征守事已完訖，將原關撥軍器停留在外，不回納還官者，以事訖日爲始，十日不納者，杖六十，每十日加一等，至五十日之上，罪止杖一百。若將帥征守事訖，將軍器輒自棄毀者，此有心之罪也，故一件杖八十，每一件加一等，至二十件以上者斬。若偶有遺失及錯誤毀者，此無心之失也，故各減棄毀軍器罪三等，如一件笞五十，二十件以上杖九十、徒二年半。此專言將帥之罪耳。若軍人有將軍器棄毀、遺失、誤毀者，則各又減將帥之罪一等。如棄毀至二十件以上，則杖一百、流三千里；遺失、誤毀至二十件以上，則杖八十、徒二年。以上將帥軍人所棄毀、遺失、誤毀之軍器，並驗數追賠還官。其將帥軍人曾經戰陣，而致軍器有損失者，則事在不測，故不坐罪，不追賠。蓋關撥軍器，責在將帥，故事訖停留者，獨罪將帥，而不及軍人也。

221　私藏應禁軍器

凡民間私有人馬甲、傍牌、火筒、火炮、旗纛、號帶之類，應禁軍器者，一件杖八十，每一件加一等。私造者，加私有罪一等。各罪止杖一百、流三千里。非全成不堪用者，並勿論，許令納官。其弓、箭、鎗、刀、弩，及魚叉、禾叉，不在禁限。

［纂註］

私有，自其舊有者言。私造，自其新造者言。非全成者，謂或私有而形體不全，或私造而工制未就，如有旗無竿之類是也。蓋人馬甲、傍牌、火筒、火炮、旗纛、號帶之類，皆爲應禁軍器，非民間所宜有。若私有而不送官者，止有藏匿之情，故一件杖八十，每一件加一等。若非舊有而私造者，必有僭用之意，故加私有罪一等。其私有私造，雖至十件以上者，各罪止杖一百、流三千里。所謂不得加至於死者，此也。若軍器非全成，係所不堪用之物，故並勿論，而許令納官。其弓、箭、鎗、刀、弩，及其魚叉、禾叉，皆民間之所宜有，故從其有，而不在禁限。

222　縱放軍人歇役

凡管軍百户，及總旗、小旗、軍吏，縱放軍人，出百里之外，買賣或私種田土，或隱占在己使喚，空歇軍役不行操備者，計所縱放及隱占之軍數，一名杖八十，每三名加一等，罪止杖一百，罷職充附近軍。若受財賣放者，以枉法從重論。所隱縱放、隱占、賣放各項軍人，並杖八十。若私使出境，因而致死，或被賊拘執者，杖一百，罷職，發邊遠充軍。至三名者，絞監候。本管官吏，知情容隱，不行舉問，及虛作逃亡，扶同報官者，與犯人同罪。至死減一等。若小旗、總旗、百户縱放軍人，其本管指揮、千户、鎮撫，當該首領官吏，知情故縱，或容隱不行舉問，及指揮、千户、鎮撫故縱軍人，其百户、總旗、小旗知而不首告者，罪亦如私使軍人出境，官吏不行舉問之律。○若鈐束不嚴原無縱放私使之情，致有違犯或出百里，或出外境，私自歇役，及原無知情容隱，止失於覺舉者，小旗名下一名，總旗名下五名，百户名下十名，千户名下五十名，各笞四十。小旗名下二名，總旗名下十名，百户名下二十名，千户名下一百名者，各笞五十，並附過還職。不及數者，不坐。○若軍官私家役使軍人，不曾隱占歇役者，一名笞四十，每五名加一等，罪止杖八十。○並每名計一日，追雇工銀八分五釐五毫［錢六十文］入官。○若有吉凶借使者，勿論。

［纂註］

軍吏，解見名例律。空歇軍役，總承上言。並杖八十，並者指所縱放、隱占、賣放各軍也。本管官吏，如指揮、千户、百户，及衛所該吏是也。罪亦如之，之字指上文縱放之人言，謂容隱縱放軍人者，其罪亦如縱放之犯人之罪。並每名之並，指隱占使喚，及私家役使而言。此條之罪有五：一曰縱放，一曰隱占，一曰賣放，一曰私使，一曰私役。夫軍以守衛，若五者有一，則軍伍空虛，故凡管軍百户，及總旗、小旗、軍吏，但有縱放軍人出百里外，或買賣，或私種田土，或隱占在己使喚，空歇本軍身役者，計所縱放隱占之軍，有一名杖八十，每三名加一等，罪止杖一百。百户罷職，與總小旗、軍吏，俱發附近衛分充軍。若受財賣放軍人出外者，以枉法從重論。如贓罪重於本罪者，坐以贓罪，贓罪輕者，則坐本罪也。所隱軍人，不問縱放、賣放，並杖八十。若前項百户人等，私使軍人，出邊境之外，因而致死，及被賊拘執者，杖一百。百户亦罷職，與總小旗、軍吏，俱發邊遠充軍。若致死及被執至三名者，絞。其百户人等之本管官吏，知其私使軍人出境、致死、被執之情，容隱不行舉問，及將致死被執之軍，虛作逃亡，扶同報官者，與百户、總小旗、軍吏各犯人同罪。夫稱與同罪，則致死者减一等。若總小旗、百户縱放軍人歇役，其本管指揮、千户、鎮撫，當該首領官吏，知情故縱，或容隱不行舉問，及指揮、千户、鎮撫故行縱放軍人歇役，其百户、總小旗知而不行首告者，並罪亦如縱放者科斷。若千户、總小旗鈐束不嚴，致有軍人違犯法度，故出百里之外，或出外境，及失於覺察，而原無縱放之情者，小旗名下一名，總旗名下五名，百户名下十名，千户名下五十名，各笞四十；小旗名下二名，總旗名下十名，百户名下二十名，千户名下一百名者，各笞五十，並附過還職。不及數者，不坐罪。若指揮以下軍官，私家役使軍人，其軍猶隸行伍，不曾歇役者，一名笞四十，每五名加一等，罪止杖八十。其隱占私役者，並每名計一日雇工錢六十文入官。若軍官之家有吉凶，而暫借軍人使用者，勿論。

按：此條隱占賣放軍人者，不言本管不舉之罪，以知情故縱該之也。鈐束不嚴者，不言指揮之罪，以指揮、總管、千百户、總小旗，而非親管軍之官也。若軍官私役軍人，在軍人既無歇役，故罪不及軍人也。

條例

222－01

一、凡各處鎮守總兵官，跟隨軍伴二十四名，協守副總兵二十名，遊擊將軍、分守參將十八名，守備官十二名，都指揮六名，指揮四名，千百户、鎮撫二名，不管事者一名，但有額外多占正軍，至五名，餘丁至六名以上，俱問罪，降一級；正軍六名以上，餘丁十名以上，降二級；正軍十名以上，餘丁二十名以上，止降三級。其賣放軍人，包納月錢者，正軍五名至十名，餘丁六名至二十名，俱問罪，照前分等降級。

若正軍二十名以上，餘丁至三十名以上，俱罷職，發邊衛充軍。其役占賣放紀録幼軍者，照餘丁例；役占賣放備邊壯勇者，照正軍例，各擬斷。律七名以上充軍，例止降級，有犯者宜從例。

222－02

一、軍職賣放，并役占軍人，二罪俱發，其賣放已至十名以上，役占不及數者，依賣放例，罷職充軍。役占已至十名以上，賣放不及數者，依役占例，降三級。賣放、役占俱至十名以上者，從重發落。俱不及十名者，併數通論降級。役占軍人五名，又占餘丁十名，及包納月錢滿數［貫］者，從重降級，仍發立功，滿日照所降品級，於原衛所帶俸差操。

222－03

一、［五軍］圍子手，并皇城内外守衛軍士，及紅盔將軍，下班之日，其本管官員，及守門［内］官、把總、指揮等官，不許擅撥與人，做工等項役使，違者參問。雖不係自己占用，亦照私役軍人事例發落。

刪除明例 2 條

一、各處總兵官，并分守、守備等官，精選能通書算軍餘各一名，令其跟隨書辦，與免征操。奏本公文内，俱照令典僉書，以防欺弊。其餘官軍，號稱主文，干預書辦者，聽巡撫、巡按，并按察司官舉問，俱調極邊衛所，帶俸食糧差操。

新頒條例

一、爲營官占軍太多，申明律例成憲，以守畫一事。該山東司呈李鏜占役緣由，本部題，以後法司比擬占軍多數者，俱照十三年重修《大明律》刪定明例軍伴數目擬罪，不許以未採入占軍數多例，妄行擅比，求脱罪者，參奏重治，仍行沿邊沿海軍衛處所問刑衙門，一體遵行等因。具題，奉聖旨：是。李鏜占役營軍，包納月錢數多，該部查照十三年事例，從重擬罪，毋得輕縱，以啓效尤。欽此。

223　公侯私役官軍[1]

凡公侯非奉特旨，不得私自呼喚各衛軍官軍人，前去役使，違者初犯、再犯，免罪附過；三犯，准免死一次。除鐵券。其軍官軍人聽從，及不出征時，輒於公侯之家門首伺立者，軍官各杖一百，罷職，發邊遠充軍，軍人同罪［罪同］。若伯爵及旗校有犯，一准此律奏請。

［纂註］

三犯，准免死一次，蓋以公侯受封，皆有欽給鐵券，於内量其功勳，開寫免死次數，如原開免死三次者，至三犯，則准作免死一次，止存二次之類也。凡公侯位高勢重，若許其私喚官軍役使，恐有恣肆之患，故初犯、再犯者，猶得免罪附過，至三犯，則准其鐵券内免死一次，是雖未坐罪，而罰之亦重矣。若軍官軍人聽從其喚使，及不係出征時，而輒自於其門首伺立者，軍官各杖一百，罷職，發邊遠充軍。軍人之罪，與軍官同科。此又防官軍附勢之意也。

按：此條不言伯者，有犯，亦與公侯同。

224　從征守禦官軍逃

凡軍官軍人已承調遣從軍征討，私逃還家，及逃往他所者，初犯杖一百，仍發出征，再犯者絞監候。知在逃之情窩藏者不問初犯、再犯，杖一百，充軍。原籍及他所之里長知而不首者，杖一百。若征討事畢軍還而軍官軍人不同振旅而先歸者，減在逃五等。因而在逃不著伍者，杖八十。若在京各衛守禦軍人在逃者，初犯杖九十，發附近衛分充軍。各處守禦城池軍人在逃者，初犯杖八十，仍發本衛充軍。再犯不問京衛、外衛，並杖一百，俱發邊遠充軍，三犯者絞監候。知在逃之情窩藏者，與犯人同罪，罪止杖一百，充附近軍。不在邊遠、處絞之限。里長知而不首者，各減窩藏二等。其

[1] 萬曆律作“公侯私役軍官”。

從征軍、守禦軍與本管頭目知情故縱者，各隨所犯次數與同罪，罪止杖一百，罷職，附近充軍。其征守在逃官軍，自逃日爲始一百日内能自出官首告者不問初犯、再犯，免罪。若在限外自首者，減罪二等。但於隨處官司首告者，皆得准理。准免罪，及減罪二等。〇若各衛軍人不著本伍，轉投別衛充軍者，同逃軍論。或初、再、三，皆依上文律科斷。〇其京外衛軍人之親管頭目，不行用心鈐束部伍，致有軍人在逃，小旗名下逃去五名者，降充軍人；總旗名下逃去二十五名者，降充小旗。百户名下逃去十名者，減俸一石；二十名者，減俸二石；三十名者，減俸三石；四十名者，減俸四石。逃至五十名者，追奪，降充總旗。千户名下逃去一百名者，減俸一石；二百名者，減俸二石；三百名者，減俸三石；四百名者，減俸四石。逃至五百名者，降充百户。不追封誥。其管軍多者，各驗人數以十分爲率折算，減俸降級。不及數者，不坐。若部下軍人有病亡殘疾，提撥征守等項事故不在行伍者，不在此通算、減俸、減降之限。

［纂註］

還家，指原籍之家。窩藏，里長，俱指原籍及他所之人。自本衛千百户、總小旗、統管而言，謂之本管；自各人分管而言，謂之親管。同逃軍論者，其初犯、再犯、三犯，俱同也。管軍多者，驗數折算減降，謂如千户名下逃百名者，減俸一石；至五百名，降充百户。百名，是自其管軍一千名爲率也。若管軍多至一千五百名，則以逃一日五十名，折算爲百名，方坐減俸。至七百五十名，方降充百户。其百户、總小旗，管軍多者，並以此推之。蓋從征官軍，所係重於守禦，而京衛軍人，所係重於外衛，故凡軍官軍人，隨從大軍征討，而私逃還家，及逃往他所者，初犯杖一百，仍發出征，再犯者絞。有知係從征在逃之情而窩藏者，不論官軍初犯、再犯，並杖一百，充軍。其逃所里長，知而不首者，並杖一百。若征討事訖，軍還而先歸者，減從征在逃杖一百之罪五等，笞五十；先歸而在逃者，杖八十。若在京各衛軍人在逃者，初犯杖九十，發在外附近衛分充軍。在外各處守禦城池軍人在逃者，初犯杖八十，仍發本衛充軍。再犯者，不分在京在外軍人，並杖一百，俱發邊遠充軍。三犯者，俱處絞。知情窩藏者，與在逃犯人同其杖九十、八十、一百之罪。但雖窩藏再犯、三犯，而亦罪止杖一百，發附近充軍，不在發邊遠與絞之限。里長知而不首者，各減逃軍之罪二等，罪止杖八十。以上從征官軍，及在京各處軍人之本管頭目，知其在逃之情而故縱者，各與犯人同罪。但雖故縱再犯、三犯者，而亦罪止杖一百，罷職充軍。其在逃官軍，自逃日爲始，一百日内能自出官首告者，不問初犯、再犯，俱免坐罪。若在限外自首者，亦減逃罪，但於隨處官司首告者，皆得准理，限内皆准免罪，限外皆准減罪二等。若在京在外各衛軍人，不著本伍，而轉投别衛充軍者，同逃軍論。在京初犯者，杖九十，發附近衛充軍。在外初犯者，杖八十，仍發本衛充軍。至於再犯、三犯，莫不一體坐罪。其在京在外軍人之親管頭目，不行用心鈐束，致有軍人在逃者，自小旗而上至千户，皆計其逃軍名數之多寡，坐以減俸、降等之輕重。其管軍多者，驗其多管在逃之數，與正管在逃之數，折算相當，然後減俸降等。其正管在逃不及數者，不坐罪。若軍人有病亡、殘疾、提撥等項事故，以致軍數不足者，不在此減俸降等之限。

按：在京各衛，與各處守禦軍人，但言在逃，而不言還家，及往他所者，省文也。百户言追奪者，以其原有封敕，千户不言追奪者，以其降百户，而猶爲軍官也。

條例

224－01

一、軍官軍人遇有征調，點選已定，至期起程，不問已未關給賞賜，若有避難在逃者，依律問斷。其征期已過，送兵部，編發宣府、獨石等處沿邊墩臺，哨瞭半年，滿日放回原衛，還職著役。若仍發出征及哨瞭在逃者，依從征私逃再犯者律，處絞。

224－02

一、輪操官軍逃，在京城内外潛住者，［俱照奉憲宗皇帝欽定］初犯打七十，再犯打一百，送操事例發落。官旗無力納贖［鈔］者，就在原問衙門，單衣決打。若逃回原籍原衛者，以越關論。其在逃三次者，不分革前革後，各免決打納贖［鈔］，京衛調外衛，外衛調邊衛，俱帶俸食糧差操。

225　優恤軍屬

凡陣亡病故官軍，回鄉家屬，應給行糧脚力，經過有司不即應付者，以家屬到日爲始遲一日笞二十，每三日加一等，罪止笞五十。

［纂註］

陣亡，謂與敵戰陣而亡者。病故，則從征在營，因病而故者。凡此等軍官軍人之家屬回鄉，例應給與行糧脚力，蓋優恤之意也。若經過有司，不即依例應付者，自家屬到日爲始，違一日笞二十，每三日加一等，遲十日以上者，罪止笞五十。

226　夜禁

凡京城夜禁，一更三點，鐘聲已靜之後，五更三點，鐘聲未動之前，犯者笞三十，二更、三更、四更犯者，笞五十外，郡城鎮各減一等。其京城外郡因公務急速，軍民之家有疾病、生産、死喪，不在禁限。○其暮鐘未靜，曉鐘已動，巡夜人等，故將行人拘留，誣執犯夜者，抵罪。○若犯夜拒捕，及打奪者，杖一百。因而毆巡夜人至折傷以上者，絞監候；死者，斬監候。拒捕者，指犯夜人；打奪者，傍人也。

［纂註］

遇夜禁人行走，謂之夜禁。拒捕，自犯夜之人而言。打奪，自傍人劫奪犯夜者而言。凡盜賊，率起於夜禁之不嚴，夜禁不嚴則盜賊多矣。故一更三點，鐘聲已靜之後，五更三點，鐘聲未動之前，而有人在街行走者，謂之犯夜。在京城犯者，笞三十，在外郡城鎮犯者，減一等，笞二十。二更、三更、四更，尤爲夜深，此時有犯者，在京城則笞五十，在外郡城鎮，則減一等，笞四十。其暮鐘未静、曉鐘已動，是不係禁人行之時，而巡夜人故將人拘留，誣執爲犯夜者，抵罪。誣執京城者，笞三十，誣執外郡城鎮者，笞二十。若二更、三更、四更之時，則不得謂之誣執矣。若犯夜人被巡夜人拘執，而拒捕不服，及有毆打巡夜人，而將犯夜人奪去者，杖一百。因打奪而毆巡夜人，至折傷以上者，絞；至死者，斬。若被奪之人未曾行毆，則止坐犯夜之罪矣。

大清律集解附例卷之十五

兵律　關津

227　私越冒度關津

凡無文引，私度關津者，杖八十。若關不由門，津不由渡，別從間道而越度者，杖九十。若越度緣邊關塞者，杖一百、徒三年；因而潛出交通外境者，絞監候。守把之人，知而故縱者，同罪。至死減一等。失於盤詰者，官各減三等，罪止杖一百。軍兵又減一等。並罪坐直日者。［餘條准此。］〇若有文引，冒他人名度關津者，杖八十。家人相冒者，罪坐家長。守把之人知情，與同罪，不知者不坐。〇其將無引馬騾，私度冒度關津者，杖六十；越度，杖七十。私度，謂人有引，馬騾無引［者］。冒度，謂馬騾冒他人引上馬騾毛色齒歲［者］。越度，謂人由關津，馬騾不由關津而渡［度者］。

［纂註］

守把人，如守禦巡檢之官吏。軍兵者，則如守禦官之軍人、巡檢司之弓兵也。知而故縱，及失於盤詰，俱承私越二者而言。家人相冒，謂如兄冒弟引、叔冒姪引之類。家長，非一家之長，即家人相冒中之長也。註云餘條准此，謂餘條凡言把守之罪，皆准此條而坐直日者。蓋關津之設，所以防奸。故凡度關津者，必給文引爲照。若無文引，而竊過關津者，爲私度也，則杖八十。若因無文引，而關不由門、津不由渡，别從間道而過者，爲越度，則杖九十。若越度緣邊關塞者，杖一百、徒三年。因越度關塞而潛出外境者，絞。其關津及緣邊關塞守把之人，知其無引及越度而故縱者，並與犯人同罪。如私度杖八十，越度杖九十，緣邊關塞杖一百、徒三年，出外境者，罪止杖一百、流三千里。失於盤詰者，各減犯人之罪三等。如私度笞五十，越度杖六十，緣邊關塞及出外境者，並罪止杖一百。守把之軍兵，又減失盤詰之罪一等。如私度笞四十，越度笞五十，越關塞出外境，俱罪止杖九十。前項守把之罪，並坐應直本日之人。若雖有文引，原係他人名字，而冒頂度過者，與無引者同，故亦杖八十。家人互相冒度者，罪坐家長。長冒少名，罪固坐長，少冒長名，罪亦坐長也。守把之人，知冒名之情者，與同罪，亦杖八十，不知情者不坐。其人有引，馬騾無引，而將馬騾私度關津，或將馬騾冒他人引上毛色齒歲而度者，並杖六十。若人由關津，却將馬騾不由關津而越度者，杖七十。

按：緣邊關塞，止言越度，而不言私冒度者，蓋關塞之外，非腹裏之關可出入者比，故但有犯度者，即謂之越度矣。

［備考］

一、守把之人，受財故縱者，計贜以枉法從重論。

條例

227－01

一、官吏旗校舍餘軍民人等，有因爲事問發，爲民充軍，或罷職，冠帶閑住，與降調出外，各來京潛住者，問擬明白，除充軍并發邊［口］外爲民，照逃例見刑律徒流人逃條改發外，文官降調者，革職，冠帶閑住；閑住者，發原籍爲民；爲民者，改發邊［口］外爲民。武官帶俸者，革職，隨舍餘食糧差操；原隨舍餘食糧差操者，發邊衛差操。其知情容留潛住之人，各治以罪。

227－02

一、［居庸、山海等］關隘引送邊［口］外邊衛逃軍過關，并守把盤詰之人賣放者，俱問發邊衛充軍。

228　詐冒給路引

凡不應給路引之人謂配遣囚徒、安置家口之類而給引，及軍詐爲民、民詐爲軍，若冒名告給引，及以所給引轉與他人者，並杖八十。若於經過官司停止去處，倒換另給路引，及官豪勢要之人，囑託軍民衙門，擅給批帖，影射人貨出入者，各杖一百。若官吏人匠，供送文引年深，於原任原役衙門告給新引，照身回還者，不在此限。當該官吏聽從指上三件，及知情給與者，並同罪。若不從，及不知者，不坐。〇若巡檢司越分給引者，罪亦如之。依聽從知情律。〇其應給衙門不立文案，空押路引，私填與人者，杖一百、徒三年。〇受財者分有祿、無祿，計贓以枉法，及有所規避者或販禁貨通番，或避罪犯出境，各從重論。〇若軍民出百里之外，不給引者，軍以逃軍論，民以私度關津論。

［纂註］

不應給引之人，如註云僧道，及各衛旗軍，與凡不許自由遠行之人，皆是。倒給，謂倒其舊引，而給換新引也。規避，專指給引之人言。如犯罪將發，而冒名給引以避之類。上條言度關津之當給引，此條防給引者之詐冒也。蓋凡不應給路引之人，而欲給引，及軍詐爲民、民詐爲軍，若自己不應給引，冒頂他人之名告給，及以自己所給之引，轉與他人者，並杖八十。若本有文引，或因年深違限，或欲轉往他處，而於經過之官司，停止之去處，倒給路引，及官豪勢要之人，囑託軍民衙門，擅給印信批帖，影射出入者，倒給與囑託之人，各杖一百。其管引當該官吏，聽從不應給引之人，與倒給囑託，及知軍民相詐冒名告給之情，而給與者，並與給引給批之人同罪。若不從及不知者，不坐。若巡檢司，非係給引衙門，而有越分給引者，亦如當該官吏聽從及知情給與之罪。其本應給引衙門，若不將告引之人貫址姓名，明立文案，而將空紙押成路引，私下填註與人者，杖一百、徒三年。若前項不應給、冒給、倒給、擅給之當該官吏，及巡檢司給引，并有司空押路引，但受財者，則計贓以枉法，及給引之人有所規避者，則以所規避，各從其罪之重者論。若軍民出本境地界百里外，不給路引者，軍則以逃軍之初犯、再犯、三犯論，民則以私度關津論。若出本家百里之外，而猶係境内地方者，不在給引之限。

229　關津留難

凡關津往來船隻，守把之人，不即盤詰驗文引放行，無故阻當者，一日笞二十，每一日加一等，罪止笞五十。坐直日。若取財者，照在官人役取受有事人財例，以枉法計贓科罪。〇若官豪勢要之人，乘船經過關津，不服盤驗者，杖一百。〇若撑駕渡船稍水，如遇風浪險惡，不許擺渡，違者笞四十。若不顧風浪，故行開船，至中流停船，勒要船錢者，杖八十。因而殺傷人者，以故殺死傷未死論。或不曾勒要船錢，止是不顧風浪，因而沉溺殺傷人者，以過失科斷。

［纂註］

盤驗者，盤詰其來歷，辨驗其文引也。然關津盤驗，本以禦暴，若遇往來船隻，而守把之人不即盤驗放行，無故阻當者，則未免有妨於人。故阻當一日者，守把之人笞二十，每一日加一等，至四日之上，罪止笞五十，但罪坐直日者。若官豪勢要之人，乘船經過關津，恃强不服守把之人盤驗者，杖一百。若撑駕渡船稍水，如遇風浪險惡，不許擺船載人過渡，違者笞四十，然非出於有意，故其罪猶輕。若不顧風浪，故行開船，至中流乘險停船，勒要船錢者，則有心嚇人矣，故杖八十。若因停船勒要，被風浪，以致殺傷人者，以刑律故殺傷條論，殺人者斬，傷人者，驗傷之輕重坐罪。

230 遞送逃軍妻女出城

凡在京守禦官軍，遞送逃軍妻女出京城者，絞雜；民犯者，杖一百。若各處守禦城池，及屯田官軍，遞送逃軍妻女出城者，杖一百，發邊遠充軍；民犯者，杖八十。受財者，計贓以枉法從重論。分有禄人、無禄人。其逃軍買求者，罪同。守門之人，知情故縱者，與犯人同罪。至死減一等。失於盤詰者，官減三等，罪止杖一百。軍人又減一等。○若遞送非逃軍妻女出城者如犯罪取發，及軍在伍而妻女私還原籍，及故軍妻女之類，但不係逃者皆是，杖八十。有所規避者如刁姦、誘賣，或犯罪法應緣坐，從重論。依送令隱避，從重論。

［纂註］

遞送，謂接遞引送，如假作自己妻小之類。守門之人，兼官軍言。失於盤詰，專指軍人，故下文另言軍人之罪。逃軍妻女，所指者廣，如故軍妻，及軍在衛而妻女私還原籍，及犯罪該起解妻小之類。蓋軍官之於逃軍，有統屬之責，與民人不同，而在京之逃軍，迺禁兵所係，與在外不同。故凡在京守禦軍官軍人，遞送逃軍妻女出京城者，則坐雜犯絞罪，准徒五年，民犯遞送者，杖一百。若在外各處守禦城池，及屯田官軍，遞送逃軍妻女出城者，杖一百，發邊遠充軍，民犯遞送者，杖八十。若軍官與民因受財而爲其遞送者，則計贓從重者論。其計贓重于本條，從贓論，輕則仍坐本條。若逃軍用財買求者，罪與軍官同，曰罪同，以見至雜犯絞罪，亦同科也。若守門之人知遞送之情，而故縱其妻女出城者，與遞送犯人同罪，曰同罪，以見至雜犯絞罪，則減等也。若守門人失於盤詰者，在軍官則減犯人罪三等。如遞送出京城，民犯者杖七十；遞送出各處守禦城池，民犯者笞五十；軍官遞送者，在京在外，俱罪止杖一百。在軍人，則又於官罪減一等。如遞送出京城，民犯者杖六十；遞送出各處守禦城池，民犯者笞四十；官軍遞送者，在京在外，俱罪止杖九十。若官軍與民遞送，非係逃軍之妻女出城者，不問在京在外，並杖八十。有所規求迴避，而爲之遞送者，從所規避之重罪論。

231　盤詰奸細

凡緣邊關塞，及腹裏地面，但有境内奸細，走透消息於外人，及境外奸細，入境内探聽事情者，盤獲到官，須要鞫問接引入內起謀出外之人，得實，不分首從皆斬監候。經過去處守把之人，知而故縱，及隱匿不首者，並與犯人同罪。至死減等。失於盤詰者，官杖一百，軍兵杖九十。罪坐直日者。

［纂註］

姦細，即周官所謂邦諜，今俗云姦人細作是也。境内者，指中國之人言。境外者，指外寇之人言。消息事情，所包者廣，謂凡軍情機密重大之事皆是。此言凡緣邊關塞，及腹裏地面，乃邊務城池，所係匪輕，則盤詰姦細，不可不嚴。故於此處，但有境内姦細私出，而走透消息於外人，及境外姦細私入境内，而探聽事情者，若盤獲到官，須要推鞫究問其接引出入，及原行起謀之人。如果事得其實，不分首從，皆斬。其姦細出入經過去處，若守把官吏軍兵人等，知情而故行縱放，及有隱匿在家，而不首官者，並與姦細犯人同罪，減一等，杖一百、流三千里。若非故縱，而失於盤詰者，守把之官杖一百，軍人弓兵杖九十，俱罪坐直日之人。

按：此條與漏泄軍情大事條參看。蓋彼自聞之而漏泄者言，故有先傳、傳至之分，此自專作姦細之人言，故接引起謀者無宥也。

條例

231－01

一、［川廣、雲貴、陝西等處，但有漢人］交結外國［夷人］，互相買賣借貸，誆騙財物，引惹邊釁，及潛住苗寨，教誘爲亂，如打劫民財，以强盜分別貽患［害］地方者，除真犯死罪如越邊關，出外境，將人口軍器出境，賣與硝磺之類外，俱問發邊衛，永遠充軍。

231－02

一、沿邊關塞，及腹裏地面，盤詰奸細處所，有歸復鄉土人口，被獲到官，查審明白，即照例起送。有妄作奸細，希圖冒功者，以故入人罪論。若真正奸細，能首降者，亦一體給賞安插。

232　私出外境及違禁下海

凡將馬牛、軍需鐵貨未成軍器、銅錢、段匹、紬絹、絲綿，私出外境貨賣，及下海者，杖一百。受雇挑擔馱載之人，減一等。物貨船車，並入官，於内以十分爲率，三分付告人充賞。若將人口軍器出境及下海者，絞監候；因而走泄事情者，斬監候。其拘該官司，及守把之人，通同夾帶，或知而故縱者，與犯人同罪。至死減等。失覺察者，官減三等，罪止杖一百，軍兵又減一等。罪坐直日者。若守把之人受財，以枉法論。

［纂註］

軍需鐵貨，作一句讀，謂可爲軍需之鐵貨，未成軍器者耳。因而走泄事情，承將馬牛等物及將人口軍器二項言。失覺察者，主拘該官司及守把之人言。夫馬牛與軍需鐵貨，及銅錢、段匹、紬絹、絲綿，皆中國利用之物，不可有資於外國者也。若有此等貨物，私出外國境内貨賣，及私下泛海者，杖一百。其挑擔馱載貨物之人，減一等，杖九十。所獲貨物、船車，並收入官，於貨物内以十分爲率，將三分給付告人充賞。若將興販人口，與應禁軍器出境，及下海貨賣者，向敵之心可惡，故坐以絞。若私將馬牛等物、人口軍器出境下海之人，因而走泄中國事情於外夷者，與姦細之情不殊，故坐以斬。其出境下海犯人，應該拘管之官司，及守把關津官吏、軍兵人等，如有通同夾帶馬牛等物、人口軍器出境下海，或知其出境下海，而故行縱放者，並與犯人同罪，至死者減一等，杖一百、流三千里。若失於覺察，以致有人出境下海，拘該官司及守把之官，減犯人罪三等，罪止杖一百；軍人弓兵，又減官軍一等，通減四等，罪止杖九十。

條例

232－01

一、各邊將官，并管軍頭目私役，及軍民人等，私出境外，釣豹捕鹿、砍木掘鼠等項，并把守之人，知情故縱，該管里老、官旗軍吏，扶同隱蔽者，除真犯死罪外，其餘俱調發煙瘴地面，民人里老爲民，軍丁充軍，官旗軍吏帶俸食糧差操。

232－02

一、凡守把海防武職官員，有犯聽受通番土俗哪嗟，報水分利金銀物貨等項，值銀百兩以上，名爲買港，許令船貨私入，串通交易，貽患地方，及引惹番賊海寇出没，戕殺居民，除真犯死罪外，其餘俱問受財枉法罪名，發邊衛永遠充軍。

232－03

一、凡他國［夷人］貢船到岸，未曾報官盤驗，先行接買番貨，及爲外國［夷人］收買違禁貨物者，俱發邊衛充軍。

232－04

一、凡沿海去處，下海船隻，除有號票文引，許令出洋外，若奸豪勢要，及軍民人等，擅造二桅以上違式大船，將帶違禁貨物下海，前往番國買賣，潛通海賊，同謀結聚，及爲嚮道，劫掠良民者，正犯比照謀叛已行律處斬，仍梟首示衆，全家發邊衛充軍。其打造前項海船，賣與他國［夷人］圖利者，比照私將應禁軍器下海，因而走泄事情律，爲首者處斬，爲從者發邊衛充軍。若止將大船雇與下海之人，分取番貨，及雖不曾造有大船，但糾通下海之人，接買番貨，與探聽下海之人，番貨到來，私買販賣蘇木、胡椒至一千斤以上者，俱發邊衛充軍，番貨並入官。其小民撑使單桅小船，給有執照，於海邊近處捕魚打柴，巡捕官軍不許擾害。

232－05

一、私自販賣硫黄五十斤、焰硝一百斤以上者，問罪，硝黄入官。賣與外國［外夷］及邊海賊寇者，不拘多寡，比照私將軍器出境，因而走泄事情律，爲首者處斬，爲從者俱發邊衛充軍。若合成火藥，賣與鹽徒者，亦問發邊衛充軍。兩鄰知而不舉，各治以罪。

232－06

一、各邊夜不收，出境探聽賊情，若與賊人［夷人］私擅交易貨物者，除真犯死罪外，其餘問調廣西煙瘴地面衛所，食糧差操。

232－07

一、凡官員軍民人等，私將應禁軍器，賣與進貢他國［夷人］圖利者，比依將軍器出境，因而走泄事情者律斬，爲從者問發邊衛充軍。

233 私役弓兵

凡私事役使弓兵者，一人笞四十，每三人加一等，罪止杖八十。每名計役過一日，追雇工銀八分五釐五毫［錢六十文］入官。當該官司應付役使者同罪，罪坐所由應付之官吏。

［纂註］

凡府州縣巡檢衙門，皆設有弓兵，本爲地方守把盤詰之用。若有人私借而役使者，一人笞四十，每三人加一等，私役至十三人以上者，罪止杖八十，仍每名計役過一日，追雇工錢六十文入官。若當該官司，聽從役使應付者，同犯人私役之罪科斷，但罪坐於所由應付之人，而不概及於同僚官吏。蓋弓兵隷役公家，與部民夫匠不同，故私役者，在彼追雇工錢給主，在此追雇工錢入官。

［刑部爲盤獲通番船犯，併擒海洋劇盜，稽核官兵功罪，以昭勸懲，以圖善後，以重海防事。准兵部咨，先該巡撫浙江、都察院右僉都御史高、巡按浙江監察御史鄭，會題嚴禁通番條例，覆奉欽依，移咨到部，會議停妥，於萬曆四十年六月初五日，該兵部等衙門、署部事尚書

孫等具題，節奉聖旨：是。其新定通倭條例，著與舊例並行，永爲遵守。仍著撫按官，刊刻榜文曉諭。有違犯的，盡行依例重處，不得從容。餘俱依擬。欽此。

一、凡沿海軍民，私往倭國貿易，將中國違制犯禁之物，饋獻倭王，及頭目人等，爲首者，比照謀叛已行律斬，仍梟首；爲從者，俱發煙瘴地面充軍。

一、凡奸民希圖重利，夥同私造海船，將紬絹等項貨物擅自下海，船頭上假冒勢官牌額，前往倭國貿易者，哨守巡獲船貨，盡行入官，爲首者，用一百斤枷，枷號二個月，發煙瘴地面永遠充軍；爲從者，枷號一個月，俱發邊衛充軍。其造船工匠，枷號一個月，計所得工錢，坐贓論罪。

一、凡豪勢之家，出本辦貨，附奸民下海，身雖不行，坐家分利者，亦發邊衛充軍，貨盡入官。

一、凡歇家窩頓奸商貨物，裝運下海者，比照竊盜窩主問罪，仍枷號二個月。鄰里知情，與牙埠通同不行舉首，各問罪，枷號一個月發落。

一、凡關津港口巡哨官兵，不行盤詰，縱放奸民，通販倭國者，各以受財枉法，從重究治。

一、凡福建、浙江海船裝運貨物，往來俱著于沙埕地方更换。如有違者，船貨盡行入官，比照越度沿邊關塞律問罪。其普陀進香人船，俱要在本籍告引照身，關津驗明，方許放行，違者以私度關津論。巡哨官兵，不嚴行盤詰者，各與同罪。］①

① 以上七段文字，爲光緒三十四年沈氏重刻本萬曆律所無。

大清律集解附例卷之十六

兵律　廄牧

234　牧養畜産不如法

凡人户牧養官馬牛駝騾驢羊，並以一百頭爲率。若死者、損者、失者，各從實開報。死者，即時將皮張、鬃尾入官。牛觔角、皮張，亦入官。其管牧群頭群副，每馬牛駝一頭，各笞三十，每三頭加一等。過杖一百，每十頭加一等，罪止杖一百、徒三年。羊減馬三等四頭笞一十，每三頭加一等；過杖一百，每十頭加一等，罪止杖七十、徒一年半，驢騾減馬牛駝二等一頭笞一十，每三頭加一等。過杖一百，每十頭加一等，罪止杖八十、徒二年。若胎生不及時日［日時］而死者，灰醃看視明白，不坐。若失去賠償，損傷不堪用，減死者一等坐罪，其死損數目，並不准除。

［纂註］

一百頭爲率，謂大率一百頭論，是即爲一群。而群頭群副，即管牧一群之頭目也。此謂凡牧養係官馬牛駝騾驢羊等畜，並以一百頭爲率。若每等一百頭内，有倒死者、損傷者、失去者，各要從實報官，欲憑坐罪賠償也。故以死者言，則六畜皆有皮張，而馬之鬃尾、牛之角觔，並須即時入官。其管牧之群頭群副，於一百頭内，每馬牛駝有死一頭者，各笞三十，每三頭加一等，至二十二頭，該杖一百。過此則每十頭加一等，至三十二頭，方加入杖六十、徒一年。至七十二頭之上，罪止杖一百、徒三年。羊死者，減馬死罪三等，則四頭減盡無科。四頭笞一十，每三頭加一等，至三十一頭，杖一百。過此每十頭加一等，五十一頭之上，罪止杖七十、徒一年半。驢騾死者，減馬牛駝死罪二等，至二十八頭，杖一百。過此每十頭加一等，至五十八頭之上，罪止杖八十、徒二年。若馬牛駝騾驢羊，有胎生不及時日而殰死者，灰醃送官，看視明白，不坐以罪。若六畜有失去，而賠償還官，與損傷而不堪承用者，各減本畜倒死之罪一等。馬牛駝失損一頭者，笞二十，每三頭加一等。過杖一百，每十頭加一等，罪止杖九十、徒二年半。羊失損四頭者，減盡無科，至七頭笞一十，亦每三頭加一等，罪止杖六十、徒一年。騾驢失損一頭者，減盡無科，至四頭者，笞一十，亦每三頭加一等。過杖一百，亦每十頭加一等，罪止杖九十、徒二年半。其馬牛駝騾驢羊死損數目，並令買補還官，不准除豁。蓋失去既云賠償，則必不准除，死損者不准除，則必賠償，互文以見之也。

按：此條專言群頭群副，而牧養人户，律文無載，設有犯者，係馬牛駝，問不應事重；係騾驢羊，問不應笞罪，並驗死損失之數，著落賠償。

條例

234－01

［一、］凡太僕寺所屬十四牧監，九十八群，專一提調牧養孳生馬騾驢牛。其養户，俱係近京民人，或五户十户共養一匹。若人户不行用心孳牧，致有虧欠倒死，就便著令買補還官。每歲將上年所生馬駒，起解赴京，調撥本寺。每遇年終比較，或群監官員怠惰，或人户姦頑，致有馬匹瘦損虧欠數多，依律坐罪。

235 孳生馬匹

凡馬户群頭管領騍馬，一百匹爲一群，每年孳生駒一百匹。若一年之内，止有駒八十匹者，笞五十；七十匹者，杖六十。都群所官，不爲用心提調者致孳生不及數，各減三等。太僕寺官，又減都群所官罪二等。

［纂註］

凡太僕寺都群所，各群頭一名，管領係官騍馬，一百匹爲群。每年計該孳生駒一百匹，若一年之内不及其數，止有駒八十匹者，群頭笞五十；止有七十匹者，杖六十。其該管都群所官，則有提調之責，若不爲用心提調，以致孳生不及數者，各減群頭之罪三等。有駒八十匹，笞一十，七十匹笞三十。太僕寺亦有巡視之責，故又減都群官罪二等。有駒八十匹，減盡無科，七十匹笞一十。夫言止有八十匹，笞五十，見有八十匹以上者，不坐罪。不言七十匹以下者之罪，見罪止杖六十也。

按：國初太僕寺所屬，設十四牧監、九十八群，職掌孳生馬牛等畜。至洪武二十八年，革群監官，令有司提調，將馬俱發民間孳牧矣。永樂二十二年，令民養官馬者，二歲納駒一匹。今民間養馬騍駒者，亦如永樂間例也。

條例

235 - 01

［一、］太僕寺少卿二員，一巡視京營及各邊騎操馬匹，一巡視順天府所屬寄牧馬匹。寺丞一十二員，一管順天府所屬寄牧馬匹，其餘分管京衛及保定等府孳牧寄操馬匹。

235 - 02

［一、］凡把總等官，尅減官馬草料者，計贓滿例，發邊衛立功，滿日就彼帶俸。盜賣者，發瞭哨。賣至料豆十石以上者，充軍。管領縱容盜賣，發邊衛立功，滿日就彼帶俸，買者問罪。

236 驗畜產不以實

凡官司相驗分揀相驗其美惡，而分別揀選，以定高下官馬牛駝騾驢，不以美惡之實者，一頭笞四十，每三頭加一等，罪止杖一百。驗羊不以實，減三等。若因驗畜不實而價有增減者，計所增虧官減損民價，坐贓論。入己者，以監守自盜論。各從重科斷。不實罪重，從不實；自盜罪重，從自盜。

［纂註］

相驗分揀是一義，謂相驗其美惡，而分別揀選，以定其高下之等也。不以實，如本美而稱惡，以爲下等，本惡而稱美，以爲高等之類。此蓋泛以官畜產有應該相驗分揀者言，非專爲官司牧買畜產而設。至下文因而價有增減，始及估價值者言耳。謂凡相驗分揀官馬牛駝騾驢，而不以實報官者，一頭笞四十，每三頭加一等。雖至十九頭以上者，罪止杖一百。其驗官羊不以實者，減前罪三等，一頭笞一十，亦每三頭加一等，雖至十九頭以上者，罪止杖七十。若因相驗分揀不實，而致畜產之價有增減者，坐贓論。若因而得所增減之價入己者，以監守自盜，併贓論。凡此須各從其罪之重者科斷，如不實之罪重者，從不實；坐贓之罪重者，從坐贓；自盜之罪重者，從自盜論也。

條例

236－01

一、州縣起解備用馬匹，各要經由該管官驗中起解。若有馬販交通官吏、醫獸人等，兜攬作弊者，問罪，枷號一個月，發邊衛充軍。再犯、累犯者，枷號一個月，發極邊衛分充軍。

236－02

一、大同三路官旗舍人、軍民人等，將不堪馬匹，通同光棍，引赴該管官處，及管軍頭目，收買私馬，詭令伴當人等出名，情囑各守備等官，俵與軍士，通同醫獸作弊，多支官銀者，俱問罪。官旗軍人，調別處極邊衛所，帶俸食糧差操。民並舍餘人等，俱發附近充軍。引領光棍，並作弊醫獸，及詭名伴當人等，各枷號一個月發落。干礙内外官員［各官］，奏請提問。凡受財者，問枉法。係文職，附近充軍；係軍官，立功。出錢人，問行求。無贓，官依囑託聽從，事已施行，杖一百，不在調衛之限。通同多支官銀分受，以常人盜并贓論。

237　養療瘦病畜産不如法

凡養療瘦病官馬牛駝騾驢不如法無論頭數，笞三十。因而致死者，一頭笞四十，每三頭加一等，罪止杖一百。羊減三等。

［纂註］

此條專爲醫獸人役療養係官瘦病之畜而言。凡瘦病馬牛駝騾驢，並須養飼醫療，不如法者，笞三十，不計頭數之多寡也。惟因而致死者，則計頭科罪矣。養療羊不如法者，減三等，自致死之罪減之也。若未致死者，則減無科矣。

238　乘官畜脊破領穿

凡官馬牛駝騾驢，乘駕不如法，而致脊破領穿，瘡圍繞三寸者，笞二十；五寸以上，笞五十。並坐乘駕之人。若牧養瘦者，計百頭爲率，十頭瘦者，牧養人及群頭群副，各笞二十，每十頭加一等，罪止杖一百。羊減三等。典牧所官，各隨所管群頭多少，通計科罪。太僕寺官，各減典牧所官罪三等。

［纂註］

各笞二十，各字指群頭群副。各隨所管與各減典牧，各字承牧養馬牛駝騾驢，及牧養羊者二項而言。此乘官畜者，亦係應乘之人。若不應乘者，則係私借官畜矣。謂凡官馬牛駝騾驢，若乘坐不如法而致脊破，駕用不如法而致領穿，其瘡圍繞三寸者，笞二十，五寸以上者，止於笞五十。若牧養馬牛駝騾驢不如法而致有瘦者，計百頭爲率，十頭瘦者，牧養之人及該管群頭群副，各笞二十，每十頭加一等，至九十頭以上，罪止杖一百。牧養羊瘦者，減三等，二十頭瘦者，則減盡，至三十頭者，方笞一十，亦每十頭加一等，罪止杖九十。典牧所官，各隨所管群頭多少，通計科罪。如管群頭五名，則計馬牛駝騾驢共五百頭爲率，若五十頭瘦者，笞二十，每五十頭加一等，亦罪止杖一百。若羊，亦減三等，一百頭瘦者，則減盡，至一百五十頭者，笞一十，每五十頭加一等，亦罪止杖七十。太僕寺官，又各減典牧所官罪三等。如馬牛駝騾驢瘦一百頭者，則減盡，至一百五十頭，方笞一十，罪止杖一百。羊瘦二百五十頭者，則減盡，至三百頭，方笞一十，罪止笞四十。若典牧所官所管群頭，更有多此者，各當以此類推科罪矣。

條例

238－01

一、下班官軍，將原領馬匹，兑與見操缺馬官軍，領騎喂養。若有擅騎回衛者，問罪，罰馬一匹，解兵部給操。其原領馬匹倒失者，追賠。

239　官馬不調習

凡牧馬之官，聽乘官馬而不調習者，一匹笞二十，每五匹加一等，罪止杖八十。

［纂註］

牧馬之官，如典牧所、牧馬所官。調，如使馳驟疾徐之有節也。夫牧馬之官，官馬聽其乘坐，須常乘以調習之。若馬不調習，則不堪時用。故一匹笞二十，每五匹加一等，罪止杖八十。

240　宰殺馬牛

凡私宰自己馬牛者，杖一百；駝騾驢，杖八十，觔角、皮張入官。誤殺及病死者，不坐。［若病死，而不申官開剥者，笞四十，觔角、皮張入官。］〇若故殺他人馬牛者，杖七十、徒一年半；駝騾驢，杖一百。官畜産同。若計贓重於本罪者，准盜論。［謂故殺他人馬牛，估價計贓，得罪重於杖七十、徒一年半，駝騾驢價計贓得罪重於杖一百者，並准竊盜斷罪。］係官者，准常人盜官物斷罪，並免刺，追價給主。若傷而不死，不堪乘用，及殺豬羊等畜者，計殺傷所減之價，亦准盜論，各追賠所減價錢。完官給主。價不減者，笞三十。［減價，謂馬牛等畜直錢三十貫，殺訖止直錢一十貫，是減二十貫價。損傷不死，止直錢二十貫，是減一十貫價。即以所減價錢計贓，亦准竊盜斷罪。係官者，亦准常人盜官物斷罪之類。仍於犯人名下，追徵所減價錢賠償。價不減者，謂畜産直錢一十貫，雖有殺傷，估價不減，仍直錢一十貫，止笞三十，罪無所賠償。］其誤殺傷者，不坐罪，但追賠減價。〇爲從者故殺傷，各減一等。官物不分首從。〇若故殺緦麻以上親馬牛駝驢騾者，與本主私宰罪同。追價賠主。殺豬羊等畜者，計減價坐贓論，罪止杖八十。其誤殺及故傷者，俱不坐，但各追賠減價。〇若官私畜産，毀食官私之物，因而殺傷者，各減故殺傷三等，追賠所減價。還畜主。畜主賠償所毀食之物。還官主。〇若故放官私畜産，損食官私物者，笞三十。計所食之贓重於本罪者，坐贓論罪止杖一百、徒三年。失防者減二等。各賠所損物。還官主。〇若官畜産失防毀食官物者，止坐其罪，不在賠償之限。〇若畜産欲觸觝踢咬人，登時殺傷者，不坐罪，亦不賠償。兼官私。

［纂註］

第一節，言私宰自己畜産之罪。誤殺者不坐，兼馬牛駝騾驢言。不申報開剝，兼誤殺與病死者言。蓋若者，文殊而會上意也。觔角、皮張入官，通承私宰、誤殺及病死者言。觔角，獨牛有之；皮張，則通馬牛駝騾驢而言也。

第二節，言故殺傷，及誤殺他人畜産之罪。雖人者對己之稱，其實兼官畜産言，觀律註可見。計贓，以生時價計之，與計竊贓同。註云，係官者，准常人盜官物斷罪，亦謂故殺官馬牛，計贓得罪重於杖七十、徒一年半，故殺駝騾驢，計贓得罪重於杖一百者是也。傷而不死，不堪乘用，作一項看，承故殺説來。計減價，亦准盜論，兼官私言。係他人者，准竊盜論。係官者，准常人盜官物論也。價不減，則但笞三十，不追賠，亦不准盜論。此皆自故殺傷者言之也。其誤殺傷者，不分官私，俱不坐罪，但追賠減價而已。

第三節，爲從者各減一等，承故傷他人馬牛以下而言，蓋爲故殺傷者之從也。

第四節，言故殺緦麻以上親畜産之罪。緦麻，凡内外尊卑有服之親皆是。各追賠減價，通承故殺、誤殺及故傷者而言。所殺傷之畜産，俱給親屬。雖故殺，不全追賠者，以其異於他人之物也。

第五節，言官私畜産，毁食官私之物，物主因而殺傷之罪。係畜，則牧養之人即畜主也，各減故殺傷罪三等。如減故殺馬牛，杖七十、徒一年半，則該杖九十；減故殺駝騾驢杖一百，則該杖七十。若計贓重於杖九十者，亦各從其重者論之。減故殺傷而不死，及殺豬羊等畜，計贓價如一貫以下，准盜論，減三等，則笞三十。係官者，准常人盜官物論，則笞四十以上，減加之價；不減者，則減盡無科，於物主名下追賠。所減價給畜主，於畜主名下追賠，所毁食之物，給物主。此不罪畜主者，蓋其畜産已爲人所殺傷，故特原之，止責其賠償而已。

第六節，言故失放官私畜産，損食官私物，而物主不曾殺傷之罪。謂如故放官畜産，損食官私物，故放私畜産，損食官私物，俱笞三十。計贓重于笞三十者，坐贓論。失放官畜，損食官私物，失放私畜，損食官私物者，俱減二等，笞一十。計贓重，亦坐贓論。故者失者，各追所損物，賠物主。

第七節，言若失放官畜産，毁食官物者，則牧養人止坐贓，減二等，笞一十之罪。不計贓，不賠償，故曰不在賠償之限。諸説俱兼故失言，愚見獨承失者言。蓋故放出于有意，雖官畜毁食官物，豈有不賠償之理？此承失者言無疑，細玩上文自見。

第八節，言畜産欲傷人，而登時殺傷者，則人爲重，物爲輕，不坐罪，不賠償，責令畜主領回開剥而已。畜産，兼官私言。

條例

240－01

一、凡宰殺耕牛，并私開圈店，及知情販賣牛隻，與宰殺者，俱問罪，枷號一個月發落。再犯、累犯者，免其枷號，發附近衛充軍。若盜而宰殺，及貨賣者，不分初犯、再犯，枷號一個月，照前發遣。

241　畜産咬踢人

凡馬牛及犬，有觸觝踢咬人，而畜主記號拴繫不如法，若有狂犬不殺者，笞四十。因而殺傷人者，以過失論。各准鬬毆殺傷，收贖給主。若故放令殺傷人者，減鬬毆殺傷一等。親屬有犯者，依尊卑相毆殺傷律。［○］其受雇醫療畜産無制控之術，及無故人自觸之，而被殺傷者，不坐罪。○若故放犬，令殺傷他人畜産者，各笞四十，追賠所減價錢給主。

［纂註］

記號，謂截耳鋸角。不如法，記號不明，拴繫不牢也。故放令殺傷，是放咬踢人，非不拴繫也，觀令字可見。各笞四十，各字指殺與傷言。各減價，詳見殺牛馬條註。此見馬牛及犬有觸觝踢咬人者，必加防制，狂犬必須殺除，恐其殺傷人故也。若有記號不明，拴繫不牢，及有狂犬而不殺者，雖未殺傷人，即笞四十。如因記號拴繫不如法，及不殺而致有殺人傷人者，以過失論，准鬬毆殺傷罪，依律收贖，給付其家。若故意將馬牛及狂犬縱放，令其殺傷人者，則出於有意，減鬬毆殺傷罪一等。若係親屬，亦以尊卑相毆律，減等科斷。若獸醫受雇爲人醫療畜産，而無控制之術，及畜産本無觸觝踢咬之狀，而人無故觸之，致被殺傷者，則與畜主無與，故不坐罪。若故放犬，嗾令殺傷人畜産者，不論殺與傷，各笞四十，追賠所減價錢。

按：畜産因而殺傷尊貴，律無異文，總依凡斷。其故放殺傷尊長卑幼，依相殴條，應加減爲罪。若傷者，仍作他物傷，保辜二十日。並出《唐律疏議》。

242　隱匿孳生官畜産

凡人户等牧養係官馬騾驢等畜，所得孳生，限十日内報官。若限外隱匿不報，計所隱匿之價爲贓准竊盜論。止杖一百、流三千里。因而盜賣，或將不堪孳生抵换者，並以監守自盜論罪。不分首從，併贓至四十兩，雜犯斬。其都群所、太僕寺官知情不舉，與犯人同罪。不知者，俱不坐。買主知情，以故買盜贓科，匿賣抵换之物還官。

［纂註］

等畜，駝牛羊之類。都群所官，原隸太僕寺，非今在外管馬之官。此言群頭群副，牧養係官馬騾驢駝牛羊等畜，其孳生駒犢羔之類，皆國家之利。若十日限外，隱匿不行報官者，則有自利之私，但本物見在，其情猶輕，計其孳生所值之贓，准竊盜論，一百二十貫罪止律，免刺。若因不報而盜賣與人以取財，抵换以圖利者，則其情爲重，並以監守自盜，併贓論，四十貫律斬，係雜犯。其都群所、太僕寺官，知其隱匿、盜賣、抵换之情，而不覺舉者，與犯人同罪，至死減等，不知者不坐。

按：買主知情，依故買盜贓科斷。或以常人盜論，非也。其隱匿、盜賣、抵换孳生等畜，並還官。

條例

242－01

［一、］凡盜賣官馬者，追罰馬二匹。知情和買，牙保、鄰人各罰馬一匹。宰殺及盜賣官驢者，俱照此例。首告，於犯人名下追馬銀三兩，騾二兩，驢一兩充賞。凡巡馬官，每三月一换。

242－02

［一、］凡寄養馬，除年老外，其餘作踐成疾，不堪給軍者，原領人户，追罰銀二兩。盜賣三匹以上者，充軍。知情和買者，民發擺站，

軍發邊方瞭哨。

242－03

［一、］凡印烙馬匹，民馬照舊印左，給軍則印右。如京營邊關，馬無右印，即係盜買民間官馬，追究問罪。

243　私借官畜產

凡監臨官吏主守之人，將係官馬牛駝騾驢，私自借用，或轉借與人，及借之者不論久近多寡，各笞五十，驗計借過日期追雇賃錢入官。若計雇賃錢重於笞五十者，各坐贓論，加一等。雇錢不得過其本價。官畜死，依毀棄官物。在場牽去，依常人盜。

［纂註］

追雇錢，即名例律照依犯時雇工價直爲是。或云依雇人一日，雇錢六十文，非也。此見監臨官吏，及主守人役，掌養馬牛等畜，以備公家之用，得以掌之，不得自私借用，亦不得轉借與人，人亦不得而私借之也。故有犯者，不論久近多寡，即笞五十。驗其所借日數，追雇價之錢入官。若或借數少而日多，或借數多而日少，計其工價之錢，重於笞五十者，則以坐贓論，加一等科斷。如借馬一匹，計三十日，每日該雇錢價五貫，共該一百五十貫，坐贓論，該杖六十、徒一年，是重於笞五十矣，則加坐贓一等，杖七十、徒一年半。餘可類推。其雇賃驗數雖多，不得過畜產本價。

按：借所部馬牛，見求索條。

［備考］

一、借官畜產而死者，依棄毀器物，係官者論。若在場公然牽去者，依常人盜論。

條例

243－01

一、在京坐營管操內外官，并把總以下官，若將馬匹私占騎用，及撥與人騎坐，至五匹者，降一級；六匹以上，降二級。其各邊分守、守備、把總、管隊等官，將騎操并驛傳走遞官馬，擅撥與人騎坐，及私用伺候等項，亦照前例問擬。

243－02

一、官軍將所領官馬，耕田走驛，馱載物件，及雇與人騎坐，問罪，俱罰馬一匹。

244　公使人等索借馬匹

凡公使人等，承差經過去處除應付脚力外，索借有司官馬匹騎坐者，杖六十；驢騾，笞五十。官吏應付者，各減一等，罪坐所由應付之人。

［纂註］

罪坐所由，謂同僚官吏内，係主意應付之人爲坐。蓋公使人等，承差遣經過去處，其應給驛者，自有本衙門應付脚力，而又索借係官有司馬匹騎坐者，是額外多取，杖六十。索借騾驢者，非馬匹之比，笞五十。當該官司，聽行應付者，各減一等，與馬匹，笞五十；騾驢，笞四十。罪坐所由，不泛及同僚官吏。

大清律集解附例卷之十七

兵律　郵驛

245　遞送公文三條。

凡舖兵遞送公文，晝夜須行三百里，稽留三刻，笞二十，每三刻加一等，罪止笞五十。其公文到舖，不問角數多少，舖司須要隨即附曆遣兵遞送，不許等待後來文書，違者，舖司笞二十。

凡舖兵遞送公文，若磨擦及破壞封皮，不動原封者，一角笞二十，每三角加一等，罪止杖六十。若損壞公文不動原封者，一角笞四十，每二角加一等，罪止杖八十。若沉匿公文，及拆動原封者，一角杖六十，每一角加一等，罪止杖一百。若事干軍情機密文書與漏泄不同，不拘角數，即杖一百。有所規避而沉拆者，各從重論。規避罪重，從規避；沉拆罪重，問沉拆。其舖司不告舉者，與犯人同罪。若已告舉，而所在官司不即受理施行者，各減犯人罪二等。

凡各縣舖長，專一於概管舖分，往來巡視。提調官吏，每月一次，親臨各舖刷勘。若有姦弊失於檢舉者，通計公文稽留，及磨擦破壞封皮，不動原封，十件以上，舖長笞四十，提調、吏典笞三十，官笞二十。若損壞及沉匿公文，若拆動原封者，舖長與舖兵同罪，提調、吏典減一等，官又減一等。府州提調官吏失於檢舉者，各遞減一等。

［纂註］

十里有舖，以遞送公文，謂之急遞舖，設舖兵以走遞，設舖司以總管。府州縣額設司吏一名，往來巡視諸舖，謂之舖長。沉匿，謂沉没藏匿也。軍情機密，只承沉匿拆封一邊，觀即字可見。舖司不告舉以下，通承磨擦等項言。府州縣提調官吏，遞減一等，謂州官吏減縣官吏、府官吏減州官吏各一等也。若縣不隸州，則府官吏止准見設減縣一等。此見國家置舖，專以遞送文書，晝夜兼行，欲其速達而無滯也。若公文已經入遞，而在途延緩有違，則稽留之罪在舖兵，計刻論笞，罪止笞五十。若已經到舖，不即附曆遣令舖兵遞送，則稽留之罪在舖司，坐笞二十。各舖兵將所送公文封皮磨擦及破壞，而原封不動者，其情尤輕。若將公文損壞者，其情稍重，然止是失於謹慎，故皆計角論笞，或罪止杖六十，或罪止杖八十。若將公文沉匿，則非特損壞而已；原封拆動，則不特破壞而已，故計角論杖，罪止杖一百。此皆以常事言。若所沉匿拆動文書，事干軍情機密者，則不論角數多少，即以杖一百之罪坐之。此特以無規避言。若有所規避，而沉匿拆動者，則不論常事，及軍情機密，各從其事之重者科斷。其磨擦破壞封皮，損壞沉匿文書，拆動原封，而舖司不告舉者，或笞，或杖，或從重，各與犯人同罪。若已告舉，而所在官司，不即與之受理施行者，各減犯人罪二等，亦通磨擦以下而言。其縣舖長，以巡視概管舖分爲責；縣提調官吏，以每月親臨各舖刷勘爲責，若有前項稽留，及擦損破壞封皮十件以上不覺舉者，舖長笞四十，提調吏笞三十，官笞二十。若損壞及沉匿拆動文書，不覺舉者，舖長與兵同罪；損壞，亦罪止杖八十。沉匿拆動，及干軍機，亦杖一百。提調減舖長一等，官減吏一等。曰十件以上，則不及數者不坐矣。府州縣官吏，亦各有提調之責，若有稽留磨擦等項，而不覺舉，各遞減縣官吏一等。或云舖長以下，不言機密者，非是。蓋機密文書，是律於沉匿拆動中，摘出其罪應重者言之。今泛言沉匿拆動，與鋪兵同罪，則軍情之事，亦在其中矣。

按：吏律私開官司文書印封看視，事干軍情重者，以泄漏論。此拆動軍機文書，止杖一百，蓋彼以常人先知有機密文書，因而私開看視者言之，此自鋪兵先因拆動，而後見是軍情機密事者言之。其情異，故其罪亦不同耳。然此云有所規避者從重論，則亦未始拘於杖一百也。

條例

245－01

一、無印信文字，不許入遞。

245－02

一、各鋪司兵，若有無籍之徒，不容正身應當，用强包攬，多取工錢，致將公文稽遲沉匿等項，問罪，旗軍發邊衛，民并軍丁人等，發附近，俱充軍。其提調官、該吏、鋪長，各治以罪。

246　邀取實封公文

凡在外大小各衙門官，但有入遞進呈，實封公文至御前下司被上司非理凌虐，亦許具實封奏，而上司官令人於中途急遞鋪邀截取回者，不拘遠近，從本鋪鋪司、鋪兵，赴所在官司告舉，隨即申呈上司，轉達該部，追究邀截之情得實，斬監候。邀截進［賀］表文，比例。其鋪司鋪兵容隱不告舉者，各杖一百。若已告舉，而所在官司不即受理施行者，罪亦如之。○若邀取實封至［五軍都督府］六部、察院公文者，各減二等。下司畏上司劾奏而邀取者，比此。

［纂註］

上司，凡軍民衙門相統屬者皆是。該部，如選法、錢糧、制度屬吏、户、禮，軍馬、刑名、工作屬兵、刑、工之類。或謂專指兵部，大泥。各減二等，通指上司鋪兵，及所在官司而言。爲從及聽使之人，各減一等。此見下情上達，全憑公文，邀截取回，實爲壅蔽。故在外大小衙門官，入遞實封公文，進呈御前，而上司官令人於中途舖内邀截取回者，從本舖司兵，赴所在官司舉告，申呈上司，轉達該管部分，追究得實，主意爲首者斬，秋後處決，爲從者杖一百、流三千里。若該舖司兵容隱而不告舉，或雖告舉，而所在官司不受理者，皆杖一百。若實封至督府部院公文，則與進呈御前者有間，故邀取之罪得減二等，上司爲首者，杖一百、徒三年；爲從者，杖九十、徒二年半。該舖司兵不舉告，所在官司不受理，杖八十，故曰各減二等。

［備考］

一、下司邀取上司公文，律無異文，有犯比附上司邀截律奏請。

一、邀截進賀表文，比依上司邀截進呈實封論。

247　舖舍損壞

凡急遞舖舍損壞，不爲修理，什物不完，舖兵數少，不爲補置，及令老弱之人當役者，舖長笞五十，有司提調官吏，各笞四十。

［纂註］

按：每舖設舖兵四名，舖司一名，須要少壯正身。每舖什物，十二時辰轉子一個，及燈燭、夾板、油絹、回曆之類，詳見《大明令》。蓋舖舍損壞，則司兵無所居，什物不完，則應用無其具，舖兵數少，則走遞無其人，而老弱之人，則力不能以供其事，此皆舖長之罪，而有司與有責焉。故舖長笞五十，提調官吏，各笞四十。

條例

247－01

一、急遞舖，每一十五里設置一所。每舖設舖兵四名，舖司一名，於附近有丁力糧近一石之上、二石之下者點充。須要少壯正身，與免雜泛差役。每舖置備各項什物，十二時輪日晷牌子一個，紅綽屑一座，并牌額舖曆二本。上司行下一本，各府申上一本。遇夜，常明燈燭。舖兵每名合備什物，夾板一副，鈴攀一副，纓鎗一副，油絹三尺，軟絹包袱一條，箬帽、蓑衣各一件，紅悶棍一條，回曆一本。

248　私役舖兵

凡各衙門一應公差人員，於經過所在不許差使舖兵挑送官物，及私己行李，違者笞四十。每名計一日，追雇工銀八分五釐五毫［錢六十文］入官公用。

［纂註］

舖兵之設，專以遞送公文，而差使供役，必致妨誤，故凡各衙門，一應公差人員，如有差使舖兵挑送官物，及私己行李者，笞四十。每役一名，計一日追雇工錢六十文入官。

按：舊云，設若公差人員出雇工錢與舖兵，雖是雇工名色，終是買求，合追入官，仍將舖兵問不應笞罪。

249　驛使稽程

凡出使馳驛違限，常事一日笞二十，每三日加一等，罪止杖六十。軍情重事，加三等。因而失誤軍機者，斬監候。若各驛官，故將好馬藏匿，及推故不即應付，以致違限者，對問明白，即以前應得笞杖斬罪坐驛官。其遇水漲路道，阻礙經行者，不坐。〇若驛使承受官司文書，誤不依原行題寫所在公幹去處，錯去他所，而違限者，減二等。四日笞一十，每三日加一等，罪止笞四十。事干軍務者，不減。若由原行公文題寫錯以致誤往他處而違限者，罪坐題寫之人，驛使不坐。

［纂註］

出使馳驛，謂奉使之人應馳驛者也。常事，重事，即出使之事。事干軍務不減，兼失誤斬罪而言。蓋事有定限，驛有常程，若出使馳驛，而惰慢延緩，過違期限，即爲稽程。但事有輕重，在常事則計日決笞罪，止杖六十；軍情重事，則加常事三等，罪止杖九十。因稽程而失誤軍機，致陷城損軍者，斬。若各驛官，故將好馬藏匿，推託他故，不即應付，以致違限者，則非驛使之罪也。對問明白，前項應得笞杖斬罪，並坐驛官。其所經之處，或遇水漲路没，阻礙難行，因而違限者，亦非其罪也，照勘明白不坐。若驛使承受官司文書，誤不依文書上題寫去處，錯去他所，展轉路程，以致違限者，則事出於誤，與怠緩故違者不同，故減二等，常事一日笞二十，罪止笞四十。其事干軍務者不減，仍前加三等科之，罪止杖九十，失誤亦斬。若由原行文書題寫差錯，以致誤往他處而違限者，前項罪名，衹罪原行衙門題寫之人，驛使不坐。

條例

249－01

一、順治三年五月十五日，欽奉上傳：凡滿洲官奉差往還，及在外緊急軍情齎奏，沿途經過地方，有司驛站等衙門，務要照依勘合火牌、糧單，即時應付馬匹，併廪給口糧。公所如或違玩稽遲，許差官據實奏聞，定將本地方官，併經管衙門員役，按其事體輕重，分别究治。雖本地方官公出，亦係平日怠玩，不能預飭，必不姑恕。著兵部傳諭行。欽此。

249－02

一、各王府公差人員，但係尋常事務，及各王禮節往來，不許馳驛，有擅應付，及假以軍情爲由馳驛者，處死。

249－03

一、各處水馬驛遞，運所夫役，巡檢司弓兵，若有用强包攬，不容正身著役，多取工錢害人，攪擾衙門者，問罪，旗軍調發邊衛，民并軍丁人等發附近，俱充軍。其官吏通同縱容者，各治以違制罪。若不曾用强，多取工錢者，不在此例。多取工錢，問求索，計贓依不枉法論。

249－04

一、［南北］直隸、江南、山東等處，各屬馬驛，僉到馬頭，情願雇募土民代役者，聽。若用强包攬者，問罪，旗軍發邊衛，民并軍丁人等發附近，俱充軍。其有光棍交通包攬之徒，將正身姓名，揑寫虛約，投託官豪勳戚之家，前去原籍，妄拿正身家屬，逼勒取財者，所在官司，應提問者提問，應奏請者，將人員羈留，奏請提問，俱照前例充軍。該管官司，坐視縱容者，參究治罪。光棍妄拿逼勒，問恐嚇詐欺罪律，餘同上。

249－05

一、會同館夫，供役三年，轉發該管官司，收當民差，另僉解補，不許過役更易姓名，揑故僉補，違者，官吏一體坐違制罪。若五年以上不行替役，及近館無籍軍民人等，用强攬當者，俱問發邊衛充軍。

250　多乘驛馬

凡出使人員，應乘驛船驛馬，數外多乘，一船一馬者，杖八十，每一船一馬加一等。若應乘驢而乘馬，及應乘中等、下等馬，而勒要上等馬者，杖七十。因而毆傷驛官者，各加一等。至折齒以上，依鬬毆論。若驛官容情應付者，各減犯人罪一等。其應乘上等馬，而驛官却與中等、下等馬者，罪坐驛官。本驛如無上等馬者，勿論。〇若出使人員枉道馳驛，及經驛不換船馬者，杖六十。因而走死驛馬者加一等，追償馬匹，還官。〇其事非警急，不曾枉道，而走死驛馬者，償而不坐。〇若軍情警急，及前驛無船馬倒換者，不坐不償。亦究不倒換緣由。

［纂註］

一船一馬，謂但有多乘者即坐，非兼乘也。毆傷各加一等，兼上二項言。不由當行之路，曰枉道。事非警急，對下軍情警急言。末節只承倒死馬匹一邊，《疏議》說是。蓋出使人員，水路則乘船，陸路則乘馬，與夫應乘驢馬，及上中下馬匹，皆有原來定規，在使人不得多乘勒要，在驛官不得容情應付。若使［人］數外多乘船馬，或應驢而乘馬，及應乘中下馬而要上等馬者，皆乘所不當乘，而爲驛遞之害，故或杖八十，或杖七十，或計船馬加等。因而打傷驛官者，比之多乘勒要之情爲尤重，各於所犯本罪上加一等坐之。若驛官容情應付者，其間容有不得已之情，比多乘勒要之人爲稍輕，故減犯人罪一等坐之。其有應乘上等馬，而故與中下等馬者，則反坐驛官，杖七十。如該驛原無上馬者，勿論。若枉道馳驛，及經驛而不倒换船馬者，是適己自便，而不恤勞傷於物，杖六十。若因枉道及不倒换，而馳死驛馬者，加一等，杖七十，追馬還官。若事非警急，不曾枉道，致馬倒死者，是馳驟太過，而非枉道致之也，故止令償馬，而不坐罪。若事干軍情警急，則勢不容緩，及雖常事，前驛無馬，則無可倒换，因而馳死驛馬者，則非其得已也，故人不坐罪，馬不追償。

按：毆驛官傷重至折齒以上，依鬭毆法論。

條例

250－01

一、凡指稱勳戚文武大臣近侍官員姻黨、族屬、家人名目，虚張聲勢，擾害經過軍衛有司驛遞衙門，占宿公館，索取人夫、馬匹、車輛、財物等項，及奸徒詐稱勢要衙門，乘坐黑樓等船隻，懸掛牌面，希圖免税，誆騙違法者，徒罪以上，俱於所犯地方枷號一個月，發邊衛充軍；杖罪以下，枷號一個月發落。索取財物，問求索。希圖免税，問匿税。誆騙違法，問詐稱見任官家人，於所部内得財。

251　多支廪給

凡出使人員，多支領廪給者，計贓以不枉法論。分有禄、無禄。當該官吏與者，减一等。强取者，以枉法論，官吏不坐。多支口糧比此。

［纂註］

按：廪給，舊例經過三升，宿頓五升。今例經過二升，公幹去處仍舊。此見出使人員，應支廪給，皆有常數。若額分外多支，是亦贓也。但其間有和取、强取不同，和取者計贓以不枉法論，有禄人一百二十貫，無禄人減一等。一百二十貫之上，各罪止杖一百、流三千里，各主折半科罪。當該官吏，聽行多與者，減犯人罪一等，惡其容情也。强取者，則計贓以枉法論，有禄人八十貫，無禄人減一等。一百二十貫，各絞，各主通算全科。當該官吏與者不坐，恕其不得已矣。

條例

251－01

一、各處地方，如遇外國［夷］人入貢，經過驛遞，即便查照勘合應付，不許容令買賣，連日支應，違者重治。若街市舖行人等，私與外國［夷］人交通買賣者，貨物入官，犯人問罪，枷號一個月發落。貨物若不係違禁，引違制。若係禁貨，引爲外國收買違禁貨物例，發邊衛充軍。

252　文書應給驛而不給

凡朝廷調遣軍馬，及報警急軍務至邊將，若邊將及各衙門，飛報軍情，詣朝廷實封文書，故不遣使給驛而入遞者，杖一百。因而失誤軍機者，斬監候。〇若進賀表箋，及賑救饑荒，申報災異，取索軍需之類重事，故不遣使給驛者，杖八十。失誤軍機，仍從重論。若常事不應給驛，而故給驛者，笞四十。

［纂註］

給驛者，謂給符驗，馳驛親齎者也。各衙門，在外都布按，凡軍民衙門皆是。常事，對上重事言，重事給驛，常事入遞也。此見事莫重于調遣軍馬，及警急軍務，飛報軍情，必遣使給驛者，欲其速達也。前項文書，或自朝廷而達于邊方，或自邊方各衙門而達于朝廷，關係至大。若應給驛而不遣使給驛者，杖一百。因不給驛以致失誤軍機者，斬。若進賀表箋，及賑救饑荒，申報災異，取索軍需之類，一應重事，視軍機有間，不遣使給驛者，杖八十。若官司常行之事，應合入遞，而故行遣使給驛者，笞四十。

253 公事應行稽程

凡公事有應起解官物、囚徒、畜産，差人管送，而輒稽留，及一切公事有期限而違者，一日笞二十，每三日加一等，罪止笞五十。若起解軍需，隨征供給，而管送兼稽留違限者，各加二等，罪止杖一百。以致臨敵缺乏，失誤軍機者，斬監候。若承差人誤不依題寫去處，錯去他所，以致違限者，減本罪二等。事干軍務者，不減。或笞，或杖，或斬，照前科罪。若由公文題寫錯而違限者，罪坐題寫之人，承差人不坐。

［纂註］

事有期限，事字泛指凡事，而上項事亦在其中。各加二等，各字指稽留及違限二項。減二等，以加二等例之，至四日皆不坐罪，至七日笞二十，如《疏議》説是。此見承差不可稽留，期限不可過違，故凡各衙門公事，有應起解係干錢糧等物，或流徒等囚，或牛馬等畜，而承差管解之人，無故而輒自稽留不去，及一應事務官司，原有定限，而故違之者，皆屬怠玩，計日決笞，罪止笞五十。若起解成造軍需，隨征錢糧供給，又非尋常錢糧畜産之比，而管送之人，有稽留不去，及違限者，各加一等，計日決笞，罪止杖一百。此皆以不誤事者言。若因不去及違限，以致軍需供給，臨敵缺乏，失誤軍機者，斬。若承差之人，失誤不依公文上題寫去處，錯往他所，展轉路程，而違限者，非故違者之比，減二等，至七日笞二十，罪止笞三十。若事干軍務者，或笞或斬，照前科罪，不在減等之限。若由公文錯寫，以致轉展他處而違限者，則題寫者之過也，或笞，或杖，或斬，即以其罪罪之，承差人不坐。

條例

253－01

一、各處有司，起解逃軍，并軍丁及充軍人犯，量地遠近，定立程限，責令管送。若長解縱容在家，遷延不即起程，違限一年之上者，解人發附近，正犯原係附近，發邊衛；原係邊衛，發極邊衛分，各充軍。

254　占宿驛舍上房

凡公差人員，出外幹辦公事，占宿驛舍正廳上房者，笞五十。廳房待品官上客。

［纂註］

承差人員，指在京員役，故曰出外，解見公差人員欺凌長官條。此見正廳上房，以待品官上客。若公差人員，承遣在外幹辦公事，經過驛舍，占宿正廳上房者，是爲越理犯分，笞五十。

255　乘驛馬齎私物

凡出使人員，應乘驛馬，除隨身衣服器仗外，齎帶私物者，十斤杖六十，每十斤加一等，罪止杖一百。驛驢，減一等。所帶私物入官。致死驛馬者，依本律。

［纂註］

應乘驛馬，謂出使給頒符驗馳驛者也。衣謂衣服，仗謂弓矢器仗之類，皆隨身應帶之物。蓋出使人員，雖得乘坐驛馬，若衣仗外齎帶私物，必致妨損驛馬，故計斤數定罪。如所乘者馬，則十斤杖六十，罪止杖一百；所乘者驢，則減一等，罪止杖九十。前項私物，追沒入官。

256　私役民夫擡轎

凡各衙門官吏，及出使人員，役使人民擡轎者，杖六十。有司應付者，減一等。若豪富庶民之家，役使謂不給雇錢而勢使之也佃客擡轎者，罪亦如之。每名計一日，追給雇工銀八分五釐五毫［錢六十文］。〇其民間婦女，若老病之人，及出錢雇工者，不在此限。

［纂註］

人民，非在官之人。佃客，佃種田地之人也。追雇工錢，總上官吏人員，豪富私役者言。蓋各衙門官吏出入，其脚力自有常例，而出使人員，亦有應乘驛馬，若役使人抬轎者，是爲越分勞民，故杖六十。所在有司，聽應付者，減一等，笞五十。若豪富之人，役使佃客抬轎，雖勢有相關，而分非所宜，故罪亦如役民人者，杖六十。其所役民人佃客，每名一日，追給工錢六十文。其民間婦女，若老病之不能自行，或雖非婦女老病之人，自出錢雇人抬轎者，不問民人佃客，俱不在禁限之内。

257　病故官家屬還鄉

凡軍民官在任以理病故，家屬無力，不能還鄉者，所在官司差人管領，應付車船、夫馬脚力，隨程驗所有家口，官給行糧，遞送還鄉，違而不送者，杖六十。

［纂註］

以理病故，如以理去官之云，非犯刑罪，而卒於任所者也。脚力，謂人夫馬匹。此見凡軍民衙門官員，見在任所，以理病故，既有可憫之情，所遺家屬，不能還鄉，又有當周之義。所在官司，必須差人管領，應付人夫馬匹，隨程驗口，給與行糧，遞送還鄉。蓋念其效勞於生前，而體恤於没後者如此。若有違而不送者，則失朝廷厚臣之意，故杖六十。

258　承差轉雇寄人

凡承差起解官物、囚徒、畜産，不親管送，而雇人寄人代領送者，杖六十。因而損失官物、畜産，及失囚者，依本律各從重論。損失重，問損失，輕則仍科雇寄。受寄受雇人，各減承差人一等。○其同差人自相替者、放者，各笞四十。取財者承替、取放者，貼解之物計贓以不枉法論。若事有損失者，亦依損失官物及失囚律追斷，不在減等之限。若侵欺故縱，各依本律。替者有犯，管送人不知情，不坐。

［纂註］

前段受雇寄，係常人，後段替放，則同差之人也。損失官物，見户律轉解官物條。失囚，見刑律不覺失囚條。追斷，謂追其損失等物還官，而斷以應得罪名也。此見官司起解一應官物、囚徒、畜産，既以承受差遣，必須親行管送。若承差之人，雇倩他人，或轉寄與人，代替領送者，杖六十。因而損壞遺失官物畜産，及失囚者，依律各從其重者論罪。謂損失重者，以損失科之，輕則仍以雇寄科之。損失重者，如起運官物，安置不如法，致有損失者，坐贓論，罪止杖一百、徒三年。不覺失囚者，一名杖六十，罪止杖一百。其受雇寄之人，代其領送，及有所損失者，各減承差之人一等。承差之人，以損失科罪，受寄雇者，亦自損失之罪減之。若同承差遣，起解官物、囚徒、畜産之人，自相替放，其替者及放者，各笞四十。如承替之人私取放者貼解之財，則計贓以不枉法論。若事有損失者，亦依損失官物，及失囚律，與放者一體追斷，不在減等之限，以其均有受差遣之責，與雇寄常人不同也。不言畜産者，統在官物中也。凡雇寄替放，而有所損失，著落均賠，其囚徒亦責限同捕。若侵欺故縱，各依律科罪。其不親管送，不知侵欺故縱之情，仍以損失科斷。

259　乘官畜産車船附私物

凡因公差，應乘官馬牛駝騾驢者各衙門自撥官馬，不得馳驛而行者，除隨身衣仗外，私馱物不得過十斤，違者五斤笞一十，每十斤加一等，罪止杖六十。不在乘驛馬之條。〇其乘船車者，私載物不得過三十斤，違者十斤笞一十，每二十斤加一等，罪止杖七十。家人隨從者，［皆］不坐。若受寄私載他人物者，寄物之人同罪。其物並入官。當該官司，知而容縱者，與同罪，不知者不坐。若應合遞運家小如陣亡病故官軍，及軍民官在任，以理病故者雖有私帶物件，不在此限。

［纂註］

不得過十斤，謂附帶私物十斤不坐，至十斤外，多五斤，乃笞五十也。車船載私物，不得過三十斤，亦然。註云，不在乘驛馬之條，謂本條所載，非指乘驛馬者。如扈從車駕，關撥頭匹，皆不許多帶私物之類。家人隨從者不坐，謂罪止公差之人，不及其家人也。當該官司，通承上言。應合遞運家小，如陣亡病故官軍，及軍民官在任以理病故家屬之類。此見官司馬牛駝騾驢，與官車船，皆以給公差之往來，非馱載私物者也。若公使人等，承衙門公務差遣，應乘馬牛等畜者，除隨身衣服器仗之外，或有齎私物，不得過十斤，其乘官車船者，私載物不得過三十斤，過此均謂之違。故皆計斤數科罪，一則止杖六十，一則罪止杖七十，家人隨從者皆不坐，承差人當之，不濫及也。若乘船車，而受他人寄附，私載物貨者，寄物之人與受寄人同罪，亦計斤數，蒙上而言，省文耳。所帶人之私物，並追入官。當該官司，知其自帶之情，而縱容不舉者，與前項受寄之人同罪，不知者不坐。若應合遞運家小者，雖有私帶不論，故曰不在此限。

條例

259－01

一、運軍土宜，每船許帶六十石，沿途過淺盤剥，責令旗軍自備脚價，例外多帶者，照數入官。監兑、糧儲等官，水次先行搜檢，督押司道，及府佐官員，沿途稽查。經過儀真，聽儹運御史盤詰；淮安、天津，聽理刑主事、兵備道盤詰。經盤官員，狥情賣法，一并參治。其餘衙門，俱免投文盤詰。多帶問違制。狥情賣法，問聽從囑託，事已施行。受財問枉法，出錢之人問行求。

259－02

一、漕運船隻，除運軍自帶土宜貨物外，若附搭客商勢要人等酒麯、糯米、花草，竹木板片，器皿貨物者，將本船運軍并附載人員，參問發落，貨物入官。其把總等官有犯，降一級，回衛，帶俸差操。民運船不在此例。運軍併附載人員依違制。運軍與把總等官有贓，問枉法；無贓，止問違制。

259－03

一、黄船附搭客貨，及夾帶私物者，小甲客商人等，俱問發極邊衛分，永遠充軍，貨物入官。若客商人等，止是空身附搭者，亦連小甲，俱發附近充軍。其馬快船隻，附搭客貨，及夾帶私物者，小甲客商人等，俱發邊［口］外充軍，貨物亦入官。若客商人等，止是空身附搭者，照常發落。

259－04

一、沿河一帶，省親省祭，丁憂起復，并陞除外任，及内外公差官員，若有乘坐馬快船隻一事，興販私鹽二事，起撥人夫三事，并帶去無籍之徒，辱罵鎖綁官吏，勒要銀兩者，巡撫、巡按、巡河、巡鹽、管河、管閘等官，就便拿問，干礙應奏官員，奏請提問。其軍衛有司，驛遞衙門，若有懼勢應付者，參究治罪。三事不備，不引此例。止犯一事，依本律論。

260　私借驛馬

凡驛官將驛馬私自借用，或轉借與人，及借之者，各杖八十。驛驢減一等。驗計日追雇賃錢入官。若計雇賃錢重於私借之罪者，各坐贓論，加二等。

［纂註］

馬曰驛馬，驢曰驛驢，皆官司以待公差人員，不得私相爲用。若驛官私自借用，或轉借與人，及借之者，則其罪一矣。所借者馬，杖八十；所借者驢，減一等，杖七十。皆驗日數，照犯時追收賃錢入官。若計賃錢重於杖八十、七十者，或馬或驢，各坐贓論，加等。

大清律集解附例卷之十八

刑律　賊盗

261　謀反大逆

凡謀反不利於國，謂謀危社稷及大逆不利於君，謂謀毀宗廟山陵及宫闕，但共謀者，不分首從已未行，皆凌遲處死。正犯之祖父、父、子、孫、兄弟，及同居之人如本族無服親屬，及外祖父母、妻父、女壻之類，不分異姓正犯期親，及伯叔父、兄弟之子，不限籍已未析居之同異，男年十六以上，不論篤疾、廢疾，皆斬。其男十五以下，及正犯母女、妻妾、姊妹，若子之妻妾，給付功臣之家爲奴，正犯財産入官。若女兼姊妹許嫁已定，歸其夫。正犯子孫過房與人，及正犯之聘妻未成者，俱不追坐。下條准此。上止坐正犯兄弟之子，不及其孫，餘律文不載，并不得株連。知情故縱隱藏者，斬。有能捕獲正犯者，民授以民官，軍授以軍職量功授職，仍將犯人財産全給充賞。知而首告，官爲捕獲者，止給財産。雖無故縱，但不首者，杖一百、流三千里。未行，而親屬告捕到官，正犯與緣坐人俱同自首免。已行，惟正犯不免，餘免。非親屬首捕，雖未行，仍依律坐。

[纂註]

謀反大逆，解見名例律。不分異姓，謂同居之人，如本宗無服親屬，及外祖、外孫、妻父、女壻之類，至奴婢、雇工人，凡同居者皆坐。不限籍之同異，謂不分同籍異籍，各居期親之伯叔皆坐。年十六以上，謂自此至老皆斬，即名例九十以上犯反逆者不用此律是也。財產，乃共謀人自家者，其分居兄弟，俱不籍没。下條倣此，指女許嫁以下而言也。知情二字，直貫下故縱四字，謂知其反逆之情，而故縱其事，藏匿其人也。此言謀危社稷，及謀毁宗廟山陵宫闕，以行篡奪之禍者，罪大惡極，故不分首從，皆凌遲處死。其至親，則祖父、父、子孫、兄弟；其同居，則不分同姓異姓；其親，則伯叔及兄弟之子，不分同籍異籍，但年十六以上，不論篤疾廢疾，皆斬。稱祖父，則曾高同；稱孫，則曾玄同。不限姓者，其居同；不限籍者，其親同。男子十五以下，及母女、妻妾、姊妹，若子之妻妾，皆給付功臣之家爲奴，家財產業入官。不言謀而未行者，但謀即坐，與下條不同也。若女已許嫁而未過門，子孫曾過房與人爲後，而不知謀情，或已聘之妻而未成婚者，皆爲外人，不在皆斬、爲奴之律。此皆指不共謀者言。然但言兄弟之子，而不言兄弟之孫，言母及子之妻妾，而不言祖孫、伯叔父、兄弟姪之妻妾，言伯叔，而不言姑，則俱不連坐可知矣。既曰女許嫁，歸其夫，則姊妹緣坐者，亦以在室者言，出嫁與許嫁者，亦不追坐矣。言女許嫁，而不及姊妹者，在室之通稱，姊妹兼之矣。若知其叛逆之情而故縱之，及隱蔽而藏匿之者，則與之同惡矣，故斬。此又言黨惡之誅。有能捕獲其人送官者，民授民官，軍授軍職，仍將犯人家產全給充賞。不言品級者，臨時奏裁也。知而首告，官爲捕獲者，止與財產。若知而不首者，雖無故縱之情，亦杖一百、流三千里。此又廣首捕之門。

按：名例註，謀反逆叛未行，而親屬首告，或捕送到官者，其正犯人俱同自首免罪。若非親屬首告，雖未行，亦依律坐罪，不在未行減等之限。又按：《律解》云，丈人謀反，女壻窩藏者，依知情隱藏斬。子孫爲僧道，及女爲僧尼女冠者，亦不追坐。

262 謀叛

凡謀叛謂謀背本國，潛從他國，但共謀者，不分首從，皆斬，妻妾、子女給付功臣之家爲奴姊妹不坐，財產並入官。父母、祖孫、兄弟餘俱不坐，不限籍之同異，皆流二千里安置。知情故縱隱藏者，絞。有能告捕者，將犯人財產全給充賞。知已行而不首者，杖一百、流三千里。若謀而未行，爲首者絞，爲從者不分多少皆杖一百、流三千里。知未行而不首者，杖一百、徒三年。未行則事尚隱秘，故不言故縱隱藏。〇若逃避山澤，不服追喚者或避差，或犯罪，負固不服，非暫逃比，以謀叛未行論。依前分首從。其拒敵官兵者，以謀叛已行論。依前不分首從律。以上二條，未行時，事屬隱秘，須審實乃坐。

［纂註］

上言財產入官，而此言並入官者，蓋此爲奴之家口，與反逆異，而應没之財產，仍與反逆者，皆全入官，故曰並入。逃避山澤，乃負恃險固之勢，而不服拘喚，非暫時逃避者。此條前一節言謀叛之罪，後一節言逃叛之罪，而謀叛之中，又分已行未行，蓋罪莫重於反逆，而謀叛次之，故罪亦差異。已行者，其本犯與緣坐之家屬，及知情故縱隱匿，知而不首者，俱減一等。捕告者，止是一體充賞，不與官職。惟應没之家產，亦全入官；許嫁之女，與過房之子孫，已聘未成婚之妻，亦俱不追坐，與上條同。其謀而未行者，與已行者，又爲有間，證狀明白，則爲首者絞，爲從者不論衆寡，皆杖一百、流三千里，家口不緣坐，財產不入官。知而不首者，杖一百、徒三年。若軍民人等，有錢糧差役罪名等故耳，逃避山澤，不服官府追喚還業者，雖有負固不服之跡，而無潛從他國之情，以謀叛未行論，爲首者絞，爲從者流。其有官兵追捕，而敢行拒敵者，則與叛何異？故依謀叛已行論，不分首從皆斬，家口財產，亦入官爲奴。

按：舊云謀叛未行，不言知情故縱隱匿犯者，以知情藏匿罪人科罪，非也。蓋知情藏匿，律減犯人罪一等。若依此斷，則杖一百、徒三年，與知而不首者一矣。竊詳謀叛未行，事尚隱秘，又何故縱隱藏之有？此律所以略而不言也，舊説恐鑿。

263　造妖書妖言

凡造讖緯妖書妖言，及傳用惑衆者，皆斬監候。被惑人不坐。不及衆者，流三千里，合依量情分坐。［皆者，謂不分首從，一體科罪。餘條言皆者，並准此。］若他人造傳私有妖書，隱藏不送官者，杖一百、徒三年。

［纂註］

讖，符也；緯，横也。謂以符讖之説，横亂正道，如赤伏符、卯金刀之類。妖者，怪異不祥之類。成帙，謂之書，而言即未成帙者也。傳用惑衆，謂傳播而信用之，以惑亂衆人也。私藏妖書，乃他人所傳而未用者。蓋讖緯妖書妖言，皆妄談國家存亡，世道興廢，人己休咎，與［舉］凡災祥吉凶之事。其説易以惑人，流禍甚大，故凡有始作，及傳用其説，以欺世惑衆者，不分首從皆斬。若私有他人傳造妖書，而隱藏在家，斬。若私有他人傳造妖書，而隱藏在家，不首送官司者，雖非行用，亦恐其或傳於人，故杖一百、徒三年，以示禁絶之意。

按：唐律，不及衆者，流三千里，今不同。

264　盜大祀神御物

凡盜大祀天曰神地曰祇御用祭器、帷帳等物，及盜饗薦玉帛、牲牢饌具之屬者，皆斬。不分首從、監守常人。謂在殿内，及已至祭所而盜者。其祭器品物未進神御，及營造未成，若已奉祭訖之物，及其餘官物雖大祀所用，非應薦之物，皆杖一百、徒三年。若計贓重於本罪杖一百、徒三年者，各加盜罪一等。謂監守常人盜者，各加監守常人盜罪一等。至雜犯絞斬，不加。並刺字。

[纂註]

大祀，解見祭祀律。天曰神，地曰祇。御用者，神祇所御用也。祭器，如籩豆簠簋之類。帷帳，施於神座者。玉，如蒼璧黄琮之類。牲牢，亦解見祭祀律。饌具，如脯醢豚膊之類。此見祭莫大於天地宗廟，而祭器帷帳等物，乃神祇之所御用者，玉帛牲牢饌具，乃饗薦於神祇者而盗之，謂之大不敬。但其間亦有二等。若御用之物已在殿内，饗薦之儀已至祭所而盗者，則褻慢已極，不分首從皆斬。其前器品諸物，或未進於殿内及祭所，或營造而未成，或饗薦已訖，及其餘官物，如釜甑之屬，雖大祀所用，而非應薦之物，有盗者，與盗殿内祭所者有間，故杖一百、徒三年。皆不計贓者，以所犯非倉庫官物之比也。若計贓重於杖一百、徒三年者，如監守，則加監守盗罪一等；如常人，則加常人盗罪一等，並刺字。或謂加罪止杖一百、流三千里，不入於死，殊不知監守常人盗，滿貫俱坐斬絞，況大祀等物，又非倉庫錢糧之比者耶？

265　盗制書

凡盗制書若非御寶原書，止抄行者，以官文書論，及起馬御寶聖旨、起船符驗者，皆斬。不分首從。○盗各衙門官文書者，皆杖一百，刺字。若有所規避者或侵盗錢糧，或受財買求之類，從重論。事干係軍機之錢糧者，皆絞監候。不分首從。

[纂註]

制書，解見名例。起馬御寶聖旨、起船符驗，解見公式律。蓋制書所以詔令天下，而聖旨符驗，亦給驛之所取信。三者係國家大事，故盗之者，不分首從，皆斬。其各衙門文書，則與制書等有間，故盗之者，杖一百，刺字。此皆以無所規避，及不干軍機者言。若有所規避而盗，其罪重於杖一百者，則以所規避之重罪坐之。若事干調遣軍馬機務，供給軍需錢糧者，則未免失誤，故皆坐絞。

按：制書以初出有寶者言。若官司傳寫，若書中有備云制書，及聖旨，與盜徵收錢糧文書，非干軍機者，皆指以盜官文書論。又盜制書與盜印信，同坐斬罪，而分作二條，與棄毁條並載。不同者，蓋盜制書云斬者，決不待時，盜印信云斬者，秋後處決，故别而言之。若棄毁者，俱待秋後，故載同。

266 盜印信

凡盜各衙門印信，及皇城、京城夜巡銅牌者不分首從，皆斬監候。又僞造印信、曆日、條記、欽給關防，與印信同。盜關防印記者，皆杖一百，刺字。

［纂註］

印信銅牌，解見公式律。關防印記，流外官掌者，及鴻臚寺入朝、通政司出入公文關防，並内外雜職衙門條記，與各衙門公差等項官員私記關防，皆是。蓋印信及銅牌，與各衙門關防印記不同，故盜之者，一則處斬，一則杖一百，刺字，皆不分首從。

267 盜内府財物

凡盜内府財物者，皆斬。雜。但盜即坐，不論多寡，不分首從。若未進庫，止依常人盜。内庫字要詳。［盜御寶及乘輿服御物，皆是。］

［纂註］

府，藏也。凡皇城之内，皆曰内府。財物，如金帛、器服，及十庫錢糧，光禄寺品物之類。乘輿服御物，如尚衣監及鑾駕庫者亦是。此皆不計贓者，事關禁地，但盜即坐，故不論多寡，亦不分首從也。今例盜内府財物斬罪，係雜犯，准徒五年，盜乘輿服御物者，仍作真犯死罪。舊云盜御馬監糧草，兩長安門倉庫，或監守，或常人，各從本律，以其皆在皇城之外故也。

條例

267－01

一、凡盜内府財物，係乘輿服御物者，仍作真犯死罪。其餘監守盜銀三十兩、錢帛等物值銀三十兩以上，常人盜銀六十兩、錢帛等物值銀六十兩以上，俱問發邊衛，永遠充軍。内員同［内犯，奏請發充净軍］。

267－02

一、凡盜内府財物，係雜犯，及監守常人盜、竊盜、掏摸、搶奪等項，但三次者，不分所犯各别曾否刺字，革前革後，俱得并論，比照竊盜三犯律處絞，奏請定奪。

268　盜城門鑰

凡盜京城門鑰，皆不分首從杖一百、流三千里。盜府州縣鎮城關門鑰，皆杖一百、徒三年。盜倉庫門内外各衙門等鑰，皆杖一百，並刺字。盜皇城門鑰，律無文，當以盜内府物論。

［纂註］

鑰，開鎖匙也。京城，京都之城也。倉庫言等鑰者，錢糧財物非一處所，故曰等。蓋門設鎖鑰，正以防奸，盜鑰者必有竊發之意。但京城嚴密之地，所係甚重，與府州縣鎮城有間。府州縣城，亦有人民貨獄，關係一方不小，與倉庫有間。至於倉庫，則錢糧文卷在焉。三者不同，故有犯者，隨地擬罪。在京城則流，府州縣鎮則徒，倉庫等則杖。門雖未開，但盜即坐，皆不分首從，並刺字。

按：舊説云，盜六部等衙門鑰，依盜倉庫門等鑰論爲是，或以盜官物計贓論，則鑰匙所值無幾，計贓不多，失之輕矣。

269　盜軍器

凡盜軍人關領器如衣甲、鎗刀、弓箭之類者，計贓以凡盜論。若盜民間應禁軍器如人馬甲、傍牌、火筒、火砲、旗纛、號帶之類者，與私有事主已得私有之罪同。若行軍之所，及宿衛軍人，相盜入己者，准凡盜論。若不入己還充官用者，各減二等。

［纂註］

首言軍器，乃軍士關領在家者，故曰軍器，曰以凡盗論。若民間私置，如弓箭鎗弩之類，則是私物，以竊盗坐之，故云以凡盗論。各字，指行軍及宿衛二項。此條凡四段。首言盗軍器者以凡盗論，蓋軍器雖係官物，而關領在家者，則與私物無異，故以凡盗論，刺字。次言盗應禁軍器，與私有罪同。如人馬甲、傍牌、火筒、火炮、旗纛、號帶之類，乃民間不當有者，事主已得私有之罪，故盗者亦與私有罪同，依兵律私有軍器條，論件定罪，仍盡本法刺字。若行軍征討，及各鎮城宫禁宿衛之所，其軍人彼此相盗入己者，其器仗原未收藏，故但計贓准凡盗論，不刺字。其因盗而充官用者，則與入己者不同，故不問行軍宿衛，各減盗而入己罪二等。

按：在官府軍器庫内盗者，以盗官物論。在内府盗者，以盗内府財論。或云，盗應禁軍器，計贓重於私有之罪者，仍以凡盗論，恐非。蓋凡盗計贓，私有計件，皆罪止杖一百、流三千里故也。若監守盗者，亦以監守自盗論。

270　盗園陵樹木

凡盗園陵内樹木者，皆不分首從，而分監守常人杖一百、徒三年。若盗他人墳塋内樹木者，首杖八十。從減一等。若計入己贓重於徒杖本罪者，各加盗罪一等。各加監守常人盗罪一等。若未馱載，仍以毁論。

［纂註］

園陵，解見禮律。計贓，是計其各人入己之贓，非若竊盗併贓論也。不言刺字者，郊野之物也。此見盗園陵樹木，較諸官物爲重，不問多寡，不分首從，即坐杖一百、徒三年。盗他人墳内樹木，較諸竊盗爲重，故爲首者即坐杖八十。若計其入己之贓，重於徒三年、杖八十者，皆不計其本條徒杖之罪，直於監守常人盗罪上加一等。如巡山官軍盗園陵樹木，值二十貫，依監守盗論，該杖一百、流二千里，是計贓重於杖一百、徒三年矣，則加監守盗罪一等，杖一百、流二千五百里。餘可類推。如盜園陵值五十貫，依常人盜官物律，杖一百、流二千五百里，是計贓重於杖一百、徒三年矣，則加盜官物罪一等，杖一百、流三千里。如盜他人墳塋樹木值五十貫，依竊盜律，該杖六十、徒一年，是計贓重於杖八十矣，則加竊盜罪一等，杖七十、徒一年半。

條例

270－01

一、車馬過陵者，及守陵官民入陵者，百步外下馬，違者以大不敬論。

270－02

一、凡［鳳陽皇陵、泗州祖陵、南京孝陵、天壽山列聖陵寢、承天府顯陵］山前、山後各有禁限，若有盜砍樹株者，驗實真正椿楂，比照盜大祀神御物斬罪，奏請定奪，爲從者發邊衛充軍。取土取石、開窑燒造、放火燒山者，俱照前擬斷。［其孝陵神烈山舖舍以外，去墻二十里，敢有開山取石，安插墳墓，築鑿臺池者，枷號一個月，發邊衛充軍。若於鳳陽皇城内外，耕種牧放，安歇作踐者，問罪，枷號一個月發落。該巡守人役，拾柴打草，不在禁限。但有科歛銀兩饋送，不行用心巡視，及守備留守等官，不行嚴加約束，以致下人恣肆作弊者，各從重究治。天壽山仍照舊例，錦衣衛輪差的當官校，往來巡視。若差去官校，賣放作弊，及託此妄拿平人騙害者，一體治罪。］

271　監守自盜倉庫錢糧

凡監臨主守，自盜倉庫錢糧等物，不分首從，併贓論罪。併贓，謂如十人節次共盜官錢四十兩［貫］，雖各分四兩［貫］入己，通算作一處，其十人各得四十兩［貫］罪，皆斬。若十人共盜五兩［貫］，皆杖一百之類。三犯者絞，問真犯。並於右小臂膊上，刺盜官錢/糧/物[①]三字。每字各方一寸五分，每畫各闊一分五釐，

① 原書“錢糧物”三字横排。

上不過肘，下不過腕。餘條准此。

一兩［貫］以下，杖八十。

一兩［貫］以［之］上，至二兩［貫］五錢［百文］，杖九十。

五兩［貫］，杖一百。

七兩［貫］五錢［百文］，杖六十、徒一年。

一十兩［貫］，杖七十、徒一年半。

一十二兩［貫］五錢［百文］，杖八十、徒二年。

一十五兩［貫］，杖九十、徒二年半。

一十七兩［貫］五錢［百文］，杖一百、徒三年。

二十兩［貫］，杖一百、流二千里。

二十五兩［二十二貫五百[①]文］，杖一百、流二千五百里。

三十兩［二十五貫］，杖一百、流三千里。

四十兩［貫］，斬。雜犯，徒五年。

［纂註］

監臨主守，解見名例律。官物二字，所該者廣，不言得財者，專制在己，無不得之理也。二人以上，引併贓不分首從全文。如一人盜，止引監守盜倉庫錢糧等物若干貫，該某罪。滿貫斬，係雜犯，准徒五年。徒流以下，但經刺字，要充警。三犯刺字者，處絞，問真犯。下條做此。

條例

271－01

一、凡倉庫錢糧，若宣府、大同、甘肅、寧夏、榆林、遼東、四川、建昌、松潘、廣西、貴州，并各沿邊沿海去處，有監守盜糧四十石、草八百束、銀二十兩、錢帛等物值銀二十兩以上，常人盜糧八十石、草一千六百束、銀四十兩、錢帛等物值銀四十兩以上，俱問發邊

---

① 萬曆律“百”原作“伯”。

衛，永遠充軍。在［兩］京各衙門及漕運，并京、通、臨、淮、徐、德六倉，有監守盜糧六十石、草一千二百束、銀三十兩、錢帛等物值銀三十兩以上，常人盜糧一百二十石、草二千四百束、銀六十兩、錢帛等物值銀六十兩以上，亦照前擬充軍。其餘腹裏，但係撫按等官查盤去處，有監守盜糧一百石、草二千束、銀五十兩、錢帛等物值銀五十兩以上，常人盜糧二百石、草四千束、銀一百兩、錢帛等物值銀一百兩以上，亦照前擬充軍。以上人犯，俱依律併贓論罪，仍各計入己之贓，數滿方照前擬斷，不及數者，照常發落。若正犯逃故者，於同爨家屬名下追賠，不許濫及各居親屬。其各處徵收，在官應該起解錢糧，有侵盜者，俱照腹裏［例］擬斷。

271－02

一、凡沿邊沿海錢糧，有侵盜銀二百兩、糧四百石、草八千束、錢帛等物值銀二百兩以上；漕運錢糧，有侵盜銀三百兩、糧六百石以上，俱照本律，仍作真犯死罪，係監守盜者斬，係常人盜者絞，奏請定奪。

刪除明例3條

新題例

萬曆十五年正月，題奉欽依：除係真正監守自盜，與真盜官物者，不論雜犯，俱行刺配。如係查盤坐侵，及非真盜，而以監守自盜論者，照依節年會議，雜犯准徒，仍行免刺。

新頒條例

一、十四年十二月，本部題爲遵明旨，酌情法，以便通行事。奉聖旨：盜犯贓貫，原有正律。但近來問刑官，失於詳審，任情擬斷，以致罪有枉濫，法礙遵行。你部裡既參酌適中，以後真盜實贓，不論犯徒減徒，務遵前旨行。其查盤坐侵等項，照舊免刺，不必引用新例。

新頒條例

一、萬曆十八年五月內，四川司問過犯人張進等偷盜庫銀緣由，大理寺題奉聖旨：張進、趙保、鮑舉，都著錦衣衛，用二號大枷，於工部門首枷號兩個月，滿日發遣。以後偷盜銀兩的，照這例行。

272　常人盜倉庫錢糧

凡常人不係監守外皆是盜倉庫自倉庫盜出者坐錢糧等物，發覺而不得財，杖六十從減一等。但得財者，不分首從，併贓論罪併贓同前［併贓，謂如十人節次共盜官錢八十貫，雖各分八貫入己，通算作一處，其十人各得八十貫罪，皆絞。若十人共盜一十貫，皆杖九十之類］，並於右小臂膊上刺盜官錢/糧/物①三字。

一兩［貫］以下，杖七十。

一兩［貫之上］至五兩［貫］，杖八十。

一十兩［貫］，杖九十。

一十五兩［貫］，杖一百。

二十兩［貫］，杖六十、徒一年。

二十五兩［貫］，杖七十、徒一年半。

三十兩［貫］，杖八十、徒二年。

三十五兩［貫］，杖九十、徒二年半。

四十兩［貫］，杖一百、徒三年。

四十五兩［貫］，杖一百、流二千里。

五十兩［貫］，杖一百、流二千五百里。

五十五兩［貫］，杖一百、流三千里。

八十兩［貫］，絞。雜。其監守、直宿之人，以不覺察科罪。

［纂註］

常人，非但軍民人等，雖在官，不係監守皆是。言但得財者，謂不必以分贓爲斷也。此見常人盜倉庫一應係干錢糧等物已行，而爲人所覺，或就捕執而不得財者，杖六十，免刺，爲從減一等。但已得財，不

---

① 原書“錢糧物”三字橫排。

分首從次數，併贓論，至八十貫絞。贓多者，查例發遣，須参監守及直宿之人不覺察之罪。

［備考］

一、盗礦，偷採珠池，與盗車船所載官糧，本管官旗冒支逃軍月糧，及侵欺已死軍人布花鈔錠者，俱依此條。

一、各處解錢糧人，自行及主令子弟家人，承當解納，侵尅官價，問監守盗。若他人包攬錢糧，將正價侵分花費者，問常人盗。若包頭人于正價外，多要盤纏使用等項，或指脚價爲由，多索財物入己者，問誆騙。

條例

272－01

［新題例］

一、［萬曆二十年二月，題奉欽依：凡］監守、常人盗［以後］侵欺人犯，但有贓至二十兩以上者，限一個月；二百兩以上者，限三個月，果能盡數通完，［例該永戍者］止照本律發落。真犯死罪者，減等免死充軍［以著伍後所生子孫替役］。充軍以下，俱減一等。如過期不完，各依本等律例，從重定擬。

273　强盗

凡强盗已行，而不得財者，皆杖一百、流三千里。但得事主財者，不分首從，皆斬。雖不分贓，亦坐。〇若以藥迷人圖財者，罪同。但得財，皆斬。〇若竊盗臨時有拒捕及殺傷人者，皆斬監候。得財、不得財皆斬。須看臨時二字。因盗而姦者，罪亦如之。不論成姦與否，不分首從。共盗之人不曾助力，不知拒捕殺傷人，及姦情者，審確止依竊盗論。分首從、得財不得財。〇其竊盗事主知覺，棄財逃走，事主追逐，因而拒捕者自首者，但免其盗罪，仍依鬭毆傷人律，自依罪人拒捕律科罪。於竊盗不得財本罪上加二等，杖七十。

毆人至折傷以上，絞。殺人者，斬。爲從各減一等。○凡强盗自首，不實不盡，只宜以名例自首律内至死減等科之，不可以不應從重科斷。

［纂註］

得財，謂得事主之財，非分贓入己之謂。蓋强盗所犯之罪，本以强論，不以贓論，故雖未分受，亦斬。觀下條共謀者行而不分贓皆斬可見。近来皆以不分贓爲不得財，誤矣。臨時，行盜之時也，二字直貫下，以拒捕於臨時，全無畏忌，故以强論。又事起於臨時，容有不知者，故以竊盗論。殺傷者，皆是助力，不必加功。如在外瞭望把風，在傍諏叫張威皆是。此言强盗明火執仗，攻劫居民，或嘯聚擁兵，掠奪商賈，其兇計已行，而不得事主財物者，皆杖一百、流三千里；但得財者，不分首從，不論多寡，皆斬。以藥迷人，而圖取財物者，其情與强無異，故同罪，不得財者皆流，得財皆斬。若竊盗臨竊之時，爲事主捕捉，而抗拒及殺傷人者，不分首從，皆斬。此須看時字，蓋臨時不逃而敢拒捕，即强矣，雖不殺傷人，亦斬，觀及字可見。若因盗而姦污人妻女者，則與臨時拒捕殺傷人者無異，故罪亦如拒捕者，不論成姦與否，皆斬。以上亦不論得財與不得財，其共盗之人，不曾助力格鬬，或在外未入，或得財先去，而不知拒捕殺傷人及姦情者，同伴事主證佐明白，止依竊盗得財不得財首從論。如謀盗之時，曾有定約，則未行之時，已知其情，乃同惡之人，亦當坐斬，不得以臨時不知，而概以竊盗論也。若竊盗爲事主知覺，棄財逃走，而事主追逐，因而拒捕者，是不過一時規脱之計，與臨時拒捕者不同，則亦罪人而已，故止依罪人拒捕律科斷。如棄財逃走，不得財，笞五十，加二等，則杖七十。折傷以上，絞；殺人者，斬。爲從者，各減一等。蓋臨時拒捕，是捍鬬於取財之處，追逐拒捕，是求脱於棄財之後，情異而罪亦異之。然此及以藥迷人，均非强盗，而附於其下者，以近於强故也。或謂强盗不得財而殺人，依罪人拒捕科斷，非也。蓋竊盗拒捕，不分首從皆斬，况强盗乎？有臨時拒捕殺傷人及姦，而不得財者，即以竊盗拒捕殺傷人，及行姦律，比附上請可也。

［備考］

一、强盗共謀不行，又不分贓者，坐不應事重。若造意者，仍依窩主律。

一、强盗再犯，及侵損於人，不准出首。家人盗，以凡人首從論。

一、軍職犯强盗，係父祖功勳，仍許子孫承襲，調衛差操，自己功勳不襲。

一、竊盗拒捕傷人自首者，但免其盗罪，仍依鬬毆傷人法。

條例

273－01

［一、］凡常人捕獲强盗一名，竊盗二名者，各賞銀二十兩。强盗五名以上，竊盗十名以上，各與一官。名數不及，折算賞銀。應捕人不在此限。强竊盗賊，止追正贓給主，無主者没官。若諸人典當收買盗賊贓物，不知情者，勿論，止追原贓，其價於犯人名下追徵給主。

273－02

［一、］强竊盗再犯，及侵損於人，不准首。家人共盗，以凡人首從論。

273－03

一、强盗殺［傷］人放火，燒人房屋，姦污人妻女，打劫牢獄倉庫，及干係城池衙門，并積至百人以上，不分曾否得財，俱照得財律斬，隨即奏請審決梟示。若止傷人而未得財，比照搶奪傷人律科斷。凡六項，有一於此，即引梟示，隨犯摘引所犯之事。

273－04

一、響馬强盗，執有弓矢軍器，白日邀劫道路，贓證明白，俱不分人數多寡，曾否傷人，依律處決，於行劫去處，梟首示衆。如傷人不得財，依白晝搶奪傷人斬。

273－05

一、凡捕獲强盜，不許私下擅自拷打，俱送問刑衙門，務要推究得實。若狥情扶同，致有冤枉，一體重罪不饒。

273－06

［新題例］

一、凡［萬曆十六年正月，題奉欽依：各處巡按御史，今後奏單］强盜必須審有贓證明確，及係當時見獲者，照例即決。如贓跡未明，招扳續緝，涉於疑似者，不妨再審。其問刑衙門，如遇鞫審强盜，務要審有贓證，方擬不時處決。或有被獲之時，夥賊供證明白，年久無獲，贓亦花費，夥賊已決無證，俱引監候［秋後］處決。

274　劫囚

凡劫囚者，皆不分首從斬監候。但劫即坐，不須得囚。若私竊放囚人逃走者，與囚同罪，至死者減一等。雖有服親屬，與常人同。竊而未得囚者，減囚二等，因而傷人者絞監候，殺人者斬監候。雖殺傷被竊之囚，亦坐前罪，不問得囚、未得囚。爲從各減一等。承竊囚與竊而未得二項。［〇］若官司差人追徵錢糧，勾攝公事，及捕獲罪人，聚衆中途打奪者，首杖一百、流三千里。因而傷差人者，絞監候。殺人及聚至十人九人而下，止依前聚衆科斷，爲首者斬監候，下手致命者絞監候。爲從各減一等。其率領家人隨從打奪者，止坐尊長。若家人亦曾傷人者，仍以凡人首從論。家長坐斬，爲從坐流。不言殺人者，舉輕以該重也。〇其不於中途，而在家打奪者，若打奪之人，原非所勾捕之人，依威力於私家拷打律；主使人毆者，依主使律。若原係所勾捕之人自行毆打，在有罪者，依罪人拒捕律；無罪者，依拒毆追攝人律。

［纂註］

凡已招服罪，而鎖扭拘禁者，曰獄囚。已審取供，未招服罪，而散行拘禁者，曰罪囚。犯罪事發，勾攝拘捕，猶未拘禁者，曰罪人。劫，强取也。徵取，勾拘攝收也，謂追其人，以徵取應納之錢糧，勾其人，以收攝未完之公事。捕獲罪人，泛指犯罪者而言。三人爲衆。家人，謂弟男子姪，凡同居者皆是。此條名曰劫囚，而附于强盜之類，故其文義，亦與前條相類。蓋凡人犯罪，拘繫在獄，或解發在途，而其同類之人，或打開監門，或中途邀截，用强劫奪者，不問得囚與否，不分首從，皆斬。私竊放囚，或穿壁踰墻，或鬆鐐解鎖，欺人不見，而放囚逃走者，則與强劫者有間，故所放之囚，係流罪以下，爲首者與本囚同罪，至死者減一等。雖所竊之人，與囚爲有服親屬，亦與常人一體科斷，不得以他律遞減，以其爲在官拘繫之人也。若竊而未成者，減囚罪二等，但傷人則絞，殺人則斬。雖殺傷被竊之囚，亦坐以前罪。蓋竊而殺傷人，即有用强之情故也。爲從者，各減爲首者罪一等。若官司差人追徵錢糧，勾攝公事，及拘捕罪人，其人已爲差人所得，而聚衆於中途毆打差人，將其人奪去者，則與在官拘繫者不同，故止杖一百、流三千里。打奪而傷差人者，絞。殺人及聚至十人爲首者，各斬。其殺人者，爲首之人雖非致命，即坐斬罪，又於内挨究下手致命之人，亦坐絞。蓋殺人之罪爲重，不得概以爲從論也。稱聚至十人，則雖九人，亦止依前三人以上律論矣。爲從者，各減爲首罪一等，亦通承聚衆打奪人以下。此皆指凡人而言。其家長率領家人，隨衆於中途打奪，前項所拘徵收錢糧等項人犯，雖聚至十人，止坐家長，杖一百、流三千里，傷人者絞，殺人者斬。家人不曾助打下手者，依共犯免科，以其受制於人故也。若家人亦曾助打傷人者，仍以凡人首從論，家長坐斬，爲從坐流，觀仍字可見。不言殺人者，舉輕以該重也。或云率領有威力主使之義，家人雖下手致命，當與威力條下手之人同科罪也。蓋爲首聚衆打奪殺人，雖不下手，亦斬，是明與主使毆殺常人之絞罪不同，深疾之也。故家人亦曾傷人，猶以凡論，況下手致命者乎？坐絞爲是。

按：律中稱中途打奪，須中途奪去者方是，蓋此律附於劫囚之下故也。若不於中途，而在家打奪者，其打奪之人原非拘捕者，自依威力於私家拷打律，主使人毆者依主使律。若即係所拘捕之人，則有罪者以罪人拒捕論，無罪者以拒毆追攝人論，不得概引此律者也。

［備考］

一、因私竊而過失殺傷所竊之囚，或他人因打奪而過失殺傷所奪之人，或傍人，仍用此條殺傷者律。

一、此條比照前條，竊囚拒捕者，依劫囚律；棄囚拒捕，因追逐而拒捕者，依罪人拒捕律。

條例

274－01

一、凡官司差人追徵錢糧，勾攝公事，并捕獲罪人，但聚衆至十人以上，中途打奪，爲從者如係親屬，并同居家人，照常發落。若係異姓，同惡相濟，及槌師打手，俱發邊衛充軍。

275　白晝搶奪

凡白晝搶奪人少而無兇器，搶奪也；人多而有兇器，强劫也人財物者不計贓，杖一百、徒三年。計贓並贓論重者，加竊盜罪二等。罪止杖一百、流三千里。傷人者，首斬監候，爲從各減爲首一等。並於右小臂膊上刺搶奪二字。○若因失火，及行船遭風著淺，而乘時搶奪人財物，及拆毁船隻者，罪亦如之。亦如搶奪科罪。○其本與人鬭毆，或勾捕罪人，因而竊取財物者，計贓准竊盜論。因而奪去者，加二等，罪止杖一百、流三千里，并免刺。若竊奪有殺傷者，各從故鬭論。其人不敢與爭而殺之曰故，與爭而殺之曰鬭。

［纂註］

白晝，白日也。爭取曰搶，攘取曰奪。計贓，非計入己之贓，亦如竊盜，併贓論。本與人鬬毆，本字最重，故鬬二字平看。此言白晝搶奪財物，跡近於强，故但犯者，不論贓之多寡，即杖一百、徒三年。若計贓重於杖一百、徒三年者，於竊盜罪上加二等。若强奪一百貫，以竊盜律科之，應杖一百、流二千里，則加二等，罪止杖一百、流三千里。因搶奪而傷人，即斬，不言殺人者止於斬也。俱坐爲首者，爲從各減一等。該流徒以下者，並刺字。若因人家失火，及因人行船遭風著淺，而乘時搶奪財物，及因其遭風著淺，人不在船，而將其船拆毁者，則與白晝搶奪者無異，故其罪亦如之，贜輕者，亦杖一百、徒三年；贜重者，亦加二等；傷人者，亦斬。該徒流以下者，亦刺字。以上白晝及乘失火遭風而奪者，其初意本爲圖財，其情重故犯即坐徒，傷即坐斬。其有本因與人鬬毆，及拘捕罪人，因而竊奪其財物者，雖在白晝，然原無謀財之心，其情稍輕，故竊取者，則計贜准竊盗論；强奪者，則加竊取罪二等，罪止杖一百、流三千里，並免刺竊盗字；奪去者，免刺奪字也。若有殺傷者，各從故鬬論。如其人不敢與爭而殺之，則從故殺律斬。其人與爭而殺之，則從鬬殺律絞，傷則從鬬毆條論，不在前傷即坐斬之限。然此亦因竊奪財物而殺傷者，方依此坐之。若因鬬毆勾捕，自有本律，又不在故鬬之列矣。夫例云白晝邀劫道路，與此白晝搶奪者，情跡相似而實不同，人少而無兇器者，搶奪也，人衆而有兇器者，强劫也。然搶奪惟言白晝，若犯在昏夜，則亦有藏形隱貌之意，止以竊盗論。掏摸亦係白晝，而以竊盗論者，出其不意，而陰鈎之，與竊無異故也。其搶奪再犯者，照例與右臂膊重刺；三犯者，照例擬絞，奏請。若搶奪而未得財者，問不應事重。搶奪財物，就還事主者，依自首，仍問不應事重。

條例

275－01

一、凡號稱喇唬等項名色，白晝在街撒潑，口稱聖號，及總甲快手，應捕人等，指以巡捕勾攝爲由，各毆打平人，搶奪財物者，除真犯死罪外，犯該徒罪以上，不分人多人少，若初犯一次，屬軍衛者，發邊衛充軍；屬有司者，發邊［口］外爲民。雖係初犯，若節次搶奪，及再犯、累犯笞杖以上者，俱發原搶奪地方，枷號一個月，照前發遣。若里老鄰佑知而不舉，所在官司縱容不問，各治以罪。

275－02

一、凡問白晝搶奪，要先明事犯根由，然後揆情剖決。在白晝爲搶奪，在夜間爲竊盜。在途截搶者，雖昏夜仍問搶奪，止去白晝二字。若搶奪不得財，及奪之物即還事主，俱問不應。如强割田禾，依搶奪科之。探知竊盜人財，而於中途搶去，問搶奪，係强盜贓，止問不應。若見分而奪，問盜後分贓。其親屬無搶奪之文，比依恐嚇科斷。

276　竊盜

凡竊盜已行而不得財，笞五十，免刺。但得財［者］不論分贓、不分贓，以一主爲重，併贓論罪。爲從者，各指上得財、不得財言減一等。以一主爲重，謂如盜得二家財物，從一家贓多者科罪。併贓論，謂如十人共盜得一家財物，計贓四十兩［貫］，雖各分得四兩［貫］，通算作一處，其十人各得四十兩［貫］之罪。造意者爲首，該杖一百，餘人爲從，各減一等，止杖九十之類。餘條准此。初犯，並於右小臂膊上刺竊盜二字；再犯，刺左小臂膊；三犯者，絞監候。以曾經刺字爲坐。○掏摸者罪同。○若軍人爲盜或竊，或掏摸，贓至一百二十兩者，雖免刺字，三犯立有文案明白一體處絞監候。

一兩［貫］以下，杖六十。

一十兩［一貫之上至一十貫］，杖七十。

二十兩［貫］，杖八十。

三十兩［貫］，杖九十。

四十兩［貫］，杖一百。

五十兩［貫］，杖六十、徒一年。

六十兩［貫］，杖七十、徒一年半。

七十兩［貫］，杖八十、徒二年。

八十兩［貫］，杖九十、徒二年半。

九十兩［貫］，杖一百、徒三年。

一百兩［貫］，杖一百、流二千里。

一百一十兩［貫］，杖一百、流二千五百里。

一百二十兩［貫］，絞監候。〇三犯，不論贓數，絞監候。［罪止杖一百、流三千里。］

［纂註］

竊，潛取也，謂欺人不覺而取之也。未得財、得財，解見强盗律。犯，謂發於官，已經問斷者方是。擇便取物曰掏，以手取物曰摸，如今白晝闖入人家，因便取其財物，及割人荷包之類。軍人爲盗，兼掏摸言。此言竊盗已至盗所，或以［已］穿壁踰墻，爲事主覺逐，而不得財，爲首笞五十，免刺。但竊得主家財物者，雖所盗不止一主，只以一主所得多者爲重，併贓論罪。爲首一貫以下，杖六十，每十貫加一等，罪止杖一百、流三千里，爲從者各減一等。各字指上得財、不得財言。初犯於右小膊，再犯於左小膊，不分首從，刺竊盗字，仍充警，三犯並絞。所犯次數，以曾經刺字爲坐。如自首及赦免收贖，或盗田野穀麥，親屬相盗之類，得免刺者，亦不充警，俱不在次數之限。其掏摸人財物者，與竊盗無異，故其科罪，或笞，或杖，或徒流，或刺字，及爲從減等，俱與竊盗同，仍併入竊盗次數通論，三犯坐絞。若軍人犯竊，或掏摸，雖免刺字，三犯文案明白，與民人一體處絞，免刺字。不獨軍人，如軍官、總小旗、軍丁、識字、軍吏、軍斗、軍匠、軍厨、舍人、舍餘、局匠、勇士、力士、校尉、將軍、老幼婦女有犯，俱不刺字。

按：舊解云，掏摸併入竊盗通論者，其罪同，而搶奪監守常人盗，不併入竊盗論者，其罪異也。或云，總累三次問絞，非是。又竊盗不許贖罪，惟老幼婦女犯者，依律收贖。

［備考］

一、竊盗不得財，如在昏夜者，依夜無故入人家律，杖八十。

一、掏摸臨時拒捕，及棄財逃走而拒捕者，依竊盗拒捕律。

條例

276－01

［新題例］

一、［萬曆十六年正月，題奉欽依：今後審録官員，］凡遇三犯竊盜，中有贓數不多，或在赦前一次、赦後二次，或赦前二次、赦後一次者，［俱遵照恩例］併入矜疑辨問疏内參酌，奏請改遣。

刪除明例1條

一、正統八年七月十一日，節該欽奉英宗皇帝聖旨：今後竊盜，初犯刺右臂的，革後再犯，刺左臂。若兩臂俱刺，赦後又犯的，准三犯論，還將所犯赦前赦後，明白開奏定奪。欽此。

277　盜馬牛畜産

凡盜民間馬牛、驢騾、豬羊、鷄犬、鵝鴨者，並計所值之贓以竊盜論。若盜官畜産者，以常人盜官物論。○若盜馬牛兼官私言而殺者，不計贓即杖一百、徒三年。驢騾，杖七十、徒一年半。若計贓並從已殺計贓重於徒三年、徒一年半本罪者，各加盜竊盜、常人盜罪一等。

［纂註］

盜馬牛而殺，兼官司［私］言。不言刺字者，蒙上文，以竊盜常人盜論，不待言也。按：馬牛、驢騾、豬羊、雞犬、鵝鴨，今有值鈔定例，然物價一也。而在人家者，與在官者不同，故盜他人所養，計贓以竊盜論。爲首者，一百二十貫，罪止杖一百、流三千里，爲從減一等。若盜在官者，以常人盜官物論，不分首從，八十貫絞，並刺字。若盜官私馬牛而殺者，即杖一百、徒三年。盜驢騾而殺者，即杖七十、徒一年半。獨言馬牛驢騾，不計贓者，蓋四者比犬羊等物爲重而殺之，情重於盜故也。若計官馬牛贓四十五貫以上，私馬牛贓一百貫以上，重於杖一百、徒三年，計官驢騾贓三十貫以上，私驢騾贓七十貫以上，重於杖七十、徒一年半本罪者，各加盜罪一等，亦刺字。或言加罪之贓，雖滿貫，不入於死，殊不知盜官畜產八十貫坐絞，盜而殺之仍止於流，失輕重矣。如有犯者，仍以常人盜官物論絞，不必用加盜罪一等律。

按：國初鈔重，每貫值銀一兩，此律猶得用之。今鈔輕，每馬一匹，定八百貫，牛三百貫，驢三百五十貫，騾五百貫，是但犯竊盜常人盜者，計贓俱該坐流絞罪名。若然，則盜而殺之者，豈復有重於本罪乎？則所謂盜馬牛驢騾而殺，計贓重於本罪，加盜罪一等者，皆不得用矣。或云，計所殺產畜皮肉爲贓，恐非律意。

［備考］

一、馬牛等畜，若係收養人盜者，以監守盜論。若盜馬牛驢騾而殺，計贓重於本罪，亦加盜罪一等。

條例

277 - 01

一、凡盜御馬者，問罪，枷號三月，發邊衛充軍。若將自己及他人騎操官馬盜賣者，枷號一個月發落。盜至三匹以上，及再犯，不拘匹數，俱免枷號，屬軍衛者，發邊衛；屬有司者，發附近衛所，各充軍。五匹以上，屬軍衛者，發極邊衛；屬有司者，發邊衛，各永遠充軍。若養馬人户，盜賣官馬至三匹以上，亦問發附近充軍。

277 - 02

一、凡冒領太僕寺官馬至三匹者，問罪，於本寺門首枷號一個月，發邊衛充軍。若家長令家人冒領三匹，不分首從，俱問常人盜官物罪，家長引例，家人不引。

278　盜田野穀麥

凡盜田野穀麥菜果，及無人看守謂原不設守，及不待守之物器物者，並計贓准竊盜論，免刺。○若山野柴草木石之類，他人已用工力斫伐積聚，而擅取取與盜字有别者，罪亦如之。如柴草木石雖離本處，未馱載間，依不得財，笞五十。合上條，有拒捕，依罪人拒捕。

［纂註］

無人看守，謂原不設守，及不待守之物方是。若偶因無人而盜之，即是竊盜矣。山野柴草木石，謂無主得共採者，特他人用工斫伐積聚之耳。若有主，即係無人看守之物矣。然必搬移他處方坐，非如錢糧之據入手爲證也。此見凡盜人田野穀麥菜果，及無人看守器物者，與在家積貯者不同，並計所值之價爲贓，准竊盜，免刺。若山野柴草木石之類，本無物主，但他人已用工力斫伐積聚，而擅取之，是亦取非其有者，故其罪亦如盜田野穀麥科斷。不曰盜，而曰擅取者，以其非看守嚴密之地，不必藏形隱面而盜之也。

條例

278－01

一、凡盜掘金銀、銅錫、水銀等項礦砂，每金砂一斤，折銀二錢五分［鈔二十貫］；銀砂一斤，折銀五分［鈔四貫］；銅錫、水銀等砂一斤，折銀一分二釐五毫［鈔一貫］，俱比照盜無人看守物，准竊盜論。若在山洞捉獲者，分爲三等。持杖［仗］[①] 拒捕者，爲一等。不論人數、礦數多寡，及初犯、再犯，不分首從，俱發邊遠充軍。若殺傷人，爲首者比照竊盜拒捕殺傷人律斬。其不曾拒捕，若聚至三十人以上者，爲二等。不論礦數多寡，及初犯、再犯，爲首者發邊衛充軍，爲從者枷號三個月，照罪竊盜罪，下同發落。若不曾拒捕，又人數不及三十名者，爲三等。爲首者初犯，枷號三個月，照罪發落，再犯亦發邊遠充軍，爲從者止照罪發落。凡非山洞捉獲，止是私家收藏，道路背負者，惟據見獲論罪，不許巡捕人員逼令展轉攀指，違者參究治罪。

---

① “杖”應作“仗”，此處兩律皆誤。

删除明例1條

一、成化十年九月十八日，節該欽奉憲皇帝聖旨：都城外四圍沿河居住軍民人等，越入墻垣，偷魚割草，竊取磚石等項，輕則量情懲治，重則參奏拿問，枷號示衆。若該城狗情縱容不理，及四鄰知而不首的，都治以罪。其守門官軍，亦不許於城外河邊栽種疏［蔬］菜，牧放頭畜，因而引惹外人，入内作踐，違者一體治罪。欽此。

279　親屬相盜

凡各居本宗外姻親屬相盜兼後尊長、卑幼二款財物者，期親減凡人五等，大功減四等，小功減三等，緦麻減二等，無服之親減一等，並免刺。若盜有首從，而服屬不同，各依本服降減科斷。爲從，各又減一等。若行强盜者，尊長犯卑幼，亦從强盜已行而得財、不得財各依上減罪；卑幼犯尊長，以凡人論。不在減等之限。若有殺傷者總承上竊强二項，各依殺傷尊長卑幼本律，從其重者論。○若同居卑幼，將引若將引各居親屬同盜，其人亦依本服降減，又減爲從一等科之。如卑幼自盜，止依擅用，不必加他人，盜已家財物者，卑幼依私擅用財物論，加二等，罪止杖一百，他人兼首從言減凡盜罪一等，免刺。若有殺傷者，自依殺傷尊長卑幼本律科罪。他人縱不知情，亦依强盜得財、不得財論。若他人殺傷人者自依竊盜臨時殺傷人斬，卑幼縱不知情，亦依殺傷尊長卑幼本律，仍以私擅用加罪，及殺傷罪權之從其重者論。○其同居奴婢、雇工人，盜家長財物，及自相盜者，首減凡盜罪一等，免刺。爲從又減一等。被盜之家親屬告發，並論如律，不在名例得相容隱之例。

［纂註］

各居親屬，謂不同門户，不共財産者，兼本宗外姻言。期親以下五服，俱兼尊長、卑幼言。若有殺傷，總承上强竊二項。殺傷尊長卑幼本律，見後毆大功以下尊長，及毆期親尊長，謀殺祖父母條，盜罪重，則從盜論；殺傷罪重，則從殺傷論。若同居卑幼，將引他人，盜己家財物，雖有共財之義，但引他人盜之，故加私擅用財二等。他人爲卑幼所引，故或爲首，或爲從，得減凡盜一等。若將引各居親屬同盜者，其人亦依本服降減。卑幼殺傷人，他人不知，亦坐强盜法者，罪其從惡也。他人殺傷人，卑幼不知，亦依殺傷尊長法者，罪坐所由也。本言卑幼行盜，而云依殺傷尊長卑幼本律者，蓋謂行盜所殺傷之人，間或及其卑幼，即以其律坐之，不得如前遞減也。其行强者有例，他人以凡人論。若奴婢與雇工人，與卑幼終是不同，但係同居，或盜家長，或自相盜者，俱自減凡盜罪一等，爲從者又減一等，免刺。此不言將引他人，及從他人同盜，設有犯者，奴婢、雇工人自依本律，他人依凡盜刺字，所謂首從本罪各別者也。不言强盜者，即以强盜罪坐之。若有殺傷，罪重於强盜者，則以殺傷罪坐之。此見親屬恩義聯屬，雖係各居，與凡人終是不同。如有尊長盜卑幼，或卑幼盜尊長者，俱得減科。但係期親者，減凡盜五等，如凡人盜一百二十貫，杖一百、流三千里，減五等，則杖六十、徒一年；大功減四等，則杖七十、徒一年半；小功減三等，則杖八十、徒二年；緦麻減二等，則杖七十、徒二年半；無服減一等，則杖一百、徒三年，並免刺字。不得財者，從笞五十上減之。若有首從，而服屬不同者，各依本服降減，爲從者又減一等。言竊盜，則掏摸、搶奪該之矣。若行强盜者，如尊長犯卑幼，其分尊，仍依上五等減科。卑幼犯尊長，則同凡人論。以上亦兼得財、未得財言。若殺傷者，各依殺傷尊長卑幼本律。如卑幼强竊盜，及强盜未得財，而殺傷期親尊長，已傷者，依謀殺期親尊長律，皆斬；已殺者，皆凌遲處死。緦麻以上尊長，已傷者絞，已殺者斬。尊長强竊盜而殺傷卑幼者，大功以下，非折傷勿論；折傷以上，緦麻減凡人一等，小功減二等，大功減三等，至死者絞。期親，毆傷者勿論，已殺者依故殺法，杖一百、流三千里，各從重論。

［備考］

一、親屬相盜，若係被盜之家親屬告發，並論如律，不在名例得相容隱之人爲首，及相告言免科減等之限。

一、卑幼盗自家財物，不曾將引他人者，止依私擅用財本律。

條例

279－01

一、同居卑幼，將引他人，盜己家財物，如係强劫，比依各居親屬行强盜，卑幼犯尊長，以凡人論，斬［罪］，奏請定奪。

280　恐嚇取財

凡恐嚇取人財［物］者，計贓准竊盜論，加一等以一主爲重，併贓分首從。其未得者，亦准竊盜不得財罪上加等，免刺。○若期親以下，自相恐嚇者，卑幼犯尊長，以凡人論。計贓准竊盜，加一等。尊長犯卑幼，亦依親屬相盜律，遞減科罪。期親亦減凡人恐嚇五等，須於竊盜加一等上減之。

［纂註］

恐嚇，謂以聲勢恐喝，使人畏懼，而取其財也。計贓者，各主以一爲重，二人恐嚇，亦併贓論。律凡言計贓准竊盜論者，准此。蓋恐嚇取財，其情甚於竊盜，故加盜一等，以其異于真盜，故得免刺。若自期以下親屬相恐嚇者，如卑幼犯尊長，以凡人論，亦准竊盜加一等，免刺。尊長犯卑幼，亦依親屬相盜律，期親減五等，大功減四等，小功減三等，緦麻減二等，無服之親減一等科罪，皆於加罪上減之，以其有恐嚇之情故也。如被嚇之人告發，或得相容隱之人代首告言者，亦不在免科減等之限。

［備考］

一、恐嚇不得財者，問不應重罪。

一、監臨恐嚇所部取財者，依挾勢求索。强者，准枉法論。

一、知人犯罪不虚，而恐嚇取財者，合計贓以枉法論。出《唐律》。

條例

280－01

一、監臨恐嚇所部取財者，依挾勢求索。强者，准枉法論。○知人犯罪不虚，而恐嚇取財者，合計贓以枉法論。

280－02

一、凡將良民誣指爲盜，及寄買賊贓，捉拿拷打，嚇詐財物，或以起贓爲由，沿房搜檢，搶奪財物，淫辱婦女，除真犯死罪外，其餘不分首從，俱發邊衛永遠充軍。誣指送官，依誣告論。淫辱婦女，依强姦論。

281　詐欺官私取財

凡用計詐僞欺瞞官私，以取財物者，並計詐欺之贓准竊盜論，免刺。若期親以下不問尊長卑幼、同居各居，自相欺詐［詐欺］者，亦依親屬相盜律，遞減科罪。〇若監臨主守，詐欺同監守之人取所監守之物者係官物，以監守自盜論。未得者，減二等。〇若冒認，及誆賺局騙，拐帶人財物者，亦計贓准竊盜論係親屬，亦論服遞減，免刺。

［纂註］

官、私二字平看。詐欺官，如知人有事在官，乃詭指官府名色，取人財物。詐欺私，如知人有事，乃詭設代伊營幹，而取人財物之類。並字，指官、私言。期親，兼同居、各居。律不言卑幼犯尊長，有犯亦得遞減，未得減二等，只就監守言。《律解》云，通承上文，非也。蓋竊盜不得財，止笞五十，而詐取至滿貫者，罪止杖一百、流三千里。未得財，乃杖九十、徒二年半，是浮於真盜之罪矣。監守本律，不言未得財，而此以監守盜論，乃言未得財，何也？監守之人，財自己掌，既曰盜，無不得財者。今曰詐欺，則庸或有未取者，或已取而未出倉庫，則財物有定數矣。事發，則據數依監守自盜論，減二等科罪。監守之物，物字兼財字。冒認以下，四［字］平説。冒，妄也；誆，哄也。賺者，得人財物，而不還之謂。局，曲也；騙者，躍然去而不顧之意。誆騙、局騙二者大略相似，而實不同，誆賺者誘之以言，局騙者誘之以術也。以手夾物，曰拐。帶者，如詐説與人寄物，而不送到，詐冒替人借物而不還之類。或云寄物不還，是受寄財産内詐言死失律，殊不知受寄是人託與他物，［物］雖不在而人猶在也。若拐帶，則誘言與人寄物，竟去而不見矣。此言凡用計策詭詐欺罔，或以官爲名，或以私爲名，而騙取人之財物者，不問官、私，並計其所詐取之贓，以一主爲重，併贓分首從，准竊盜論。一貫以下，杖六十，至一百二十貫，罪止杖一百、流三千里，爲從者減一等，免其刺字。若期親以下，不問同居異居，及尊長卑幼，有相詐以官私，而取財物者，亦計贓，依上親屬相盜律，遞減科罪。期親減凡人詐欺之罪五等，大功減四等，小功減三等，緦麻減二等，無服之親減一等。蓋竊盜者，窺事主之不見而竊之，詐欺者，欺事主之不覺而取之，事雖非盜，其心實盜，故准盜論。至監守之財物，則官財物也。若監臨官吏及主守之人，用計詐欺同監守之人，而取所監守之官物者，難准盜論矣。故以監守自盜，不分首從，併贓論，至四十貫斬，不滿貫，並刺字。若詐計已行，而財未入手，則據所詐説之數，依監守自盜論，減二等科罪，免刺字。與上有輕重之分，以財物有官私之别也。至若原非己物，而妄冒他人之物爲己物，曰冒認。及以巧言嘖誘他人，因取其財而不還，曰誆賺。或妝成圈套，使人入其中，而不得不與之財物，曰局騙。或夾取人之財物，而順帶以去，曰拐帶。四者其事不同，要之心跡詭秘，是亦盜也。故亦計其所得之贓，准竊盜論，爲從者亦各減一等，免刺。

［備考］

一、凡詐欺取財，及冒認等項，而未得財者，止坐不應笞罪。

條例

281－01

一、凡誆騙聽選官吏，及舉人、監生、生員人等財物，指稱買官賣缺，及買求中式等項，俱問罪，不分首從，於該衙門門首枷號三個月，發煙瘴地面充軍。其央浼營幹，致被誆騙者，免其枷號，亦照前發遣。

281－02

一、凡指稱内外大小官員名頭，并各衙門打點使用名色，誆騙財物，計贓犯該徒罪以上者，俱不分首從，發邊衛充軍。情重者，仍枷號二個月，發遣。如親屬指官誆騙，止依期親以下詐欺律，不可引例。

刪除明例 1 條

新頒條例

一、刑部等衙門，署部事、右侍郎等官臣沈等謹題，爲科場事完，磨出奸弊，謹用檢舉認罪，併祈皇上嚴究改正，以肅大典事。該本部會同都察院左副都御史詹等、大理寺卿鄭等題，今後凡鄉會試揭曉畢日，盡將取中及下第硃墨卷，都發與本生自行查檢明白，續將中式卷送部科等衙門磨對。如有誆騙人財物，割卷換卷，包許中式情弊，俱拿問，於該衙門門首，將大號枷枷號三個月，滿日發極邊煙瘴地面充軍。其央浼營幹之人，致被誆騙者，無論知情不知情、中式不中式，一概照前枷號發遣等因。於萬曆三十四年十一月初四日具題，初八日奉聖旨：是。這科場栽割一款，最可痛恨。依擬添載條例，永革弊端。欽此。已經備行部科等衙門，及各省直撫按衙門遵奉去後。至十二月初四日，續該刑科都給事中梁糾舉前事，至三十五年正月二十一日，節奉聖旨：鄭汝鐄情罪，雖例所不載，自應奏請定奪，何得拘泥常例？還著枷號三個月，滿日發遣，以雪公憤。仍改入例中，永絶奸弊。欽此。遵即改入，具本題知，纂入條例訖。於二月十七日奉聖旨：是。欽此。

282　略人略賣人

凡設方略而誘取良人爲奴婢，及略賣良人與人爲奴婢者，皆不分首從、未賣杖一百、流三千里；爲妻妾子孫者，造意杖一百、徒三年。因誘賣不從而傷被略之人者，絞監候；殺人者，斬監候。爲從各減一等。被略之人不坐。給親完聚。〇若假以乞養過房爲名，買良家子女轉賣者，罪亦如之。不得引例。若買來長成而賣者，難同此律。〇若和同相誘取在己，及兩相情願賣良人爲奴婢者，杖一百、徒三年；爲妻妾子孫者，杖九十、徒二年半。被誘之人減一等。仍改正給親。未賣者，各減已賣一等。十歲以下，雖和，亦同略誘法。被誘略者不坐。○若略賣和誘他人奴婢者，各減略賣和誘良人罪一等。○若略賣子孫爲奴婢者，杖八十。弟妹及姪、姪孫、外孫，若己之妾、子孫之婦者，杖八十、徒二年。略賣子孫之妾，減二等。同堂弟妹、堂姪及姪孫者，杖九十、徒二年半。和賣者，減略賣一等。未賣者，又減已賣一等。被賣卑幼雖和同，以聽從家長不坐，給親完聚。○其和略賣妻爲婢，及賣大功以下尊卑親爲奴婢者，各從凡人和略法。○若受寄所賣人口之窩主及買者知情，並與犯人同罪。至死減一等。牙保各減犯人一等，並追價入官。不知者俱不坐，追價還主。

［纂註］

此條首三節以凡人言，第四節以奴婢言，五節、六節以子孫妻妾親屬言，末節則總承之。然凡人奴婢，俱兼自己及他人。乞養過房與子孫以下，則專言賣與人也。首二節略賣爲奴婢者，不分首從，其餘俱分首從。首節方術略謀，謂以計取之也。傷人，殺人，人字說得廣。殺傷平人，雖各有本律，此重在略人上，故坐絞斬。觀强竊盜傷人律，自可類推。二節買良家子女轉賣，是隨買隨賣者。若買來長成而賣者，難用此律。三節和同，謂兩相情願也，如妻妾與夫不和，與人私約逃走而誘之之類。相誘、相賣平說，自頂和同來。未賣者句，止就本節言。上略賣，不言未賣者，惡其略取之情，不復從末減耳。被誘之人，不言給親完聚，彼既有罪，自當改正歸宗，故不言也。四節亦兼爲自己之奴婢、妻妾、子孫，及賣與人兩下說。五節專言賣爲奴婢，而不及妻妾子孫者，蓋賣姊妹與人爲妻妾，是嫁娶常事，賣妻妾與人爲妾，自有賣休律，而賣子孫爲子孫者，亦自有乞養律也。五節未賣者，承上略賣和賣說。又減一等，又字因上有減一等之文，故云又減一等，非止承和賣者。或疑上未賣有各字，而此用又字者何？上以誘人之人與被誘人俱有罪，故云各。若被賣卑幼，則無罪者，安得用各字也。被賣卑幼，子孫以下俱是。六節二賣字，俱兼和略言。大功以下親，通尊卑。七節牙保者，謂説合保領之人也。追價，指賣者所得之價，牙保、窩主所得之錢，故曰併追入官。此言凡設爲方術謀略，而誘取良人子女，在己爲奴婢，及略誘良人子女，賣與人爲奴婢者，不分首從，皆杖一百、流三千里。誘取在己，及賣與人，各爲妻妾子孫者，造意杖一百、徒三年。若因略誘不從，而毆傷其人，或毆在傍之人，及被略之父母者，絞；殺人者，斬。爲從者，各減一等。其被略之子女不坐罪，給親完聚。若假以乞養、過房爲名色，買良家子女，轉賣與人者，亦如略賣之罪。賣爲奴婢者，皆杖一百、流三千里；賣爲妻妾子孫者，爲首者亦杖一百、徒三年。蓋與上事同，而罪亦同也。若雖非略賣，但和同，或投其所欲，或乘其所便，與良人兩相情願，誘來在己爲奴婢，及相和賣與人爲奴婢者，杖一百、徒三年。相誘在己，及相賣與人爲妻妾子孫者，杖九十、徒二年半。被誘之人，既已聽從，安得無罪，故止減犯人一等，爲奴婢者，杖九十、徒二年半；爲妻妾子孫者，杖八十、徒二年。若將所和誘之人，隱藏遮寄，而猶未賣者，誘人之人與被誘者，各減已賣之罪一等，爲奴婢者，杖九十、徒二年半，被誘之人杖八十、徒二年；爲妻妾子孫者，杖八十、徒二年，被誘之人杖七十、徒一年半。蓋與上情異而罪異也。若被和誘之人，年在十歲以下者，無所知識，易爲欺騙，雖係和同，而誘人之人亦同上略誘法科斷，爲奴婢者，皆杖一百、流三千里；爲妻妾子孫者，爲首杖一百、徒三年，被誘之人不坐。以上俱以凡人言。若設方略而誘取他人奴婢在己，及賣與人，各爲奴婢者，皆杖一百、徒三年。誘取在己，及賣與人，各爲妻妾子孫者，爲首者杖九十、徒二年半。毆傷人者，杖一百、流三千里；殺人者，仍依良人故殺他人奴婢律絞，被誘之人不坐。若和誘他人奴婢爲奴婢，及賣與人爲奴婢者，杖九十、徒二年半；爲妻妾子孫者，杖八十、徒二年，被誘之人減一等。未賣者，各減已賣之罪一等，故曰各減略賣和誘良人罪一等。曰略賣，包誘言之；曰和誘，包賣言之，互相備也。其奴婢十歲以下，雖和亦同略誘之罪。以上專以奴婢言。若父略賣自己之子孫爲奴婢者，杖八十；賣己之弟妹，及姪、姪孫，若己之妾、子孫之婦者，視子孫爲稍疏矣，杖八十、徒二年。略賣子孫之妾者，減子孫之婦二等，杖六十、徒一年。賣同堂大功弟妹、小功堂姪，及緦麻堂姪爲奴婢者，視弟妹以下則又疏矣，杖九十、徒二年半。若和同相賣爲人奴婢者，各減略賣之罪一等。子孫，杖七十；弟妹及姪、姪孫、外孫、己之妾、子孫之婦，杖七十、徒一年半；子孫之妾，杖一百；同堂弟妹、堂姪，及姪孫者，杖八十、徒二年。未賣者，又減略賣和賣之罪一等。未賣子孫者，杖六十；弟妹以下，杖六十、徒一年；子孫之妾，杖九十；同堂弟妹以下，杖七十、徒一年半。被賣卑幼，以其專制於尊長，故不坐罪，給親完聚。若有殺傷，各從尊長毆卑幼本法，不在略毆之限。其略賣及和賣自己之妻，與人爲婢，及和略賣大功以下親，與人爲奴婢者，各從凡人和略法。其略賣者，皆杖一百、流三千里。和誘者，爲首杖一百、徒三年。和誘而未賣者，各減已賣一等。其有毆傷，依夫毆妻，及毆大功以下尊長卑幼本條科斷。夫奴婢而減凡人一等，良賤之分也，減其所不得不減。弟妹而下，以至大功以下親，漸加於子孫，親疏之别也，加其所不得不加矣。若窩主及買者，知其和略之情者，或爲奴婢，或爲妻妾子孫，並與犯人同罪，至死減一等；牙保引領知情，而賣爲奴婢、妻妾子孫者，各減犯人之罪一等，並追價入官。其窩主及買者，并牙保，不知其和略之情，不坐罪，仍追本價還主。

按：此律略賣爲首之人，當引例充軍。若買良家子女轉賣者，律雖曰罪亦如之，然不得引例充軍。凡律罪同者，例不得而同焉，以作律時未有例也，與律文原有充軍者不同。

條例

282 - 01

一、凡設方略，而誘取良人，與略賣良人子女，不分已賣未賣，俱問發邊衛充軍。若略賣至三口以上，及再犯者，用一百斤枷，枷號一個月，照前發遣。三犯者，不分革前革後，發極邊衛分，永遠充軍。其窩主與買主，并牙保人等知情者，各依律治罪，婦人有犯，罪坐夫男。若不知情，及無夫男者，止坐本婦，照常發落。

282－02

一、將腹裏人口用强略賣，與境外土官土人峒寨去處圖利，除殺傷人，律該處死外，若未曾殺傷人，比依將人口出境律絞。爲從者，文官問革，武官調煙瘴地面衛分，帶俸差操。軍民人等，發邊衛永遠充軍；原係邊衛者，改發極邊衛充軍［分］。

283 發塚

凡發掘他人墳塚，見棺槨者，杖一百、流三千里。已開棺槨見屍者，絞監候。發而未至棺槨者，杖一百、徒三年。招魂而葬亦是。爲從減一等。若年遠塚先穿陷，及未殯埋，而盜屍柩屍在柩未殯，或在殯未埋者，杖九十、徒二年半。開棺槨見屍者，亦絞。雜。其盜取器物磚石者，計贓准凡盜論，免刺。○若卑幼發五服以内尊長墳塚者，同凡人論。開棺槨見屍者，斬監候。若棄屍賣墳地者，罪亦如之。買地人、牙保知情者，各杖八十，追價入官，地歸同宗親屬，不知者不坐。若尊長發五服以内卑幼墳塚，開棺槨見屍者，緦麻，杖一百、徒三年；小功以上，各遞減一等。祖父母、父母發子孫墳塚，開棺槨見屍者，杖八十。其有故而依禮遷葬者，尊長、卑幼俱不坐。○若殘毀他人死屍，及棄屍水中者，各杖一百、流三千里。謂死屍在家，或在野未殯葬，將屍焚燒支解之類。若已殯葬者，自依發塚開棺槨見屍律，從重論。若毀棄緦麻以上尊長未葬死屍者，斬監候。棄他人及尊長而不失其屍，及毀而但髡髮若傷者，各減一等。凡人減流一等，卑幼減斬一等。毀棄緦麻以上卑幼，各依凡人毀棄，依服制遞減一等。毀棄子孫死屍者，杖八十。其子孫毀棄祖父母、父母，及奴婢、雇工人毀棄家長死屍不論殘失與否者，斬監候。律不載妻妾毀棄夫屍，有犯，依緦麻以上尊長律，上請。○若穿地得無主死屍，不即掩埋者，杖八十。若於他人墳墓爲熏狐狸，因而燒棺槨者，杖八十、徒二年；燒屍者，杖一百、徒三年。若緦麻以上尊長，各遞加一等。燒棺槨者，各加爲杖九十、徒二年半。燒屍者，遞加爲杖一百、流三千里。不可依服屬各遞加，致反重於祖父母、父母也。卑幼，各因其服依凡人遞減一等。若子孫於祖父母、父母，及奴婢、雇工人於家長墳墓熏狐狸者，杖一百；燒棺槨者，杖一百、徒三年；燒屍者，絞監候。○若平治他人墳墓爲田園者雖未見棺槨，杖一百。仍令改正。於有主墳地内盜葬者，杖八十，勒限移葬。若將尊長墳塚平治作地，得財賣人，止問誆騙人財，亦不可作棄屍賣墳地斷。買主知情，則坐不應事重，追價入官；不知情，追價還主。至計贓輕者，亦杖一百。○若地界内有死人，里長、地鄰不申報官司檢驗，而輒移他處，及埋藏者，杖八十；以致失屍者，首杖一百。殘毁及棄屍水中者，首杖六十、徒一年。殘棄之人，仍坐流罪。棄而不失，及髡髮若傷者，各減一等。杖一百。若鄰里自行殘毁，仍坐流罪。因而盜取衣服者，計贓准竊盜論，免刺。

［纂註］

招魂而葬，謂棺槨中具有衣冠木主而葬者。亦是二字，承上三者説。屍柩，謂屍在柩也，不可分。或以屍柩二字，承上殯埋二字言，未殯盜屍，未埋盜柩。不知殯者賓也，《禮》曰，以棺入於肂中，而塗之，謂殯；《説文》曰，死在棺，將遷葬柩，賓遇之，謂死者將殯，故以賓禮處之，安得謂未殯而盜其屍耶？卑幼發尊長，此尊長，祖父母、父母皆在其中。賣墳地而未棄屍，止依發塚見棺槨律。發卑幼子孫墳，不言見棺槨，及下不言棄而不失，與髡髮若傷之罪，俱得勿論。三節子孫與雇工人，雖不言棄而不失等項，有犯即坐斬，不論其失與不失也。四節各遞加一等，宜照上燒棺燒屍，各遞加之，與官内忿爭條，毆内遞加同例。或謂當依喪服遞加之，若然燒大功棺者，已加入於流，而燒祖父母棺者，反止坐徒耶？恐倒置也。五節殘毁以下，俱就地鄰、里長言。前言殘毁及棄屍者，杖一百、流三千里，而地鄰、里長止杖六十、徒一年者，蓋前之棄毁，或有讐隙別故，有心以殘棄，此出於無心，故其罪不同耳。《瑣言》以以致一［二］字貫下數句，而殘毀等項俱屬之他人，而里長、地鄰止坐所因之罪。若里長、地鄰自行殘毀，仍坐流罪，此又深一層矣。此言塚墳，死者之所藏，非人可發掘者。凡無故發掘他人墳塚，但見棺槨者，杖一百、流三千里；已開棺槨而見屍者，絞。發塚而未到棺槨者，杖一百、徒三年。其招魂而葬者，雖曰無屍，發之者，亦以有屍論。未到棺槨者，杖一百、徒三年；見棺槨者，杖一百、流三千里；開棺槨者，絞。若人之墳塚，或年遠土崩，已先穿陷，及屍在柩未殯，或在殯未埋，有因而盜取屍柩，則與發塚者異矣，故杖九十、徒二年半。若開棺槨見屍者，斬，明其與凡人異也。若棄置尊長之屍，而賣其墳地與人者，罪亦如之。未見屍，同凡人論，見屍者斬。其買墳地人，及牙保人，知其棄屍之情者，各杖八十。卑幼所得之價，牙保所得之錢，俱追入官。地歸卑幼同宗親屬主管，不歸原主者，屍已棄置，無可復葬也。買地人、牙保不知情者，不坐罪。若尊長發卑幼墳塚，開棺槨見屍者，卑幼係緦麻，杖一百、徒三年，小功以上至期親，各遞減一等，小功杖九十、徒二年半，大功杖八十、徒二年，期親杖七十、徒一年半。雖棄而不失，及毀而但髡髮若傷者，緦麻杖九十、徒二年半，小功杖八十、徒二年，大功杖七十、徒一年半，期親杖六十、徒一年。若祖父棄子孫死屍者，杖八十。其子孫毀棄祖父母、父母，及奴婢、雇工人棄毀家長死屍者，不論失不失及傷否，俱坐斬。以上俱自未殯埋而棄毀者言之。若穿鑿自山地土，得他人死屍，不即時掩埋而暴露之者，雖出無心，即杖八十。若於他人墳塚内用火熏燒，以取狐狸，因而燒毀棺槨者，杖八十、徒二年。燒及其屍者，杖一百、徒三年。於緦麻以上，至期親尊長墳内熏狐狸者，各遞加一等；燒棺槨者，杖九十、徒二年半；燒屍者，杖一百、流三千里。尊長於緦麻以上卑幼墳内熏狐狸者，各依凡人遞減一等。燒棺槨者，緦麻杖七十、徒一年半，小功杖六十、徒一年，大功杖一百，期親杖九十。燒屍者，緦麻杖九十、徒二年半，小功杖八十、徒二年，大功杖七十、徒一年半，期親杖六十、徒一年。若子孫於祖父母、父母，及奴婢、雇工人於家長墳墓熏狐狸者，杖一百，燒棺槨者杖一百、徒三年。燒及其屍者絞，而視棄毀者則有間矣。若將他人墳墓平治爲田園種植，未見棺者，不論有主無主，即杖一百。於他人有主墳地内不令得知，而將已棺槨盜葬其中者，以未侵其墳地故，杖八十，官司勒期遷葬别處。若地主界限内，若某都某里有死人身屍，本管之里長、地鄰，即當申報官司，差人檢驗，挨究致死根由明白，方可移徙别處，或係無主，許令領埋。若不申報官司檢驗，而輒擅移他處，及私自埋葬者，杖八十。埋藏不固，以致本屍失去者，杖一百。若殘毀其屍，及棄置水中者，杖六十、徒一年。雖棄而不失，及髡髮若傷者，各減棄毀一等，杖一百。若因移埋毀棄，而盜取其屍穿衣服者，計贓准竊盜論，免刺，其視發塚者則有間矣。

［備考］

一、凡於他人及尊長墳塚内熏狐狸，未燒棺槨者，並以不應事重論。

按：律不載妻妾棄毀夫屍，有犯比依緦麻以上尊長律，上請。

條例

283－01

一、凡發掘貝勒、貝子、公、夫人等［王府將軍、中尉、夫、淑人等］及歷代帝王、名臣先賢墳塚，開棺爲從，與發見棺槨爲首者，俱發邊衛。發見棺槨爲從，與發而未至棺槨爲首，及發常人塚，開棺見屍爲從，與發見棺槨爲首者，俱發附近，各充軍。如有糾衆發塚起棺，索財取贖者，比依强盜得財律，不分首從，皆斬。

284　夜無故入人家

凡夜無故入人家内者，杖八十。主家登時殺死者，勿論。其已就拘執，而擅殺傷者，減鬬殺傷罪二等。至死者，杖一百、徒三年。

［纂註］

此條全重在無故、登時四字。殺傷，是有傷而未至死者。言凡昏夜無有事故，而進入他人家内者，杖八十。其主家知覺，即時格殺而死者，勿論。蓋無故而來，其意莫測，登時被殺，事出卒然，故宥之耳。若其人已就拘住執縛，即當送官，豈得擅殺，而有自殺傷者，減鬬殺律鬬而殺傷罪二等。如以他物毆人成傷者，笞四十，已執而他物傷之者，笞二十。如毆至篤疾者，杖一百、流三千里，已執而毆至篤疾者，杖九十、徒二年半之類。若已執而毆至死者，止杖一百、徒三年，而不用至死者絞之律矣。

按：罪人拒捕條，已就拘執而殺，以鬬殺傷論，與本條不同，何也？蓋曰罪人以屬在官，不過欲得其人耳。若此條雖就拘執，尚在本家，非在官之人也。情有不同，罪難一律。

285　盜賊窩主

凡强盜窩主造意，身雖不同行，但分贓者，斬。若行則不問分贓、不分贓，只依行而得財者，不分首從，皆斬。若不知盜情，只是暫時停歇者，止問不應。若不同行又不分贓者，杖一百、流三千里。共謀其窩主不曾造謀，但與賊人共知謀情者，行而不分贓，及分贓而不行，皆斬。若不行又不分贓者，杖一百。○竊盜窩主造意，身雖不行，但分贓者，爲首論。若不行又不分贓者，爲從論減一等，以臨時主意上盜者爲首。其窩主若不造意，而但爲從者，行而不分贓，及分贓而不行減造意一等，仍爲從論。若不行又不分贓，笞四十。○若本不同謀，偶然相遇共爲强竊盜，其强盜固不分首從，若竊盜則以臨時主意上盜者爲首，餘爲從論。○其知人略賣和誘人，及强竊盜後，而分所賣所盜贓者，計所分贓，准竊盜爲從論，免刺。○若知强竊盜贓，而故買者，計所買物，坐贓論。折半科罪。知而寄藏者，減故買一等，各罪止杖一百。其不知情，誤買及受寄者，俱不坐。

［纂註］

窩主，窩藏强竊盗之主。若不知盗情，只是暫時停歇者，不得用此律，問不應可也。造意，謂謀始於窩主也。共謀，則相與商議之耳。二節其爲從者，亦指窩主，謂先有造意者，而後窩主從之也。三節相遇共盗泛言，不必專爲窩主。四節言分盗贓之事，分贓通上略賣和誘，及强竊盗言。諸書俱謂知盗後分贓，不論和同，有所取予，及求索騙詐，俱是以求索嚇詐，係常人之贓，法應還主，盗贓自當入官故耳。不知各依本律問擬，而贓自入官，亦無妨也。此言凡强盗窩藏之主，其起謀倡人爲盗者，身雖不行，但曾分贓者，即斬。若但造意而不行，又不分贓者，杖一百、流三千里。窩主不造意，而止共與盗謀者，或行而不分贓，分贓而不行者，其爲强盗得財一也，不分首從，皆斬。觀共謀者行而不分贓亦坐斬，在造意者可知矣。其雖係共謀，若不行又不分贓者，止杖一百。若竊盗窩主，其有造意爲盗者，身雖不行，但分贓者，即爲竊盗首論。若雖係起謀，而不同行，又不分贓者，爲竊盗論，減一等，却以臨行盗之時主意上盗，即主强行事者，爲竊盗首。其窩主初不造意，而但預於隨從之列者，若同行而不分贓者，及不行而分贓者，以其始謀也，仍得爲從論，減造意者一等，並刺字。若雖係預謀而不行，又不分贓者，止笞四十。以上皆自造意與共謀者言之。若本不同謀，卒然遇合，相率爲竊盗，俱以相遇之時，初舉意上盗之人爲首，餘人各爲從論，減一等。其知人設方略，或和誘人轉賣得財，及行强竊盗得財之後，而分其所得之贓者，並計其所分入己之贓，准竊盗爲從論，免刺。若知强竊盗之贓而故買者，計所買本物應值，坐贓論，折半科罪。若知係强竊盗贓，而爲其寄放隱藏者，減故買者一等。如故買者七十貫，坐贓該杖九十，寄藏者七十貫，減一等，杖八十之類。各罪止杖一百。計贓未至杖一百，故買者依本律科斷，寄藏者減一等。若贓重該杖一百以上者，俱用止杖一百之律矣。其不知係是强竊盗贓，而誤買及受寄者，俱不坐罪。

按：强盗律，已行而不得財者，杖一百、流三千里。今窩主行而不分贜，亦坐斬，何也？蓋自失主言之曰財，自盜言之曰贜，律曰不分贜，是已得財矣。若未得財，又何贜可分耶？況始則窩藏，中則共謀，終又同往，其情之可惡，孰甚焉？故加盜一等。

［備考］

一、凡監守常人，知情分受監守常人盜贜，及故買者，仍以盜官錢糧科斷。

條例

285－01

一、凡推鞫窩主，窩藏分贜人犯，必須審有造意共謀實情，方許以窩主律論斬。若止是勾引容留，往來住宿，並無造意共謀情狀者，但當以窩藏例發遣，毋得附會文致，概坐窩主之罪。

285－02

一、凡各處大户家人佃僕，結搆爲盜，殺官刼庫，刼獄放火，許大户隨即送官追問。若大户知情故縱，除真犯死罪外，其餘徒流杖罪，屬軍衛者，發邊衛；屬有司者，發附近，各充軍。

285－03

一、凡皇親功臣管莊家僕佃户人等，及諸色軍民大户，勾引來歷不明之人，窩藏强盜二名以上，竊盜五名以上，坐家分贜者，俱問發邊衛充軍。若有造意共謀之情者，各依律從重科斷。干礙勳戚，參究治罪。

285－04

一、凡各處無籍之徒，引賊刼掠，以復私讎，探報消息，致賊逃竄者，比照姦細律條處斬，梟首示衆。

285－05

一、知强竊盜贜，而接買受寄，若馬騾等畜，至二頭匹以上，銀貨坐贜，至滿數［貫］者，俱問罪，不分初犯再犯，枷號一個月發落。

若三犯以上，不拘贓數多寡，與知强盜後而分贓至滿數［貫］者，俱免枷號，發邊衛充軍。

刪除明例 1 條

一、弘治十八年三月初四日，節該欽奉孝宗皇帝聖旨：今後捕獲强盜，不許私下擅自拷打，俱送問刑衙門，務要推究得實。若狥情扶同，致有冤枉，一體重罪不饒。欽此。

286　共謀爲盜此條專爲共謀而臨時不行者言。

凡共謀爲强盜，數内一人臨時不行，而行者却爲竊盜，此共謀而不行者曾分贓，但係造意者即爲竊盜首，果係餘人並爲竊盜從。若不分贓，但係造意者即爲竊盜從，果係餘人並笞五十，必查以臨時主意上盜者爲竊盜首。○其共謀爲竊盜，數内一人臨時不行，而行者爲强盜，其不行之人係造意者曾分贓，知情不知情，並爲竊盜首。係造意者但不分贓，及係餘人而曾分贓，俱爲竊盜從。以臨時主意，及共爲强盜者，不分首從論。

［纂註］

此條專主共謀爲盜，而臨時不行之人言，非窩主也。所稱造意及餘人，皆指臨時不行之人。或以餘人兼行與不行者言，非也。知情不知情，指所分之贓。竊盜窩主不行，不分贓，止笞四十。今共謀者反笞五十，其罪更重者，惡其共謀爲强盜也。此條稱竊盜首從皆刺字，言凡有人共謀，原欲强盜，臨上盜之時，數内一人不行，而行者却爲竊盜，彼共謀而不行之人，若分其竊盜之贓，則不行者係比先造意爲强盜之人，併贓爲竊盜首。若非造意，但係共謀之餘人，則並爲竊盜從。若不行者，又不分贓，係造意者，爲竊盜從。若係共謀之餘人，並笞五十。然造意不行者，已爲竊盜之從，却於行者之人内，以臨時主意爲竊盜者爲竊盜首，其餘皆爲竊盜從矣。其本共謀爲竊盜，臨上盜之時，數内一人不行，而行者却爲强盜，若不行者原係造意爲竊盜之人，而分受其强盜之贓，不問其知爲强盜、不知爲强盜，並以所分贓，一主爲重，並爲竊盜首。若不行之人，係造意而不曾分贓，或不造意，止是共謀之餘人，而却分贓，俱爲竊盜從，亦以臨上盜之時，主意爲强盜及隨從而共爲强盜者，不分首從，皆斬。夫共謀爲强盜，行者爲竊，而不行者即從竊盜論；共謀爲竊盜，行者爲强，而不行者仍從竊盜論，一則原其始，一則與其終，所以啓人自新者至矣。

按：律文不言竊盜餘人不分贓之罪，以上餘人例之，當笞四十。或疑同竊盜窩主，當勿論爲是，不知共謀爲盜，而置之勿論，豈設律之意哉?

287　公取竊取皆爲盜

凡盜，公取、竊取皆爲盜。公取，謂行盜之人，公然而取其財，如强盜搶奪。竊取，謂潛行隱面，私竊取其財，如竊盜掏摸，皆名爲盜。器物錢帛以下兼官、私言之類，須移徙已離盜所方謂之盜，珠玉寶貨之類，據入手隱藏，縱在盜所未將行，亦是爲盜。其木石重器，非人力所勝，雖移本處，未駝載間，猶未成盜，不得以盜論。牛馬駝騾之類，須出闌圈，鷹犬之類，須專制在己，乃成爲盜。若盜馬一匹，別有馬隨，不合併計爲罪。若盜其母而子隨者，皆併計爲罪。○此條乃以上盜賊諸條之通例。未成盜，而有顯跡證見者，依已行而未得財科斷。已成盜者，依律以得財科斷。

［纂註］

此條乃以上盜賊諸條之通例。公取，若强盜搶奪之類。私取，若竊盜掏摸之類。器物錢帛以下，俱兼公私言。未成盜，而有顯跡證見者，依已行而未得財科斷。此言凡律稱盜云者，如行盜之人，不畏事主，公然而取其財，曰公取；或畏人之知，而潛形隱面，私竊取其財，曰竊取。二者所取不同，其心一也，故皆謂之曰盜。然盜不可一概論，如盜官私一應器物錢帛之類，必須移動遷徙，已離行盜之所，乃謂之盜。若珠玉寶貨，物輕易藏者，但據其已盜，入手隱藏，縱在盜所，尚未將去者，亦謂之盜。若樹木、磚石重器，非人力所勝，雖離本處，未及駝載而去，猶未成盜，不得以盜論。其盜馬牛駝騾之類，必須已出本家闌圈之內，及鷹犬之類，俱已就羈縶，或收或放，專制在己者，乃作爲盜。凡若此者，皆依律以得財科斷。合公私以盜論者，誅其心也，權事物而坐罪者，原其情也，以此刑人，自無不當者矣。

288 起除刺字

凡盜賊，曾經刺字者，俱發原籍，收充警跡。該徒者，役滿充警。該流者，於流所充警。若有起除原刺字樣者，杖六十，補刺。收充警跡，謂充巡警之役，以踪跡盜賊之徒。警跡之人，俱有册籍，故曰收充。若非應起除，而私自用藥或火，炙去原刺背膊上字樣者，雖不爲盜，亦杖六十，補刺原刺字樣。

［纂註］

警是巡警之意，跡如踪跡之跡。謂充巡警之役，以踪跡盜賊之徒，蓋以盜捕盜之法也。警跡之説不一，而此説近是。觀《大明令》中，許其拏獲别賊，與其起除字，可見此警跡之人，俱有册籍，故曰收充。此言凡盜係官錢糧，及竊盜掏摸搶奪之類，一應盜賊，事發在官，曾經刺字者，杖罪以上決訖，俱發原籍地方，收充警跡。犯該徒罪者，照徒年限滿，放發原籍充警。犯該流罪者，即於配所充警。若有非應起除，而私自用藥或火，炙去原刺背膊上字樣者，雖不爲盜，亦杖六十，補刺其原刺字樣。既刺字以辱其身，又充警以熄其類，彌盜之法，至是其曲盡矣。

大清律集解附例卷之十九

刑律　人命

289　謀殺人

凡謀或謀諸心，或謀諸人殺人，造意者斬監候，從而加功者絞監候，不加功者，杖一百、流三千里。殺訖乃坐。若未曾殺訖，而邂逅身死，止依同謀共毆人科斷。○若傷而不死，造意者絞監候，從而加功者，杖一百、流三千里，不加功者，杖一百、徒三年。○若謀而已行，未曾傷人者，造意爲首者杖一百、徒三年，爲從者同謀同行各杖一百。但同謀者雖不同行，皆坐。○其造意者通承已殺、已傷、已行三項，身雖不行，仍爲首論。從者不行，減行而不加功者一等。○若因而得財者無問殺人與否，同强盜，不分首從論，皆斬。行而不分贓，分贓而不行，及不行又不分贓者，皆仍依謀殺論。

［纂註］

謀字説得廣，凡有讐嫌，設計定謀而殺害之者，俱是。謀與故字不同，商量謂之謀，有意謂之故。從，謂從造意者之謀。加功，謂殺人時爲之助力者。加功，即下手之謂。諸書謂，瞭望喝㖓，推擁恐嚇，但助一言者，俱爲功。夫推擁其情較重，坐以加功猶可，若瞭望喝㖓，凡同行皆有之，若坐加功，雖百十人，俱坐絞矣，恐太重，只作同謀可也。三節爲從，是同謀同行者。又云，但同謀者皆坐，則雖不同行者亦坐。其造意一節，總承上言。以上諸條，謀殺雖有不同，其論首從，亦當依此言。凡謀諸人，或謀諸心，以殺害人者，必要追究起初造謀之人，坐以斬罪。若從其謀，而助力下手者，絞。但與謀同行，不曾加功者，杖一百、流三千里，然必其人殺訖，乃坐此律。若謀殺人，其人已傷，而猶幸不死者，造意者坐絞，從而加功者杖一百、流三千里，不加功者杖一百、徒三年。若殺人之謀已行，而其人猶未傷者，造意杖一百、徒三年，爲從者各杖一百。但與同謀者，皆坐杖一百，以未傷人，故無加功、不加功之别也。此乃謀而同行者之罪。若造意謀之人，其身雖不親行，仍爲首論，已殺者斬，傷人者絞，未傷人者杖一百、徒三年。若從其謀，而不行者，減行而不加功者一等，殺人者杖一百、徒三年，傷人者杖九十、徒二年半，未傷人者杖九十。此乃謀而不行者之罪。然皆未得財，故分首從論。若謀殺人，因而得所殺人財物者，無問殺人與否，並同强盗，不分首從論，皆斬。其造意同謀者，行而不分贓，分贓而不行者，皆依强盗論罪。

按：律云，因而得財，同强盗不分首從論。其同謀不行之人，不分贓者，仍依謀殺論爲是，以所謀者原爲殺人，而不在得財也。觀共謀爲盗條可推矣。

條例

289－01

一、凡勘問謀殺人犯，果有詭計陰謀者，方以造意論斬。助毆傷重者，方以加功論絞。謀而已行，人贓見獲者，方與强盗同辟。毋得據一言爲造謀，指助勢爲加功，坐虚贓爲得財，一概擬死，致傷多命。

刪除明例 1 條

新頒條例

一、刑部題爲議處難結人命事。該四川司呈本部題，犯人王和、吴仲金姦殺張氏，獄情無證難結。今後重辟如吴仲金、王和類者，照依本律，先擬成獄，請旨監候，待決少緩。其如證佐續獲，仍請明旨處決。如證佐不獲，備每年矜疑之用等因。具題，奉聖旨：是。欽此。

290　謀殺制使及本管長官

凡奉制命出使，而所在官吏謀殺，及部民謀殺本屬知府、知州、知縣，軍士謀殺本管指揮、千户、百户，若吏卒謀殺本部五品以上長官，已行未傷者，首杖一百、流二千里。已傷者，首絞。流絞俱不言皆，則爲從各減等。已殺者，皆斬。官吏謀殺監候，餘皆決不待時。下斬同。〇其從而不加功及不行者，及謀殺六品以下長官，及府州縣佐貳、首領官，本條俱不載，各依凡人謀殺論。

［纂註］

制使，如巡按行人等官，及凡奉制命出使者皆是。部民曰本屬，軍士曰本管，吏卒曰本部，何也？蓋屬者有附屬之意，府州縣官以牧民爲責，爲斯民所附屬者，故曰本屬。若軍官止管束軍士，部官止役使［吏］卒者也，義各不同耳。此言凡奉朝廷制命，出使於外，而官吏有謀殺之者，及所部之民，謀殺本屬提調、知府、知州、知縣者，軍士謀殺本管指揮、千百户，吏卒謀殺本部五品以上長官者，其事雖殊，其情則一，故其謀已行，未曾傷人，造意者杖一百、流三千里，爲從者杖一百、徒三年。已傷而不死，造意者絞，爲從者杖一百、流三千里。已殺者，不分首從，皆斬。觀曰本屬、本管、本部，則非本屬、本管、本部，及府州縣佐貳、首領官，與本部六品以下長官，律不著其罪，但依謀殺人科斷可知。

291 謀殺祖父母父母

凡謀殺祖父母、父母及期親尊長、外祖父母、夫、夫之祖父母、父母已行不問已傷、未傷者，預謀之子孫，不分首從皆斬。已殺者，皆凌遲處死。其爲從，有服屬不同，自依緦麻以上律論。凡人，自依凡論。凡謀殺服屬，皆倣此。謀殺緦麻以上尊長已行者，首杖一百、流二千里，爲從杖一百、徒三年；已傷者，首絞。爲從加功、不加功，並同凡論。已殺者，皆斬。不問首從。其尊長謀殺本宗及外姻卑幼已行者，各依故殺罪減二等，已傷者減一等，已殺者依故殺法。依故殺法，謂各依鬬毆條内尊長故殺卑幼律問罪。〇若奴婢及雇工人，謀殺家長，及家長之期親、外祖父母，若緦麻以上親者兼尊卑言，罪與子孫同。若已贖身，當同凡論。

［纂註］

首節言已行者皆斬，包已傷者言。尊長謀殺卑幼，祖父母、父母在其中。或云謀殺緦麻以上尊長，俱照律擬斷，惟弟妹謀殺兄之妻，當依鬬毆律，依凡人論坐絞，非也。蓋彼自毆言，此則重在謀殺，故曰皆斬。若下明開依鬬毆條律論，斯無復可疑矣。末言期親及緦麻以上期親，俱兼尊卑言。此言凡子孫謀殺祖父母、父母、期親尊長，外孫謀殺外祖父母，妻妾謀殺夫，及夫之祖父母、父母，此綱常之變，罪莫大焉。故已行者，不問傷人未傷人，不問首從，皆斬。已殺訖者，皆凌遲處死。若卑幼謀殺本宗外姻緦麻以上尊長，已行而未傷人，造意者杖一百、流二千里，已傷者絞，爲從者各減一等。已殺者，不分首從，皆斬。此節言爲從之人，有服屬不同，各依服論。無服者，依凡律已行已傷，各依首從犯論。若尊長謀殺本宗及外姻有服卑幼，其已行而未曾傷人者，各依鬬毆本條故殺罪減二等，已傷者減一等，已殺者依故殺法。如祖父母、父母故殺子孫，該杖六十、徒一年，謀殺已行，減二等，則杖九十；已傷，減一等，杖一百；已殺，則杖六十、徒一年。祖父母、父母故殺子孫之婦，兄姊妹故殺弟妹，伯叔故殺姪、姪孫，外祖父母故殺外孫，該杖一百、流二千里，謀殺已行，減二等，則杖九十、徒二年半；已傷，減一等，則杖一百、徒三年；已殺，亦杖一百、流二千里。緦麻以上尊長故殺同堂弟妹、堂姪及姪孫者絞，謀殺已行，減二等，杖一百、徒三年；已傷，減一等，杖一百、流三千里；已殺者，亦絞也。若奴婢及雇工人謀殺家長之期親外祖父母，若緦麻以上親者，罪與子孫同。謀殺外祖父母以上已行者該斬，已殺者皆淩遲處死。謀殺緦麻以上親已行，爲首者杖一百、流三千里；已傷，爲首者絞，爲從者各減一等；已殺者，皆斬。蓋奴婢、雇工人，雖無倫理，而名分之重，與子孫不異故也。

條例

291 －01

［新題例］

一、［萬曆十六年正月，題奉欽依：今後在外衙門，］凡［如有］子孫謀殺祖父母、父母者，巡按御史會審情真，即單詳到院，院寺即行單奏。決單到日，御史即便處決。如有監故在獄者，仍戮其屍。

292　殺死姦夫

凡妻妾與人姦通，而本夫於姦所親獲姦夫、姦婦，登時殺死者，勿論。若止殺死姦夫者，姦婦依和姦律斷罪，入官爲奴［從夫嫁賣］。或調戲未成姦，或雖成姦，已就拘執，或非姦所捕獲者，皆不得拘此律。〇其妻妾因姦同謀殺死親夫者，淩遲處死，姦夫處斬監候。若姦夫自殺其夫者，姦婦雖不知情，絞監候。〇登時姦所獲姦，止殺姦婦，或非姦所，姦夫已去，將姦婦逼供而殺，俱依毆妻至死。〇已離姦所，本夫登時逐至門外殺之，止依不應杖。非登時，依不拒捕而殺。〇姦夫奔走良久，或趕至中途，或聞姦次日追而殺之，並依故殺。〇姦夫已就拘執而毆殺，或雖在姦所捉獲，非登時而殺，並須引夜無故入人家，已就拘執而擅殺至死例。〇本夫之兄弟，及有服親屬，或同居人，或應捕人，皆許捉姦。其婦人之父母、伯叔、姑、兄姊、外祖父母捕姦，殺傷姦夫者，與本夫同。但卑幼不得殺尊長，犯則依故殺伯叔母姑兄姊律科。尊長殺卑幼，照服輕重科罪。○弟見兄妻與人行姦，趕上殺死姦夫，依罪人不拒捕而殺。○外人或非應捕人有殺傷者，並依鬬殺傷論。姦婦自殺其夫，姦夫果不知情，止科姦罪。○因姦謀殺本夫，傷而不死，姦婦依謀殺夫已行，斬。姦夫依謀殺人傷而不死，從而加功，滿流；若是造意，依造意，絞。○姦夫自殺夫之父母，以便往來，姦婦雖不知情，亦絞。○嫂叔通姦，有指實，本夫得知，不於姦所而殺二命，依本犯應死而擅殺。○以上先須姦情確審得實乃坐。

［纂註］

此條全要看姦通、姦所，及登時字樣。若止是調而未成姦，成姦而非姦所捕獲者，皆不得拘律。妻妾謀殺親夫，須殺訖乃坐。若傷而不死，姦婦依謀殺夫已行者斬，姦夫依謀殺人造意，或爲從科斷。此言凡妻妾與人姦通，而本夫於行姦之所，親自捉獲姦夫姦婦，登時於姦所殺訖者，勿論其殺人之罪。和姦，有夫杖九十，刁姦杖一百，姦婦聽從本夫嫁賣。其妻妾因與人通姦，而姦夫同謀殺死親夫者，妻妾淩遲處死，姦夫處斬。若姦夫不與姦婦通謀，而自殺其夫者，姦婦雖不知情，亦坐絞罪，蓋禍之所由階也。

［備考］

一、姦婦自殺其夫，而姦夫原不與謀者，自依常律科斷。

條例

292－01

一、本夫拘執姦夫姦婦，而毆殺者，比照夜無故入人家，已就拘執而擅殺至死律條科斷。

293　謀殺故夫父母

凡改嫁妻妾謀殺故夫之祖父母、父母者，並與謀殺見奉舅姑罪同。若妻妾被出，不用此律。若舅姑謀殺已故子孫改嫁妻妾，依故殺律，已行已傷，亦各減一等。○若奴婢不言雇工人，舉重以見義謀殺舊家長者，以凡人論。謂將自己奴婢轉賣他人者，皆同凡人。餘條准此。

［纂註］

律明言故夫，則犯夫而被出者，不得用此律。二節不言雇工人，舉重以見義耳。奴婢，或云凡轉賣及逐出另居者，俱以凡論。不知律註止開轉賣他人，則不得兼別項可知。此言凡妻妾夫亡改嫁他人，而謀殺故夫之祖父母、父母者，並與謀殺見奉舅姑同罪，以其義未絶也。謀已行者，皆斬；已殺者，皆凌遲處死。若奴婢已轉賣與他人，而謀殺舊家長者，以凡人謀殺人律論，造意者斬，從而加功者絞，不加功者杖一百、流三千里。蓋轉賣他人，則義已絶，故同凡人也。

按：律止著妻妾謀殺故夫之祖父母、父母之罪，而不言舅姑謀殺已故子孫改嫁妻妾之罪，有犯當依故殺法科斷。蓋改嫁之婦，既不絶於舅姑，而舅姑安得獨絶其改嫁之婦？觀鬬毆律云，舅姑毆已故子孫改嫁妻妾者，亦與毆子孫婦同，又安得於謀殺而獨異也？

294　殺一家三人

凡殺一家謂同居，雖奴婢、雇工人皆是。或不同居，果係父子兄弟至親，亦是非真犯死罪三人，及支解活人但一人即坐，雖有罪亦坐，不必非死罪三人也者，首凌遲處死，財産斷付死者之家，妻子不言女，不在緣坐之限流二千里，爲從加功者斬。財産妻子，不在斷付應流之限。不加功者，依謀殺人律減等。若將一家三人先後殺死，則通論。若本謀殺一人，而行者殺三人，不行之人造意者斬，非造意者，以從者不行，減行者一等論，仍以臨時主意殺三人者爲首。

［纂註］

此條要看一家，及非死罪字眼。此殺字，活看，不專指謀故殺，如放火行盜而殺之皆是。一家，謂同居共財，不限籍之同異。雖奴婢、雇工人，亦准三人之類。若不同居，果係父子兄弟至親，亦是。然須三人皆無應死之罪者，方用此律。若三人之內，有一人犯該死罪，或不係一家者，皆不得用此律，止依謀故鬬殺科斷。支解人，謂將活人支解，如五馬分屍之類，不必三人，亦不必非死罪。若將人殺死良久，或焚剉其屍以滅跡者，非支解矣。言凡殺人一家非死罪者三人，及將人四支解折，以致死者，二者罪大惡極，故爲首者凌遲處死，財産斷付被殺之家收掌。其妻與子，流二千里地面，不言女者，不得緣坐矣。其爲從者，不問加功、不加功，皆斬，財産妻子，不在斷付應流之限。

按：初本謀殺一人，臨時不行，而行者却殺三人，其不行係造意者，依謀殺人律斬。若爲餘人，則減行而不加功一等，杖一百、徒三年。而以臨時主意殺三人者爲首論，依本律。

條例

294－01

一、凡殺一家非死罪三人，及支解人爲首，監故者，將財産斷付被殺之家，妻子流二千里，仍剉碎死屍，梟首示衆。

294－02

一、支解人，如毆殺、故殺人，殺死之後，欲求避罪，割碎死屍，棄置埋没，原無支解之心，各以毆殺故殺論。若初心本欲支解其人，行兇之時，或勢力不遂，乃先行殺，隨又支解，惡狀昭著者，以支解論，俱奏請定奪。

295　採生折割人

凡採生折割兼已殺及已傷言人者，首凌遲處死，財産斷付死者之家，妻子及同居家口，雖不知情，並流二千里安置。採生折割人是一事，謂取生人耳目臟腑之類，而折割其肢體也。此與支解事同，但支解者止欲殺其人而已，此則殺人而爲妖術以惑人，故又特重之。爲從加功者，斬。財産家口，不在斷付應流之限。不加功者，依謀殺人律減等。若已行而未曾傷人者，首亦斬，妻子流二千里。財産及同居家口，不在斷付應流之限。爲從加功者，杖一百、流三千里。不加功者，亦減一等。里長知而不舉者，杖一百，不知者不坐。告獲者，官給賞銀二十兩。

［纂註］

採生折割人是一事，謂取人耳目臟腑之類，而折割其肢體也。此與支解事同，但支解者欲殺其人而已，此則殺人而爲妖術以惑人，故又特重之。首言採生折割人，兼已殺及傷者言，觀下文又言未曾傷人可知。告獲，謂告官而獲之。律又有告捕獲二様，文意俱不同。告捕，謂事跡明白，人夥衆多，告官以捕之；捕獲，自行捕得也。此言凡爲妖術，而採取生人，折割其肢體者，爲首者凌遲處死，財産斷付被殺而死者之家，曰死者之家，則傷而不死，又當别論。其妻子及同居家口，不限籍屬之同異，雖不知採生之情，並流二千里安置，爲從者斬，財産家口不在斷付安置之限。若謀計已行，而未曾傷人者，爲首者亦斬，妻子流二千里，財産及同居家口不在斷付連坐之限，爲從者杖一百、流三千里。其本管里長知其採生之情，而不舉首者，杖一百，不知者不坐。若有人知其情，而告官捉獲者，官司給銀二千兩充賞。重其刑則法不易犯，厚其賞則奸無所容矣。

296　造畜蠱毒殺人

凡置造藏畜蠱毒，堪以殺人，及教令人造畜者，並坐斬。不必用以殺人造畜者不問已未殺人，財産入官，妻子及同居家口，雖不知情，並流二千里安置。所教令之財産、妻子等，不在此限。若以蠱毒毒同居人，其被毒之人父母、妻妾、子孫不知造蠱情者，不在流遠之限。若係知情，雖被毒，仍緣坐。若里長知而不舉者，各杖一百，不知者不坐；告獲者，官給賞銀二十兩。〇若造魘魅、符書咒詛，欲以殺人者，凡人子孫、奴婢、雇工人、尊長、卑幼各以謀殺已行未傷論。因而致死者，各依本謀殺法。欲止令人疾苦無殺人之心者，減謀殺已行未傷二等。其子孫於祖父母、父母不言妻妾於夫之祖父母、父母，舉子孫以見義，奴婢、雇工人於家長者，各不減。仍以謀殺已行論斬。〇若用毒藥殺人者，斬監候。或藥而不死，依謀殺已傷律絞。買而未用者，杖一百、徒三年。知情賣藥者，與犯人同罪至死減等，不知者不坐。

［纂註］

造，制也；畜，藏也曰。堪以殺人，則已殺未殺，皆坐此律。魘魅、符書咒詛是兩件事。魘魅，謂魘勝鬼魅之事，圖刻人形像，鑽心釘眼，繫縛手足，以魘之，令人疾病死亡之類。符書咒詛，謂書畫符篆，以咒詛人，如今之術士書符時必念咒語也。觀《唐律》云，諸有所憎惡，而造魘魅，及造符書咒詛可見。其各以謀殺論，或謂指凡人與親屬，不知其云各者，皆承魘魅及咒詛言之，而凡人親屬自在其中。毒藥與蠱毒不同，凡藥性能殺人者皆是。此言凡有人於私家造畜蠱毒之物，堪以殺人者，及教令人造畜者，雖未至殺人，並坐斬。然其罪雖同，但造畜者實有其物，教令者止有其方，故惟造畜者本身財産入官，妻子及同居家口雖不知情，並流二千里地面安置。若以所造畜之蠱毒，而毒其同居親屬，其被毒之人父母、妻妾、子孫皆其讐也，若不知造蠱毒之情，不在遠流之限。若係知情，雖被其毒，仍從緣坐法論。若里長知其造畜及教令之情，而不行舉發者，杖一百，不知者不坐。凡人有能告捕者官司，給銀二十兩充賞。著里長之罪，斯有所畏而不敢隱藏，懸告獲之賞，斯有利而樂於首告也。若造魘魅之術，或爲符書咒詛之事，其心欲以殺人者，各以謀殺人已行論。如凡人依謀殺凡人已行者杖一百、徒三年，子孫、奴婢、雇工人依謀殺祖父母、父母及家長已行者斬，卑幼依謀殺緦麻以上尊長已行者杖一百、流三千里，尊長依謀殺卑幼已行者，各依故殺罪減二等之類。若因魘魅咒詛而致人身死者，各依本謀殺法。如凡人依謀殺凡人致死斬，子孫、奴婢與雇工人依謀殺祖父母、父母及家長已殺者，皆凌遲處死，尊長依謀殺卑幼，已殺者依故殺法之類。若魘魅咒詛，但欲令人疾病困苦，而無殺人之心者，凡人與尊長卑幼，俱得減欲以殺人者之罪二等。惟子孫於祖父母、父母，奴婢、雇工人於家長者，仍依謀殺已行論斬，各不得減等。此言妻妾於夫之祖父母、父母者，舉子孫足以見義矣。若用毒藥而殺人者坐斬，但買尚未用者，杖一百、徒三年。知其欲殺人之情，故賣與毒藥者，與犯人同罪。其未用者，亦杖一百、徒三年。至死者，減一等，杖一百、流三千里。然藥雖毒，亦或可以療病，故有不知而賣者，不坐罪。蓋魘咒毒藥，其害可以殺人，而視蠱毒，其情稍爲有間，故止論及其身，而無妻子財産之律。律不言藥而不死者之罪，依謀殺已傷論。

［備考］

一、凡尊長卑幼相毒，各依謀殺律論。

297　鬭毆及故殺人獨毆曰毆，有從爲同謀共毆。臨時有意欲殺，非人所知，曰故。共毆者惟不及知，仍只同爲謀共毆，此故殺所以與毆同條，而與謀攸分。

凡鬭毆殺人者，不問手足、他物、金刃，並絞監候。故殺者，斬監候。○若同謀共毆人，因而致死者，以致命傷爲重，下手致命傷重者絞監候，原謀者不問共毆與否杖一百、流三千里。餘人不曾下手致命，又非原謀各杖一百。各兼人數多寡及傷之輕重言。

［纂註］

鬭毆，故殺，俱出自一人一時之事，故律不著爲從者之罪。或謂，律不言皆，若分首從。不知以一人而敵一人曰鬭，若兩人鬭一人，則爲共毆也。有意而殺之，曰故意。非人所知，若人得與知，則爲同謀，非故殺也。故下遂言同謀共毆之罪，以終止兩節之意。同謀共毆有三意：有同謀終又共毆者，有共毆而不同謀者，有始既同謀，終不共毆者。餘各杖一百，各字，兼人數多寡及傷之輕重言。蓋兩人相毆，俱無欲其死之心，一人偶而傷重而死，則曰鬭毆殺人。先持殺人之心，乃與人相毆而殺之，則曰故殺。若與人同謀共毆一人，未欲殺人，而其人乃因傷而死，則曰同謀共毆人因而致死。三者致人於死雖同，而惟故殺之情爲重，故鬭毆殺人者不問其手足，或他物，或金刃，殺之者並坐絞，故殺者則坐斬。若同謀共毆人，因而致人於死者，其傷雖多，而以致命去處之傷爲重，則究其下手毆此致命傷之人，坐以絞罪。其原先造謀者，即係下手之人，斯已矣。若不係伊下手，則不論其共毆與否，坐以杖一百、流三千里，罪其爲禍端耳。至若不係下手致命，又非原謀，皆爲餘人，雖毆有別處重傷，止各杖一百，而不濫及也。

按：鬬毆條云，同謀共毆傷人者，各以下手傷重者爲重罪，是各據傷科罪矣。而此乃云餘人杖一百，何也？蓋本條重在死字，謂既已抵其命，則死者瞑目，故餘人得宥之。鬬毆條重在傷字，謂不盡科之，則傷者何辜，故各以下手傷論。意各有所在，故罪不同科。然餘人至折傷以上，亦止杖一百，實爲太輕，故又有執持兇器，及致命傷痕之例，而律始無遺法矣。

［備考］

一、凡餘人既不與謀，又不助力，臨時不行勸阻者，問不應。

條例

297－01

一、凡同謀共毆人，除下手致命傷重者，依律處絞外，其共毆之人，審係或執持鎗刀等項兇器，或亦有致命傷痕者，發邊衛充軍。

297－02

一、凡同謀共毆人犯，除下手者擬絞外，必真係造意首禍之人，方以原謀擬流。毆有重傷，而又持有兇器者，方以合例發遣。其但曾與謀而未造意，并有重傷而無兇器，有兇器而無重傷者，毋得概擬流戍。

297－03

［新題例］

［一、］［萬曆十六年正月，題奉欽依：今後審録官員］凡審共毆下手擬絞人犯，果於未結之前，遇有原謀助毆重傷之人監斃在獄，與解審中途因而病故者，准其抵命。若係配發事結之後，在家病亡者，不得濫改抵償，仍將下手之人，依律處決。

298　屏去人服食

凡以他物一應能傷人之物置人耳鼻，及孔竅中，若故屏去人服用飲食之物，而傷人者不問傷之輕重，杖八十。謂寒月脱去人衣服，饑渴之人絶其飲食，登高乘馬，私去梯轡之類。致成殘廢疾者，杖一百、徒三年。令至篤疾者，杖一百、流三千里，將犯人財産一半，給付篤疾之人養贍。至死者，絞監候。〇若故用蛇蝎毒蟲咬傷人者，以鬬毆傷論。驗傷之輕重，如輕則笞四十。至篤疾，亦給財産。因而致死者，斬監候。

［纂註］

他物，謂一應傷人之物，如沙石針鐵之類。孔竅，所指者廣，非專謂耳鼻二節。以鬬毆傷論，自廢疾以上，俱與上節同，但上節傷人者，俱坐杖八十，而此自杖九十、徒二年半以下，俱照鬬毆律科斷。此言凡以一應能傷人之物，安置人耳鼻中，及孔竅中，若故意屏除人服用，或飲食之物，因此二項，以致損傷人者，不問傷之輕重，俱杖八十。若因而致成殘廢疾者，杖一百、徒三年。令至篤疾者，杖一百、流三千里，將犯人財産一半，給付篤疾之人養贍。因而致死者，坐絞。若故意用蛇蝎毒蟲咬人，而成傷者，驗傷之輕重，以鬬毆傷論。如青赤腫傷，笞四十之類。至篤疾者，亦給財産養贍。因而致死者，斬。蓋屏去人服食，以他物置人孔竅中，原無致人於死之心，而蛇蝎毒蟲咬人，則明有致人於死之理，原情論罪，故有絞斬之别也。

299　戲殺誤殺過失殺傷人

凡因戲以堪殺人之事爲戲，如比較拳棒之類而殺傷人，及因鬬毆而誤殺傷傍人者，各以鬬殺傷論。死者，並絞。傷者，驗輕重坐罪。其謀殺故殺人而誤殺傍人者，以故殺論。死者，處斬。不言傷，仍以鬬毆論。〇若知津河水深泥濘，而詐稱平淺，及橋梁渡船朽漏，不堪渡人，而詐稱牢固，誑令人過渡，以致陷溺死傷者與戲殺相等，亦以鬬殺傷論。〇若過失殺傷人者較戲殺愈輕，各准鬬殺傷罪，依律收贖，給付其被殺傷之家。過失，謂耳目所不及，思慮所不到。如彈射禽獸，因事投擲磚瓦，不期而殺人者，或因升高險，足有蹉跌，累及同伴，或駕船使風，乘馬驚走，馳車下坡，勢不能止，或共舉重物，力不能制，損及同舉物者。凡初無害人之意，而偶致殺傷人者，皆准鬬毆殺傷人罪，依律收贖，給付被殺被傷之家，以爲營葬及醫藥之資。

［纂註］

誆令人過渡句，頂上二詐字。過失，小註詳明，然彈射投擲，須是正事，方用此律。若戲玩非道，又自有弓箭車馬等律。此條准與准竊盗、准枉法之義不同，此止准其罪，不在至死减等之列也。此言凡兩相和戲，如較拳舞棒之類而殺傷人，及因與人鬬毆，而誤殺傷傍人者，戲雖與毆不同，傍人雖非敵手，但其殺傷，實由我下手也，故各以鬬毆條殺傷論，死者並絞，傷者驗傷輕重坐罪。若本欲謀殺人及故殺人，而誤殺傍人者，所殺雖非所謀，而已先有殺人之心，故以故殺論，死者處斬；不言傷者，仍以鬬毆論。若明知津河水源深而不可渡，泥濘而不可行，乃詐稱平淺，及明知橋梁已朽，渡船實漏，不堪渡人，乃詐稱牢固，誆哄令人過渡，以致人陷溺，或死或傷者，其事與戲殺者相等，亦以鬬殺傷論。若耳目所不及，思慮所不到，而過失殺傷人者，是事出偶然，較之戲殺爲愈輕，各准鬬殺人法，傷者准鬬毆條內徒流笞杖定罪，死者依鬬毆殺人絞罪。各依律收贖銅錢，給付被殺傷者之家，以爲營葬及醫藥之資。則過失者以警，而死者以安，傷者以復，情不拂而法亦行也。今例過失殺人死罪，八分追鈔，二分仍徵銅錢矣。

按：《律解》云，謀殺卑幼，誤至尊長，以尊長論；謀殺尊長，誤至卑幼，亦以尊長論，餘依此條例推之。蓋惡其謀也。若後條弓箭車馬，出於不意者，只以凡論。明例所謂犯時不知也，其説可從。

又按：二人過失殺一人，或謂分首從，俱收贖，非也。蓋同謀毆人，致命下手者絞，餘人止杖一百，況過失乎？當以爲首准罪收贖，餘人俱依應事重科斷。如工律備慮不謹，誤殺人，亦止所由爲罪是也。

條例

299－01

一、應該償命罪囚，遇蒙赦宥，俱［照大明令］追銀二十兩，給付被殺家屬。如果十分貧難者，量追一半。

299－02

一、收贖過失殺人絞罪，［追鈔三十三貫六百文、銅錢八貫四百文］與被殺之家營葬，［共］折銀十二兩四錢二分。

300　夫毆死有罪妻妾

凡妻妾，因毆罵夫之祖父母、父母，而夫不告官擅殺死者，杖一百。○若夫毆罵妻妾，因而自盡身死者，勿論。祖父母、父母親告乃坐。若已亡，止科罵夫。或妻有他罪不至死，而夫擅殺，仍絞。

［纂註］

二節若字，或謂當蒙上文來，若妻妾毆罵夫之祖父母、父母，而夫毆罵之也，似太拘。然須有罪而毆罵之，方得勿論。若無罪而毆，仍依後夫毆妻妾律科罪。此言妻妾毆夫之祖父母、父母者斬，罵者絞。其有應死之罪，然須告官以治之可也。若其夫不告官司，而擅殺其妻妾者，杖一百。蓋原其有罪，而不責其擅殺也。若夫毆罵有罪之妻妾，而妻妾因而自盡身死者，既爲有罪，又非擅殺，故曰勿論。

［備考］

一、妻有他罪不致［至］死，而夫擅殺之者，仍問毆妻至死律，絞。

301　殺子孫及奴婢圖賴人

凡祖父母、父母故殺子孫，及家長故殺奴婢圖賴人者，杖七十、徒一年半。○若子孫將已死祖父母、父母，奴婢、雇工人將家長身屍未葬圖賴人者，杖一百、徒三年。將期親尊長，杖八十、徒二年。將大功、小功、緦麻，各遞減一等。○若期親尊長將已死卑幼及他人身屍圖賴人者，杖八十。以上俱指未告官言。○其告官者，隨所告輕重，並以誣告平人律反坐論罪。○若因圖賴而詐取財物者，計贓准竊盜論。搶去財物者，准白晝搶奪論，免刺。各從重科斷。圖賴罪重，依圖賴論。詐取搶奪罪重，依詐取搶奪論。

［纂註］

此條子孫，依名例律，所謂稱子者男女同，稱孫者曾玄同也。尊長將已死卑幼圖賴人之尊長，兼祖父母、父母，及期親以下至緦麻者而言。已死身屍，乃病死而未葬者。若已葬，則當從發塚律。蓋凡祖父母、父母故殺子孫，及家長無罪而殺奴婢者，律各止杖六十、徒一年。此則既以故殺，而又圖賴人，如賴作人殺死或逼死之類，故比故殺加一等，杖七十、徒一年半。若子孫將已死祖父母、父母，奴婢、雇工人將已死家長各身屍圖賴人，杖一百、徒三年。若卑幼將已死期親尊長身屍圖賴人，杖八十、徒二年；將大功尊長圖賴人，減期親一等，杖七十、徒一年半；將小功尊長圖賴人，減一等，杖六十、徒一年；將緦麻尊長圖賴人，減小功一等，杖一百，故曰各遞減一等。若尊長將已死卑幼身屍圖賴人，則不論祖父母、父母、期親、大小功、緦麻，及凡將他人身屍圖賴人者，並杖八十。凡前項圖賴人，係未曾告官而被賴之人告發者，俱依上擬斷。其已告官，則隨其所告輕重，或逼死，或殺死之類，並依誣告平人律，論罪反科。若因圖賴而詐取人財物者，計所詐取之贓，准竊盜論，一貫以下，杖六十，至一百二十貫，罪止杖一百、流三千里。其因圖賴而搶去人財物者，准白晝搶奪律論，杖一百、徒三年。如計贓重者，亦加竊盜二等，亦罪止杖一百、流三千里，並免刺字，須各從其所犯之重罪科斷。如圖賴之罪重於誣告詐財搶奪，則從圖賴科罪。若誣告詐財搶奪重於囚賴，則從誣告詐財搶奪科罪。

按：此條專爲親屬以屍圖賴人者而設。然不言舅姑故殺子孫之婦，及家長故殺雇工人，與期親以下親屬相殺圖賴人者，皆以其本條之罪重於圖賴，設有犯者，止各依本條科斷。

［備考］

一、有服親屬互相以屍誣賴者，依干名犯義律論。

一、妻將夫屍圖賴人，比依卑幼將期親尊長圖賴人律。若夫將妻屍圖賴人者，依不應從重。其告官司詐財搶奪者，比依本律科斷。

條例

301－01

一、凡故殺子孫，若遇謀故殺人不赦者，依律斷放。其誣賴於人，遇革者，所誣之人罪若該原，犯人止從故殺子孫科斷。如所誣之人罪不該原，亦從重論。

301－02

一、有服親屬，互相以屍圖賴者，依干名犯義律。

301－03

一、妻將夫屍圖賴人，比依卑幼將期親尊長圖賴人律。若夫將妻屍圖賴人者，依不應從重。其告官司詐財搶奪者，依本律科斷。

301－04

一、故殺妾及弟妹、子孫、姪、姪孫與子孫之婦，圖賴人者，俱問罪，屬軍衛者，發邊衛；屬有司者，發附近，各充軍。

302　弓箭傷人

凡故非因事而故意之謂向城市及有人居止宅舍，放彈射箭，投擲磚石者，雖不傷人笞四十。傷人者，減凡鬬傷一等。雖至篤疾，不在斷付家產之限。因而致死者，杖一百、流三千里。若所傷係親屬，依名例律。本應重罪，而犯時不知者，依凡人論；本應輕者，聽從本法。

［纂註］

故者，非因事而故意之謂也。蓋城市人民湊集，所在宅舍，亦人所居住。若有故向此等之處，放彈射箭，投擲磚石者，雖不傷人，亦笞四十。若傷人者，驗其輕重，減凡鬬傷之罪一等。若因傷人而致死者，杖一百、流三千里。

按：毆人成傷，律亦笞四十。此云傷人，必傷至內損吐血以上者，故減等論之。若止成傷，則不必擬減凡鬬，而仍坐笞四十之本法。若傷人，雖至篤疾者，亦不在斷付家產之限，以原非係鬬毆之情故也。若所傷係親屬，須依名例律，本應重罪而犯時不知者，依凡人論，本應輕者，聽從本法。

303 車馬殺傷人

凡無故於街市鎮店馳驟車馬，因而傷人者，減凡鬭傷一等。致死者，杖一百、流三千里。若無故於鄉村無人曠野地内馳驟，因而傷人不致死者不論致死者，杖一百。以上所犯並追埋葬銀一十兩。〇若因公務急速，而馳驟殺傷人者，以過失論。依律收贖，給付其家。

［纂註］

無故，對公務急速言。因公務急速，而馳驟殺傷人，總承上文而約言之。云傷者，專指街市鎮店之傷人；云殺者，指二項之傷人至死者。《疏議》等諸書，將因公務急速傷人，兼鄉村而言，蓋不知無故於鄉村馳驟者，既不著傷人之罪，豈有因公務而傷人者，反以過失論哉？此謂凡在城街市、在鄉鎮店去處，若有人無公事故，而於此馳驟車馬，以致傷人者，減凡鬭毆傷人罪一等科斷。若傷人致死者，杖一百、流三千里。鄉村無人曠野地内，與街市鎮店不同，若於此無故馳驟車馬，因而傷人至死者，杖一百。凡前項車馬傷人致死者，不分街市、鎮店、鄉村，並追埋葬銀一十兩。若因官府公務急速，馳驟車馬，或於街市鎮店因而傷人及致死者，或於鄉村曠野因而傷人至死者，俱以過失殺傷人論，准鬭毆殺傷罪科斷，依律收贖，給付被殺傷之家，以爲營葬醫藥之資。

304 庸醫殺傷人

凡庸醫爲人用藥針刺，誤不如本方，因而致死者，責令别醫辨驗藥餌、穴道，如無故害之情者，以過失殺人論依律收贖，給付其家，不許行醫。〇若故違本方，乃以詐心療人疾病，而增輕作重，乘危以取財物者，計贓准竊盗論。因而致死，及因事私有所謀害故用反症之藥殺人者，斬監候。

［纂註］

此條不許行醫以上，以庸醫誤殺人者言；故違本方以下，以能醫故殺人者言。詐療疾病，即承故違本方說來，謂如本方一藥可愈，恐其取財不多，而故違本方，使病難愈，以圖多取人財之意。凡庸常醫人，爲人療病，或用藥餌，或用針刺，有錯誤不依本方，因而致人身死者，官府責令別醫辨驗其原用藥餌，及針刺穴道，如果係錯誤而無故意害人之情者，以過失殺人論，准鬬毆殺律坐罪，依律收贖，給付死者之家，其庸醫不許行醫。若其明於針藥，知有本方，而故違之，乃以詐爲療病，而取財物者，計所得之贓，准竊盜論，免刺。若因而致人於死，及因病人有讐嫌之事，而故用反症之藥殺人者，則與謀殺之情無異，故坐以斬。

按：因事故用藥殺人，但故違本方，藥人致死者即是。若用毒藥殺人者，見造畜蠱毒條。

305　窩弓殺傷人

凡打捕户於深山曠野，猛獸往來去處，穿作阬穽，及安置窩弓，不立望竿，及抹眉小索者，雖未傷人，亦笞四十。以致傷人者，減鬬毆傷二等。因而致死者，杖一百、徒三年，追徵埋葬銀一十兩。若非深山曠野，致殺傷人者，從殺傷論。

［纂註］

阬穽窩弓，皆所以陷取猛獸，則當防其傷人，故於近阬穽窩弓之處，必立有望竿，及設抹眉小索，庶使往來之人，見而知避也。若打捕户於深山曠野，既設有阬穽窩弓，而不立望竿小索，雖未傷人，亦笞四十。以致傷人者，驗其輕重，減鬬毆傷人罪二等。若因傷人而致死者，杖一百、徒三年，追徵銀一十兩，給付死者之家埋葬。若非深山曠野，作阬穽，安窩弓，以致殺傷人者，當從殺傷律。

306　威逼人致死

凡因事户婚、田土、錢債之類威逼人致自盡死者審犯人必有可畏之威，杖一百。若官吏公使人等，非因公務，而威逼平民致死者，罪同。以上二項並追埋葬銀一十兩。給付死者之家。〇若卑幼威逼期親尊長致死者，絞監候。大功以下，遞減一等。〇若因行姦爲盜而威逼人致死者，斬監候。〇姦不論已成與未成，盜不論得財與不得財。

［纂註］

事，如户婚、田宅、錢債等項之事。威逼致死，謂以威勢凌逼，以致其人或乘氣或畏威，因而自盡身死者，坐杖一百，此爲凡人而言。若官吏公使人等，非因公務，而以私事威逼平人致死者，罪同，亦杖一百，與凡人威逼致死者，各追埋葬銀一十兩，給付死者之家。蓋言非因公務威逼平人，則凡因公務而威逼有罪之民致死者勿論矣。若卑幼因事逼期親尊長致死者絞，威逼大功以上尊長致死者，遞減一等。犯大功者，杖一百、流三千里，小功杖一百、徒三年，緦麻杖九十、徒二年半。不言無服之親者，有犯與凡人同科。若因姦盜而威逼人致死，如因强姦，不拘已未成姦，而威逼婦女致死，或和姦因有阻礙，將姦婦本夫及其親屬威逼致死之類。又如因行强盜，雖未得財，而財主驚懼自盡身死，或竊盜因財主欲告，而設計威逼致死之類，二者並坐以斬。

［備考］

一、尊長因事威逼期親以下卑幼致死者，依不應從重。或謂因和姦而威逼人致死者，男女同罪，非也。蓋律文雖未專言姦夫，竊詳威之一字，及言人而不言本夫，實爲姦夫而設。況律無皆斬之文，豈得同引此律。蓋姦夫姦婦，本應分首從，而姦婦則情重罪輕，故近時内外問刑衙門，俱比依威逼期親尊長致死之律，奏請定奪，所以懲淫惡而重夫綱也。若本夫聞知婦人與人和姦，而羞愧自盡，在姦夫原無威逼之情者，姦夫止擬和姦之罪，姦婦仍比依前律擬絞，庶不失情法輕重之宜也。

條例

306－01

一、凡因姦威逼人致死人犯，務要審有挾制窘辱情狀，其死者無論本夫本婦、父母親屬，姦夫亦以威逼擬斬。若和姦縱容，而本婦本夫愧迫自盡，或妻妾自逼死其夫，或父母、夫自逼死其妻女，或姦婦以別事致死其夫，而姦夫無干者，毋得概坐因姦威逼之條。

306－02

一、凡因事用强毆打威逼人致死，果有致命重傷，及成殘廢篤疾者，雖有自盡實跡，依律追給埋葬銀兩，發邊衛充軍。

306－03

一、凡因事威逼人致死一家二命，及非一家，但至三命以上者，發邊衛充軍。若一家三命以上，發邊衛永遠充軍，仍依律各追給埋葬銀兩。

306－04

一、凡子孫威逼祖父母、父母，妻妾威逼夫之祖父母、父母致死者，俱比依毆者律斬。其妻妾威逼夫致死者，比依妻毆夫至篤疾者律絞，俱奏請定奪。

306－05

一、婦人夫亡願守志，別無主婚之人，若有用强求娶，逼受聘財，因而致死者，依律問罪，追給埋葬銀兩，發邊衛充軍。

306－06

一、凡軍民人等，因事威逼本管官致死，爲首者比依威逼期親尊長致死律絞，爲從者枷號半年，發邊衛充軍。

307　尊長爲人殺私和

凡祖父母、父母，及夫若家長爲人所殺，而子孫、妻妾、奴婢、雇工人私和者，杖一百、徒三年。期親尊長被殺，而卑幼私和者，杖八十、徒二年。大功以下，各遞減一等。其卑幼被殺，而尊長私和者，各依服制減卑幼一等。若妻妾、子孫及子孫之婦、奴婢、雇工人被殺，而祖父母、父母、夫、家長私和者，杖八十。受財者，計贓准竊盜論，從重科斷。私和，就各該抵命者言，追贓入官。○常人爲他人私和人命者，杖六十。受財，以枉法論。

［纂註］

爲人所殺，指謀殺、故殺、毆殺、戲殺、誤殺各該抵命者言之也。若威逼者止杖一百，過失者律得收贖，並不在此限也。私和，不專謂不告官，雖告而復和，因妄自招誣者亦是。卑幼被殺，而尊長私和，此卑幼尊長，亦兼期親大功以下言。各減一等，謂各減尊長被殺而卑幼私和之罪一等也。此言凡人祖父母、父母，及夫若家長，以情則至親，以分則至尊，設若爲人所殺，則讐爲至重，故子孫、妻妾、奴婢、雇工人，敢有與行殺之人私和者，並杖一百、徒三年。若期親尊長以下，其服漸殺，其讐漸輕，則其罪亦漸減，故尊長被殺而卑幼私和者，係期親，杖八十、徒二年，大功杖七十、徒一年半，小功杖六十、徒一年，緦麻杖一百，故曰各減一等。其卑幼被殺，而尊長私和者，係期親，杖七十、徒一年半，大功杖六十、徒一年，小功杖一百，緦麻杖九十，故曰各減一等。若妻妾、子孫及子孫之婦、奴婢、雇工人被殺，而祖父母、父母、夫、家長私和者，杖八十。凡此皆自其未受財者言之，故猶論分之尊卑，而定罪之輕重。若受財而私和者，則不問祖父母、父母、妻妾、子孫、奴婢、雇工人，及尊長、卑幼，並計所受之贓，准竊盜論。如贓罪重於私和者，從贓罪科斷；贓罪輕者，從私和科斷。其贓係彼此俱罪者，並追入官。若常人爲人私和人命者，杖六十。

按：此條設有親屬共犯私和者，雖照服制坐罪，其共犯卑幼，須依家人免科。若係受財，則准竊盜爲從論，減等科斷。又律既云妻妾及子孫之婦被殺，而下文不言夫與舅姑之罪者，蓋言父母以兼舅姑，言家長以兼夫之意也。

［備考］

一、常人私和人命，受財者以枉法贓論。

308　同行知有謀害

凡知同伴人欲行謀害他人，不即阻當救護，及被害之後不首告者，杖一百。

［纂註］

凡與人同行，或同居住，知同伴內有造意，及共謀殺害其他人，於其未行而不即阻當，已行而不即救護，及日前不分知與不知，而謀害者之後知其謀狀，不赴官司首告追捕者，杖一百。

按：稱謀者，二人以上。若同伴止一人，而殺害人，但其謀狀顯跡明白者，雖一人，同二人之法。

大清律集解附例卷之二十

刑律　鬭毆

309　鬭毆相爭爲鬭，相打爲毆。①

凡鬭毆與人相爭，以手足毆人，不成傷者，笞二十。但毆即坐。成傷，及以他物毆人不成傷者，笞三十；他物傷人成傷者，笞四十。所毆之皮膚青赤而腫者爲傷。非手足者，其餘所執皆爲他物。即持兵不用刃持其柄以毆人，亦是他物。拔髮方寸以上，笞五十。若毆人血從耳目中出，及內損其臟腑而吐血者，杖八十。若止皮破血流，及鼻孔出血者，仍以不成傷論。以穢物污人頭面者，情固有重於傷，所以罪亦如之。杖八十。〇折人一齒及手足一指，眇人一目尚能小視，猶未至瞎，抉毀人耳鼻，若破傷人骨，及用湯火、銅鐵汁傷人者，杖一百。以穢物灌入人口鼻內者，罪亦如之。杖一百。折二齒、二指以上，及盡髡去髮者，杖六十、徒一年。髡髮不盡，仍堪爲髻者，止依拔髮方寸以上論。折人肋，眇人兩目，墮人胎，及刃傷人者，杖八十、徒二年。墮胎者，謂辜內子死，及胎九十日之外成形者，乃坐。若子死辜外，及墮胎九

① 萬曆律該小註原在正文起首“鬭毆”二字後，順治律移至此。

十日之内者，仍從本毆傷法論，不坐墮胎之罪。○折跌人肢手足體腰項及瞎人一目者皆成廢疾，杖一百、徒三年。○瞎人兩目，折人兩肢，損人二事以上二事，如瞎一目、折一肢之類，及因舊患令至篤疾，若斷人舌令人全不能説話，及毀敗人陰陽者以至不能生育，並杖一百、流三千里，仍將犯人財産一半，斷付被傷篤疾之人養贍。損二事以上，謂或毆人一目瞎，又折一肢之類。及因舊患令至篤疾，如人舊瞎一目爲殘疾，更瞎一目成篤疾，或先折一脚爲廢疾，更折一脚成篤疾。斷人舌，謂將人舌割斷，令人全不能説話。毀人陰陽，謂割去男子莖物，破損外腎者。並杖一百、流三千里，將犯人家産一半，斷付被傷篤疾之人養贍。若將婦人非理毀壞者，止科其罪，以不妨生育，不在斷付財産一半之限。○同謀共毆傷人者，各以下手傷重者爲重罪，原謀或不曾下手，或雖毆而傷輕減傷重者一等。凡鬬毆不下手傷人者，勿論。惟毆殺人，以不勸阻爲罪。若同謀毆人至死，雖不下手，及同行知謀，不行救阻者，各依本律，並杖一百。如共毆人，傷皆致命，以最後下手重者，當其重罪。如亂毆不知先後輕重者，或二人共打一人，其傷同處，或二人同時各瞎人一目，並須以原謀爲首，餘人爲從。若無原謀，以先下手人爲首。○若因鬬互相毆傷者，各驗其傷之輕重定罪。後下手理直者，減本等罪二等。至死，及毆兄姊、伯叔依本律定擬，雖後下手理直者，不減。如甲乙互相鬬毆，甲被瞎一目，乙被折一齒，則甲傷爲重，當坐乙以杖一百、徒三年。乙被傷輕，當坐甲以杖一百。若甲係後下手，而又理直，則於杖一百上減一等，止杖八十；乙後下手理直，則於杖一百、徒三年上減二等，止杖八十、徒二年。或至篤疾，仍斷財養贍，。若毆人至死，自當抵命。

［纂註］

凡人因事忿爭，兩相毆打。其手足毆人不成傷者，笞二十。若成傷，及以他物毆人不成傷者，並笞三十。他物毆人成傷者，則笞四十。所毆之處，或青或紅而腫起，皆名為傷。毆人除手足外，其餘皆為他物，即用兵器之柄，而非以刃者，亦是。他物難同刃傷論也。若拔人髮周圍至方一寸以上者，笞五十。其毆傷人，有血從耳目中出，及內損吐血者，杖八十。若非耳目及吐出者，止以傷論。以不潔穢物而污人頭面者，罪亦如之。若毆而致折人一齒，及折其手足之一指，或眇人一目，但虧損而見物，及抉毀人耳鼻，若破傷人骨，及用湯火或銅鐵之汁傷人者，杖一百。以穢物灌入人口鼻內者，罪亦如之。若折人二齒二指以上，及髡禿人髮者，杖六十、徒一年。若斷折人肋骨，眇人二目，墮人三月外成形之胎孕，而在辜限內子死者，及以大小刀刃傷人者，並杖八十、徒二年。若毆而至折跌人手足之一肢，或其身體令成廢疾，不能舉動，及瞎一目，全不能視者，杖一百、徒三年。若瞎人兩目，折人兩肢，或損人二事以上，如瞎人一目，又折一肢之類，及因其舊患，令至篤疾，如本瞎一目，又瞎一目之類，若斷人之舌，致令喑啞，及毀敗人陰陽，致絕生育者，並杖一百、流三千里，仍將犯人財產一半，斷付被傷篤疾之人養贍。若將婦人陰門非理毀壞者，止科其罪，不在斷付財產之限，為其不專廢生道故也。自此下二節，則言上文鬬毆之通例。如二人以上同謀共毆人，或瞎人一目，則以下手傷重者，杖一百、徒三年。其原造謀之人，不曾下手，或下手而傷輕，俱減一等，杖九十、徒二年半也。若為從而不曾下手，或下手而傷輕，亦俱以不應事重論。設乙瞎一目，甲後又折一肢，亦當以因舊患令成篤疾，坐甲流三千里矣。若甲乙互鬬毆，甲被瞎一目，乙被折一齒，則甲傷為重，當坐乙以杖一百、徒三年，乙傷為輕，當坐甲以杖一百。若甲係下手而理又直，則於杖一百上減二等，止杖八十。乙後下手理直，則於杖一百、徒三年上減二等，止杖徒二年。其或至篤疾，已減一等，亦不斷財養贍也。若毆人至死自抵命，及弟毆兄姊、姪毆叔伯，有關倫理，則雖後下手理直，亦不得減等也。凡鬬毆殺傷人者，各隨其傷定罪，不用名例，依首從法。其凡鬬毆不下手傷人者，惟毆殺人，乃以不行勸阻為名，罪非至死者，勿論。若同謀毆人至死，雖不下手，及同行知有謀害，不行救阻者，則各依本律，並杖一百。若亂毆不知先後輕重者，以謀首及鬬者為重罪。又如共毆人，傷皆致命，以最後下手重者當其重罪也。

條例

309－01

一、兇徒因事忿爭，執持鎗刀、弓箭、銅鐵簡劍、鞭斧、扒頭、流星、骨朵、麥穗、秤錘兇器，但傷人及誤傷傍人，與凡剜瞎人眼睛、折跌人肢體、全抉人耳鼻口唇、斷人舌，毀敗人陰陽者，俱問發邊衛充軍。若聚衆執持兇器傷人，及圍繞房屋，搶檢家財，棄毀器物，姦淫婦女，除真犯死罪外，徒罪以上，俱不分首從，發邊衛永遠充軍。

310 保辜限期保，養也；辜，罪也。保辜，謂毆傷人未至死，當官立限以保之。保人之傷，正所以保己之罪也。

凡保辜者，先驗傷之重輕，或手足，或他物，或金刃，各明白立限責令犯人保辜醫治。辜限内，皆須因原毆之傷死者如打人頭傷，風從頭瘡而入，因風致死之類，以鬬毆殺人論絞。［謂毆及傷，各依限保辜。然傷人皆須因毆乃是。若打人頭傷，風從頭瘡而入，因風致死之類，以鬬毆殺人科罪。］〇其在辜限外，及雖在辜限，原毆之傷已平復，官司文案明白，被毆之人别因他故死者謂打人頭傷，不因頭瘡得風，别因他病而死者，是爲他故，［依本毆傷科罪］各從本毆傷法。不在抵命之律。若折傷以上，辜内醫治平復者，各減二等。［墮胎子死者不減。］下手理直，減毆傷二等。如辜限内平復，又得減二等。此所謂犯罪得累減也。辜内雖平復，而成殘廢篤疾，及辜限滿日不平復而死者，各依律全科。全科所毆傷殘廢篤疾之罪，雖死，亦同傷論。〇手足及以他物毆傷人者其傷輕，限二十日平復。〇以刃及湯火傷人者，限三十日。〇折跌肢體，及破骨墮胎者，無問手足、他物，皆限五十日。

［纂註］

保，養也；辜，罪也。凡傷人者，官司隨其傷之輕重，立限責令所毆之人醫治，候限滿之日定罪，故曰保辜。惟過失傷者，不令保辜。凡人於辜限内，不問手足、他物、金刃、湯火，皆須因其原毆之傷而致死者，乃以鬬毆殺人論。其在辜限之内，及雖在限内，若本傷各已平復，而官司文案明白，未及論決，被毆之人復因别恙身死者，謂之他故，各從本毆傷法科斷，難坐以絞也。若毆人至於折傷以上，其辜限内醫治平復，各減原折傷之罪二等。惟墮胎子死，不減。此但言折傷以上，而不言傷，則其平復者，亦應減矣。若辜限内傷雖平復，而已成殘［廢］篤疾，及辜限已滿，而傷不平復者，各依折傷本罪全科。然則保辜之限若何？凡以手足及他物毆傷人者，限二十日平復；以刃及湯火傷人者，限三十日而平復；折跌肢體，及破骨墮胎者，無問手足、他物，皆限五十日而平復也。其後下手理直者，仍於本罪上又減辜内平復二等，是爲犯罪得累減。此條蓋論傷定罪之通例也。

條例

310－01

一、鬬毆傷人，辜限内不平復，延至限外，若手足、他物、金刃及湯火傷，限外十日之内，折跌肢體及破骨墮胎，限外二十日之内，果因本傷身死，情真事實者，方擬死罪，奏請定奪。此外不許一概濫擬瀆奏。

311　宫内忿爭

凡於燕幸之宫内忿爭者，笞五十。忿爭之聲徹於御在所，及相毆者，杖一百。折傷以上，加凡鬬傷二等。若於臨朝之殿内，又遞加一等。遞加者，如於殿内忿爭者，加一等，杖六十。其聲徹於御在之所，及殿内相毆者，加一等，杖六十、徒一年。至於折傷以上，加宫内折傷之罪一等，又加凡鬬傷罪二等，共加三等，雖至篤疾，並罪止杖一百、流三千里。至死者，依常律斷。被毆之人雖至殘廢篤疾，仍擬杖一百，收贖。篤疾之人，與有罪焉，故不斷財産養贍。

［纂註］

禁城以内爲宫，殿則皇極、文華諸所，視宫尤爲嚴近者也。凡人於宫内有互相忿爭者，即笞五十。其聲徹於御在之所，及於宫内相毆者，並杖一百。毆而至於折傷一齒以上者，加凡鬬傷之罪二等。若於殿内忿爭者，杖六十。其聲徹於御在之所，及殿内相毆者，杖六十、徒一年。毆而至於折傷一齒以上者，加宫内折傷之罪一等，又加凡鬬傷罪二等，共加三等，故曰殿内各遞加一等。言視宫内所定之罪，而遞加之也。雖至篤疾，並罪止杖一百、流三千里。至死者，依常律斷。其相毆之人，雖被傷重，亦坐以笞五十、杖一百之罪，爲宫殿之内不得與人相毆也。

312　皇家袒免以上親被毆袒免，係五服外無服之親者，凡係天潢皆是。

凡皇家袒免親而毆之者雖無傷，杖六十、徒一年；傷者，杖八十、徒二年。折傷以上，本罪有重於杖八十、徒二年者，加凡鬬二等至杖一百、徒三年。緦麻以上兼毆傷言，各遞加一等止杖一百、流三千里，不得加入於死。篤疾者，監候絞。死者，監候斬。

［纂註］

袒免，五服外無服之親，凡係天潢皆是也。有人毆皇家袒免之親者，即杖六十、徒一年。但成傷者，則杖八十、徒二年。若折傷以上，而本罪重於徒二年者，則加凡毆傷二等。如凡人相毆，杖八十、徒二年，加二等，則杖一百、徒三年之類也。凡律言重者，皆入加等通論爲重。其折齒、折指輕者，止依傷者律斷。緦麻以上，各遞加一等。如毆緦麻之親，杖七十、徒一年半，小功杖八十、徒二年，大功杖九十、徒二年半，期親杖一百、徒三年。毆緦麻之親傷者，杖九十、徒二年半，小功杖一百、徒三年，大功杖一百、流二千里，期親杖一百、流二千五百里。至折傷，而本罪有重於徒流者，如折傷以上，緦麻功期之親，則各於加凡鬬二等，又遞加一等，並罪止杖一百、流三千里，不得加至於死。其毆袒免緦麻以上親至篤疾者，並絞，死者並斬。蓋皇家之親，與凡人不同，故其罪尤重如此，蓋敬君以及其親也。

313　毆制使及本管長官

凡朝臣奉制命出使，而所在官吏毆之，及部民毆本屬知府、知州、知縣，軍士毆本管指揮、千百户，若吏卒毆本部五品以上長官，杖一百、徒三年。傷者，杖一百、流二千里。折傷者，絞監候。不言篤疾者，亦止於絞。若吏卒毆六品以下長官，各兼毆與傷及折傷而言減五品以上罪三等。軍民吏卒毆佐貳官、首領官，又各遞減一等。佐貳官減長官一等，首領減佐貳一等。如軍民吏卒，減三等。各罪輕於凡鬬，及與凡鬬相等，皆謂之減罪輕者，加凡鬬兼毆與傷及折傷一等。篤疾者，絞監候；死者，不問制使、長官、佐貳、首領，並斬監候。［〇］若流外未入品雜職官，及軍民吏卒毆非本管三品以上官者，杖八十、徒二年。傷者，杖一百、徒三年。折傷者，杖一百、流二千里。毆傷非本管五品以上者，減三品上罪二等。若減罪輕於凡鬬傷，及毆傷九品以上至六品官者，各加凡鬬傷二等。不言折傷、篤疾、至死者，皆以凡鬬論。〇其公使人在外如在京辦事官、歷事、監生之類毆打所在有司官者，罪亦如之，亦照毆非本管官之品級科罪，從被毆所屬上司拘問。如統屬州縣官毆知府，固依毆長官本條，減吏卒二等。若上司官小，則依下條上司官與統屬官相毆科之。首領毆衙門長官，固依毆長官本條，減吏卒二等。若毆本衙門佐貳官，兩人品級與下條九品以上官同，則依下條科之。若品級不與下條同，則止依凡鬬。如佐貳、首領自相鬬，亦同凡鬬論罪。

［纂註］

奉天子制命出使於外，而官吏毆之，知府、知州、知縣爲州府之主，而本部子民毆之，指揮、千户、百户爲衛所之主，而本管軍士毆之，本部五品以上衙門正官爲吏卒之主，而吏卒毆之，皆以下犯上，不義之甚者也，故各杖一百、徒三年。至於成傷，則杖一百、流二千里。折二齒以上傷，則絞。不言篤疾者，亦止於絞也。若吏卒毆本部六品以下衙門長官，各減毆五品以上長官之罪三等，杖七十、徒一年半；傷者，杖八十、徒二年；折傷者，杖九十、徒二年半。蓋吏卒者，或民人撥充於軍衛，或鄰境來役於有司，不過有一時事使之義，與本部本管軍民不同，故復以官之崇卑論也。若毆佐貳及首領官者，軍民吏卒又各遞減一等。如部民毆州縣，軍人毆本衛所，及吏卒毆本部五品以上衙門各佐貳官，減毆長官之罪一等，杖九十、徒二年半；傷者，杖一百、徒三年；折傷者，杖一百、流三千里。毆各首領官者，又減毆佐貳官之罪一等，杖八十、徒二年；傷者，杖九十、徒二年半；折傷者，杖一百、徒三年。或以民毆丞尉，只依六品以下佐貳首領官科斷，是佐職比長官遞減一等非也。若吏卒毆本部六品以下衙門佐貳官，亦減長官罪一等，毆首領官又減佐貳一等，蓋惟吏卒視五品六品衙門遞減，軍民則不論品級，毆佐貳，直減長官一等；毆首領官，直減佐貳一等也。若減罪輕於毆傷者，各加凡鬭一等。如吏卒毆六品以下長官，折傷止該杖九十、徒二年半；軍民毆本屬首領，止該杖一百、徒三年，皆比之凡鬭折傷人肢體之加罪爲輕，則不論遞減，而直於凡鬭罪上加二等，杖一百、流三千里也。此言減罪輕者，當併入加罪通論，不然則下段毆非本管官，其加鬭反重矣。至篤疾者，謂毆六品以下長官，及軍民衙門各佐貳首領官，並絞。若官吏毆制使，軍民吏卒毆本屬知府、知州、知縣，本管指揮、千百户、本部五品以上、六品以下長官，若佐貳首領官，至死者，並斬。若内外未入流品雜職官員，及軍民吏卒，其有毆非本管三品以上，不相統屬衙門，如各軍衛有司等官，不問長官佐貳，並杖八十、徒二年；傷者，杖一百、徒三年；折傷者，杖一百、流二千里。若毆傷五品以上非本管官，各減毆三品以上罪二等，杖六十、徒一年；傷者，杖八十、徒二年；折傷者，杖九十、徒二年半。若減罪輕者，如毆非本管五品以上官，其折肋刃傷，加罪重於杖八十、徒二年，及流外官軍民吏卒毆傷九品以上官者，各加凡鬭傷罪二等。不言篤疾及至死者，並依鬭毆殺人常律。此三品、五品以上，皆指官之品級，非若上段明云長官佐貳，專主衙門言也。或因此無篤疾、至死之文，遂會上文解亦絞斬，非是。蓋官非本管，其義既輕，罪至篤疾，其刑已重，故只以凡人論耳。其公使人，如在京辦事官監生、在外承差之類，毆打布政司、府州縣官者，罪亦如流外官毆非本管三品、五品、九品以上官之罪，而從有司官之所屬上司拘問也。凡毆官長，但下手毆者，即坐，首從罪同。蓋凡毆人手足不成傷者，且各得笞二十故也。惟傷人者，乃隨輕重異科。若同毆而一毆一傷者，亦然。如同謀共毆官長，亦依本毆傷殺法，減下手重者一等，餘殺准此。

條例

313－01

一、凡因事聚衆，將本管官及公差勘事，催收錢糧等項，一應監臨官，毆打綁縛者，俱問罪，不分首從，屬軍衛者，發極邊衛分充軍；屬有司者，發邊［口］外爲民。若止是毆打，爲首者俱照前充軍爲民問發。若是爲從，與毀罵者，武職并總小旗，俱改調衛所。文職并監生、生員、冠帶官、吏典、承差、知印，革去職役爲民。軍民舍餘人等，各枷號一個月發落。其本管并監臨官，與軍民人等飲酒、賭博、宿娼，自取凌辱者，不在此例。

314　佐職統屬毆長官

凡本衙門首領官，及所統屬官，毆傷長官者，各減吏卒毆傷長官二等。不言折傷者，若折傷不至篤疾，止以傷論。佐貳官毆長官者不言傷者，即傷而不至篤疾，止以毆論，又各減首領官之罪二等。若減二等之罪，有輕於凡鬬，或與凡鬬相等，而減罪輕者，加凡鬬一等。謂其有統屬相臨之義。篤疾者，絞監候；死者，斬監候。

［纂註］

凡本衙門，不問內外諸司，但首領官，及所統屬下司官，其有毆傷長官者，各減上條吏卒毆傷本部長官之罪二等。謂毆五品以上長官，則杖八十、徒二年；傷者，杖九十、徒二年半；折傷者，杖一百、徒三年。毆六品以下長官，杖一百；傷者，杖六十、徒一年；折傷者，杖七十、徒一年半。若本衙門佐貳官，有毆長官者，又各減首領官之罪二等。謂毆五品以上長官，杖六十、徒一年；傷者，杖七十、徒一年半；折傷者，杖八十、徒二年。毆六品以下長官，杖八十；傷者，杖九十；折傷者，杖一百。若減罪輕者，各加凡鬬一等。如凡人折人肢體，該杖一百、徒三年，而首領官毆傷長官肢體，若減等論，則五品以上長官，亦止杖一百、徒三年；六品以下長官，止杖七十、徒一年半，皆是輕于凡人之罪矣。故不復減，而直於凡鬬罪止加一等，各杖一百、流三千里也。若首領統屬，及佐貳毆長官，其傷至於篤疾者絞，死者斬。此不言佐貳首領，自相毆者，以凡鬬論。

315　上司官與統屬官相毆

凡監臨上司之佐貳、首領官，與所統屬之下司官品級高者，及與部民有高官而相毆者，並同凡鬬論。一以監臨之重，一以品級之崇，則不得以部民拘之。若非相統屬，官品級同，自相毆者，亦同凡鬬論。

［纂註］

監臨上司，如縣稱府、府稱布政司之類。謂內外諸司統攝所屬，有文案相關涉者，其佐貳及首領官，有與所統屬下司官之品級高於己者相毆，及與所部之民有高官而相毆者，並同凡鬬論。其爵之尊，可與所屬相埒也。若非相統屬，而品級相同，如運副與知府、太僕寺丞與通判之類，既非所轄，官爵又均，故亦以凡鬬論。若非統屬，而品級尊卑，則下文言之矣。

316　九品以上毆長官

凡流內九品以上官，毆非本管三品以上之尊官者不問長官佐貳，杖六十、徒一年。但毆即坐。雖成傷，至內損吐血，亦同。折傷以上，及毆傷非本管五品以上，若五品以上，毆傷非本管三品以上官者，各加凡毆傷二等。不得加至於死。○蓋官品相懸，則其罪重，名位相次，則其罪輕，所以辨貴賤也。

［纂註］

流外官，非本管流內官，前已備矣，此則言流內官尊卑相毆也。九品以上官，自九品至六品也。毆非本管三品以上至一品官者，杖六十、徒一年。折傷以上，加凡鬬二等。若毆非本管五品、四品官，或五品、四品官毆傷三品以上官，亦各加凡鬬傷二等。蓋雖無統屬之分，而尊卑自不可踰也。然雖篤疾，並罪止杖一百、流三千里，死者自依鬬毆殺人常律。餘無該載者，以凡鬬論。

317　拒毆追攝人

凡官司差人下所屬追徵錢糧，勾攝公事，而納户及應辦公事人抗拒不服，及毆所差人者，杖八十。若傷重至内損吐血以上，及所毆差人或係職官，或係親屬尊長本犯毆罪重凡人鬬毆者，各於本犯應得重罪上仍加二等，罪止杖一百、流三千里。至篤疾者，監候絞；死者，監候斬。此爲納户及應辦公事之人，本非有罪，而恃强違命者言。若税糧違限，公事違錯，則係有罪之人，自有罪人拒捕條。

［纂註］

凡官司差人追取徵收其應納之錢糧，拘勾管攝應辦集之公務，而納户及應辦之人，抗拒不服追攝，及反毆其所差人者，並杖八十。若毆而至于内損吐血以上，至于廢疾，及所毆差人，或係職官，或係大功以下尊長，本犯毆罪重於凡人鬬毆者，各於本犯應得重罪上，仍加二等，各罪止杖一百、流三千里。至篤疾者絞，死者斬。此與拒捕不同，蓋納户及應辦公務之人，皆爲無罪者，但以其毆官司所差之人，故加二等坐之。若以本犯重者，爲税糧違限之類，則即係有罪之人，自有罪人拒捕之律，安得附於鬬毆下耶？

318　毆受業師

凡毆受業師者，加凡人二等。死者，斬。凡者，非徒指儒言，百工技藝亦在内。儒師終身如一，其餘學未成，或易别業，則不坐。如習業已成，罪亦與儒並科。道士、女冠、僧尼於其受業師，與伯叔父母同，有犯不用此律。

［纂註］

儒與藝皆有師，惟僧道、女冠、尼僧，於其受業師，與伯叔父母同，不用此律。

［備考］

一、云儒師終身如一，藝者據見受業，并詳之。

319　威力制縛人

凡兩相爭論事理，其曲直聽經官陳告裁決。若豪强之人以威力挾制綑縛人，及於私家拷打監禁者不問有傷無傷，並杖八十。傷重至内損吐血以上，各驗其傷加凡鬭傷二等。因而致死者，絞監候。若以威力主使他人毆打，而致死傷者，並以主使之人爲首，下手之人爲從論，減主使一等。

［纂註］

設官置吏，所以爲民，故民有爭論，須聽斷於官。若恃威勢氣力，將人拘制綑縛，及拿至私家，拷打之，監禁之，皆所謂强凌弱、衆暴寡也。故不問有傷無傷，並杖八十。若拷打傷重，至内損吐血以上，則於凡鬭罪上加二等，罪止杖一百、流三千里。因其制縛拷打監禁而致死者，絞。此不言從者，自本身下手者言。若以威力主使他人毆人，而致其死若傷者，並以主使之人爲首，但毆即杖八十，傷重至吐血以上，亦加凡鬭二等，死則坐絞。下手之人，以爲從論，毆及死傷，各減主使之罪一等。蓋威力主使，與同謀共毆不同，此乃威力能使人，而人不敢不聽其使者也，故不以下手致命者爲重耳。其餘人隨從，而不下手者，止以不應從重論。

條例

319－01

一、在京在外無籍之徒，投託勢要，作爲心腹，誘引生事，綁縛平民，在於私家拷打，脅騙財物者，枷號一個月，發煙瘴地面充軍。勢要知情，並坐。

320　良賤相毆

凡奴婢毆良人或毆，或傷，或折傷者，加凡人一等。至篤疾者，絞監候；死者，斬監候。其良人毆傷他人奴婢或毆，或傷，或折傷篤疾者，減凡人一等。若死及故殺者，絞監候。若奴婢自相毆傷殺者，各依凡鬬傷殺法。相侵財物者如盜竊、强奪、詐欺、誆騙、恐嚇、求索之類，不用此加減律。仍以各條凡毆傷殺法坐之。○若毆內外緦麻、小功親之奴婢，非折傷勿論。至折傷以上至篤疾者，各減殺傷凡人奴婢罪二等。大功親之奴婢，減三等。至死者不問緦麻、小功、大功，杖一百、徒三年。故殺者，監候絞。過失殺者，各勿論。○若毆內外緦麻、小功親之雇工人，非折傷，勿論。至折傷以上至篤疾者，各減凡人罪一等。大功親之雇工人，減二等。至死及故殺者不問緦麻、小功、大功，並絞監候。過失殺者，各勿論。雇倩傭工之人，與有罪緣坐爲奴婢者不同，然而有主僕之分，故以家長之服屬親疏論。不言毆期親雇工人者，下條有家長之期親，若外祖父母毆雇工人律也。若他人雇工者，當以凡論。

［纂註］

奴者男子，婢者婦女。緣坐而爲奴婢，與無罪良民自不同，則其相毆，豈可與凡人概論哉？故奴婢毆良人，則加凡鬬一等，毆至篤疾則斬。良人毆他人之奴婢，或毆或傷，或刃殺而未死，皆減凡鬬一等；至死及故殺，則坐以絞也。殺傷得減一等，則不可引兇器傷人之例矣。奴婢與奴婢相毆，均賤人也，故其或毆或傷，或刃殺，及殺死者，各依鬬論。若良人奴婢相侵財物，如竊盜、强奪、詐欺、冒認、誆騙、拐帶、恐嚇、求索之類，因而有所殺傷，不用此加減之律。謂奴婢因良人侵己財物而毆傷之者，不在加等，至死者俱絞。其良人因侵奴婢財物，而反毆之者，不在減等，故殺者亦斬也。此止言良賤相毆之罪也。若良人毆緦麻、大功、小功親之奴婢，非折傷勿論。至折傷以上，減殺傷他人奴婢罪，係緦麻、小功者，減二等，大功者減三等。如折人奴婢一指，減凡人罪一等，杖九十，若係緦麻、小功奴婢，則杖七十，大功則杖六十也。毆至死，不問緦、功，亦止杖一百、徒三年。惟故殺者始絞，過失殺亦勿論。若雇倩傭工之人，與奴婢終身服役者不同，而與良善等輩之人亦異，故毆緦麻、小功、大功之雇工人者，非折傷，亦勿論。折傷以上，緦麻、小功者，減凡鬬罪一等；大功，減二等。如折凡人一指，杖一百，毆緦麻、小功雇工人，則減杖九十；大功，則杖八十也。至死及故殺，並論絞。惟過失殺，則勿論，蓋罪輕於良人，而重於奴婢也。不言毆期親奴婢、雇工人者，下條云奴婢無罪，而家長之期親，若外祖父母殺之者，罪止杖六十、徒一年，則毆與傷皆勿論明矣。又毆他人雇工人者，以凡鬬論，故律不及也。

321　奴婢毆家長

凡奴婢毆家長者，有傷、無傷，預毆之奴婢，不分首從皆斬。殺者故殺、毆殺，預毆之奴婢，不分首從，皆淩遲處死。過失殺者，絞監候。過失傷者，杖一百不收贖，流三千里。若奴婢毆家長之尊卑期親，及外祖父母者，即無傷，亦監候絞。爲從減一等。傷者，預毆之奴婢，不問首從重輕皆斬監候。過失殺者，減毆罪二等。過失傷者，又減一等。故殺者，預毆之奴婢皆淩遲處死。毆家長之緦麻親兼内外尊卑，但毆即坐，雖傷亦同，杖六十、徒一年；小功，杖七十、徒一年半；大功，杖八十、徒二年。折傷以上，緦麻，加毆良人罪一等；小功，加二等；大功，加三等。加者，加入於死。但絞，不斬。一毆一傷，各依本法。死者，預毆奴婢皆斬。故殺，亦皆斬。〇若雇工人毆家長，及家長之期親，若外祖父母者，即無傷，亦杖一百、徒三年。傷者不問重輕，杖一百、流三千里。折傷者，絞監候。死者，斬監候。毆家長，決斬。毆家長期親，若外祖父母，監候斬。故殺者，淩遲處死決。過失殺傷者，各減本殺傷罪二等。毆家長之緦麻親，杖八十；小功，杖九十；大功，杖一百。傷重至内損吐血以上，緦麻、小功，加凡人罪一等；大功，加二等。罪止杖一百、流三千里。死者，各監候斬。〇若奴婢有罪或姦或盜，凡違法罪過皆是，其家長及家長之期親，若外祖父母，不告官司而私自毆殺者，杖一百。無罪而毆殺或故殺者，杖六十、徒一年。當房人口指奴婢之夫婦子女，悉放從良。奴婢有罪，不言折傷、篤疾者，非至死勿論也。〇若家長及家長之期親，若外祖父母，毆雇工人不分有罪無罪，非折傷勿論。至折傷以上，減凡人折傷罪三等。因而致死者，杖一百、徒三年。故殺者，絞監候。〇若奴婢、雇工人違犯家長及期親外祖父母教令，而依法於臀腿受杖去處決罰，邂逅致死，及過失殺者，各勿論。

［纂註］

凡奴婢毆家長者，罪無首從皆斬，但毆即坐。不言傷殺者，凡預毆之人，皆淩遲處死。過失殺者，絞；過失傷者，杖一百、流三千里。若毆家長尊卑期服之親，及外祖父母者，絞，爲從減一等。名例稱期親者，曾高同，但傷者，預毆之人皆斬，至死亦止於斬。過失殺者，減毆罪二等，杖一百、徒三年。過失而傷者，又減一等，杖九十、徒二年半。故殺者，預謀之人皆淩遲處死。若毆家長内外尊卑緦麻之親者，杖六十、徒一年；小功，杖七十、徒一年半；大功，杖八十、徒二年。毆内兼傷。惟毆而至於折傷一齒以上者，緦麻加良人罪一等，小功加二等，大功加三等。加者，加入於死，但絞，不至於斬。如折人一肢者，奴婢加凡人一等，杖一百、流二千里，緦麻則杖一百、流二千五百里，小功杖一百、流三千里，大功加入於絞。若毆緦功之親而至死者，預毆之人皆斬，不言故殺，亦止於斬也。若雇工人，則與奴婢不同，故凡毆家長及家長之期親，若外祖父母者，杖一百、徒三年；傷者，杖一百、流三千里；折傷者絞，至死者斬，故殺者淩遲處死。此傷殺俱不言皆，則同毆及傷者，各依本法。若過失而殺及傷者，各減本傷殺罪二等，謂過失殺者杖一百、徒三年，傷者杖九十、徒二年半。若泥傷者減絞罪二等，則傷殺同罪，且與奴婢過失傷減殺罪一等者背矣。若毆家長之緦麻親，杖八十，小功杖九十，大功杖一百，傷亦在内。若所毆傷重，至内損吐血以上，則各驗傷定罪，緦麻、小功加凡人一等，大功加二等，不加至死。雖爲篤疾，亦罪止流三千里。至死者，不問緦麻功之親，各斬。不言故殺，亦止於斬也。若奴婢有罪，其家長之期親，若外祖父母不執告官司，而擅自毆殺者，杖一百。若無罪，而非理毆殺，或故殺之者，杖六十、徒一年。其無罪見殺奴婢之當房人口，如奴之妻、婢之子，悉給放從良。若家長及家長之親，若外祖父母毆雇工人者，非折傷勿論。至折傷一齒以上者，各減凡人罪三等。因非理毆傷而至死者，杖一百、徒三年。毆而故殺者，絞。若奴婢、雇工人違犯家長，及家長之期親，若外祖父母教令，而依法於臀腿受杖去處決罰，其有邂逅致死，及過失而殺者，各勿論。

刪除明例 1 條

新題例

［一、］萬曆十六年正月，題奉欽依：今後官民之家，凡倩工作之人，立有文券，議有年限者，以雇工人論。止是短雇月日，受值不多者，依凡論。其財買義男，如恩養年久，配有室家者，照例同子孫論。如恩養未久，不曾配合者，士庶之家，依雇工人論；縉紳之家，比照奴婢律論。

322 妻妾毆夫

凡妻毆夫者但毆即坐，杖一百。夫願離者，聽。須夫自告乃坐。至折傷以上，各驗其傷之重輕加凡鬬傷三等。至篤疾者，絞決；死者，斬決。故殺者，凌遲處死。兼魘魅蠱毒在內。〇若妾毆夫及正妻者，又各加妻毆夫罪一等。加者，加入於死。但絞，不斬。於家長則決，於妻則監候。若篤疾者、死者、故殺者，仍與妻毆夫罪同。〇其夫毆妻，非折傷勿論。至折傷以上，減凡人二等。須妻自告乃坐。先行審問，夫婦如願離異者，斷罪離異。不願離異者，驗折傷應坐之罪收贖。仍聽完聚。至死者，絞監候。故殺亦絞。毆傷妾至折傷以上，減毆傷妻二等。至死者，杖一百、徒三年。妻毆傷妾，與夫毆妻罪同。亦須妾自告乃坐。過失殺者，各勿論。蓋謂其一則分尊可原，一則情親當矜也。須得過失真情，不真仍各坐本律。〇若毆妻之父母者但毆即坐，杖一百。折傷以上，各加凡鬬傷罪一等。至篤疾者，絞監候；死者，斬監候。

故殺者亦斬。

［纂註］

凡妻毆夫者，杖一百，但毆即坐，故不言傷。其夫願離者聽，權歸於所天也。毆而至折傷以上者，各加毆凡人罪三等，如折一齒，即杖八十、徒二年之類是也。篤疾者，絞；死者，斬；故殺者，凌遲處死。若妾毆夫及正妻者，又加妻毆夫之罪一等。加者，止入於絞。如毆夫及正妻者，杖六十、徒一年，至折一肢、瞎一目，則加入于絞是也。若篤疾者、死者、故殺者，乃與妻毆夫罪同。其夫毆妻者，非折傷勿論。毆而至於折傷以上者，減凡人罪二等。如折一齒，杖八十，至篤疾，則杖九十、徒二年半是也。先行審問，夫婦如願離異者，依律斷夫之罪，其妻離異歸宗，恩義已絶，故正其法也。如能懲忿相宥，不願攜離者，則驗其夫折傷應坐之罪，全准收贖，以與完聚，情義未斷，復順其情也。要皆所以全夫之綱也。若夫毆傷妾者，不止言毆，則傷亦勿論。至折傷以上者，減毆傷妻罪二等。如折一齒，則杖六十，至篤疾，則杖七十、徒一年半。毆而致死者，杖一百、徒三年。若妻毆傷妾者，與夫毆妻之罪同，折傷以上，亦減凡人二等；至死者，亦絞也。若夫過失殺其妻妾，及正妻殺妾者，各勿論。若妻妾過失殺夫，還當比依子孫過失殺父母，妾過失殺正妻，亦比依殺期親尊長論。此句另在一節，似不可扯上條同論也。若女壻毆妻之父母者，杖一百，但毆即坐。至折傷一齒以上者，各加凡鬬傷罪一等，篤疾者絞，死者斬。凡親屬相毆，皆不言親告乃坐，而此獨言之者，以夫婦之間，非他人可與，且生離間之謀，故特指之。若至死，則他人皆可告矣。

323　同姓親屬相毆

凡同姓親屬相毆，雖五服已盡，而尊卑名分猶存者，尊長犯卑幼減凡鬬一等，卑幼犯尊長加一等。不加至死。至死者無論尊卑、長幼，並以凡人論。鬬殺者絞，故殺者斬。

［纂註］

凡本宗同姓袒免親屬相毆，雖五服已盡，族戚疏遠，而其世系之尊卑名分猶存，終與凡人不同，故尊長犯卑幼，則減凡鬬罪一等，卑幼犯尊長，則加凡鬬罪一等，皆所以謹名分也。死則其罪已重，故並以凡人論。其不言過失殺傷者，蓋准本條論贖之法。凡無服之親，相毆相盜，恐嚇詐欺，故相爲容隱等項，在本律皆得減一等科斷。其犯罪而有爲首，及相告言者，則依名例犯罪自首律減之。

324 毆大功以下尊長

凡卑幼毆本宗及外姻緦麻兄姊但毆即坐，杖一百，小功兄姊杖六十、徒一年，大功兄姊杖七十、徒一年半。尊屬，又各加一等。尊屬，與父母同輩者，如同堂伯叔父母、姑及母舅、母姨之類。外姻止有緦麻兄姊，蓋姑舅兩姨之兄姊是也。大功尊屬，如父之出嫁姊妹之類。小功尊屬，如父之同祖兄弟，及姊妹母之兄弟、姊妹之類。折傷以上，各遞加凡鬬傷一等。罪止杖一百、流三千里。篤疾者，不問大功以下尊屬，並絞；死者，斬。絞斬，在本宗小功、大功兄姊及尊屬則決，餘俱監候。若族兄過繼，族姊出嫁，乃依緦麻，不可作無服。〇若本宗及外姻尊長毆卑幼，非折傷勿論。至折傷以上，緦麻卑幼減凡人一等，小功卑幼減二等，大功卑幼減三等。至死者，絞監候。不言故殺者，亦止於絞也。其毆殺同堂大功弟妹、小功堂姪，及緦麻姪孫者，杖一百、流三千里。不言篤疾至死者，罪止此，仍依律給付財產一半養贍。故殺者，絞監候。不言過失殺者，蓋各准本條論贖之法。兄之妻及伯叔母弟之妻，及卑幼之婦，在毆夫親屬律，姪與姪孫在毆期親律。

［纂註］

凡卑幼毆本宗及外姻之緦麻兄姊，謂同堂高祖兄姊、同曾祖出嫁姊妹，及姑舅兩姨之子，爲表兄表姊者，杖一百。小功則同曾祖兄姊、同祖出嫁姊，毆者杖六十、徒一年。大功則同祖兄姊、同父出嫁姊，毆者杖七十、徒一年半。但毆即坐，故不言傷。此自己同行長者而言。若尊屬，則與父母同輩，如大功則父之出嫁姊妹，父母同輩者。小功則父之同祖兄弟、在室姊妹，母之同父兄弟、在室姊妹，緦麻則父之同曾祖兄弟、在室姊妹是也。父之同祖出嫁姊妹，其他若曾祖之兄弟姊妹、祖之堂兄弟姊妹，服緦麻；祖之兄弟姊妹，服小功，皆爲尊屬。凡若此者，又各加一等，緦麻杖六十、徒一年，小功徒七十、徒一年半，大功杖八十、徒二年。其毆至於折傷以上者，各遞加凡人鬬毆之罪一等。如折凡人一齒，本杖一百，折緦麻兄姊一齒，則杖六十、徒一年；小功加一等，杖七十、徒一年半；大功又加一等，杖八十、徒二年。若折緦麻尊屬一齒，又加折兄姊齒一等，杖七十、徒一年半，小功杖八十、徒二年，大功杖九十、徒二年半之類。其加罪，並止於流三千里。毆而至於篤疾，不問犯緦功兄姊尊屬，並絞，死者並斬。若從鬬有服屬不同，及但毆死者，並斬。若從鬬有服屬不同，及但毆或傷者，各依本法，其不言故殺罪止於斬也。若大功以下尊長，不問兄姊尊屬，惟兄之妻，及伯叔母不與。其毆本宗外姻有服卑幼者，非折傷勿論。至折傷一齒以上，緦麻減凡人鬬毆罪一等，小功減二等。姪婦姪女，大功減三等，毆而至死者，並絞。然其間如同堂弟妹、堂姪堂孫，又卑幼之最親者，故雖毆傷，與諸卑幼同罪，而至死則不坐絞，止於杖一百、流三千里。至於故殺，始坐絞也。其餘故殺卑幼，亦止於絞，不言過失殺者，蓋准本條論贖之法。此卑幼謂本宗外姻弟妹，及其卑屬，雖然若弟之妻、卑幼之婦，則不論服制，非此律也。凡出嫁女，以降服論，被出者及無夫與子者，同在室論。又毆同母異父姊妹，律無明條，犯者依《大明令》大小功服科斷。

325　毆期親尊長

凡弟妹毆同胞兄姊者姊妹雖出嫁，兄弟雖爲人後，降服，其罪亦同，杖九十、徒二年半；傷者，杖一百、徒三年；折傷者，杖一百、流三千里。刃傷不論輕重，及折肢，若瞎其一目者，絞。以上各依首從法。死者，不分首從皆斬。若姪毆伯叔父母、姑是期親尊屬，及外孫毆外祖父母服雖小功，其恩義與期親並重，各加毆兄姊罪一等。加者不至於絞。如傷，折肢、瞎目者亦絞。至死者，亦皆斬。其過失殺傷者，於加等上各減本殺傷兄姊及伯叔父母姑、外祖父母罪二等，不在收贖之限。故殺者，皆不分首從凌遲處死。若卑幼與外人謀故殺親屬者，外人造意下手，從而加功、［從而］不加功，自依凡人故殺律科罪，不在皆斬皆凌遲之限［餘條准此］。［〇］其期親兄姊毆殺弟妹，及伯叔姑毆殺姪并姪孫，若外祖父母毆殺外孫者，杖一百、徒三年。故殺者，杖一百、流二千里。篤疾至折傷以下，俱勿論。過失殺者，各勿論。

［纂註］

凡期親弟妹，毆同父之兄，與其在室之姊者，杖九十、徒二年半；但傷者，杖一百、徒三年。折傷一齒以上者，杖一百、流三千里。若刃傷，不論輕重，及折肢，若瞎其一目者，絞。不言篤疾，舉重足以見義矣。此上不言皆者，各依首從法。惟至死，則罪無首從，皆斬。若期親姪毆其伯叔父母，與其在室姑，及外孫毆其外祖父母者，以係尊屬，故各加毆兄姊之罪一等，杖一百、徒三年；但傷者，杖一百、流三千里。至折傷一齒以上，亦罪止杖一百、流三千里。其刃傷及折肢瞎目者，亦止於絞；至死，亦不分首從斬。其過失殺傷者，各減本殺傷罪二等，不在論贖之限。傷兄姊者，杖八十、徒二年；殺者，杖一百、徒三年。傷伯叔父母姑者，杖九十、徒二年半；殺者，亦杖一百、徒三年。若因毆而故殺兄姊、伯叔父母、姑、外祖父母者，凡預毆之人，皆凌遲處死。如爲從，有服屬不同者，仍各依本法。其期親之兄、在室之姊毆殺弟妹，及伯叔父與在室姑毆殺其姪，并小功姪孫，若外祖父母毆殺外孫者，俱杖一百、徒三年；毆而故殺者，杖一百、流二千里。若過失殺者，各勿論。其毆不言折傷及篤疾，亦勿論明矣。卑幼與外人同謀，故殺兄姊、伯叔父母、姑、外祖父母者，卑幼不論主謀首從，俱凌遲處死，外人自依凡人主謀爲從、加功不加功坐罪，不在凌遲之限。他條有稱卑幼謀故殺尊長，亦以此例之，故曰餘條准此。

條例

325－01

一、凡卑幼毆期親尊長，執有刀刃趕殺，情狀兇惡者，雖未［成］傷，依律問罪，發邊衛充軍。

325－02

一、凡兄與伯叔謀奪弟姪財産、官職等項，故行殺害者，問罪，屬軍衛者，發邊衛充軍；屬有司者，發邊［口］外爲民，仍斷給財産一半，與被殺家屬養贍。

326　毆祖父母父母

凡子孫毆祖父母、父母，及妻妾毆夫之祖父母、父母者，皆斬；殺者，皆凌遲處死。其爲從有服屬不同者，自依各條服制科斷。過失殺者，杖一百、流三千里；傷者，杖一百、徒三年。俱不在收贖之例。〇其子孫違犯教令，而祖父母、父母不依法決罰，而横加毆打非理毆殺者，杖一百；故殺者無違犯教令之罪，爲故殺，杖六十、徒一年。嫡繼慈養母殺者終於親母有間，毆殺、故殺各加一等；致令絶嗣者，毆殺、故殺絞監候。若祖父母、父母、嫡繼慈養母非理毆子孫之婦此婦字、乞養者同，及乞養異姓子孫折傷以下無論，致令廢疾者，杖八十；篤疾者，加一等，子孫之婦及乞養子孫並令歸宗。子孫之婦篤疾者，追還初歸嫁妝，仍給養贍銀一十兩。乞養子孫篤疾者，撥付合得所分財産養贍。不在給財産一半之限。如無財産，亦量照子孫之婦給銀。至死者，各杖一百、徒三年。故殺者，各杖一百、流二千里。其非理毆子孫之妾，各減毆婦罪二等。不在歸宗、追給嫁妝贍銀之限。〇其子孫毆罵祖父母、父母，及妻妾毆罵夫之祖父母、父母，而祖父母、父母、夫之祖父母、父母因其有罪毆殺之，若違犯教令，而依法決罰，邂逅致死，及過失殺者，各勿論。

［纂註］

孫毆祖父母，子毆父母，妻妾毆夫之祖父母、父母，皆人倫之大變，故即坐斬，不論其傷之輕重也。因毆而故殺之者，無分首從，皆凌遲處死。其預謀服屬不同者，各依本法。若過失傷殺者，雖出於無心，亦由于不敬，故殺者杖一百、流三千里；傷者，杖一百、徒三年。其子孫違背侵犯教令，而祖父母、父母不能理諭法罰，而横加毆打，以致其死者，杖一百。非有違犯，而故殺之者，杖六十、徒一年。嫡、繼、慈、養母，終與親母不同，故各加一等。因違犯而非理毆殺之者，杖六十、徒一年；故殺者，杖七十、徒一年半。致令絶嗣者絞，爲其無後也。其祖父母、父母，或嫡繼慈養母非理毆子孫之婦，及乞養異姓子孫，致令廢疾者，杖八十；篤疾加一等，杖九十，並令歸宗。未至於篤疾廢疾，各勿論也。廢疾篤疾，不能自養，故子孫之婦，則追還原嫁妝奩，仍給養贍銀一十兩，子孫則撥付合得財産，養贍其身。毆至死，則各杖一百、徒三年；故殺者，亦各杖一百、流二千里。若毆子孫之妾，非廢疾勿論。致令廢疾，則杖六十；篤疾，杖七十，至杖八十、徒二年；故殺者，杖九十、徒二年半，故曰各減二等，不在歸宗追給嫁妝贍銀之限也。若子孫毆罵祖父母、父母，及子孫之婦妾毆罵夫之祖父母、父母，則其罪已不容死，因而毆殺之，及違犯教令，依法決罰，不意邂逅致死，與過失而殺之者，各勿論。

條例

326－01

一、繼母告子不孝，及伯叔父母、兄姊、伯叔祖、同堂伯叔父母、兄姊，奏告弟姪人等打罵者，俱行拘四鄰親族人等，審勘是實，依律問斷。若有誣枉，即與辯理，果有顯跡傷痕，輸情服罪者，不必行勘。

326－02

一、凡義子過房，在十五歲以下，恩養年久，或十六歲以上，曾分有財産，配有室家，若於義父母及義父之祖父母、父母，有犯毆罵、侵盗、恐嚇、詐欺、誣告等情［項］，即同子孫取問如律。若義父母及義父之祖父母、父母毆殺故殺者，並以毆故殺乞養異姓子孫論。若過房雖在十五以下，恩養未久，或在十六以上，不曾分有財産，配有室家，及於義父之期親，并外祖父母有違犯者，並以雇工人論。義子之婦，亦依前擬歲數，如律科斷。其義子後因本宗絶嗣，或應繼軍伍等項，有故歸宗，而義父母與義父之祖父母、父母無義絶之狀，原分家産、原配妻室不曾拘留，遇有違犯，仍以雇工人論。若犯義絶，及奪其財産、妻室，與其餘親屬，不分義絶與否，並同凡人論。義絶，如毆義子至篤疾，當令歸宗。及有故歸宗，而奪其財産、妻室，亦義絶也。

327　妻妾與夫親屬相毆

凡妻妾毆夫之期親以下、緦麻以上本宗外姻尊長，與夫毆同罪。或毆，或傷，或折傷，各以夫之服制科斷。其有與夫同絞罪者，仍照依名例，至死減一等，杖一百、流三千里。至死者，各斬監候。緦麻親，兼妾毆妻之父母在内。此不言故殺者，其罪亦止於斬也。不言毆夫之同姓無服親屬者，以凡人論。○若妻毆傷卑屬，與夫毆同。各以夫毆服制科斷。至死者，絞監候。此夫之緦麻、小功、大功卑屬也。雖夫之堂姪、姪孫及小功姪孫，亦是。［○］若毆殺夫之兄弟子，杖一百不得同夫擬徒、流三千里。故殺者，絞監候。不得同夫擬流。妾犯者，各從凡鬬法。不言夫之自期以下弟妹者，毆夫之弟妹，但減凡一等，則此當以凡論。○若期親以下、緦麻以上尊長毆傷卑幼之婦，減凡人一等，妾又減一等。至死者不拘妻妾，絞監候。故殺，亦絞。○若弟妹毆兄之妻，加毆凡人一等。其不言妻毆夫兄之妻者，與夫毆同。○若兄姊毆弟之妻，及妻毆夫之弟妹及夫弟之妻，各減凡人一等。若毆妾者，各又減毆妻一等。不言妻毆夫兄之妾者，亦與夫毆同。不言弟妹毆兄之妾，及毆大功以下兄弟妻妾者，皆以凡論。○其毆姊妹之夫、妻之兄弟，及妻毆夫之姊妹夫者有親無服，皆爲同輩，以凡鬬論。若妾犯者，各加夫毆妻毆一等。加不至於絞。○若妾毆夫之妾子，減凡人二等。以其近於母也。毆妻之子，以凡人論。所以別妻之子於妾子也。若妻之子毆傷父妾，加凡人一等。所以尊父也。妾子毆傷父妾，又加二等。爲其近於母也。共加凡人三等，不加至於絞。〇至死者，各依凡人論。此通承本節弟妹毆兄之妻以下而言也，死者絞，故殺者斬。

［纂註］

凡妻妾毆夫之期親以下、緦麻以上本宗及外姻尊長，與其夫毆之罪同。毆而至死，則各坐以斬。蓋雖故殺，亦止於斬也。不言毆夫之同姓五服已盡親屬者，以凡人論。若妻毆傷夫之緦麻以上卑屬，亦與夫毆同罪。卑屬，謂子孫同輩者，猶父母同輩而曰尊屬也。然毆而死，則各坐以絞。雖夫之堂姪孫，及小功姪孫，亦絞，不得如夫之罪，止徒三年及流三千里也。夫毆殺兄弟之子，止杖一百、徒三年。若妻妾毆而殺之者，則杖一百、流三千里。故殺者，則絞，亦不得如夫之止流三千里也。不言折傷以上者，亦得分論。言故殺夫之兄弟子者絞，則凡故殺夫之卑幼，不問緦功，俱絞，例可知矣。妾則下於妻者，故毆尊長，與夫同罪，毆卑幼，則從凡人鬬毆之法論，明其不得與妻比也。若期親以下、緦麻以上尊長，此尊長，兼妻有之。其有毆傷服屬卑幼之婦者，各減毆凡人之罪一等。其不言妻，而言婦，蓋自夫有子道者，而自期以下弟之妻，俱不與矣。若毆卑幼之妾，又減毆婦之罪一等，通減凡人二等。而死者不問婦與妾，並絞。不言故殺，亦止於絞也。若期親弟妹，毆兄之妻者，加凡人一等。其不言妻毆夫兄之妻者，罪亦與夫毆同。若期親兄姊，毆弟之妻，及妻毆夫之弟妹，及夫弟之妻者，各減凡人一等。若毆兄弟之妾者，又各減毆兄弟之妻罪一等。其不言妻毆夫兄之妾者，罪亦與夫毆同。不言毆大功以下兄弟之妻者，並同凡人論。其毆姊妹之夫，若妻之兄弟，及妻毆夫之姊妹夫者，並以凡鬬論，無服故也。若妾犯者，則於凡鬬之上加一等，罪止流三千里，明妾賤於妻也。若妾毆夫之妾，毆妻之子，則以凡人論。妻之子，異於妾之子也。若妻之子毆傷父之妾，加凡人一等。妾子毆傷父妾，又加二等，通加凡鬬二等，然皆不入於死。凡此皆所以明嫡妾之分也。凡弟妹毆兄之妻妾，兄姊毆弟之妻妾，及妻妾毆夫之弟妹，及弟之妻妾，若毆姊妹夫妻之兄弟，及妻妾毆夫之姊妹，夫妾毆妾之兄弟、夫之妾子，及妻之子，若妻妾之子毆傷父妾，其至死者，各依凡鬬毆殺人律絞，殺者斬。其妻妾，毆死夫兄之妻，亦同。

又按：弟毆兄之妻妾至死者，依凡人論。其弟妻毆夫兄之妻妾者，當引妻妾毆夫兄之妻妾，依凡人論絞爲是。又妻妾毆夫之嫁母、出母，當比依毆夫之伯叔父母，與夫毆同罪。本生舅姑亦然。若毆夫之父妾，則同凡人論。蓋夫毆但加凡人一等耳。

328 毆妻前夫之子

凡毆妻前夫之子者謂先曾同居，今不同居者，其毆傷、折傷減凡人一等。同居者，又減一等。至死者，絞監候。○若毆繼父者亦謂先曾同居，今不同居者，杖六十、徒一年。折傷以上，加凡鬬傷一等。同居者，又加一等。至篤疾，罪止杖一百、流三千里，不加於死，仍給財産一半養贍。至死者，斬監候。○其故殺及自來不曾同居者不問父毆子、子毆父，各以凡人論。

［纂註］

凡繼父毆妻前夫之子，若先曾同居，今不同居者，減毆凡人之罪一等。見同居者，又減今不同居之罪一等，通減凡人二等。毆而死者，則並坐以絞。若妻前夫之子，毆先曾同居、今不同居繼父者，杖六十、徒一年。不言傷者，但毆即坐。至折傷以上，加凡鬬傷罪一等。同居者，又各加今不同居罪一等。折傷而至篤疾，亦罪止杖一百、流三千里；至死者，並斬。其同居與今不同居繼父，若妻前夫之子，互相故殺，及繼父與妻前夫之子自來不曾同居，而或相毆傷殺，或故殺者，各以凡人論。毆而至死者絞，故殺者並斬。蓋繼父與妻前夫之子，原無服制，但以同居，尚有恩養之義，故律罪如此。若故殺者，斬。其刑已極，故彼此俱止於此也。

329 妻妾毆故夫父母

凡妻妾夫亡改嫁，毆故夫之祖父母、父母者，並與毆姑舅罪同。其舊舅姑毆已故子孫改嫁妻妾者，亦與毆子孫婦同。妻妾被出，不用此律，義已絶也。○若奴婢毆舊家長，及家長毆舊奴婢者，各以凡人論。此亦自轉賣與人者言之。奴婢逃走，不用此律，義未絶也。

［纂註］

妻妾被出，則夫家之義已絶。若夫亡改嫁，雖婦節已移，而于義未絶，於其祖父母、父母，猶有舅姑之義，故毆之者，與見奉侍之舅姑罪同。而故夫之祖父母、父母，毆已故子孫改嫁之妻妾者，亦與毆子孫婦同。自祖父母、父母之外，則並以凡人論矣。奴婢與家長，合則有恩，散則無義，故相毆者，並以凡人論。

330 父祖被毆

凡祖父母、父母爲人所毆，子孫即時少遲即以鬬毆論救護而還毆行兇之人，非折傷勿論。至折傷以上，減凡鬬三等。雖篤疾，亦得減流三千里爲徒二年。至死者，依常律。○若祖父母、父母爲人所殺，而子孫不告官擅殺行兇人者，杖六十。其即時殺死者，勿論。少遲即以擅殺論。○者［若］與祖父母、父母同謀共毆人，自依凡人首從法。又祖父母、父母被有服親屬毆打，止宜救解，不得還毆。若有還毆者，仍依服制科罪。○父祖外，其餘親屬人等被人殺，而擅殺行兇人，審無別項情故，依罪人本犯應死而擅殺律，杖一百。

［纂註］

凡祖父母、父母被人毆打，子孫即時救護，而還毆行兇之人者，非折傷勿論。至折傷以上，亦減凡鬬傷罪三等。毆而至死，則依常律處絞。若祖父母、父母被人殺死，子孫不告官府，而擅殺行兇之人者，止杖六十。若當時即將其人殺死，以復讐者，勿論子孫之罪。凡此皆指無故被人毆打而言，若祖父子孫同謀共毆人，則依常人分首從矣。

［備考］

［一、］祖父母、父母被尊長毆打，子孫不得還毆，止宜救護。

大清律集解附例卷之二十一

刑律　罵詈

331　罵人［惡言凌辱曰罵，穢言相詆曰詈。諸條意與鬭毆同，但罵詈情輕，故罪亦因之輕也。］

凡罵人者，笞一十。互相罵者，各笞一十。

［纂註］

此罵彼，曰罵人。彼此相罵，曰互相罵。罪止笞一十，《大誥》減盡。

332　罵制使及本管長官

凡奉制命出使，而官吏罵詈之者，及部民罵本屬知府、知州、知縣，軍士罵本管指揮、千户、百户，若吏卒罵本部五品以上長官，杖一百。若吏卒罵六品以下長官，各指六品至雜職，各於杖一百上減三等，並杖七十減三等。軍民吏卒罵本屬、本管、本部之佐貳官、首領官，又各遞減一等。並親聞乃坐。[①]

① 萬曆律"並親聞乃坐"五字原爲小註。

［纂註］

凡奉朝廷制命，出使於外，而所在官吏罵詈之，及所部之民罵其本屬知府、知州、知縣，軍士罵其本管指揮、千户、百户，若吏卒罵其本部五品以上衙門長官者，俱杖一百。若吏卒罵其六品以下至九品，并雜職衙門長官者，各減罵五品以上長官之罪三等，杖七十。若罵佐貳首領官，又遞減一等。如部民罵府州縣，軍士罵衛所，及吏卒罵五品以上衙門佐貳官者，俱減罵長官罪一等，杖九十。罵首領官者，又減罵佐貳官罪一等，杖八十。吏卒罵本部六品以下衙門佐貳官者，通遞減四等，杖六十。罵首領官者，通減五等，笞五十。並官長親聞乃坐，不聽指告，所以塞讒譖之原也。

條例

332－01

一、凡毀罵公侯、駙馬、伯，及京省［兩京］文職三品以上者，問罪，枷號一個月發落。

332－02

一、凡在長安門外等處妄叫冤枉，辱罵原問官者，問罪，用一百斤枷枷號一個月發落。婦人有犯，罪坐夫男。若不知情，及無夫男者，止坐本婦，照常發落。

333　佐職統屬罵長官

凡首領官及統屬官，罵五品以上長官，杖八十。若罵六品以下長官，減三等笞五十。佐貳官罵長官者，又各減二等。五品以上，杖六十。六品以下，笞三十。並親聞乃坐。①

［纂註］

凡本衙門首領官，及所統屬下司官，有罵五品以上長官，杖八十。

① 萬曆律“並親聞乃坐”五字原爲小註。

若罵五品以下長官者，減三等，笞五十。若佐貳官罵者，又各減首領官罪二等。如罵五品以上長官，杖六十；罵六品以下長官，笞三十。並親聞乃坐。

334 奴婢罵家長

凡奴婢罵家長者，絞監候。罵家長之期親，及外祖父母者，杖八十、徒二年，大功杖八十，小功杖七十，緦麻杖六十。若雇工人罵家長者，杖八十、徒二年。罵家長期親，及外祖父母，杖一百，大功杖六十，小功笞五十，緦麻笞四十。並［須］親告乃坐。①以分相臨，恐有讒間之言，故須親聞。以情相與，或有容隱之意，故須親告。

［纂註］

凡奴婢罵家長者，絞。罵家長尊卑期親，及外祖父母者，杖八十、徒二年，大功杖八十，小功杖七十，緦麻杖六十。雇工人又異於奴婢者，故罵家長，止杖八十、徒二年。罵家長之期親，及外祖父母，止杖一百，大功杖六十，小功笞五十，緦麻笞四十，並須親告乃坐。上云親聞，而此曰告者，官司可聞而經理，親屬必告以加刑。法因分殊，皆所以杜詐害之門也。

335 罵尊長

凡罵內外緦麻兄姊，笞五十；小功兄姊，杖六十；大功兄姊，杖七十。尊屬兼緦麻、小功、大功，各加一等。若罵期親同胞兄姊者，杖一百。伯叔父母、姑、外祖父母，各加罵兄姊一等。並須親告乃坐。②

［纂註］

凡卑幼罵本宗及外姻緦麻兄姊者，笞五十，小功杖六十，大功杖七

---

① 萬曆律"並須親告乃坐"六字原爲小註。

② 萬曆律"並須親告乃坐"六字原爲小註。

十。其罵尊屬，與父母同輩，如同堂伯叔父母、姑，及母舅、母姨之類，及父之出嫁姊妹亦是，則各加一等，緦麻杖六十，小功杖七十，大功杖八十。若罵期親兄，及其在室姊者，杖一百。罵期親伯叔父母，與其在室姑，若外祖父母者，各加一等，杖六十、徒一年。並須親告乃坐。凡毆罵尊長，皆依本律科罪。若服制同者，亦難從爲從減等之例。然律無罵嫂之條，又不可與凡人同論，但從别擬可也。

336 罵祖父母父母

凡罵祖父母、父母，及妻妾罵夫之祖父母、父母者，並絞。須親告乃坐。①

［纂註］

凡子孫罵祖父母、父母，及妻妾罵夫之祖父母、父母者，並絞。稱祖者，曾高同。此不言皆者，罵人本無首從。若毆則不分毆與傷者，故云皆也。

條例

336－01

一、凡毆罵祖父母、父母，及夫之祖父母、父母，告息詞者，奏請定奪。再犯者，雖有息詞，不與准理。若祖父母、父母聽信後妻、愛子蠱惑，謀襲官職，爭奪財産等項，捏告打罵者，究問明白，不拘所犯次數，亦與辯理。

337 妻妾罵夫期親尊長

凡妻妾罵夫之期親以下、緦麻以上內外尊長，與夫罵罪同。妾罵夫者，杖八十。妾罵妻者，罪亦如之。若罵妻之父母者，杖六十。並須親

① 萬曆律"須親告乃坐"五字原爲小註。

告乃坐。[1] 律無妻罵夫之條者，以閨門敵體之義，恕之也。若犯，擬不應笞罪可也。

［纂註］

凡妻妾罵夫之期親以下、緦麻以上内外尊長者，與夫罵之罪同科。妾賤於妻，若罵其夫者，杖八十。罵正妻者，罪亦如之。若壻罵妻之父母者，杖六十。並須親告乃坐。律無妻罵夫之條者，以閨門敵體之義，恕之也。若犯者，擬不應笞罪可也。

338　妻妾罵故夫父母

凡妻妾夫亡改嫁其義未絶，罵故夫之祖父母、父母者，並與罵舅姑罪同。按：妻若夫在被出，與夫義絶，及姑婦俱改嫁者，不用此律。又子孫之婦守志在室，而罵已改嫁之親姑者，與罵現奉姑同。若嫡繼慈養母已嫁，不在罵姑之例。○若奴婢轉賣與人，其義已絶罵舊家長者，并以凡人論。

［纂註］

凡妻妾夫亡改嫁，而罵故夫之祖父母、父母者，與罵見奉舅姑罪同，並絞。若奴婢轉賣與人，其義已絶，而罵舊日家長，以凡人論，笞一十。

按：妻若夫在被出，與夫義絶，及姑婦俱改嫁者，不用此律。又子孫之婦守志在室，而罵已改嫁之親姑者，與罵見奉姑同。若嫡繼慈養母已嫁，不在罵姑之例。

---

① 萬曆律“並須親告乃坐”六字原爲小註。

大清律集解附例卷之二十二

刑律　訴訟

339　越訴[1]

凡軍民詞訟，皆須自下而上陳告。若越本管官司，輒赴上司稱訴者，即實，亦笞五十。須本管官司不受理，或受理而虧枉者，方赴上司陳告。○若迎車駕，及擊登聞鼓，申訴而不實者，杖一百。所誣不實之事重於杖一百者，從誣告重罪論。得實者，免罪。若衝突儀仗，自有本律。

條例

339－01

一、擅入午門、長安等門内，叫訴冤枉，奉旨勘問得實者，問罪，枷號一個月。若涉虚者，仍杖一百，發邊遠［口外］衛分充軍。其臨時奉旨，止將犯人拿問者，所訴情詞，不分虚實，立案不行，仍將本犯枷號一個月發落。

---

① 萬曆律本條至“聽訟回避”條下皆無“纂註”。

339－02

一、凡假以建言爲由，挾制官府，及將曖昧不明姦贓事情，污人名節，報復私讎者，俱問罪。文官革職爲民，武官革職差操，旗軍人等發邊衛，民發附近，俱充軍。其有曾經法司，并撫按等衙門，問斷明白，意圖番異，輒於登聞鼓下，及長安左右門等處，自刎自縊，撒潑喧呼者，拿送法司，追究教唆主使之人，從重問擬。

339－03

一、朝覲、聽選、給由等項人員，及解送軍匠物料，聽奏儀賓、會試舉人、歲貢生員人等到京，若在京及原籍來京，一應親識閑雜人等，設謀奏告，欺詐嚇取財物者，問罪，枷號一個月發落，原詞立案不行。

339－04

一、江西等處客人，在於各處買賣生理，若有負欠錢債等項事情，止許於所在官司陳告，提問發落。若有驀越赴京奏告者，問罪遞回。奏告情詞，不問虛實，立案不行。

339－05

一、凡土官衙門人等，除叛逆機密，并地方重事，許差本等頭目赴京奏告外，其餘户婚田土等項，俱先申合干上司，聽與分理。若不與分理，及阿狥不公，方許差人奏告，給引照回該管上司，從公問斷。若有驀越奏告，及已奏告文書到後，三月不出官聽理，與已問理，不待歸結，復行奏告者，原詞俱立案不行。其妄捏叛逆重情，全誣十人以上，并教唆受雇，替人妄告，與盜空紙用印奏訴者，遞發該管衙門，照依土俗事例發落。若漢人投入土官［夷］地方，冒頂土人親屬、頭目名色，代爲奏告報讎，占騙財産者，問發邊衛充軍。

339－06

一、爲事官吏軍民人等，赴京奏訴，一應事情，審係被人奏告，曾經巡撫、巡按，或在京［兩京］法司見問未結者，仍行原問各該衙門，併問歸結。若曾被人在巡撫、巡按官，或在京［兩京］法司具告事發，却又朦朧赴隔别衙門告理，或隱下被人奏告緣由，牽扯别事赴京，奏行别衙門勘問者，查審明白，俱將奏告情詞立案不行，仍將犯人轉發原問衙門，收問歸結。若已經巡撫、巡按官，或在京［兩京］法司問結發落人犯，赴京奏訴冤枉者，方許改調無礙衙門，勘問辯理。

339－07

一、軍民人等干己詞訟，若無故不行親齎，並隱下壯丁，故令老幼殘疾婦女家人，抱齎奏訴者，俱各立案不行，仍提本身或壯丁問罪。

339－08

一、曾經考察考覈被劾人員，若懷挾私忿，妄捏摭拾經該官員别項贓私，不干己事，奏告以圖報復者，不分見任、致仕、閑住，文官問發爲民，武官問革差操。奏告情詞，不問虚實，立案不行。

339－09

一、凡驀越赴京，及赴巡撫、巡按、按察司官處，奏告叛逆等項機密重事不實，并全誣十人以上，屬軍衛者，發邊衛充軍；屬有司者，發邊遠爲民。

339－10

一、在外刁徒，身背黄袱，頭插黄旗，口稱奏訴，直入衙門，挾制官吏者，所在官司，就拿送問。若係干己事情，及有冤枉者，照常發落。不係干己事情，别無冤枉，並追究主使之人，一體問罪，屬軍衛者，俱發邊衛充軍；屬有司者，俱發邊遠爲民。

删除明例6條

一、萬曆七年九月内，節奉聖旨：近來人情險惡，動以私揭害人，報復讐怨。今後兩京，及在外撫按監司衙門，但有投遞私揭者，俱不許聽理。若挾私忌害，顛倒是非，情重者，即便參奏拏問，比誣告律反坐。欽此。

一、各處軍民詞訟，除叛逆機密等項重事，許其赴京奏告，其有親鄰全家被人殘害，及無主人命，官吏侵盜係官錢糧，并一應干己事情，俱要自下而上陳告。若有驀越奏告者，俱問罪。除四川行都司所屬，及雲貴、兩廣各給引照回，若四川其餘地方，并南北直隸、浙江等處，各遞回所司聽理。若將不干己事，混同開款奏告者，法司參詳，止將干己事件，開款施行。其不干己事者，明白開款，立案不行。

一、親齎本狀，并抱奏告者，若給引照回，案候三個月之上不到，及遞回中途買脫，到彼投首者，各查提問罪。原詞不分虛實，俱立案不行。其被奏告之人，用財買求原奏告人脫逃者，仍照詞通提，究問歸結。

一、犯罪逃走，來京奏訴者，不分雲貴、兩廣，并四川行都司所屬，及宣慰、宣撫等司軍民人等，一體問罪，遞回聽理。

一、各處軍民，奏訴冤枉事情，若曾經巡按御史、布按二司官問理，及法司查有原行見監重囚，或在配所拘役等項，令家人抱齎奏告者，免其問罪，給引照回。其被人誣枉重情，見監未結，法司查無原行者，并軍役、户婚、田土等項干己事情，曾經上司斷結不明，或親身及令家人老幼婦女抱齎奏告者，各問罪，給引照回。奏詞轉行原籍官司，候人到提問。

一、文武官吏人等，犯該爲民等項罪名，不分已未結正，伸訴冤枉者，准行辯理。其有妄奏冤枉，摭拾原問官員，勘問涉虛，原問爲民者，發口外爲民；原問差操者，發邊衛差操；原問充軍者，發極邊衛所充軍。

340　投匿名文書告人罪

凡投帖隱匿自己姓名文書，告言人罪者，絞監候。雖實，亦坐。見者即便燒毁，若不燒毁將送入官司者，杖八十。官司受而爲理者，杖一百。被告言者雖有指實，不坐。若於方投時能連人與文書捉獲解官者，官給銀一十兩充賞。指告者勿論。若詭寫他人姓名詞帖，訐人陰私，遞與緝事校尉陷人，或空紙用印，虚捏他人文書，買囑舖兵遞送，詐以他人姓名，註附木牌，進入内府，不銷名字，陷人得罪者，皆依此律絞。

341　告狀不受理

凡告謀反逆叛［叛逆］，官司不即受理、差人掩捕者雖不失事，杖一百、徒三年。因不受理、掩捕以致聚衆作亂，或攻陷城池，及劫掠人民者，官坐斬監候。若告惡逆如子孫謀殺祖父母、父母之類不受理者，杖一百。告殺人及强盜不受理者，杖八十。鬬毆、婚姻、田宅等事不受理者，各減犯人罪二等，並罪止杖八十。受被告之財者，計贓以枉法罪與不受理罪從重論。〇若詞訟原告被論即被告在兩處州縣者，聽原告就被論本管官司，告理歸結。其各該官司，自分彼此，或受人財推故不受理者，罪亦如之。如上所告事情輕重，及受財枉法，從重論。〇若［都督府］各部院監察御史、按察司及分司巡歷去處，應有詞訟，未經本管官司陳告，及雖陳告而本宗公事未結絶者，並聽部院等官置簿立限，發當該官司追問，取具歸結緣由勾銷。若有遲錯，而部院等官不即舉行改正者，與當該官吏同罪。輕者依官文書稽程十日以上，吏典笞四十。重者依不與果決，以致耽誤公事者，杖八十。其已經本管官司陳告，不爲受理，及本宗公事已絶，理斷不當，稱訴寃枉者，各部院等衙門即便勾問。若推故不受理，及轉委有司，或仍發原問官司收問者，依告狀不受理律論罪。〇若本管衙門追問詞訟，及大小公事自行受理，並上司批發，須要就本衙門歸結，不得轉行批委致有寃枉擾害。違者，隨所告事理輕重，以坐其罪。［謂］如所告公事，合得杖罪，坐以杖罪；合得笞罪，坐以笞罪。死罪已決放者，同罪；未決放，減等。徒流罪，抵徒流。

342　聽訟回避

凡官吏於訴訟人内，關有服親，及婚姻之家，若受業師，或舊爲上司，與公祖父母及素有仇隙之人，並聽移文迴避，違者雖罪無增減笞四十。若罪有增減者，以故出入人罪論。

343　誣告

凡誣告人笞罪者，加所誣罪二等；流徒杖罪不論已決配、未決配，加所誣罪三等，各罪止杖一百、流三千里。不加人於絞。若所誣徒罪人已役、流罪人已配，雖經改正放回，須驗其被逮發回之日於犯人名下，追徵用過路費給還被誣之人。若曾經典賣田宅者，著落犯人備價取贖。因而致死隨行有服親屬一人者，絞監候，除償費贖産外，仍將犯人財産一半，斷付被誣之人。其被誣之人，致死親屬一人者，犯人雖處絞，仍備償路費、取贖田宅，又將財産一半，斷付被誣之人養贍。至死罪，所誣之人已決者，依本絞斬反坐誣告人以死。［其被誣之人已經處決者，犯人］雖坐死罪，仍［亦］令備償［路費，］取贖［田宅］，斷付［財産一半，］養贍［其家］。未決者，杖一百、流三千里，就於配所加徒役三年。〇其犯人如果貧乏，無可備償路費、取贖田宅，亦無財産斷付者，止科其罪。其被誣之人詐冒不實，反誣犯人者，亦抵所誣之罪，犯人止反坐本罪。謂被誣之人，本不曾致死親屬，詐作致死，或將他人死屍冒作親屬，誣賴犯人者，亦抵絞罪，犯人止反坐誣告本罪，不在加等備償路費、取贖田宅、斷付財産一半之限。若告二事以上，重事告實，輕事招虛，及數事不一，凡所犯罪同等，但一事告實者，皆免罪。名例律罪各等者，從一科斷，非逐事坐罪也。故告者一事實，即免罪。若告二事以上，輕事告實，重事招虛，或告一事，誣輕爲重者，除被誣之人應得罪名外，皆謂剩罪皆反坐以所剩不實之罪。若已論決不問笞杖徒流，全抵剩罪。未論決，所誣笞杖收贖，徒流止杖一百，餘罪亦聽收贖。謂誣輕爲重，至徒流罪者，每徒一等，折杖二十。若從徒入流者，三流並准徒四年，皆以一年爲所剩罪，折杖四十。若從近流入至遠流者，每流一等，准徒半年，爲所剩罪，亦各折杖二十。收贖者，謂如告一人二事，一事該笞五十是虛，一事該笞三十是實，即於笞五十上准告實笞三十外，該剩下告虛笞二十，贖銀一分四釐八毫［銅錢一貫二伯文］。或告一人一事該杖一百是虛，一事該杖六十是實，即於杖一百准告實杖六十外，該剩下告虛杖四十，贖銀二分九釐六毫［銅錢二貫四伯文］。及告一人一事該杖一百、徒三年是虛，一事該杖八十是實，即於杖一百、徒三年上准告實杖八十外，該剩下告虛杖二十、徒三年之罪，徒五等該折杖一百，通計杖一百二十，反坐原告人杖一百，餘剩杖二十，贖銀一分四釐八毫［銅錢一貫二伯文］。又如告一人一事該杖一百、流三千里，於内問得止招該杖一百，三流並准徒四年，通計折杖二百四十，反坐原告人杖一百，餘剩杖四十，贖銀二分九釐六毫［銅錢二貫四伯文］之類。若已論決，並以剩罪全科，不在收贖之限。按：律首收贖圖，與此註算法不同，指歸則一。至死罪，而所誣之人已決者，反坐以死，未決者止杖一百、流三千里。不加役。〇若律該罪止者，誣告雖多，不反坐。謂如告人不枉法贓二百兩［貫］，一百二十兩［貫］是實，八十兩［貫］是虚，依律不枉法贓一百二十兩［貫］以上，罪應監候絞［止杖一百、流三千里］，即免其罪。〇其告二人以上，但有一人不實者，罪雖輕，猶以誣告論。謂如有人告三人，二人徒罪是實，一人笞罪是虚，仍以一人笞罪上加二等，反坐原告之類。〇若各衙門官，進呈實封誣告人，及風憲官挾私彈事，有不實者，罪亦如告人笞杖徒流死，全誣者坐之。若誣重反坐及全誣加罪輕不及杖一百、徒三年者，從上書詐不①實論。以杖一百、徒三年科之。〇若獄囚已招伏罪，本無冤枉，而囚之親屬妄訴者，減囚罪三等，罪止杖一百。若囚已招伏，笞杖已決徒流已配，而自妄訴冤枉，摭拾原問官吏過失而告之者，加所誣罪三等，罪止杖一百、流三千里。若在役限内妄訴，當從已徒而又犯徒律。

［纂註］

此條作四段看。自誣告起至加役三年，以無罪全誣者言。自若告二事以上，至猶以誣告論，以有罪而誣告者言。若各衙門官一節，又通有罪無罪言。末節專自已問結者言之。大意謂，全誣者不折杖，誣重者依律折杖，全誣至死未決者，不折杖，又加役。誣重至死未決者，不折杖，亦不加役也。首節加等，不論已決配、未決配，皆加等驗日，追徵路費，謂計日之久近，非如雇工錢每日六十文之説。典賣田宅，指典賣而作路費者，故令取贖耳。致死隨行親屬，必全誣者，方坐絞。詐冒不實，專就致死上説。剩罪，謂應得罪名之外，皆爲剩罪。反坐所剩，即下已論決、未論決二項。折杖法，詳見小註。未論決笞杖徒流，皆折

---

① 此處應有“以”字，然兩律皆無。

杖，杖一百以下，俱收贖；杖一百以上，止杖一百，餘罪收贖。若已論決，至徒流，亦折杖，隨杖數多少折算，不准收贖。如未過杖一百，俱的決。過杖一百者，以杖准徒，如杖一百二十，准杖六十、徒一年之類。至若折杖，該杖一百三十，則杖六十、徒一年之外，又餘杖一十者。觀名例所載，笞一十贖銅錢六百文，雇工錢一日該錢六十文，則杖一下、徒一日，該銅錢六十文，故杖十下准徒十日。如杖一百三十，准杖六十、徒一年零十日之類是也。小註云，從徒入流之徒，皆指徒三年者言，故得皆以一年爲所剩罪，折杖四十。而三流皆同一科，若從近流至遠流，則每一等准徒半年，折杖二十，三等流共該折杖六十也。未決者，止杖一百、流三千里，止字非罪止之止，爲不加役而言。各衙門官，通大小而言；風憲官，通科道、按察司言。蓋告人不以實曰誣，而誣告事情，又有輕重，故誣告人笞罪，加所誣罪二等。如誣告人笞一十，加二等，則坐以笞三十之類。若誣告人係流，或徒或杖罪者，則所誣重矣，加所誣罪三等。誣告人杖六十，加三等，則坐原告杖九十；誣告人杖六十、徒一年，加三等，則杖九十、徒二年半。若誣告人流三千里以上，亦各罪止杖一百、流三千里，不得加入于死。若所被誣之徒罪人已著役，流罪人已發配，其後雖經訴辯，改正其罪，被誣之人已經放回，必須計驗其徒流日月之久近，於犯人名下追徵被誣人用度路費給還。若曾典賣田宅，作爲路費，著落犯人備價取贖。若因被誣告而致死被誣人所應隨行有服親屬一人者，犯人坐絞，仍令備償路費，取贖田宅給還，又將犯人財産一半，斷付被誣之人養贍。曰隨行有服，則致死不應隨行及無服之親者勿論。蓋律犯流，妻妾從之，父祖子孫欲隨者聽。父祖子孫之外，則不聽其隨行矣，況無服之親乎？若誣告人致死罪，而所誣之人，或斬絞、凌遲處決，其後或因人告發，或因親屬辯訴，犯人反坐以原誣之死罪，乃令備償路費，取贖田宅，給産養贍其家。若所誣之人未決者，犯人杖一百、流三千里，仍於流所加拘役三年，仍總徒不得過四年。不坐流者，惜其生；加役者，惡其情也。其誣告人徒流死罪，若犯人如果貧難，無可備償路費、取贖田宅，亦無財產斷付者，止科其罪。其被誣已經役配之人，理雖得直，但不曾致死親屬，詐作致死，或將他人死屍冒作親屬，而反誣犯人者，亦抵誣人致死隨行有服親屬之罪，已決者絞，未決者杖一百、流三千里，而犯人止坐本誣告人徒流之罪，不在加等及備償、取贖、斷付之限。此以上皆自全誣抵坐之罪言之。若不係全誣，但告二事以上，重事告實，輕事告虛，及告數事，其罪相等，中間但有一事告實，原告皆得免坐罪。蓋其事雖有誣，其罪實無所加也，故曰皆免罪。若告一人二事以上，輕事告實，重事招虛，或告一人一事本輕，而誣作重事，此雖非全誣，而皆過於所應得之罪，則笞杖徒流，皆折杖科之，而以其所剩之罪，反坐誣告之人。如告人笞二十，止笞一十得實，則餘笞一十爲所剩；告人杖七十，止杖六十得實，則餘杖一十爲所剩；告人杖七十、徒一年半，止杖六十、徒一年是實，則餘杖一十、徒半年爲所剩；告人杖一百、流二千五百里，止杖一百、流二千里得實，則餘流一等，爲所剩之類。凡所剩者，皆爲所誣矣，故反坐之。然反坐之罪，若所誣之人笞杖已的決，徒已役，流已配，則原告全抵剩罪，笞杖的決，徒流先折杖，而以杖數准徒抵坐，不許收贖。若雖經問理，尚未論決，係笞杖者，照所剩笞杖之數收贖。如小註云，告人二事，一事該笞五十是虛，一事該笞三十是實，即於笞五十上，准告實笞三十外，該剩下告虛笞二十，許收贖銅錢一貫二伯文。或告一人一事，該杖一百是虛，一事該杖六十是實，即於杖一百上，准告實杖六十外，該剩下告虛杖四十，贖銅錢二貫四伯文之類。係徒與流者，照所剩徒流之等類折杖，連所包杖數折算。若折杖過一百者，止杖一百，餘杖亦聽收贖。如告人一事該杖一百、徒三年是虛，一事該杖八十是實，即於杖一百、徒三年上，准告實杖八十外，該剩下告虛杖二十、徒三年之罪，徒五等，該折杖一百，通計杖一百二十，反坐原告人杖一百，餘剩杖二十，贖銅錢一貫二伯文。又如告一人一事該杖一百、流三千里，於内止杖一百是實，三流並准徒四年，通計折杖二百四十，除告實杖一日，剩杖一百四十，反坐告人杖一百，餘杖四十，贖銅錢二貫四伯文之類。若誣重至死罪，而所誣之人已行處決者，照凌遲、斬絞，反坐原告人以死。未決者，止杖一百、流三千里，不在加役之限。夫誣告致死一也，而此不言加役，何也？蓋上之死罪未決，是全誣平人於死，故雖流猶不足示戒，而又加役三年，此則被誣者不免於罪，特不合誣至於死耳，故但流而不加役也。若律該罪止者，如不枉法贓一百二十貫以上，罪止杖一百、流三千里之類，則誣告雖多於一百二十貫，而其罪無所加，故不反坐。此所告在一人者則然，至告二人以上，雖皆得實，但其中有一人不實者，罪雖至輕，如笞一十者，猶以誣告加二等科罪之類。以上俱自誣重反坐之罪言之。至若各衙門軍民大小官，誣捏事情，進呈實封，至御前誣告人，及風憲官懷挾私讎，彈劾人，事情有不實者，亦各論如誣告，或誣輕爲重，笞杖徒流死罪之律，或加等，或反坐所剩，或全抵剩罪，或加役，或不加役也。若反坐加等之罪，輕於杖一百、徒三年者，依上書詐不以實科斷，杖一百、徒三年。蓋杜其欺君之漸，故重於凡民也。若獄囚已招服罪，本無冤枉，而囚之親屬，妄爲出名，辯訴冤枉者，親屬減囚之罪三等坐之，亦罪止杖一百，謂其於義得相容隱也。若囚罪笞杖已決，徒流已配，而自行妄訴冤枉，摭拾原問官吏，謂其挾私故入己罪，以肆行誣陷者，加所誣原問官吏罪三等，罪止杖一百、流三千里。若在役限之内妄訴者，當從已徒而又犯徒律科之。

按：徒流已論決者，或云亦折杖，隨所剩杖數多少，全決之，不坐徒流。夫至重者爲民命，死罪已決者，尚抵以死，未決者亦止減一等，而謂徒流不全抵，可乎？或又云，律謂未論決，徒流止杖一百，則其已論決者，當無止法乎？此又非律意也。蓋所誣者，若係杖一百、流三千里，而告實止笞一十，其剩杖二百三十，亦將全決之乎？聖人制律，所以生民，非所以殺民，不得已而用之者也。使可全決，則律以懲奸，將無制限，而杖可過一百矣。今決杖何止曰一百，而一百之外，即減杖加徒耶。正以笞輕於杖，故加以杖，而杖一百之外，又難復加，故立徒流之法耳。其所謂止者，止謂其杖一百之外，不可復加之意也。不然民吾赤子，而肆然加以二百三十之杖，其不就斃者，百無一人耳。豈聖人仁民愛物之心哉?

又按：此收贖與老幼婦女收贖不同者，彼徒流皆直照徒年限收贖，此徒流皆杖照杖數收贖故也。

誣告

全誣　凡全誣者，不用折杖，不論已決、未決。

笞

議得：趙甲所犯，若告錢乙將伊辱罵得實，錢乙合坐以罵人律，笞一十。今虛，依誣告人笞罪者，加所誣罪二等律，笞三十，的決寧家。

杖

議得：趙甲所犯，若告錢乙飲酒撒潑得實，錢乙合坐以不應事重律，杖八十。今虛，依誣告人杖罪，加所誣罪三等律，杖六十、徒一年，的決寧家。

徒流　亦如此議。

死罪未決

議得：趙甲所犯，若告錢乙偷盜糧價銀滿數［五兩］得實，錢乙合坐以常人盜官物八十兩［貫］律，絞。今虛，依誣告人死罪未決律，［杖一百、流三千里，減等］杖一百、徒三年，做工滿日隨住。雖准徒已發做工，亦坐未決議，加役三年。近有例准徒四年［亦未見引用］。

死罪已決

議得：趙甲所犯，合依誣告人死罪已決者，反坐以死律，絞監候，［秋後］處決。

反誣犯人

議得：趙甲等所犯，趙甲若告錢乙因伊誣告杖一百、徒三年，將姪趙丁累死得實，錢乙合坐以誣告人，因而致死隨行有服親屬一人律，絞。今虛，依被誣之人詐冒不實，反誣犯人者，亦抵所誣之罪，至死未決律，杖一百、流三千里。錢乙依犯人止反坐本罪律，杖一百、徒三年，［俱減等，趙甲杖一百、徒三年，錢乙杖九十、徒二年半］俱送做工，滿日隨住。

［此備一體耳。作招時躲閃得過，即不必用，蓋必不得已，而後用之也。］

誣輕爲重，及輕事告實，重事招虛，反坐所剩。未論決，至徒流，有折杖。凡杖一百以下，俱收贖；杖一百以上，止杖一百，餘罪收贖。已論決，至徒流，亦有折杖，但隨杖數多寡決之，不用收贖，故曰全抵剩罪也。故杖一百，以杖准徒，如杖一百二十，准杖六十、徒一年；杖一百四十，准杖七十、徒一年半之類。［其零杖不可總算者，觀名例所載，笞一十贖銅錢六百文。雇工錢一日，爲銅錢六十文，則一下之杖、一日之徒，皆銅錢六十文。故杖六十下，可以准徒十日。可知如杖一百三十，准杖六十、徒一年，零十日；杖一百五十，准杖七十、徒一年半，零十日之類。必如此扣算，庶乎不差也。］從徒入流者，註云三流並准四年，皆以一年爲所剩罪。折杖四十，則杖一百、流二千里；流二千五百里、三千里，皆折杖二百四十無疑。惟近流入遠流，註云每一等准徒半年，爲所剩罪，亦各折杖一百。流二千里，折杖二百二十；杖一百、流二千五百里，折杖二百四十；杖一百、流三千里，折杖二百六十，又無疑也。毫釐之差，千里之謬，不可不辨。又誣輕爲重，本是一事，如誣小不應爲大不應，誣竊盜得財一百兩［貫］爲一百二十兩［貫］之類。輕事告實，重事招虛，則非一事矣。如誣不應爲奏事不實，誣罵人爲毆人之類。［二者尤易混淆，讀律者當詳辯之。］

笞入笞

未決

議得：趙甲所犯，若告錢乙行兇攘鬧得實，錢乙合坐以不應得爲而爲之事理律，笞四十。今止坐錢乙罵人笞一十是實，合依輕事告實，重事招虛，反坐所剩律，笞三十，減等笞二十，係剩杖，依律收贖隨住。

已決

依輕事告實，重事招虛，反坐所剩，已論決，全抵剩罪律，笞三十，減等笞二十，的決隨住。

笞入杖　亦照此議。

笞入徒

未決

議得：趙甲所犯，若告錢乙打折伊左臂得實，錢乙合坐以折人肢律，杖一百、徒三年，折杖二百。今止告錢乙以手毆人成傷笞三十是實，依誣輕爲重，反坐所剩律，杖一百七十，止杖一百，餘罪收贖減等，杖九十，的決寧家。

已決

依誣輕爲重，反坐所剩律，杖一百七十，准杖八十、徒二年，零十日，減等杖七十、徒一年半，零十日，做工滿日寧家。

笞入流

未決

議得：趙甲等所犯，趙甲若告錢乙將伊兩腿打折得實，錢乙合坐以折人兩腿律，杖一百、流三千里，折杖二百四十。今止告錢乙以他物毆人成傷，笞四十是實，合依誣輕爲重，反坐所剩律，杖二百，止杖一百，餘罪收贖。錢乙以他物毆人成傷律，笞四十，俱減等，趙甲杖九十，錢乙笞三十，各的決寧家。

已決

依誣輕爲重，反坐所剩律，杖二百，准杖一百、徒三年。錢乙依以物毆人成傷律，笞四十，俱減等，趙甲杖九十、徒二年半，錢乙笞三十，趙甲做工，錢乙已經論決，勿論，各隨住。

杖入杖、杖入徒、杖入流　亦如笞議。

徒入徒

未決

議得：錢乙等所犯，錢乙依竊盜已行，而但得財者，七十貫律，杖八十、徒二年。趙甲若告錢乙偷盜伊銀一兩得實，錢乙合坐以竊盜得財，八十貫律，杖九十、徒二年半，折杖一百八十。今止告錢乙，杖八十、徒二年，折杖一百六十是實，合依誣輕爲重，反坐所剩律，杖二十，俱減等。錢乙杖七十、徒一年半，趙甲杖一十，錢乙做工，趙甲係剩杖，依律收贖隨住。

已決

俱減等。錢乙杖七十、徒一年半，趙甲杖一十。查得趙甲先誣錢乙，減得杖八十、徒二年，已經論決，送工部做工半年。今辯得錢乙止坐杖七十、徒一年半，合將錢乙多決過杖一十，准徒十日，仍送工部，貼徒一年五個月零二十日，趙甲的決，各著役。

徒入流

未決

議得：錢乙等所奏，錢乙依犯事詐不以實律，杖一百、徒三年。趙甲若告錢乙發掘伊父趙丙墳塚，暴露棺槨得實，錢乙合坐以發塚見棺槨律，杖一百、流三千里，折杖二百四十。今止告錢乙，杖一百、徒三年，折杖二百是實，依輕事告實，重事招虚，反坐所剩律，杖四十，俱減等。錢乙杖九十、徒二年半，趙甲杖三十，錢乙送工部做工滿日，趙甲係剩杖，依律收贖，各隨住。

已決

俱減等。錢乙杖九十、徒二年半，趙甲杖三十。查得錢乙先被趙甲誣告，杖一百、流三千里，已論減等，杖一百、徒三年，送工部做工一個月未滿。今辯得錢乙止坐杖九十、徒二年半，合將多決過杖一十，准徒十日，仍送工部，貼徒二年四個月零二十日滿日，趙甲的決，各隨住。

近流入遠流

未決

議得：趙甲等所犯，錢乙依竊盜已行，而但得財者，一百一十貫律，杖一百、流二千五百里。趙甲若告錢乙偷盜伊銀二兩得實，錢乙合坐以竊盜得財者，一百二十貫律，杖一百、流三千里，折杖二百六十。今止告錢乙，杖一百、流二千五百里，折杖二百四十得實，合依誣輕爲重，反坐所剩律，杖二十，俱減等。錢乙杖一百、徒三年，趙甲杖一十。錢乙雖辯前罪，緣二死三流同爲一減，仍照先擬徒限做工，趙甲係剩杖，依律收贖，各隨住。

已決

餘俱照前擬，趙甲的決。

條例

343－01

一、誣告人，因而致死被誣之人，委係平人，及因拷禁身死者，比依誣告人因而致死隨行有服親屬一人絞罪，奏請定奪。若誣輕爲重，及雖全誣平人，却係患病在外身死者，止擬應得罪名發落。

343－02

一、軍旗有欲陳告運官不法事情者，許候糧運過淮，并完糧回南之日，赴漕司告理。如赴别衙門挾告詐財者，聽把總官就拿送問。犯該徒罪以上，調發邊衛充軍，另拘户丁補伍。

343－03

一、各處姦徒，串結衙門人役，假以上司訪察爲由，纂集事件，挾制官府，陷害良善，或詐騙財物，或報復私讎，名爲窩訪者，事發，勘問得實，依律問罪，用一百二十斤枷枷號兩個月發落。該徒流者，發邊衛充軍。

343－04

一、凡無籍棍徒，私自串結，將不干己事情，捏寫本詞，聲言奏告，恐嚇得財，計贓滿數［貫］者，不分首從，俱發邊衛充軍。若妄指宫禁親藩爲詞，誣害平人者，不分首從，枷號三個月，照前發遣。

删除明例 1 條

一、各處刁軍刁民，專一挾制官吏，陷害良善，起滅詞訟，結黨捏詞，纏告把持，官府不得行事等項，情犯深重者，民發附近，軍發邊衛充軍，仍於本地方枷號三個月發落。若原係充軍口外爲民人犯，遇例放回原籍，有前項罪犯者，各枷號三個月，發極邊衛分充軍。

344　干名犯義

凡子孫告祖父母、父母，妻妾告夫及告夫之祖父母、父母者，雖得實，亦杖一百、徒三年。祖父母等同。自首者免罪。但誣告者，不必全誣，但一事誣，即絞。若告期親尊長、外祖父母及妾告妻者，雖得實，杖一百，告大功得實，亦杖九十，告小功得實，亦杖八十。告緦麻得實，亦杖七十。其被告期親大功尊長，及外祖父母，若妻之父母及夫之正妻，並同自首免罪。小功、緦麻尊長，得減本罪三等。若誣告罪重於干犯本罪者，各加所誣罪三等。謂止依凡人誣告罪加三等，便不失於輕矣。〇加罪不入於絞。若徒流已未決，償費贖産，斷付加役，并依誣告本律。若被告無服尊長，減一等，依名例律。［加罪不至於死。若所誣尊長，徒罪已役，流罪已配，雖經改正放回，依誣告人律，驗日於犯人名下追徵用過路費給還。若曾經典賣田宅者，著落犯人備價取贖。因而致死隨行有服親屬一人者，絞，仍令備償路費，取贖田宅，又將犯人財産一半，斷付被誣之人養贍。至死罪，所誣之人已決者，處死，亦令備償路費，取贖田宅，斷付財産一半，養贍其家；未決者，杖一百、流三千里，加徒三年。］其告尊長謀反、大逆、謀叛、窩藏姦細，及嫡母、繼母、慈母、所生母殺其父，若所養父母殺其所生父母，及被期親以下尊長侵奪財産，或毆傷其身，據實應自理訴者，並聽卑幼陳告，不在干名犯義之限。其被告之事，各依本律科斷，不在干名犯義之限，並同自首免罪之律。被告卑幼同此。又犯姦及越關、私習天文、損傷於人於物，不可賠償者，亦同。〇若告卑幼得實，期親大功及女壻，亦同自首免罪。小功、緦麻，亦得減本罪三等。誣告者，期親減所誣罪三等，大功減二等，小功、緦麻減一等。皆指卑幼言。若夫誣告妻，及妻誣告妾，亦減所誣罪三等。被告子孫、妻妾、外孫及無服之親，依名例律，若誣卑幼死未決，仍依律減等，不作誣輕爲重。〇若奴婢告家長，及家長緦麻以上親者，與子孫、卑幼罪同。若雇工人告家長，及家長之親者，各減奴婢罪一等。誣告者，不減。又奴婢、雇工人被告得實，不得免罪，以名例不得爲容隱故也。〇其祖父母、父母、外祖父母，誣告子孫、外孫、子孫之婦妾，及己之妾，若奴婢及雇工人者，各勿論。不言妻之父母誣告女壻者，在緦麻親中矣。〇若女壻與妻父母果有義絶之狀，許相告言，各依常人論。義絶之狀，謂如身在遠方，妻父母將妻改嫁，或趕逐出外，重別招壻，及容止外人通姦。又如女壻毆妻至折傷，抑妻通姦，有妻詐稱無妻，欺妄更娶妻，以妻爲妾，受財將妻妾典雇，妄作姊妹嫁人之類。

［纂註］

但誣告者絞，則不論誣輕爲重招虛等項，俱坐絞。不言妾誣妻，包在期親尊長内，並同自首，而不及祖父母以下等項，舉輕以見重也。誣告重者，謂所誣尊長之事，重於干名犯義之杖一百等項罪名。此卑幼誣告尊長，即於其所告罪名上加等，皆如凡人，但加罪三等耳，不當於凡人加誣之罪上又加之，然亦不可於尊長減罪上加之。蓋律云，期親、大功同自首免罪，小功、緦麻得減本罪三等，若於減罪上加誣，則告期親、大功者免罪之上，無復有加三等之理，而告小功、緦麻者，雖加猶不加矣。告謀反逆叛，窩藏奸細，通祖父母、父母言，不在干名犯義之限。諸書皆謂卑幼既不係干犯，則被告自期以下，不得如自首免減，非也。律之所云，非不干犯名義之謂，猶言當恕其干犯名義之罪云爾。期親以下親，當各依律科斷，不用容隱免罪之律。家長緦麻以上親，二親字兼尊卑言，自奴婢視之，雖卑亦尊也。末節小註中，容止通姦以上，言妻父母有義絶之狀；自折傷以下，言女壻有義絶之狀。此條當與親屬得相容隱，及犯罪自首二條參看。言凡子孫告祖父母、父母，妻妾告夫及夫之祖父母、父母者，告雖得實，亦杖一百、徒三年。但誣告，不問事之大小，即坐絞。若卑幼告期親尊長，及外祖父母，雖告得實，亦杖一百；告大功，杖九十；小功，杖八十；緦麻，杖七十。其被告之期親大功尊長，及外祖父母、父母，若妻之父母，雖得實，並同自首免罪。小功、緦麻尊長，得減所告實之本罪三等。不言無服之親者，依名例律減一等。誣告尊長，計所反坐之罪，重於告期親尊長等之杖一百、杖九十、八十、七十之罪者，各加所誣之罪三等。如告期親尊長，該杖六十、徒一年，是重於杖一百，則於所誣杖六十、徒一年上加三等，該杖九十、徒二年半之類。其加罪不至於死。若所誣尊長徒罪已役，流罪已配，死罪已決，及致死隨行親屬者，其流罪財產，各如小註，仍盡誣告本法科斷。死罪未決者，杖一百、流三千里，又加役三年，而不得同於凡人也。蓋名分所係，義得容隱，既相告言，是干犯也，故不得不重其罪。至子孫及妻妾、卑幼告言祖父以下尊長謀反、大逆、謀叛、窩藏奸細，是係干國家，不得爲親者諱，及嫡母、繼母、慈母、所生母殺其父，若恩養父母殺其本生父母，又人倫之變，當各爲其所重，及期親以下尊長侵奪其財產，及毆傷其身體，是亦身家所係，情不容已，皆應自理訴者，並聽告言。被告者，雖各依律科斷，而子孫不在干名犯義杖一百、徒三年等項之限。此又法外之情也。以上皆言卑幼告尊長之罪。若期親以下尊長告卑幼得實，卑幼係期親、大功，及女壻，所告之事得實，亦同自首免罪。小功、緦麻，亦得減本罪三等。如告笞四十，減三等，笞一十之類，爲其親屬，故減之也。若尊長告卑幼，係誣告者，期親減所誣罪三等。如誣告笞四十，減三等，亦坐一十之類。大功減二等，小功、緦麻各減一等，爲其尊屬，故減之也。若夫誣告妻，及妻誣告妾，亦減所誣罪三等。至若奴婢告言家長，及家長緦麻以上親，與子孫卑幼罪同。告家長得實者，杖一百、徒三年，誣者絞。告期親者，杖一百，大功杖九十，小功杖八十，緦麻杖七十。誣重者，加所誣罪三等。若雇工人，終係異姓，與奴婢爲有間矣。故告家長及家長緦麻以上親得實者，各減奴婢罪一等，如告家長，杖九十、徒二年半之類。至誣者不減，係家長亦絞。期親以上，亦各加所誣三等，又不得減奴婢一等也。不言家長之妻，同家長論。其祖父母、父母、外祖父母，誣告子孫、外孫、子孫之婦妾，及己妾，若誣告奴婢及雇工人者，各得勿論，其名義尤尊也。不言誣女壻者，在緦麻中矣。若女壻與妻之父母，果有義絶之狀，如小註所云，妻父母將妻改嫁之類。夫妻以義合，義絶則凡人矣，許其互相告言，所犯各依常人論斷，不在干名犯義，及得同自首，與杖七十之限也。

按：告期親以下尊長，雖得實，亦坐杖一百等罪，明其不同於凡人也。而全誣乃亦如凡人加三等，何也？蓋凡人已坐其罪，而尊屬大功以上，俱同自首免科。小功以下，又減三等，故止加三等，而實與凡人相遠矣。

345　子孫違犯教令

凡子孫違犯祖父母、父母教令，及奉養有缺者，杖一百。謂教令可從而故違，家道堪奉而故缺者。須祖父母、父母親告乃坐。

［纂註］

此條小註要看。言凡祖父母、父母有所教訓命令，而子孫故違犯，不遵從，及奉養祖父母、父母而有缺失，蓋教令可從而故違，是爲逆命，家道堪養而故缺，是爲失養，皆非孝子順孫矣，故杖一百。然須親告乃坐，非親告者勿論。夫曰教令可從，曰家道堪奉，則教令非義，及家道貧難者，雖親告，亦不得一概治之也。

條例

345－01

一、子貧不能營生養贍其父，因致自縊死，子依過失殺父律，杖一百、流三千里。

346　見禁囚不得告舉他事

凡被囚禁，不得告舉他人之事，其爲獄官、獄卒非理凌虐者，聽告。若應囚禁被問，更首己之别事，有干連之人，亦合准首，依法推問科斷［罪］。○其年八十以上、十歲以下，及篤疾者，若婦人，除謀反逆叛，子孫不孝，或己身及同居之内，爲人盜詐侵奪財産，及殺傷之類，聽告，餘並不得告。以其罪得收贖，恐故意誣告害人。官司受而爲理者，笞五十。原詞立案不行。

［纂註］

他事，是他人之事；更首别事，是自己之事。是别言餘罪，更首重事之意。殺傷二字，兼人己説。言凡犯罪見被囚禁之人，不得告舉别項之事。惟被獄官獄卒非理凌虐，如毆傷其身，及尅減衣糧之類，是害爲切身，方聽告理。若應囚禁，見被鞫問，而更自首别事，如因毆傷人被禁，而又首曾爭某人田宅之類，其詞内有干連追對之人，官司亦合准首，依法勾提推問，以科其罪，外此俱不得准首。其有人年八十以上、十歲以下，及患篤疾之人，若婦人，此四等人，惟告謀反逆叛、子孫不孝，或己身及同居之内，爲人盜詐侵奪其財産，及有所殺傷之類，是事情重大，患害迫切，方許告理，其餘並不准告。若官司有將禁囚，及老幼篤疾婦人不應首告事情，准受而問理者，笞五十，是何也？名例律云，犯罪已發而又犯罪，從重科斷。曰見被囚禁，是犯罪已發之人也。又云，老幼篤疾犯殺人應死者，奏請上裁，盜及傷人收贖，餘並勿論。又云，婦人止杖一百，餘罪收贖。此等之人，若聽其告首，則恃其罪輕，易於誣陷，是長奸也，故設此律以防之。

條例

346－01

一、年老及篤疾之人，除告謀反叛逆，及子孫不孝，聽自赴官陳告外，其餘公事，許令同居親屬，通知所告事理的實之人代告。誣告者，罪坐代告之人。

347　教唆詞訟

凡教唆詞訟，及爲人作詞狀，增減情罪，誣告人者，與犯人同罪。至死者，減一等。若受雇誣告人者，與自誣告同。至死者，不減等。受財者，計贓以枉法從重論。其見人愚而不能伸寃，教令得實，及爲人書寫詞狀，而罪無增減者，勿論。姦夫教令姦婦誣告其子不孝，依謀殺人造意律。○按：律不言雇人誣告者之罪，蓋誣告之罪既坐受雇之人，則雇人無重罪之理，依有事以財行求科斷。

［纂註］

教唆，謂人本無欲告狀之心，而背地教令唆使其告狀也。受財者句，總承上說。其見人愚以下，要看得實與無增減字眼。此言凡他人本不欲告狀，而乃教唆人興搆詞訟，及替人作寫詞狀，而將原告欲訴之真情，被告合得之罪犯，或增或減，於各衙門誣告他人者，與犯人同罪。隨犯人所得，反坐笞杖徒流之罪，或加等，或全抵，或收贖，或加役，同一科斷。至死已決者，減一等，杖一百、流三千里。其爲親屬誣者，亦從本法。若受人雇倩，而冒本人姓名，爲其誣告人者，與自己誣告人之罪，反坐加等加役之罪同。至死已決者，亦抵以死。若受財而爲其作詞狀以誣人，與受人雇直而誣告人者，又計其所入己之贓，以枉法從重論。贓重則從贓論，輕則從誣告論。夫曰教唆增減，則失實矣；曰受雇受財，則有贓矣，故不得不重治之也。若初非教唆，但見人愚昧，而不能伸訴冤枉，而教令之，於其事情皆得其實，及雖爲人書寫詞狀，而於罪人初無所增減者，各勿論。蓋既不誣人，又不受財，於情可原，故於法得貸也。此條今有例充軍矣。

按：律不言雇人誣告者之罪，蓋誣告之罪既坐受雇之人，則雇人無重罪之理。律疏文［云］，依有事以財行求科斷，可從。

條例

347－01

一、代人捏寫本狀，教唆或扛幫赴京，及赴巡撫、巡按，并按察司官處，各奏告叛逆等項機密强盜人命重罪不實，並全誣十人以上者，俱問發邊衛充軍。

347－02

一、凡將本狀用財雇寄與人，赴京奏訴者，并受雇受寄之人，屬軍衛者，發邊衛充軍；屬有司者，發邊［口］外爲民。其在京校尉、軍匠、舍餘人等，并各處因事至京人員，將原籍詞訟因便奏告者，各問罪，原詞俱立案不行。

348　軍民約會詞訟

凡軍官軍人有犯人命，管軍衙門約會有司，檢驗歸問。若姦盜、詐僞、户婚、田土、鬭毆，與民相干事務，必須一體約問。與民不相干者，從本管軍職衙門，自行追問。其有占恡不發，首領官吏以違制論，各笞五十。○若管軍官越分輒受民訟者，罪亦如之。

［纂註］

此條律意，重在有司一邊。占恡不發，兼軍民官言。各字，指官吏。蓋言軍官軍人有犯該死罪，事情重大，雖與民人無相關涉，其管軍衙門必須約會有司，檢驗明白，仍於原問衙門歸結。若軍官軍人犯該姦與盜，及詐僞、户口、婚姻、田土、鬭毆等項，其事情稍輕，與民人相干涉者，必須一體約會有司問理。其與民不相干涉者，聽從本管軍職衙門自行追問，不必約會。若軍官行提民人，民官行提軍人，而軍民衙門占留恡惜不發問理者，軍民首領官並吏典，各笞五十。若管軍官有踰越本等職分，輒受民人一應詞訟者，其罪亦如占恡之律，笞五十，故曰罪亦如之。夫相干者約會，占恡者笞罪，則彼此相濟，而偏護不生，屬軍者許其追問，屬民者禁其輒受，則事歸一，而軍民不擾。此法之至精者也。

條例

348 －01

一、在外軍民詞訟，除叛逆機密重事，許鎮守、總兵、參將、守備等官受理外，其餘不許濫受，輒行軍衛有司問理。其户婚、田土、鬬毆、人命，一應詞訟，悉赴通政使司，告送法司問理。其在外軍衛有司，不係掌印官，不許接受詞訟。

348 －02

一、［正德十六年七月十四日，節該欽奉世宗皇帝聖旨：今後］緝事官役，只［著遵照原來敕書］於京城内外，察訪不軌妖言，人命强盗重事，其餘軍民詞訟，及在外事情，俱不干預。［欽此。］

349　官吏詞訟家人訴

凡官吏有爭論婚姻、錢債、田土等事，聽令家人告官對理，不許公文行移，違者笞四十。

［纂註］

此言軍民衙門見任見役之官吏，其有爭論婚姻、錢債、田土等項事情，聽令官吏之家人出名告官理對，不許官吏自以印信公文，行移追問。蓋公文行移本係公事，婚姻等項皆爲私事，以公文而行私事，不免恃勢以淩人，故違者，官吏各笞四十。此止言婚姻等項，舉輕事也，而重事可知矣。

350　誣告充軍及遷徙

凡誣告充軍者，民告抵充軍役，軍告發邊遠充軍。此係誣告人律内充軍。若誣告人例内充軍者，只依誣告律科斷，不用此律。〇若官吏故將平人頂替他人軍役者，以故出入人流罪論，杖一百、流三千里。〇若誣告人説事過錢者，於遷徙比流減半准徒二年上，加所誣罪三等，併入所得笞杖通論。

［纂註］

首節充軍，只是律上充軍者，引例充軍者不抵，然必全誣乃坐。頂替他人軍役，是原有人該充軍，而將此人頂替之，故脱軍者爲出，替軍者爲入也。此與上節不分已未發遣皆坐，蓋照誣告徒流反坐法也。三節所誣加三等，止於遷徙所准之徒罪加之。笞杖只照説事過錢律中，原數不得復加，所謂加徒不加杖也。遷徙有數條，而獨舉説事過錢者，特舉以見義耳。蓋充軍下死罪一等，在法中爲至重也。故凡誣告人充軍者，係民誣告者，抵充所告軍役；係軍誣告者，調發邊遠充軍。若官吏故將無干平人頂替他人軍役者，以故出入人流罪論，杖一百、流三千里，官吏並罪坐所由。至遷徙，又五刑之外，其法亦匪輕也。若誣告説事過錢，律該遷徙者，本人合坐以遷徙，比流減半，准徒二年，於徒二年上加三等，流二千里。又併入原律所得有禄人減一等、無禄［人］減二等之笞杖通論，如誣告人説事過錢，該笞五十，即將笞五十併入流二千里内通論，合坐以笞五十、流二千里，不得於笞上加誣也。如該杖七十，即將杖七十併入流二千里通論，合坐以杖七十、流二千里，不得於杖上加誣也，故曰併入通論。

按：《疏議》云，年七十以上、十五以下、廢疾之人誣告人充軍者，既不可以抵充當。如官吏將平人冒頂軍役，以故出入流罪，收贖鈔三十六貫。蓋准名例也，於義爲可從。

又按：誣告説事過錢者，《大誥》項下減杖，仍減流二千里，從徒三年算。若真犯説事過錢者，止合減杖，而徒二年又不必減也。此處當有别。

大清律集解附例卷之二十三

刑律　受贓

351　官吏受財

凡官吏因事受財者，計贓科斷，無禄人，各減一等，官追奪除名，吏罷役，贓止一兩俱不敘用。〇説事過錢者，有禄人減受錢人一等，無禄人減二等如求索科斂嚇詐等贓，及事後受財過付者，不用此律，罪止杖一百、徒二年。［各遷徙。］有贓者過錢而又受錢，計贓從重論。若贓重，從本律。

有禄人凡月俸一石以上者。

枉法贓，各主者，通算全科。謂受有事人財，而曲法處斷者。受一人財固全科，如受十人財，一時事發，通算作一處，亦全科其罪。若犯二事以上，一主先發，已經論決，其他後發，雖輕若等，一併論之。

一兩［貫］以下，杖七十。

一兩［貫之上］至五兩［貫］，杖八十。

一十兩［貫］，杖九十。

一十五兩［貫］，杖一百。

二十兩［貫］，杖六十、徒一年。

二十五兩［貫］，杖七十、徒一年半。

三十兩［貫］，杖八十、徒二年。

三十五兩［貫］，杖九十、徒二年半。

四十兩［貫］，杖一百、徒三年。

四十五兩［貫］至七十九兩，杖一百［、流二千里。］除妻子外，其奴婢、家産、頭畜俱入官。

［五十貫，杖一百、流二千五百里。］

［五十五貫，杖一百、流三千里。］

八十兩［貫］真，絞監候，家産免追。

不枉法贓，各主者通算，折半科罪。雖受有事人財，判斷不爲曲法者，受一人之財，不半科。如非一人財［受十人財］，一時事發，通算作一處，折半科罪，准半折者，皆依此。

一兩［貫］以下，杖六十。

一兩［貫］之上至一十兩［貫］，杖七十。

二十兩［貫］，杖八十。

三十兩［貫］，杖九十。

四十兩［貫］，杖一百。

五十兩［貫］，杖六十、徒一年。

六十兩［貫］，杖七十、徒一年半。

七十兩［貫］，杖八十、徒二年。

八十兩［貫］，杖九十、徒二年半。

九十兩［貫］，杖一百、徒三年。

一百兩［貫］至一百二十兩，杖一百［、流二千里。］除妻子外，其奴婢、家産、頭畜俱入官。

［一百一十貫，杖一百、流二千五百里。］

［一百二十貫，罪止杖一百、流三千里］

一百二十兩以上真，絞監候，家産免追。

無禄人凡月俸不及一石者。

枉法扶同聽行，及故縱之類。　　一百二十兩［貫］，監候絞。

不枉法　　一百二十兩［貫］之上，罪止杖一百、［流三千里］徒三年。

［纂註］

官吏受財，兼枉法、不枉法説。各字亦然，若各遷徙，各字則指有禄、無禄人言。此官吏俱指見任見役者。無禄人，謂不在官人，及凡俸米不及一石者，如三司運司、府州縣典吏之類皆是。説事過錢，亦兼枉法、不枉法説。或云，若過不枉法贓，止問不應，非也。枉法、不枉法，小註云，受有事人財，而曲法處斷，又云雖受財，判斷不爲曲法，非謂專指治獄之所在，凡有所枉者即是。此言凡内外軍民衙門，其有因事而接受人財物者，各計其入己枉法、不枉法之贓，依律科斷。其無禄之人受財者，枉法、不枉法各減有禄人一等，官則追奪其原領誥敕，除去其官籍之名，吏罷其見役，俱不敘用。若有人爲人説合枉法、不枉法之公事，而過送錢財與官吏者，過錢人係有禄人，減受錢人罪一等。如受錢該杖八十，減一等，則杖七十。係無禄人，減二等，則杖六十，罪止杖一百。受錢雖至絞，而過錢亦止杖一百。其有禄人罷其職役，與無禄人各遷徙，比流減半，准徒二年。夫杖止於一百者，原其無入己之贓也。又各遷徙者，惡其爲貪夫之導也。若過錢人因受人財物，而爲其過送者，則又計所入己之贓，以所枉法、不枉法，各從重論，贓重者從贓，贓輕者從遷徙也。凡有禄人因事受人財，而曲法科斷者，是謂枉法贓，係各主者，通算全科。如受十人財，一時事發，通併作一處科斷。一貫以下，杖七十，一貫之上，每五貫加一等。如八十貫，則坐絞，係雜犯。若雖受人財，而判斷不爲曲法者，是謂不枉法。係各主者，通算折半科罪。如受十人財，一時事發，通算作一處，折半科罪。一貫以下，杖六十，一貫之上，每一十貫加一等，至一百二十貫，罪止杖一百、流三千里。若無禄人受枉法贓，一貫以下，杖六十起，並減有禄人一等。自八十貫之上，雖一百一十九貫，亦依八十貫律減等，杖一百、流三千里。直至一百二十貫滿，方坐絞罪。若受不枉法贓，自一貫以下笞五十起，並減有祿人不枉法一等。雖一百二十貫，亦坐一百一十貫之罪，杖一百、流二千五百里。直至二百二十貫之上，方坐罪止杖一百、流三千里。

按：《疏議》云，無祿人受不枉法贓一百二十貫，減一等，杖一百、流二千五百里是也。但云與名例三流同爲一減者不同，非也。蓋議罪雖照流數等第，而《大誥》之下，仍用同爲一減之例。有祿人之徒三年，則九十貫之罪也。無祿人之徒三年，則一百貫之罪也。罪雖同，而贓數則異，是亦減一等矣。律疏云竊盜贓，正與此同。若無祿人止減至流二千五百里，則竊盜爲從之罪，豈亦若是耶？不知律文明開不枉法一百二十貫之上，罪止杖一百、流三千里，則一百二十貫，減一等，止宜坐流二千五百里。若直擬徒三年，是減二等，非減一等，惡乎可哉？況竊盜本分首從，而此則當各計入己之贓爲罪者也。

又按：枉法贓，若犯二事以上，一主先發，已經論決，其他後發，雖輕若等，亦併論之，難同止累見發爲坐。若不枉法贓，係一主者，罪亦全科，不用折半之律。

條例

351－01

一、凡在官人役，取受有事人財，律無正條者，果於法有枉縱，俱以枉法計贓科罪。若屍親鄰證等項，不係在官人役，取受有事人財，各依本等律條科斷，不在枉法之律。

刪除明例 1 條

一、文職官吏、監生、知印、承差，受財枉法，至滿貫絞罪者，發附近衛所充軍。

352　坐贓致罪

凡官吏人等，非因枉法、不枉法之事而受人之財，坐贓致罪。各主者，通算折半科罪。與者，減五等。謂如被人盜財或毆傷，若賠償及醫藥之外，因而受財之類。各主者，並通算折半科罪。爲兩相和同取與，故出錢人減受錢人罪五等。又如擅科斂財物，或多收少徵，如收錢糧、税糧、斛面，及檢踏災傷田糧，與私造斛斗秤尺，各律所載，雖不入己，或造作虚費人工物料之類，凡罪由此贓者，皆名爲坐贓致罪。○官吏坐贓，若不入己者，擬還職役。出錢人有規避事重者，從重論。

一兩［貫］以下，笞二十。

一兩［貫之上］至［一］十兩［貫］，笞三十。

二十兩［貫］，笞四十。

三十兩［貫］，笞五十。

四十兩［貫］，杖六十。

五十兩［貫］，杖七十。

六十兩［貫］，杖八十。

七十兩［貫］，杖九十。

八十兩［貫］，杖一百。

一百兩［貫］，杖六十、徒一年。

二百兩［貫］，杖七十、徒一年半。

三百兩［貫］，杖八十、徒二年。

四百兩［貫］，杖九十、徒二年半。

五百兩［貫之上］，罪止杖一百、徒三年。以坐贓非實贓，故至五百兩，罪止徒三年。

［纂註］

坐贓致罪，謂因贓致罪是也。受財者，入己之稱。註中賠償承盜財，醫藥承毆傷説。此條謂官吏人等，有非因事而受人財入己者，如被人偷盜而賠償原贓，或被毆傷而給醫藥，正數之外，因而受别人財之類。又如擅科斂人財物，或多收少徵錢糧，而初未入己，或造作而虛費人工物料之類。凡罪由此贓而坐者，一貫以下笞二十，每一十貫加一等。至一百貫，則每百貫加一等。至五百貫之上，罪止杖一百、徒三年。但係各主之物，並通作一處，折半科罪，以二貫爲一貫算。出錢人減受錢人罪五等，至五十貫始坐笞二十。蓋以其不係刁蹬用强生事，逼抑取受，而和同取予故也。擅科斂財物以下，出錢不坐罪，若非因事而受一主贓者，則不折半科。

［備考］

一、官吏坐贓，若不入己者，擬還職役。

一、出錢人，有規避事重者，從重論。

353　事後受財原在事後，故別於受財律。

凡官吏有承行之事先不許財，事過之後而受財，事若枉斷者，准枉法論；事不枉斷者，准不枉法論。無祿人各減有祿人一等。風憲官吏，仍加二等。若所枉重者，仍從重論。官吏俱照例爲民，但不追奪誥敕。律不言出錢過錢人之罪，問不應從重可也。

［纂註］

先不許財四字，要看明白，不然是聽許財物矣。此言凡諸人有事之時，初不曾許送財物，及其事情歸結之後，以財物餽送，而官吏人等受之，是謂事後受財。此與因事受財者雖爲有間，而事既相干，亦涉嫌疑，則察其所判斷之事，若於法有所枉者，則計其所受之贓，准枉法論，一貫以下杖七十，五貫以上，每五貫加一等，至八十貫罪止杖一百、流三千里。其事於法不枉者，則准不枉法論，一貫以下杖六十，十貫以上，每一十貫加一等，一百二十貫亦罪止杖一百、流三千里。無祿人各減一等。官吏俱照例爲民，但官不追奪耳。律不言出錢過錢人之罪，問不應從重可也。

354　官吏聽許財物原未接受，故別於事後受財律。①

凡官吏聽許財物，雖未接受，事若枉者，准枉法論。事不枉者，准不枉法論，各減受財一等。所枉重者，各從重論。必自其有顯跡、有數目者方坐。○凡律稱准者，至死減一等。雖滿數，亦罪止杖一百、流三千里。此條既稱准枉法論，又稱減一等，假如聽許准枉法贓滿數，至死減一等，杖一百、流三千里，又減一等，杖一百、徒三年，方合律。此正所謂犯罪得累減也。○此明言官吏，則其餘雖在官之人，不用此律。

［纂註］

聽許，言官吏因事聽人許送財物，而爲其施行。其物雖未接受，其心已屬貪污，然必自其有顯跡、有數目者方坐，不然難科此罪。各減一等，謂比已接受者減一等，恕其未得也。各字，承准枉法、不枉法言。或虧枉之罪，重於聽許之罪，如聽許一十貫，減等止杖八十，而所枉之罪，則杖一百、徒三年，當以故出入人罪論，則從重者論之，輕則從聽許論也。許送人合問不應從重，不當問有事以財請求。律稱准者，至死減一等，雖滿貫，亦罪止杖一百、流三千里。此條既稱准枉法論，又稱減一等。假如聽許准枉法贓滿貫，至死減一等，杖一百、流三千里，又減一等，杖一百、徒三年，方合律。此正所謂犯罪得累減是也。《疏議》云，各減一等，但指未滿貫贓而言。至於滿貫死罪，止減一等，杖一百、流三千里。若依前説，則是通減二等矣，恐不可從。考《條例節要》：一、官吏聽許財物，止照《大明律》擬罪，不問爲民。此成化十九年二月十一日例，可依。

條例

354－01

一、官吏聽許財物，依律擬罪，不問爲民。以其未接受也。

---

① 萬曆律本條在本卷末“尅留盜贓”律文後。

355　有事以財請求

凡諸人有事以財行求官吏，欲得枉法者，計所與財，坐贓論。若有避難就易，所枉枉法罪重於與財者，從重論。其贓入官。其官吏刁蹬用强生事，逼抑取受者，出錢人不坐。避難就易，謂避難當之重罪，就易受之輕罪也。若他律避難，則指難解錢糧、難捕盜賊皆是。

［纂註］

官吏受財條，言受錢人之罪，此則言出錢人之罪。得枉法，謂行求而得枉法也。避難就易，或謂避流就徒、避徒就杖之類，似太泥。此言凡諸色人等，本身有事，而用財以行求於人，若所求之事係枉法者，則計其所與之財，依坐贓致罪論，一貫以下笞二十，一貫之上，至十貫加一等，至五百貫之上，罪止杖一百、徒三年。若有畏避其難，遷就其易，所枉之事其罪重者，從重論。如行求財八十貫，坐贓該杖一百，其本求以避難就易，而所枉之罪該杖八十、徒二年，則當論其重者，仍以徒二年論之類，其贓入官。若本人初未行求，而承行之官吏刁蹬留難，不與歸結，或用强別生枝節，逼抑人之財物者，是罪在官吏矣，出錢人不得已而與之者也，故不坐罪，其贓還主。

按：《唐律》謂，以財行求，不枉法者，減枉法二等。今與財不枉法論，律無明文，似不可用，但隨事之輕重，以不應科斷可也。

356　在官求索借貸人財物

凡監臨官吏挾勢，及豪强之人，求索借貸所部内財物，並計索借之贓准不枉法論。折半科罪。强者，准枉法論全科，財物給主。無禄人，各減有禄人一等。○若將自己物貨散與部民，及低價買物，多取價利者，並計餘利，准不枉法論。强者，准枉法論。物貨價錢，並入官給主。賣物則物入官，而原得價錢給主。買物則物給主，而所用之價入官，仍附過還職。○此下四條，蓋指監臨官吏，而豪强亦包其中。○若於所部内買物，不即支價，及借衣服、器玩之屬，各經一月不還者，並坐贓論，仍追物還主。○若私借用所部内馬牛駝騾驢，及車船、碾磨、店舍之類，各驗日計雇賃錢，亦坐贓論，追錢給主。計其犯時雇工賃直雖多，不得過其本價。○若接受所部内饋送土宜禮物，受者笞四十附過還職，與者減一等。若因事在官而受者，計贓以不枉法論，與者依不應事重科罪。其經過去處，供饋飲食，及親故饋送者，不在此限。○其出使人，於所差去處，求索借貸，賣買多取價利，及受饋送者，並與監臨官吏罪同。○若去官而受舊部内財物，及求索借貸之屬，各減在官時三等。

［纂註］

此條自一節至五節，俱以監臨官吏及豪强之人説。六節專以出使人言，豪强之人亦是。有事在手者，如里老、應捕、總甲之類，觀部内字可見。多取價利句，承上二項説。曰一月，則一月之上皆然；驗日，以每日六十文之類。此條准枉法、不枉法，以不枉法不問，去任見任，並係有贓，俱罷職役爲民。惟坐贓論者，與受饋送，及非因事而受者，各擬還職役。此言凡監臨官吏挾勢，及豪强之人，其有謀求索取，或借貸所部之内財物者，並計所求所借入己之贓，准不枉法論，係各主者，通算折半科罪。若用强求借者，准枉法論，各主通算全科。至絞者，罪止杖一百、流三千里。無禄人，減有禄人之罪一等。其所求借財物，並給主。若監臨官吏，及豪强之人，若將自己物貨散賣，而厚取其值，是多取價也，及買物而低還其價，是多取利也，則扣其所買賣之貨物原值之價外，其所多餘是爲餘利，並計所餘利，准不枉法論。若用强有所買賣者，准枉法論。無禄人，亦各減一等。賣物則物入官，而原得價錢給主；買物則物給主，所用之價入官，故曰貨物價錢並入官給主。此與有司和買給價有增減，坐贓論不同者，彼之所買充官用，此則爲私用，公私之别者。若於所部内和買貨物，而不即支價與之，及私借衣服器玩之屬，各經一月而不還原主者，並計所買所借之物價，坐贓論。蓋低價買物，則無復補給，而曰不支不還，是猶有支還之日，此輕重之别也，故坐贓論。若私借用所部之内馬牛駝騾驢，及車船、碾磨、店舍之類，既非充官用，而又不給與雇賃錢者，各驗日計其犯時馬牛等之雇錢、車船等之賃錢，追給原主。雇賃錢雖多，不得過其本利。至若於所部之内接受人所饋送之土宜禮物，受者不問多寡，笞四十，送與者減一等，笞三十。若因其有事在官，饋送而受之者，計贓以不枉法論。其於經過去處，雖部内饋送飲食，及親故饋送土宜禮物者，不在此限。蓋飲食非同禮物，親故不係部民，安得罪之也。其奉命出使人員，若於所差遣去處，而有所求索，或借貸，或買賣，多取利價，及接受人饋送者，並與監臨官吏罪同。或准枉法，或准不枉法，或坐贓，或以不枉法，或給主，或入官，其罪一同監臨之罪。若去官，如任滿得代、改除之類，其有接受舊所部内之財物，及求索借貸之屬者，各減在官監臨時之罪三等。去官與現任不同，自難以一律論耳。

按：有事而饋送，律不言與者之罪，然受者既曰不枉法，則與者當依不應事重科斷。

條例

356－01

一、文武職官，索取土官、外國［夷人］猺獞財物，犯該徒三年以上者，俱發邊衛充軍。

356－02

一、凡［遼東、宣府、大同、延綏、寧夏、甘肅、固原，並偏頭等關，直隸、薊州、密雲等處］各沿邊地方，各該鎮守、總兵、副參、遊擊、守備、都司、衛所等官，但有科斂軍人財物，及扣減月糧，計入己贓至三十兩以上，降一級，帶俸差操；百兩以上，降一級，改調煙瘴地面，帶俸差操；二百兩以上，照前調發充軍；三百兩以上，亦照前調發永遠充軍。其沿海地方有犯，亦照前例科斷，應改調及充軍者，俱發邊遠衛分。

356－03

一、雲貴、兩廣、四川、湖廣等處流官，擅自科斂土官財物，僉取兵夫，徵價入己，强將貨物發賣，多取價利，各贓至滿數［貫］，犯該徒三年以上者，問發附近衛所充軍。若買賣不曾用强，及贓數未滿者，照行止有虧事例問革。其科斂財物，明白公用，僉取兵夫，不曾徵價者，照常發落。

357　家人求索

凡監臨官吏家人，於所部内取受、求索、借貸財物依不枉法，及役使部民，若賣買多取價利之類，各減本官吏罪二等。分有禄、無禄。若本官吏知情，與同罪，不知者不坐。罪止附過。風憲官吏家人有犯，亦減本官所加之罪二等。

［纂註］

家人，是一家之人，如兄弟、子孫、奴僕之類皆是。役使，見户律，或謂即上條借馬牛之類，非也。兩言本官，不及吏者，舉重也。家人犯贓，各依本官有禄、無禄科斷。諸書云，若家人自有官者，仍依官吏受財論，不在減等之限。不知既從官斷，又何以爲家人，况又非部内也，不可依。以上諸條，皆言官吏受財之罪，此則言監臨官吏之家人，於其父兄所部屬之内，或因事受財，或無故求索，或借貸財物，及私役使部民，若買賣多取價利之類者，各減本監臨官受財等項之罪二等。如本官求索借貸，並買賣多取價利，不枉法一貫以下杖六十，家人減二等，一貫以下笞四十。本官强者，准枉法，一貫以下杖七十，家人減二等，笞五十。本官役使部民者，每一名笞四十，每五名加一等，罪止杖八十。家人役使，減二等，罪止杖六十之類。蓋所犯之事，雖與官吏同，而所犯之人，則與官吏異也。若監臨官知得家人求索等項情由者，與家人同坐減二等之罪，不知情者，本官不坐罪。

358 風憲官吏犯贓

凡風憲官吏受財，及於所按治去處，求索借貸人財物，若賣買多取價利，及受饋送之類，各加其餘官吏受財以下各款罪二等。加罪不得加至於死。如枉法贓須至八十兩方坐絞，不枉法贓須至一百二十兩之上方坐絞。風憲吏無禄者，亦就無禄枉法、不枉法本律斷。其家人犯贓，亦減本官所加之罪二等。本官知情，與同罪，不知者不坐，附過。

［纂註］

風憲官，如在内都察院並各道，在外按察司是也。凡此等衙門之官吏，不問枉法、不枉法，但有因事而接受人財物，及於所按治出巡去處，求索或借貸人財物，若買賣多取價利，及受饋送土宜禮物之類，各加其餘監臨官吏之罪二等。如受財枉法，有禄官吏一貫以下，杖七下，加二等，則杖九十。加罪不得加至於死，須至八十貫方坐絞。不枉法，有禄官吏一貫以下，杖六十，加二等，則杖八十。加罪，皆罪止杖一百、流三千里。求索借貸，買賣多取，並准不枉法，强者准枉法，亦各加二等。受饋送者，笞四十，加二等，則杖六十。蓋風憲官吏，職司科察，既曰犯贓，何以肅人？其加等治之宜也。首言受財，則不必拘所按治也。

［備考］

一、風憲官吏家人犯贓，亦減本官所加之罪二等論。

359 因公科斂[①]

凡有司官吏人等，非奉上司明文，因公擅自科斂所屬財物，及管軍官吏、總旗小旗，科斂軍人錢糧、賞賜者雖不入己，杖六十。贓重者，坐贓論。入己者，並計贓以枉法論。無禄人，減有禄人之罪一等。至一百二十

① 萬曆律作“因公擅科斂”。

兩，絞監候。○其非因公務科斂人財物，入己者，計贓以不枉法論。罪止杖一百、流三千里。若饋送人者，雖不入己，罪亦如之。

［纂註］

軍人有賞賜錢糧，故曰賞賜錢糧，如月糧及冬衣布花之類。此自已給散而後科斂者言。若未給散而尅留，則又從監守盜論。此言凡有司官吏人等，如糧長、里老之類，非奉該管上司明文，而因其公事，如税糧、差役等項，擅自科斂所屬部民財物，於公事内使用，及管軍官吏、總旗小旗，亦無上司明文，因其公事，如管軍修城之類，擅自科斂軍人之錢糧賞賜，於公事内使用者，雖不入己，亦杖六十。計所科斂之贓，重於杖六十者，坐贓論，各主通算，折半科罪。一貫以上，每一十貫加一等，至五百貫之上，罪止杖一百、徒三年。若將所科斂之財物、錢糧賞賜，不充公用，私自入己者，並計其入己之贓，以枉法論，各主通算全科。一貫以上，每五貫加一等，有禄人八十貫，無禄人減一等，至一百二十貫，俱坐絞。若有司官吏人等，及管軍官吏、總小旗，有非因公務，而私擅科斂軍民財物入己者，計贓以不枉法論，各主通算，折半科罪。一貫之上，每一十貫加一等，有禄、無禄人各罪止杖一百、流三千里。若將所科斂之財物饋送他人者，雖不入己，而已爲己惠矣，故亦如入己之罪，以不枉法論。夫非因公科斂，其罪反輕於因公科斂，何也？蓋曰非因公，則無假託之奸；曰因公，不無淩逼之勢，自不容以一律論也。

條例

359－01

一、在京在外衙門，不許分外罰取紙劄筆墨、銀硃器皿、錢穀銀兩等項，違者計贓論罪。若有指稱修理，不分有無罪犯，用强科罰米穀至五十石，銀至二十兩以上，絹帛貴細之物直銀二十兩以上者，事發問罪，起送吏部，降一級用。

359－02

一、［弘治十六年十一月十七日，節該欽奉孝宗皇帝聖旨：］科罰修理，果曾經手［的］，不准花銷，照例起送。若自不經手，支銷明白［的］，只依科斂律發落。［欽此。］

360 尅留盜贓[①]

凡巡捕官已獲盜賊，尅留贓物，不解官者，笞四十，入己者，計贓以不枉法論，仍將其所尅之贓併解過贓，通論盜罪。若軍人弓兵有犯者，計贓雖多，罪止杖八十。仍併贓，以論盜罪。

［纂註］

此言各處軍民，巡捕盜賊官員，若已獲强竊盜，及監守常人等贓，如有尅留贓物，不盡解送官司者，雖無入己之情，而無以證盜之罪，故笞四十。若以所尅留之贓，隱匿入己者，計贓以不枉法論。各主者，通算折半科斷。仍將其所尅留入己之贓，併所解官之贓，通論盜罪。如盜贓一百貫，該杖一百、流三千里，止將五十貫解官，依此贓以坐盜賊［贓］，杖六十、徒一年，已論決矣。事發，仍將所尅五十貫，併解入前贓，貼杖四十，改流二千里之罪，故曰併贓論罪。若巡捕軍人，及巡司弓兵，有尅留盜贓者，若不入己，亦笞四十。入己者，計贓雖在三十貫之上，亦罪止杖八十，不得以枉法論，仍併贓以論盜罪。既恕其無官，而又利其捕盜也。

361 私受公侯財物

凡内外各衛指揮、千［户］百户、鎮撫，并總旗、小旗等，不得於私下或明白接受公侯伯所與［寶鈔］金銀、段匹、衣服、糧米、錢物。若受者，軍官杖一百，罷職，發邊遠充軍；總旗、小旗，罪同。再

① 萬曆律此條與下條順序顛倒。

犯，處死。公侯與者，初犯、再犯免罪，附過；三犯，准免死一次。若奉命征討，與者、受者不在此限。或絞或斬，律無明文，但初犯充軍，即流罪也。再犯，加至監候絞，以其干係公侯伯，應請自上裁。

［纂註］

總小旗，言罪同，以官有罷職之文耳。再犯處死，是充軍後再犯也。公侯免死一次，係恩例。此言凡内外各軍衛指揮、千户、百户、鎮撫，並無官職之總小旗等，俱不得於私下或明白接受公侯所與寶鈔、金銀、段匹、衣服、糧米、錢物。若受者，自指揮、千户、百户、鎮撫，並杖一百，罷其見任之職，發邊遠充軍。總旗、小旗罪同，亦杖一百，邊遠充軍。軍官與總小旗充軍之後，再接受公侯寶鈔等物者，謂之再犯，皆坐處死。若公侯以寶鈔等物與指揮以下官軍，初犯及再犯免罪，附其過名，三犯准納鐵券，免罪一次。此公侯與官軍之常禁也。若公侯奉命有事征討，而公侯有所與，官軍有所受者，不在此禁限之内。蓋交結軍心，欲其效死，以成功也，與無事而授受，以徒示私恩者遠矣。

按：律言處死，不著絞斬。律疏云，當請自上裁是也。然查律中如管軍官私役軍人出境，亦杖一百，充軍，至三犯者絞。守禦軍人，再逃再犯者，杖一百，充軍，二犯者絞。蓋此條初犯充軍，即流罪也。再犯加至於死，則當坐絞，可類推矣。

又按：此條言公侯，而不及伯者，舉重也。至不言軍人，則微之耳。

大清律集解附例卷之二十四

刑律　詐僞

362　詐爲制書詐僞，以造作之人爲首從坐罪，轉相謄寫之人非是。

凡詐爲原無制書，及增減原有者，已施行，不分首從皆斬監候。未施行者，爲首監候絞。爲從者減一等。傳寫失錯者，爲首杖一百。爲從者，減一等。○詐爲將軍、總兵官、［五軍都督府］六部、都察院、都指揮使司，内外各衛指揮使司，守禦緊要隘口千户所文書，套畫押字，盗用印信，及將空紙用印者必盗用印方坐，皆絞監候。不分首從。未施行者，爲首減一等，爲從又減一等。○詐爲察院、布政司、按察司、府州縣衙門印信文書者，爲首杖一百、流三千里。詐爲其餘衙門印信文書，杖一百、徒三年。爲從者減一等。未施行者，各分首從減一等。若有規避事重於前事者，從重論。如詐爲出脱人命，以規避抵償，當從本律科斷之類。○其詐爲制書及文書，所施行之處當該官司知而聽行，各與同罪至死減等，不知者不坐。○一、將印信空紙捏寫他人文書，投遞官司害人者，依投匿名文書告言人罪者律。○盗用欽給關防，與印信同，有例在。

［纂註］

制書，解見吏律制書有違條。本無此制而詐撰詞旨，曰詐爲；原有此制而增減詞事，曰增減。將軍，如征虜將軍、征朔將軍之類。套畫押字，盜用印信，相連看。空紙用印，承盜用説。此言制書出自天子，若凡詐爲制書，及有增減者，是以匹夫而擅天子之權，故已施行者，不分首從，皆斬；未施行者，爲首者絞，爲從者減一等。其奉行制書，而傳寫失誤差錯者，則非詐爲矣，故止杖一百。至於將軍、總兵官、五軍都督府、六部、都察院，俱軍國大事所係，都指揮使司、各衛指揮使司俱兵權所在，守禦緊關隘口，千户所又所以隄防奸細出入者也，其文書皆足以動衆，若有詐爲此等衙門文書，套畫押字，盜用印信，鈐蓋施行，及空紙盜用各該印信，以備填寫者，皆絞。此重在盜印上。若文書雖有押字，非印信不行，故必盜印方坐以絞。察院、布按二司、府州縣衙門，比之將軍府部，事權稍輕，若詐爲此等衙門文書，套畫押字，盜用印信，或空紙用印，而事已施行者，爲首之人杖一百、流三千里。其餘衙門，比之司府州縣又輕，若詐爲者，事已施行，爲首之人杖一百、徒三年。若未施行者，則各減一等，將軍等衙門，杖一百、流三千里；察院等衙門，杖一百、徒三年；其餘衙門，杖九十、徒二年半也。若因有規避，而詐爲文書，其規避之罪重於前罪者，則從規避之重罪論。其當該官司，遇此文書，知係詐爲而聽行者，與詐爲之人同罪，至死者減一等，不知者不坐。

［備考］

一、將印信空紙捏寫他人文書，投遞官司害人者，依投匿名文書告言人罪者律論。

條例

362－01

一、詐爲將軍、總兵官、［五府］六部等衙門文書，［律該絞罪者］依律問斷外，若詐爲察院、布政司、按察司、府州縣及其餘衙門文書，誆騙科斂財物者，問發邊衛充軍。

362－02

一、凡詐爲各衙門文書，盜用印信者，不分有無押字，依律坐罪。若止套畫押字，各就所犯事情輕重，查照本等律條科斷。其詐爲六部各司、軍衛各所文書者，俱與其餘衙門同科。

362－03

一、通政司、大理寺、鹽運司、部屬各管軍所，仍將其餘衙門擬斷。若情犯深重者，聽臨時查照，比依何衙門，具由奏請定奪。

363 詐傳詔旨詐傳，以傳出之人爲首從坐罪，轉相傳說之人非是。

凡詐傳詔旨自内而出者，爲首監候斬。爲從者杖一百、流三千里。詐傳皇后懿旨、皇太子令旨、親王令旨者，爲首監候絞。爲從者杖一百、流三千里。○若詐傳一品二品衙門官言語，於各屬衙門分付公事，自有所規避者，爲首杖一百、徒三年。三品四品衙門官言語有所規避者，爲首杖一百。五品以下衙門官言語者，杖八十。爲從者，各減一等。若得財而詐傳，無礙於法者，計贓以不枉法，因得財詐傳而變動事情枉曲法度者，以枉法各以枉法、不枉法贓罪，與詐傳規避本罪權之從重論。○其詐傳詔旨、品官言語，所至之處當該官司，知而聽行，各與同罪至死減一等，不知者不坐。○若内外各衙門追究錢糧，鞫問刑名公事，當該官吏，將奏准合行免追免問事理，妄稱奉旨追問者是亦詐傳之罪，斬監候。

［纂註］

天子之制，有詔、誥、敕，言詔則誥、敕在其中。詐傳者，自内而首先傳出之人言，若在外而轉相傳説者非是。三品四品衙門官以下，不言分付公事，有所規避者，蒙上文也。若雖詐傳言語，而無分付公事規避者非是。蓋詔旨、懿旨、令旨，皆臣民所當遵守，詐傳則足以害人而亂政，故坐以絞斬。品官之言語，皆能號令乎衆，若詐傳各衙門，分付公事，而有所規避者，其品級有高下，則其言語所係有輕重，故一品二品者，杖一百、徒三年；三品四品者，杖一百；五品以下者，杖八十，爲從之人各減一等。若得財而爲人詐傳以上品官言語，事無曲法者，計其入己之贓，以不枉法論。因受財詐傳，而變動事情，曲枉法度者，以枉法論，各從其罪之重者坐之。如詐傳一二品官言語，計贓重於杖一百、徒三年，則從贓論，輕則從杖一百、徒三年。其詐傳三品四品五品以下者，可類推也。當該官司知詐傳而聽行者，各與詐傳者同罪。自詔書而下，及品官言語皆然。錢糧刑名，既有奏准免追免問之事理，而妄稱奉旨追問者，與詐傳詔旨無異，故亦坐斬。

364　對制上書詐不以實

凡對制敷陳及奏事有職業該行而啓奏者，與上書不係本職而條陳時務者，詐妄不以實者，杖一百、徒三年。其對奏上書非密謂謀反大逆等項而妄言有密者，加一等。〇若奉制推按問事，轉報上不以實者，杖八十、徒二年。若狥私曲法，而所報不實之事重於杖八十、徒二年者，以出入人罪論。

［纂註］

承君問而對之，曰對制；陳奏衙門公事者，曰奏事；建言獻策之類，曰上書。人臣事君，在於勿欺，若三者一有詐妄不實，則欺君矣，故杖一百、徒三年。非有機密事情，而妄言有密，此又詐不以實之最重者，故加一等，杖一百、流二千里。若奉制推委鞫問罪犯事情，而不以實情報上者，杖八十、徒二年。其中若有狥私曲法事情，重於杖八十、徒二年者，則以官司出入人罪論。

365　僞造印信曆日等此僞造以雕刻之人爲首，須令當官雕驗。

凡僞造諸衙門印信，及曆日起船符驗、夜巡銅牌、茶鹽引者，爲首雕刻，監候斬。爲從者減一等，杖一百、流三千里。有能告捕者，官給賞銀伍［五］十兩。僞造關防印記者，爲首杖一百、徒三年，告捕者官給賞銀三十兩。爲從及知情行用者，各減一等。各字承上二項而言。若造而未成者，首從各又減一等。其當該官司知而聽行，與同罪，不知者不坐。

〇印所重者文，若有篆而雖非銅鑄，亦可以假詐行事，故形質相肖，而篆文俱全者，謂之僞造。惟有其質而文不全者，方謂之造而未成。至於全無形質，而惟描之於紙者，乃謂之描模也。

［纂註］

關防印記，指各衙門原設者而言，如驛遞、務局等官所掌是也。若巡撫等官關防，今例同印信矣。僞造印信，以銅鐵私鑄成印，篆文俱全者言之也。若用木石泥蠟等物，描刻篆文，即今例所謂描摸，非僞造也。蓋印信、曆日、符驗，夜巡銅牌，鹽引茶引，皆國家大信所係，故僞造者斬，告捕者賞銀五十兩。關防印記，雖與印信不同，而亦所關以行政事者，故僞造者杖一百、徒三年，告捕者賞銀三十兩，爲從及知情行使者，各減僞造之罪一等。係印信等項，則杖一百、流三千里；係關防印記，則杖九十、徒二年半。若僞造印信等項而未成，爲首者減一等，杖一百、流三千里，爲從者又減一等，杖一百、徒三年。僞造關防印記未成，爲首者減一等，杖九十、徒二年半，爲從者又減一等，杖八十、徒二年，故謂各又減一等。當該官司，知其僞造而聽行，則與僞造者同罪，不知者不坐。

條例

365－01

一、凡盜用總督、巡撫、審録、勘事、提學、兵備、屯田、水利等官欽給關防，俱照各官本衙門印信擬罪。若盜及棄毀、僞造，悉與印信同科。

365－02

一、凡描模［摸］印信行使，誆騙財物，犯該徒罪以上者，問發邊衛永遠充軍。

365－03

一、僞造并盜用通政使司關防印記，及僞印工部批迴，賣放人匠者，俱問罪，於本衙門首枷號三個月發落。

365－04

一、起解軍士，捏買僞印批迴者，除真犯死罪外，解人發附近，軍士調邊衛。原係邊衛者，調極邊衛，各充軍。

刪除明例1條

新頒條例

一、萬曆十六年，都察院題咨，本部議院覆奉聖旨：僞造印信，只照律文擬斷。不問木石泥蠟，但僞者斬。

刪除明律1條

僞造寶鈔

凡僞造寶鈔，不分首從，及窩主，若知情行使者，皆斬，財産並入官。告捕者，官給賞銀二百五十兩，仍給犯人財産。里長知而不首者，杖一百，不知者不坐。其巡捕守把官軍，知情故縱者，與同罪。若搜獲僞鈔，隱匿入己，不解官者，杖一百、流三千里。失於巡捕，及透漏者，杖八十，仍依强盜責限跟捕。〇若將寶鈔挑剜、補輳、描改，以真作僞者，杖一百、流三千里，爲從及知情行使者，杖一百、徒三年。〇其同情僞造人，有能悔過，捕獲同伴首告者，與免本罪，亦依常人一體給賞。

［纂註］

强盜捕限，見後捕亡律。以真作僞，謂以真鈔挑剜字樣，補輳描改筆畫，作成僞鈔也。國初制造寶鈔，與銅錢相兼行使，其關天下財用甚重，故僞造者，不分首從，及窩藏僞造之人，知情行使之人，皆斬。犯人財産，並没入官。知其僞造，而首告捕獲者，官給賞銀二百五十兩，仍給犯人財産。若本處里老知而不首者，杖一百。其巡捕守把官軍，獲所造僞鈔，隱匿入己，不解官者，杖一百、流三千里。若無故縱之情，止失於巡捕，及因不巡捕，以致僞造出入行使者，杖八十，仍依强盜捕限律，責令跟捕。惟故縱者，不責限也。以真作僞者，三爲首者，杖一百、流三千里。爲從及知情行使，杖一百、徒三年。同造之人，能自悔過，捕獲同伴首告者，免其本罪，仍依常人一體給賞。如此則告捕多而僞造者少矣。

366 私鑄銅錢

凡私鑄銅錢者，絞監候，匠人罪同。爲從及知情買使者，各減一等。告捕者，官給賞銀五十兩。里長知而不首者，杖一百，不知者不坐。〇若將時用銅錢剪錯薄小，取銅以求利者，杖一百。〇若以銅鐵水銀僞造金銀者，杖一百、徒三年。爲從及知情買使者，各減一等。金銀成色不足，非係假造，不用此律。

［纂註］

銅錢通天下之用，而鑄錢之權出於上。若私鑄，則竊上之權，而錢法阻壞矣。故與鼓鑄匠人，並罪坐絞，爲從及知係私鑄而故買行使者，各減一等，杖一百、流三千里。首告捕獲者，官給賞銀五十兩。里長知而不首告者，杖一百。若將時用銅錢剪錯薄小，取銅以求利，則與僞造者異矣，故止杖一百。若僞造金銀行使，以惑衆罔利者，杖一百、徒三年，爲從及知其僞造而買使者，各減一等，杖九十、徒二年半。蓋律言僞造金銀，謂以鉛銅水銀之類，造成金銀體質者方是。若成色不足，非全假者，不得引用此律。

條例

366－01

一、私鑄銅錢，爲從者問罪，用一百斤枷枷號一［個］月。民匠舍餘，發附近充軍，旗軍調發邊衛，食糧差操。若販賣行使者，亦枷號一月，照常發落。

366－02

一、僞造假銀，及知情買使之人，俱問罪，於本地方枷號一個月發落。

367　詐假官

凡僞造憑劄詐爲假官，及爲僞劄，及將有故官員文憑而假與人官者，絞［斬］監候。其知情受假官者，杖一百、流三千里須有劄付文憑方坐。但憑劄皆係與者所造，故減等，不知者不坐。○若無官而不曾假造憑劄，但詐稱有官，有所求爲，或詐稱官司差遣而捕人，及詐冒見任官員姓名有所求爲者，杖一百、徒三年。以上三項，總重有所求爲。若詐稱見任官子孫弟姪、家人總領，於按臨部内有所求爲者，杖一百。爲從者，［各］減一等。若得財者，並計贓各主者，以一主爲重准竊盜免刺從重論。贓輕，以詐科罪。○其當該官司知而聽行，與同罪，不知者不坐。

［纂註］

詐假官，謂本無官，而詐爲劄付文憑，出外行事，或懸帶僞造牙牌，而在京出入者。假與人官，謂他人本無官，而假爲劄付文憑，與人以官者。此皆有壞朝廷名器，故並坐斬。受假官者，知其假而故受之，杖一百、流三千里。若本無官，而詐稱某官，有所求爲，或詐稱官司差遣而追捕人，或詐冒見任官姓名，然曰詐稱，曰詐冒，皆未有文憑可據，故止杖一百、徒三年。詐稱見任官子孫弟姪、家人總領，於見任官所部内有所求爲者，此自與身冒官員姓名者少異，故止杖一百。爲從各減一等，承詐稱以下言。如爲首該杖一百、徒三年，爲從則杖九十、徒二年半；爲首該杖一百，爲從則杖九十。若詐稱詐冒，有所求爲，而得財者，則計贓有重於詐稱詐冒本罪者，則從贓准竊盜論，各主者亦以一主爲重，免刺。若贓輕，則從本罪論，故曰各從重論。當該官司知而聽行者，與同罪，通承上言，至死者，照律減等。

條例

367－01

一、廣西、雲貴、湖廣、四川等處，但有冒籍生員，食糧起貢到部者，問革，發原籍爲民。若買到土人，倒過所司起送公文，頂名赴部投考者，發邊［口］外爲民。賣與者，行所在官司，追贓治罪。若已受職，比依詐假官律處斬。賣者，發邊衛充軍。經該官吏，朦朧起送，各治以罪。

367－02

一、凡詐冒皇親族屬、姻黨家人，在京在外巧立名色，挾騙財物，侵佔地土，并有禁山場，攔當船隻，措要銀兩，出入大小衙門，囑託公事，販賣制錢私鹽，包攬錢糧，假稱織造，私開牙行，擅搭橋梁，侵漁民利者，除真犯死罪外，徒罪以上，俱於所犯地方枷號一個月，發邊衛充軍；杖罪以下，亦枷號一個月發落。若被害之人，赴所在官司告訴，不即受理，及雖受理，觀望逢迎，不即問斷舉奏者，各治以罪。此真犯死罪，係詐冒、假勢淩虐［虐］、故殺、鬭殺、私鹽拒捕之類。

367－03

一、假充大臣及近侍官員家人名目，豪橫鄉村，生事害民，强占田土房屋，招集流移住種者，許所在官司拿問。犯該徒罪以上者，發邊衛充軍；杖罪以下，枷號一個月發落。

368　詐稱内使等官官與事俱詐。

凡憑空詐稱内使近臣、内院即古師保凝承之職、六科朝廷耳目、［及都督府、四輔、諫院等官］六部軍國重務、都察院監察御史、按察司官掌風憲要官，在外體察事務，欺誑官府，煽惑人民者雖無僞造劄付，斬監候。知情隨行者，減一等。杖一百、流三千里。其當該官員［司］知而聽行，與同罪罪止杖一百、流三千里，不知者不坐。○若本無符驗詐稱使臣乘驛者，杖一百、流三千里，爲從者減一等。驛官知而應付者，與同罪。不知情，失盤詰者，笞五十。其有符驗而應付者，不坐。符驗係僞造，有僞造符驗律。係盜者，依盜起船符驗律。

［纂註］

内使、都督府、四輔、諫院、六部、監察御史、按察司官，皆要官也。詐稱此官，在外體察事務，必致欺誑官府，煽惑人民，故斬。知情隨行之人，如詐作皂隸跟隨之類，減一等，杖一百、流三千里。當該官司知其詐稱而聽行，與詐稱者同罪，不知則不坐。詐稱使臣乘驛，有所求爲，止於輿馬而已，故其罪止杖一百、流三千里，隨行減一等，杖一百、徒三年。驛官知其詐稱而應付者，與犯者同罪，不知其詐稱，而失於盤詰者，止笞五十。其有符驗而應付者，驛官不坐罪，爲其有符驗，難於查驗也。

條例

368－01

一、凡詐冒内官親屬家人等項名色，恐嚇官司，誆騙財物者，除真犯死罪外，其餘枷號一個月，發邊衛充軍。所在官司，畏徇故縱，不行擒拿者，各治以罪。此真犯死罪，如詐爲應付，或盜或僞造符驗，或因嚇騙毆故殺死之類。

368－02

一、凡詐充鑾儀衛［錦衣衛］旗校，假以差遣體訪事情，緝捕盜賊爲由，占宿公館，妄拿平人，嚇取財物，擾害軍民者，除真犯死罪外，徒罪以上，枷號一個月，發邊衛充軍；杖罪以下，亦枷號一個月發落。所在官司阿從故縱者，各治以罪。此真犯死罪，或假差遣，有僞造印信批文，或以捕盜，搶檢傷人，或嚇騙忿爭，毆故殺人之類。

369　近侍詐稱私行官真而事詐。

凡近侍之人，在外詐稱私行體察事務，煽惑人民者，斬監候。謂如給事中、尚寶等官，奉御内使、鑾儀司官校之類。此詐稱係本官自詐稱，非他人。

［纂註］

私行者，暗行體察官府及民間不明之事也。近侍，近君之人。詐稱私行，可以亂民惑衆，其與無官詐稱何異哉？故亦坐以斬也。

370　詐爲瑞應

凡詐爲瑞應者，杖六十、徒一年。〇若有災祥之類，而欽天監官不以實對者，加二等。

［纂註］

瑞，如景星慶雲之類，皆以事應，故曰瑞應。本無瑞而詐爲瑞應，是欺君也，故杖六十、徒一年。欽天監官，職專天文，而於災祥之類，不以實對，妄言休咎，其欺尤重，故加二等，杖八十、徒二年也。

371　詐病死傷避事

凡官吏人等，詐稱疾病，臨事避難如難解之錢糧、難捕之盜賊之類者，笞四十。如所避之事重者，杖八十。〇若犯罪待對，故自傷殘者，杖一百。詐死者，杖一百、徒三年。傷殘以求免考訊，詐死以求免出官。所避事重於杖一百、徒三年者，各從重論。如侵盜錢糧，仍從侵盜重者論。若無避罪之情，但以恐嚇詐賴人故自傷殘者，杖八十。其受雇倩爲人傷殘者，與犯人同罪。因而致死者，減鬬殺罪一等。〇若當該官司知而聽行謂知其詐病而准改差，知其自殘避罪而准作殘疾，知其詐死而准住提，與同罪，不知者不坐。

［纂註］

臨事詐稱疾病，欲以避難也，故笞四十，事重杖八十。犯罪待對，故自傷殘其手足耳目，或詐死者，皆欲避罪也，故傷殘，杖一百；詐死，杖一百、徒三年。所避之罪重於杖一百、徒三年者，則從所避之罪論。若無所避而故自傷殘者，是以自殘其軀，故杖八十。受雇倩而爲人傷殘，其雇倩之人與犯人同罪。因傷殘而致死者，受雇倩之人減鬬殺一等，杖一百、流三千里。當該官司知其避難而聽與改差，知其避罪而准作廢疾擬斷者，與犯人同罪，不知則不坐。

372　詐教誘人犯法

凡諸人設計用言教誘人犯法，及和同共事，故誘令人犯法，却自行捕告，或令人捕告，欲求賞給，或欲陷害人得罪者，皆與犯法之人同罪。罪止杖流。和同令人犯法，看令字，還是教誘人，而又和同犯法也。若止和同犯法，則宜用自首律。

［纂註］

教誘人爲犯法之事，或和同與人共爲犯法之事，後却捕告於官，或暗令他人捕告，此其爲心蓋欲希求給賞，或陷人於罪，以快私忿而已，是人之罹法，由其致之，故與之同罪。

大清律集解附例卷之二十五

刑律　犯姦

373　犯姦

凡和姦，杖八十。有夫者，各杖九十。刁姦者無夫、有夫，杖一百。〇强姦者，絞監候；未成者，杖一百、流三千里。凡問强姦，須有强暴之狀，婦人不能掙脱之情，亦須有人知聞，及損傷膚體、毀裂衣服之屬，方坐絞罪。若以强合，以和成，猶非强也。如一人强捉，一人姦之，行姦人問絞，强捉問未成流罪。又如見婦人與人通姦，見者因而用强姦之，已係犯姦之婦，難以强論，依刁姦律。〇姦幼女十二歲以下者，雖和同强論。〇其和姦、刁姦者，男女同罪。姦生男女，責付姦夫收養，姦婦從夫嫁賣。其夫願留者，聽。若嫁賣與姦夫者，姦夫、本夫各杖八十，婦人離異歸宗，財物入官。〇强姦者，婦女不坐。〇若媒合容止人在家通姦者，各減犯人和、刁罪一等。如人犯姦已露，而代私和姦事者，各減和、刁、强二等。〇其非姦所捕獲，及指姦者，勿論。若姦婦有孕姦婦雖有據，而姦夫則無憑，罪坐本婦。

［纂註］

和，謂男女相願；刁，謂引至别所。然刁必本於和來，男女同罪以下，所以著和、刁姦，及下諸條犯姦之通例也。責與姦夫，指經官斷後者言，故與買休、賣休有别。此言凡和姦杖八十，爲婦人無夫者言也。若有夫而和姦，則杖九十。刁姦者，則不論夫之有無，俱杖一百。强姦，則肆己之淫，污人之節，故姦夫處絞。若雖强而未成姦者，杖一百、流三千里。十二歲以下幼女，未有慾心，故雖和同强論，成姦者亦坐絞罪。其和姦、刁姦者，男女同淫，故同坐罪。姦生男女，理宜姦夫收養，故即責付姦夫。姦婦從夫嫁賣，其夫願留者聽，所謂設大法而順人情也。若遂賣與姦夫，則違斷從淫，本夫惡得無罪，故與姦夫各杖八十，婦人離異歸宗，財物入官。蓋强姦者，非婦女之得已，故婦女不坐罪。若和姦、刁姦，而有人爲之媒合，或容止其行姦者，各減犯人罪一等。私和姦事者，隨其和姦、刁姦、强姦，各減犯人罪二等。非姦所捕獲，及指姦，俱無證迹可驗，故勿追論。若婦女因姦有孕，則婦女有憑，故止罪坐本婦。

按：姦幼女十二歲以下者，指成姦者言，故雖和同强論。若和而未成姦者，當坐不應從重。或謂以强而未成者論，甚非律意。

374　縱容妻妾犯姦

凡縱容妻妾與人通姦，本夫、姦夫、姦婦各杖九十。抑勒妻妾及乞養女與人通姦者，本夫、義父各杖一百，姦夫杖八十，婦女不坐。並離異歸宗。〇若縱容抑勒親女及子孫之婦妾與人通姦者，罪亦如之。〇若用財買休、賣休，因而和同娶人妻者，本夫、本婦及買休人各杖一百，婦人離異歸宗，財禮入官。若買休人與婦人，用計逼勒本夫休棄，其夫别無賣休之情者，不坐，買休人及本婦各杖六十、徒一年。其因姦不陳告，而嫁賣與姦夫者，本夫杖一百，姦夫、姦婦各盡本法。婦人餘罪收贖，給付本夫，從其嫁賣。妾減一等。媒合人各減犯人賣休及逼勒賣休罪一等。

［纂註］

休，離也。和娶，承買休、賣休説。姦夫用財買其夫，以離其妻，曰買休。本夫受姦夫之財，而離其妻，曰賣休。因而娶之爲妻，曰和娶。此言凡妻妾與人通姦，在姦夫、姦婦固爲淫合，若本夫明知而縱容其通姦，則本夫不能制束，故各杖九十。若抑勒妻妾或乞養義女與人通姦，則婦女非得已之情，而本夫、義父必有圖財之意，故本夫、義父各杖一百，姦夫杖八十，婦女不坐。其縱容抑勒者，並該離異歸宗。若縱容親女及子孫之婦妾與人通姦，則縱容之人與姦夫、姦婦，各杖九十。抑勒者，抑勒之人杖一百，姦夫杖八十，婦女不坐，故曰罪亦如之。若用財買人休其妻，本夫受財賣休其妻，因而和同娶之爲妻者，本夫、本婦及買休人各杖一百，婦人離異歸宗，財禮入官。若買休人與婦人用計逼勒本夫休棄，在本夫别無賣休之情者，則不坐，買休人與婦人各杖六十、徒一年，婦人依律決杖一百，餘罪收贖，仍將本婦人給付本夫，從其嫁賣。如買休賣休，和娶人妾者，本夫、本妾及買休人各杖九十。用計逼勒者，買休人及本妾各杖一百，以妾賤於妻，故減罪一等。媒合人各減犯人罪一等，則視買休、賣休及逼勒，或妻或妾各犯之罪而減之也。

按：乞養女不言縱容抑勒，子孫之婦妾不言離異者，何也？蓋義父義女，尊卑相臨，又非親女可比，令之通姦，必出抑勒。若子孫之婦妾，被勒通姦，與本夫原無義絶之情，故不言離異也。又詳買休賣休一節。律係姦條，必爲先姦後娶者而設。然其不專言姦夫，而曰賣休人，不專言姦婦，而曰本婦，亦可見買休、賣休固有不因姦而犯者，亦宜照此律科斷。不然典雇妻女者有罪，將妻妾妄作姊妹嫁人者有罪，若謂賣妻者律無文而不禁，是果律遺之哉？正以賣妻與人，既壞夫婦之倫，又非嫁娶之正，有類於姦，故即繫犯姦條下，而諸條不及言耳。附此以俟奏請定奪。

375　親屬相姦

凡姦同宗無服之親，及無服親之妻者，各杖一百。强者，姦夫斬監候。○［若］姦内外緦麻以上親，及緦麻以上親之妻［謂内外有服之親］，若妻前夫之女，同母異父姊妹者，各杖一百、徒三年；强者，姦夫斬監候。若姦從祖祖母從祖祖姑、從祖伯叔母從祖伯叔姑、從父姊妹、母之姊妹，及兄弟妻、兄弟子妻者，姦夫、姦婦各決絞。惟從祖祖姑、出嫁從祖姑者，監候絞。强者，姦夫決斬。惟强姦小功再從姊妹、堂姪女、姪孫女出嫁降服者，監候斬。若姦妻之親生母者，以緦麻親論之太輕，還比依伯叔父母、母之姊妹論。〇若姦父祖妾、伯叔母、姑、姊妹、子孫之婦、兄弟之女者，姦夫、姦婦各決斬；强者，姦夫決斬。〇凡姦前項親屬妾各減妻一等，强者監候絞。［謂强姦親屬妾者，該絞。］其婦女同坐、不同坐，及未成姦，媒合縱容等件，各詳載犯姦律。惟同宗姦生男女，不得混入宗譜，聽隨便安插。

［纂註］

此條凡稱各者，俱指男女同科此罪，下條倣此。以下妻妾犯姦，而罪不至死者，仍盡犯姦本法，從夫嫁賣，願留者聽也。蓋同宗無服之親，及無服親之妻，雖族屬疏遠，而名分猶存，故有犯姦者，不問和刁，有夫無夫男女，各杖一百。言同宗，則外姻無服者以凡姦論。若姦内外緦麻以上親，及緦麻以上親之妻，若妻前夫之女，及同母異父姊妹者，男女各杖一百、徒三年。强姦者，姦夫坐斬，别凡人律也。若從祖祖母，即祖兄弟之妻；從祖祖姑，即祖之姊妹；從祖伯叔母，即父堂兄弟之妻；從祖伯叔姑，即父之堂姊妹；從父姊妹，即父從兄弟之女，己之堂姊妹也；母之姊妹，即己之姨母也；兄弟之妻及兄弟子之妻，以上親屬，其服雖緦麻以上，而其分爲至親，若犯姦者，皆爲内亂，故姦夫姦婦各絞，强者則斬。若父祖之妾、伯叔母、姑、子孫之婦、兄弟之女，以上親屬，則其親爲至近，而其倫爲尤重，若犯姦者，皆爲逆倫，故姦夫、姦婦各斬。凡與前項親屬之妾犯姦者，各減妻罪一等，强姦者，姦夫亦絞。

條例

375－01

一、凡親屬犯姦，至死罪者，若强姦未成，依律問罪，發邊衛充軍。

375－02

一、凡犯姦内外緦麻以上親，及緦麻以上親之妻，若妻前夫之女、同母異父姊妹者，依律擬罪，姦夫發附近衛充軍。

376 誣執翁姦

凡男婦誣執親翁，及弟婦誣執夫兄欺姦者，斬監候。○强姦子婦未成，而婦自盡，依未成姦論，加凡人一等。○義子誣執義父姦，依雇工人誣家長。○嫂誣執夫弟，及緦麻以上親，誣執者俱依誣告。

［纂註］

凡翁姦子婦，兄姦弟婦者，律該處斬。若無此事，而誣執之，是陷其父與兄於必死之地，婦惡莫甚於此，故罪坐斬。

377 奴及雇工人姦家長妻

凡奴及雇工人姦家長妻女者，各斬決。○若姦家長之期親，若期親之妻者，絞監候，婦女減一等。若姦家長之緦麻以上親，及緦麻以上親之妻者，各杖一百、流二千里。强者，斬監候。○妾各減一等，强者亦斬監候。軍伴、弓兵、門皂在官役使之人，俱作雇工人。

［纂註］

各斬，各杖一百、流二千里，各減一等，俱指男女而言。姦家長之期親，及期親之妻，如家長之姊妹、伯叔母、兄弟之妻、子孫之婦皆是也。姦夫坐絞，姦婦減一等，止杖一百、流三千里。姦家長緦麻以上親，及緦麻以上親之妻，亦皆内外有服之親，各杖一百、流二千里，强者則斬。妾各減一等，如姦家長之妾，各減一等，各杖一百、流三千里。姦家長期親之妾，減一等，奴及雇工人亦杖一百、流三千里，妾杖一百、徒三年。姦家長緦麻以上之妾，減一等，各杖一百、徒三年。强姦者，雖係妾，亦斬。

378　姦部民妻女

凡軍民本管官吏，姦所部妻女者，加凡姦罪二等，各罷職役不敘，婦女以凡姦論。〇若姦囚婦者，杖一百、徒三年，囚婦止坐原犯罪名。若保管在外，仍以姦所部坐之。强者，俱斬。

［纂註］

管軍管民之官吏，姦所部軍民之妻或女，官吏加凡姦二等。和姦杖一百，和姦有夫杖六十、徒一年，刁姦杖七十、徒一年半。官罷職，吏罷役，俱不復敘用。婦女以凡姦論。和姦無夫杖八十，有夫杖九十，刁姦杖一百。不言强姦，有犯者，即以强姦律坐絞。囚禁在獄之婦，而官吏姦之，杖一百、徒三年，囚婦止坐原犯之律。婦人非犯姦及死罪，不得囚禁，既入於此，何待於强，故不言强姦之罪。若爲事而保管在外，只以姦所部妻女論，不得與囚婦同論也。

條例

378－01

一、凡軍職及應襲舍人犯姦，除姦所捕獲，及刁姦坐擬姦罪者，官革職，與舍人俱發本衛，隨舍餘食糧差操。其指姦及非姦所捕獲者，俱照常發落。

379　居喪及僧道犯姦

凡居父母及夫喪，若僧尼、道士、女冠犯姦者，各加凡姦罪二等。强者，姦夫絞監候，婦女不坐。相姦之人，以凡姦論。

［纂註］

僧尼、道士、女冠，指有度牒者言。加凡姦二等，如和姦杖一百，有夫杖六十、徒一年，刁姦杖七十、徒一年半。相姦之人，以凡姦論。如姦夫居喪，加二等，則姦婦以凡姦論。僧尼、道士、女冠，其相姦之姦夫、姦婦，則以凡論也。

條例

379－01

一、僧道不分有無度牒，及尼僧、女冠，犯姦者，依律問罪，各於本寺觀庵院門首，枷號一個月發落。

379－02

一、僧道官、僧人、道士有犯挾妓飲酒者，俱問發原籍爲民。

380　良賤相姦

凡奴姦良人婦女者，加凡姦罪一等。和刁、有夫，俱同。如强者，斬。良人姦他人婢者，男婦各減凡姦一等。奴婢相姦者，以凡姦論。

［纂註］

男女相姦，均爲有罪，而良之於賤，尊卑不同，故以奴而姦良人婦女者，加凡姦一等；以良人姦他人婢者，減凡姦一等，貴賤之别也。奴之於婢，本同等類，故自相姦者，以凡姦論。以上通兼和姦刁姦、有夫無夫言。或云婦女與婢，俱照凡姦，不在減等之限，恐非。

381　官吏宿娼

凡文武官吏宿娼者，杖六十。挾妓飲酒，亦坐此律。媒合人減一等。○若官員子孫文承廕、武應襲宿娼者，罪亦如之，附過，候廕襲之日，降應受本職一等，於邊遠敘用。

［纂註］

娼，即教坊司之婦，與各州縣所編樂户是也。若民間私自賣姦者，自當以凡姦之律論之。蓋官吏職專治人，而姦宿娼婦，故杖六十。媒合人，減等笞五十。官員子孫犯者，亦杖六十。若軍職子孫，則附寫其過名，候襲廕之日，降其祖父原職一等，於邊遠衙門敘用。或云襲廕減等，兼文職言，殊不知文職與武職不同，其子孫宿娼，則干礙行止，安得襲廕耶？此條官吏宿娼，與姦不同，其樂户知情，雖同罪，得單衣的決，有力亦准納鈔。官吏俱贖，完日俱革職役。

按：官吏挾妓飲酒，律無明文，有犯亦依此條科斷。或云，問不應事重，則反重於宿娼矣。

382　買良爲娼

凡娼優樂人，買良人子女爲娼優，及娶爲妻妾，或乞養爲子女者，杖一百。知情嫁賣者同罪，媒合人減一等。財禮入官，子女歸宗。

［纂註］

優，樂舞人也。娼優之於良人，貴賤懸殊。若買良人之子女爲娼優，或娶良人子女爲妻妾，或乞養爲子女，及良人之家知其係是娼優樂人，而將其子女嫁賣者，並杖一百，媒合之人減一等，杖九十，財禮入官，子女歸宗。曰知情，則不知情者不坐可知矣。

條例

382－01

一、凡買良家子女作妾并義女等項名目，縱容抑勒與人通姦者，本夫、義父問罪，於本家門首枷號一個月發落。若樂工私買良家子女爲娼者，不分買賣媒合人等，亦問罪，俱於院門首枷號一個月，婦女並發歸宗。

大清律集解附例卷之二十六

刑律　雜犯

383　拆毁申明亭

凡拆毁申明亭房屋，及毁亭中板榜者，杖一百、流三千里。仍各令修立。

［纂註］

各州縣設立申明亭，凡民間應有詞狀，許耆老、里長准受，於本亭剖理。及書不孝不弟，與一應爲惡之人姓名於亭，以示懲戒，所以使人心知懼，而不敢爲惡。板榜，以木爲之，亦書朝廷所行勸善懲惡之言，興利除害之事，於各衙門前張挂，使人皆得通曉，皆教民之要務也。故有拆毁之者，則是違背國法而無忌矣，故杖一百、流三千里。其拆毁亭板，並令修造做立還官。

按：拆毁申明房屋，與毁損官房，計雇錢加坐贓二等不同；毁板榜，與棄毁官物，計贜准竊盜論不同者，蓋亭曰申明，教化所關，而榜之所載者，朝廷之事，與他房屋器物異故也。

384 夫匠軍士病給醫藥

凡軍士在鎮守之處，丁夫雜匠在工役之所，而有疾病，當該鎮守、監督官司不爲行移所司請給醫藥救療者，笞四十，因而致死者，杖八十。已行移所司，而不差撥良醫，及不給對證藥餌醫治者，罪同。

［纂註］

軍士在鎮守之處，夫匠在工役之所，與在衛下班者不同。若有疾病，而鎮守及管工官吏，不行移所司，請給醫藥救療者，則失優恤之仁。或雖行移所司，而所司不即差撥良醫，及不給對證藥餌者，則是苟且塞責，並笞四十。若因不救療，及不撥醫給藥，以致死亡者，則人命所關爲尤重，故並杖八十。若因藥不對證，以致死者，罪在醫人，依庸醫殺人本律科斷。

385 賭博

凡賭博財物者，皆杖八十，所攤在場之財物入官。其開張賭坊之人雖不與賭列，亦同罪坊亦入官，止據現發爲坐。職官加一等。○若賭飲食者，勿論。

［纂註］

賭博，謂呼盧、局戲，如樗蒲、雙陸、骰子之類，用財物賭賽，以決勝負者也。賭坊，即攤錢物之場也。蓋賭博遊蕩之事，而耗亂之階，盜賊之源也，故有犯者，不分首從，皆杖八十。攤場財物，並入官。若有將自己房屋開張賭坊，容人在内賭博者，亦杖八十，其房亦當入官。然止據見在場發覺者坐罪，不許指扳，防濫及也。職官爲之，何以正人？故加一等，杖九十。若朋友相會爲樂，賭飲食，非賭財物之比，故勿論。

條例

385－01

一、凡賭博人犯，若自來不務生理，專一沿街酗酒撒潑，或曾犯誆騙竊盜、不孝不弟等項罪名，及開張賭坊者，定爲第一等，問罪，枷號二個月。若平昔不係前項人犯，止是賭博，但有銀兩、衣服、錢物者，定爲第二等，問罪，枷號一個月，各發落。若年幼無知，偶被人誘引在内者，定爲第三等，照常發落。其職官有犯一等二等者，奏請問罪，文官革職爲民，武官革職，隨舍餘食糧差操。

386　閹割火者

凡官民之家，不得乞養他人之子，閹割火者惟王家用之，違者杖一百、流三千里，其子給親。重者罪其僭分私割也。

［纂註］

閹割，古之宫刑，緣坐之子孫，閹割之，以供宫事也，故曰宫，又曰火者。惟王家用之，雖勳戚之家，非欽賜，亦不敢用。若官民之家，乞養他人之子，閹割火者，則忍心僭制也，故杖一百、流三千里。所閹之子，給付本生之親完聚。

按：毆殺乞養異姓子，止杖一百、徒三年。今閹割不至於死，乃杖一百、流三千里者，謂其僭分私割故也。若剜死者，依常律。

條例

386－01

一、［先年］浄身人曾經發回，若不候朝廷收取，官司明文起送，私自來京，圖謀進用者，問發邊衛充軍。

386－02

一、［弘治五年十一月二十四日，節該欽奉孝宗皇帝聖旨：今後］敢有私自浄身者［的］，本身并下手之人處斬，全家發邊遠充軍。兩鄰及歇家不舉首者［的］，問罪。有司里老人等，仍要時常訪察，但有此等之徒，即便捉拿送官。如或容隱，一體治罪［不饒。欽此］。

386－03

一、［萬曆十一年八月内，節奉聖旨：自宫禁例，載在《會典》，我皇祖明旨甚嚴。乃無知小民，往往犯禁私割，致傷和氣。著都察院，便行五城御史，及通行各省直撫按衙門，嚴加禁約。自今五年以後］民間有四五子以上，願以一子報官閹割者聽。有司造册送部，候收補之日選用。如有私割者，照例重治。鄰佑不舉，一體治罪［不饒。欽此］。

387 囑託公事

凡官吏諸色人等，或爲人，或爲己曲法囑託公事者，笞五十，但囑即坐。［謂所囑曲法之事］不分從［與］不從［行與不行，但囑即得此罪。］當該官吏聽從而曲法者，與同罪，不從者不坐。若曲法事已施行者[①]，杖一百。其出入所枉之罪重於杖一百者，官吏以故出入人罪論。若爲他人及親屬囑託以致所枉之罪重於笞五十者，減官吏罪三等。自囑託己事者，加所應坐本罪一等。○若監臨勢要，曲法爲人囑託者，杖一百。所枉重於杖一百者，與官吏同。故出入人罪至死者，減一等。［謂監臨勢要之人，但囑託，即杖一百。官吏聽從者，仍笞五十。已施行者，亦杖一百。所枉之罪，重於杖一百者，官吏與監臨勢要之人，皆得故出入人之罪。官吏依律合死者，監臨勢要之人，合減死一等。］若曲法受贓者，並計贓通算全科以枉法論。通上官吏人等囑託者，及當該官吏，並監臨勢要言之。若不曲法而受贓者，祇以不枉法贓論。不曲法，又不受贓，則俱不坐，乃以囑託笞五十。○若官吏不避監臨勢要，將囑託公事實跡赴上司首告者，陞一等。吏候受官之日，亦陞一等。

［纂註］

此條以曲法二字作主，以後俱自曲法上言。首句包他人及親屬聽從，只是許允而未行事，已施行而未畢者。爲他人及親屬囑，與自囑己

---

① 萬曆律“者”爲大字，順治律改作小註。

事句，只承官吏以故出入人罪句來，蓋爲所枉者重也。監臨勢要，分看。受贓，通上官吏諸色人，及監臨勢要、當該官吏言。此見公事自有公法，若囑令曲法以行，即私弊也，故笞五十。但囑即坐，不問其聽與不聽、行與不行也。當該官吏聽從者，與同罪，亦笞五十，不從者不坐。因其囑而爲之曲法，已施行者，是曲法以徇人也，故杖一百。若所枉之罪重於杖一百者，以故出入人罪論，或全科，或以所增減之罪坐之。自聽從以下至此，皆言當該官吏之罪。其人若爲他人及親屬囑託，得施行者，減當該官吏三等，杖七十。所枉重者，亦減官吏罪三等。自囑託己事者，加所犯本罪一等。如爲他人及親屬囑託得免，杖一百、徒三年，是所枉重於杖一百矣。官吏坐故出全科，杖一百、徒三年，囑託減三等，則杖七十、徒一年半。如自犯杖一百、徒三年，囑託得免者，則於本罪上加一等，杖一百、流三千里。若監臨勢要爲人囑託者，則其勢要所枉必多，故當囑即杖一百。當該官吏聽從者，亦止笞五十。已施行者，亦止杖一百。若所枉重於杖一百者，則監臨勢要與當該官吏，皆以故出入人罪論之。官吏罪至死者，則監臨勢要得減一等，杖一百、流三千里。以上皆以無贓私言。若有受贓而爲之囑託，及聽行枉法，並以枉法從重論。若當該官吏不避監臨勢要，將囑託公事實迹，明白開具，赴上司首告者，奏聞，陞官一級，以爲執法者之勸。

按：官吏受贓滿貫，要照例充軍，未滿貫者，問罪革職役。若止是囑託，而無贓者，各還職役。

388　私和公事發覺在官。

凡私和公事各隨所犯事情輕重，減犯人罪二等，罪止笞五十。若私和人命、姦情，各依本律減二等，不在此笞五十例。

［纂註］

減犯人罪二等，謂本犯該笞五十以下，而爲之和者，減罪二等。若犯該杖六十以上，至徒流死罪，私和者，止笞五十。惟私和人命，及私和姦事，各坐罪，與此不同，所謂本條各有罪名也。

389 失火

凡失火燒自己房屋者，笞四十。延燒官民房屋者，笞五十。因而致傷人命者不分親屬、凡人，杖一百但傷人者，不坐致傷罪，罪止坐所由失火之人。若延燒宗廟及宮闕者，監候絞。○社減一等。皆以在外延燒言。○若於山陵、兆域内失火者雖不延燒，杖八十、徒二年。仍延燒林木者，杖一百、流二千里。若於官府公廨，及倉庫内失火者，亦杖八十、徒二年。主守倉庫之人，因而侵欺財物者，計贓以監守自盜論。不分首從。其在外失火而延燒者，各減三等。若主守人侵欺財物，不在減等之限。若常人因火而盜取，以常人盜論。如倉庫内失火者，杖八十、徒二年。比倉庫被竊盜，庫子儘其財産，均追賠償之例。○若於庫藏及倉廒内燃火者雖不失火，杖八十。○其守衛宮殿及倉庫，若掌囚者，但見内外火起，皆不得離所守，違者杖一百。若點放火花爆仗，問違制。

［纂註］

致傷人命，通常人親屬，俱杖一百。或以親屬當依過失殺條，非也。如本應罪重，而犯時不知者，止依凡人，況失火又人情之不得已者耶？此見失火雖出於不意，而實由於不慎，但自己房屋與官民者不同，一則笞四十，一則笞五十。因而致傷人命者，則不論係凡人、親屬，俱杖一百，罪坐失火之人。曰致傷人命，則但傷人者不坐可知矣。以其出於不意，故輕之也。若延燒宗廟及宮闕，則事關朝廷，故絞。太社次之，故減一等，杖一百、流三千里。此皆以在外延燒者言。若山陵兆域，乃嚴禁之地，故在内失火者，則守衛之人杖八十、徒二年，延燒林木者，則杖一百、流二千里。官府公廨及倉庫，乃文案錢糧所係，故在内失火者，則主守之人杖八十、徒二年；因而侵欺財物者，計贓以監守自盜論。此皆以在内失火者言。其在外失火而延燒者，各減三等。如延燒兆域、公廨倉庫，則杖一百；延燒林木，則杖八十、徒二年。若在庫藏及倉厫内燒火，即杖八十者，恐失火之患也。守衛宫殿倉庫，及掌囚之人，見火起而或離本處，坐杖一百者，恐其有所失也。

［備考］

一、點放火花爆仗，問違制。成化二年例。

390 放火故燒人房屋

凡放火故燒自己房屋者，杖一百。若延燒官民房屋，及積聚之物者，杖一百、徒三年。因而盗取財物者，斬監候；殺傷人者，以故殺傷論。若放火故燒官民房屋，及公廨倉庫，係官積聚之物者不分首從，皆斬監候。須於放火處捕獲，有顯跡證驗明白者乃坐。其故燒人空閑房屋，及田場積聚之物者，各減一等。○並計所燒之物減價，儘犯人財産，折剉賠償，還官給主。除燒殘現在外，其已燒之物，令犯人家産折爲銀數，係一主者，全償；衆主者，計所燒幾處，將家産剉爲幾分，而賠償之。即官民，亦品搭均償。若家産罄盡者，免追；赤貧者，止科其罪。○若奴婢、雇工人犯者，以凡人論。

［纂註］

減價、折剉、賠償，如房屋及在内積聚之物，原值鈔三百貫，燒訖者值二百貫，燒殘者止值一百貫，則令犯人家産折爲鈔數，剉作幾分而賠償之。如剉折賠償，不足原數者，免追，故曰儘。此見故燒出於有意，與失火者不同，故在自己房屋，則杖一百，延燒官民房屋，及官民積聚之物者，則杖一百、徒三年，以其因故燒而及之故也。言官民房屋，則倉庫在其中矣。若因延燒而盗取官民財物者，斬。殺傷人者，或親屬，或凡人，各以本條故殺傷論。若故燒官民房屋，及公廨倉庫，係官積聚之物，則與延燒者不同，故不分首從皆斬。若故燒人間[1]空閑房屋，及田場積聚之物，與官者不同，故燒之者，得減一等，杖一百、流三千里。註云須於放火處捕獲，有顯迹，證驗明白乃坐者，防濫及也。

---

① “間”疑爲衍文。

並計其所延燒故燒房屋，并積聚之物，減其原值之價，儘犯人所有財物產業，計所燒幾處，折爲幾分，而賠償之，應還官者還官，應給主者給主。此還官給主，亦計所賠之數，官民品搭均償。

按：奴婢、雇工人犯者，以凡人論。此斬罪秋後處決。

［備考］

一、厨役點燈，偷飲官酒，醉卧致燒酒房，并上用等酒，比放火故燒官物，及盜内府財物論。

條例

390－01

一、［成化八年六月十六日，節該欽奉憲宗皇帝聖旨：］各邊倉場，若有故燒係官錢糧、草束者，拿問明白，將正犯梟首示衆。燒毁之物，先儘犯人財産，折剉賠償。不敷之數，著落經收看守之人，照數均賠。［欽此。］

390－02

一、凡放火故燒自己房屋，因而延燒官民房屋，及積聚之物，與故燒人空閑房屋，及田場積聚之物者，俱發邊衛充軍。

391　搬做雜劇

凡樂人搬做雜劇戲文，不許妝扮歷代帝王后妃、忠臣烈士、先聖先賢神像，違者杖一百。官民之家容令妝扮者，與同罪。其神仙道扮，及義夫節婦、孝子順孫，勸人爲善者，不在禁限。

［纂註］

雜劇戲文，即今搬演雜記，優人之所爲也。蓋歷代帝王后妃、忠臣烈士、先聖先賢之神像，乃官民之所瞻仰，而以之搬做雜劇，褻慢甚矣，故其樂人與官民容令妝扮者，各杖一百。其神仙道扮，及義夫節婦、孝子順孫，事關風化，可以勸人爲善者，聽其妝扮搬做，不在杖一百禁限之内。

392 違令

凡違令者，笞五十。謂令有禁制，而律無罪名者。如故違詔旨及奏准事例，並坐違制。

［纂註］

國初未制律之前，首著爲令，以頒示天下，分爲六科。吏令自選用以至宣使等，凡十八條。户令自漏口脱户至解納官物，凡二十四條。禮令自朝賀班次至封贈，凡一十七條。兵令自額設祇候人等至支給分例，凡一十條。刑令自五刑至里長犯贓遷徒，凡七十條。工令則造作軍器，織造段匹二條。其間有律條並載者，依律科斷。若律無罪名，而令有禁制，則當守令，故違者笞五十。

393 不應爲

凡不應得爲而爲之者，笞四十。［謂律令無條，理不可爲者。］事理重者，杖八十。律無罪名，所犯事有輕重，各量情而坐之。

［纂註］

凡理之所不可爲者，謂之不應爲，從而爲之，是亦罪也。在律令雖無正條，事理各有輕重，或笞或杖，所以補諸律之未備也。不應無首從，若同犯一事，則爲首者杖八十，爲從者笞四十。若爲從之人各有所犯，而同爲不應者，難分輕重。

大清律集解附例卷之二十七

刑律　捕亡

394　應捕人追捕罪人

凡在官應捕人承官差追捕罪人，而推故不行，若知罪人所在，而不即捕者，減罪人所犯罪一等。以最重之罪人爲主，減科之，仍戴罪限三十日内，能自捕得一半以上，雖不及一半，但所獲者最重功足贖罪，皆免其罪。雖一人捕得，餘人亦同。若於限内雖未及捕獲而罪人已死，及自首各盡者，亦免罪。其罪人或死或首，猶有不盡者，止以不盡之人犯罪減等爲坐。其非專充應捕人，臨時差遣者或推故不行，或知而不捕，各減應捕人罪一等。仍責限獲免。其應捕人，及非應捕人，有受財故縱者，不給捕限，各與囚之最重者同罪。亦須犯有定案，可與同科。所受之贓重於囚罪者，計贓全科以無禄人枉法從重論。亦分首從。

［纂註］

應捕人，如皂隸弓兵、巡捕官軍，有定役於官者皆是。皆免其罪，皆字指獲囚一半，及獲重囚二者言。各盡，謂如犯罪十人，俱死盡、首盡是也。各與囚同罪，各字指應捕人及臨時差遣人言。此同罪，至死爲首者，全科。如犯人皆斬，受財故縱者止坐絞罪，犯人皆絞，亦與同絞也。此見應捕人以追捕罪人爲事，若已承差遣，而託故不行，或知罪人所在，而不行追捕，均爲違玩，故比罪人之罪減一等。若罪人數多，則就其罪重者減之，仍責三十日追捕，不獲然後決。若限内能自捕得一半以上，或雖不及一半，但獲犯罪最重之人，皆得免罪，以捕獲之功可贖也。雖一人捕得，同捕人皆免罪。若不曾捕得，而罪人已死，或自行赴官出首各盡，無有一人不死不首者，則無用捕矣，故亦得免罪。如罪人死未盡、首未盡者，則以不盡者之罪，減一等坐之。其非應捕人，而官府臨時差遣者，或不行，或不盡，或不捕，各減應捕人一等，是通減罪人三等矣。亦給捕限，限内捕得一半，或所獲罪重，或罪人已死、自首，皆與應捕人同得免罪。若應捕及臨時差遣人，有受財故縱者，是貪利玩法，故不給捕限，各與同罪。至死者，仍以首從全科之。所受之贓，重於犯人之罪者，計贓以枉法從重論。前曰減罪人罪一等，是罪人雖未到官擬罪，衆證明白，即同成獄，其罪已可據矣。此曰與囚同罪，而不言罪人者，蓋受財故縱，至死全科，故必罪人到官，招承定擬，而後可以論故縱者之罪，故不曰罪人，而以囚爲言耳。或謂故縱而不受財者，律無明文，然知而不捕，即故縱也。

按：責限跟捕，見於《大誥》項下，云：緣各人俱未責限跟捕，各依限追捕得一半以上，或所獲罪重，皆免罪。限内不獲送回，依擬發落。一、受財故縱者，雖不給捕限，能於未斷之間自捕得者，止依受財枉法科斷。

395　罪人拒捕

凡犯罪事發而逃走及犯事雖不逃走，官司差人追捕，有抗拒不服追捕者，各於本罪上加二等本應死者，無所加，罪止杖一百、流三千里。毆所捕人至折傷以上者，監候絞。殺所捕人者，監候斬。爲從者，各減一等。〇若罪人持仗拒捕，其捕者格殺之，及在禁或押解已問結之囚逃走，捕者逐而殺之，若囚因追逐窘迫而自殺者不分囚罪應死、不應死，皆勿論。〇若囚雖逃走已就拘執，及罪人雖逃走不拒捕而追捕之人惡其逃走擅殺之，或折傷者此皆囚之不應死者，各以鬬殺傷論。若罪人本犯應死之罪而擅殺者，杖一百。以捕亡一時忿激言。若有私謀，另議。

［纂註］

逃走、拒捕兩平説，或作一串，則下各字難通矣。觀名例律，事發在逃，自首得免逃罪二等可見。既曰罪人，又曰囚者，見在拘繫，與罪人不同也。自殺，謂投赴水火崖壑、自殘害跌撲皆是。此見犯罪或逃走，或拒捕，是再犯，故各於本罪上加二等，罪止杖一百、流三千里。及本犯應死者，自依常律。因拒捕而將所差之人毆至折傷者絞，殺者斬，爲從者各減一等。如逃走拒捕，減爲首者一等，則是於本罪上止加一等也。折傷殺死，減爲首者一等，則杖一百、流三千里也。罪人持仗而拒捕，則捕之者格鬬不得不力，囚在繫而逃走，則捕之者追逐不得不急，與囚窘迫而自殺，則亦有取死之道，故皆勿論。曰持仗，曰囚，曰逐，曰窘迫，字最重。若囚人已就拘執，及不拒捕而捕者，或殺之，或毆至折傷者，以鬬毆殺傷論。此以罪不應死者言。若本犯應死而殺之者，杖一百，不言折傷，勿論可知矣。此與拒捕毆追攝人不同者，蓋追攝者本無罪之人，故拒敵之罪輕，追捕者本有罪之人，故拒捕之罪重。若應捕人及無干人，不因公務擅殺死囚，囚雖應死，既無故而殺，合依常人謀故殺論。囚走須事發，應該問罪而逃者，方坐。今一奉提不到，即招逃走，不論本罪之有無，獲日一概加二等，非律意矣。

396　獄囚脱監及反獄在逃

凡犯罪被囚禁而脱監，及解脱自帶枷鎖，越獄在逃者，如犯笞杖徒流各於本罪上加二等。如囚自行脱獄而竊放同禁他囚，罪重者，與他囚罪重者同罪。並罪止杖一百、流三千里。本犯應死者，依常律。〇若罪囚反獄在逃者無論犯人原罪之輕重，但謀助力者，皆斬監候。同牢囚人不知反情者，不坐。

［纂註］

由門而逃曰脱監，踰墻而逃曰越獄。因而竊放他囚，指逃囚而言。罪重者，謂所竊放之囚罪重於己罪者。此言罪人已被拘禁而脱監，及自解脱枷鎖而越獄在逃，是先已犯罪而又犯矣，故加本罪二等，須出外乃坐。若脱枷鎖，而越未出，則依應禁不禁條自脱枷鎖科斷。若囚脱逃，因而竊放他囚，其罪重於逃囚者，則以所竊放之囚罪罪之。曰罪重，則輕若等者，止坐脱監越獄加罪矣。以上加罪、同罪，並止杖一百、流三千里。其本犯原罪應死者，或絞或斬，自依常律，無所用其加矣。若罪囚反獄在逃者，與脱監者不同，故不分首從皆斬。同牢囚人不知情者，不坐。觀此則同牢之人知其反情，雖不助力，而不行告發者，亦係知情，並坐斬罪。不言獄卒，見主守不覺失囚條：一、犯罪未決，起解中途在逃，及解脱自帶枷鎖在逃者，亦各於本罪上加二等。

條例

396－01

一、各府州縣掌印巡捕官，但有死罪重囚越獄三名以上，俱住俸戴罪，勒限緝拿。六名以上調用，十名以上降一級，十五名以上，降二級。通限三個月以裹，有能盡數拿獲者，免罪。衛所官遇有失囚，亦照前例。若偶因公事他出，致有疎虞者，減見在主守人罪各一等。其兵備守巡官，係駐劄處所，失事二次，參奏罰治。撫按官有隱匿不以實聞者，聽部院該科參究。

397　徒流人逃

凡徒流遷徙囚人已到配所，於所役限内而逃者，一日笞五十，每三日加一等，罪止杖一百，仍發配所。其徒囚照依原犯該徒年分，從新拘役，役過月日，並不准理。〇若官司起發已經斷決徒流遷徙充軍囚徒，未到配所，中途在逃者，其計日論罪亦如配所限内而逃者論之。〇配所主守及途中押解人不覺失囚者，一名杖六十，每一名加一等，罪止杖一百，皆聽一百日内追捕。配所提調官及途中長押官，減主守及押解人罪三等。配所罪責限限内能自捕得，或他人捕得，若囚已死，及自首，皆免罪。故縱者不分官役，各與囚之徒流遷徙同罪。受財者，計所受贓以枉法從重論。贓罪重，以枉法科之。縱罪重，仍以故縱科之。

［纂註］

役限，惟指徒罪囚人，而所逃之罪，及仍發配所，則流與遷徙皆與徒同，故混言之。觀下文從新拘役一節，提出徒罪可見。主守，即配所管工之人。押解人，則路上解囚之人也。提調，即配所監臨之官。長押官，即官司所委管領解囚者也。皆免罪，皆字指提調官以下四等人言。此條分三段。首一節以在配役者言，逃者計日論罪，罪止杖一百，仍發原配所收管。及囚徒照依原徒限，從新拘役，役過月日，不論久近，並不准理。不及充軍者，見從征守禦軍逃律，故此不言而下言之也。次一節，以起發在途者言，逃者亦計日論罪，罪止杖一百，發原定配所，充徒充軍爲民。第三節，以主守、押解人、提調、押解官言，而主守、押解之責尤重。故不覺失囚者，在主守、押解者，則計名論罪，罪止杖一百，給限追捕。提調、長解官，則減罪二等。限内或自己或他人捕獲，若囚已死，或自首，提調等官、押解等人皆得免罪。此皆以不覺失囚者言。若故縱囚逃走者，各與所縱之囚同罪。受財故縱者，各計入己之贓，以枉法從重論。蓋受財之罪重於故縱，則以贓論，輕於故縱，則以囚人之罪罪之。

按：應捕人追捕罪人律云，受財故縱者不給捕限，則此不給捕限可知。又同差自相替放律云，事有損失者，依損失官物，及失囚罪律追斷，不在減等之限，則同役押解者不分首從，亦可知矣。

［備考］

一、徒流遷徙人逃，如自首及還歸本所者，依名例律，減罪二等。

一、運炭等項未完在逃者，問不應，照舊納贖。

條例

397－01

一、積年民害，官吏見在各處，軍者軍，工者工，安置者安置。設若潛地逃回，兩鄰親戚，即當速首，拿赴上司，毋得容隱在鄉，以爲民害。敢有容隱不首者，亦許四鄰首。其容隱者，同其罪而遷發之，以本家産業給賞其首者。

397－02

一、凡問發充軍人犯逃回，原犯真犯死罪，免死充軍者，照依原問死罪處決。雜犯死罪以下充軍者，初犯問罪，枷號三個月，仍發本衛，再犯枷號三個月，調極邊衛。若犯至三次，通係著伍以後者，即依守禦官軍律絞。有一次中途在逃者，即不得絞。其有在逃遇赦者，不分初犯再犯，俱免枷號，仍發原衛。三犯，亦併論擬絞，奏請定奪。

397－03

一、各處有司起解逃軍，併軍丁及充軍人犯，量地遠近，定立程限，責令管送。若長解縱容在家遷延，不即起程，違限一年之上者，解人發附近，正犯原係附近，發邊衛；原係邊衛，發極邊衛分，各充軍。

刪除明例 1 條

一、凡問發直隸延慶、保安二州爲民人犯，但有在逃者，俱問罪，改發遼東自在、安樂二州。若發自在、安樂二州逃回者，枷號三個月，照舊解發。再逃者，照前枷號，改發極邊衛分充軍。其在逃遇赦者，亦不准宥免，照舊解發。

398　稽留囚徒

凡應徒流遷徙充軍囚徒，斷決後，當該原問官司，限一十日內，如原定法式枷杻，差人管押，牢固關防，發遣所擬地方交割。若限外無故稽留不送者，三日笞二十，每三日加一等以吏爲首科斷，罪止杖六十。因稽留而在逃者，就將當該提調官住俸勒限嚴捕吏，抵在逃犯人本罪發遣，候捕獲犯人到官替役，以囚至配所之日疎放别敘。［抵犯人本罪，謂將提調官吏，照依犯人所犯，該徒者抵徒，該流者抵流，該遷徙者抵遷徙，該充軍者抵充軍。候跟捕犯人得獲，至日將官吏疎放，别行敘用。］〇若鄰境官司，遇有囚遞到稽留，不即遞送者，罪亦如之。稽留者，驗日坐罪。致逃者，抵罪發遣。〇若發遣之時，提調官吏，不行如法枷杻，以致囚徒中途解脱，自帶枷杻在逃者，與押解失囚之人同罪。分别官、吏，罪止杖一百，責限擒捕。〇並罪坐所由疎失之人。受財者，計贓以枉法從重論。統承上言。

［纂註］

此條無故字最重，如有故，則勿論可知矣。押解人罪，見上條。罪坐所由，及受財，通承上言。蓋徒流遷徙充軍囚犯，既經斷決，提調官吏自當依期如法發遣。已經解到鄰境，官亦應即時遞送。若限外無故稽留不送，及不遞送者，並計日論罪，罪止杖六十。因稽留致其脱逃者，官吏並抵罪，或徒，或流，或軍，或遷徙，即以其罪罪之。其提調官吏，於發遣之時，枷杻之類亦應牢固。若不行如法枷杻，致其中途解脱在逃者，雖押解人之罪，而提調官吏與有責焉，故與押解人同罪。以上俱罪坐所由。如提調官吏無故不發遣，鄰境官司稽留不遞送，提調官吏不如法枷杻，以致在逃者，俱坐經手官吏，不濫及也。受財而稽留，及不遞送，不如法枷杻，以致在逃者，並計贓以枉法從重論。

399　主守不覺失囚

凡獄卒不覺失囚者，減囚原犯之罪二等。以囚罪之最重者爲坐。若囚自内反獄在逃，又減不覺罪二等，聽給限一百日戴罪追捕。限内能自捕得，及他人捕得，若囚已死及自首，獄卒皆免罪。司獄官典，減獄卒罪三等。其提牢官，曾經躬親逐一點視，罪囚枷鎖杻俱已如法，取責獄官獄卒牢固收禁文狀者，不坐。若提牢官於該日不曾點視，以致失囚反逃者，與獄官同罪。若提牢官、獄卒官典故縱者，不給捕限，官役各與囚同罪。至死減等。罪雖坐定，若未斷之間，能自捕得，及他人捕得，若囚已死及自首，各減囚罪一等。受財故縱者，計贓以枉法從重論。○若賊自外入獄劫囚，力不能敵者，官役各免罪。○若押解在獄罪囚，中途不覺失囚者，罪亦如之。如獄卒減二等，仍責限捕獲免罪。如有故縱及受財者，並與囚同罪。係劫者，免科。

［纂註］

提牢官，如刑部月輪主事、都察院月輪御史各一員，提牢府州縣牢獄，委佐貳官一員，提調是也。故縱，通承上提調官、司獄官典獄卒等人而言。末節罪亦如之，謂如獄卒不覺失囚之罪。不言受財故縱者，備見徒流人逃條内。此見獄卒以看守牢獄爲事，罪囚脱監越獄而不覺，是疏玩也，故止減囚人罪二等。若囚自獄内反出而逃，雖不能防閑，而亦非其所能控制，故又減囚罪二等，通減四等，限捕不獲，然後以其罪坐之。若限内或自己或他人捕獲，或囚已死及自首，不問失囚反獄，皆得免罪。司獄官典，又減獄卒罪三等，如失囚則減五等，反獄則減七等，亦限外不獲，而後坐之。若提牢官，以提調牢獄爲職，不曾點視，以致失囚，亦疏慢也，故與獄官同罪。以上皆以不曾故縱，及受財者言。其獄卒，及司獄官典、提牢官，故縱囚逃者，是縱惡也，故不給捕限，各與囚同罪。各字指上官吏獄卒等言。若罪未斷決之間，有能捕獲，或囚已死及自首者，各減囚罪一等。雖囚罪至死，亦止減一等，難如名例律，於罪止之上，又得重減也。若受財而故縱之者，則計贓以枉法從重論。劫囚者自外而入，力不能敵，故得免罪。若押解罪囚中途不覺失脱者，亦如上獄卒不覺失囚科斷，押解人減囚罪二等，長解減押解人罪二等。

按：徒流人逃，主守及押解人不覺失囚者，計名論罪，止杖一百。此押解人中途不覺失囚者，止減囚罪二等。若死罪囚在逃，坐滿徒。輕重不同者，蓋前曰囚徒，乃已經決斷者，其事已結，其罪已明，雖逃不誤大事，故其罪輕。此曰罪囚，乃未經問擬者，或停囚待對，或歇案待結，或罪浮於徒流遷徙充軍者，而致其在逃，誤事恐大，故其罪重，不可以例論也。

400 知情藏匿罪人以非親屬，及罪人未到官者言。

凡知他人犯罪事發，官司差人追喚，而將犯罪之人藏匿在家，不行捕告及指引所逃道路，資給所逃衣糧，送令隱避他所者，各減罪人所犯罪一等。各字指藏匿、指引、資給説。其已逃他所，有展轉相送，而隱藏罪人，知情轉送隱藏者皆坐，減罪人一等，不知者勿論。○若知官司追捕罪人，而漏泄其事，致令罪人得以逃避者，減罪人所犯罪一等。亦不給捕限。未斷之間，能自捕得者，免漏泄之罪。若他人捕得，及罪人已死者，若自首，又各減一等。各字指他人捕得，及囚死、自首説。

［纂註］

知情，謂知其犯罪之情也。各減罪人罪一等，各字指藏匿及指引、資給三項。又各減一等，各字指他人捕得，及囚已死、囚自首三項。此條以非親屬者言。罪人，乃未到官者也，皆不給捕限。蓋知而藏匿，及引途隱避，是謂掩奸藏惡，故不問隱藏、指引、資給，各減犯人罪一等坐之。雖至死，亦減一等。其展轉相送，其間容有知不知者，故知情者與初先引送之人，皆坐減犯人一等之罪，而不知者不坐也。不言未斷捕得免罪者，蓋藏匿、指引並云知情，則無事於捕矣。雖自獲送官，雖准首免，其知官府追捕，而漏泄其事，致令逃避者，亦減罪人罪一等。未斷之間，其本身或家屬捕獲者，免其漏泄之罪。他人捕得，及罪人已死，若自首，又各減一等，則是通減犯人罪二等矣。

按：名例律因人連累致罪條云，藏匿、引送、資給之類，其罪人自死，聽減二等。自首告等項，亦准減免贖罪法。此云又各減一等者，蓋名例指事未發，先自藏匿者而言。此所稱藏匿等項，指事已發，官司追喚者而言。未發而藏匿，既發而連坐之，故云因人連累致罪，事發差人追喚，而藏匿、引送，則是欺公黨惡，自犯之罪與連累者有間矣。

又按：《辯疑》云，一人犯數罪，藏匿人止知一罪，則以所知之罪坐之，其餘不知者不坐。若赦前藏匿罪人，赦後仍前藏匿，或初不知其有罪，容寄之後方知者，並依藏匿罪人科斷。若犯人非謀反以上，其親屬知而藏匿之，或犯人糾合外人俱來，若係親兄，依得相容隱免罪。若大功以上親，與之俱來，亦合無罪。小功、緦麻，亦合一體減三等，與本律得減一等，通減四等。無服之親，亦合通減二等。所以厚風俗，篤倫理也。惟糾外人來，則擬此律。非官司追捕，而藏匿者，問不應。

401　盜賊捕限

凡捕强竊盜賊，以事發於官之日爲始限一月内捕獲，當該應捕弓兵，一月不獲强盜者，笞二十，兩月笞三十，三月笞四十，捕盜官罰俸銀兩月。弓兵一月不獲竊盜者，笞一十，兩月笞二十，三月笞三十，捕盜官罰俸錢一月。限内獲賊及半者，免罪。○若被盜之人經隔二十日以上告官者去事發日已遠，不拘捕限緝獲，捕殺人賊，與捕强盜限同。凡官罰俸，必三個月不獲，然後行罰。

［纂註］

事發日，謂發於官之日也。官罰俸錢，必三月不獲，然後行罰，以官總大綱也。若一月、二月不獲，即坐官罰俸，則罪重於弓兵矣。限内，謂一月、二月、三月之内也。此見强盜甚於竊盜，故捕强盜不獲之罪重於竊盜。總捕官與應捕弓兵不同，故弓兵計月論笞，官必三月不獲，然後罰俸。限内獲賊及半者，官與弓兵俱免罪，以捕獲之功，可不責備也。若被盜之後，經隔二十日以上告官者，則盜去已遠，蹤迹將泯，故不拘一月、二月、三月之限，而坐罪罰俸也。殺人之罪，與强盜無異，故其捕限亦同弓兵，亦計月加笞，官亦罰俸兩月，經二十日以上告者，亦不拘限，並如上擬斷云。

條例

401－01

一、凡府州縣，係有城池，及設有衛所，被賊打劫倉庫獄囚，或殺死職官，或聚至百人以上者，撫按官就將各掌印操捕等官，先行參奏，住俸戴罪緝捕，限半年以裏，盡數拿獲免罪。如過限拿獲未盡，再限三個月，盡獲亦准免罪。若全無拿獲，及再限内不能盡數拿獲者，不分軍衛有司，俱問罪，降二級，文官送部，武官仍於本衛所各調用。衛所失事，止坐衛所掌印、操捕等官。兵備、守巡并守備官，駐劄本城者，降一級調用，不係駐劄處所，止調用。若自來不曾設有城池者，掌印、巡捕等官止降一級，兵備、守巡、守備等官，分别罰治。

401－02

一、各處民間被賊打劫，即時擒獲者，不分城内城外，各掌印、巡捕等官，俱免罪。一月之外不獲，通行住俸，候拿獲一半以上，方准開支。若中間能獲别起，及别府州縣真正强盜，及各越獄重囚，亦准抵數，但不許將照捕名數朦朧捉拿，以圖抵飾。仍通計一年之内，除盡數拿獲，及拿獲一半以上免罪者不計外，城内積至五起，城外及無城去處至十起以上，不分軍衛、有司、掌印、巡捕等官，參究問罪，俱降一級，文官送部，武官於本衛所各調用，兵備、守巡官分别罰治。

401－03

［一、］凡强盜打劫，各該有司軍衛員役，不分事情輕重，務要登時從實申報，如有隱匿者依應申不申，撫按官即將各該員役，應提問者提問，應參奏者就便參奏，酌量情罪，輕則罰治照捕例罰俸，重則降黜起送吏部降調，議擬上請，不許容隱。其撫按官遇有報到，若係殺官、劫庫、劫獄，并聚至百人以上，或嘯聚不散，及城内打劫至殺人者，即行奏報。其民間被劫事情，稍輕者彙入歲報册内，年終具奏，俱不許容隱，違者聽部院該科參奏重治。

401－04

一、京城内外，但有强盜得財傷人者，巡捕、把總、兵馬等官，即時擒獲，免罪，仍論功敘録。若有脱逃，俱即住俸，限三個月以裏，拿獲一半以上，姑准開俸，過限不獲，各罰俸三個月。仍總計一年之内，除盡數拿獲，及拿獲一半免罪者不計外，城内積至五起，城外十起以上，俱問罪，降一級，文官仍調外用。凡住俸，既捕獲免罪，前俸補支。

大清律集解附例卷之二十八

刑律　斷獄

402　囚應禁而不禁

凡鞫獄官於獄囚應禁而不收禁徒犯以上、婦人犯姦，收禁；官犯公私罪，軍民輕罪，老幼廢疾，散禁，應枷死罪惟婦人不枷鎖充軍以上杻徒罪以上而不加鎖杻，及囚本有枷鎖杻而爲脱去者各隨囚重輕論之，若囚該杖罪當該官司，笞三十，徒罪笞四十，流罪笞五十，死罪杖六十。若杖罪以上之囚應枷而但用鎖及官犯私罪徒流之類，應鎖而乃用枷者，各減不枷鎖罪一等。〇若囚在獄中自脱去枷鎖杻，及司獄官典獄卒，私與囚脱去枷鎖杻者，罪亦如鞫獄官脱去之罪。提牢官知自脱與脱之情而不舉者，與官典獄卒同罪，不知者不坐。〇其鞫獄官於囚之不應禁而禁，及不應枷鎖杻而枷鎖杻者倚法虐民，各杖六十。〇若鞫獄司獄提牢官典獄卒受財而故爲操縱輕重者，並計贓以枉法從重論。有禄人八十兩律，絞。

［纂註］

已成獄者，曰囚。首節言原問官之罪，次節言囚及司獄官典獄卒，及提牢官之罪。三四節，則總承之。男子犯徒以上，婦女犯姦，及死罪，皆應收禁。其在禁囚，徒以上應杻，充軍以上應鎖，死罪應枷，惟婦人不枷。官犯私罪杖以下，及公罪流以下，與民人罪輕者，及老幼廢疾，皆散收在禁。詳見《大明令》。此條當與與囚金刃解脱條參看。此言凡問刑官，將在獄應合收禁之罪囚而不即收禁，或在禁應合枷鎖杻者而不枷鎖杻，及已枷鎖杻而與之脱去者，若囚係杖罪者，當該官司笞三十，徒罪笞四十，流罪笞五十，死罪杖六十。不言笞者，情輕而責薄也。若情重本應枷而却鎖，情稍輕本應鎖而反枷者，當該官司，各減一等。此自原問官言之。若已如法枷鎖杻，而囚自行脱去，及司獄之官、典獄之卒，私自與囚脱去枷鎖杻者，罪囚與官典獄卒，各依上文脱去者，杖罪笞三十，徒罪四十，流罪五十，死罪杖六十科斷，故曰罪亦如之。若提牢官知其脱去情由，而不舉行者，與司獄官典獄卒同罪，不知者不坐。至若不應收禁之人而乃收禁，及不應枷鎖杻者而反枷鎖杻，問刑官及提牢官，與司獄官［典］獄卒，各杖六十，罪坐所由。以上皆未至受財者。若問刑官司，及提牢官、司獄官典獄卒，因受罪囚之財，或不禁，或不枷鎖杻，若與囚脱去，或知而不舉者，並計其入己之贓，以枉法從重論。贓重者，坐贓；輕者，從本罪也。

條例

402 - 01

一、凡枷號人犯，除例有正條，及催徵稅糧，用小枷枷號，朝枷夜放外，敢有將罪輕人犯用大枷枷號傷人者，奏請降級調用。因而致死者，問發爲民。

403　故禁故勘平人

凡官吏懷挾私讎，故禁平人者，杖八十。平人，係平空無事，與公事毫不相干，亦無名字在官者，與下文公事干連之平人不同。因而致死者，絞監候。提牢官，及司獄官典獄卒，知而不舉首者，與同罪，至死者減一等，不知者不坐。若因該問公事干連平人在官，本無招罪而不行保管誤禁致死者，杖八十。如所干連事方訊鞫有文案應禁者，雖致死勿論。○若官吏懷挾私讎故勘平人者雖無傷，杖八十；折傷以上，依凡鬬傷論。因而致死者，斬監候。同僚官及獄卒知情而與之共勘者，與同罪，至死者減一等。不知情而共勘，及雖共勘而但依法拷訊者雖致死傷，不坐。若因公事干連平人在官，事須鞫問，及正犯罪人贓仗證佐明白而干連之人，獨爲之相助匿非，不服招承，明立文案，依法拷訊，邂逅致死者，勿論。

［纂註］

此條與上條不同，上條輕罪而不應禁者，此平人則無罪之民耳。無招誤禁，蓋有罪則有招，無罪則無招，既無罪而不先省發保候，是爲無招誤禁。勘，是拷訊之意。知情共勘，知其故勘之情，而與之共勘也。此言凡官吏有懷挾自己私讎，將平人故行監禁者，官吏杖八十，因故禁而致死平人者絞。若提牢官及司獄［官］典獄卒，知其無罪，故禁而不舉首，與官吏同罪；至死者，提牢官等減一等，杖一百、流三千里。不知其故禁之情者，不坐罪。若該問公事，干連無罪平人，在官本無招罪，不行保候，誤禁致死者，原問官吏杖八十。若雖無罪犯，係緊關干對之人，立有文案，而應該監禁者，則非故禁矣。雖致死，勿論。至若官吏有懷挾私讎，將平人故行拷打勘問者，雖無傷，亦杖八十。若故勘而至折傷以上者，依鬬毆律，以凡人鬬毆傷論。因故勘而致死者，官吏坐斬。同僚官及獄卒，明知其有懷挾情由，而與共勘者，與懷挾官吏同罪。致死者，同僚官［典］獄卒減一等，杖一百、流三千里。若同僚官［典］獄卒不知挾私情由，而與之共勘，及共勘而依法訊杖，以致傷者，不坐罪。若因見問公事，干連證佐平人在官，其事須要推鞫勘問，及事內罪人，贓仗證佐俱已明白，而猶爲之隱情，不肯招承伏罪，將其事由明立文案，依法考訊者，則非故勘矣，故邂逅身死者勿論。夫曰故禁，而又言其有應禁者，曰故勘，而又言有應勘者，蓋必有故禁故勘之罪而後刑不濫，有應禁應勘之條而後奸無容也。

條例

403－01

一、内外問刑衙門，一應該問死罪，并竊盜搶奪重犯，須用嚴刑拷訊，其餘止用杖朴［鞭朴］常刑。若酷刑官員，不論情罪輕重，輒用［行］梃棍［夾棍］、腦箍非刑［烙鐵］等項慘刻刑具，［如一封書、鼠彈箏、欄馬棍、燕兒飛等項名色，或以燒酒灌鼻、竹簽釘指，及用徑寸懶杆，不去稜節竹片，亂打覆打，或打脚踝，或鞭脊背］若但傷人，不曾致死者，俱奏請，文官降級調用，武官降級，於本衛所帶俸。因而致死者，文官發原籍爲民，武官革職，隨舍餘食糧差操。若致死至三命以上者，文官發附近，武官發邊衛，各充軍。

404　淹禁

凡獄囚情犯已完，在内經監察御史、在外經提刑按察司審録無冤，别無追勘未盡事理，其所犯笞杖徒流死罪應斷決者，限三日内斷決。係徒應起發者，限一十日内起發。若限外不斷決、不起發者，當該官吏過三日笞二十，每三日加一等，罪止杖六十。因過限不斷、決不起發而淹禁致死者，若囚該死罪，杖六十，流罪杖八十，徒罪杖一百，杖罪以下，杖六十、徒一年。惟重囚及追贓人犯，照例監候。至若應追紙贖，審果貧難不完者，照例改擬配決放免。

［纂註］

此條兼五刑通言之。若稽留囚徒係發遣，則專指徒流遷徙也。斷決，不獨笞杖，如徒流，亦有杖該斷者。死罪處決，亦曰決。起發，專指徒流言。或謂決是的決，不可兼死罪，以死罪不可限三日，不知國初未有准徒五年之例也。此言凡獄囚所犯情罪，既已成獄完備，在内之監察御史，在外之提刑按察司，已經審録無有冤枉，事内别無追究取勘未報事理，其所犯笞杖徒流死罪，有應斷決者，限三日之内即行斷決。係徒流，應合起發役配者，限十日之内即行起發。若三日不斷決，十日不起發，限外過三日者，當該官吏笞二十，每三日加一等，至十五日之上者，罪止杖六十。其因限外不斷決、不起發，而有淹留禁錮致死者，若致死之囚該死罪者，官吏杖六十，流罪杖八十，徒罪杖一百，杖罪以下，杖六十、徒一年。蓋獄囚之罪以漸而輕，則淹禁之罪以漸而重，其立法之意深遠矣。

405　凌虐罪囚

凡獄卒縱肆非理在禁，凌虐毆傷罪囚者，依凡鬬傷論。驗傷輕重定罪。尅減官給罪囚之衣糧，計尅減之物爲贓以監守自盜論。因毆傷、尅減而致死者不論囚罪應死、不應死，並絞監候。司獄官典及提牢官知而不舉者，與同罪，至死者減一等。

［纂註］

此言在獄之囚，各有應得之罪。若獄卒有縱肆非理，在禁欺凌虐害，至毆傷罪囚者，依凡毆傷論。若官給與罪囚衣服米糧，而獄卒尅減入己，計其所尅減之贓，以監守自盜，不分首從論。若因其凌虐而有所損傷，或因尅減而有所凍餒，因而致罪囚於死者，獄卒坐絞。其司獄官典及提牢官，知其凌虐尅減之情，而不行舉覺者，與獄卒同罪。若獄囚該死罪者，司獄官典得減一等，杖一百、流三千里。《釋義》云，不言不知者，以與囚相近，得察其情也。

條例

405－01

一、法司問斷過各處進本等項人犯，發各衙門程遞者，除原有杻鐐及牢固字樣照舊外，其押解人役，若擅加杻鐐，非法亂打，搜檢財物，剥脱衣服，逼致死傷，及受財故縱，并聽憑狡猾之徒，買求殺害者，除真犯死罪外，徒罪以上，屬軍衛者，發邊衛充軍；屬有司者，發邊［口］外爲民。

406 與囚金刃解脱

凡獄卒，以金刃及他物如毒藥之類，凡可以使人自殺，及解脱枷鎖之具，而與囚者，杖一百。因而致囚在逃，及於獄中自傷或傷人者，並杖六十、徒一年。若致囚獄中自殺者，杖八十、徒二年。致囚反獄而逃及在獄殺人者，絞監候。其囚脱越反獄在逃，獄卒於未斷罪之間，能自捕得，及他人捕得，若囚已死及自首者，各減一等。〇若常人非獄卒以可解脱之物與囚人，及子孫與在獄之祖父母、父母，奴婢、雇工人與在獄之家長者，各減獄卒一等。〇若司獄官典及提牢官知而不舉者，與同罪，至死者減一等。若獄卒、常人，及提牢司獄官典受財者，計贓以枉法從重論。贓重論贓，贓輕論本罪。若獄囚失於點檢防範，致囚自盡原非縱與可殺之具者，獄卒杖六十，司獄官典各笞五十，提牢官笞四十。

［纂註］

解脱之具，即上金刃、他物。及字，承上可以自殺來。常人，包平人與親屬言。子孫以下，又從其至親者言也。此言凡主典罪囚之獄卒，有以金之有刃，及他物如藥物之類，凡可以使人自殺，及可以解脱枷鎖之類，而與囚人者，雖未自殺與解脱，即杖一百。其囚因得金刃、他物，以致脱獄在逃，及在獄而自傷其身，或傷人者，獄卒並杖六十、徒一年。若囚因而自殺者，杖八十、徒二年。因金刃、他物，以致反獄在逃，及殺人者，獄卒處絞。若其囚在逃，獄卒已行問罪，未曾斷決之間，能自捕獲所逃之囚，及他人捕得，若囚自死，及囚自出首者，獄卒各減罪一等，囚逃者杖一百，反獄者杖一百、流三千里。若常人不係主守獄囚，有以金刃及可解脱之具與囚人，及子孫以之與祖父母、父母，奴婢、雇工人以之與家長者，各減獄卒之罪一等。未用者，杖九十。以致囚逃者，及自傷或傷人者，杖一百。囚自殺者，杖七十、徒一年半。反獄及殺人者，杖一百、流三千里。其未斷之間，但能捕得，及自死、自首者，又各減一等。若司獄官典及提牢官，明知獄卒、常人，及囚之子孫、奴婢、雇工人，以可解脱之物與囚，而故縱不行舉問者，各與獄卒等同罪，至死者減一等。若獄卒、常人因受囚人之財，而與金刃等物，或提牢官、司獄官典因受獄卒、常人之財，而不行舉問者，各計其入己之贓，以枉法從其罪之重者論。贓重從贓論，贓輕從本罪論。若提牢官及司獄官典獄卒，失於點檢，以致在獄之囚自盡身死而不覺，原無與以金刃、他物之情者，獄卒杖六十，官典笞五十，提牢官笞四十。夫有官典之罪，則督察密而有先事之防，有獄卒、常人之罪，則獄禁嚴而無意外之變矣。

407　主守教囚反異反訓翻。

凡司獄官典獄卒，教令罪囚反異成案，變亂已經勘定之事情，及與通傳言語於外人，以致罪人扶同有所增入他人減去自己之罪［其罪］者，以故出入人罪論。外人犯教令、通傳、有所增減者，減主守一等。〇若官典獄卒容縱外人入獄，及與囚傳通言語走泄事情，於囚罪無增減者，笞五十。〇若獄官典卒、外人受財者，並計入己贓以枉法從重論。

［纂註］

反異，謂已招承，而又反其前説也。通傳言語有兩意，謂通傳囚言於外，或通傳外言於囚，俱是。蓋司獄官典與獄卒，其責但典守罪囚而已。若有教令罪囚反異原招，而變亂其真實事情，及與通傳言語於内外，以致罪囚扶同，而有所增入他人、減去自己之罪者，官典獄卒以故出入人罪論，增輕作重，坐以所增，減重作輕，坐以所減。若不係守獄之人，而爲外人或教囚反異，及通傳言語者，減獄卒官典罪一等。若獄卒官典，有故縱容外人入獄，及獄卒官典通傳而走遞漏泄事情，於囚罪無所增減者，笞五十。若司獄官典獄卒及外人，接受罪囚之財，而教令反異及通傳，有所增減，或獄卒官典接受外人之財，而縱容入獄，通傳教令者，並計所入己之贓，以枉法論。贓重從贓論，教令等項罪重者，以本罪論，故曰從重論罪。

［備考］

一、律不著外人入獄中之罪，以不應事重論。

408 獄囚衣糧

凡獄囚無家屬者應請給衣糧有疾病者應請給醫藥，而不請給，患病重者，除死罪不開枷杻外，其餘應脱去枷鎖杻而不請脱去，犯笞罪者應保管出外而不請保管，及疾至危篤者應聽家人入視而不請聽，以上雖非司獄官典獄卒所主，是不申請上官司獄官典獄卒，笞五十。因而致死者，若囚該死罪，杖六十，流罪杖八十，徒罪杖一百，杖罪以下，杖六十、徒一年。提牢官知而不舉者，與獄官典卒同罪。○若司獄官已申禀上司，而上司官吏不即施行者，一日笞一十，每一日加一等，罪止笞四十。因而致死者，若囚該死罪，杖六十，流罪杖八十，徒罪杖一百，杖罪以下，杖六十、徒一年。

［纂註］

保管入視，《疏議》謂，干證之人應保候，功臣及五品以上官應入視。不知此條專謂病囚言，觀《大明令》可見。況功臣入視，自有本條也。上司，指官典。本衙門之上司，即今都察院、刑部堂上之類。此言在獄之囚，冬夏合給衣糧，疾病合給醫藥，而司獄官典獄卒不即申禀上司給與，及囚有患病，死罪以下應與脱去枷鎖杻而不脱去，笞罪應保管出獄而不保管，或應聽令家人入内看視而不聽者，司獄官典獄卒笞五十。若因不給衣糧醫藥，及不脱去枷鎖杻，不令保管入視，而致死者，若囚該死罪，［司］獄官典獄卒杖六十，流罪杖八十，徒罪杖一百，杖罪以下，杖六十、徒一年。提牢官知其不給衣糧等項，及因而致死之情，而不行舉問者，與司獄官典獄卒同罪。若司獄官典獄卒將應給罪囚衣糧等項，已行申禀本管上司，而上司官吏承報不即施行給與者，若一日不行，笞一十，每一日加一等，至四日之上，罪止笞四十。因不施行給與，而致囚身死者，若囚該死罪，杖六十，流罪杖八十，徒罪杖一百，杖罪以下，杖六十、徒一年。蓋衣糧等項，職掌在上司，而申禀施行，則官典獄卒之責，不申禀而上司不知，故專罪主守；已申禀而不即施行，故專罪上司耳。

條例

408 – 01

［一、］凡各府司獄，專管囚禁，如有冤濫，許令檢舉申明。如本府不准，直申憲司。各衙門不許差占府州縣牢獄，仍委佐貳官一員提調。其男女罪囚，須要各另監禁，司獄官常加點視。州縣無司獄去處，提牢官點視。若囚患病，提牢官檢實，給藥治療。除死罪不開枷杻外，其餘徒流杖罪囚人病重者，開疎枷杻，令親人入視。笞罪以下，保管在外醫治，病痊依律斷決。如事未完者，復收入禁，即與歸結。

408 – 02

［一、］凡牢獄禁繫囚徒，年七十以上、十五以下、廢疾，散收。輕重不許混雜，枷杻常須洗滌，蓆薦常須鋪置，冬設煖匣，夏備涼漿。無家屬者，日給倉米一升，冬給絮衣一件。夜給燈油，病給醫藥，並令於本處有司係官錢糧内支放。獄官預期申明關給，毋致缺誤。有官者犯私罪，除死罪外，徒流鎖收，杖以下散禁。公罪自流以下，皆散收。

409　功臣應禁親人入視

凡功臣及五品以上文武官，犯罪應禁者，許令服屬親人入視。犯徒流應發配者，並聽親人隨行。若在禁及徒流已至配所，或中途病死者，在京原問官，在外隨處官司，開具在禁、在配、在途致死緣由，差人引領其入視隨行之親人，詣闕面奏發放，違者杖六十。

［纂註］

此言功臣，爲八議之貴。五品以上文武官，皆九流之尊。或有犯罪，應收入禁者，許令其親人入監看視。犯徒流罪，應發配發遣者，並聽親人隨行。若在禁而未及論決，及已至配所，或行至中途，有因病而死者，在京之原問官，在外隨其病故所在之官司，開具其在禁、在途或在役致死緣由，差人引領。所入視或隨行之親人，詣闕面奏，請旨發放。若原問官及在外各該官司，有違律不令人入視、隨行，及不引親人入面奏者，並杖六十。其所以崇有功而重有爵者，此可以觀其一端矣。

410　死囚令人自殺

凡死罪囚，已招服罪，而囚畏懼刑戮使令親戚故舊自殺，或令親故雇倩他人殺之者，親故及雇倩下手之人，各依親屬、凡人鬬毆本殺罪減二等。若囚雖已招服罪，不曾令親故自殺，及雖曾令親故自殺，而未招服罪，其親故輒自殺訖，或雇倩人殺之者不令自殺，已有倖生之心，未招服罪，或無可殺之罪，親故及下手之人，各以親屬、凡人鬬殺傷論。不減等。〇若死囚雖已招服罪，而囚之子孫爲祖父母、父母，及奴婢、雇工人爲家長聽令自下手，或令雇倩他人殺之者，皆監候斬。雇倩之人，仍依本殺罪減二等。

［纂註］

親故，親字兼有服無服言。子孫、奴婢、雇工人，不分令殺輒殺，皆斬，即傷而不死亦是，故只總曰爲字。此言凡犯死罪囚已行招承，定有罪名，而囚或畏懼刑戮，使令親戚故舊自下手殺之，或令親故雇倩他人殺之者，親故及雇倩下手之人，各依本殺罪減二等，親戚依鬬殺傷尊長卑幼本律減二等。蓋在囚雖有可殺之罪，而親故等非可殺之人也。若囚雖已招服罪，而不曾令親故自殺，及雖曾令自殺，而未招服罪者，若親故輒殺訖，或親故自雇倩人殺之者，親故及下手之人，各以鬬殺傷論。親屬依親屬律，凡人依凡人律，各全科，不得依減二等。蓋不令自殺，猶有欲生之心，而未招服罪，或非可死之罪也。若囚雖已招服其罪，而囚之子孫爲祖父母、父母，及囚之奴婢、雇工人爲家長聽令自殺，或令雇倩人殺之者，子孫、奴婢、雇工人不分首從皆斬。名分既尊，又不得與親故同科，然爲其曾有父祖家長之命，故止坐斬。若未招服罪，與雖服罪，不令殺而殺之者，又當各依本殺法，皆凌遲處死矣。

按：或謂父祖家長令子孫以下雇倩人殺之，其子孫、奴婢、雇工人及下手之人皆斬，非也。律云，令雇倩人者，本謂囚令親故雇倩他人殺之，則是雇倩明與自殺對言。然囚令親故雇倩人殺之，乃謂其不分首從皆斬，何耶？蓋首從本罪各别，在子孫、凡人各有本殺之法，則下手之人自當依凡鬬减二等耳。不然，則子孫謀殺祖父，其凡人從而加功者，何乃止坐絞耶？

411　老幼不拷訊

凡應八議之人禮所當優，及年七十以上老所當恤、十五以下幼所當慈，若廢疾疾所當矜者，如有犯罪，官司並不合用刑拷訊，皆據衆證定罪，違者以故失入人罪論。故入抵全罪，失入減三等。其於律得相容隱之人以其情親有所諱，及年八十以上、十歲以下，若篤疾以其免罪有所恃，皆不得令其爲證，違者笞五十。皆以吏爲首，遞減科罪。

［纂註］

以故失入人罪論者，謂不顧其應議，及年之老幼、疾之篤廢，重加拷訊，而老幼不任其苦而虛招，則以故入論，不稽其是否應議、年之老幼、疾之篤廢，而誤加拷訊，以成罪，則以失入論。拷，拷打；訊，訊杖也。此言凡律應八議之人，及軍民人等，年七十以上、十五以下，若人之有廢疾者，凡有犯，並不合用刑拷訊，皆據衆人證佐情詞，以定其罪。所以優禮應議之人，恤老慈幼，矜不成人之意。若當該官司違此律，而加拷訊以坐者，即所坐輕重之罪，以故失入人罪論，故入者全坐，失入者減三等。其於律中得相容隱之人，及年八十以上、十歲以下，若篤疾者，皆不得令其爲證。蓋容隱之人易爲親者諱，而老幼篤疾於法免罪，或恃此以罔人，故違律而令其證佐者，當該官司笞五十，以吏爲首，遞減科罪。

［備考］

一、違律拷訊，而事不枉斷者，以不應科。

412 鞫獄停囚待對

凡鞫獄官推問當處罪囚，有同起內犯罪人伴，見在他處官司當處停囚專待其人對問者，雖彼此職分不相統攝，皆聽直行文書勾取。他處官司，於文書到後，限三日內即將所勾待問人犯發遣。違限不發者，一日笞二十，每一日加一等，罪止杖六十。當處鞫獄者，無以其不發而中止。仍行移他處本管上司，問違限之罪督令將所取犯人解發。○若起內應合對問同伴罪囚，已在他處州縣事發見問者是彼此俱屬應鞫，聽輕囚移就重囚，若囚罪相等者，聽少囚從多囚。若囚數相等者，以後發之囚，送先發官司併問。若兩縣相去三百里之外者往返移就，或致疎虞，各從事發處歸斷。移文知會。如違輕不就重，少不從多，後不送先，遠不各斷者，笞五十。若違法反將重囚移就輕囚、多囚移就少囚者，當處官司隨即收問不得互相推避，仍申達彼處所管上司，究問所屬違法移囚笞五十之罪。若當處官司囚到不受者，一日笞二十，每一日加一等，罪止杖六十。

［纂註］

首節見在他處官司，是一事發於此而未發於彼也。下節已在他處州縣事發，是一事而發於兩處也。少囚移就多囚，蓋囚無輕重，則以多寡爲準也。不曰人犯，而曰人伴，以未定其罪耳。此言凡各衙門鞫獄官枉問罪囚，有同起事內緊關干對人伴，見在別處布政司，或各府州縣官司，而此處停囚專待其人對問者，鞫獄官雖與彼處官司職分不相統攝，皆聽移文直行勾取。若文書到後，其彼處官司限三日之內，將所勾取人犯發遣歸問。如違限占恡不發者，一日笞二十，每一日加一等，違限五日之上，罪止杖六十，仍將違限不發緣由，依律行移彼處本管上司，問其違限之罪，將人犯督併發遣。若同起事內，應合對問罪囚，其事已在他處州縣發覺，而見被鞫問者，不問本處他處官司，俱聽輕罪囚移就重囚，或人少囚移就人多囚。若囚罪囚數相等者，以在後事發之囚，送先發官司併問。若兩縣相去三百里之外者，各從先後事發之處官司，各自歸斷，不必併問，違者笞五十。若州縣故違移囚就問之法，將重囚移就輕囚，多囚移就少囚者，是意在推避也。當處官司，隨即收問，仍將移囚就問緣由，申達彼處本管上司，究問所屬違法移囚之罪，即笞五十是也。若彼處官司將囚送到，而當處官司不即受理者，一日笞二十，每一日加一等，至五日之上，罪止杖六十。凡此皆所以順民之情，而哀矜之意見矣。

條例

412－01

一、問刑衙門，行文軍衛有司提人，遷延三個月以上不到，經該官吏住俸，候事完之日，方許關支。半年不到，經該官吏參奏提問。

412－02

一、在京在外問刑，例應委官勘問，及行軍衛有司會勘者，如財産等項，限一個月；勘檢人命，限兩個月；駁勘者，亦限一個月。如違，及託故推調，不即赴勘者，參奏提問，仍另行委官，作急勘報。

413　依告狀鞫獄

凡鞫獄，須依原告人所告本狀推問。若於本狀外別求他事，摭拾被告人罪者，以故入人罪論。或以全罪科，或以增輕作重科。同僚不署文案者，不坐。〇若因其所告本狀事情，或法應掩捕搜檢，因掩捕而檢得被犯別罪，事合推理者非狀外摭拾者比，不在此故入同論之限。

［纂註］

凡官司訊鞫獄訟，須以原告所告本狀事情輕重，據法推問。若於原告狀外，故行推求別項事情，而摭拾人罪者，以故入人罪論，或以全罪科之，或以增輕作重科之。其同僚官應連署文案者，若不知情，止依失入人罪論。原不同署文案者，不坐罪。若因其所告狀内事情，或有法應掩捕搜檢，因而搜檢得被犯別項事情，於律合該推問，非係羅織者，不在故入人罪之限。蓋別罪而不行推理，是爲長奸，故法有坐、不坐耳。

414　原告人事畢不放回

凡告詞訟，對問得實，被告已招服罪，原告人別無待對事理，鞫獄官司當隨即放回。若無待對事故稽留，三日不放者，笞二十，每三日加一等，罪止笞四十。

［纂註］

此條重得實二字。蓋不得實，則原告不能無罪，而被告亦未必招服。故凡告詞訟，原被告對問得實，被告亦招認服罪，原告人並無別項待對事理，官司當隨即將原告放回。若無待對事故，故將原告稽留在官不放者，即爲淹滯矣。從事結之後，過三日，官吏笞二十，每三日加一等，罪止笞四十。

415　獄囚誣指平人

凡囚在禁誣指平人者，以誣告人加三等論。其本犯罪重於加誣之罪者，從原重者論。○若本囚無誣指平人之意官吏鞫問獄囚，非法拷訊，故行教令誣指平人者，以故入人全罪論。○若官司追徵逋欠錢糧，逼令欠户誣指平人代納者，計所枉徵財物，坐贓論罪止杖一百、徒三年，以贓不入己也，其物給代納本主。○其被囚誣指之平人，無故稽留三日不放回者，笞二十，每三日加一等，罪止杖六十。○若官司鞫囚，而證佐之人有所偏狥不言實情，故行誣證，及化外人有罪，通事傳譯番語有所偏私，不以實對，致斷罪有出入者，證佐人減罪人罪二等。［謂］證佐［人］不説實情，出脱犯人全罪者，減犯人全罪二等。若增減其罪者，亦減犯人所得增減之罪二等之類。通事與同罪。謂化外人本有罪，通事扶同傳説，出脱全罪者，通事與犯人同得全罪。若將化外人罪名增減傳説者，以所增減之罪坐通事。謂如化外人本招承杖六十，通事傳譯增作杖一百，即坐通事杖四十。又如化外人本招承杖一百，通事傳譯減作笞五十，即坐通事笞五十之類。

［纂註］

被誣之人，指前項罪囚誣指以下而言。此言凡囚人在禁，其有誣揑攀指，告言無罪平人者，官司隨其所誣之事理輕重，以誣告律論罪。如誣人笞罪，加二等，流徒杖罪加三等，誣死未決，坐流加役。其獄囚原犯之罪，本重於所誣者，自從重論。若官吏鞫問罪囚，而非法用刑拷訊，故行教令誣指平人者，官吏以故入人全罪論。其囚罪未決，及自死者，聽減一等。若官司追徵逋欠錢糧，而逼令納户誣指無干平人代納者，計枉徵過平人之財物，坐贓論。一貫以下，笞二十，至五百貫之上，罪止杖一百、徒三年。以其贓非入己也。其枉徵之物，追給還主。若所誣被指之平人，官司追問明白，而無故將被誣之人稽留聽候，有過三日而不行放回者，笞二十，每三日加一等，至十五日之上，罪止杖六十。比上條不放原告之罪重者，以其被誣也。若官司推鞫罪囚，其事内證佐之人，有所扶同偏庇，不言實情，故行誣證，及化外夷人有罪，而通事之人傳譯番語，不以實對，各致官司斷罪有所出入者，若證佐人出入人全罪者，減犯人全罪二等。此律註不言入人之罪，而云之類，則固該之矣。若增減其罪者，亦減犯人所得增減之罪二等。謂如犯人本杖六十，證佐杖一百，增杖四十，即坐證佐人杖二十。又如犯人本杖一百，證佐笞五十，減杖五十，即坐證佐杖三十之類。若化外人有罪，而通事人扶同傳説，出脱全罪者，與犯人同得全罪。若將化外人罪名增減傳説者，亦坐通事以所增減之罪。謂如化外人本招承杖六十，通事傳譯增作杖一百，即坐通事杖四十；又如化外人本招承杖一百，通事傳譯減作笞五十，即坐杖［笞］五十之類。此云致罪有出入，蓋主囚已決放者而言。

416 官司出入人罪

凡官司故出入人罪，全出全入者徒不折杖，流不折徒，以全罪論。謂官吏因受人財，及法外用刑，［將本應無罪之人］而故加以罪，［及應有罪之人，而］故出脱之者，並坐官吏以全罪。［法外用刑，如用火燒烙鐵烙人，或冬月用冷水澆淋身體之類。］〇若於罪不至全入，但增輕作重，於罪不至全出，但減重作輕，以所增減論。至死者，坐以死罪。［謂如其人犯罪，應決一十，而增作二十之類，謂之增輕作重，則坐以所增一十之罪。其人應決五十，而減作三十之類，謂之減重作輕，則坐以所減二十之罪。餘准此。］若增輕作重，入至徒罪者，每徒一等折杖二十；入至流罪者，每流一等折徒半年；入至死罪已決者，坐以死罪。若減重作輕者，罪亦如之。○若斷罪失於入者，各減三等；失於出者，各減五等。［謂鞫問獄囚，或證佐誣指，或依法拷訊，以致招承，及議刑之際，所見錯誤，别無受贓情弊，及法外用刑，致罪有輕重者，若從輕失入重，從重失出輕者，亦以所剩罪論。］並以吏典爲首，首領官減吏典一等，佐貳官減首領官一等，長官減佐貳官一等科罪。坐以所減三等、五等。○若囚未決放，及放而還獲，若囚身死，故出入、失出入各聽減一等。其減一等，與上減三等、五等，並先減而後算，折其剩罪以坐。不然，則其失增失減、剩杖剩徒之罪，反有重於全出全入者矣。［謂故入及失入人笞杖徒流死罪未決，其故出及失出人笞杖徒流死罪未放，及放而更獲，若囚人自死者，於故出入及失出入人罪上，各聽減一等。］

［纂註］

此條首二節以故言，若斷罪以下以失言，末節又承首節言。大抵此與誣告折杖不同。誣告之反坐所剩入至流者，本註云，三流並准徒四年，折杖二百四十收贖。出入人罪至流者，本註止曰，每流一等准徒半年，不云折杖收贖，則與誣告有輕重矣。其故失出入全罪，不折流，不折徒，惟故有所增減者，徒折杖、流折徒科之。斷罪失於入者，各減三等。［三］節各字，通指出入增減説，減三等、五等，減所出入之罪也。此二減，與下各減一等，如擬罪當于未折杖徒之先減去一等，或三等、五等，然後隨其所出入增減科之。如犯笞二十，增至杖一百、流三千里，未決放，先減去一等，然後以杖一百、徒三年，折杖二百科之。不得先以流折徒，然後減一等，蓋恐失增失減剩杖之罪，反重於全出全入者矣。並以吏典爲首，專以失出失入者言。末節小註云，止言故失出入，而不及增減者，已包在内矣。此言凡鞫獄官司，其官吏有因受人之財，及法外用刑，將本應無罪之人，而故加之以罪，及本應有罪之人，而故出脱之，其全出全入人笞杖徒流死罪者，各以全罪論。若增人輕罪爲重，或減人重罪爲輕，其皆出於故者，各以其所增所減之剩罪坐之。若故增減人重罪至死者，坐以死罪。如其人應決一十，而增作二十之類，謂之增輕作重，則以所增一十之罪罪之。其人應決五十，而減作三十之類，謂之減重作輕，則以所減二十之罪罪之。若增輕作重，入至徒罪者，每徒一等折杖二十，如其人本笞二十，增至杖七十、徒一年半，則以其二等之徒，折杖四十，併入五徒，原包杖一百，通作一百四十，於内除訖笞二十，官司合坐剩杖一百二十，全決之也。若入至流罪，每流一等折徒半年，如其人本杖六十，增至杖一百、流三千里，則以其三等之流，折徒一年半，先於三流原包五徒，通折杖一百之内，除訖杖六十，官司合坐全決杖一百四十、徒一年半，其流不折杖也。若入至死罪者，官司全抵，坐以死罪。其減重作輕，出至流徒杖笞者，亦如之，謂亦以其所故減之剩罪科斷。若笞杖徒流死罪之囚，其官司失於全入，及增輕作重者，各減所入全罪，或所增之罪三等。失於全出，及減重作輕者，各減所出全罪，或所減之罪五等。凡此皆謂官司出入囚罪，已決已放者然也。凡失出入，增減人罪，如同僚連署文案，官吏五人，並以吏典爲首，當其重罪，首領官減吏典一等，佐貳官減首領官一等，長官減佐貳官一等。四等官内，如有闕員，亦依四等遞減。如本衙門所設，無四等官者，止准見設員數，遞減科罪。若同僚官一人，有私自依故出入人罪論。其餘不知情者，止依失論。其官司故失入人笞杖徒流死罪未決，或故失出人笞杖徒流死罪未放，及放而還獲，若囚自死者，官吏各於其所故失出入人罪之上，聽減一等擬斷。

官司故失出入人罪增輕減重例①

○故增輕作重

增笞從徒

假如犯笞一十，故增作杖八十、徒二年。徒三等折杖六十。原包杖

① 此例爲萬曆律所無。

一百，通折杖一百六十。除犯該笞一十，合坐官吏剩杖一百五十。未決者減一等，杖七十、徒一年半，折杖一百四十。除犯該笞一十，合坐杖一百三十。其剩罪，俱全抵，不在收贖之限。

增杖從徒

假如犯杖八十，故增作杖六十、徒一年，通折杖一百二十。除犯該杖八十，合坐官吏杖四十。未決者減一等，杖一百，除犯該杖八十，合坐剩杖二十。

增杖從流

假如犯杖八十，故增作杖一百、流二千五百里。流二等，折徒一年。三流原包五徒，折杖二百、徒一年。除犯該杖八十，合坐官吏杖一百二十、徒一年。未決者減一等，杖一百、徒三年，通折杖二百。除犯該杖八十，合坐剩杖一百二十。

增輕徒從重徒

假如犯杖六十、徒一年，故增作杖九十、徒二年半。徒四等，折杖八十。除犯該徒一年折杖二十，合坐剩杖六十。以徒從徒，不必包杖一百算也。雖包算，其罪亦同。未決者減一等，杖八十、徒二年，折杖六十。除犯該折杖二十，合坐剩杖四十。

增徒從流

假如犯杖七十、徒一年半，通折杖一百四十，故增作流二千里，折徒半年。三流原包五徒，折杖二百、徒半年。除犯該杖一百四十，合坐官吏杖六十、徒半年。未決者減一等，杖一百、徒三年，折杖二百。除犯該一百四十，合坐剩杖六十。

增近流從遠流

假如犯杖一百、流二千里，折徒半年，故增作流三千里，折徒一年半。除犯該徒半年，合坐官吏徒一年。以流從流，不必包五徒，折杖二百算也。未決者，減盡無科。

增笞杖徒流至死

死罪本無折法，已決者反坐以死。若未決及囚自死者，並聽減等，流三千里。原包五徒，折杖二百、徒一年半，各隨其本應得之罪除之，坐以剩罪。

○故減重作輕

減徒從笞

假如犯杖六十、徒一年，折杖一百二十，故減作笞五十，除已得笞五十，合坐剩杖五十。

減徒從杖

假如犯杖九十、徒二年半，折杖一百八十，故減作杖一百，除已得杖一百，合坐官吏杖八十。未放者減一等，杖八十、徒二年，折杖一百六十。除已得杖一百，合坐剩杖六十。

減重徒從輕徒

假如犯杖一百、徒三年，折杖一百，故減作杖七十、徒一年半，折杖四十。除已得杖四十，合坐官吏杖六十。未放者減一等，徒二年半，折杖八十。除已得四十，合坐剩杖四十。

減流從笞

假如犯杖一百、流二千里，折徒半年，故減作笞四十。三流原包五徒，折杖二百、徒半年，除已得笞四十，合坐杖一百六十、徒半年。未決者減一等，徒三年，折杖二百。除已得笞四十，合坐剩杖一百六十。減流從杖倣此。

減流從徒

假如犯杖一百、流三千里，折徒一年半，故減作杖八十、徒二年，折杖一百六十。三流原包五徒，折杖二百、徒一年半。除已得杖一百六十，合坐官吏杖四十、徒一年半。未放者減一等，徒三年，折杖二百。除已得杖一百六十，合坐剩杖四十。

減死罪從笞杖徒流

囚已放者，反坐以死。若未放及放而還獲，若囚自死者，並聽先減去一等，依律折除。

○失增輕作重

增笞從杖

假如犯笞三十，失增作杖一百，失入減三等，該杖七十。除犯該三十，吏典爲首，合坐杖四十。未決者又減一等，合坐吏典首罪杖三十。

增笞從徒

假如犯笞一十，失增作杖一百、徒三年，失入減三等，杖七十、徒一年半，折杖一百四十。除犯該笞一十，吏典爲首，坐杖一百三十，未決者又減一等，杖六十、徒一年，折杖一百二十。除犯該笞一十，合坐吏典杖一百一十。增杖從徒倣此。

增杖從流

假如犯杖一百，失增作杖一百、流三千里，失入減三等，杖八十、徒二年，折杖一百六十。除犯該杖一百，吏典爲首，合坐杖六十。未決者又減一等，杖七十、徒一年半，折杖一百四十。除犯該杖一百，合坐吏典首罪杖四十。

增輕徒從重徒

假如犯杖六十、徒一年，折杖二十，失增作杖一百、徒三年，失入減三等，杖七十、徒一年半。徒二等，折杖四十，除犯該杖二十，吏典爲首，合坐杖二十，首領減一等，杖一十。佐貳官減盡無科。未決者又減一等，杖六十、徒一年，則與本該罪名同矣。雖吏典，亦減盡無科，以徒從徒，不包杖一百之數。

增徒從流

假如犯杖六十、徒一年，折杖二十，失增作杖一百、流三千里，失入減三等，杖八十、徒二年，折杖六十。除犯該二十，吏典爲首，合坐杖四十。未決者又減一等，杖七十、徒一年半，折杖四十。除該二十，合坐吏典杖二十。

增笞杖徒流入死

囚已決者，亦減三等。若未決及囚自死，又減一等。吏典爲首，其減至徒罪，亦折杖除之。

○失減重作輕

減杖從笞

假如犯杖一百，失減作笞三十，失出減五等，笞五十。除已得笞三十，吏典爲首，合坐杖二十。未放者又減一等，笞四十。除已得笞三十，合坐吏典杖一十。

減徒從笞

假如犯杖七十、徒一年半，失減作笞二十，失出減五等，杖七十。除已得笞二十，吏典爲首，合坐笞五十。未放者又減一等，杖六十。内除已得笞二十，合坐吏典笞四十。減徒杖倣此。

減流從笞

假如犯杖一百、流三千里，失減作笞一十，失出減五等，杖六十、徒一年，折杖一百二十。除已得笞一十，吏典爲首，合坐杖一百一十。未放者又減一等，杖一百。除已得笞一十，合坐吏典首罪，杖九十。

減流從徒

假如犯杖一百、流三千里，失減作杖六十、徒一年，失出減五等，杖六十、徒一年。吏典爲首，減盡無科。

減死罪從流徒杖笞

囚已放者，亦減五等。若未放及放而還獲，或囚自死者，又減一等，其徒亦折杖除之。

417　辯明冤枉①

凡監察御史、按察司辯明冤枉，須要開具本囚所枉事蹟，實封奏聞，委官追問其冤情得實，被誣之人，依律改正，所枉之罪坐原告誣告原問官吏故入人罪。○若罪囚事本無冤枉，監察御史、按察司朦朧辯明者，杖一百、徒三年。既曰朦朧，則原告原問官爲其誣矣。若所誣罪重於杖一百、徒三年者，以故出入人罪論。所辯之罪人知情，與朦辯同罪如原犯重，止從重論，不知者不坐。

［纂註］

此條專謂［爲］御史及按察司官而設，謂其職專伸理冤抑也。所辯之人，指犯罪人。或謂指委官言，不通。此言内而監察御史，外而按察司，凡爲犯人奏辯分理冤枉事情，須要開具所枉事迹，實封奏聞，候旨另行委官追究問理。如果冤枉得實者，被誣之人依律改正，仍將其所誣之罪坐原告，以誣告律論，原問官吏，以故失入人罪論。若罪囚所犯，本無冤枉，而御史、按察司狥私朦朧，爲其辯明者，御史、按察司官杖一百、徒三年。蓋爲其奏事詐不以實也。然既曰朦朧，則原告原問官爲其所誣矣。故所誣之罪，若重於杖一百、徒三年者，以故出入人罪論。誣原問原告罪重者，以故入論。如出本犯罪重者，以故出論。若所辯之罪囚，明知自己無冤，而故赴御史、按察司處申訴，因得朦朧辯問者，是謂知情，與御史、按察司官同罪，亦杖一百、徒三年。所誣罪重者，亦同其誣重之罪。若原無申訴，而御史、按察司官自爲辯明者，是謂不知情，則不坐杖一百、徒三年，及誣重之罪。

條例

417－01

一、法司凡遇一應稱冤調問，及各衙門［東廠錦衣衛］奏送人犯，

---

① 萬曆律作“辨明冤枉”。

如有冤枉，及情罪有可矜疑者，即與辯理，具奏發落，毋拘成案。若明知冤枉，不與辯理者，以故入人罪論。

417－02

一、法司遇有重囚稱冤，原問官員輒難辯理者，許該衙門移文會同三法司堂上官，就於京畿道會同辯理。果有冤枉，及情可矜疑者，奏請定奪。

417－03

一、凡大小問刑衙門，凡鞫問囚犯，務要參酌情法。如果情重，例合應該發遣者，方許定擬充軍，不許偏任喜怒，移情就例。其撫按官，凡遇各該所屬衙門，申詳充軍人犯，亦要虛心參酌，必須法當其罪，方允定衛發遣。如於例有牽合，即便駁回改擬，照常發落。其各該司府州縣，但遇五年一次差官審録之期，一應充軍人犯，除已經解發著伍外，其餘不分曾否詳允，及雖曾經定衛，尚未起解者，逐一開送審録官處審録。其經審録官辯釋者，務要遵照發落，不許原問官偏拗阻撓。如有好名立威，酷法害人者，聽撫按審録官各指實參奏。

刪除明例1條

新頒條例

一、題爲欽恤事。該本部查，節年霜降朝審，暨五年熱審事例，矜疑兩項之外，開有詞人犯，再行問理。本部每年熱審，查無有詞，既經恤審相同，亦應比例量准，再開有詞勘問一例。如無枉抑，仍舊監候。果有別情，請旨辯豁等因。具題，奉聖旨：各犯情可矜疑的，都饒死，發邊衛充軍。篤疾的，放了。有詞的，准行再問。今後每年照這例行，毋得拘泥成案，以辜朝廷好生之意。欽此。

418　有司決囚等第

凡有司於獄囚始而鞫問明白，繼而追勘完備，徒流以下，從各府州縣決配。至死罪者，在内聽監察御史，在外聽提刑按察司，審録無冤，依律議擬斬絞情罪，轉達刑部更加斟酌，定議奏聞候有決單回報。直隸去處，從刑部委官與監察御史；在外去處，從布政司委官與按察司官，公同審決。○其公同審決之際若犯人自行反異原招，或家屬代訴稱冤，即便再與推鞫。事果違枉，即公同將原問原審官吏，通問改正。同將原問原審之官吏，通行提問，改正其罪。○其審録無冤，審決官故延不決者，杖六十。若囚犯明稱冤抑，審決官不爲申理改正者，以入人罪故或受贓挾私失或一時不及參究論。

［纂註］

此條三節看。回報以上，以審斷死罪而言。直隸去處以下，以處決死罪而言。自犯人末節，以審決官言。定議奏聞回報，是候旨奉有決單者。審字要看，是三訊之意。此言凡獄囚已經鞫問事情明白，追究審勘完備，徒流以下至笞罪者，其罪輕，故各從府州縣有司自行斷決編配。惟死罪至重，一斷不可復生，故在内聽監察御史，在外聽提刑按察司審録，果無冤枉，依律議擬其罪，又轉達刑部，定其所議當否，奏聞回報。直隸去處，從刑部委官與監察御史；在外去處，從布政司委官與按察司官，公同會審處決。至審決之時，若合決犯人反異原擬，或家屬稱冤者，審録官即便推詳鞫問。其事果有違枉，同將原問原審之官吏，通行提問，改正其罪。若已行審録無冤，即應處決。若審録官故意延捱，不即處決者，杖六十。若囚犯明稱冤抑，而審録官不爲申訴辯理者，如係受贓挾讎等項情由，而不與辯明，則以故入論；如一時失於參究，不與辯理者，則以失入論，故曰以入人罪故失論。律之慎重人命者，於此悉見之矣。

條例

418－01

一、在京法司監候梟首重囚，在監病故，凡遇春夏，不係行刑時月，及雖在霜降以後、冬至以前，若遇聖旦等節，或祭祀齋戒日期，照常相埋，通類具奏。

418 －02

一、人命至重，死者不可復生，每至霜降後，但有該決重囚，著三法司奏請，會多官人等，從實審録，庶無冤枉。

刪除明例 1 條

新頒條例

一、題爲處決重囚事。該本部覆河南巡撫吴自新咨稱，巡按缺人，處決重務，難以他官代理，照依先年江西、廣西巡按御史未任患病舊例，當年暫停審決，仍候新巡按至日，下次施行等因。具題，奉聖旨：是。欽此。

419　檢驗屍傷不以實

凡官司初檢驗屍傷，若承委牒到託故遷延，不即檢驗，致令屍變，及雖即檢驗不親臨屍所監視，轉委吏卒憑臆增減傷痕，若初檢與復檢官吏相見扶同屍狀，及雖親臨監視不爲用心檢驗，移易如移腦作頭之類輕重如本輕報重、本重報輕之類，增減如少增作多，如有減作無之類屍傷不實，定執要害致死根因不明者，正官杖六十，同檢首領官杖七十，吏典杖八十。仵作行人檢驗不實，扶同屍狀者，罪亦如典吏，以杖八十坐之。其官吏、仵作因檢驗不實而罪有增減者，以失出入人罪論。失出減五等，失入減三等。○若官吏、仵作受財，故檢驗不以實致罪有增減者，以故出入人罪論。贓重於故出故入之罪者，計贓以枉法各從重論。止坐受財檢驗不實之人，其餘不知情者，仍以失出入人罪論。

［纂註］

此條自罪亦如之以上，就罪無增減者言之。因而以下，自罪有增減者言之。然前言罪有增減，以未受財，故從失論；後不實，以受財，故從故論。此條要看《大明令》。檢屍法詳見《洗冤録》。蓋凡問人命，全憑屍傷，故檢驗須要親行，又要及時，而屍傷得實，議罪方無出入。

故各處州縣官檢屍驗傷，若牒到之日，其有推託事故，不即時檢驗，致令屍色發變，難定傷痕者，及不行親詣屍所監視，而轉委吏卒者，或初覆檢驗官吏，彼此相見扶同，抄白屍狀者，及雖親檢而不爲用心，有所移易，如腦傷作頭、腿傷作肋之類；輕重，如赤色報作微紅，淡色作紫黑色之類；增減，如無傷作有傷，多傷作少傷之類，其屍傷報不以實，及定執其所以致死根因未有明白，此數者皆非所以重人命，故正官杖六十，同檢首領官杖七十，吏典杖八十。若仵作行人，檢驗不實，扶同官吏，捏報屍狀者，亦論如吏典之罪，杖八十。其官吏仵作人等，承委檢驗，有所不實，因而致令官司議罪有所增減者，各以失出入人罪論。吏典、首領官、正官，依上遞減。仵作行人，亦如吏典之罪。其失出入之罪輕者，仍以檢驗不實科斷。若官吏仵作人等，有因受人之財，而故行檢驗不實，致罪有增減者，以故出入罪論。若一人受財，自以故出入論，其餘不知情者，止依失論遞減。若計其所入己之贓，科罪重於故出故入之罪者，以枉法贓重，從贓論；出入罪重，從出入論，故曰各從重論。

［備考］

一、凡檢驗，雖不受財，若狗私故檢不以實者，亦以故出入論。

條例

419－01

［新題例］

一、［萬曆十八年三月，題奉欽依：凡］遇告訟人命，除内有自縊、自殘，及病死，而妄稱身死不明，意在圖賴挾財者，究問明確，不得一概發檢，以啓弊竇外，其果係鬬殺、故殺、謀殺等項當檢驗者，在京初發五城兵馬，覆檢則委京縣知縣，在外初委州縣正官，覆檢則委推官，務求於未檢之先，即詳鞫屍親、證佐、兇犯人等，令其實招，以何物傷何致命之處，立爲一案。隨即親詣屍所，督令仵作如法檢報，定執要害致命去處，細驗其圓長斜正、青赤分寸，果否係某物所傷。公同一干人衆，質對明白，各情輸服，然後成招。中間或有屍久發變青赤顔色，亦須詳辯，不許聽憑仵作混報毆傷，輒擬償抵。其仵作受財，增減傷痕，扶同屍狀，以成冤獄，審出真情，贓至滿數［貫］者，查照誆騙情重事例，枷號問遣。不先究致死根因明確，概行檢驗者，官吏以違制論。

419－02

一、諸人自縊、溺水身死，别無他故，親屬情願安葬，官司詳審明白，准告免檢。若事主被强盜殺死，苦主自告免檢者，官與相視傷損，將屍給親埋葬。其獄囚患病，責保看治，而死者情無可疑，亦許親屬告免檢覆外，據殺傷而死者，親屬雖告，不聽免檢。

420　決罰不如法

凡官司決人不如法如應笞而用杖者，笞四十。因而致死者，杖一百。當該官吏均徵埋葬銀一十兩。給付死者之家。行杖之人，各減一等。不追銀。［不如法，謂應用笞而用杖，應用杖而用訊，應決臀而決腰，應決腿而鞭背。］其行杖之人，若決不及膚者，依驗所決不及膚之數抵罪，或由主使，或由行杖並罪坐所由。若受財而決不如法、決不及膚者，計贓以枉法從重論。〇若監臨有司管軍之官，因公事主令下手者於人虚怯去處非法毆打，及親自以大杖或金刃、手足毆人，至折傷以上者，減凡鬬傷罪二等。至死者，杖一百、徒三年，追埋葬銀一十兩。其聽使下手之人，各減一等。並罪坐所由。如由監臨，坐監臨；由下手，坐下手。若非公事，以故勘平人論。［謂情不挾私，非拂己事者，如有司官催徵錢糧，鞫問公事，提調造作，監督工程，打所屬官吏夫匠之類。及管軍官操練軍馬，演習武藝，督軍征進，修理城池，打總小旗軍人之類。］若官司決罰人，監臨責打人於人臀腿受刑去處，依法決打，邂逅致死，及決打之後自盡者，各勿論。

［纂註］

此條自枉法從重以上，自己問結有罪應決之人言。若監臨官以下，非有罪應決之人。若於臀腿一節，則總承上言。首節均徵埋葬銀，謂當該官吏，與同僚官同署字者。《疏議》諸書，俱謂官與行杖人均徵，蓋泥均字，非也。蓋均字義，當皆正，如奸黨律均給充賞之均耳。不然，後聽使下手之人，亦當追埋葬矣，而律何不言均耶？後追埋葬銀，專就監臨官説，不得連及同僚，故不言均。此言凡官司決斷已問結之罪人，有不如法，如小註云，應用笞而用杖之類者，當該官吏笞四十。因決不如法而致囚於死者，杖一百，官吏均徵埋葬銀一十兩，給付死者之家。其行杖之人，各減一等，決不如法者，笞三十，致死者，杖九十。其行杖之人，決而不及其膚者，則依驗所虛之數，抵罪坐之，並罪坐所由。如決不如法，及決不及膚，若由官司主使，則坐官司；若係隸卒自行，坐隸卒也。若官吏與行杖人，因受有事人財，而決不如法，及決不及膚者，各計贓以枉法，各從其重者論。若監臨官因公事，如催徵錢糧、鞫問公事之類，情不挾私，事非拂己者，乃於人虛弱怯如腰肋不能受刑去處，非法毆打，及監臨官自以大杖，或金刃、手足毆人，至折傷以上，各減凡人鬬傷之罪二等。毆而至死者，杖一百、徒三年，於監臨官追埋葬銀一十兩。其聽監臨官使令下手之人，各減一等，傷者減凡鬬傷三等，致死者杖九十、徒二年半。並罪坐所由，由監臨官，坐監臨，同僚雖多，不得連坐；由下手者，坐下手。若官司決人，及監臨官因公決人，若行杖下手之人，各於有事人臀腿應合受刑去處，依法決打，而有邂逅致人於死，及因恚忿，或負痛而自盡者，各勿論。夫決不如法者坐杖，非法毆打致死者坐徒，則刑不濫，而天下無冤民；不及膚者抵罪，依法決打者勿論，則民以懲，而國家無縱法矣。此其爲仁至義盡與。

［備考］

一、被決之人，以財行求，致令不及膚者，仍計贓坐罪。

421　長官使人有犯

凡在外各衙門長官，及在內奉制出使人員，於所在去處有犯一應公私等罪者，所部屬官等流罪以下不得越分輒便推問，皆須開具所犯事由申覆本管上司區處。若犯死罪，先行收管聽候上司回報。所掌本衙門印信及倉庫牢獄鎖鑰，發付次官收掌。若無長官，次官掌印有犯者，亦同長官。違者，部屬官吏笞四十。

［纂註］

長官、使人，平看。言凡在外各衙門之長官，如布政、按察使、知府、知州、知縣之類，於任所有犯，及在京官奉命，於出使去處有犯，如流罪以下者，所部内統屬官吏人等，不得輒便拘拿推問，皆須申覆合干上司，聽其區處。若犯該死罪者，許所在官司收管，聽候上司回報施行。其正官所掌之印信，及各倉庫牢獄，一應鎖鑰，交付以次佐貳官收掌。若本衙門無有長官，而次官掌印有犯者，與長官一體申覆區處，死罪亦收管候報。如有違律而輒便推問者，當該官吏，並笞四十。蓋所以重朝命，而尊體統也。

422 斷罪引律令

凡官司斷罪，皆須具引律例［令］，違者如不具引笞三十。若律有數事共一條，官司止引所犯本罪者，聽。所犯之罪止合一事，聽其摘引一事以斷之。○其特旨斷罪，臨時處治，不爲定律者，不得引比爲律。若輒引比，致斷罪有出入者，以故失論。故行引比者，以故出入人全罪及所增減坐之。失於引比者，以失出入人罪減等坐之。

［纂註］

此言凡官司科斷罪囚，擬議罪名，皆須備細援引律令全文。如不具引，止摘用其文，而不合律意者，笞三十。若律有數事共在一條，所斷之罪止合一事，則聽其指引一事，以擬斷之。此自其律令之一定者言之也。其特旨裁斷，罪名輕重，多在臨時處治，有非律令所限，而不爲常川一定之律者，官司又不得引以相比爲律，擬斷罪名。若輒爲引比擬斷，以致罪名有所出入者，以故失論。故者，以故出入人全罪及所增減論；失者，以失出入人罪減等論。夫具引律令者，其常也；不爲定律者，其權也。經權並用，其立法之至善乎。

423 獄囚取服辯服者心服，辯者辯理，不當則辯，當則服，或服或辯，故曰服辯。

凡獄囚有犯徒流死罪，鞫獄官司各喚本囚及其家屬到官，具告所斷罪名，仍責取囚服辯文狀。以服其心。若不服者，聽其文狀中自行辯理，更爲詳審。違者，徒流罪笞四十，死罪杖六十。〇其囚家屬遠在三百里之外不及喚告者，止取本囚服辯文狀，不在具告家屬罪名之限。

［纂註］

取服辯者，欲使其無詞也。不取服辯，及不爲詳審，是違律也。罪坐問官，得擬還職。家屬，同居有服之親皆是。

424 赦前斷罪不當

凡官司遇赦，但經赦前處斷刑名，罪有不當，若處輕爲重其情本係赦所必原者，當依律改正從輕。以就恩宥。若處重爲輕，其情本係常赦所不免者，當依律貼斷。以杜倖免。若處輕爲重、處重爲輕，係官吏於赦前故出入而非失出入者，雖會赦，並不原宥。其故出入之罪，若係失出入者，仍從赦宥之。

［纂註］

赦宥以前處斷刑名，而罪有不當者，若其情輕該宥，却處作重罪，使遇赦不得宥者，則當改輕而宥之。其情本重，却處作輕罪，則詳其原犯之重罪，應赦宥者，亦宥之。若係常赦不免之罪，則依律貼斷。其原問官吏，原係失於出入者，免科。若係革前故行出入者，其故出入之罪，雖會赦，並不原宥。

條例

424－01

一、遇直隸及十四省恤刑之期，凡原問官故入等罪，俱不追究。恐官慮罪及己，不肯辯明冤枉也，則會赦可以類推。

424－02

一、以赦前事告言人罪者，以其罪罪之。若係干錢糧、婚姻、田土，罪雖經赦，其錢糧等項，須斷處明白。

425　聞有恩赦而故犯

凡聞知將有恩赦，而故犯罪以覬倖免者，加常犯一等。加入於死。雖會赦，並不原宥。〇若官司聞知將有恩赦，而故論決囚罪者，以故入人罪論。若常赦所不宥而論決者，不坐。

［纂註］

凡人聞赦而故犯，是欲使法無所施也。官司聞赦而故決，是欲使恩無所及也。故凡人比常犯加一等，而官司以故入罪論之，並不赦宥。故論決囚，亦是應赦宥者。若常赦所不原者，不坐罪。

426　徒囚不應役

凡鹽場鐵冶拘役徒囚，應入役而不入役，及徒囚因病給假，病已痊可，不令計日貼補假役者，其徒囚與監守者，各過三日笞二十，每三日加一等，罪止杖一百。〇若徒囚年限未滿，監守之人故縱逃回，及容令雇人代替者，照依囚人應役未滿月日，抵數徒役，監守雖多並罪坐所由縱容之人。受財者，計贓以枉法從重論，仍拘徒囚之逃回雇替者，依律論罪計日論其逃雇之罪貼役貼補其逃雇之役。

［纂註］

拘役者，拘留役使，煎鹽炒鐵是也。應入役而不入役，指徒囚新到配所者言。徒囚患病至貼役，指見在囚徒言。貼役者，假如病十日，則貼補十日也。不入役，罪坐徒囚，不令計日貼役，罪坐監守之人，皆三日笞二十，每三日加一等，罪止杖一百。照依囚人應役月日，抵數充役，謂以囚人未滿之月日，坐監守之人抵充也。並罪坐所由，謂鹽場鐵冶監守人衆，其罪止坐該管縱容之人，不連及同類也。依律論罪貼役，謂論其逃雇之罪，貼補其逃過雇過之役也，解見徒流人在逃律。

427 婦人犯罪

凡婦人犯罪，除犯姦及死罪收禁外，其餘雜犯，責付本夫收管。如無夫者，責付有服親屬、鄰里保管，隨衙聽候，不許一概監禁，違者笞四十。〇若婦人懷孕犯罪，應拷決者，依上保管，皆待産後一百日拷決。若未産而拷決，因而墮胎者，官吏減凡鬬傷罪三等；致死者，杖一百、徒三年。産限未滿而拷決者，減一等。〇若孕婦犯死罪，聽令穩婆入禁看視，亦聽産後百日，乃行刑。未産而決者，杖八十。産訖，限未滿而決者，杖七十。其過限不決者，杖六十。〇失者失於詳審而犯者，各減三等。兼上文諸款而言。如不應禁而禁，笞一十。懷孕不應拷決而拷決墮胎，杖七十；致死者，杖七十、徒一年半。産限未滿，而拷決致死者，杖六十、徒一年。及犯死罪不應刑而刑，未産而決者，笞五十。未滿限而決者，笞四十。過限不決者，笞三十。

［纂註］

婦人以失節爲耻，故犯罪聽令其夫及親屬保管，不許一概監禁。惟死罪不得不禁。犯姦者，亦失身之人，故亦禁之。婦人産後一百日，血氣方全，故凡孕婦，罪必待産後百日拷決。雖死罪，亦聽穩婆入視，亦待産後百日乃刑，蓋恐傷其胎與軀也。若未産而拷決墮胎者，減凡鬬墮胎傷罪三等，杖一百。因墮胎而致死，杖一百、徒三年。産限未滿一百日，而拷決致死者，減一等，杖九十、徒二年半。其未産而拷決，不曾墮胎，及産限未滿，而拷決不致死者，律皆無文，並合以不應論。或謂當以違制論，皆非也。失者各減三等，兼上文諸款而言。如不應禁而禁，笞一十。懷孕不應拷決而拷決，墮胎杖七十，致死者杖七十、徒一年半。産限未滿而拷決致死者，杖六十、徒一年。及犯死罪，不應刑而刑，未産而決者，笞五十；未滿限而決者，笞四十；限過不決者，笞三十。

428 死囚覆奏待報

凡死罪囚，不待覆奏回報，而輒處決者，杖八十。若已覆奏回報應決者，聽三日乃行刑。若限未滿而刑，及過三日之限不行刑者，各杖六十。[○若立春以後、秋分以前，決死刑者，杖八十。] ○其犯十惡之罪應死，及强盜者，雖決不待時，若於禁刑日而決者，笞四十。

[纂註]

死囚雖已覆奏，不待回報而輒處決，原問官吏杖八十。若已得回報，必聽三日後，然後行刑，所以示不忍殺之之意也。若未過三日而行刑，或過三日而不行刑，則各杖六十。其應秋後處決之囚，必於霜降之時，所以取肅殺之氣也。若立春以後、秋分以前，則陽方盛長，故不許處決。其十惡應死及强盜，雖皆決不待時，而禁刑之日亦當避忌，故亦不許行刑。不待覆奏回報，而輒處決，亦謂於罪無出入者。禁刑日期，每月初一、初八、十四、十五、十八、二十三、二十四、二十八、二十九、三十日也。此出《唐律》。今正、五、九月、閏月、上下弦日、二十四氣日、雨未霽、天未明，及大祭享日，亦禁。

條例

428－01

一、臣民有罪當死，三覆五奏，毋輒行刑。

428－02

一、禁刑日期：每月初一日、初二日。四月初八日，大祭享日，亦禁。

429 斷罪不當

凡斷罪應決配而收贖，應收贖而決配，各依出入人罪，減故失一等。○若應絞而斬，應斬而絞者，杖六十。此指故者言也。若係失者，減三等。其已處決訖，別加殘毀死屍者，笞五十。讎人砍毁其屍，依別加殘毁。〇若反逆緣坐人口，應入官而放免，及非應入官而入官者，各以出入人流罪故失論。若係有故，則以故出入流罪論。無故而失於詳審者，以失出入流罪論。

［纂註］

官司問擬罪名已定，而斷罪之間，或應決配而收贖，或應收贖而決配，出於有意，則減故出入人罪一等；出於無意，則減失出入人罪一等。應斬而絞，應絞而斬者，杖六十。此指故者言，失者減三等，則止笞三十。其已處決訖，而別加殘毁者，笞五十。反逆緣坐人口，應入官而放免，不應入官而入官，有意則以故出入流罪論，無意則以失出入流罪論。

430　吏典代寫招草

凡諸衙門鞫問刑名等項必據犯者招草，以定其情，若吏典人等爲人改寫，及代寫招草，增減其真實情節，致官司斷罪有出入者，以故出入人罪論。若犯人果不識字，許令在官不干礙之人依其親具招情代寫。若吏典代寫，即罪無出入，亦以違制論。

［纂註］

招草，乃犯人所以服情於官，而吏典有掌行其事者，若爲犯人改寫、代寫，增減其情節，以致罪有出入者，吏典以故出入人罪論之，故出入全罪論。增輕作重，減重作輕，亦各抵剩罪。犯人果不識字，惟無所干礙之人得以代寫，吏典則不許也。吏典改寫、代寫，情無增減、罪無出入者，止問不應。

大清律集解附例卷之二十九

工律　營造

431　擅造作

凡軍民官司有所營造，應申上而不申上，應待報而不待報，而擅起差人工者即不科斂財物，各計所役人雇工錢，每日八分五釐五毫，通算折半，以坐贓致罪論。○若非法所當爲而輒行營造，及非時所可爲而輒行起差人工營造者，雖已申請得報，其計役坐贓之罪亦如不申上待報者坐之。○其軍民官司如遇城垣坍倒，倉庫公廨損壞事勢所不容緩，一時起差丁夫、軍人修理者雖不申上待報，不爲專擅，不在此坐贓論罪之限。○若營造計料，申請合用財物及人工多少之數於上而不實者，笞五十。若因申請不實，以少計多，而於合用本數之外，或已損財物，或已費人工，各併計所損物價，及所費雇工錢罪有重於笞五十者，以坐贓致罪論。折半通算，罪止杖一百、徒三年。贓不入已，故不還官。

［纂註］

有所營造，謂於法當造者也。但當申請於上，待報而後可行耳。非法營造，謂法所不當造者。非時，謂非農隙之時，及有兵荒之時也。罪亦如之，謂亦計所役者雇工錢，坐贓論也。申請財物合用少而稱多，人工合用寡而稱衆，皆不實也。若財物已損，人工已費，則除合用正數外，計多費之財物、多役之人工雇錢併算，或重於笞五十者，以坐贓論罪。此條專指官司，若民間，則在禮律服舍違式條。

432 虛費工力採取不堪用

凡官司役使人工，採取木石材料，及燒造磚瓦之類，虛費工力，而不堪用者，其役使之官司，及工匠人役，並計所費雇工錢，坐贓論。折半科算，罪止杖一百、徒三年。若有所造作，及有所毀壞如拆屋壞墻之類，備慮不謹，而誤殺人者，官司、人役並以過失殺人論。採取不堪，造毀不備工匠、提調官各以所由經手管掌之人爲罪。不得濫及也。若誤傷，不坐。

［纂註］

有所毀壞，如拆屋破墻之類是也。工匠提調官，各以所由爲罪。謂採取不堪用，備慮不謹，誤殺人者，各以經手之人爲罪，不得濫及也。誤傷者不坐。

433 造作不如法

凡官司造作宫室器用之類不如法者，笞四十。若成造軍器不如法，及織造段匹，粗糙紕薄者物尚堪用，各笞五十。若造作織造，各不如法，甚至全不堪用，及稍不堪用應再改造而後堪用者，各并計所損財物，及所費雇工錢，罪重於笞四十、五十者坐贓論。折半科算，罪止杖一百、徒三年。其應供奉御用之物，加坐贓罪二等。罪止滿流。工匠各以所由織造之人爲罪，局官減工匠一等。〇提調官吏，又減局官一等，以上織造不如法，及不堪用等項並著工匠局官、提調官吏均償物價工錢還官。

［纂註］

凡官府造作一應房屋器皿之類，而不依法者，笞四十。軍器段匹，又舉其重者言之。不如法，笞五十。不如法只是不好，其物尚堪用，不必更造也。若以上品物不堪應用改造者，則計其所損之財物，所雇之工錢重於笞四十、五十者，坐贓論。供奉御用之物，又與凡物不同，故加二等。如造作不如法，則杖六十。軍器不如法，段匹粗糙紕薄，則杖七十。若不堪用，及應改造，則各於坐贓本罪上，加二等科之。各罪止杖一百、徒三年。工匠各以所由爲罪，謂以上罪名，各以經該造作之人坐罪，不得連及也。局官，如在內軍器等局，在外雜造等局，大使、副使之類是也。提調官，如工部該司官吏，并工部委官，及在外府州縣當該官吏，與委提督成造官皆是也。工匠局官、提調官吏遞減之法，通承上文而言。並字指軍器段匹等項而言，均字指工匠局官、提調官而言，謂通算所損之物價，及費過之工力，而均追賠入官也。上節計料不以實，致損費財物人工者，不追賠還官，此造作不如法，並均償物價工錢還官者，蓋計料出於懸度，恐心思之所不到，造作本有成法，非智能之所不逮也。

條例

433－01

一、各處軍器局，造作各項軍器不如法者，將管局委官參問降級。都布按三司，堂上委官，及府衛掌印官，各治以罪。各笞四十三十減等之罪，納米還職。

434 冒破物料

凡造作局院頭目工匠，有於合用數外，虛冒多破物料而侵欺入己者，計入己贓以監守自盜論。不分首從，並贓論罪，至四十兩斬。追物還官。若未入己，只坐以計料不實之罪。〇局官併承委覆實官吏，知情扶同捏報不舉者，與冒破同罪。至死減一等。失覺察者，減三等，罪止杖一百。

［纂註］

造作局院，如軍器等局、文思等院之類是也。頭目，如作頭、把總之類，及做工人匠，於正用料物之外，多破少用，侵尅入己者，計其入己之數，以監守自盜律論。所侵之物還官。若未入己，只以前條計料不實之罪罪之。本局院官，及覆實官吏，知其冒破之情，私相扶同者，與犯人同罪，罪止杖一百、流三千里。失覺察者，於犯人罪上減三等，罪止杖一百。

條例

434－01

一、各處巡按御史、都布按三司、分巡分守官，查盤軍器，若有侵欺物料，那前補後，虛數開報者，不論官旗軍人，俱以監守自盜論。贓重者，照侵欺倉庫錢糧事例擬斷。衛所官三年不行造册，致誤奏繳者，降一級。各該都司守巡等官，怠慢誤事，參究治罪。

435　帶造段匹

凡監臨主守官吏，將自己物料，輒於官局帶造段匹者，杖六十，段匹入官，工匠笞五十。局官知而不舉者，與監守官吏同罪。亦杖六十。失覺察者，減三等。則笞三十。

［纂註］

與同罪，謂與監守官吏同罪，亦杖六十也。減三等，則笞三十也。

436　織造違禁龍鳳文段匹

凡民間織造違禁龍鳳文紵絲紗羅貨賣者，杖一百，段匹入官。若買而僭用者，亦杖一百；未用者，笞三十。○機户及挑花挽花工匠，同罪。亦杖一百。連當房工匠家小，起發赴京，籍充局匠。

［纂註］

龍鳳文紵絲紗羅，皆御用之物，非民間所得有，故織造貨賣者，杖一百，其物入官。機户挑花挽花工匠，與同罪，亦杖一百。連當房家小，起發赴京，入籍充局院工匠。

437　造作過限

凡各處每年額造常課段匹、軍器，工匠過限不納齊足者，以所造之類十分爲率，一分，工匠笞二十，每一分加一等，罪止笞五十。局官減工匠一等，提調官吏又減局官一等。○若官司不依期計撥額造之物料於工匠者，局官笞四十，提調官吏減一等。工匠不坐。

［纂註］

過限，違期也。以所造之物十分爲率，一分不完，工匠笞二十，每一分加一等，罪止笞五十。局官減工匠一等，則一分不完，笞一十，罪止笞四十。提調官又減局官一等，則二分不完，笞一十，罪止笞三十。不依造作之期，計算派撥物料，以致過限，則罪由官吏，故局官笞四十，提調官吏減一等，笞三十，工匠不坐。

438　修理倉庫

凡內外各處公廨、倉庫、局院，一應係官房舍非文卷所關，則錢粮所及，但有損壞，當該官吏隨即移文所在有司計料修理，違者笞四十。若因不請修而損壞官物者，依律科以笞四十之罪，賠償所損之物還官。若當該官吏已移文有司，而失誤施行不即修理者，罪坐有司。亦笞四十。損壞官物，亦追賠償，當該官吏不坐。

［纂註］

內外各衙門公館廨宇、倉厫庫藏，并局院造作之處，及一應在官房屋，如儒學、鋪舍、申明亭之類，但有損壞之處，不行移文有司修理，當該官吏笞四十。因而損壞官物，依律計所損壞之物，坐贓論，著落當該官吏均賠還官，故曰依律科罪賠償。所損之物，若已移文有司，而有司失誤不行修理，則前罪坐於有司，而當該官吏不坐。

439 有司官吏不住公廨

凡有司官吏，不住公廨内官房，而住街市民房者，杖八十。○若埋没公用器物有毁失而不還官者，以毁失官物論。毁者，計贓准竊盜，加二等，免刺。失者，依減毁官物三等追賠。

［纂註］

公廨以住官吏，所以嚴出入之防也。故不住公廨，而住街市民房者，杖八十。公用器物，如卓椅床凳之類，即公廨中物也，故埋没者，以毁失官物論。

大清律集解附例卷之三十

工律　河防

440　盜決河防

凡盜決官河防者，杖一百。盜決民間之圩岸陂塘者，杖八十。若因盜決而致水勢漲漫毀害人家，及漂失財物，淹没田禾，計物價重於杖者，坐贓論罪，止杖一百、徒三年。因而殺傷人者，各減鬬殺傷罪一等。各字承河防、圩岸陂塘説。〇若或取利，或挾讎故決河防者，杖一百、徒三年。故決圩岸陂塘，減二等。漂失計所失物價爲贓重於徒者，准竊盜論罪止杖一百、流三千里，免刺。因而殺傷人者，以故殺傷論。

［纂註］

河防者，謂河之防障也。圩者，低田岸所以防之也。陂者，下澤塘所以防之也。此律前節詳看一盜字，後節詳看一故字。盜者，如因捕魚過船之類，其意止于偷水，初無害人之心。若故決，則非求水利，實欲害人，且近于强矣，故罪之輕重如此。計物價重者，謂計其所損物價，以坐贓罪科之，其罪重于杖八十者，則從坐贓論也。殺傷二字平看。

條例

440－01

一、凡故決、盜決山東南旺湖，沛縣昭陽湖、蜀山湖，安山積水湖，揚州高寶湖，淮安高家堰、柳浦灣，及徐、邳上下濱河一帶各隄岸，併阻絕山東泰山等處泉源，有干漕河禁例，爲首之人，發附近衛所；係軍，調發邊衛，各充軍。其閘官人等，用草捲閣閘板，盜泄水利，串同取財，犯該徒罪以上，亦照前問遣。

440－02

一、河南等處地方，盜決及故決隄防，毁害人家，漂失財物，淹没田禾，犯該徒罪以上，爲首者，若係旗舍、餘丁、民人，俱發附近充軍；係軍，調發邊衛。

441　失時不修隄防

凡不先事修築河防，及雖修而失時者，提調官吏各笞五十。若毁害人家，漂失財物者，杖六十。因而致傷人命者，杖八十。〇若不先事修築圩岸，及雖修而失時者，笞三十。因而淹没田禾者，笞五十。〇其暴水連雨，損壞隄防，非人力所致者，勿論。

［纂註］

此條罪專坐提調官吏。防岸，所以障水，不修則有潰決之患，故不修或修而失其當修之時，提調官吏豈得辭其責哉？故其罪如此。暴水，卒暴之水；連雨，連日之雨也。此非人力所能制者，故勿論。

條例

441－01

一、凡運河一帶，用强包攬閘夫、溜夫二名之上，撈淺舖夫三名之上，俱問罪，旗軍發邊衛，民并軍丁人等發附近，各充軍。攬當一名，不曾用强生事者，問罪，枷號一個月發落。

442　侵占街道

凡侵占街巷道路，而起蓋房屋，及爲園圃者，杖六十，各令拆毁修築復舊。其所居自己房屋穿墻而出穢汙之物於街巷者，笞四十。穿墻出水者，勿論。

［纂註］

大曰街，小曰巷。道路，則人所通行之稱。侵占以起房屋，爲園圃者，杖六十，復還舊地。街巷貴于潔淨，故穿穴出穢者，笞四十，仍令塞之。出水則不論。

條例

442－01

一、京城内外街道，若有作踐掘成坑坎，淤塞溝渠，蓋房侵占，或傍城使車，撒放牲口，損壞城脚，及大清［明］門前御道棋盤，并護門欄栅，正陽門外、御橋南北，本門月城、將軍樓、觀音堂、關王廟等處，作踐損壞者，俱問罪，枷號一個月發落。

删除明例1條

一、東西公生門朝房，官吏人等，或帶住家小，或做造酒食，或寄放貨櫃，開設卜肆，停放馬騾，取土作坯，撒穢等項作踐，問罪，枷號一個月發落。

443　修理橋梁道路

凡橋梁道路，府州縣佐貳官職專提調，於農隙之時，常加點視修理，橋梁務要堅完道路務要平坦。若損壞失於修理，阻礙經行者，提調官吏笞三十。此原有橋梁，而未修理者。○若津渡之處，應造橋梁而不造，應置渡船而不置者，笞四十。此原未有橋梁而應造置者。

［纂註］

橋梁道路，以通往來之人。若有損壞，而不及時修理，未免阻礙經行，故提調官吏笞三十。津渡之處，未有橋梁而應造，未有渡船而應置，不造不置，則民將病涉矣，故笞四十，亦坐提調官吏。

［條例］

443－01

一、條例申明頒布之後，一切舊刻事例，未經今次載入，如比附律條等項，悉行停寢。凡問刑衙門，敢有恣任喜怒，妄行引擬，或移情就例，故入人罪，苛刻顯著，各依故失出入律坐罪。其因而致死人命者，除律應抵死外，其餘俱問發爲民。

［萬曆三十八年仲夏月重刊　　承行典吏姚世俊、張之潮磨對］

圖書在版編目(CIP)數據

明清律合編 / 孫家紅編纂. -- 北京 : 社會科學文獻出版社, 2022.1

ISBN 978 - 7 - 5201 - 9542 - 3

Ⅰ. ①明… Ⅱ. ①孫… Ⅲ. ①明律 - 研究②清律 - 研究 Ⅳ. ①D929.4

中國版本圖書館 CIP 數據核字（2021）第 265607 號

明清律合編

編　　纂 / 孫家紅

出 版 人 / 王利民
組稿編輯 / 劉驍軍
責任編輯 / 易　卉
文稿編輯 / 趙子光
責任印製 / 王京美

出　　版 / 社會科學文獻出版社 · 集刊分社（010）59367161
地址：北京市北三環中路甲 29 號院華龍大厦　郵編：100029
網址：www. ssap. com. cn
發　　行 / 市場營銷中心（010）59367081　59367083
印　　裝 / 三河市東方印刷有限公司

規　　格 / 開 本：787mm × 1092mm　1/16
印 張：45.25　字 數：626 千字
版　　次 / 2022 年 1 月第 1 版　2022 年 1 月第 1 次印刷
書　　號 / ISBN 978 - 7 - 5201 - 9542 - 3
定　　價 / 680.00 圓